CW01631594

LE ROI, L'EMPEREUR ET LE TSAR

collection tempus

Catrine CLAY

LE ROI, L'EMPEREUR ET LE TSAR

Les trois cousins qui ont entraîné le monde dans la guerre

Traduit de l'anglais (Grande-Bretagne)
par Marie Boudewyn

PERRIN
www.editions-perrin.fr

© original : Catrine Clay, 2006
sous le titre *King, Kaiser, Tsar*
publié par John Murray Publishers

© Jean-Claude Lattès, 2007 pour la traduction française
et Perrin, 2008 pour la présente édition
ISBN : 978-2-262-02855-8

tempus est une collection des éditions Perrin.

À John, naturellement.

À propos des dates et de l'orthographe des noms

Les dates se réfèrent toutes au calendrier en vigueur en Occident, qui avançait de douze jours sur le calendrier russe au XIXe siècle et de treize au XXe, jusqu'au mois de février 1918 où le second s'aligna sur le premier.

Les familles royales d'Europe orthographiaient leurs noms de diverses manières qui prêtaient souvent à confusion. Les surnoms aussi variaient. Par exemple, la tsarine Alix se faisait parfois appeler Alicky. J'ai essayé de rester cohérente d'un bout à l'autre de mon livre. Même chose pour les noms de lieux.

Les familles royales d'Europe raffolaient en outre des points d'exclamation et des majuscules que je n'ai pas hésité à reproduire au fil du texte.

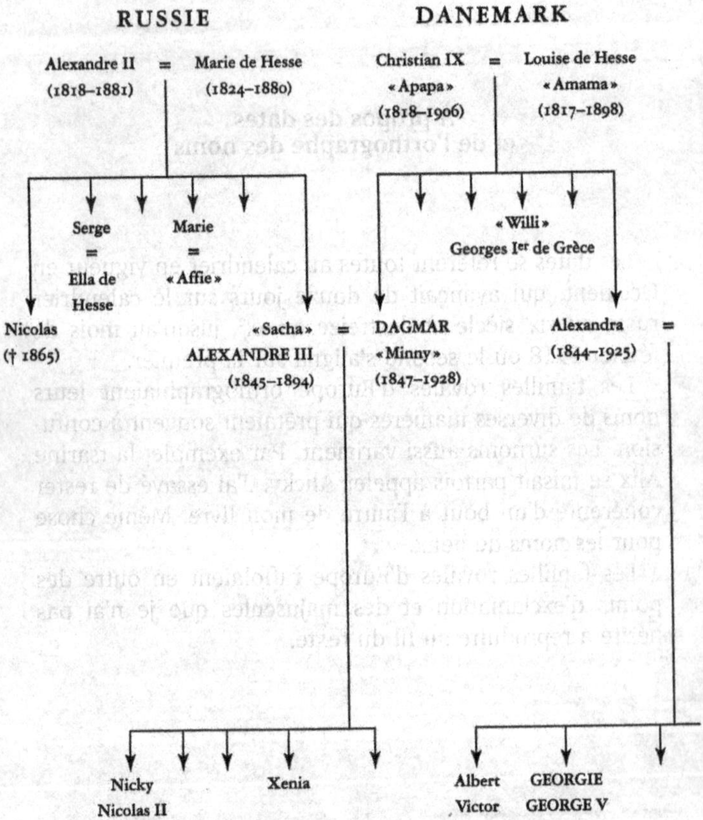
RUSSIE
DANEMARK
Alexandre II = Marie de Hesse
(1818–1881)
(1824–1880)
Christian IX = Louise de Hesse
« Apapa »
(1818–1906)
« Amama »
(1817–1898)
Serge = Ella de Hesse
Marie = « Affie »
Nicolas († 1865)
« Sacha » ALEXANDRE III (1845–1894) =
« Willi » Georges Ier de Grèce
DAGMAR « Minny » (1847–1928)
Alexandra (1844–1925) =
Nicky Nicolas II (1868–1918)
Xenia
Albert Victor « Eddy » (1864–1892)
GEORGIE GEORGE V (1865–1936) = May de Teck (1867–1953)

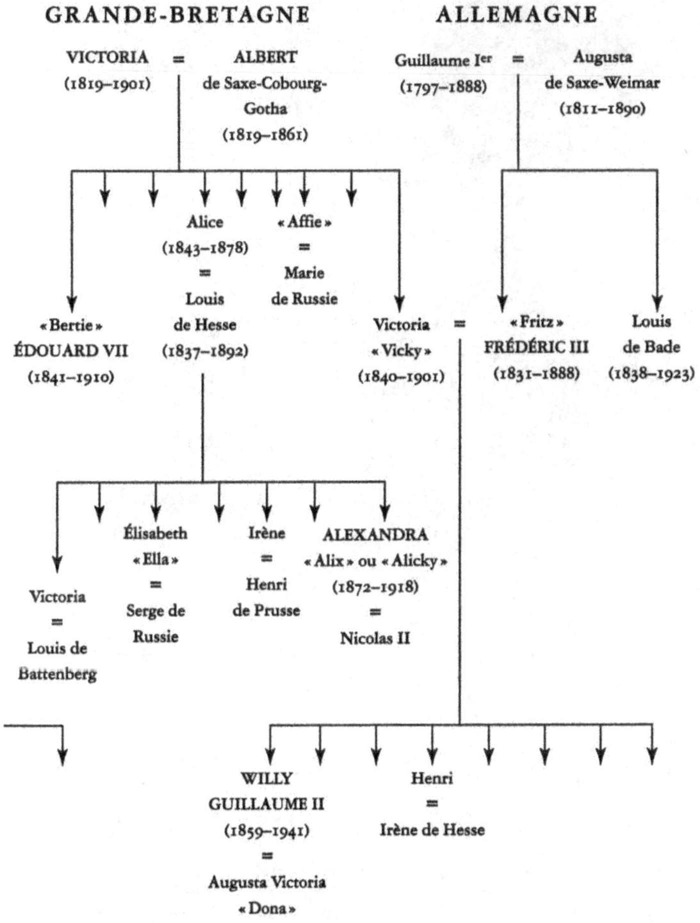
GRANDE-BRETAGNE
ALLEMAGNE
VICTORIA (1819–1901) = ALBERT de Saxe-Cobourg-Gotha (1819–1861)
Guillaume Ier (1797–1888) = Augusta de Saxe-Weimar (1811–1890)
Alice (1843–1878) = Louis de Hesse (1837–1892)
« Affie » = Marie de Russie
« Bertie » ÉDOUARD VII (1841–1910)
Victoria « Vicky » (1840–1901) = « Fritz » FRÉDÉRIC III (1831–1888)
Louis de Bade (1838–1923)
Victoria = Louis de Battenberg
Élisabeth « Ella » = Serge de Russie
Irène = Henri de Prusse
ALEXANDRA « Alix » ou « Alicky » (1872–1918) = Nicolas II
WILLY GUILLAUME II (1859–1941) = Augusta Victoria « Dona »
Henri = Irène de Hesse

Introduction

Le 21 mai 1913, des dockers se pressèrent le long des quais de Flessingue, en Hollande, à l'arrivée du yacht royal *Victoria and Albert*. Une double ligne dorée ornait sa coque noire. Cent vingt membres d'équipage voyageaient en permanence à son bord et il pouvait accueillir une cinquantaine d'invités. Les dockers regardèrent George V, coiffé d'un chapeau melon très distingué, franchir la passerelle, un parapluie à la main, suivi de son secrétaire particulier Lord Stamfordham et de Frederick Ponsonby, son écuyer d'honneur. La reine Marie, précédant de peu son époux, se tenait déjà dans l'automobile qui devait les conduire à la gare où les attendait le train impérial du Kaiser à destination de Berlin. Ils devaient y assister au mariage de la fille unique du Kaiser, la princesse Victoria Louise. George V décida de se rendre à la gare à pied en compagnie des gens de sa cour. Une paire de garnements, curieux de voir un roi en chair et en os, emboîta le pas à leur auguste groupe[1].

Dans le train, George V enfila son uniforme de feld-maréchal allemand. « Nous sommes arrivés à Berlin à 11 h 30 et nous avons été reçus par William, Victoria & tous les princes & princesses, généraux, amiraux etc. et une gde. d'honneur du 1er régt. des gardes qui a défilé au pas. Je suis allé au Schloss avec William dans un carrosse ouvert sous escorte. La garnison de Berlin bordait les rues.

Très beau spectacle[2] », nota-t-il ce soir-là au palais royal de Potsdam où il occupait sa propre suite douillette. Le Kaiser Guillaume II n'était autre que le cousin germain de George V, qui l'appelait William ou Willy, suivant en cela l'exemple de leur grand-mère Victoria. Le tsar Nicolas II, le troisième cousin, que sa famille surnommait Nicky, arriverait de Russie le lendemain. À eux trois, Georgie, Willy et Nicky régnaient sur plus de la moitié de la planète.

« May et moi avons accepté la gracieuse invitation de William au mariage de sa fille le mois prochain[3] », télégraphia George à Nicky, son cousin du côté maternel. « Je crois savoir qu'il t'a invité aussi et j'espère que tu pourras venir car ce serait un immense plaisir pour moi de te retrouver à Berlin. Pourvu qu'aucun contretemps ne survienne ! Transmets toute notre affection à Alix et aux enfants. Georgie. » « J'irai si tu y vas[4] », lui répondit Nicky par télégramme.

Il ne s'agissait à première vue que d'une réunion de famille parmi tant d'autres ; mariages, enterrements ou baptêmes, qui ponctuaient le calendrier royal. Derrière l'échange amical d'invitations et de télégrammes se dissimulait cependant une longue histoire de rivalités et de jalousies personnelles, plus ou moins masquées par le faste royal. George V se rappellerait encore des années plus tard qu'il n'avait pas souvent pu s'entretenir seul avec le tsar au cours de son séjour à Berlin sans que le Kaiser ne les espionne. Les trois cousins l'ignoraient encore mais ce mariage serait pour eux la dernière occasion de se retrouver avant la Première Guerre mondiale. Ils ne devaient plus se revoir par la suite. En 1918, des bolcheviques assassinèrent Nicky et sa famille à Ekaterinbourg. Willy s'exila quant à lui en Hollande où il mènerait encore vingt-trois ans d'une vie désormais obscure. Seul Georgie survécut à la guerre en gardant sa monarchie indemne, et même mieux : florissante.

Les trois cousins se connaissaient depuis l'enfance. Petits, ils partaient en vacances et fêtaient leurs anniversaires ensemble. Ils se rendaient visite et dansaient avec les sœurs les uns des autres. Plus tard, ils seraient aux premières loges de leurs mariages respectifs. Ils se sentaient liés par leur histoire personnelle et, pourtant, l'Histoire elle-même les déchirerait. Le pivot de la famille : la reine Victoria, la grand-mère de Georgie et Willy et, par alliance, de Nicky, avait son mot à dire à propos de tout. « Je crains de ne pouvoir approuver le prénom que tu comptes donner au Bébé. George n'est apparu qu'avec la branche de Hanovre », écrit-elle au père de George, le prince de Galles, le 13 juin 1865. « Cela dit, si ce cher petit devient un bon garçon en grandissant, peu m'importera son prénom. Bien sûr, tu y ajouteras Albert à la fin, de même que tes frères ; comme tu le sais, nous avons décidé de donner le prénom de ton cher Papa à ses descendants anglais, cela distinguera notre lignée, tout comme je souhaite qu'on ajoute Victoria aux prénoms des filles[5] » ! La reine se souciait moins de Georgie que de son frère aîné : a priori, rien ne destinait le cadet à régner.

L'histoire des trois cousins commence dans l'insouciance, et s'achève sous les ténèbres de la Première Guerre mondiale. Une question s'y devine en filigrane jusqu'à la dernière lueur d'espoir avant le début des hostilités : dans quelle mesure le roi, le Kaiser et le tsar ont-ils personnellement contribué aux échecs politiques qui ont rendu la guerre inévitable ? Le présent ouvrage s'efforce d'y apporter une réponse. Pétrie de contradictions, certes, mais qui mène à la conclusion irréfutable que les relations entre ces trois hommes, leurs penchants et leurs aversions personnelles, ont bel et bien concouru au déclenchement de la guerre.

À la fin du XIXe et au début du XXe siècle, les rois en Europe jouissaient d'un immense pouvoir ; surtout le tsar et le Kaiser qui se comportaient en parfaits autocrates.

D'un autre côté, les souverains anglais, allemand et russe restaient aussi trois cousins affectés par les hauts et les bas de leur vie de famille, comme tout le monde. Si dans les familles ordinaires, les inévitables querelles éclatent sans nuire à qui que ce soit d'extérieur, les moindres rivalités entre Georgie, Willy et Nicky se manifestaient au contraire en public, sur la scène de la politique internationale. Les scandales homosexuels autour du Kaiser, l'emprise d'Alix, la tsarine, sur son époux indécis, les vexations qu'infligeaient sans arrêt à Willy ses parents anglais ; rien de tout cela n'aurait eu le moindre impact sur la marche du monde si ces trois cousins n'avaient pas été en même temps roi, Kaiser et tsar.

« Quel curieux spectacle présente l'Europe ! un avenir des plus incertains dépend de la volonté de trois ou quatre hommes à peine[6] », écrit le Premier ministre Lord Salisbury à son ami Canon Gordon en août 1896. « Je trouve remarquable qu'en dépit de l'avancée des idéaux démocratiques, les personnalités individuelles pèsent plus lourd que jamais, pour le meilleur comme pour le pire. La moindre saute d'humeur des empereurs Nicolas ou Guillaume ou du sultan de Turquie fait l'objet d'innombrables commentaires ; le sort de milliers d'âmes dépend d'eux. » Salisbury ne mentionnait pas la reine Victoria car, dans une monarchie constitutionnelle comme en Angleterre, le souverain est responsable devant le parlement.

Au tournant du siècle, l'organisation politique de la plupart des grandes puissances amorçait une évolution décisive : les régimes hérités du passé durent s'effacer au profit de nouvelles formes de gouvernement. L'Empire ottoman entamait son déclin tandis que les États-nations s'affirmaient. Le peuple se mit en marche, stimulé par le développement de l'industrie. Avec le recul, il semble facile d'entrevoir la menace qui planait sur les monarchies d'Europe mais le roi, le Kaiser et le tsar n'ont pas été les seuls à ignorer les signes annonciateurs des bouleversements à venir.

Pour les trois cousins, rien ne comptait plus que la monarchie – seule institution digne à leurs yeux de tous les sacrifices. Voilà ce qui les soudait et ce qu'ils comprenaient mieux que personne. Ensemble, ils durent affronter des parlements indociles, les progrès du socialisme, l'hostilité de la presse et la montée du républicanisme. Ils s'échangeaient de longues lettres de sympathie et de soutien mutuel mais, dès que les intérêts de leur propre pays entraient en jeu ou qu'il s'agissait de défendre leur couronne, le « syndicat des rois », comme Édouard VII se plaisait à le nommer, au lieu d'œuvrer au maintien de la paix travaillait à s'autodétruire. C'est ainsi qu'il finit par entraîner une guerre terrible et inimaginable.

1.

LE MAUVAIS DEPART DE WILLY

Sur le coup de minuit, le 26 janvier 1859, Vicky, la princesse héritière de Prusse, fille aînée de la reine Victoria et du prince Albert, ressentit les premières contractions au palais royal de Berlin. Le Dr Wegner, un praticien de la cour, chapeautait l'équipe de médecins allemands chargée de l'accouchement. Auprès d'eux se tenaient Sir James Clark, le médecin personnel de la reine Victoria, et Mrs Innocent, une sage-femme envoyée d'Angleterre par la reine indifférente à la rancœur que ne manquerait pas de susciter leur présence en Prusse. L'enfant vint au monde quatorze heures plus tard. Il reçut le nom de Friedrich Wilhelm Viktor Albrecht von Hohenzollern ou plus simplement : Willy.

Plus l'accouchement se prolongea, plus il devint évident que quelque chose clochait. À dix heures du matin, le Dr Édouard Martin, professeur d'obstétrique à l'université de Berlin, vint prêter main-forte au Dr Wegner. Sir James Clark avait apporté du chloroforme d'Angleterre, une invention récente, mais, par diplomatie, il se cantonna dans un rôle de simple spectateur. Après un examen de la patiente, le Dr Martin, inquiet, se résolut à lui administrer du chloroforme puis, sans trop d'espoir, à sortir au forceps l'enfant qui se présentait par le siège. En ce temps-là, peu de bébés survivaient dans ces conditions. Les journaux de Berlin se tinrent prêts à publier la notice nécrologique de la mère à demi morte de douleur et d'épuisement. Enfin, en début d'après-midi, Willy vit le jour, le bras gauche enroulé autour du cou. Couvert de contusions, il paraissait sans vie, « complètement mort à première vue » comme le raconterait le Dr Martin par la suite. Après quelques tapes vigoureuses, Willy respira.

Au départ, le soulagement l'emporta : la mère ne risquait plus rien, l'enfant vivait et, en plus, il s'agissait d'un garçon. Sitôt nettoyé, le bébé fut présenté à ses grands-parents allemands et leur entourage à la cour. Devant le palais, une immense foule attendait sous la neige des nouvelles du petit. À trois heures de l'après-midi, une salve de cent un coups de canon annonça au peuple ce qu'il espérait tant entendre : le trône de Prusse avait un héritier. Sir James Clark en informa la reine Victoria en l'assurant que tout allait bien. « Dieu soit loué de sa bonté et de t'avoir tirée de cette horrible épreuve ! » écrit la reine à sa fille le 29 janvier. « Mon cher trésor, tu as beaucoup plus souffert que moi dans les mêmes circonstances (...) Pauvre cher Fritz, il doit avoir souffert, lui aussi ! Je pense bien à lui. Quant à ton petit garçon ; si seulement je pouvais le voir ne serait-ce qu'une minute, et t'embrasser. Comme c'est dur pour moi[1] ! »

Vicky dut garder le lit un mois entier. Le 28 février, elle répondit à sa mère : « Je suis si heureuse que ce soit un garçon ! J'en espérais un plus que je ne saurais le dire, j'en voulais un de tout mon cœur et c'est pour cela que je ne m'attendais pas à en avoir (...) Je suis très fière de lui, et aussi très fière d'être mère[2]. » La reine Victoria put alors s'occuper de questions moins pressantes. « Je suis scandalisée d'apprendre que bébé a déjà renoncé à son petit bonnet. J'espère que ce n'est que dans la nursery car les bébés font peur à voir sans bonnet. C'est peut-être bénéfique pour leur santé de ne pas en porter dans la nursery mais ce n'est pas joli[3]. » Les huit premiers mois, une nourrice allaita Willy sous la surveillance de Mrs Innocent. « Entre nous », confia Vicky à sa mère, « pour rien au monde je n'aurais supporté qu'une nurse allemande s'approche de lui[4] ».

Chose exceptionnelle au sein d'une famille royale : Vicky et Fritz s'étaient mariés par amour. Leur union tombait il est vrai à point nommé puisqu'elle permit aux parents de Vicky, la reine Victoria et le prince Albert, de réaliser un rêve qu'ils caressaient depuis leur propre mariage : diffuser le modèle monarchique anglais dans l'Europe entière. « Anglais » signifiait « constitutionnel » et « libéral ». Ni Victoria ni Albert ne doutèrent jamais qu'il s'agissait du régime idéal pour fédérer l'Europe et promouvoir la paix en contrecarrant les révolutions. Leur parenté avec la plupart des autres monarques servait leurs intérêts mais, s'ils voulaient affermir leur influence, rien ne valait un mariage. Les lettres et le journal de la reine Victoria fourmillent de projets d'unions. Celles qui comptaient peu pouvaient se conclure par pure inclination romantique mais il fallait toujours arranger dans « notre » intérêt les plus importantes. Si l'un ou l'autre des membres de sa famille s'opposait aux projets de Victoria, comme cela arrivait de temps à autre, elle le gratifiait alors de son fameux dédain.

De toutes les couronnes d'Europe, c'était celle de Prusse et, plus tard, de l'Allemagne impériale, qui tenait le plus à cœur à Victoria et Albert. Après tout, eux-mêmes étaient plus qu'à demi allemands ; la reine Victoria par ses grands-parents et Albert parce qu'il était venu du petit État allemand de Cobourg épouser en 1840 la reine et impératrice de la nation la plus puissante au monde.

Vicky, ou Pussy comme aimait l'appeler sa famille friande de surnoms, semblait décidée à conserver sa place prédominante d'aînée ; ce qui devait aller de soi, vu son intelligence et son charme. De ce point de vue, elle n'avait rien à craindre de son cadet, l'insipide Bertie, le futur Édouard VII, pas brillant ni ambitieux pour deux sous. Vicky l'appelait avec mépris « le garçon » et il se résigna docilement à son infériorité. Leur père, soumis à peu d'obligations officielles vu que son épouse s'occupait en personne des affaires de l'État, passait des heures à converser avec Vicky, sa préférée. Le prince Albert de Saxe-Cobourg-Gotha, un homme sérieux, aux sentiments élevés, n'aimait rien tant que de former l'esprit de sa fille précoce. Vicky se montrait quant à elle très réceptive. Elle adorait son père qu'elle admirait peut-être même un peu trop.

Dès six ans, Vicky passa ses matinées à étudier avec sa gouvernante l'arithmétique, la poésie, l'histoire (surtout celle des familles royales) puis, l'après-midi, la géographie, l'histoire, encore et toujours, les Saintes Écritures, la musique, les Beaux-Arts et la danse. Chose agaçante : elle excellait en tout. Bertie ne tarda pas à reporter son affection sur sa plus jeune sœur, Alice, dont la médiocrité le flattait. Leurs parents couvaient Pussy de leur regard admiratif mais ils faisaient la grimace à Bertie. Quant à Alfred ou Affie – le quatrième dont ils n'espéraient pas grand-chose –, dès le départ, ils le préparèrent à hériter du trône de Cobourg, « ce cher petit pays » comme Victoria se plaisait à l'appeler. Affie deviendrait Allemand, qu'il le veuille ou non.

« Il faut tout de suite que je note ce qui s'est passé, ce que je *ressens* et combien je suis reconnaissante à Dieu de ce jour parmi les plus heureux de ma vie[5] ! » confia la reine Victoria, extatique, à son journal, le 29 septembre 1855, alors que le prince héritier Frédéric de Prusse venait de débarquer à Balmoral afin de demander Vicky en mariage. Elle n'avait que quinze ans à l'époque mais aussi une solide confiance en elle pour ne pas dire un sale caractère. La beauté du prince Friedrich, ou Fritz, lui valait dans son pays le surnom de Siegfried mais il n'était ni aussi intelligent ni aussi déterminé que sa fiancée. Dès le départ, certaines rumeurs prétendirent que Fritz aimait trop Vicky et qu'elle avait trop d'ascendant sur lui. En attendant, le rêve caressé par Victoria et Albert d'un « mariage prussien » allait se réaliser. Le couple royal opposa une sublime indifférence à la réaction de l'aristocratie prussienne, offensée par ce « mariage anglais », comme elle ne tarda pas à le nommer, à celle du tsar de Russie rien moins que ravi par cette nouvelle alliance, et même du *Times* qui qualifia à cette occasion la Prusse de « misérable État ».

Après les fiançailles, le prince Albert préparerait deux heures chaque soir sa fille à son futur rôle de princesse héritière de Prusse, porteuse des idées libérales qui façonneraient la nouvelle Allemagne. Vicky, l'esprit vif, et surtout persuadée que son père ne pouvait pas se tromper, apprit ses leçons avec joie, pressée de les appliquer le plus tôt possible. Ses parents attendirent toutefois son dix-huitième anniversaire pour la marier et la laisser s'acquitter de sa mission qui ne produirait de toute façon pas les résultats escomptés.

Les Prussiens tenaient à célébrer le mariage à Berlin. La reine Victoria se fit une joie de s'y opposer. « Peu m'importe la coutume en Prusse », écrit-elle sèchement à Lord Clarendon, chargé de transmettre sa volonté aux Prussiens sur un ton plus amène, « ce n'est pas tous les jours qu'on marie la fille aînée de la reine d'Angleterre. Considérez donc la question comme tranchée[6] ». Le couple convola le 25 janvier 1858 à la chapelle royale du palais de Saint-James. Après une brève lune de miel à Windsor, les jeunes mariés partirent pour Berlin. « Mon bien-aimé papa », écrit Vicky à bord du yacht royal *Victoria and Albert* pendant sa traversée de la mer du Nord, « la douleur que me cause notre séparation dépasse ce que je pourrais t'en dire ; j'ai cru que mon cœur allait se briser quand tu as disparu en refermant la porte de ma cabine

(...) J'aurais voulu te remercier de tout ce que tu as fait pour moi, de ta bonté envers moi. Ton affection (...) C'est à toi, cher papa, que je suis le plus redevable en ce monde. Jamais je n'oublierai les conseils que j'ai eu le privilège de recevoir de ta bouche. Je chéris le souvenir de tes paroles ; avec l'aide de Dieu, elles influenceront ma vie entière[7] ». Au moment de quitter tout ce qui lui était cher, le cœur de Vicky se brisa.

La procession triomphale du couple princier dans le Nord de l'Allemagne dura près d'une semaine. Ce ne fut partout que discours, galas et banquets. Les jeunes mariés s'arrêtèrent d'abord à Cologne puis à Magdebourg. À Hanovre, une gêne s'installa lorsque Vicky s'aperçut que le roi de Hanovre avait, par inadvertance ou non, fait servir le dîner dans une vaisselle en or que revendiquait la reine Victoria. Comme son cousin le roi aussi se prétendait des droits dessus, ils avaient entamé une bataille juridique afin de trancher leur querelle. Vicky eut le bon goût de ne pas relever l'incident. Le lundi 8 février, le jeune couple fit enfin sa grande entrée à Berlin au son des canons et des cloches d'église. La foule massée le long de leur itinéraire agitait des drapeaux prussiens et anglais afin de souhaiter la bienvenue à la princesse héritière. Le carrosse tiré par huit chevaux montés de postillons passa sous la porte du Brandebourg puis longea l'avenue Unter den Linden jusqu'au palais royal. Vicky, un diadème en diamants dans les cheveux, salua en souriant malgré le froid glacial à l'intérieur du carrosse. Elle ne portait qu'une petite cape d'hermine par-dessus sa robe en soie. « Elle tremblait de la tête aux pieds », se rappelle un officier de la cour, « et j'ai appris par la suite qu'après avoir été accueillie au Schloss, elle s'est effondrée en pleurant[8] ».

Les festivités se prolongèrent une quinzaine de jours. Notre homme de cour précise que le peuple allemand se félicitait du mariage d'amour de son kronprinz. Le futur chancelier Otto von Bismarck ne partageait pas cet enthousiasme. Le 8 avril 1858, il écrivit au général von Gerlach, l'envoyé de la Prusse à Francfort : « Vous me demandez dans votre lettre ce que je pense du mariage anglais. J'aime autant distinguer ces deux termes avant de vous donner mon opinion. Le côté "anglais" ne me dit rien qui vaille ; quant au "mariage", il se peut que ce soit une bonne chose car la princesse a la réputation d'une dame de cœur et d'esprit. Si elle parvient à laisser de côté l'Anglaise qu'il y a en elle et à devenir prussienne, ce sera une bénédiction pour notre pays[9]. » Hélas, Vicky ne pourrait s'y résoudre sans trahir le vœu le plus cher de ses parents. Selon eux, c'était à la Prusse de s'angliciser et non l'inverse.

En attendant, Vicky essaya de s'habituer à sa nouvelle vie et aux drôles de coutumes de la cour de Prusse. Elle se mit à écrire à sa mère de longues lettres où elle lui racontait le moindre événement. La cour de Berlin lui semblait provinciale ; l'étiquette, rigide et désuète ; les hommes, toujours en uniforme, sentaient trop les militaires, et les femmes l'ennuyaient ; la mode en Prusse n'étant pas à l'expression des opinions personnelles de ces dames. Naturellement, Vicky, elle, avait un point de vue sur tout, et aussi l'habitude de s'exprimer sans détour. Elle espérait qu'on la prendrait au sérieux. Peut-être parce que son mari, subjugué, la soutenait, elle ne parvint jamais à se corriger. Jamais non plus elle ne considérerait la Prusse comme sa patrie. « C'était un vrai petit tyran domestique », avoue la comtesse Walburga von Hohenthal, l'une de ses dames de compagnie, « et, avec un mari moins chevaleresque ou moins dévoué, des difficultés n'auraient pas manqué de surgir[10] ». Vicky ne tarda pas à devenir la « princesse anglaise », nonobstant son titre officiel de « princesse héritière de Prusse ».

L'attitude de sa mère n'arrangeait rien : elle abreuvait Vicky de conseils en exigeant d'elle des lettres quotidiennes. « Promets-moi, ma chérie, de ne pas surchauffer tes appartements ni d'exposer ton visage au feu, et de prendre le frais autant que possible. Je sais bien que tu n'ignores pas à quel point c'est nécessaire mais tu es aussi un peu paresseuse, ma brave petite, et il se pourrait bien que tu oublies de consulter le thermomètre ou d'ouvrir la fenêtre[11]. » La grossesse de Vicky ne réjouit pas vraiment sa mère, qui la jugeait encore trop jeune à dix-neuf ans. D'après elle, Fritz faisait preuve d'un égoïsme typiquement masculin en plaçant son épouse dans une telle situation un an à peine après leur mariage. « Ce que tu m'écris à propos de la joie de donner naissance à une âme immortelle est fort beau, ma chérie mais, franchement, je n'arrive pas à me mettre au diapason ; à mon avis, dans des moments pareils, on se sent surtout comme une vache ou une chienne[12]. »

Quelques jours après la naissance de Willy, ses nourrices remarquèrent que son bras gauche pendait sans vigueur. Il ne savait pas non plus se tenir assis correctement. Les muscles et les ligaments de son cou avaient été si malmenés par le forceps du Dr Martin que sa tête penchait de côté en le déséquilibrant. On découvrirait plus tard que son oreille droite et son ouïe avaient également pâti de l'accouchement. Des inflammations s'y déclareraient au fil des ans et des sécrétions finiraient même par toucher son oreille interne, dangereusement proche du cerveau, comme le soulignèrent certains spécialistes.

Au départ, les parents ne s'inquiétèrent pas outre mesure. Les médecins leur conseillèrent d'attacher le bras droit de Willy contre son flanc pour le forcer à se servir du gauche. Faute d'amélioration notable, le petit subit ensuite une série de traitements : d'abord, on enveloppa son bras malade dans la dépouille encore tiède d'un lièvre. Puis il reçut des électrochocs. À quatre ans, Willy se laissait sangler une heure chaque jour à une machine en fer censée le redresser. Il semblait en prendre son parti et témoignait d'une patience et d'un entrain remarquables.

Dans ses Mémoires, il présente toutefois les choses sous un autre angle : « La médecine n'était pas aussi avancée à l'époque qu'aujourd'hui. J'ai été soumis à divers traitements qu'on considérerait de nos jours comme de l'amateurisme pur et simple ; ils n'ont d'ailleurs réussi qu'à me torturer[13]. »

Son bras infirme, de douze centimètres plus court que l'autre, terminé par une main impotente, deux fois trop petite, causait une angoisse croissante à Vicky. « Son BRAS ne s'arrange pas », écrit-elle à son père alors que Willy avait déjà un an. « L'idée qu'il reste infirme toute sa vie me hante (...) J'aimerais tant avoir un enfant parfaitement normal, comme *tout le monde*[14] (...) » Elle se reprochait d'avoir trébuché par inadvertance contre une chaise à cinq mois de grossesse et suppliait ses parents de ne parler à personne de la difformité de Willy.

Quand sa fille Charlotte vint au monde dix-huit mois après son aîné, Vicky nota froidement : « Elle est mille fois plus charmante que son frère : toujours aimable, beaucoup plus jolie et au moins deux fois plus éveillée que lui quand il avait le double de son âge (...) Je suis fière d'elle et j'aime la montrer à tout le monde, ce que je n'ai jamais fait avec son frère, si maigre, si pâlichon et tellement dissipé au même âge[15]. » Vicky estimait que Willy n'était pas « joli » à cause de « son BRAS ». Sinon, il avait plutôt belle allure.

En 1860, la psychologie en tant que science n'était pas très avancée. Willy a été mal aiguillé dès le départ. Les médecins sont passés à côté de son symptôme le plus significatif : son extrême nervosité, son incapacité à se concentrer, qui deviendrait au fil du temps l'un de ses traits de caractère les plus marquants, source d'infinis problèmes avec ses conseillers politiques. Un siècle plus tard, des psychanalystes n'auraient pas manqué d'y voir le signe d'un trouble émotionnel nécessitant un traitement adapté. Hélas, seuls des ignorants et des flatteurs entouraient

Willy en aggravant encore sa situation. Il réclamait de l'affection or sa mère ne parviendrait jamais à lui en donner. Son père, moins compliqué que Vicky, refusait d'admettre le problème. Il croyait aveuglément que tout s'arrangerait en temps voulu et on le voyait souvent exhiber son enfant hyperactif au palais.

Willy ne pourrait pas non plus échapper à son principal souci : les espoirs et les attentes de la Prusse reposaient sur lui. Par ailleurs, il était censé réaliser le rêve de Victoria et Albert d'une Allemagne unie selon des principes démocratiques. Dès le début, le futur Kaiser se sentit déchiré entre la Prusse et l'Angleterre. Même son nom portait en lui les germes de la discorde. Friedrich Wilhelm Viktor Albrecht hérita dans l'ordre des prénoms de son père, de son grand-père paternel (l'un et l'autre allemands), de sa grand-mère anglaise et de son grand-père anglais (d'origine allemande). En Allemagne, on l'appelait Wilhelm mais, en Angleterre, il resterait toujours William. Heureusement, Willy maîtrisait les deux langues. La reine Victoria persistait d'ailleurs à orthographier son nom « Willie ». Le régime libéral à l'anglaise que prônait sa mère entrait chaque jour en conflit avec le modèle prussien autocratique qu'incarnaient et son grand-père le roi Guillaume et Bismarck. Brillant et ambitieux en dépit de ses troubles affectifs, Willy penchait d'un côté puis de l'autre, ce qui n'avait pour résultat assuré que de déplaire sans arrêt à l'un des deux camps au moins.

Un fossé se creusa tout de suite entre Vicky et Bismarck. Dès que son beau-père monta sur le trône de Prusse en 1861, Bismarck, son conseiller, marqua l'Allemagne de son empreinte typiquement prussienne : militaire et aucunement libérale ; d'où d'inévitables conflits avec les forces démocratiques qui gagnaient du terrain. Le désir de Guillaume d'accroître les effectifs de son armée déclencha sa première confrontation avec le parlement. Devant le refus du Reichstag de financer son projet de réforme, le roi congédia ses ministres avant de dissoudre le Reichstag et d'appeler auprès de lui Bismarck, à l'époque ambassadeur à Paris. Bismarck devint ministre-président en 1862. Ensemble, ils s'efforcèrent de mettre en place un État militarisé gouverné par un monarque à qui le parlement obéissait, et non l'inverse. Bismarck, le chancelier de fer, ne s'embarrassa pas de la percée des libéraux : « Si l'Allemagne tourne ses regards vers la Prusse, ce n'est pas pour son libéralisme mais pour sa puissance », déclara-t-il publiquement comme s'il cherchait à offenser Vicky. « Ce n'est pas avec des discours et des majorités parlementaires qu'on résoudra les grandes questions du temps, mais par le fer et par le sang[16]. »

Leur antipathie mutuelle se confirma l'année suivante lorsque Bismarck entreprit de museler la presse, au grand dam de Vicky et de Fritz. La princesse n'avait pas sa langue dans sa poche : elle convainquit Fritz de déclarer inconstitutionnelle la décision du chancelier lors d'un discours à Dantzig, à l'origine d'une altercation entre père et fils. Dans ses lettres à sa mère, Vicky, résolument hostile à Bismarck, traite celui-ci de fourbe dangereux, cynique et anglophobe.

Bismarck n'oublierait jamais l'épisode de Dantzig. Il entreprit en secret de saper l'autorité de la princesse et du prince héritiers. L'homme de cour qui nous a laissé un récit de leur mariage appréciait beaucoup Vicky mais il reconnaissait que son entêtement et son manque de tact lui causaient de sérieux ennuis. Selon lui, Vicky « idolâtrait » son père. Au cœur du problème se trouvaient leurs conversations avant son arrivée à la cour de Berlin. « Leurs discussions malvenues », déplore-t-il, « ont nui à l'harmonie future (...) D'après les normes prussiennes, elle a reçu une éducation trop étendue pour une femme[17] ».

Les premiers souvenirs de Willy se rapportent à l'Angleterre. « Mes souvenirs les plus anciens remontent à Osborne, sur l'île de Wight[18] », avoue-t-il dans ses Mémoires, *Aus*

Meinem Leben, publiés en 1922 depuis son exil hollandais après la Première Guerre mondiale. « Je me rappelle parfaitement mon grand-père, le prince consort Albert, le mari de la reine Victoria. Il passait beaucoup de temps avec l'aîné de ses petits-enfants et prenait plaisir à m'asseoir dans une serviette de table avant de me balancer à la ronde (...) J'avais alors deux ans et demi. » Willy avait fait la connaissance de ses grands-parents à Cobourg l'été précédent. « Un vrai petit amour ! » confia la reine Victoria à son journal.

Le prince héritier de Prusse et sa petite famille passèrent trois mois en Angleterre de juin à août 1861. C'était la première visite de Vicky à sa famille depuis son mariage. On imagine sans peine sa joie. Père et fille eurent tout le loisir de renouer le fil de leurs discussions politiques, ravis de s'accorder sur le moindre point. Après le retour de Vicky à Berlin, le prince Albert l'incita un brin lourdement à persévérer dans sa voie. « Puisse ta vie, si magnifiquement commencée, fructifier pour le bien d'autrui et ta propre satisfaction d'esprit ! Il ne faut rechercher le véritable bonheur que dans la conscience de l'effort systématiquement tendu vers des fins bonnes et utiles[19] », lui écrit-il à l'occasion de son vingt et unième anniversaire. Un mois plus tard, le prince Albert mourut de la typhoïde après une visite au turbulent Bertie à Cambridge. On connaît le chagrin de la reine Victoria. Celui de Vicky ne fut pas moindre.

Willy se rappela bien mieux son séjour suivant en Angleterre, en 1863, à l'occasion du mariage de son oncle Bertie à la chapelle Saint-George de Windsor, le 10 mars. La cérémonie parut longue au petit William de quatre ans qui y assistait en costume écossais. Le faste et la musique eurent beau lui plaire, il ne tarda pas à s'impatienter et mordit à la jambe l'un de ses oncles qui venait de lui donner une tape. La reine Victoria assistait avec détachement à la scène depuis la tribune royale en hauteur. La seule cérémonie qui comptait à ses yeux s'était déroulée la veille, en privé. « Me suis rendue avec Alix, Lenchen [sa troisième fille] et Bertie au mausolée. Vicky et Fritz nous ont rejoints. Je les ai fait entrer dans le sanctuaire. Alix était très émue et moi aussi. “Il vous donne sa bénédiction”, ai-je dit en joignant les mains d’Alix et de Bertie que j’ai serrés contre moi en les embrassant. Un moment très touchant. Tous, nous l’avons senti[20]. » Alix n’était peut-être pas très futée mais elle savait attendrir la reine Victoria.

Pour les six ans de Willy, celle-ci lui offrit une écritoire. « Cet enfant chéri, si prometteur, était le préféré de ton papa adoré qui se souciait (et se soucie encore, j’en suis certaine) beaucoup de son accomplissement moral et physique », écrit-elle à sa fille Vicky. « Donne-lui une éducation simple, ne lui inculque ni l’orgueil ni l’ambition prussiens que déplorait tant ton cher papa et qui, à l’en croire, empêcheraient un jour la Prusse de prédominer en Allemagne comme il le souhaitait pourtant ! » Vicky répondit à propos de la « lourde tâche » d’éduquer Willy : « Je m’efforcerai de lui communiquer l’ambition de servir son pays, une fierté et un sens du dévouement tels que les sacrifices nécessaires ne lui pèseront en rien. Puissé-je instiller en lui notre sentiment britannique d’indépendance et notre bon sens typiquement anglais, si rare de ce côté-ci de la mer[21]. »

À partir de septembre 1866, dès l’âge de sept ans, Willy prit des leçons auprès du Dr Georg Hinzpeter, qui pesa plus que quiconque sur son éducation. Hinzpeter, un célibataire de trente-neuf ans aux mœurs spartiates et à l’allure d’esthète, calviniste pur et dur, croyait aux vertus du devoir, du sacrifice de soi et du travail d’arrache-pied. Il ne possédait aucun sens de l’humour. Il ne fallait pas gâter le futur monarque mais lui apprendre l’autodiscipline au moyen d’une éducation stricte car, tôt ou tard, il se retrouverait cerné de flatteurs. Ces mêmes principes présideraient à l’éducation des trois cousins. On perçoit aujourd'hui sans peine leurs lacunes : ils n'allaient pas offrir un rempart très solide à la flatterie insidieuse. En plus, Vicky entendait inculquer à son fils une éducation civile et non militaire, ou en d'autres termes : anglaise et non prussienne.

Les parents de Willy tenaient Hinzpeter pour le meilleur choix possible. Il n'était pas de sang noble, et à leur sens, tant mieux, mais le fils d'un simple instituteur, lui-même instituteur jusqu'à ce qu'il entre au service d'une de leurs connaissances. Son sérieux impressionna le prince et la princesse héritiers ; n'était-il pas docteur en philosophie ? Hinzpeter nourrissait quant à lui plus d'ambition que ne le suggérait son apparente déférence. À la grande joie de Vicky et de Fritz, il semblait d'accord avec eux sur tout, y compris leurs idées libérales et partageait même leur intérêt pour les questions sociales. La nervosité de Willy, son incapacité à se concentrer les inquiétaient de plus en plus. Ils crurent Hinzpeter capable d'amender ces fâcheuses tendances en formant le dirigeant responsable que leur fils devrait un jour devenir. Hinzpeter, qui n'allait pas leur donner tort, s'attela aussitôt à la tâche.

Les journées de Willy commençaient à six heures en été et sept en hiver, pour se terminer à six ou sept heures également, selon la saison. Deux pauses les entrecoupaient : le petit déjeuner (du pain sec) puis le déjeuner qui ne durait jamais plus de trois quarts d'heure. Parfois, un invité venait prendre le thé. Willy devait offrir du gâteau mais lui-même n'y avait pas droit. Il apprit le catéchisme, le latin, l'histoire, l'arithmétique, la géographie, puis plus tard le grec, l'anglais auprès d'une certaine Miss Archer et le français avec Mme Darcourt, la future épouse de Hinzpeter. Par principe, celui-ci ne complimentait jamais son élève, censé lui obéir par amour du devoir. « C'était dur pour un petit de sept ans », commente Willy. « On peut penser ce qu'on veut des méthodes de Hinzpeter mais, selon moi, des leçons sans joie partent forcément sur de mauvaises bases psychologiques[22]. » Entre de bonnes mains, Willy aurait pu devenir un souverain compétent en dépit de son caractère difficile.

Son jeune frère Heinrich suivait les mêmes cours que lui. Tout le monde s'accordait à trouver Willy brillant : il possédait une mémoire hors du commun et un don naturel pour les langues. Par contre, il n'y avait pas grand-chose à espérer de Heinrich, fort sympathique au demeurant. Hinzpeter fit de son mieux avec lui puis il finit par renoncer. Il se concentra dès lors sur son principal élève, le futur Kaiser. Willy le paya de retour en s'appliquant à ses études dans l'espoir de plaire à son mentor et de lui arracher un compliment. L'histoire emportait sa préférence, surtout celle de l'Allemagne et de l'Antiquité. Les livres de cours du petit handicapé regorgeaient de récits héroïques dont il raffolait ; lui qui comptait tant de héros parmi ses ancêtres. Il aimait par-dessus tout Frédéric le Grand, auquel il se référerait toute sa vie dans ses conversations, ses discours et ses notes de travail.

L'éducation d'un prince ne se limitait pas aux devoirs scolaires mais englobait la danse, la gymnastique, l'escrime, le tir, la nage, l'aviron, la voile et surtout l'équitation – disciplines qui présentaient toutes des difficultés à Willy à cause de son bras invalide. De pénibles exercices à répétition corrigèrent son maintien sans rien changer à son bras. « Le pauvre bras ne va pas mieux[23] », écrivit Vicky à la reine Victoria alors que son fils avait déjà dix ans. « Physiquement, William commence à se sentir à la traîne des plus jeunes que lui – il ne sait pas courir vite, faute d'équilibre, ni monter à cheval ni couper sa viande (...) Cela m'étonne qu'il le prenne aussi bien. Son tuteur pense qu'il en souffrira beaucoup plus en grandissant : il va se sentir exclu des activités dont raffolent les autres, surtout qu'il reflète la santé et bouillonne de vie. » C'était sans compter le tempérament de Willy, parfaitement conscient de ce qu'exigeait de lui son futur poste. À quatorze ans, il réussit sans peine ses examens d'entrée dans le secondaire où il se mêla bientôt aux activités de ses camarades de classe. Il n'éprouvait alors plus de difficultés qu'à table malgré le secours d'un astucieux gadget combinant couteau, fourchette et cuiller. L'un de ses amis, le prince Heinrich von Schönburg-Waldenburg, précise que Willy ne s'appesantissait jamais sur son handicap. Il se contentait de remarquer : « avec mon bras, je ne peux pas faire ci ou ça[24] ». Il ne cherchait pas non plus à le cacher, sauf en public où il lui arrivait d'enfouir sa manche gauche dans sa poche ou de poser sa trop petite main sur une selle ou le pommeau d'une épée.

Le temps aidant, Willy finit par pratiquer toutes sortes de sports : seule l'équitation le rebutait encore. À cause de son bras inerte, monter à cheval était pour lui une torture et pourtant un futur Kaiser devait à tout prix y parvenir. La Prusse s'enorgueillissait de son armée, la plus grande et la plus redoutée d'Europe, or nul n'imaginait l'armée prussienne sans son Kaiser chevauchant à sa tête aux parades, aux manœuvres et, si nécessaire, à la guerre. Hélas, à neuf ans, Willy n'y arrivait toujours pas : au mieux, il se laissait conduire sur son poney en laisse. L'équitation le terrifiait parce qu'il ne trouvait pas son équilibre, ce qu'à l'époque on mettait sur le compte de son bras impotent plutôt que de son oreille interne. Aux écuries royales, personne ne se sentait le courage de forcer l'enfant en larmes à monter à cheval. Hinzpeter finit par s'interposer. Dans ses Mémoires rédigés à près de soixante ans, le Kaiser en exil se rappelle encore sa terreur. Il cite à ce propos Hinzpeter : « Malgré ses supplications et ses pleurs, on le réinstalla sur son cheval chaque fois qu'il tombait jusqu'à ce qu'enfin, après des semaines et des semaines de torture, il trouve son équilibre[25]. » Hinzpeter, lui-même ému, admet que ces exercices matinaux étaient pénibles pour tous. Les larmes en venaient aux yeux du prince Heinrich. Wilhelm, lui, comprenait que Hinzpeter ne faisait que son devoir et, plus tard, il l'en remercia.

Les parents de Willy s'étaient mépris sur un trait essentiel du caractère de Hinzpeter. Ils l'avaient engagé en raison de ce qu'il souhaitait donner comme éducation à un futur monarque et parce que lui aussi pensait qu'il fallait implanter en Allemagne une société libérale. Vicky en personne se consacrait à l'instruction des femmes et à de bonnes œuvres dans des hôpitaux. Hinzpeter et les parents de Willy estimaient le manque de considération envers le peuple préjudiciable à la société entière. La reine Victoria aussi : le 18 décembre 1867, elle écrivit à sa fille : « Je voulais répondre à ton discours sur la barrière qui sépare les classes. Ce n'est pas faux, ce que tu écris (...) Les classes supérieures – surtout l'aristocratie (à quelques honorables exceptions près) – sont si frivoles, dissolues, égoïstes, immorales et friandes de jeux qu'elles me font penser (comme me le disait d'ailleurs l'aumônier de Windsor l'autre soir) à la veille de la Révolution française (...) Les classes inférieures s'enrichissent avec trop de mérite et d'intelligence et sont trop bien informées – on ne peut ni ne doit donc les écarter – pour se laisser exploiter par les misérables ignorants de haute naissance qui ne vivent que pour tuer le temps. Ceux-là, il faudra les mettre en garde et leur faire peur ou sinon nous courrons tous à la catastrophe[26]. » Avec de telles idées en tête, et les encouragements du prince et de la princesse héritiers, Hinzpeter emmenait souvent ses deux jeunes élèves visiter des usines ou des ateliers : ils y nouaient des conversations avec les ouvriers sans oublier d'ôter leur chapeau à leur départ, pour le plus grand étonnement de leurs hôtes.

Hinzpeter n'avait pourtant rien d'un libéral. Il voulait une monarchie absolue et non constitutionnelle. Le prince et la princesse héritiers auraient sans doute été très surpris d'apprendre que Hinzpeter vénérait Bismarck. Ils lui confièrent leur fils douze heures par jour pendant onze ans en l'emmenant même en vacances avec eux et, sous cette influence ou par penchant naturel, qui sait, Willy finit par se ranger aux idées de son tuteur. Deux de ses contemporains rejoignirent Frédéric le Grand dans son panthéon personnel : son grand-père Guillaume Ier et Otto von Bismarck.

Ce dernier ne tarda pas à mettre ses principes en œuvre. Il voulait placer le grand-père de Willy, alors roi de Prusse, à la tête d'une Allemagne unie qu'il gouvernerait en monarque absolu au mépris du modèle démocratique à l'anglaise que tous deux estimaient fragile et dangereux. Guillaume Ier, militaire dans l'âme, professait des goûts aussi simples que ses vues politiques. Il se félicitait de voir Bismarck exercer le pouvoir à sa place en appliquant sa politique « du fer et du sang » à l'intérieur comme à l'extérieur du royaume.

En tout, Bismarck lança trois guerres d'unification allemande ; la première, en 1864, opposa au Danemark la Prusse soutenue par l'Autriche, qui convoitait les duchés de Schleswig et Holstein à cheval sur la frontière germano-danoise. Bismarck comptait les annexer à la Prusse afin de creuser dès que possible un canal reliant la mer du Nord à la Baltique. Willy n'oublierait jamais le départ des soldats allemands, autrichiens et hongrois remontant au pas l'avenue Unter den Linden. Il n'avait que cinq ans lorsque, par les fenêtres du palais royal, il vit son grand-père vêtu d'un splendide uniforme mener la parade sur une estrade. « Les souvenirs d'enfance d'un Berlinois de naissance sont par nature militaires[27] », écrira-t-il par la suite. La Prusse et l'Autriche remportèrent la guerre en moins de six mois. Le défilé des vainqueurs, le long d'Unter den Linden, et les rangées de soldats prussiens en marche sous les drapeaux de leurs régiments au son des fanfares et des hourras de la foule, marquèrent Willy d'une empreinte d'autant plus indélébile ; que son propre père y triompha en héros.

La guerre creusa tout de même un fossé au sein de la famille : les doutes de la reine Victoria sur l'opportunité du mariage de Bertie à la princesse Alexandra de Danemark se justifièrent tout à coup. Le père d'Alexandra, qui venait d'hériter de la couronne du Danemark sous le nom de Christian IX, dut renoncer à près de la moitié de son royaume en s'acquittant d'une lourde compensation qui dépassait de loin ses propres moyens ou ceux de son pays ruiné. La princesse Alexandra ne le pardonnerait jamais aux Prussiens. La reine Victoria, en mémoire du rêve caressé par son cher Albert d'une Allemagne unie, soutint les revendications prussiennes malgré la sympathie de son propre fils, de sa belle-fille, de son gouvernement et même de son peuple pour les Danois. Bertie, tiraillé entre les deux camps, opta d'abord pour une position mesurée mais la détresse d'Alexandra était telle qu'il se mit bientôt à critiquer la Prusse sans trop de discrétion. Ce ne fut pas du goût de la reine Victoria mais Bertie ne s'en soucia pas outre mesure. Il accusa sa sœur Vicky d'être devenue prussienne dans l'âme.

Si seulement c'était aussi simple ! « Me voici en fâcheuse posture[28] », écrit Vicky à Fritz, au front. « On me reproche ici d'être trop anglaise et trop prussienne dans ma patrie. À croire que je ne peux rien faire comme il faut ! » Pour Fritz non plus, ce n'était pas facile. Orgueil et douleur se mêlèrent en lui lorsqu'il parada au côté des vainqueurs le long d'Unter den Linden. La foule l'acclamait en héros or il venait de remporter une guerre d'agression contre un petit pays pauvre et sans défense. « J'ai honte[29] », confie-t-il à son journal. Le 18 décembre, décrété par son père jour d'action de grâces pour la victoire prussienne, les cloches des églises de Berlin sonnèrent sans discontinuer. Au banquet ce soir-là, Fritz ne leva pas son verre au toast en l'honneur de Bismarck. Ce geste de provocation irréfléchi n'échappa malheureusement pas au chancelier.

En Angleterre, personne ne se souciait du dilemme de Vicky et Fritz, surtout pas le prince et la princesse de Galles, aussi résolument antiprussiens l'un que l'autre. Le 21 juin 1865, la reine Victoria repoussa la demande de Vicky de venir passer Noël en Angleterre avec sa famille, bannie de Windsor cette année-là. Vicky dut se convaincre que sa mère agissait pour son bien car elle « ne serait pas heureuse » en compagnie des siens. En vérité, la reine Victoria commençait à changer d'avis sur les Prussiens dont la politique extérieure agressive ne cadrait pas avec les attentes de son cher Albert. La pauvre Vicky, unie au kronprinz par la volonté de ses parents, devenait persona non grata en Angleterre comme en Prusse.

Pendant ce temps, Bismarck préparait sa prochaine guerre d'unification allemande contre son alliée l'Autriche afin d'annexer l'ensemble du Schleswig Holstein à la Prusse, projet qu'il caressait depuis sa précédente victoire. En juin 1866 débuta la guerre de sept semaines qui s'acheva par la rapide défaite de l'Autriche. Fidèle à sa politique « du fer et du sang », Bismarck n'accorda aucune pitié aux petits États allemands qui soutenaient l'Autriche. La Prusse laissa vingt-quatre heures à Francfort pour régler 25 millions de guldens de dommages de guerre. Le riche roi de Hanovre (celui qui revendiquait la vaisselle en or) perdit toutes ses possessions avant de se réfugier en Angleterre. Du point de vue de la famille royale anglaise, le pire fut encore le sort du petit État de Hesse-Darmstadt. La sœur de Vicky, l'insignifiante Alice que lui préférait Bertie, avait épousé Louis de Hesse en 1862. Lorsque la guerre éclata en 1866, le couple, inquiet pour ses filles Victoria et Ella, les envoya en Angleterre auprès de leur grand-mère la reine Victoria. Alice attendait alors son troisième enfant, ce qui ne l'empêcha pas de mettre sur pied un hôpital pour les blessés. Quarante mille hommes périrent en une journée dans les rangs autrichiens à la bataille décisive de Königgrätz, où le kronprinz Friedrich commandait les troupes prussiennes. Louis se battait encore sur l'autre front lorsque les Prussiens entrèrent à Darmstadt. Alice en fut réduite à les regarder parader avec arrogance et mettre la ville à sac. Le Hesse, déjà pas bien riche, frôla la banqueroute. Louis III (l'oncle de Louis) ne conserva son trône que grâce à sa sœur, l'épouse du tsar de Russie Alexandre II. La présence du beau-frère d'Alice à la tête des troupes prussiennes compliquait encore la situation.

Cette nouvelle manifestation du bellicisme prussien outragea la reine Victoria, et toute l'opinion publique anglaise. Déchirés entre leurs pays et leurs familles, Vicky et Fritz ne savaient plus à qui les rattachait leur loyauté. Au cours de la guerre, Vicky dut affronter une tragédie qu'aggrava encore l'absence de Fritz. Leur quatrième enfant, Sigismund, leur chouchou, surnommé Sigi, mourut en quelques jours d'une méningite à moins de deux ans. Vicky, au désespoir, écrit à sa mère : « Ta fille en peine se tourne vers toi dans son chagrin (...) Mon petit chéri que le Seigneur m'avait confié pour ma plus grande joie et ma plus grande fierté s'en est allé (...) Oh COMBIEN j'adorais ce cher petit ! Dès sa naissance, il a plus compté pour moi que ses frères et sœurs, il était si adorable, si attachant, si gai, si vivant[30]. » Willy, Charlotte et Henri ne parvinrent jamais à compenser la perte de celui que Vicky appelait « son trésor ». Dans ses lettres à sa famille, elle traite Henri d'enfant « terne et paresseux » ; Charlotte, de « grosse » et Willy, de « garçon dissipé et turbulent[31] ». Même sa petite dernière, Victoria, ne lui fut d'aucun secours. À compter de ce jour, chaque dimanche après la messe, la famille se rendrait à la Friedrichskirche, à la chapelle où reposait Sigi.

Le kronprinz et son épouse s'aperçurent bientôt que la seconde victoire de la Prusse avait renforcé en Willy l'orgueil typiquement prussien qu'attisait son grand-père. Le 27 janvier 1869, il fêta ses dix ans. « Mon dixième anniversaire compta beaucoup pour moi », précisa-t-il plus tard, « dans la mesure où ce jour-là, selon la coutume de notre maison royale, je fus enrôlé dans la fameuse armée prussienne. À cette occasion, mon grand-père me décora de l'ordre de l'aigle noir et je reçus mon uniforme du premier régiment d'infanterie. La cérémonie se déroula dans l'intimité du cercle de famille. Mon père remit l'ordre à mon grand-père dans un écrin d'or ; j'avais déjà revêtu mon uniforme afin de prêter serment à Sa Majesté[32] ».

Ce même jour, il reçut l'autorisation d'accompagner son grand-père au champ de manœuvres de Potsdam où, devant sa famille entière, il prit la tête de son régiment en s'entraînant à défiler au pas pour la première fois de sa vie. Il n'y parvint d'ailleurs pas sans peine et dut courir en tous sens pour ne pas se laisser distancer – charmant spectacle, même s'il ne fut pas du goût de tout le monde. « Le pauvre Willy en uniforme ressemble à un malheureux petit singe qu'on a appris à se dresser sur un orgue de Barbarie[33] », écrit Vicky à la reine Victoria.

De ce point de vue, Bismarck et le grand-père de Willy finirent par l'emporter. Willy devint un Hohenzollern pur et dur, et personne n'y changerait plus rien. Son grand-père réclamait sa présence sur le champ de manœuvres, et tant pis pour les leçons du petit : le vieux roi détestait les livres, ce dont il tirait même une certaine fierté. Il les estimait en effet inutiles à la formation d'un bon officier prussien. Willy en prit son parti : il ne demandait pas mieux que de quitter sa salle de classe, le temps d'une parade militaire. Les parents de Willy s'en réjouirent un peu moins : ils y voyaient une tentative de Bismarck de soustraire le petit à leur influence. En secret, Bismarck s'efforçait de monter le roi contre son fils. À cette époque, père et fils gardaient encore de l'affection l'un pour l'autre même s'ils n'avaient pas grand-chose en commun. Bismarck n'eut cependant aucune difficulté à instiller dans l'esprit du roi des soupçons sur le kronprinz et son épouse, « la princesse anglaise ».

En 1870, Bismarck lança sa troisième et dernière guerre d'unification allemande, la plus ambitieuse de toutes, contre la France. Après neuf mois de combats, la Prusse annexa l'Alsace-Lorraine et Metz. Jamais elle ne connaîtrait plus belle heure de gloire, du moins selon Willy. La parade triomphale des vainqueurs le long d'Unter den Linden suivit une cérémonie dans la galerie des glaces du palais de Versailles, le 18 janvier 1871. Son grand-père y reçut le titre d'empereur Guillaume Ier du nouveau Reich. Le jeune prince Guillaume exulta en songeant que son grand-père régnait désormais sur un immense empire, comme sa grand-mère la reine Victoria en Angleterre. Il reçut la permission d'accompagner son père et sa mère à la rencontre des troupes de retour à Berlin. « Ma mère portait l'uniforme de son régiment de hussards. Naturellement, j'avais revêtu celui du premier régiment d'infanterie[34] », se souvient-il dans ses Mémoires. « Les hourras de la foule déchaînée ne connaissaient plus de bornes, les soldats recevaient des couronnes de lauriers à n'en plus finir. »

L'Allemagne existait désormais en tant que nation sous la tutelle de fer de la Prusse. Au cours des deux décennies suivantes, le jeune Reich, galvanisé par sa puissance nouvelle, connut une rapide expansion. Le pays jusque-là en grande partie rural se mua en société moderne industrialisée. Bientôt, l'Allemagne chercha de l'autre côté du globe de nouveaux débouchés à son commerce. Les diplomates et les hommes d'affaires russes revenaient inquiets de cet empire prospère. Les Anglais, eux, conservaient leur fameux air de supériorité mais ils surveillaient de près l'expansion allemande. Les Français, humiliés par la guerre et la perte de l'Alsace-Lorraine, vouèrent au nouvel empire allemand une haine qui n'était pas près de s'éteindre.

2.

GEORGIE, LE CADET

George V, cousin du Kaiser Guillaume II par son père et du tsar Nicolas II par sa mère, se distinguait d'eux sur un point essentiel : c'était un cadet. Il échappa donc aux attentes démesurées qui pesèrent sur eux dès leur naissance. Il vit le jour à Marlborough House à Londres le 3 juillet 1865, sans encombre, pour le plus grand soulagement de ses parents, le prince et la princesse de Galles ; mais pas de sa grand-mère la reine Victoria, contrariée au plus haut point. « Il semblerait que *je ne doive jamais* assister à la naissance de vos enfants, ce que je regrette beaucoup[1] », écrit-elle à Bertie. Dieu sait comment, Bertie et Alexandra réussissaient toujours à se tromper de date. Affie, le cadet que son destin appelait à régner sur Cobourg, « ce cher petit pays », flaira un piège : « je suis sûr que tu as déclaré exprès qu'il devait naître plus tard ».

Le même incident s'était produit dix-huit mois plus tôt à la naissance de l'aîné, le prince Albert Victor. Lui aussi vint au monde sans encombre, même si tout allait rapidement se compliquer au sein du clan royal, pour ne pas dire s'aigrir. Au moment même où la princesse Alexandra accouchait d'Albert Victor en Angleterre, les Prussiens et leurs alliés autrichiens violèrent la frontière du Danemark lors de la première guerre d'unification allemande de

Bismarck. Sans ressources et sans défense, le Danemark courut à la défaite. Alexandra passa des nuits entières à déplorer la perte du Schleswig-Holstein et les tributs écrasants que son père le roi Christian IX devait payer aux Prussiens en compensation d'un conflit que le Danemark n'avait même pas provoqué. La situation chiffonna la reine Victoria : depuis le début, elle estimait le mariage danois bancal d'un point de vue diplomatique à cause du problème épineux du Schleswig-Holstein sur lequel on se prétendait des droits de part et d'autre de la frontière. Elle décida de soutenir la Prusse comme l'aurait souhaité son cher Albert mais l'opinion publique en Angleterre se rangea du côté du Danemark, par sympathie instinctive pour les victimes et parce que les Anglais raffolaient de leur « princesse danoise ».

Sitôt débarquée sur le sol anglais en mars 1863, Alexandra avait conquis les cœurs. Elle était venue à Gravesend à bord du yacht royal *Victoria and Albert* avec son père, sa mère, ses trois sœurs et ses deux frères dans l'intention d'épouser le prince de Galles. À dix-huit ans, elle était « outrageusement belle », comme le reconnaissait malgré elle la reine Victoria. Le prince de Galles, amoureux, et aussi impétueux qu'à son habitude, courut à la passerelle embrasser sa fiancée sous les yeux de la foule en délire. En Angleterre, on n'avait encore jamais rien vu de tel.

Trouver une épouse à Bertie ne fut pourtant pas une partie de plaisir. Plus d'une fois, ses parents consultèrent à ce sujet leur aînée, Vicky. L'obligation de dénicher une fiancée de sang royal et de confession protestante limitait encore leur choix. Il fallait aussi que la demoiselle soit raisonnable pour deux car Bertie, lui, ne l'était pas du tout. Comparé à Vicky, il manquait de relief, d'énergie et de suite dans les idées. L'enfant peu prometteur était devenu un jeune homme tout aussi peu prometteur qui jamais ne brillerait dans ses études ; surtout pas à Cambridge. Bertie se plaisait en douteuse compagnie à jouer aux courses et courir les jupons ; en somme, tout ce qui passait pour synonyme de « divertissement », un mot que ni son père ni sa mère n'appréciaient ni même ne comprenaient. Cela n'aurait pas eu grande importance s'il n'eût été l'héritier de la plus puissante monarchie de la terre. « Oh ma chérie, que se passerait-il si je venais à mourir l'hiver prochain[2] ! » écrit la reine Victoria à sa fille aînée en avril 1859. « Il y a de quoi en frémir rien que d'y penser. Quelle horrible perspective (...) Son salut, et celui du pays par la même occasion, repose sur sa confiance absolue en son cher Papa, la perfection du genre humain ! »

Il fallait vraiment dénicher une perle pour Bertie ! Comme de juste, celui-ci compliqua encore la situation en insistant pour ne se marier que par amour. Il jeta son dévolu sur la princesse Alexandra Caroline Marie Charlotte Louise Julie de Schleswig-Holstein-Sonderborg-Glücksburg, un nom bien long pour une famille royale de second rang sans le sou. Pour couronner le tout, sa mère la reine Louise ne jouissait pas d'une grande faveur en Angleterre. Elle descendait de la lignée de Hesse-Cassel connue pour sa frivolité, et en effet, au château de Rumpenheim, près de Francfort, sa famille passait son temps à cancaner et jouer de grosses sommes d'argent... ou des tours pendables aux invités.

Bertie appréciait Rumpenheim à sa juste valeur même si on n'aurait su en dire autant de ses parents. Il ne comptait renoncer pour rien au monde à la douce princesse Alexandra, « outrageusement belle » quoique pas aussi brillante que Vicky – et d'ailleurs tant mieux. L'affaire ne se conclut pour de bon que lorsque la reine Victoria apprit que le tsar Alexandre II convoitait la main de la princesse danoise pour son fils et héritier.

À l'arrivée d'Alexandra en Angleterre, le prince Albert était déjà mort depuis deux ans. Heureusement pour lui, Bertie, toujours à court d'argent, avait hérité de son père 600 000 livres s'ajoutant aux 50 000 que lui rapportait chaque année le duché de Cornouailles. Vu que le salaire moyen en Angleterre dépassait à peine 50 livres par an à l'époque, cela représentait une coquette somme, même si elle ne suffisait pas à Bertie, loin de là. Il dépensa aussitôt 220 000 livres pour acquérir 2 830 hectares de terres à Sandringham dans le Norfolk sur le conseil de ses amis les ducs de Buccleuch et de Devonshire, des aristocrates propriétaires d'immenses domaines où ils chassaient une bonne partie de l'année. Avant la Première Guerre mondiale, moins de 0,5 % de la population anglaise possédait les quatre cinquièmes du territoire ; ce qui la rendait immensément riche compte tenu du montant dérisoire des impôts fonciers à l'époque. Les grands propriétaires employaient des kyrielles de domestiques qui s'estimaient heureux lorsqu'ils disposaient d'une demi-journée de congé par semaine. Les nouveaux barons de l'industrie dont la fortune provenait des mines, des aciéries, du commerce naval ou des chemins de fer vivaient eux aussi dans l'opulence. La lente émergence des syndicats soucieux d'améliorer les conditions de vie des classes laborieuses entravait à peine leur enrichissement.

À côté de ces hommes fabuleusement prospères, Bertie avait un train de vie modeste. Il dépensa 100 000 livres en meubles pour Marlborough House et en équipages ; plus quelques achats de bijoux. L'investissement du reste de son capital lui garantit un revenu annuel de 65 000 livres qui ne suffirait cependant pas à couvrir ses frais. Sous la pression de Gladstone, alors chancelier de l'Échiquier, le parlement accepta de lui verser 40 000 livres de plus par an en allouant 10 000 autres livres aux dépenses personnelles de la princesse de Galles qui n'avait pas un sou vaillant. La somme parut dérisoire à certains mais pas à la princesse ni à son père le roi de Danemark, qui devait se contenter de 2 000 livres par an. Le prince de Galles réussit tout de même à se retrouver en déficit de 20 000 livres jusqu'à ce que le parlement se laisse convaincre d'intervenir à nouveau.

Après son fougueux baiser à Alexandra sous les yeux d'une foule en liesse, Bertie lui présenta les membres de sa maison : Sir William Knollys, son contrôleur et trésorier, Lord Spencer, le *groom of the Stole*, plus deux Lords *grooms of the Bedchamber** et son secrétaire particulier Francis Knollys, le fils de Sir William – en résumé : de quoi subjuguer une jeune princesse à l'éducation simple et modeste. La compagnie se rendit en carrosse de Gravesend à la gare de Paddington à Londres où les attendait le train royal à destination de Windsor. Une foule en délire se pressa le long des rues en essayant d'apercevoir la « princesse danoise » à la beauté célèbre, vêtue ce jour-là d'une robe de soie grise et d'une veste violette à liseré noir que mettait en valeur un bonnet blanc à motifs de boutons de rose. Un tel spectacle ravit le public anglais qui chérirait la princesse jusqu'à la fin de ses jours.

La reine Victoria attendait à Windsor, l'âme en paix. « J'ai descendu les escaliers presque jusqu'au bas des marches. Bertie est arrivé, en tenant la main de cette chère Alix. On aurait dit une rose. Je l'ai embrassée avec chaleur[3] », précise la reine dans son journal. Après quelques minutes en compagnie des Danois dans son boudoir blanc, elle se retira dans ses appartements, « triste et affligée ». Elle y pleurait le prince Albert lorsqu'un coup étouffé retentit contre la porte. « Alix a jeté un coup d'œil à l'intérieur avant de venir s'agenouiller devant moi. Son visage revêtait cette expression douce et aimante qui en dit si long. Émue, je l'ai embrassée à plusieurs reprises. Elle m'a dit que la cohue à Londres lui avait paru effrayante et l'enthousiasme de la foule, immense ; des décorations à n'en plus finir le long des routes etc. L'affluence à la City faisait même peur à voir. Bertie est

* Autrement dit : des officiers de la chambre [N.d.T.]

venu la rejoindre un instant. On a donné un dîner en famille, j'ai dîné seule. »

Le jour même du mariage, le chagrin de la reine reprit le dessus. « À un moment, quand j'ai entendu la fanfare des trompettes, qui m'ont remis en mémoire les vingt années de ma vie à ses côtés, fière, confiante et heureuse ; j'ai cru m'évanouir[4]. » Bertie, le prince de Galles, attendait à l'autel, escorté par son beau-frère Frédéric, le kronprinz de Prusse et son oncle le duc de Cobourg. Il semblait pâle et nerveux dans son uniforme de l'ordre de la Jarretière. Enfin, la mariée arriva. Des fleurs d'oranger, des roses blanches, des trèfles et des chardons en dentelle de Honiton ornaient sa robe en fil d'argent terminée par une longue traîne argentée et des mètres de tulle blanc. « Elle tremblait, très pâle », note la reine Victoria, « l'air adorable[5] ». Elle fit son entrée au son de la marche processionnelle de Händel, au bras de son père. Six évêques assistaient à l'office ainsi que huit demoiselles d'honneur, « toutes laides à souhait », commente un invité railleur. Un autre confirme : « Les demoiselles d'honneur avaient plutôt belle allure – vues de dos. »

Après un voyage de noces d'une semaine à l'île de Wight, le prince et la princesse de Galles s'installèrent à Sandringham, en pleine reconstruction pour une somme faramineuse, puis, au début d'avril, dans leur nouvelle résidence londonienne de Marlborough House. À Londres s'ouvrit cette année-là une saison exceptionnellement brillante sous l'impulsion du couple royal le plus chic de mémoire d'homme. La bande de Marlborough House, comme on la surnomma bientôt, voulait s'amuser à peu près tout le temps. L'étiquette se relâcha. Le statut social de ses membres importait peu : il fallait être de bonne compagnie et suffisamment nanti pour soutenir leur train de vie, voilà tout. On y croisait des industriels nouveaux riches, des banquiers juifs ou des actrices célèbres. Tous appartenaient à ce que la reine Victoria appelait d'un air réprobateur « la fine équipe ». Ils allaient aux courses ou à la chasse ou en croisière en yacht, selon la saison, et passaient leurs soirées à des bals, des dîners ou au théâtre. Après manger, ils dansaient puis jouaient aux cartes pour de l'argent. À Berlin, la cour du Kaiser Guillaume s'en offusqua. Même si elle ne se souciait pas de grand-chose d'autre, la bande de Marlborough House se montrait pointilleuse sur les bonnes manières et la discrétion. La tenue vestimentaire aussi comptait énormément, surtout aux yeux du prince de Galles.

Son épouse ne tarda pas à lancer les modes et lui-même, à s'endetter. Les Anglais en furent ravis : ils ne voyaient presque plus la reine, qui leur semblait de toute manière bien austère lors de ses rares apparitions, vêtue de noir de pied en cap. Enfin, il y avait en Angleterre un couple princier plein de charme, et avide de distractions que le peuple appréciait, voire imitait à sa mesure ! Les Britanniques n'aimaient rien tant que de passer aux courses ou au music-hall leurs rares journées de congé. Ils se pressaient dans les rues pour apercevoir la *toilette* de la princesse de Galles ou le feutre dont son mari venait de lancer la mode. Lorsque le couple dépassait les bornes, on ne lui en tenait même pas rigueur. Après tout, c'était humain ! Les sujets de Sa Majesté ne protestèrent – et encore, pas longtemps – que lorsque le prince de Galles se mit à désobliger la princesse par ses infidélités à répétition. Contrairement à la reine Victoria, Bertie et Alexandra sentaient à quel point l'opinion publique importait dans une monarchie constitutionnelle.

Au début, Victoria se félicita de l'influence qu'exerçait Alexandra sur son fils indiscipliné. « Les jeunes mariés sont là et je reconnais que les changements survenus chez Bertie me laissent sans voix[6] », écrit-elle à Vicky le 25 mars 1863. « Cette chère Alix a beaucoup souffert de la séparation d'avec ses parents mais elle est toujours douce et calme et gentille. Vive d'esprit, ça non, je ne crois pas, mais elle a beaucoup de bon sens et un bon fond. » Il n'en irait pas toujours ainsi. La reine apprit bientôt que « les jeunes mariés » sortaient tous les soirs ou presque, et pas avec des gens comme il faut. Une chose en particulier l'inquiétait : Alexandra devenait « un petit peu pimbêche[7] ». Elle manquait de force de caractère pour empêcher son mari de jouer ou de sortir *en garçon* quand cela lui chantait. En mai, deux mois seulement après leur mariage, la reine Victoria se mit à guetter des signes de grossesse tout en s'inquiétant du patrimoine génétique de son futur héritier. « As-tu remarqué », demande-t-elle à Vicky, « qu'Alix a la plus petite tête qu'on ait jamais vue ? Voilà ce que je redoute – ça et sa petite cervelle d'oiseau – pour ses futurs enfants[8] ».

En réalité, la princesse de Galles attendait déjà un heureux événement. Albert Victor naquit avant terme. Il pesait moins de 4 livres mais se portait comme un charme. Alexandra tenait à revoir dès que possible ses parents : elle s'était tant inquiétée pour eux pendant la guerre prusso-danoise ! Toute sa vie, la princesse accorderait la première place à sa famille. Elle brûlait d'envie de montrer à ses proches son bébé, l'héritier de la couronne, et de retrouver sa sœur Dagmar, ou Minny. Le grand-duc Nicolas, le fils aîné du tsar Alexandre II de Russie, la courtisait à ce moment-là. On l'attendait à Copenhague fin septembre.

La reine Victoria reçut la nouvelle avec déplaisir. D'un point de vue politique, la visite au Danemark tomberait on ne peut plus mal. Elle n'y consentit qu'à contrecœur, sous certaines conditions. D'abord, le prince et la princesse séjourneraient incognito dans un hôtel de Stockholm pendant que le grand-duc Nicolas ferait sa cour à la princesse Dagmar à Copenhague. Ils reviendraient ensuite par la Prusse afin de ne froisser personne – surtout pas Fritz ou Vicky. Enfin, ils renverraient leur fils le prince en Angleterre à bord de leur yacht royal dès leur départ du Danemark.

Bertie approuva les idées de sa mère en principe en s'autorisant quelques libertés en pratique. Il se rendit à Stockholm comme convenu mais pas à l'hôtel ni incognito. Avec son épouse, il logea au palais du roi Charles XV de Suède, ce qui suscita de nombreux commentaires. « Je ne tiens pas à ce qu'Alix soit mal logée si je peux l'éviter[9] », écrit Bertie à sa mère le 7 octobre avec une fermeté inaccoutumée. À leur arrivée à Copenhague, ils se réjouirent de l'accueil plus que chaleureux des Danois. Humiliés par les Prussiens, ceux-ci firent un triomphe à leur princesse mariée à l'héritier de la nation la plus puissante du globe. Sur le chemin du retour, Alexandra refusa tout net de se rendre à Berlin ; ce qui obligea les deux couples à se retrouver en terrain neutre, à Cologne. Vicky mit plusieurs jours à leur fixer un rendez-vous : Bertie ne répondait pas à ses lettres. La reine Victoria, offusquée, déclara son fils ingouvernable. Bertie et Alix ne cachèrent pas que la vue de Fritz en uniforme prussien faisant sans cesse étalage de ses médailles « pour *acte de bravoure* envers les malheureux Danois[10] » les contrariait au plus haut point.

Choisir un prénom au fils de Bertie s'avéra toute une affaire. La reine Victoria avait des idées bien arrêtées sur le nom de baptême de ses petits-enfants. Puisqu'il s'agissait de l'héritier présomptif du trône, elle s'arrogea le droit de trancher la question. « J'ai été peiné », se plaint en vain Bertie à sa mère, « d'entendre Béatrice dire à Lady Macclesfield que tu avais choisi le prénom de notre petit garçon avant même que je t'en parle[11] ». Béatrice, la fille cadette de la reine Victoria, n'avait alors que six ans. Le petit fut dûment baptisé Albert Victor Christian Édouard – Albert, en honneur de son grand-père ; Victor, de sa grand-mère ; Christian, de son autre grand-père danois et enfin Édouard, de son père. Bertie et Alexandra finirent tout de même par avoir le dessus : on le surnomma toujours « Eddie ». Seule la reine Victoria persistait à l'appeler Albert Victor en précisant qu'une fois roi, il prendrait le nom d'Albert, comme Bertie, d'ailleurs. Bertie la laissa dire, fidèle à une tactique en laquelle il allait passer maître et, le moment venu, il prit le nom d'Édouard, en invoquant une excellente excuse : dans un discours émouvant improvisé lors de son accession au trône, il annonça qu'il ne saurait y avoir qu'un seul Albert : son père, Albert le bon.

Au moment de baptiser son second fils, Bertie préféra prendre les devants. « En ce qui concerne les prénoms du petit jeune homme », écrit-il à sa mère, « nous avons décidé il y a déjà un certain temps que si jamais nous avions un autre fils nous l'appellerions *George* car nous aimons ce prénom et en plus, il est anglais[12] ». Ils songèrent aussi à Frédéric, prénom fort à propos en usage des deux côtés de la famille. « Je crains de ne pouvoir approuver le prénom que tu comptes donner au Bébé », contre-attaqua la reine Victoria. « J'espérais un beau prénom ancien. Frédéric me paraît toutefois le meilleur choix et j'espère que tu le *nommeras* ainsi. *George* n'est apparu qu'avec la branche de Hanovre. Cela dit, si ce cher petit devient un bon garçon en grandissant, peu m'importera son prénom. Bien sûr, tu y ajouteras *Albert* à la fin[13]. » Les parents se rabattirent sur un compromis. Le 7 juillet 1865, on baptisa le petit George Frédéric Ernest Albert dans la chapelle de Saint-George à Windsor. Jusqu'à la fin de sa vie, sa famille le surnommerait toujours Georgie.

En août, tous se rendirent à l'inauguration d'une statue du prince Albert à Cobourg. Ce fut encore l'une de ces réunions de famille chargées de ressentiment. Déjà, un soir à Londres, la princesse Alexandra vêtue de satin rose avait causé un scandale en snobant le comte Bernsdorff, l'ambassadeur de Prusse. À Cobourg, elle refusa d'adresser la parole au prince Christian de Schleswig-Holstein-Sonderborg-Augustenborg (marié depuis peu à la princesse Helen ou « Lenchen », la sœur cadette de Bertie) car sa famille venait de soutenir la Prusse pendant la guerre. Bertie avait d'ailleurs menacé de boycotter ce mariage. La situation se détériora encore sur le chemin du retour. Bertie et Alix passèrent en train à Coblence où la reine de Prusse, la grand-mère de Willy, tenait sa cour. Par courtoisie, la reine accueillit en gare le prince et la princesse de Galles mais Alix refusa de sortir du train. Bertie dut inventer une excuse qui ne trompa personne. « Alix n'est pas à la hauteur. Il lui faudra bien du temps avant de regagner ma confiance, en admettant qu'elle y réussisse un jour[14] », confia la reine Victoria à son journal.

Au printemps suivant, une nouvelle grossesse empêcha la princesse Alexandra d'assister au plus grand événement royal de l'année : le mariage de sa sœur Dagmar au tsarévitch à Saint-Pétersbourg en novembre. Bertie, lui, comptait bien y aller. N'ayant encore jamais mis les pieds en Russie, il désirait se rendre compte par lui-même de la fantastique splendeur de la cour russe. Lord Derby, le Premier ministre de l'époque, se réjouit de voir le prince représenter son pays, même s'il voyagerait avant tout à titre privé. Disraeli, le chancelier, consentit à ce que le gouvernement couvre ses frais jusqu'à concurrence d'un millier de livres. Enchanté, Bertie écrivit à Lord Derby qu'il ne serait que « trop heureux de promouvoir de quelque manière que ce soit l'entente cordiale entre la Russie et notre pays[15] ». Voilà qui prouve le désir de Bertie, aiguillé par son épouse et sa belle-sœur Dagmar, de formaliser l'entente entre l'Angleterre et la Russie au détriment de l'Allemagne.

Son rôle semi-diplomatique flatta le prince de Galles à qui la reine Victoria ne voulait jamais confier la moindre responsabilité. « En *aucun cas* », répétait-elle, « il ne faut le placer à la tête de l'une ou l'autre de ces sociétés ou commissions[16] ». Bertie rusa en expliquant à sa mère que la princesse Dagmar en personne souhaitait sa présence vu que la plupart de ses proches, et même ses parents, n'avaient pas les moyens d'assister aux noces impériales. La réponse de Victoria tomba le 16 octobre. D'abord, le mariage arrivait au mauvais moment, puis le prince de Galles ferait mieux de ne pas mélanger événement officiel et déplacement personnel. Enfin, le gouvernement surestimait l'importance politique de l'affaire. « Voilà mes raisons contre et j'en ajouterai encore une à laquelle, mon cher enfant, j'ai déjà souvent fait allusion, à savoir : que tu ne tiens pas en place chez toi et que tu te disperses trop. Ton pays et ta famille aimeraient un peu plus de stabilité de ta part. J'espérais moi-même qu'il en irait ainsi cet automne et cet hiver. Mais si tu veux vraiment y aller, je n'y ferai aucune objection[17]. » La reine n'y mit qu'une seule condition : son fils devrait s'arrêter à Berlin chez Vicky et Fritz.

Bertie s'absenta six semaines en tout. La princesse Alexandra, à qui son mari manquait beaucoup, emmena chez sa belle-mère à Windsor ses deux aînés âgés de trois et un an et demi. Belle-mère et belle-fille se promenèrent ensemble et s'entretinrent en tête-à-tête sans s'appesantir sur leurs différends. « Cette chère Alix est arrivée ici hier avec ses petits garçons[18] », écrit la reine à Vicky. « Elle est douce et gentille et charmante mais elle me semble bien maigre et pâlichonne. » Leurs conversations roulèrent sur l'éducation des garçons : la reine ne manqua pas de souligner que cela regardait la nation et sa souveraine autant que les parents. Sur ce point, Bertie et Alexandra s'en tiendraient à leurs propres idées, contrairement à Vicky qui, elle, songeait toujours à son « cher papa » lorsqu'il était question de l'éducation de Willy. Le 21 novembre, Vicky en personne rendit visite à la reine Victoria, sans son fils déjà trop absorbé à sept ans par ses études sous la houlette du Dr Hinzpeter.

Lorsque le prince de Galles revint de Saint-Pétersbourg, précédé par la rumeur de ses aventures avec diverses beautés russes, la princesse, à la grossesse fort avancée, ne se sentait vraiment pas au mieux de sa forme. En février, une fièvre rhumatismale altéra sa santé. Le 20 février 1867, encore souffrante, elle donna naissance à une fille, la princesse Louise, ainsi prénommée en l'honneur de sa grand-mère danoise. L'absence du prince de Galles parti quelques jours plus tôt à un steeple-chase suivi d'un dîner à Windsor indigna Lady Macclesfield, la dame de la chambre de la princesse. Bertie ne cherchait pourtant pas à blesser son épouse : il lui fallait sans cesse de nouvelles distractions. À vingt-cinq ans, il s'ennuyait facilement et ne tenait pas en place. On le voyait souvent en compagnie de la superbe et brillante duchesse de Manchester dont la liaison avec Lord Hartington était un secret de Polichinelle. La reine Victoria écrivit d'ailleurs à Alix, elle aussi sous le charme de la duchesse : « croyez-moi, ma chère enfant, la duchesse de Manchester *n'est pas la compagne qu'il vous faut*[19] ». Lorsque les conservateurs revinrent au pouvoir en 1867, le pauvre Sir William Knollys, submergé par les dettes croissantes du prince de Galles, dut demander de l'argent à Disraeli. Malgré les promesses de ce dernier, le prince n'en vit pas immédiatement la couleur.

La princesse Alexandra mit longtemps à se rétablir. Le 10 mai, elle assista tout de même au baptême de son enfant, en fauteuil roulant. Le soir même, Bertie partit à Paris pour l'ouverture de l'Exposition universelle. Les bruits qui parvinrent à Londres de sa conduite n'enchantèrent pas trop Sir William Knollys. L'opinion anglaise qui en reçut elle aussi quelques échos se mit à déchanter. Aux courses d'Ascot, cette année-là, la foule qui l'acclamait d'ordinaire réserva au prince de Galles un accueil plutôt froid. Lorsque la reine Victoria se rendit à Marlborough House début juillet, Alexandra, toujours en chaise roulante, lui parut en meilleure forme mais surtout, comme elle le nota dans son journal en lettres majuscules, « ALTÉRÉE » – remarque significative s'il en est. Sa maladie avait en effet raidi le genou d'Alexandra qui boiterait le restant de ses jours. L'imitation de sa démarche par certaines dames affectant ce qu'on surnommerait bientôt « le boitillement à la Alexandra » en dit long sur la bizarrerie des mœurs de la cour. Mais ce ne fut pas là le pire. D'ailleurs, Alexandra, qui aimait s'amuser, ne tarda pas à danser de nouveau comme avant et même à remonter à cheval. Ce qui prêtait plus à conséquence était son début d'otospongiose : cette forme de surdité héritée de sa mère, inoffensive au début, s'aggraverait au fil du temps, jusqu'à ce que, dans ses dernières années, la princesse n'entendît presque plus. Ces infirmités ajoutées à la contrariété que lui causait le comportement de Bertie expliquent sans doute le commentaire de Victoria sur sa santé « altérée ».

Et le futur George V dans tout cela ? Il hérita d'une maman poule à son entière disposition. La princesse Alexandra ne se départit jamais de sa gaieté ni de sa joie de vivre mais, comme son ouïe diminuait et que son mari, tout aimant qu'il était, menait une vie de plus en plus indépendante, elle reporta son affection sur ses enfants. Pendant la saison à Londres, on la voyait souvent se promener en calèche entre ses deux petits garçons. « Elle n'aimait rien tant que de courir à la nursery enfiler un tablier en flanelle puis donner le bain à ses enfants avant de les coucher dans leurs petits lits[20] », raconte la nourrice en chef, Mrs Blackburn. Il arrivait à la mère de George V de conclure ses lettres par : « Un bon gros baiser sur ton beau petit minois[21] », même lorsque son fils était déjà officier dans la marine. Il commençait les siennes par : « Ma petite maman chérie adorée à moi », en signant « ton petit Georgie qui t'aime ».

L'été venu, Alexandra se sentit de nouveau en mesure de voyager. Les médecins estimèrent qu'une cure dans une station thermale lui ferait du bien. Le 18 août 1867, le prince et la princesse de Galles, leurs trois enfants, les gens de leur maison (dont Sir William Knollys), deux médecins et vingt-cinq domestiques, partirent à bord du yacht royal *Osborne* pour Dordrecht en Hollande, d'où ils remonteraient le Rhin par vapeur jusqu'à Wiesbaden en Allemagne. Ils y passeraient deux mois, le temps de recevoir la visite de Dagmar, la sœur d'Alexandra, de son mari le tsarévitch, de leurs parents venus exprès du Danemark et de leur frère Willi qui régnait en Grèce depuis 1863 par décision des grandes puissances sous le nom de Georges Ier.

Par un malheureux hasard, le prince de Galles était absent le jour où le roi de Prusse envoya un télégramme à Wiesbaden : il se proposait de venir le soir même ou le lendemain mais Alexandra refusa de le recevoir. À son retour, Bertie dut offrir au roi de lui rendre lui-même visite. Hélas, la princesse de Galles ne se sentait pas assez en forme pour l'accompagner. Par diplomatie, le roi accepta.

La princesse de Galles partit sans attendre pour Rumpenheim afin de bien montrer que rien ne la retenait de voyager. Lorsque, quelques jours plus tard, le roi de Prusse rendit à Bertie sa visite, la princesse Alexandra se montra tout juste polie. Vicky, la princesse héritière de Prusse, jugea l'attitude d'Alexandra « ni très avisée ni très charitable ». La reine de Prusse s'en plaignit à la reine Victoria en ajoutant que la sœur d'Alexandra, Dagmar, qui partageait les idées de la princesse de Galles, s'efforçait de monter son mari le tsarévitch contre les Prussiens. La reine Victoria en tint rigueur à Bertie mais celui-ci, loyal et magnanime, défendit son épouse. « Il arrive qu'une dame nourrisse des sentiments qu'il lui est IMPOSSIBLE de réprimer alors qu'un homme SE DOIT de passer outre[22] », expliqua-t-il à sa mère. « Si Cobourg avait été conquis comme Hanovre, le Hesse et Nassau, je ne crois pas que tu apprécierais la compagnie du roi. J'espère, chère maman, que tu ne te mettras pas en colère à la lecture de ma dernière phrase ; c'est le seul moyen pour moi de te faire comprendre ce que ressent cette chère Alix. » La reine Victoria se tourna vers Lord Derby, le Premier ministre. « La reine souhaite que Lord Derby saisisse l'occasion de faire comprendre *à la fois* au prince et à la princesse de Galles *l'importance de ne pas* laisser leurs sentiments personnels interférer avec leur devoir[23]. » Si la consigne semblait légitime en théorie, en pratique elle ne s'appliqua jamais. Dans le cercle étroit des familles royales d'Europe où tout le monde était apparenté, les sphères publique et privée se confondaient sans cesse.

Ses soucis familiaux n'étaient pas les seuls à tracasser la reine Victoria en 1867. Le grand débat politique de cette année-là tournait autour du *Reform Bill**. Après l'ouverture de la session parlementaire, la reine écrivit à Vicky qu'il y avait eu « pas mal de sifflements, quelques grognements et appels à la réforme que, dans mon isolement actuel, je ne devrais pas avoir à subir. J'en ai aussi vu plus d'un grimacer, ce qui m'a beaucoup peinée[24] ». La reine se méfiait surtout du mouvement républicain naissant désireux de se débarrasser une bonne fois pour toutes de la monarchie. Bismarck ne connaissait pas ces difficultés, lui qui appliquait aux agitateurs en Allemagne sa méthode « du fer et du sang ». La reine Victoria n'ignorait pas l'origine du problème : « Quant aux classes supérieures, le fait qu'on tolère et même qu'on pardonne leurs péchés ou leur immoralité, alors que si les gens du peuple en faisaient ne serait-ce que le quart, on les punirait sans pitié, suffit à nourrir le ressentiment et même des aspirations démocratiques[25] », confia-t-elle à Vicky. L'année suivante, les libéraux menés par Gladstone, l'un des hommes politiques que Victoria appréciait le moins, succédèrent au gouvernement conservateur. Lorsque Knollys et la reine

---

* Un projet de loi destiné à étendre le droit de vote à la petite bourgeoisie ; d'où le risque que le pouvoir échappe aux conservateurs, ce qui inquiétait Victoria. [N.d.T.]

demandèrent à la Chambre des communes de voter une augmentation de revenus au prince de Galles, Gladstone répliqua qu'il n'en avait « aucune intention ni aucune envie[26] ».

En 1868, le prince et la princesse de Galles entamèrent une tournée de six mois en Europe et au Proche-Orient en confiant leurs enfants aux bons soins des nourrices. Le couple se rendit d'abord à Paris en novembre, avec trente-trois domestiques et six de leurs gens de cour. Bertie consentit à passer Noël au Danemark, pour le plus grand plaisir de la princesse Alexandra. Des rumeurs persistantes sur ses infidélités l'avaient incité à se racheter auprès de son épouse. Voilà pourquoi il se résolut à ce sacrifice considérable – de son point de vue, du moins. La cour danoise menait en effet une vie des plus ennuyeuses. Les appartements manquaient de confort. Les invités n'y croisaient que peu de monde, vu que le roi aimait dîner à six, et sans faire bonne chère en plus. Les distractions manquaient pour remplir les longues soirées d'hiver. De toute façon, Bertie n'aurait pas pu passer Noël en famille comme à son habitude à cause des travaux à Sandringham où l'on aménageait alors une piste intérieure de bowling.

Les enfants n'accompagneraient pas leurs parents. La reine Victoria n'approuva jamais les déplacements des « enfants du pays » à l'étranger. Une lettre émouvante de la princesse Alexandra, où celle-ci appela Victoria « mon ange de maman », lui arracha la permission d'emmener Eddy et Georgie au Danemark à Noël. Par contre, la reine tint bon à propos de la princesse Louise et de la dernière-née, prénommée comme il se doit Victoria. Elle piqua même Alexandra au vif en la traitant d'égoïste parce qu'elle voulait avoir ses enfants auprès d'elle pendant les fêtes. Bertie prit le taureau par les cornes. « Alix s'en est presque rendue malade mais ce qui lui a fait le plus mal, ce sont encore les mots que tu as employés à son sujet (...) Aucun de nous n'est parfait – elle a ses défauts – mais elle n'est certainement pas égoïste – et toute sa vie tourne autour de ses enfants[27]. » Vicky et sa sœur Alice de Hesse venaient en Angleterre presque tous les ans avec leurs enfants, souligna-t-il encore. Il lui semblait par conséquent « illogique » que sa mère interdise à Alexandra de voyager avec les siens. Il ne comprenait pas qu'aux yeux de la reine Victoria, une visite en Angleterre ne pouvait se comparer à un voyage « à l'étranger ».

La reine finit par céder à propos de Louise mais la benjamine resta à la maison. Et lorsque le prince et la princesse de Galles durent quitter le Danemark le 15 janvier, ils renvoyèrent vite fait bien fait leurs trois enfants en Angleterre à bord du yacht royal. Bertie et Alexandra passèrent alors trois jours auprès de Fritz et Vicky à Berlin où leur neveu Willy fêta son dixième anniversaire. Cette fois, Alexandra prit garde à ne froisser ni le roi ni la reine de Prusse. De Berlin, ils se rendirent à Vienne pour une semaine de bals et de courses de chevaux entrecoupés de soirées au théâtre puis, de là, en Égypte. La reine Victoria garda pour elle ses éventuelles remarques sur la mauvaise réputation des amis de Bertie qui le rejoignirent au Caire. Six vapeurs bleu et or remontèrent le Nil en traînant des barges chargées de chevaux, de l'âne blanc que montait la princesse, de trois mille bouteilles de champagne et de quatre chefs français. Cinq semaines plus tard, l'équipage revint au Caire avec trente-deux sarcophages et un orphelin arabe de dix ans nommé Ali Achmet qui partit aussitôt pour Sandringham où il servirait le café aux invités, en costume indigène.

En mai 1869, le prince et la princesse de Galles rebroussèrent chemin en passant par la Turquie et la Grèce. Dans ses lettres de l'époque, la reine Victoria se préoccupait de l'éducation des enfants qu'elle estimait indisciplinés. Bertie lui répondit sèchement, en se remémorant peut-être sa propre enfance : « Quand on se montre trop dur ou trop sévère envers des enfants de cet âge-là, ils se mettent sur leurs gardes et finissent par craindre ceux-là mêmes qu'ils devraient chérir or nous aimerions qu'ils raffolent de toi comme ils raffolent des parents de cette chère Alix. Je suis tout de même d'accord pour étudier la question d'une éventuelle gouvernante à notre retour[28]. » Il s'attira ainsi une réponse conciliante : « Ces chers petits sont adorables et je regretterais beaucoup de les perdre », écrit la reine Victoria. « Ils sont adorables avec moi et ils raffolent de Mamie. Il faut que tu m'autorises à les voir souvent et même que tu leur permettes de rester auprès de moi un petit bout de temps[29]. »

En juillet 1870, les aînés séjournèrent à nouveau chez leurs grands-parents danois à Copenhague mais sans la princesse Victoria ni la petite dernière, Maude. La sœur d'Alexandra, Dagmar, les rejoignit avec son bébé, Nicky, l'héritier du trône de Russie. Ce fut donc au Danemark, à l'âge de cinq ans, que le futur George V fit la connaissance de son cousin russe, le futur Nicolas II, alors âgé de deux ans.

Le prince de Galles ne vint que le temps de récupérer sa femme et ses enfants. Cet été-là, il n'avait pas été invité au Danemark à cause d'un vilain scandale londonien : le divorce des Mordaunt, où il dut comparaître à la barre des témoins, mais pas en tant que complice d'adultère, heureusement ! L'opinion publique britannique se refroidit à son égard. Il lui arriva même d'essuyer des sifflets dans la rue. « Comme la saison des courses d'Ascot approche à grands pas », lui écrit sa mère, « je te le répéterai encore une fois : j'espère bien que (…) tu n'assisteras aux courses que les mardis et jeudis mais pas le mercredi ni le vendredi car ni Guillaume IV ni ma tante ni moi-même n'y avons jamais été ces jours-là[30] ». À son arrivée, la foule réserva un accueil hostile au prince de Galles mais lorsque son cheval remporta la dernière course, des hourras fusèrent. Sentant le vent tourner, Bertie alluma un gros cigare puis souleva son chapeau ; ce qui lui valut de plus amples acclamations encore.

Gladstone s'inquiétait cependant : « Tant que durera notre gouvernement et ma carrière d'homme politique, la royauté tiendra dans ce pays grâce à l'énorme fonds dont elle tire son crédit[31] », écrit-il à Lord Granville, son ministre des Affaires étrangères. « Mais ce fonds diminue et, à la manière dont vont les choses, je me demande bien quand la tendance s'inversera. En termes plus crus : la reine reste invisible et le prince de Galles ne jouit plus d'aucun respect. » Il n'ignorait pas non plus qu'à l'époque, il existait une cinquantaine de clubs républicains en Angleterre. Heureusement, un coup de chance allait survenir. En novembre 1871, le prince de Galles attrapa la typhoïde. La reine Victoria courut le rejoindre à Sandringham où venaient d'arriver sa sœur Alice et son frère Affie. Pendant quelques jours, Bertie oscilla entre la vie et la mort et ses médecins ne l'estimèrent hors de danger qu'au nouvel an. L'opinion publique se retourna en sa faveur. Des centaines de lettres et de télégrammes lui parvinrent, et de nombreux articles hypocrites parurent dans la presse qui, récemment encore, se montrait très critique à son égard.

Le prince de Galles venait de regagner son immense popularité. Le 27 février fut célébré un service d'action de grâces. La famille royale se rendit à la cathédrale Saint-Paul en une procession de carrosses. Georgie se trouvait auprès de ses trois oncles à bord de la septième voiture tandis qu'Eddie le suivait avec ses parents et sa grand-mère dans le landau d'État que menaient six chevaux et trois postillons. Des soldats se tenaient postés le long de la route. Des fanfares militaires jouèrent « Dieu sauve la Reine » et « Dieu bénisse le prince de Galles ». Le *Lord Mayor* de Londres vint présenter l'épée à Temple Bar, vêtu de sa tenue officielle en velours cramoisi et en hermine. Bertie, pâle mais rétabli, n'arrêtait pas de soulever son chapeau devant la foule qui l'acclamait. Le peuple fit la fête dans la rue jusque tard cette nuit-là et le mouvement républicain s'éteignit sans bruit.

Au fil du temps, Bertie gagna en assurance. Il devint plus habile que jamais à esquiver la volonté de sa mère, ne lui cédant que sur des points indifférents. Il fit en outre un choix lourd de conséquences sur le reste de sa vie et même celle de Georgie lorsqu'il accéderait à son tour au trône. Quand son secrétaire particulier démissionna en juin 1870, Bertie le remplaça par Francis Knollys, le fils de Sir William Knollys. La reine Victoria s'y opposa : elle estimait Francis trop jeune et dépourvu d'expérience. Bertie lui répondit sans se laisser démonter : « Il a eu si fort à faire à mon service ces derniers temps que je suis convaincu qu'il me donnera satisfaction quoi qu'il arrive ; d'ailleurs je lui ai déjà fait part de mon intention[32]. » Francis Knollys, encore jeune certes, et manquant d'expérience, mais vif d'esprit et pétri d'idées libérales, servirait le prince de Galles avec dévouement jusqu'à la fin de ses jours.

En ce qui concerne l'éducation de ses fils, là aussi Bertie campa sur ses positions. Malgré sa promesse d'aborder ce sujet délicat, Alexandra et lui ne prirent aucune décision avant les huit ans d'Eddy et les six ans de Georgie. Le prince et la princesse de Galles nommèrent alors le révérend John Neale Dalton tuteur des enfants en accord avec la reine Victoria. Celle-ci avait remarqué Dalton à la paroisse de Whippingham près d'Osborne dont il était le desservant. Même si ce célibataire de trente-deux ans, diplômé de Cambridge en théologie, ne dispensait pas ses connaissances avec le même académisme borné que le tuteur de Willy, lui aussi croyait aux vertus victoriennes de l'autodiscipline et de l'effort acharné. Pendant quatorze ans, il passa chaque jour une dizaine d'heures avec les enfants. À l'inverse de Hinzpeter, il ne se contenta cependant pas de transmettre son savoir et sut aussi s'amuser avec ses élèves. George V se rappellerait plus tard avoir un jour poursuivi Dalton avec un arc et des flèches alors que celui-ci courait dans les buissons en jouant le rôle d'un cerf. L'après-midi, ils montaient à cheval, patinaient en hiver et jouaient au criquet ou au tennis sur gazon l'été. Malgré sa gentillesse, Dalton obligeait à s'instruire ses deux élèves « mal élevés, mal éduqués », comme les décrivait Victoria. Pendant ses congés, il écrivait régulièrement aux garçons en n'oubliant pas d'ajouter une remarque amusante à ses commentaires sur leur orthographe ou leur syntaxe. Georgie ne perdrait jamais contact avec lui. Il témoigna toute sa vie une affection sincère à son ancien tuteur à qui il écrivait d'ailleurs souvent.

Dalton devait son poste à une décision de la reine, aussi la tenait-il au courant des progrès de ses élèves. « Les deux petits princes montent des poneys une heure un jour sur deux et le reste de la semaine ils font de la marche ; l'après-midi aussi », informait-il la reine Victoria en 1874. « Pour ce qui est de leurs études, l'écriture, la lecture et l'arithmétique avancent bien ; la musique, l'orthographe, l'histoire anglaise, le latin, la géographie et le français occupent chacun une juste part de l'attention de leurs altesses royales[33]. » Dalton présentait la situation sous un jour flatteur : aucun des deux princes ne brillait par son esprit. Le pire des deux, c'était encore Eddy : sans arrêt à la traîne à cause de ses difficultés à se concentrer en plus de sa mollesse. À côté de lui, Georgie restait d'une médiocrité honnête. « Toujours gai, il voit la vie en rose », comme disait sa grand-mère. De l'avis général, une seule chose parvenait à stimuler Eddy : la compagnie de son frère, même si Georgie se montrait parfois contrariant, comme Dalton le note dans son journal de travail hebdomadaire en septembre 1876. « Le prince G. cette semaine a été perturbé par des accès stupides de mauvaise humeur et par son esprit de contradiction. Sinon, son travail est resté dans la moyenne habituelle[34]. » Les garçons n'étaient pas les seuls à poser problème à Dalton : il avait toutes les peines du monde à empêcher le prince et la princesse de Galles d'interrompre ses leçons. Eux-mêmes peu portés sur les études, ils ne prenaient pas très au sérieux l'instruction de leurs enfants.

Georgie passa l'essentiel de ses jeunes années à Sandringham en compagnie d'Eddy. L'été, ils rejoignaient le reste de la famille lors de courts séjours à Marlborough House et à Osborne Cottage sur l'île de Wight, où ils faisaient de la voile, nageaient et attrapaient des crabes en passant plus de temps que d'ordinaire avec leur mère ; ce dont ils se félicitaient d'ailleurs dans leurs lettres à Dalton. À la mi-août, ils se rendaient en Écosse, à Abergeldie près de Balmoral, puis à Londres en novembre. Ils passaient toujours Noël à Sandringham. La plupart des étés, ils rendaient visite à leurs grands-parents au Danemark et aussi à leur grand-mère anglaise à Windsor ou Osborne, selon ses souhaits, mais ils n'y restaient jamais longtemps.

Leur père s'absenta souvent ces années-là, surtout pour son plaisir personnel. Chaque printemps, il passait trois semaines sur la Côte d'Azur et, au moins deux fois par an, il se rendait à Paris *en garçon*. Chose amusante : le prince de Galles aimait voyager incognito sans se douter qu'on le reconnaîtrait au luxe de ses bagages et à la taille de sa suite. Ce n'était pas le seul à s'amuser ainsi au sein des familles royales : nombre de ses parents estimaient avoir le droit à un peu de temps libre et d'intimité comme tout le monde. Même la reine Victoria séjournait de temps à autre sur la Riviera française où elle se faisait passer pour une certaine comtesse de Lancastre. Elle se plaisait particulièrement à l'hôtel Excelsior-Regina[35], perché en hauteur sur les falaises qui surplombent Nice, qu'elle réservait tout entier pendant son séjour en y apportant ses meubles favoris et une nuée de domestiques.

Ses obligations officielles ne prenaient pas plus de trente jours par an au prince de Galles : il inaugurait des hôpitaux, des statues et des plaques commémoratives, visitait des usines ou assistait à des cérémonies en usant du charme bon enfant dont il avait le secret et qui lui assurerait une popularité durable. La reine eut beau ne lui laisser aucun rôle à jouer ni aucune influence à exercer, il finit par participer à deux commissions royales touchant à des sujets chers à son cœur : l'amélioration du logement des classes laborieuses et les besoins des personnes âgées sans ressources.

Peut-être parce qu'ils étaient assez grands seigneurs pour ne pas s'en soucier, ni le prince de Galles ni la reine Victoria ni même George V ne s'arrêtèrent jamais à la classe sociale ou à la couleur de peau de qui que ce soit. Lorsqu'il se rendit en Inde, Bertie jugea « honteuse » l'attitude des officiers britanniques traitant les indigènes de « nègres ». Il s'en plaignit à Lord Salisbury, son ministre de l'Inde. « Ce n'est pas parce qu'un homme a la peau noire et une religion différente de la nôtre », écrit-il à son ami Lord Granville, « qu'il faut le traiter comme un sauvage[36] ». Sur ce point, la famille royale britannique se démarquait nettement des Kaisers allemands obsédés par la pureté des races bien avant que les nazis ne l'institutionnalisent. Même Vicky et Fritz, aux idées pourtant libérales, s'offusquèrent de voir la princesse de Galles danser un quadrille avec le roi noir Kalakaua des îles Sandwich à un bal donné par le prince de Galles à Marlborough House en son honneur en 1881. Les Allemands se plaignirent que la préséance n'eût pas été accordée à leurs prince et princesse héritiers. Aux yeux du prince de Galles, un roi c'était un roi, point final.

3.

NICKY, LE TROISIÈME COUSIN

En mars 1868, quelques semaines avant que Minny ne donne naissance à son aîné Nicky à Tsarskoïe Selo, à vingt kilomètres au sud-ouest de Saint-Pétersbourg, sa sœur la princesse Alexandra lui offrit quelques conseils médicaux. De Marlborough House à Londres, elle lui avoue son regret de ne pouvoir lui envoyer « ma brave Mrs Clarke » et lui rappelle le sort du pauvre fils de Vicky à Berlin « qui ne s'était pas présenté comme il fallait[1] ». Avant même leur naissance, les trois cousins Georgie, Willy et Nicky, le roi, le Kaiser et le tsar, étaient déjà inextricablement unis par des liens de parenté dont les ultimes implications éclateraient en public sur le théâtre des relations internationales.

Les parents de Minny, le roi et la reine de Danemark, se plaisaient à surnommer leurs trois filles « la belle, la sage et la bonne ». La belle, c'était la princesse Alexandra, l'épouse du prince de Galles et la sage, la princesse Dagmar, l'épouse du tsarévitch. La pauvre princesse Thyra devait se contenter de sa bonté. Les trois sœurs avaient trois frères : Freddi, le prince héritier ; Willi, qui devint le roi Georges Ier de Grèce en 1863 ; et Waldemar ou Waldy.

« La famille de leur mère ne vaut rien de bon et celle de leur père n'a pas une once de bon sens[2] », tel était le jugement impitoyable que portait la reine Victoria sur la famille royale danoise. Elle interdit d'ailleurs à Bertie et Alexandra d'aller à Rumpenheim l'été suivant leur mariage. « J'ai été témoin, comme je l'avais d'ailleurs entendu dire, de sentiments anti-prussiens enragés à Rumpenheim[3] », observa Sir William Knollys en y accompagnant le prince et la princesse de Galles en septembre 1867. « On dirait qu'ils ont tous été mordus par un chien prussien enragé. À la moindre allusion, tout le monde, et nous étions trente-six au dîner, monte sur ses grands chevaux. »

La famille royale danoise était sans doute malavisée de haïr autant la Prusse mais elle avait ses raisons. La guerre froidement combinée de Bismarck contre les Autrichiens en 1866 permit à l'Allemagne d'annexer la totalité du Schleswig-Holstein. La Prusse, que rien ne semblait en mesure d'arrêter, allait l'emporter sur les Habsbourg d'Autriche dont le déclin se précipitait. « La Prusse obtient ainsi la possibilité de creuser un canal entre la mer du Nord et la Baltique[4] », stipule l'article 7 de la convention de Gastein ; ce qui explique pourquoi Bismarck souhaitait tant acquérir le Schleswig-Holstein. Une flotte allemande allait bientôt s'établir à Kiel. À chaque annexion de territoire, la haine de la famille royale danoise envers les Prussiens augmenta. Cette haine profonde et durable s'avérerait lourde de conséquences puisque Alexandra et Minny avaient épousé le futur roi d'Angleterre et le futur tsar de toutes les Russies.

En mai 1866, la famille royale du Danemark se réunit à sa résidence d'été de Fredensborg, non loin de Copenhague. Willi, qui s'apprêtait à épouser Olga de Russie, la nièce du tsar Alexandre II, fit le voyage de Grèce, de même que le cousin d'Olga, le tsarévitch Alexandre, de Russie. Deux ans plus tôt à peine, son frère aîné Nicolas était lui aussi venu à Fredensborg dans le même but : demander au roi de Danemark la main de sa cadette

Dagmar. Minny et Nicolas se fiancèrent avant que Nicolas ne retourne en Russie. Les préparatifs du mariage allaient déjà bon train l'année suivante lorsque Nicolas mourut de la tuberculose. Ce fut une tragédie pour Minny comme pour son pays. Après un deuil aussi long que les convenances l'exigeaient, le frère de Nicolas, Alexandre, qu'on surnommait Sacha, vint pour ainsi dire marcher sur ses traces.

Il se présenta début juin et ne laissa pas une première impression très prometteuse. Contrairement à Nicolas, qui tenait de son père Alexandre II, Sacha ressemblait à un gros ours pas élégant ni intellectuel pour deux sous et surtout pas libéral. Il avait des goûts simples (la haute société et la vie de cour, ce n'était pour lui) et se découvrit de nombreux points communs avec la famille royale danoise. Il aimait jouer des tours à son entourage et ne s'intéressait que très modérément aux livres ; ce qui plut sans doute à la plupart des Danois mais pas forcément à Minny, « la sage ».

À neuf heures du matin le 23 juin, la famille se retrouva autour d'une tasse de thé, comme à son habitude. Lorsque Sacha entra, tout le monde comprit que ce jour-là sortait de l'ordinaire : Sacha portait en effet sa cravate danoise or, dans l'entourage des rois, on savait interpréter les codes vestimentaires. Il aurait aussi bien pu s'accrocher autour du cou une pancarte « c'est aujourd'hui le jour J ». Le thé fut suivi d'une promenade et d'un peu de dessin. La compagnie se rendit ensuite à la chambre de Minny et « tout le monde s'en alla en nous laissant seuls[5] », raconte Sacha dans son journal ce soir-là. Lui aussi avait cette royale manie de noter ses faits et gestes au quotidien. Thyra « la bonne » referma la porte derrière elle afin que personne n'entende rien. « Je réfléchissais à un moyen d'entamer ma conversation avec Minny », poursuit le futur tsar. « Mes mains se sont mises à trembler. Je me sentais tout excité. “Le roi t'a déjà parlé de notre conversation et de ma proposition ?" lui ai-je dit. "Je viens de lui demander ta main", ai-je ajouté. Elle s'est jetée vers moi en m'enlaçant (...) et m'a embrassé avec passion. Des larmes roulaient le long de nos joues à tous les deux. »

On ne peut certes pas exclure que Minny ait reporté sur le cadet craintif et maladroit l'affection qu'elle vouait au brillant aîné à l'esprit vif mais il est difficile de ne pas interpréter sa réaction autrement. Minny, princesse de Danemark, un petit pays pauvre et en déroute, allait épouser celui qui deviendrait un jour le tsar de toutes les Russies, le maître d'un empire si vaste que lorsque le soleil se levait sur ses limites Est, on le voyait déjà se coucher à la frontière Ouest.

Il ne restait alors à Minny que deux mois avant d'entamer sa nouvelle vie à la cour de Russie. À dix-neuf ans, elle parlait à peine russe et ne connaissait que très peu Sacha, croisé à Rumpenheim dans son enfance en raison de la parenté de leurs mères. Comparées à la modeste cour provinciale du Danemark, les mœurs byzantines d'un autre âge en vigueur en Russie lui parurent sans doute incompréhensibles. Au moins, Minny connaissait déjà Saint-Pétersbourg pour y être allée deux ans plus tôt, du temps de ses fiançailles à Nicolas.

À cette occasion, Nicolas avait accueilli en wagon impérial à la frontière russe sa fiancée venue par train ordinaire. La scène s'était déroulée en janvier. L'élégant Nicolas attendait Minny sur le quai, emmitouflé dans ses fourrures. Le luxe du train impérial dépassait de loin celui de tous les palais danois réunis : ses salons tapissés de velours et d'or, ses chambres à coucher, ses cabinets de toilette et ses salles à manger fourmillaient de pages et de valets prêts à satisfaire le moindre désir. Hélas, l'ensemble manquait de confort : les wagons bringuebalaient dans un bruit de ferraille sous de gros nuages de vapeur. Sacha et Minny traversèrent à son bord des kilomètres et des kilomètres d'étendues blanches sans relief où, de temps à autre, des paysans frigorifiés les regardaient passer en leur présentant leurs respects.

En cette saison-là, Saint-Pétersbourg et la Neva gelée disparaissaient sous une épaisse couche de neige mais un air chaud et parfumé flottait au palais d'hiver. Accompagnée par la famille impériale au grand complet, Minny en découvrit les vastes salles l'une après l'autre entre des rangées et des rangées de cosaques, de lanciers, de hussards, de gardes abyssins géants vêtus d'écarlate et de gardes aux chevaux en uniforme blanc. Deux soirs plus tard, des milliers d'invités assistèrent au bal de la cour. Comme d'habitude, celui-ci débuta par la polonaise impériale dansée par le tsar Alexandre II et la tsarine, la tante de Minny. Victime d'un mauvais rhume, Nicolas s'était entre-temps alité. Ce fut donc Sacha, en uniforme rouge de hussard, qui se trémoussa auprès de Minny sous le regard inquisiteur du Tout-Saint-Pétersbourg. Sacha dansait comme un pied ; ce qu'il détestait d'ailleurs. Son jeune frère Vladimir confia en riant à Minny que leur père surnommait Sacha « le veau » à cause de sa démarche pataude, la tête baissée et les épaules rentrées. Les soldats de son régiment l'appelaient quant à eux « le taureau[6] ». Du haut de son mètre quatre-vingt-dix et de sa large carrure, il était en effet fort comme un bœuf. Après les danses, il se vautra à table où, au milieu d'élégants gentilshommes et des dames de la haute société russe, il offrit une démonstration de son principal talent en broyant un grand plateau d'argent à l'aide d'une seule main.

En septembre 1866, Minny s'en fut de nouveau à Saint-Pétersbourg, cette fois pour de bon. Dans le train, elle écrivit sa première lettre à ses parents inquiets. En larmes, ils la lurent et la relurent en se battant pour décider lequel d'entre eux la garderait sous son oreiller cette nuit-là. Minny ne disposa que de quelques semaines pour s'acclimater à Saint-Pétersbourg et se préparer à son mariage célébré le 9 novembre à la chapelle du palais d'hiver. Il ne fallut pas moins d'une pièce complète pour abriter son trousseau, offert par le tsar selon la coutume et composé de fourrures, de manteaux, de vestes, de chapeaux et de toques, de bijoux et de pierres précieuses par poignées, de bas de soie par centaines, de gants, de lingerie, de châles, de souliers, de bottes et de piles de mouchoirs en dentelle. La toilette de la future épouse au salon de malachite, sous la conduite de sa tante la tsarine, secondée par la maîtresse des robes et d'autres dames de cour, ne se prolongea pas moins de trois heures. À la fin, Minny pouvait à peine bouger, engoncée dans son antique robe de mariée en fil d'argent qu'alourdissaient encore des grappes de diamants, sans parler de son interminable traîne en hermine.

L'atmosphère de la chapelle, chargée d'encens, parut irrespirable et le rituel complexe de l'église russe, incompréhensible à la Danoise Dagmar qui venait tout de même d'embrasser la foi orthodoxe. Une réception interminable s'ensuivit. Minny dut y trimballer seule sa traîne d'hermine d'un groupe à l'autre car, bizarrement, les porteurs de traîne n'étaient pas admis à ce genre d'occasions. Tout le monde s'efforça de parler français, la langue officielle de la cour, mais les conversations restèrent guindées. Minny s'en sortit toutefois. Et même mieux qu'on ne le pense. Elle se laissa porter par la vague d'enthousiasme soulevée deux ans plus tôt par sa gracieuse prestation sur la piste de bal auprès de ce balourd de Sacha sous les applaudissements du Tout-Saint-Pétersbourg. Sa popularité ne se démentirait jamais à la cour de Russie. Enfin, à la tombée de la nuit, emmitouflée dans ses fourrures, elle se retrouva à côté d'un Sacha laconique sur un traîneau qui la mena à travers champs au petit palais de Ropsha où tous les Romanov passaient leur lune de miel. Lorsque Sacha entra tout penaud dans la chambre nuptiale en arborant l'énorme turban d'argent qu'exigeait la tradition, et où batifolaient des Cupidons potelés, Minny éclata de rire. Peut-être songea-t-elle alors à l'une de ces plaisanteries qui pimentaient la vie de cour au Danemark.

Une chose en particulier chagrina Minny : ses parents n'avaient pas les moyens d'assister à son mariage. L'inévitable dot d'un montant de 60 000 couronnes danoises les avait pour ainsi dire ruinés. Ils ne purent se permettre d'envoyer en Russie qu'un seul membre de leur famille : Frédéric, le prince héritier. Bien sûr, ils le vécurent comme une humiliation mais ils commençaient à en prendre l'habitude. Seul un autre visage connu de Minny parut à la noce : celui de son beau-frère Bertie, le prince de Galles.

Il arriva à Saint-Pétersbourg quelques jours à l'avance, d'excellente humeur. Bien qu'accoutumé au faste et au raffinement, il estima que les fabuleuses splendeurs de la cour russe dépassaient de loin l'imagination. Au nombre de ces splendeurs comptaient les beautés de la cour. Le prince de Galles goûta d'autres plaisirs en fréquentant les tavernes de bas étage de Saint-Pétersbourg en compagnie de Sacha et de certains de ses frères. Il flirta ouvertement avec les dames nobles et sans trop de discrétion non plus avec les autres. Le bruit s'en répandit bientôt dans toutes les cours d'Europe, y compris à Berlin et en Angleterre. Le charme naturel du prince de Galles et ses talents naissants de diplomate ne contribuèrent toutefois pas peu au succès de son séjour. Au bal donné à Saint-Pétersbourg par l'ambassadeur anglais Sir Andrew Buchanan avant son départ, bal auquel assista la famille impériale, Bertie dansa toutes les danses en costume des Highlands. Dans son discours ce soir-là, il mit l'accent sur la satisfaction que lui apportait l'amitié entre la Grande-Bretagne et l'Empire russe.

L'année suivante, en mai 1867, Minny retourna chez elle au Danemark avec son mari le tsarévitch à l'occasion des noces d'argent de ses parents. Les Danois accueillirent avec effusion le couple impérial. La foule massée aux abords du palais royal ne voulut pas se disperser tant que

Minny et Sacha n'eurent pas reparu au balcon on ne sait combien de fois. Au bout de deux semaines, Sacha quitta Copenhague à contrecœur pour se rendre à l'Exposition universelle de Paris. La vie simple de la cour danoise correspondait à ses goûts et il rechignait à se séparer de Minny, qui resterait encore un peu auprès de ses parents.

À Saint-Pétersbourg, on observa un changement chez le tsarévitch. Son épouse, qu'on appellerait désormais la grande-duchesse Marie Fedorovna, l'avait pris en main : à l'évidence, elle savait faire face à ses caprices et ses bizarreries sans se départir de son calme ni de sa belle humeur. Le tsarévitch se mit à passer de plus en plus de temps en sa compagnie plutôt qu'avec ses amis à la réputation douteuse. Il semblait plus heureux ainsi, et de loin. Cet été-là, Sacha et Minny, accompagnés par la reine Louise, rejoignirent Alexandra et Bertie à Marlborough House en Angleterre. « Minny, mon ange », lui écrivit Alexandra après son départ, « ton éloignement me chagrine beaucoup et j'ai peine à croire que nous venons de nous *voir* : j'ai l'impression d'avoir rêvé !! Quelle horrible séparation, j'étais au *désespoir* de contempler ton visage d'ange pour la dernière fois[7] !! ». Lorsque le couple impérial revint à Saint-Pétersbourg, le doute n'était plus permis : Minny attendait son premier enfant.

Nicolas Aleksandrovitch Romanov, le futur Nicolas II, le dernier-né des trois cousins, vit le jour le 18 mai 1868. On lui donna le prénom de feu son oncle, l'ancien fiancé de sa mère. Son père Sacha assista à sa naissance. « Les contractions devenaient de plus en plus fortes », relate-t-il dans son journal, « et Minnie souffrait beaucoup. Papa m'a aidé à soutenir ma chérie tout ce temps. Enfin, à deux heures et demie ç'a été fini et ses souffrances ont cessé. Dieu nous a donné un fils que nous appellerons Nikolaï. Quelle n'a pas été notre joie indescriptible ! J'ai aussitôt couru embrasser ma femme chérie qui s'est réjouie autant que moi, follement heureux. Je pleurais comme un enfant

(...) Papa et Maman nous ont serrés dans leurs bras avec chaleur. Nous avons bu du thé en discutant avec Minnie jusqu'à 11 heures, et à plusieurs reprises je suis parti admirer notre petit ange[8] ».

Son journal intime nous révèle un homme différent du Sacha gauche et taciturne que connaissait son entourage. On y découvre un grand émotif, à la larme facile, très amoureux de son épouse. À l'inverse de son père Alexandre II qui logeait ses maîtresses et leurs enfants au palais d'hiver, juste au-dessus des appartements de sa femme, Sacha consacrait tout son temps libre à sa famille et surtout à ses enfants dont il partageait les jeux comme un frère.

Les grands-parents maternels de Nicky, le roi et la reine de Danemark, vinrent en Russie pour la première fois en août 1868 à l'occasion du baptême de Nicky. Dans leur sillage arriva un flot d'hommes d'affaires danois en quête d'un nouveau débouché à leurs marchandises. Le tsarévitch et son épouse logeaient au palais Anitchkov sur la perspective Nevski, dans le quartier le plus en vue de Saint-Pétersbourg – la ville la plus occidentalisée et la plus en vue de Russie. Autour d'eux s'affairait une armée de domestiques, de pages, de valets et de gardes, sans oublier la police secrète. En Russie, on craignait toujours pour la sécurité du tsar et de sa famille, en dépit de la décision cruciale d'Alexandre II de mettre un terme à l'esclavage en libérant les serfs en 1861.

Réputée pour son esprit autant que pour son sens coûteux de la mode, Minny ne tarda pas à prendre la tête de la société pétersbourgeoise. Aux cérémonies de cour, elle avait le chic pour s'adresser avec le même tact inné à chacun quel que soit son milieu d'origine ; tout l'opposé, en somme, de son balourd de mari. Sa supériorité d'esprit lui assurait un fort ascendant sur lui et l'étendue de son influence n'étonna pas ceux qui la connaissaient : elle entreprit bientôt de l'éduquer. Pobedonostsev, le tuteur des quatre fils d'Alexandre II, avait négligé l'instruction de Sacha, le cadet pas très doué pour les études. Ce précepteur sévère et exigeant lui préférait son aîné, le grand-duc Nicolas, son jeune frère le grand-duc Vladimir, tous deux aussi charmants l'un que l'autre, et même le benjamin Alexis. Pobedonostsev exerça néanmoins sur Sacha une profonde emprise mêlée de crainte et de respect.

À la mort de Nicolas, Pobedonostsev resta d'abord en retrait car, à en croire certaines rumeurs, Alexandre II allait déshériter son cadet au profit de Vladimir. Il n'en fut rien. Sitôt dissipés les doutes sur la succession d'Alexandre, Pobedonostsev s'empressa auprès de son ancien élève. On le vit de plus en plus souvent au palais Anitchkov dont la société ne devait pourtant pas lui plaire. Élevée dans un pays libéral, Minny penchait naturellement pour tout ce que Saint-Pétersbourg comptait d'écrivains, de musiciens et de politiciens progressistes. Pobedonostsev était au contraire un réactionnaire : selon lui, seule une monarchie autocratique parviendrait à gouverner un pays vaste comme la Russie.

Le tsar Alexandre II régnait sur une majorité de paysans illettrés vivant dans le plus grand dénuement. En 1870, on en dénombrait près de 100 millions dont la moitié seulement de Russes. Les autres étaient arméniens, géorgiens, lettons, estoniens ou musulmans en Asie centrale et dans le Caucase. Beaucoup vivaient en nomades. Le coût d'écoles ou d'hôpitaux ou d'éventuelles routes ou ponts entre des communautés rurales aussi distantes les unes des autres s'avérait exorbitant. Pourtant, la Russie devait se moderniser si elle voulait continuer de compter sur le plan international. Les hommes d'affaires russes revenaient de l'Allemagne récemment unifiée en s'inquiétant de son industrialisation croissante ; l'économie allemande allait rapidement prospérer plus que toute autre en Europe. En Russie, l'industrialisation obligerait à quitter leurs villages des millions de paysans qui s'entasseraient en ville dans des conditions de vie atroces. En somme, la modernisation de la Russie accrut encore son instabilité et les menaces qui pesaient sur sa sécurité. Les ministres des Finances et de l'Intérieur ne parvenaient pas à s'entendre sur une solution : le ministre des Finances préconisait la libre entreprise sans contraintes et son collègue de l'Intérieur, une répression vigoureuse.

Paradoxalement, les initiatives libérales d'Alexandre II attisèrent les troubles et non l'inverse. Déjà dans les années 1860, un mouvement révolutionnaire couvait en Russie, sous l'impulsion de jeunes radicaux désabusés issus de milieux aisés, actifs dans les villes mais nettement moins à la campagne. Ils complotaient des mutineries dans l'armée et des rébellions paysannes. En 1863, ils tentèrent pour la première fois d'assassiner le tsar. Pour toutes ces raisons, Pobedonostsev croyait que seul un système puissamment répressif parviendrait à résoudre les difficultés. Il ne fallait pas s'attendre à ce que Minny saisisse l'extrême complexité d'un pays comme la Russie en débarquant de son Danemark provincial. Elle comprenait toutefois qu'il reviendrait un jour à son mari de gouverner cet empire ingouvernable or, en dehors d'elle, Sacha n'écoutait qu'une seule personne : son ancien tuteur.

Minny transmit à Sacha sa haine de la Prusse et l'espoir qu'elle partageait avec sa sœur Alexandra d'une *entente* privilégiée entre Russie et Angleterre. Son entourage ne tarda pas à remarquer que le tsarévitch ne se gênait pas plus que le prince de Galles pour critiquer ouvertement la Prusse. Son attitude produisit un drôle d'effet à la cour de Saint-Pétersbourg où Alexandre II ne cachait pas qu'il appréciait les Allemands– lui-même avait épousé une Allemande – et où l'on comptait parmi les dignitaires de nombreux Russes d'ascendance allemande originaires des États baltes. L'entêtement de Sacha finit par rendre la situation gênante : il se mit à tourner le dos aux envoyés allemands à la cour qu'il fuyait au moment de leur être présenté. Lorsque le kronprinz Frédéric vint en Russie, Sacha refusa tout net de le recevoir et Alexandre II, exaspéré mais incapable de raisonner son « veau » de fils, dut se contenter de la promesse de ce dernier de ne pas quitter ses appartements. On raconta à Fritz qu'un méchant rhume retenait le tsarévitch au lit ; ce qu'il fit poliment semblant de croire.

Tout réussissait cependant à la jeune épouse du tsarévitch. Elle décida de veiller en personne aux moindres détails de l'éducation de son fils Nicky qu'elle emmena au Danemark afin de l'exhiber devant une foule en extase dès qu'elle le put – à l'été 1870, au moment de la guerre franco-prussienne, la troisième et dernière guerre d'unification allemande qui sapa pour de bon les relations entre France et Allemagne. La princesse Alexandra retrouva sa sœur en juillet avec ses trois aînés, Eddy, Georgie et Louise Victoria mais sans son mari ni la princesse Victoria ni Maude, née au mois de novembre précédent. « Mon vilain petit homme[9] », comme Alexandra surnommait son mari dûment réprimandé après l'affaire du divorce Mordaunt, ne les rejoignit qu'à la fin de leur séjour.

Minny vint elle aussi sans son mari. Des manœuvres militaires retenaient en Russie Sacha, qui se plaignit à son épouse des Prussiens dans une lettre en français, la seule langue qu'ils comprenaient tous les deux. Il espérait retrouver Minny au moins un jour ou deux car il n'aimait pas la savoir loin de lui. Il regrettait en outre de ne pas voir sa belle-sœur Alexandra mais « la guerre franco-allemande a détruit mes chances de venir[10] ». Minny lui répondit que tout le monde admirait Nicky et joignit à sa lettre un dessin du petit à la plume pour son papa. « Mes cousins et moi, on a passé d'excellents moments au Danemark », raconterait plus tard le tsar Nicolas II en se rappelant ces lointains jours d'insouciance. « Nous étions si nombreux chez mon grand-père le roi Christian IX que certains de mes cousins grecs dormaient sur les divans. On se baignait tous dans la mer. Je me rappelle qu'un jour, quand j'étais encore petit garçon, Maman a nagé dans le détroit de l'Oresund en me portant sur ses épaules[11]. »

Cette réunion de famille simple et intime dut offrir à Minny, de retour dans son ancienne chambre, un drôle de contraste avec la vie de cour à la russe. Un officier danois s'attendrit sur le petit Nicolas de deux ans au moment où celui-ci recueillit l'admiration des siens. « Le grand-duc est passé d'une paire de bras à l'autre sous le regard tendre et prévenant de ces dames. Dans son innocence, le petit sourit à tout le monde et il n'a pleuré un peu que le soir venu, à l'heure de se coucher. Comment ce cher bambin qui dort en cet instant à poings fermés se douterait-il de ce que lui réserve le destin qui veille sur son berceau ? Sa petite menotte qui, un jour, sans doute, saisira d'une poigne virile le sceptre le plus puissant au monde serre peut-être un hochet en ce moment[12]. » Cela peut sembler excessif mais n'oublions pas qu'une flatterie obséquieuse a entouré les trois cousins dès leur naissance ; surtout Nicky et Willy, les aînés destinés à manier le « sceptre » du pouvoir.

Alexandra ne séjournait à Fredensborg que depuis deux semaines lorsque le vilain Bertie arriva. La guerre franco-prussienne faisait rage plus près de l'Angleterre que du Danemark ou de la Russie. La prudence dictait à la princesse et ses enfants de rentrer chez eux. Depuis Marlborough House, Alexandra écrivit à Minny : « ce serait intéressant que la France batte la Prusse[13] », puis, pour en venir au fait : « Il faut espérer que la France remportera la guerre et rendra les provinces conquises au Danemark. » Le prince de Galles confia sans une once de tact à Bernsdorff qu'à son avis, les Prussiens allaient enfin recevoir une bonne leçon. L'ambassadeur de Prusse se plaignit officiellement de ce commentaire pas tout à fait neutre à la reine Victoria qui en resta déconcertée. Lorsqu'il écrivit à sa mère, Bertie lui avoua que : « Bernsdorff n'est pas à prendre avec des pincettes. Vivement qu'il quitte son poste ici[14]. » En septembre, la guerre se termina. Les Prussiens en sortirent encore une fois vainqueurs et on ne parla bientôt plus de la Commune de Paris instaurée pendant le siège de la ville. « Ai entendu dire que la populace à Paris s'était ruée au Sénat pour proclamer la chute de la dynastie et la république par la même occasion[15] ! » commente la reine, écœurée.

Pendant la guerre, Vicky mit sur pied des hôpitaux de campagne pour les blessés des deux camps sans distinction ; ce qui excita bien entendu la colère de Bismarck. Celui-ci se moqua de Fritz, assez stupide pour laisser croire qu'« il n'y avait jamais eu le moindre hôpital en Allemagne avant l'entrée en scène de la princesse héritière[16] ». Il insista pour que celle-ci reparte à Berlin et ne se priva pas de critiquer le kronprinz dont les préventions contre le bombardement de Paris l'excédaient. Le kronprinz pria Bismarck de ne pas humilier les Français à la signature de l'armistice : il eut beau terminer la guerre en héros, il appréciait de moins en moins les combats. Là encore, Bismarck attribua la faiblesse de Fritz à l'influence de Vicky.

Décriée ou pas, maintenant que l'Allemagne était unifiée, Vicky put se livrer à l'un des passe-temps favoris de la famille royale : les titres de noblesse. Elle télégraphie la bonne nouvelle à la reine Victoria : « On nous appelle *Kaiserliche und Königliche Hoheit Kronprinz des Deutschen Reichs und von Preussen*[17] », précise-t-elle, incapable de masquer sa joie. « On s'adresse à moi en me nommant altesse impériale (même si l'autre titre me plaisait plus, je l'avoue) mais j'en suis fière puisque cela nous rappelle que l'Allemagne est désormais unie sous une seule et même couronne. » De là, Vicky en arrive comme de juste à parler de Willy, qui venait de fêter son douzième anniversaire, enchanté des cadeaux de sa grand-mère. « Tu serais certainement contente de William si tu pouvais le voir, il a les manières enjôleuses de Bertie, et sait être charmant quand il veut. Il n'a pas de don particulier ni de force de caractère mais c'est un garçon affectueux et j'espère bien qu'en grandissant, il se montrera utile à son pays[18]. » Avec un aveuglement tragique, elle ajoute : « Je veille moi-même sur lui, sur les plus infimes détails de son éducation, vu que son Papa n'a jamais le temps de s'occuper de ses enfants. Les années à venir vont s'avérer décisives pour lui puisqu'il passera de l'enfance à l'âge adulte. Je me félicite de la confiance et de l'affection qui nous lient et je suis sûre que rien ne pourra les détruire. »

La prose de Vicky trahit tout de même une certaine anxiété. La princesse héritière savait que Bismarck et le Kaiser cherchaient à éloigner Willy d'elle et, du même coup, de la libérale Angleterre. On sent que ce qui est en jeu pour Vicky, malgré son affection pour William ou Wilhelm, c'est l'éducation du futur Kaiser au moins autant que celle de son fils. Soucieuse de préparer Willy à son futur rôle, Vicky régla les moindres détails de son existence en l'entourant d'une attention qui frisait l'obsession. Elle ne l'aima jamais autant que Sigi mais, ces années-là, il leur arrivait encore de passer de bons moments ensemble. Vicky pouvait se sentir fière de son fils sans cesse en quête de son affection ou de son approbation. Willy se rappellerait plus tard dans ses Mémoires qu'il avait rarement été plus heureux que quand sa mère l'autorisait à lui faire la lecture en anglais pendant qu'elle peignait dans son atelier. Tous deux raffolaient des récits palpitants de Sir Walter Scott.

Restait tout de même le problème du bras infirme. « Il jouit d'une excellente santé », poursuit Vicky dans sa lettre à sa mère, « et ce serait un très joli garçon sans ce malheureux bras qu'on remarque de plus en plus, qui nuit à son maintien, enlaidit son visage et le rend aussi maladroit qu'embarrassé puisqu'il ne sait rien faire par lui-même. Voilà qui complique encore son éducation, et ne reste pas sans effets sur son caractère. Cela me chagrine à un point que je ne saurais dire[19]. » Description révélatrice s'il en est ! Son bras invalide joua sans aucun doute un rôle dans la formation de la personnalité de Willy et dans son instabilité future. En attendant, le pessimisme de sa mère trahit son désespoir. Il est tout de même extraordinaire qu'à l'en croire, Willy ne sache rien faire par lui-même car, à ce moment-là, il se débrouillait déjà dans de nombreux domaines et montait même à cheval. Seul le maniement de ses couverts à table lui posait encore problème.

Dès la fin de la guerre, le kronprinz et son épouse demandèrent au Kaiser la permission de passer l'été en Angleterre avec leurs enfants – permission qu'ils reçurent sans les protestations habituelles, à leur grand étonnement. Lorsqu'ils revinrent à Potsdam à la fin de l'été, ils comprirent pourquoi. Après l'unification de l'Allemagne, Bismarck voulut conforter sa position. Il profita de l'absence du kronprinz pour le chasser du Conseil d'État. Un article du *Times* dressant l'éloge de Fritz a d'ailleurs pu peser sur sa décision : avec une naïveté provocatrice, le journaliste présentait le kronprinz comme « l'ami fidèle d'une administration libérale et conciliante. Lorsqu'il succédera à son père, le principal obstacle à l'amitié avec l'Angleterre aura disparu ».

Wilhelm, ou William comme on l'appelait en Angleterre, s'attendrirait dans ses Mémoires à l'évocation de cet été-là. Il séjourna d'abord au palais de Buckingham puis à Windsor et Osborne, la tournée habituelle, en somme. Il précise que sa grand-mère ne reniait nullement ses origines allemandes et se montrait au contraire fière de son titre de duchesse de Saxe, dont les armes figuraient sur son étendard. Il note aussi qu'elle parlait allemand sans accent. Il se souvient d'avoir joué aux petits soldats avec sa tante Beatrice, son aînée de quelques années à peine. Son oncle préféré, le prince Arthur, duc de Connaught, l'emmena faire le tour de Londres. C'était un excellent soldat, qui adorait revêtir son uniforme de hussard dès qu'il effectuait des manœuvres en Allemagne. Willy se rappelle surtout que sa tante préférée, la princesse Louise, plus tard marquise de Lorne, le laissait jouer dans ses appartements et lui donnait des sucreries. Tante Louise aimait s'amuser. Elle partageait le même sens de l'humour, du moins l'estimait-il, que sa mère, la reine Victoria. « Toute ma vie, je l'ai adorée[20] », confie-t-il.

Le défilé du 103e régiment royal de fusiliers de Bombay sur l'île de Wight laissa à Willy son meilleur souvenir de l'été. L'instant solennel où l'on remit les couleurs du régiment à sa mère, son commandant en chef, qui les transmit ensuite à son oncle, le duc de Connaught, l'impressionna profondément. Seules purent soutenir la comparaison les promenades sur le vapeur à aubes de la reine, de Cowes à Portsmouth, où Willy vit de nombreux vaisseaux de guerre anglais à l'ancre à côté du célèbre *Victory* de Nelson. Lorsqu'il retourna chez lui en Allemagne, la reine Victoria envoya à Willy une réplique d'un navire de guerre britannique avec mâture et gréement, qui trôna bientôt sur la pelouse du Neues Palais de Potsdam. Voilà encore un acte innocent en apparence qui dissimulait un dessein bien précis. La reine Victoria et Vicky croyaient bon de stimuler l'intérêt du petit pour la marine anglaise en guise d'antidote au militarisme prussien. Elles ne se doutaient pas que l'enthousiasme de Willy conduirait plus tard à une course à l'armement sur mer entre l'Angleterre et l'Allemagne.

Minny retourna au Danemark à l'été 1872, avec le petit Georgeï de un an en plus de Nicky, mais encore une fois sans son mari. Sacha lui écrivit des environs du Don où il effectuait des manœuvres militaires : « Ce militarisme stupide est à mettre au crédit des Prussiens[21]. » Personne ne savait où la convoitise de Bismarck le mènerait. Sacha brûlait d'envie de rejoindre Minny à Copenhague mais son père lui déclara sans ambages que peu lui importait car « l'armée, c'est l'armée ». Sacha se plaignit à Minny de la vie au camp militaire et de l'absence de poste en concluant : « Je te serre dans mes bras de tout mon cœur ; j'aspire terriblement à t'embrasser à nouveau et à me retrouver auprès de toi en tenue d'Adam, tel que la nature nous a faits. »

En 1873, Alexandra et Minny combinèrent un coup d'éclat en faveur de l'*entente* anglo-russe. Le tsarévitch et sa famille devaient se rendre en visite semi-officielle en Angleterre, chez le prince et la princesse de Galles, de juin à août. En secret, les deux sœurs mirent au point un plan. Par courriers de Londres à Saint-Pétersbourg (et vice versa), elles s'échangèrent des croquis et des patrons de tous les habits qu'elles comptaient porter pour se retrouver, le moment venu, vêtues à l'identique des mêmes robes de bal ou de cocktail, des mêmes tenues d'équitation, manteaux, chapeaux et chaussures. Sans qu'il soit nécessaire de prononcer un traître mot, l'idée d'une alliance entre l'Angleterre et la Russie (sous-entendu : contre l'Allemagne) s'insinuerait dans l'esprit du public.

Lorsque le yacht impérial russe jeta l'ancre à Woolwich le 16 juin, une foule immense se pressait sur le quai, dont le prince et la princesse de Galles. Le tsarévitch et son épouse franchirent la passerelle, suivis du petit Nicky de cinq ans et de son frère Georgeï, de deux ans. Des acclamations fusèrent. L'épouse du tsarévitch portait une robe blanche et un chapeau de paille décoré de cerises, identiques jusqu'aux moindres détails à ceux de la princesse de Galles. La procession de carrosses se mit en route pour Londres, escortée par le 3e régiment de dragons ; la reine ayant écarté la cavalerie de la maison royale en raison du caractère semi-officiel de la visite. La foule applaudit à tout rompre les deux sœurs. Plus tard, au bal donné en l'honneur des Russes à Lansdowne House, des valets s'efforcèrent d'empêcher les gens de monter sur les fauteuils, les divans et même les tables pour tenter d'apercevoir la princesse de Galles et l'épouse du tsarévitch vêtues de robes de bal en tout point semblables. « Les sœurs se mettaient l'une l'autre en valeur[22] », commente Lady Antrim. « Une foule éblouissante s'attachait au moindre de leurs pas. »

Par malchance, le shah Nasr ed Din devait effectuer une visite d'État en Angleterre deux jours à peine après l'arrivée du tsarévitch et sa famille ; ce qui créa un malaise. La question de la préséance se posa : le tsarévitch et sa famille, présents à titre semi-officiel, devaient en théorie céder le pas au shah ; ce qui vexa les Russes. Pire encore, la tournée européenne du shah, qui avait pris tout le monde au dépourvu en se décidant à partir de but en blanc, avait commencé à Saint-Pétersbourg. Les Russes eurent bientôt l'impression que les Britanniques tentaient de les surpasser par la magnificence de leur hospitalité. « La fière Albion fait tout son possible en matière de faste pour éblouir le shah et dans quel but ? pour éclipser la Russie en effaçant les bons souvenirs que le shah a emportés de Saint-Pétersbourg[23] », lut-on dans le *Mir* de Saint-Pétersbourg. Le *Times* répondit : « Nos amis russes ne doivent pas croire qu'on les a sans arrêt présents à l'esprit. Notre reine, ses ministres, le Lord Mayor, les directeurs de l'opéra, de l'Albert Hall et du Crystal Palace n'ont aucun désir de manifester des sentiments anti-russes. »

Au cours des années 1870, le problème du Moyen-Orient occupa beaucoup les hommes politiques. L'Empire ottoman s'effondrait peu à peu. Les grandes puissances s'alignèrent afin de « maintenir l'équilibre des pouvoirs » – du moins à les entendre, mais en réalité pour s'assurer une part du gâteau. La majorité du peuple britannique, pas très intéressée par la politique étrangère, se délecta de voir en chair et en os le shah qui dégoulinait pour ainsi dire de joyaux. Des diamants et des émeraudes ornaient sa poitrine, ses épaulettes et sa toque en astrakan. Des rubis fermaient ses tuniques. Ses ceintures étaient incrustées de gemmes de toutes les formes et couleurs. Il vola sans peine la vedette aux Russes et seules les ravissantes tenues assorties de la princesse de Galles et de sa sœur leur épargnèrent un fiasco.

Le tsarévitch et son épouse semblaient indifférents à tout ce battage. Sacha passa l'essentiel de son temps libre à la nursery de Marlborough House à s'amuser avec Nicky, Georgeï et les cinq enfants du prince de Galles : Eddy, Georgie, Louise, Victoria et Maud, âgés de neuf à quatre ans. Nicky avait le même âge que Victoria, ou Toria comme la surnommait sa famille, et il resta toujours plus proche d'elle que des autres. Il s'attacha aussi durablement à son oncle Bertie qui le gâtait. Par contre, il ne joua pas beaucoup avec ses cousins Eddy et Georgie ; et pas seulement à cause de leur différence d'âge. Les enfants du prince de Galles, chouchoutés par leurs parents, ne connaissaient pas le sens du mot « discipline ». « Turbulents comme pas permis[24] », estimait la reine Victoria. « Ce sont des enfants si mal élevés, si mal éduqués, que je ne les apprécie pas du tout », confiait-elle d'ailleurs à son journal l'année précédente.

L'épouse du tsarévitch passa le plus clair de son temps avec sa sœur la princesse de Galles en suscitant ainsi bien des commentaires. Chaque matin, elles se promenaient à Hyde Park, côte à côte en carrosse ouvert. Vêtues à l'identique, elles saluaient la foule qui se massait aux grilles. L'après-midi, il leur arrivait de se rendre dans l'East End londonien, un quartier à la pauvreté digne d'un roman de Dickens, visiter l'un des nombreux hospices qu'Alexandra finançait. Le soir, elles assistaient à des dîners et des banquets ou l'un des bals en l'honneur du shah qu'organisèrent toutes les grandes maisons de Londres.

Le manque de tenue du shah laissa le Tout-Londres bouche bée. Il criait après les domestiques, dégoûtait les convives par ses abominables manières à table, n'arrivait jamais à l'heure et prenait des privautés choquantes avec ces dames. Il sortait la nourriture de sa bouche et la ravalait s'il la jugeait à son goût, ou la jetait par-dessus son épaule dans le cas contraire. Il renonça bientôt à se servir de son couteau ou de sa fourchette et se mit à essuyer ses mains sales sur les nappes en rotant haut et fort. Au concert de gala donné en son honneur à l'Albert Hall, il prit place dans la loge royale entre la princesse de Galles et sa sœur (vêtues de robes blanches semblables et de diadèmes assortis) en passant un bras autour du fauteuil qu'occupait chacune des sœurs. Du fauteuil, il glissa peu à peu à leurs royales personnes avant de les peloter à la vue de milliers de spectateurs. Hélas : au lieu de garder leur dignité, les deux princesses éclatèrent d'un rire hystérique au grand dam de la foule. Le prince de Galles s'en amusa plus que son beau-frère. Des années plus tard encore, il racontait qu'un soir, en visite à Trentham chez le duc de Sutherland, un homme extrêmement riche, le shah lui avait confié « Il vit dans une opulence trop grande pour l'un de vos sujets ; il faudra que vous lui fassiez couper la tête à votre accession au trône[25]. »

En 1874, Bismarck, toujours convaincu de la nécessité pour l'Allemagne d'éviter la guerre avec son voisin russe, forma la *DreiKaiserbund* ou ligue des trois empereurs. Un jeune Français du nom de François Ayme assista à sa création après la guerre franco-prussienne, lorsqu'il revint en Allemagne enseigner le français au prince Wilhelm. Ayme étudiait à l'université de Bonn en 1870 mais, dès le déclenchement des hostilités, il s'était retiré en France. Le voilà de retour, recruté grâce à ses relations dans l'aristocratie. Il arriva en proie à des sentiments mélangés. L'issue humiliante des combats pour la France avait transformé ce jeune noble en républicain. De passage à Bonn, François Ayme se joignit à la foule désireuse de voir les trois empereurs, Guillaume Ier, François-Joseph d'Autriche-Hongrie et Alexandre II de Russie, parader en public. Une conversation des plus sérieuses semblait les absorber mais il ne s'agissait sans doute que d'un exemple précoce de mise en scène destinée à la presse.

À l'époque, Ayme ne pouvait pas saisir la signification historique de l'événement. Bismarck cherchait surtout à éviter un nouveau conflit susceptible de revenir sur l'issue de la guerre franco-prussienne. Puisqu'une république gouvernait désormais la France, il enjoignit aux trois empereurs de rassembler leurs forces. Sur le moment, leur accord fut une simple « entente », selon le langage subtil de la diplomatie, avant de se muer en véritable ligue (en 1881). Un pacte militaire secret fut signé à Saint-Pétersbourg : l'Allemagne et la Russie acceptaient de se venir mutuellement en aide dans l'éventualité d'une attaque par une tierce puissance européenne.

Les Mémoires de Bismarck indiquent qu'il craignait la montée du socialisme et la révolution autant qu'un nouveau conflit. Depuis l'unification de l'Allemagne, il se souciait surtout d'y maintenir le statu quo. La nouvelle Constitution, dont il avait lui-même rédigé le brouillon, Conférait au Kaiser un pouvoir absolu quoique purement nominal puisqu'en pratique Guillaume Ier était sous la coupe de Bismarck ; ce dont il ne se plaignait d'ailleurs pas. À l'évidence, Bismarck n'avait jamais pensé qu'un autre Kaiser ne se révélerait peut-être pas aussi malléable.

Mais on n'arrête pas le progrès. Comme ne tarda pas à le remarquer François Ayme, la guerre franco-prussienne avait créé un profond changement dans l'Allemagne nouvellement unifiée : on y respirait un autre air. Avant la guerre, tout semblait charmant et « *gemutlich* ». À la fin du conflit, Ayme sentit pointer une arrogance nouvelle, une énergie et une ambition communes à tous les milieux. Partout, on s'affairait fébrilement. L'industrie prospérait. Les banqueroutes devenaient monnaie courante. L'Allemagne entendait bien devenir une puissance mondiale, et Berlin, une capitale digne de ce nom. Rien ne semblait capable d'arrêter l'armée prussienne et Bismarck se prenait pour Dieu. Le vernis philosophico-sceptique qui avait séduit François Ayme venait de s'effriter au profit d'une foi naïve et fervente en l'avenir glorieux de l'Allemagne. Cette assurance nouvelle, la prospérité et le progrès s'accompagnèrent de la montée du socialisme.

En 1878, Bismarck instaura des lois antisocialistes draconiennes en prenant pour prétexte deux atteintes sans conséquence à la vie du Kaiser. L'article 11 musela la presse et l'article 17 fit de l'adhésion à une organisation prohibée un crime puni de trois mois à un an de prison. Hélas, la répression eut pour seul effet d'inciter les activistes à basculer dans la clandestinité, où ils prospérèrent.

4.

L'ÉDUCATION DES TROIS COUSINS

À quinze ans, Wilhelm reçut le sacrement de confirmation, encore un de ces événements familiaux d'intérêt public, la religion protestante du futur Kaiser étant affaire d'État. En Allemagne du Sud vivait une majorité de catholiques, mais la Prusse et le Nord protestant dominaient depuis les trois guerres d'unification allemande de Bismarck. Le Kaiser, autocrate protestant, siégeait à mi-distance de Dieu et de son peuple. Plus tard, Wilhelm considérerait sa fonction sous la même lumière : à l'en croire, le Kaiser ne devait répondre de ses actes que devant Dieu seul. Ses parents pensaient plus modestement que la religion incitait à se soucier du bien-être de l'humanité en éclairant le comportement de chacun au quotidien ; point de vue empreint d'un sentimentalisme typiquement anglais.

La confirmation de Wilhelm eut lieu le 27 août 1874, à la Friedenskirche où reposait Sigi. Des guirlandes de verdure décoraient l'intérieur de la nef. Willy, en uniforme, s'agenouilla devant l'autel couvert du drap mortuaire de Sigi en satin blanc, brodé par sa mère d'un S en fil d'or et d'une couronne à chaque coin. Son oncle Bertie, venu exprès d'Angleterre avec la princesse de Galles, représentait la reine Victoria. Vicky, les yeux rougis, parut contrariée par son altercation avec le Kaiser le matin même à propos de l'éducation de Willy. Après la cérémonie, Bertie lut à William une lettre de sa grand-mère et lui remit son cadeau : une bible accompagnée d'un message édifiant. « Willy a été ravi de tes cadeaux qui l'attendaient dans mon boudoir », se fit-il un devoir d'informer la reine Victoria. « Ta lettre et ta dédicace sur sa bible, que je lui ai moi-même lues, je les ai trouvées magnifiques. Tout ce que tu as dit me semble très vrai[1]. » Dès que possible, Bertie renoua avec ses amusements habituels à Baden alors que la princesse de Galles se rendait à Copenhague.

La presse britannique, lorsqu'elle couvrit le séjour du prince de Galles à Baden, ne manqua pas de mentionner ses dettes croissantes. Le bruit courut qu'elles avoisinaient 600 000 livres, soit 4 millions de livres actuelles. Des usuriers rôdaient toujours auprès des hôtels où le prince de Galles descendait à l'étranger. Ses amis richissimes comme le baron Maurice de Hirsch, Sir Ernest Cassel et les Rothschild devaient souvent se porter caution pour lui ; ce qui leur valait en retour des invitations à la cour et à Marlborough House. Sir William Knollys écrivit à la reine Victoria qu'il s'opposait au séjour du prince de Galles à Baden et qu'« il persisterait dans son opposition en cas de projet de visite à Paris[2] ». Knollys considérait alors Paris comme la capitale du vice.

À Berlin, un conflit à propos de l'éducation de Wilhelm opposa les deux camps habituels : le Kaiser voulait envoyer son petit-fils dans une académie militaire alors que Vicky et Fritz avaient prévu de l'inscrire dans une école à Kassel sur le Rhin, non loin du château de sa grand-mère à Coblence. À l'instar de la reine Victoria, ils estimaient qu'un prince doit connaître le monde et partager la même éducation que les enfants du peuple. Le Kaiser, consterné, entra dans une rage folle. Vicky et Fritz parvinrent toutefois à leurs fins et, au début de l'automne, Willy partit à Kassel pour trois ans avec son frère Henri qui, nettement moins porté sur les études, suivrait les cours de l'académie navale toute proche.

Le Dr Hinzpeter, résolu à ce que ses royaux élèves rejoignent Kassel comme des écoliers ordinaires, les obligea à effectuer une large partie du trajet à pied, en portant leur sac à dos, et le reste, en transport en commun. Résultat : lorsqu'ils arrivèrent enfin au palais, à bout de forces, l'estomac dans les talons depuis leur petit déjeuner frugal à base de pain et de bière, et trempés malgré le parapluie de Hinzpeter, le portier ne voulut pas les laisser entrer. « Après une longue dispute entre un Hinzpeter très embêté et le portier (qui attendait deux princes prussiens, ce qu'à l'évidence nous n'étions pas), nous reçûmes enfin la permission d'entrer », racontera plus tard Willy, non sans humour. « En fait, notre arrivée à Kassel fut assez excentrique[3] » – d'autant que les deux princes ne logeraient pas dans une maison comme les autres mais dans un palais, et même deux : l'un, en ville, l'hiver et l'autre à Wilhemshohe, l'été dans les magnifiques collines des environs.

La perspective du départ rendit Willy anxieux. Seule la compagnie de Henri le consola. Au final, cela se passa mieux qu'il ne l'escomptait. En moins d'une semaine, il se sentit tellement à l'aise parmi ses camarades de classe qu'il n'aurait plus imaginé d'étudier dans d'autres conditions. Quant aux professeurs et aux autres élèves, tous natifs des environs, Hinzpeter raconta plus tard qu'ils ne tardèrent pas à surmonter leurs préventions initiales car William, plein de tact, avait soin de se montrer bon *Kamarad*. Willy en garderait un souvenir un peu moins idyllique. Dans ses Mémoires, il souligne que, malgré ses bonnes relations avec ses camarades, il ne se lia jamais d'amitié avec aucun d'eux. Que Hinzpeter le voulût ou non, Wilhelm restait un être à part et personne n'y pouvait rien.

À Kassel, Wilhelm suivit un emploi du temps rigoureux imposé par Hinzpeter qui, à cette occasion, troqua son rôle de précepteur contre celui de simple tuteur. Les deux garçons se levaient à cinq heures l'été et six l'hiver, afin de terminer leurs devoirs avant le petit déjeuner. Ils allaient à l'école de huit heures à midi puis disposaient de deux heures pour déjeuner. Comme on ne restait jamais plus d'une demi-heure à table dans la maison royale, il leur restait une heure et demie d'activités extrascolaires : leçons d'escrime, natation ou promenades, toujours en compagnie de Hinzpeter. Puis : retour en classe de deux à quatre. Ensuite, Willy révisait avec Hinzpeter ses leçons du jour. De cinq à six : dîner, suivi d'au moins deux heures de devoirs et enfin : coucher à neuf heures ou neuf heures et demie au plus tard. Des exercices supplémentaires sous la conduite de Hinzpeter ou de l'un des professeurs d'anglais ou de français occupaient souvent l'heure précédant le coucher. Les garçons disposaient tout de même de leur dimanche après-midi ; il leur arrivait d'aller au théâtre, dont ils raffolaient, mais, la plupart du temps, Hinzpeter en profitait pour les emmener au musée ou organiser un débat avec leurs camarades de classe. « J'aime ma vie à Kassel », écrit Willy, docile, à sa grand-mère anglaise. « C'est un grand plaisir pour moi d'aller à l'école : j'apprécie beaucoup mes professeurs, mes études et mes camarades de classe[4]. »

Plus tard, Wilhelm se plaindrait de ne pas avoir reçu une éducation compréhensive, et ce, dans tous les sens du terme. Ses études (typiques des écoles allemandes d'alors) portaient surtout sur les classiques qu'il jugeait arides, quoique plutôt faciles grâce à son excellente mémoire. Il aimait *L'Iliade* mais Cicéron l'ennuyait. D'un autre côté, il se prit de passion pour l'art classique et en particulier la sculpture, qui contribuèrent à former sa conception de l'art idéal. Sa matière préférée restait l'Histoire allemande, qu'il étudiait même pendant ses loisirs. Il aimait aussi beaucoup la littérature, allemande et anglaise, Dickens y compris. Sa grand-mère lui envoya d'Angleterre de nombreux livres, dont un sur la vie de son grand-père, le prince Albert.

Quel regard porta François Ayme sur son nouvel élève, le prince Wilhelm von Hohenzollern ? De tous ceux qui fréquentaient Willy à cette époque, ce Français partisan de la république – mais d'origine aristocratique et n'ayant de ce fait rien à y gagner – s'avérerait le témoin le plus fiable et le moins gangrené par les a priori. Son livre, *Une éducation impériale, Guillaume II*, publié en français en 1897, prouve à l'évidence qu'Ayme appréciait Wilhelm. Malgré sa nervosité le premier jour, il se sentit tout de suite à l'aise avec son nouvel élève qu'il décrit comme poli, sympathique, énergique et débordant de vie. Il le jugeait en outre intelligent, capable de penser par lui-même, ambitieux et studieux ; il détestait l'échec. Ayme fut ravi de constater que Wilhelm, déjà très à l'aise en français, aimait lire de la poésie dans la langue de Victor Hugo. Il savait parfaitement se tenir mais cherchait souvent à se mettre en valeur. Idéaliste et discipliné, il possédait un sens moral très développé par ses parents et le Dr Hinzpeter. En somme, Wilhelm était de ces élèves qu'un professeur se rappelle avec plaisir. D'après Ayme, il aurait pu devenir un bon journaliste s'il n'avait pas dû hériter du trône des Honhenzollern.

Le plus révélateur, selon Ayme, restait encore la capacité de Wilhelm, sans cesse entouré de garçons de son âge, à s'accommoder de son bras infirme. Ce bras fonctionnait si mal que Wilhelm rencontrait des difficultés pour rassembler ses livres à la sortie de la classe. En fait, il ne lui servait qu'à s'appuyer sur son pupitre. Wilhelm n'en faisait cependant pas grand cas, admet Ayme, impressionné. Quant à Henri, il n'était ni brillant ni travailleur mais fort aimable. Willy recevait 20 marks d'argent de poche par mois contre Henri, 10.

Au cours des leçons de français, Ayme et Willy abordèrent de nombreux thèmes : Ayme exposa entre autres les idées des républicains à son élève, loin de se douter que le socialisme était déjà bien implanté en Allemagne. Un jour, ils en vinrent au sujet qu'ils évitaient depuis des mois : la guerre franco-prussienne. Willy décrivit à son professeur les réactions de ses proches au début des hostilités : « Nous dînions à table lorsque mon père est arrivé en courant, pâle, bouleversé. D'une voix brisée, il nous a annoncé en nous prenant dans ses bras : “C'est décidé. La France veut la guerre. Oh, mes enfants, quel désastre[5] !” » Son élève avait beau rejeter sur la France la responsabilité du conflit, sa confidence n'en émut pas moins Ayme. Il fut d'autant plus surpris lorsqu'en revenant sur le sujet quelques jours plus tard, Willy lui annonça : « La prochaine fois, nous ferons mieux[6]. » Un certain temps s'écoula avant qu'ils ne redeviennent amis. De telles contradictions décontenançaient Ayme. Il ignorait à quel point Wilhelm se sentait tiraillé entre l'Angleterre libérale et la Prusse belliqueuse. « Ensemble, on pourrait conquérir le monde », confia Wilhelm à Ayme en songeant à l'Allemagne et la France, et à restaurer la paix entre les deux nations.

Les problèmes soulevés par la condition d'un prince n'échappèrent pas à Ayme. Quand un prince entre dans une pièce, affirme-t-il, les conversations cessent. Les gens se figent comme des statues, sans même oser aller prendre l'air à la fenêtre, puis dès que le prince s'en va, ils lui emboîtent le pas à une distance respectueuse. Ayme vit des personnes intelligentes, de haut rang notamment, se comporter comme des idiots face à un prince. « Dans un pays gouverné par le principe monarchique, ce sont les flatteurs, les manipulateurs, qui s'élèvent au sommet. Les courtisans serviles. C'est un miracle, en vérité, que les têtes couronnées ne commettent pas plus d'erreurs ou n'exercent pas plus souvent leur pouvoir à mauvais escient. Comment distingueraient-ils les courtisans sincères des hypocrites[7] ? » Ayme prédit ainsi à juste titre l'avenir qui attendait Wilhelm.

Dès leur installation à Kassel, le kronprinz et son épouse rendirent visite à leurs fils. Ayme avait hâte de les rencontrer : leur absence totale d'affectation le surprit agréablement. Le prince, un grand bel homme en uniforme, très décontracté, plaisanta même avec lui. À l'évidence, c'était la princesse qui décidait de l'éducation de Wilhelm, et elle semblait fière de ses progrès. Elle parlait en outre très bien français et savait user de son charme. Elle ne s'arrêtait pas aux apparences et n'hésitait pas à faire part de ses opinions. Elle ne cachait ni son animosité envers l'aristocratie prussienne ni son anticléricalisme. Des années plus tard, Ayme écrirait que « si le kronprinz avait vécu, elle aurait sans doute gouverné à sa place[8] ». Ce soir-là, Willy pria Ayme de se joindre au dîner en famille. À son entrée, le professeur de français surprit le kronprinz, son épouse et ses fils en train de deviser gaiement. En s'asseyant auprès d'eux, le sourire aux lèvres, il songea qu'à ce moment, le prince et la princesse héritiers avaient tout pour être heureux : une vie de couple harmonieuse et « l'auréole de la majesté ». En 1897, à la publication de son livre, il en irait autrement.

Après le retour de ses parents à Potsdam, Willy se mit à leur écrire régulièrement. Ses lettres, assez curieuses, nous révèlent sa fixation sur sa mère. « J'ai encore rêvé de toi », lui confie-t-il. « Cette fois, j'étais seul avec toi dans ta bibliothèque quand tu m'as tendu les bras & m'as attiré au pied de ton fauteuil (...) Je t'ai aussitôt pris la main en l'embrassant (...) Puis tu m'as chaleureusement serré contre toi & tu as passé ton bras droit autour de mon cou & tu t'es levée pour faire le tour de la pièce avec moi (...) J'ai rêvé de ce qu'on fera réellement quand on se retrouvera seuls dans tes appartements sans témoins (...) *toi seule* peut connaître ce rêve[9]. » Il écrivait à sa mère en anglais en signant « William ».

L'homme de cour allemand, auteur des *Souvenirs de trois Kaisers*, venait de quitter le service de Guillaume Ier pour le poste d'intendant du prince et la princesse héritiers au Neues Palais de Potsdam. En ce temps-là, il faisait bon vivre au Neues Palais, se rappelle-t-il. Les vacances se passaient *en famille*, sur les rives de la mer du Nord le plus souvent. Chaque jour, le kronprinz emmenait ses enfants nager ou se promener en canoë ou à pied. Le soir, il leur arrivait d'aller au théâtre. Ou bien il leur faisait la lecture. À cette époque de sa vie, Willy adorait son père. Plus tard, les choses se compliqueraient. « Le marché de Noël était le paradis des enfants », se souvient notre auteur anonyme, « et tout Berlin s'y précipitait, jeunes et vieux, riches et pauvres. Le kronprinz et son épouse, bras dessus, bras dessous, avec leurs enfants mais sans la moindre escorte, se frayaient un chemin entre les stands, indifférents à la cohue, comme n'importe quels citoyens. Les enfants adoraient y dépenser leurs pennies comme tous les petits Berlinois de leur âge[10] ». La vie de famille restait donc aussi simple et naturelle que possible.

Vicky venait de décorer à neuf le Neues Palais, jusqu'alors tel que Frédéric le Grand l'avait construit au milieu du XVIIIe siècle. Elle redessina les jardins à l'anglaise en y plantant quantité de roses. Comme Fritz s'absentait souvent, et la plupart du temps pour cause de guerre, Vicky consacra son énergie débordante à ses bonnes œuvres. Elle passait en outre beaucoup plus de temps avec ses enfants qu'on ne l'estimait normal au sein de l'aristocratie prussienne. Au Neues Palais se pressaient écrivains, artistes et musiciens, allemands ou étrangers, aux opinions aussi libérales que le couple princier. « Roturière ou noble, toute personne s'étant fait un nom dans le monde de l'art ou de la littérature était la bienvenue et de célèbres industriels ou des génies de la finance, qu'ils fussent Juifs ou Chrétiens, recevaient souvent des invitations au palais[11] », nous apprend notre homme de cour, admiratif.

Il n'en allait pas de même chez le Kaiser à Berlin. Les réceptions à la cour s'avéraient maussades au possible car le Kaiser s'en tenait à l'étiquette prussienne rigide dominée par la caste militaire et nobiliaire à l'exclusion de la plèbe et des Juifs.

En janvier 1874, le prince et la princesse héritiers se rendirent à Saint-Pétersbourg au mariage du prince Alfred, duc d'Édimbourg et de Saxe-Cobourg-Gotha, avec la grande-duchesse Marie, fille du tsar. Alexandra et Minny, désireuses de promouvoir l'alliance anglo-russe, avaient présenté Affie à Marie trois ans plus tôt au cours de vacances en famille au Danemark. Tout le monde, y compris Bertie, Alexandra et le duc Ernest de Saxe-Cobourg-Gotha, duquel Affie hériterait un jour ce « cher petit pays » de Cobourg, logea au palais Anitchkov avec Sacha et Minny alors qu'Affie, le futur marié, s'installa au palais d'hiver. « J'espère que le froid glacial de Saint-Pétersbourg ne t'accablera pas trop », écrit la reine Victoria à Vicky. « Ce sera bien la première fois que je n'assisterai pas au mariage de l'un de nos enfants et cela me chagrine mais, d'un autre côté, les mariages commencent à me peser et même à m'attrister[12]. » Sur le chemin du retour, Bertie et Alexandra s'arrêtèrent à « la dégoûtante ville de Berlin[13] », pour reprendre les propres mots d'Alexandra. Pendant ce temps, les jeunes mariés se rendirent en Angleterre puis à Balmoral, où le froid glacial des chambres atterra la fille du tsar, accoutumée aux températures de serre chaude du palais d'hiver.

Bismarck insista pour que Vicky et Fritz s'absentent de Berlin pendant la conférence des trois empereurs qui devait s'y tenir à l'automne, par crainte d'éventuelles « interférences ». Le Kaiser, très remonté contre son fils, lui ordonna de partir. Vicky et Fritz, ravis, mirent le cap sur l'Angleterre avec leurs enfants. « Comme tu le sais, personne ne souhaite plus que moi voir l'Angleterre et l'Allemagne vivre en bonne intelligence », avait écrit à

Vicky la reine Victoria un peu plus tôt cette année-là, « mais Bismarck est si arrogant, violent, tenace et cynique que PERSONNE ne peut le supporter et TOUS estiment qu'il prend le même chemin que Napoléon Ier dont la chute a tout de même nécessité une coalition de l'Europe entière[14] ». Elle ajoute cependant : « J'ai écrit une lettre personnelle à l'empereur Alexandre pour le presser, à Berlin, de FAIRE son possible en faveur de la paix ; sachant qu'il souhaite éviter la guerre. » Certes, il s'agissait d'une lettre personnelle, mais elle prouve que les soupçons de Bismarck ne manquaient pas de fondements.

En 1875, Georgie et Eddy, à dix et presque douze ans, passaient encore l'essentiel de leur temps à Sandringham où ils reçurent du révérend Dalton une éducation somme toute assez rudimentaire. En novembre, leur père le prince de Galles se rendit sans son épouse en visite d'État en Inde où il représenta sa mère la reine et impératrice. Vingt-deux domestiques l'accompagnèrent, plus son valet, son page, son valet d'écurie, trois chefs cuisiniers et une suite de dix-huit gentilshommes. Ses lettres à ses fils aînés fourmillent d'anecdotes palpitantes sur la vie à l'étranger, qu'il entrecoupait toutefois d'exhortations à soigner leur orthographe. « Mes chers Eddy et Georgie », leur écrit-il de Goa, « comme je n'ai pas le temps d'écrire à chacun de vous, je vous envoie une lettre commune pour vous remercier de vos lettres datées du 3 à Sandringham. Je ne les ai pas trouvées aussi bien rédigées que les précédentes. Eddy s'est trompé sur l'orthographe de plusieurs mots, aussi j'espère que vous serez plus attentifs la prochaine fois. Mardi dernier, j'ai chassé le sanglier. En Inde, on appelle ça "piquer le cochon". On monte à cheval avec de lourdes piques et dès qu'on aperçoit un sanglier, on court après lui en essayant de l'atteindre[15] ». Dans une lettre de Kandy, en décembre, il évoque une chasse à l'éléphant et les sangsues de la jungle « très dangereuses, qui grimpent sur tes jambes et te morde[16] » ; ce qui prouve que son orthographe n'était pas non plus au-dessus de tout reproche.

Pendant ce temps, la vie de famille au palais Anitchkov à Saint-Pétersbourg suivait doucement son cours sous la houlette de Minny. En avril 1875, elle donna naissance à son troisième enfant : sa première fille, Xenia. À sept ans, il était temps que Nicolas, comme ses cousins d'Allemagne et d'Angleterre, entame son éducation officielle. Les trois premières années, une gouvernante, Alexandra Ollongren, lui enseigna les matières qu'étudient d'ordinaire les petits écoliers russes. Nicky passa ensuite un examen qu'il réussit sans peine.

Le futur Nicolas II avait deux camarades de classe au palais Anitchkov : son frère Georgeï et Vladimir Ollongren, le fils de sa gouvernante, qui nous a d'ailleurs laissé une description fidèle de Nicky, petit garçon : un enfant heureux « au rire charmeur, communicatif, un peu efféminé[17] ». Malgré sa vivacité d'esprit et son excellente mémoire, Nicky manquait de maturité pour son âge. L'épouse du tsarévitch, comme sa sœur la princesse de Galles, surprotégeait ses enfants ; surtout Nicky, l'héritier du trône. En plus, Nicky était de petite taille et de frêle carrure ; de ce point de vue, il tenait plus de sa mère que de son père ou de ses oncles qui le dépassaient tous au moins d'une bonne tête.

Bien que Vladimir Ollongren décrive le père de Nicky comme quelqu'un d'enjoué aimant à scier du bois ou faire des bonshommes de neige avec les enfants, Nicky nourrissait pour lui un profond respect mêlé de crainte. Sacha devait être de ces hommes qui s'entendent mieux avec les enfants des autres : ceux-ci ne le voyaient en effet jamais piquer ses colères, brèves, certes, mais terribles aux yeux de son entourage. Ses propres fils le considéraient comme un tyran. « Ni moi ni la grande-duchesse ne comptons en faire des plantes de serre[18] », avertit-il Alexandra Ollongren avant que celle-ci ne prenne ses fonctions. « Il faut qu'ils prient le Seigneur, qu'ils étudient, jouent et s'amusent dans les limites du raisonnable. Soyez un bon professeur, qu'ils ne deviennent pas incontrôlables surtout ! Prenez bien soin de décourager chez eux la paresse (...) Je le répète, je ne veux pas de figurines en porcelaine mais d'enfants russes normaux, en bonne santé. S'ils se battent, laissez-les. Par contre, le premier qui moucharde aura droit au fouet. »

La vie de Nicky, comme celle de son cousin Georgie en Angleterre et même de Willy en Allemagne, tournait tout entière autour de sa mère qui veillait sur lui jusqu'à l'obsession. Elle voulait le modeler en vue de son futur rôle de tsar mais aussi le protéger du danger qui pesait sans cesse sur la famille impériale russe. « Armez-vous de couteaux et de pistolets car le jour de votre délivrance approche[19] », ordonnaient les pamphlets qui sortaient en secret des presses révolutionnaires socialistes à Saint-Pétersbourg. Minny et Sacha ne se détendaient vraiment qu'au cours de leurs vacances *en famille*, en particulier au Danemark, petit pays où ils ne craignaient rien.

Minny, l'épouse dans le vent du tsarévitch, régnait sur le Tout-Saint-Pétersbourg. Nicky la voyait deux fois par jour : à onze heures du matin puis avant d'aller se coucher. Elle s'absentait souvent pour raison d'État en compagnie de son père. La plupart du temps, Nicky restait donc auprès des domestiques qui, comme s'en souviendrait Ollongren, adoraient la famille impériale. Olga, la cadette de Nicky, se rappelle que « le vieux Jim Hercules, un nègre, passait ses congés annuels aux États-Unis dont il ramenait de la gelée de goyave en bocaux qu'il offrait aux enfants[20] ». La famille impériale menait une vie simple malgré les cohortes de domestiques, de valets, de pages, de nourrices et de cuisiniers qui veillaient sur elle. Comme le dit un visiteur du palais Anitchkov, accoutumé au train de vie fastueux d'Alexandre II : « Je n'aime pas voir des gens se lancer des boulettes de mie de pain par-dessus la table[21]. » Il faut croire que le goût des plaisanteries à la mode danoise s'était acclimaté à Saint-Pétersbourg. Le tsarévitch et son épouse désiraient que leurs enfants mènent une vie ordinaire à l'abri du danger et des drames qui se nouaient dans le monde extérieur.

Ceux qui touchaient alors la Russie concernaient la dissolution de l'Empire ottoman. En 1877, la Russie déclara la guerre à la Turquie, officiellement pour défendre les Bulgares contre l'agression turque, certes brutale, mais en réalité pour gagner un accès aux Dardanelles. La victoire des Russes marqua la fin définitive du joug turc sur l'Europe. Au congrès de Berlin en juillet 1878, les grandes puissances se battirent pour récupérer des territoires. La moitié des possessions turques en Europe fut confisquée puis redistribuée. Avec une hypocrisie consommée, l'Angleterre entreprit de protéger la Turquie contre toute intrusion russe en échange de Chypre. « J'ai mis la Turquie dans ma poche[22] », annonça Disraeli au prince de Galles dans le langage fleuri qu'il affectionnait.

Tout ceci ne contribua pas aux bonnes relations avec la Russie. « On ne veut pas se battre mais, bon sang, si jamais il le faut, on a les hommes, on a les moyens et on a les bateaux[23] », prétendait un refrain célèbre à l'époque où l'Angleterre se préparait au conflit. Pire encore : l'article 25 du traité de Berlin accorda à l'Autriche le droit d'administrer et de conserver la Bosnie-Herzégovine sous sa sphère d'influence. Il est vrai qu'on a rarement établi un traité aux vues plus bornées que celui de Berlin.

En janvier 1877, Wilhelm et ses dix-sept camarades de classe passèrent leur examen d'entrée à l'université. Willy qui figurait toujours parmi les quatre premiers de sa classe à Kassel réussit les épreuves sans difficulté. Le 25 janvier, tous fêtèrent la fin de leur scolarité à l'auditorium de l'école. Pour Wilhelm, ce fut aussi la fin des onze années du règne de Hinzpeter. Du jour au lendemain, le régime punitif cessa. Finies, les journées de quatorze heures, la discipline sévère, la nécessité d'accomplir son devoir en toutes circonstances, et surtout, finie la modestie.

Voilà Wilhelm enfin libre ! Le même mois, il fêta son dix-huitième anniversaire, atteignant ainsi sa majorité. « J'ai reçu deux décorations ce jour-là[24] », commente-t-il avec une satisfaction évidente. D'abord, l'ambassadeur anglais Lord Odo Russell lui apporta au Neues Palais l'insigne de la Jarretière, qui, comme le souligna fièrement Willy, n'était en général accordé qu'aux souverains et à leurs héritiers immédiats. En réalité, sa mère avait dû supplier la reine Victoria qui estimait l'ordre de Bath amplement suffisant. « Willy se contenterait sans doute de l'ordre de Bath mais la nation, non[25] », prétendit Vicky en se cherchant une excuse. Après la cérémonie, la famille se rendit au palais du Kaiser à Berlin où celui-ci investit solennellement son petit-fils de l'ordre prussien de l'aigle noir dans la salle des chevaliers en présence de la famille royale allemande au grand complet et d'officiers triés sur le volet. Deux ordres prestigieux dans la même journée : voilà pour Willy un départ rêvé dans la vie d'adulte !

Du point de vue de son grand-père et de Bismarck, il était surtout grand temps d'affermir l'emprise de la Prusse sur Wilhelm. Le Kaiser insista pour que son petit-fils emprunte la voie habituelle des héritiers du trône en débutant sa carrière militaire au premier régiment d'infanterie des gardes, en garnison à Potsdam. Rien n'aurait su faire plus plaisir à Willy. Une semaine plus tard, il rejoignit son régiment où il se sentit tout de suite chez lui. La vie d'un officier prussien consistait essentiellement à paresser avec élégance. Certes il fallait assister aux parades et aux manœuvres mais le plus clair du temps se passait au mess des officiers en agréable compagnie : celle des fils de l'aristocratie prussienne qui ne prenaient rien au sérieux à part les règles pointilleuses du code d'honneur des officiers – mais quel sérieux alors ! On n'aurait su imaginer plus parfait contraste avec la vie du prince à Kassel.

Les parents de Wilhelm assistèrent à son adaptation enthousiaste avec une inquiétude croissante. Dans une lettre à la reine Victoria datée du 25 juillet 1877, Vicky s'avoue incapable d'inciter Willy à lire le moindre ouvrage ou à écrire une seule ligne, « ou à faire autre chose qu'*apprécier* de ne *rien* avoir *à faire*[26] ». Notre homme de cour résume joliment la situation dans ses *Souvenirs* : « Après sa majorité, qu'il atteignit à dix-huit ans à peine comme tous les princes allemands, Wilhelm commença enfin à se sentir un homme et un Prussien, terme qui était alors synonyme de grandeur et de noblesse. Après avoir servi comme lieutenant au premier régiment d'infanterie des gardes de Potsdam, il devint un officier prussien typiquement arrogant et borné. C'était l'idole de la jeunesse militaire, cerné de flatteurs, et surtout un jouet entre les mains de Bismarck[27]. »

À Kassel, Wilhelm travaillait si dur qu'après une visite à son grand-père le jour de son anniversaire, il devait rentrer finir ses devoirs en manquant la fête du soir. Depuis, il semblait avoir perdu tout intérêt pour l'étude, intérêt qu'il ne retrouva jamais par la suite. Son manque d'application et son incapacité à se concentrer ne tarderaient pas à poser un problème quotidien à ses conseillers. Il s'ennuyait vite et n'approfondissait un domaine précis – n'importe lequel, aurait-on dit parfois – que pour y renoncer quelques jours plus tard. Son excellente mémoire ne faiblit jamais, pas plus que son aptitude à réciter ses poèmes favoris, mais, cerné de flagorneurs, il en vint à se croire plus malin qu'il ne l'était.

Même avec le recul du temps, il est difficile d'attribuer un tel changement à une cause précise. Peut-être sa mère s'était-elle montrée trop critique envers Wilhelm – et Hinzpeter, trop sévère. Son bras infirme dut aussi influer sur son tempérament. Surtout, Willy avait hérité d'un caractère bien à lui. Enfant, on le surnommait « Wilhelm l'imprévisible » à cause de son extrême versatilité. Au cours de son adolescence, sa mère, qui se plaignait sans cesse à la reine Victoria de son orgueil croissant et de son arrogance, le dépeignait comme « un Hohenzollern pur jus ». Même son père, qui avait toujours vu son fils sous son meilleur jour en tirant fierté de ses réussites, se mit à douter de lui. Peut-être que Willy, enfin libre et encouragé en ce sens par son grand-père et Bismarck, se montrait simplement tel qu'il était.

Cette même année 1877, Georgie fêta ses douze ans et Eddy, ses quatorze. Le moment vint alors de passer à l'étape suivante de leur éducation. En tant que cadet, Georgie devait intégrer la Royal Navy. Mais qu'allait-on faire d'Eddy ? Aimable, charmant, même, celui-ci ne s'était pas amélioré avec l'âge : il lui fallait encore la présence du jeune Georgie à ses côtés pour le décider à travailler. La reine Victoria songea au Wellington College mais Dalton, plus ferme que jamais, s'interposa : compte tenu des difficultés d'Eddy et de l'affection que se vouaient les petits, il valait mieux ne pas les séparer. « Sans le prince George auprès de lui, le prince Albert Victor n'étudiera jamais », écrit-il sans mâcher ses mots. « Seule la présence pleine de vie du prince George l'incite à faire des efforts[28]. »

La reine Victoria ne se laissa pas convaincre. « Leur position (s'ils vivent jusque-là) sera en tout point *différente* et il n'est pas souhaitable qu'ils intègrent *tous deux* la marine[29] », note-t-elle. « La vie dure qu'on mène à bord n'est vraiment pas à même de former le prince aimable et raffiné qui (si Dieu l'épargne) devra occuper le trône dans quelques années. » Ce qui convenait à Georgie, le cadet, ne valait pas pour Eddy, l'héritier. Le prince de Galles se rangea au point de vue de Dalton en usant de sa tactique éprouvée pour circonvenir sa mère : il lui suggéra de « tenter l'expérience » ; ensuite, on verrait bien. La reine

Victoria céda et, en septembre 1877, les deux garçons embarquèrent à bord du vaisseau-école *Britannia*, Georgie en tant que cadet de la marine et Eddy, à titre de simple figurant.

Le *Britannia*, un vieux bateau à l'ancre sur la Dart dans le Devon, manquait de confort. Les deux princes y arrivèrent en compagnie de Dalton. On ne leur accorda aucun privilège en dehors d'une cabine rien qu'à eux où ils suspendirent leurs hamacs. Ses camarades ne tardèrent pas à surnommer Georgie le « sprat » – autrement dit : ils le considéraient comme du menu fretin. Des années plus tard, il confia à son bibliothécaire, Sir Owen Morshead : « Mon titre de prince ne m'a jamais rien valu de bon, je peux vous le garantir, et j'ai plus d'une fois regretté de le porter. Elle était rude, la vie à bord, et les autres garçons, loin de tenir compte de notre handicap, en profitaient au contraire sous le prétexte qu'ils ne le pourraient plus ensuite. Il y avait beaucoup de bagarres entre les cadets et la règle voulait qu'on accepte toujours de relever les défis. Les autres me forçaient à provoquer les gars les plus costauds, j'étais atrocement petit à l'époque, et régulièrement je me prenais une raclée. Un jour, j'ai reçu sur le nez un coup qui m'a fait saigner abondamment. Ç'a été le meilleur que j'aie jamais reçu vu que le médecin m'a interdit de me battre, après ça[30]. »

Et ce n'était pas tout. En haut d'une colline se dressait une épicerie. Il était cependant interdit d'amener de la nourriture à bord. Les « costauds » envoyaient sans arrêt le Sprat leur acheter des sucreries que celui-ci devait introduire en catimini sur le navire. Le Sprat se faisait pincer à tous les coups mais les autres ne le dédommageaient pas de sa peine pour autant. Ironie du sort : ils ignoraient sans doute que la reine Victoria estimait indispensable de ne surtout pas gâter les princes. L'argent venait de la bourse du Sprat et ses camarades auraient été bien étonnés d'apprendre qu'il ne recevait qu'un shilling par semaine.

Ce genre de plaisanteries douteuses suffirait à changer en enfer la vie de n'importe qui mais pour un jeune garçon élevé à l'abri du monde, chouchouté par ses parents, ce dut être l'horreur. George souffrait surtout du mal du pays. « S'il te plaît, transmets toute mon affection à Victoria et embrasse-la de ma part », écrit-il à sa mère à bord du *Britannia*. « Et fais bien attention à l'embrasser comme il faut, comme je le ferais moi-même si j'étais là. Je suis sûr que quand j'envoie des baisers aux gens par lettre interposée, tu ne les embrasses jamais pour de vrai[31]. » Georgie aimait plus encore que ses autres sœurs Victoria, le futur premier amour de son cousin russe Nicky pendant leurs vacances au Danemark quelques étés plus tard.

« On ne saurait imaginer des garçons plus heureux ou en meilleure santé que les deux princes[32] », écrit avec joie Dalton à la reine Victoria, prouvant par là que sa lucidité à Sandringham ne l'empêchait pas de ne pas voir plus loin que le bout de son nez à bord du navire-école. Il ajoute, sarcastique, et sans doute en réponse à une remarque de la reine : « ils progressent dans leurs études. Mr Dalton estime superflu de craindre que l'aîné des princes s'épuise au travail ou se surmène, comme Votre Majesté semblait le redouter : en réalité, il pourrait travailler plus dur qu'il ne le fait actuellement sans préjudice pour ses capacités ». Eddy et Georgie terminèrent leurs deux années de formation à bord du *Britannia*. Georgie réussit assez bien les examens de sortie en manifestant un don inattendu pour les mathématiques et un autre, moins étonnant celui-là, pour la navigation. Eddy, lui, ne montra aucune aptitude pour quoi que ce soit. Leurs meilleurs souvenirs des années 1876 et 77 resteraient leurs vacances d'été au Danemark en compagnie de leurs cousins russes, grecs et danois.

« Mon petit Georgie chéri[33] », lui écrivit sa mère à l'occasion de son quatorzième anniversaire, en période d'examens. « Figure-toi que je t'écris de Paris pour te souhaiter un joyeux anniversaire, ton quatorzième, en plus. “Déjà”, me dit Victoria “alors qu'il est encore si petit” !!! Oh là là ! Il faudra que tu te dépêches de grandir ou sinon j'aurai le malheur d'être la mère d'un nain !!! » Le tact n'était certes pas la principale qualité de la princesse de Galles. Sans doute un excès de bonne humeur eut-il ce jour-là raison d'elle. Bertie emmenait rarement son épouse avec lui à Paris. Les méchantes langues diront qu'il ne fit exception à la règle que par sentiment de culpabilité : depuis quelque temps, il semblait en effet très attaché à l'actrice Lillie Langtry, une beauté de Jersey qui venait de conquérir le Tout-Londres.

En Russie, l'éducation de Nicky commença pour de bon à son dixième anniversaire, en 1879. Sa famille le confia à un précepteur pas très engageant, le général Danilovitch. La discipline : voilà ce qui assurait la force de ce militaire qu'on devine affligé d'un sacré caractère puisque Nicky le surnommait « choléra ». Danilovitch engagea des spécialistes pour enseigner à son impérial élève l'Histoire (sa matière préférée), la géographie, la chimie et les quatre langues nécessaires pour faire son chemin dans les cours d'Europe et au sein de la famille impériale : le russe, l'anglais, le français, et enfin, en bon dernier : l'allemand. Mr Heath, qui enseignerait l'anglais aux enfants du tsarévitch dès 1882, semble avoir été le professeur préféré de Nicolas.

Cet instituteur anglais bon teint – pas un universitaire, certes, mais un homme intelligent et sympathique – croyait aux vertus victoriennes du *fair play*, de la politesse en toutes circonstances, surtout envers les inférieurs, et à la maîtrise des émotions. Il ne jugea pas les enfants impériaux très bien éduqués ni très disciplinés. Il n'appréciait pas trop non plus le perroquet vert de Georgeï, Popka, qui s'amusait à imiter son accent. Le général Voeïkov, le dernier commandant des palais impériaux avant la révolution, avouera plus tard que le tsar Nicolas avait appris à refréner ses accès d'humeur par un contrôle de lui-même acquis auprès de « l'Anglais Mr Heath ».

De cette époque date le début de la correspondance entre Nicky et sa mère, à qui il s'adressait en russe ponctué de nombreuses phrases françaises ou anglaises, en conservant aux noms propres leur orthographe d'origine. Dans ses lettres, Georgie reste donc « Georgie », Wilhelm, « Wilhelm » et la reine Victoria, « Mamie ». Sa mère lui répondait en français : Nicky ne pratiqua jamais le danois or sa mère parlait mieux le russe qu'elle ne l'écrivait. Cette correspondance extraordinaire qui s'étale sur près de quarante ans nous révèle une étroite complicité entre Minny et son fils et se conclut par une ultime lettre de Minny, la tsarine douairière, à Nicky en novembre 1917, quelques mois avant que les bolcheviques ne l'assassinent, lui et sa famille. On retrouva leurs courriers dans différents palais impériaux par la suite. Les bolcheviques les conservèrent aux archives d'État de Moscou.

On y découvre Nicky dans son intimité d'un bout à l'autre de sa vie. « Ma maman chérie », commence-t-il parfois ses longues lettres, même adulte, avant de conclure : « Au revoir, ma chère maman. À toi de tout mon cœur, Nicky[34]. » Mère et fils évoquaient surtout leur vie de famille au quotidien – qui venait déjeuner ou dîner, ce qu'on servait à table, où tout ce beau monde allait se promener ou nager, comment se portait une tante, ce qui s'était passé à un anniversaire, une revue militaire ou une excursion sur l'un des yachts impériaux. Il était souvent aussi question entre eux d'animaux de compagnie. De temps à autre seulement et presque par accident se glissaient dans leurs échanges des commentaires politiques sur les guerres et les révolutions.

Les lettres de Nicky à Minny entretiennent une ressemblance troublante avec celles que le cousin Georgie échangerait avec sa mère à compter de l'étape suivante de son éducation – source d'un débat enflammé entre la reine

Victoria, le prince et la princesse de Galles, leurs secrétaires respectifs, Dalton, le premier Lord de l'Amirauté, et le gouvernement britannique.

Au vu des lamentables résultats d'Eddy, on décida de ne pas séparer les deux garçons avant trois ans encore. Ils poursuivraient leur apprentissage dans la marine et leur éducation en général en voyageant de par le vaste monde à bord du HMS *Bacchante*, une corvette de 4 000 tonnes. Un débat eut lieu à propos du risque lié à la présence des deux princes sur le même bateau et de la confiance qu'inspirait le HMS *Bacchante*. Les princes ne devraient-ils pas voguer sur un navire différent chacun ? Eddy recevrait ainsi les leçons particulières de professeurs habitués aux élèves à la traîne. Le cabinet en discuta le 19 mai 1879. W. H. Smith, premier Lord de l'Amirauté, se déclara partisan des « deux vaisseaux distincts ». Mais le prince de Galles, contrarié par ce qu'il considérait comme une ingérence du gouvernement, insista pour que ses deux fils restent ensemble. L'Amirauté se livra à divers tests sur la fiabilité du *Bacchante* en triant sur le volet les officiers qui devaient y servir sous le commandement de Lord Charles Scott.

Le 17 septembre 1879, le HMS *Bacchante* partit de Spithead en emportant à son bord Eddy et Georgie. Les accompagnaient Dalton, l'aumônier honoraire du navire, et Charles Fuller, le valet attitré des princes depuis leur berceau. Ceux-ci ne disposaient que d'une cabine personnelle pour seul privilège – outre les services de Charles Fuller, bien sûr. Pour leur remonter le moral, la princesse de Galles offrit un harmonium au navire. Au cours des trois années suivantes, ils effectuèrent trois voyages, aux Antilles, en Espagne et en Irlande, puis en Australie et en Nouvelle Zélande en passant par l'Amérique du Sud, les Malouines et, sur le chemin du retour, en 1882, le Japon, la Chine, Singapour, l'Égypte, la Palestine, la Grèce et

Gibraltar. À leur retour en Angleterre, Eddy et Georgie furent promus officiers… au rang de cadets*.

L'éloignement de ses enfants bouleversa la princesse de Galles. « Je déteste ne pas vous voir ne serait-ce qu'une semaine[35] », admet-elle. Les garçons ne réagirent pas beaucoup mieux : le prince George pleura au moment du départ. « Chaque soir, j'espère te voir arriver après le thé », lui écrit sa mère, « et chaque matin au réveil je m'imagine PRESQUE entendre vos petites voix au creux de mon oreille mais non, ce ne sont que les deux chatons blancs que vos sœurs ont posés sur mon oreiller ». Ils revinrent à la maison à l'été 1880 pour repartir presque aussitôt. « Ma maman chérie[36] », lui écrit George, à quinze ans, au départ du *Bacchante,* « tu me manques énormément & ça m'a désolé de devoir te dire au revoir, à toi et à mes sœurs & ç'a été horriblement dur de dire au revoir à mon cher Papa & l'oncle Hans [l'oncle de sa mère]. Je me sentais si malheureux hier au moment des adieux. Je penserai bien à vous ce soir quand vous partirez en Écosse et je regrette qu'on n'y aille pas aussi (…) Alors au revoir encore une fois, ma maman chérie, s'il te plaît, transmets toute mon affection à mon papa et mes sœurs chéries et à l'oncle Hans que j'adore et embrasse-les de ma part. Ton fils toujours aussi aimant Georgy ».

À la maison, Georgie faisait la lecture tous les matins à sa mère pendant qu'on lui brossait les cheveux et le soir il récitait ses prières auprès d'elle. Il garda toute sa vie l'habitude de prier le soir et de lire la Bible chaque matin. Son environnement familier lui manquait déjà à bord du *Britannia* mais comme le bateau ne quittait pas le Devon, Georgie se rendait souvent à ce « cher Sandringham » ou à Marlborough House. Là au contraire, il s'absenterait des mois entiers. « Comme tu me manques et comme j'aspire à revoir ton petit minois au nez retroussé[37] », lui écrit sa

* L'équivalent d'aspirants. [N.d.T.]

mère en s'excusant du ton un peu bête de ses lettres. « Tu prétends que ta lettre est idiote », lui répond Georgie, « mais non, pas du tout, ma maman chérie, je la trouve charmante : tu m'écris comme si tu me parlais ».

Pour remonter le moral de son épouse, le prince de Galles renonça à son habituel séjour automnal à Homburg pour passer avec elle un mois au Danemark. Sa relation ouverte avec Lillie Langtry motiva peut-être sa décision. La princesse de Galles en prenait pourtant son parti puisqu'elle invitait Lillie à Marlborough House. Le tsarévitch les rejoignit au Danemark, moins enthousiaste qu'à l'ordinaire ; encore une fois, le traité de Berlin favorisait la Grande-Bretagne. Les deux sœurs Alexandra et Minny passèrent auprès de leurs enfants leur meilleur moment de l'année. L'atmosphère détendue du Danemark incita en outre les deux beaux-frères à oublier un tant soit peu l'irritation que leur causaient les affaires internationales.

À Eddy et Georgie partis en haute mer, le prince de Galles décrivit les énormes réceptions que lui et le tsarévitch donnaient à bord de leurs yachts respectifs. « Samedi dernier, nous avons fait une croisière très agréable jusqu'à Hälsingborg, sur le *Osborne*. Tous nos proches sont venus, les cousins aussi et même le prince héritier de Suède (…) La semaine passée, votre oncle Sacha a offert un buffet aux officiers de la garde danoise sur son immense yacht le *Dirjava* et j'en ai fait autant lundi dernier sur l'*Osborne* pour les officiers des hussards danois[38]. » Ces récits de réunions de famille enchanteresses procuraient peut-être moins de plaisir aux deux garçons atteints du mal du pays que leur expéditeur ne se plaisait à le croire. Sur le chemin du retour, les deux couples royaux passèrent une semaine d'une folle gaieté à Paris où le prince de Galles et le tsarévitch, échappant à leurs escortes respectives, se baladèrent incognito et bras dessus bras dessous le long des boulevards. Disraeli se plaignit qu'à son retour en Angleterre, le prince de Galles soutenait plus que jamais la Russie.

Dalton envoyait au prince et à la princesse de Galles des rapports détaillés sur leurs fils. Le décor variait mais pas les nouvelles : Georgie se débrouillait à peu près alors qu'Eddy restait aussi nul que d'habitude. Tous ses professeurs s'accordaient à prédire un échec aux moindres tentatives d'instruire Eddy. Dalton impute à un « défaut inné (…) la faiblesse de son entendement, son incapacité à saisir quoi que ce soit qu'on lui explique[39] ». La faute à sa naissance prématurée ou à une tare héréditaire ? Quoi qu'il en soit, le cerveau du prince Eddy ne fonctionnait pas « comme il faut ». Heureusement, cela ne faisait pas l'ombre d'une différence pour ses parents qui, bien qu'inquiets, ne l'en aimaient pas moins.

Le prince George souffrait de deux handicaps : sa nervosité et son manque d'assurance, auxquels s'ajoutaient sa médiocre intelligence et son mal du pays lancinant. « Le vieil ennemi du prince George », commente Dalton, « reste son tempérament irritable qui le pousse parfois à s'impatienter face aux difficultés plutôt que les affronter ; ce qui l'amène à faire une montagne d'une taupinière[40] ». Sinon, Georgie, toujours de bonne humeur, se montrait honnête et consciencieux. Plus tard, à l'occasion d'un discours sur un navire-école, il énumérerait aux cadets de la marine anglaise les trois qualités qu'il estimait indispensables : « la sincérité, la discipline et l'entrain », sans lesquels « aucun marin ne mérite sa paye[41] ». Il s'y tiendrait le restant de ses jours, même si l'entrain lui ferait parfois défaut.

5.

TRAGÉDIES FAMILIALES

En juin 1877, Willy partit pour Bonn. Ses parents voulaient qu'il quitte son régiment et l'atmosphère militaire de Potsdam pour étudier à la même faculté que son père, autrefois. Le Kaiser n'en voyait pas l'intérêt : sans la moindre instruction universitaire, lui-même s'en tirait plutôt bien, du moins de son point de vue. Wilhelm étant encore sous la tutelle de ses parents, le Kaiser fut forcé de céder. Le prince entama son premier semestre d'Histoire, de littérature allemande, de philosophie, de sciences politiques et sociales, d'histoire de l'art et de droit. « Mais je ne me consacrai pas uniquement aux études universitaires arides et, à Bonn, je n'ai pas passé mon temps qu'avec mes professeurs[1] ! » reconnaîtrait-il plus tard. C'était peu de le dire : son indolence choqua jusqu'à son oncle le grand-duc de Baden, qui commença à redouter l'influence de Willy sur le prince Friedrich, son fils, lui aussi scolarisé à Bonn à la même époque. Un seul genre d'études plaisait à Willy : des visites au musée en compagnie d'un jeune enseignant en histoire de l'art, Reinhard Kekule, une autorité en matière de sculpture grecque antique ; ces athlètes aux corps nus idéalisés que Wilhelm considérait déjà comme la seule forme d'art valable.

L'inquiétude des parents de Willy grandit à vue d'œil : il se montrait de plus en plus arrogant, froid et distant, confia la princesse héritière, désespérée, à sa propre mère. Karl Justi, l'un des professeurs de Wilhelm à Bonn, le décrit comme « quelqu'un de très vivant, surtout dans sa manière d'appréhender les choses, mais pas spécialement doué. Il a des goûts aussi tranchés que vite arrêtés et il refuse ne serait-ce que d'entendre une opinion contraire à la sienne[2] ». À l'évidence, une année avait suffi à changer le Wilhelm que connaissait François Ayme en un tout autre homme.

Peut-être la faculté de Bonn n'était-elle pas le meilleur choix possible : cette université, la plus sélective d'Allemagne, grouillait de fils de la noblesse prussienne destinés à la carrière d'officier. Sans surprise, Willy s'y sentit tout de suite comme chez lui. Dès que possible, il rejoignit la confrérie Borussa, l'élite de l'élite. Il passa dès lors le plus clair de son temps à faire la fête avec ses camarades aristocrates qui traitaient avec une condescendance étudiée les moins nobles qu'eux. Si le prince Wilhelm chantait des chansons un peu lestes avec les meilleurs du lot, il buvait toutefois peu et se montrait très pieux. En fait, Wilhelm était un peu prude sur les bords.

Il ne semblait pas non plus très intéressé par les femmes et se plaisait surtout dans la compagnie des plus âgées que lui. Il entama une correspondance avec la comtesse Marie von Dönhoff, une aristocrate italienne mariée à un diplomate allemand, l'une des meilleures amies de sa mère. « J'ai très peu d'amis véritables[3] », lui avoue-t-il en anglais à Bonn. Plus tard, il lui ferait part de son opinion sur les femmes, du moins celles qu'il fréquentait dans la bonne société berlinoise. Elles ne parlent que chiffons, se plaint-il en ajoutant vertueusement qu'il estimait leur coquetterie incessante « indigne d'un *gentleman*, et surtout indigne de moi, ne pensez-vous pas[4] ? ».

En septembre 1878, Willy passa ses vacances en Angleterre et en Écosse. À Balmoral l'attendait une surprise, concoctée par sa grand-mère, qui le ravit au plus haut point : un costume des Highlands en tartan du clan Stewart, celui de la maison royale. Dans ses Mémoires, soupçonnant à juste titre ses lecteurs de ne rien savoir du clan Stewart ni de son tartan, Willy s'étend en long et en large sur le sujet. « Quelle ne fut pas ma joie lorsqu'en entrant dans ma chambre, j'ai découvert cette superbe tenue que ma grand-mère avait ordonné de déposer sur mon lit pour me faire la surprise[5]. » Comme par hasard, John Brown * était là pour l'aider à l'enfiler correctement. La reine Victoria, aussi retorse que Bismarck dans son genre, savait comment se concilier les faveurs de son capricieux petit-fils. Avant son départ de Balmoral, elle lui tint un sage discours. Des années plus tard, Willy le retranscrirait mot pour mot en anglais ; il se détache d'ailleurs curieusement du texte allemand de ses Mémoires, en caractères gothiques. « Mon cher garçon », lui dit Victoria, « ne l'oublie jamais, ton grand-père était le meilleur homme au monde. Essaye, autant que possible, de t'inspirer de son exemple. Dieu te bénisse ! ».

L'année suivante, le prince William et ses parents vinrent en Angleterre au mariage de la princesse Louise de Prusse avec le duc de Connaught. À cet heureux événement succéda une tragédie. Huit jours après leur retour à Potsdam, Waldemar, le frère de Willy, mourut, à dix ans, de la diphtérie. Le coup fut d'autant plus rude qu'au mois de novembre précédent, Alice et l'un de ses jeunes enfants avaient succombé à la même épidémie à Darmstadt. Son chagrin anéantit Vicky. La perte de sa sœur, ajoutée à celle de Waldie, son chouchou depuis la mort de Sigi, la plongea dans ce qui ressemble fort à une dépression nerveuse. « Tant de charmants traits du caractère de Waldie me reviennent en mémoire ! » écrit-elle à sa mère. « Ah, si

* Cet Écossais, fidèle serviteur de la reine, lui fut d'un immense soutien après la mort d'Albert, ce qui n'alla pas sans déchaîner les mauvaises langues. [N.d.T.]

seulement Willy était aussi affectueux et spontané, aussi appliqué et curieux de tout (...) pour un peu, il aurait fallu refréner l'envie de Waldie de faire tout ce à quoi il faut sans cesse *inciter* son aîné. J'étais tellement fière qu'il soit beau et fort[6] ! » Vicky n'éprouvait certes aucune fierté pour le pauvre Willy au caractère difficile et au bras infirme.

La politique « du fer et du sang » que Bismarck appliquait à l'étranger et à l'intérieur du pays provoquait alors une agitation croissante en Allemagne. Le mouvement socialiste gagnait du terrain à gauche tandis que les libéraux et les catholiques, au centre, plaçaient ouvertement leurs espoirs dans le prince et la princesse héritiers. Après tout, le vieux Kaiser ne serait pas éternel ! Bismarck entreprit de garnir le Neues Palais d'espions triés sur le volet qui se chargeaient d'emplois ingrats leur servant de couverture dans la maison royale. Les agents du département finances s'avéraient particulièrement utiles car ils fournissaient à Bismarck les détails des dépenses du kronprinz, mais pas de son épouse qui tenait sa propre comptabilité à part.

Vicky et Fritz s'aperçurent bientôt qu'on forçait leurs serrures et qu'on fouillait leurs bureaux, dès qu'ils s'absentaient du Neues Palais. Sir Robert Morier, l'ambassadeur britannique à Berlin, recommanda à Vicky de ne rien noter de compromettant dans son journal ni dans sa correspondance, ou alors en chiffres, et de prendre garde aux propos qu'elle tenait devant les domestiques. Lorsque Lady Ponsonby, l'une de ses plus proches amies, vint d'Angleterre rendre visite à Vicky, ce qu'elle découvrit l'alarma. Elle écrivit à son mari, le secrétaire particulier de la reine Victoria : « Je ne pense pas que la reine se rende compte de l'état incroyable des choses en matière d'espionnage en Allemagne. Le ministère des Affaires étrangères, c'est-à-dire Bismarck, a voulu placer l'un de ses hommes dans l'entourage de la princesse héritière afin de contrôler plus efficacement son époux lorsque celui-ci régnerait[7]. » Bismarck ne voulait à aucun prix d'un Kaiser libéral, or Guillaume Ier avait déjà réchappé à trois tentatives d'assassinat. « Ma honte qu'un Allemand fût capable de commettre un tel crime contre notre vénérable souverain ne connaissait plus de bornes. J'en restai consterné[8] », avouera plus tard Willy à ce propos.

À l'automne 1879, Willy retrouva son régiment à Potsdam. Presque tout son temps, il le consacrait à ses camarades en compagnie desquels il flemmardait et paradait. Il prenait ses repas et passait ses soirées au mess des officiers à brailler des chansons paillardes ou à raconter des plaisanteries de corps de garde (dont malgré sa pruderie, il raffola toute sa vie). Sinon, ces messieurs jouaient aux cartes ou au billard. Wilhelm confierait par la suite à son ami Philipp zu Eulenburg qu'auprès de son régiment il avait trouvé sa véritable famille et ses amis. À sa confidente la comtesse Dönhoff, il précise dans son anglais guindé : « Je ne me sens jamais heureux, du moins jamais vraiment, à Berlin. Potsdam est mon "el dorado" et c'est aussi là que maman aime le mieux vivre, où l'on se sent libre au milieu de la nature si belle et des soldats, en veux-tu en voilà, car j'aime beaucoup mon cher régiment et ces jeunes hommes si gentils qui en font partie[9]. »

Le prince Wilhelm disposerait dorénavant de ses propres appartements au Neues Palais et de sa propre maison, régie par le major Wilhelm von Liebenau. Mais l'homme à surveiller, c'était l'adjudant de Willy : le capitaine Adolf von Bülow. Cet officier prussien mal dégrossi, réactionnaire convaincu, haïssait l'Angleterre et toutes les valeurs qu'elle incarnait. Il servait en outre les intérêts de Bismarck dont il connaissait bien le fils Herbert, que Bismarck préparait à sa propre succession. Les Bismarck père et fils et le capitaine von Bülow tombèrent d'accord sur la nécessité de soustraire Wilhelm à l'influence de ses parents libéraux. Pour ce faire, ils eurent recours à son grand-père. Le Kaiser se mit à inviter Wilhelm à dîner dans son palais de Berlin : il discutait longuement avec lui de questions militaires pour leur plus grande satisfaction à tous les deux et lui confiait des informations qu'il cachait à son fils le kronprinz. Au début des années 1880, Fritz se sentait non seulement frustré et persécuté mais jaloux de Wilhelm. Vicky, amère, perdit quant à elle ses dernières illusions.

En mai 1880, le cousin anglais de Willy, Georgie, commença le journal intime qu'il se fit un devoir de tenir jusqu'à l'avant-veille de sa mort. Au fil des ans, il y consignerait des observations sur le temps, même le jour de son couronnement, suivies à chaque fois de courtes lignes dignes d'un cahier d'écolier. George V conservait dans son journal une trace des faits mais pas de ce qu'il ressentait ; ce qui explique peut-être pourquoi il a laissé à la postérité le souvenir d'un homme froid, dépourvu de sentiments, alors qu'en réalité, c'était plutôt le contraire : Georgie avait la larme facile. Il pleurait souvent au moment de dire adieu à ses proches et aussi en lisant les romans qu'il emportait en voyage. Il raffolait des histoires à l'eau de rose. « Un livre charmant, vraiment », note-t-il à propos d'un ouvrage au titre enchanteur : *À torts partagés*. « Je pleure à chaque lecture[10]. » Il relut aussi plus d'une fois des classiques comme *Les Misérables*. Ses plus gros sanglots, il les poussait cependant au moment de se séparer de sa maman chérie, son papa ou ses sœurs – Toria en particulier, à qui il écrivait ou téléphonait chaque jour, lorsqu'il ne la voyait pas.

En 1880, les soucis de la reine Victoria redoublèrent. En avril, Gladstone et les libéraux remplacèrent Disraeli et les conservateurs, au pouvoir depuis 1874. La reine adressa à son secrétaire privé, Sir Henry Ponsonby, ce message à la syntaxe bouleversée : « La principale menace pour le pays, c'est Mr Gladstone, estime la reine, et elle préférerait encore abdiquer que de faire appel à lui ou même d'avoir le moindre échange avec ce brandon de discorde à demi fou qui ne tarderait pas à tout détruire pour se changer en dictateur. D'autres qu'elles se soumettront peut-être à son gouvernement démocratique mais pas la reine[11]. » On voit par là que les principes de Victoria ne différaient pas tellement de ceux du Kaiser ou du tsar. Par contre, seule la Grande-Bretagne disposait d'une démocratie parlementaire et d'une monarchie constitutionnelle éprouvées. La reine dut se plier à ses conseillers en obéissant au gouvernement. Ponsonby la rassura : « Mr Gladstone est loyal et dévoué à la reine. » Victoria n'en crut rien mais, le moment venu et n'ayant pas le choix, elle fit contre mauvaise fortune bon cœur.

Heureusement, l'année 1880 ne réserva pas que des mauvaises nouvelles à la reine : Willy, son petit-fils au caractère difficile, décida de se marier. Il l'annonça de but en blanc à ses parents en laissant à sa mère le soin de convaincre le Kaiser du bien-fondé de son choix. Il n'avait que vingt ans lorsqu'il demanda la main de la princesse Augusta Victoria de Schleswig-Holstein-Sonderborg-Augustenborg ou, plus simplement, « Dona ». Le problème, dans la mesure où il concernait aussi le Kaiser et les puissants Hohenzollern, venait des origines de Dona, issue d'une branche secondaire et impécunieuse de la famille royale au sens large ; pas assez *ebenbürtig*, en résumé. L'*ebenbürtigkeit*, c'est-à-dire « la pureté du sang royal », obsédait les Hohenzollern, et même le kronprinz Frédéric, pourtant libéral par ailleurs. La mère de Dona était à peine *ebenbürtig* or son père avait renoncé à ses prétentions sur sa petite principauté des années plus tôt. La question se posa donc : Dona méritait-elle d'épouser S.A.R. le prince Wilhelm ? Dieu merci, Vicky et sa mère eurent la noblesse d'esprit de ne pas s'arrêter à ces détails. Elles tenaient avant tout à bien marier Willy car elles pressentaient que ses « mauvais penchants » ne s'arrangeraient pas avec le temps. Elles admettaient volontiers qu'un homme a besoin d'une bonne épouse or, si Dona possédait une qualité, c'était bien la bonté, à défaut de la beauté, ou d'une grande intelligence. Assez étroite d'esprit, elle adhérait aveuglément à la religion protestante, mais, douce et digne, elle se dévouerait toute sa vie à Willy.

Les Augustenborg étaient des amis de la famille : le couple se connaissait donc, du moins vaguement, depuis le berceau. En mars 1880, Dona partit en Angleterre se soumettre à l'inspection de la reine Victoria. « Je suis ravie que tu estimes Victoria douce, aimable et gentille », écrit Vicky à sa mère le 26 mars, après le retour de Dona. « Moi-même, je l'ai toujours pensé. Je suis sûre qu'elle gagnera tous les cœurs. Son sourire, ses manières et son expression désarmeront même les intraitables Berlinois aux langues de vipère[12]. » Seul souci : Dona craignait tant Willy qu'elle se soumettait à tout ce qu'il exigeait.

Ils convolèrent le 27 février 1881. Dans ses Mémoires, Wilhelm décrit l'événement d'un point de vue militaire avec un plaisir manifeste. « À l'époque, j'étais *Hauptmann* dans la compagnie des gardes du corps de mon régiment (...) La veille du mariage, j'ai été autorisé à parader à la tête de ma compagnie le long d'Unter den Linden depuis la porte du Brandebourg jusqu'au palais royal, sous les hourras de la foule qui attendait l'arrivée de la princesse Auguste Viktoria[13]. » Dona ne l'oublierait jamais : tout au long du trajet, elle bringuebala dans le carrosse royal tiré par huit chevaux, vêtue d'une simple robe de cour aux épaules dénudées sous un froid glacial. Le lendemain, le jour de la cérémonie, le Kaiser promut le prince Wilhelm commandant du premier régiment d'infanterie des gardes.

Tout ce que l'Europe comptait de rois ou presque assista à la noce, y compris l'oncle de Willy, le prince de Galles, venu ostensiblement seul représenter la reine Victoria. La haine d'Alexandra envers les Prussiens ne faiblirait jamais au fil des ans. La mariée vêtue de bleu pastel et de brocart doré, des asters roses et blancs à la main, portait au cou un pendentif offert par la reine Victoria. Son époux, lui, se présenta en uniforme. La cérémonie dura six heures et le poids de sa tiare parut insoutenable à Vicky. Le lendemain soir, nous apprend le prince de Galles, cinquante-quatre proches de la famille royale assistèrent à un dîner intime donné par Vicky au Neues Palais. Le lendemain, avant son départ, Bertie eut une longue discussion fort intéressante avec Bismarck où celui-ci monopolisa la parole.

Le couple royal ne partit pas en voyage de noces mais s'installa presque aussitôt dans une routine qui ne changerait plus au fil des ans. Willy prit la tête du premier régiment d'infanterie des gardes avec un enthousiasme capable de décourager une épouse moins dévouée que Dona. Ils emménagèrent au palais de marbre des environs de Potsdam mais on voyait rarement Willy chez lui. Il passait le plus clair de son temps au mess des officiers, comme avant son mariage. Ou alors, il partait chasser en laissant Dona auprès de ses trois dames de compagnie, qu'on surnommait à la cour, dans leur dos, les « tantes alléluia » à cause de leur extrême piété.

La nervosité de Willy ne s'apaisa pas après son mariage ; au contraire, elle empira plutôt. Même au sein de son foyer, Willy ne se séparait jamais de ses amis militaires en uniforme ; lui-même ne quittait d'ailleurs jamais le sien. En présence de Dona, il semblait pourtant plus attentif, à son épouse et aussi à l'étiquette. En mai 1882, Dona accoucha d'un fils que suivraient cinq autres garçons et, enfin, une fille. Comme aimait à le répéter Wilhelm : les femmes étaient faites pour les enfants, la cuisine et l'église : *Kinder, Küche, Kirche*. Sans doute que l'exemple d'une mère comme Vicky ne l'incitait pas à désirer une femme ambitieuse. Qui sait, d'ailleurs, si Dona n'était pas l'épouse qui convenait le mieux à un homme aux nerfs aussi sensibles ? Hélas, elle ne parviendrait pas à déjouer les rivalités politiques et les intrigues qui guettaient son mari. Dans la lutte d'influence entre les libéraux anglais et la tradition militaire prussienne, Dona penchait résolument pour le parti prussien.

Le prince de Galles revenait à peine du mariage de son neveu lorsqu'il apprit l'assassinat du tsar Alexandre II à Saint-Pétersbourg. « Je partage ta consternation et ton chagrin en apprenant la mort (sans exemple) de ce pauvre empereur Alexandre. Un sentiment d'horreur me glace de part en part ! C'est horrible de penser qu'un tel crime a pu être accompli. Les détails en sont atroces[14] », écrit la reine Victoria, atterrée, à Vicky. « Aucun châtiment ne sera assez cruel pour les meurtriers ; la pendaison leur serait encore trop douce. Que lui, le meilleur souverain qu'ait jamais eu la Russie, tombe sous les coups de tels fanatiques, m'anéantit de chagrin. » Face aux assassinats, les souverains serraient les rangs. Gladstone, « ce brandon de discorde à demi fou », détenait de nouveau le pouvoir et la reine Victoria n'avait que modérément confiance en sa volonté politique de contenir les aspirations républicaines de certains de ses sujets. « Cet infâme gouvernement radical où s'expriment des sentiments républicains à peine voilés », écrivit-elle à Bertie l'année suivante, « et qui méprise totalement mes opinions qui, après quarante-cinq années d'expérience, mériteraient tout de même un peu de considération, me rend très malheureuse et me dégoûte de la pénible tâche ingrate qu'il me reste à accomplir[15] ». Au mépris de l'opinion publique, qui estimait la situation à Saint-Pétersbourg trop dangereuse, la reine Victoria permit à Bertie et Alexandra d'assister aux funérailles, à cause du profond attachement de « cette chère Alix » à sa sœur Minny, la nouvelle tsarine.

Nicky avait douze ans au moment de l'assassinat de son grand-père. Il déjeunait avec son frère Georgeï au palais Anitchkov lorsque tous deux entendirent l'explosion. À deux heures de l'après-midi, ce 1er mars, un jeune révolutionnaire lança une bombe sur le carrosse du tsar alors qu'il circulait dans le centre de Saint-Pétersbourg. La bombe manqua sa cible et l'assaillant, un anarchiste de dix-neuf ans du nom de Riaskov, fut aussitôt appréhendé. Lorsque le tsar, indemne, sortit étourdiment évaluer les dégâts, d'autres conspirateurs postés aux alentours en profitèrent pour lui lancer une seconde bombe qui l'atteignit de plein fouet. Le tsar s'écroula sur le sol couvert de neige dans une mare de sang. On l'emmena en traîneau au palais d'hiver. « Un domestique effrayé vint nous annoncer qu'un malheur était arrivé au tsar et que notre père avait donné l'ordre de nous amener au palais d'hiver sur-le-champ[16] », se rappellerait plus tard Nicky. « Nous descendîmes les escaliers en courant avant de remonter la perspective Nevski à toute allure. En gravissant les marches du palais d'hiver, nous vîmes partout des visages blêmes. Des taches rouge cramoisi maculaient les tapis. Mon grand-père se vidait de son sang dans son cabinet. »

Nicky y trouva réunis ses parents ; ses oncles, ses tantes et sa mère, une paire de patins encore à la main. « Personne ne disait mot. Mon grand-père reposait sur l'étroit lit de camp où il dormait chaque nuit, couvert de la capote qui lui servait de robe de chambre. Son visage était d'une pâleur mortelle et ses yeux, fermés. » Son père conduisit Nicolas, son préféré, auprès de son grand-père en ajoutant : « Papa, voici ton rayon de soleil. » Mais il était déjà trop tard. « Silence, je vous prie, la fin est proche », annonça un officier. Quelques instants plus tard, le chirurgien de la cour tâta le pouls d'Alexandre II avant de prononcer ces mots fatidiques : « Le tsar est mort. »

Bertie et Alexandra accoururent auprès de Minny en ce moment parmi les plus éprouvants de sa vie. Le chien préféré de la princesse de Galles, Joss, les accompagna en carrosse jusqu'à la gare de Victoria. Lorsque le train royal s'éloigna, et avec lui, Alexandra en train d'agiter la main à la fenêtre, Joss tira sur sa laisse et courut le long du quai pour la rattraper. Un télégramme des archives royales, envoyé de Londres par la princesse Louise à sa grand-mère inquiète, nous rassure sur le sort du chien : on retrouva Joss sain et sauf un peu plus tard.

Bertie et Alexandra trouvèrent Minny pâle et amaigrie mais calme. Des draps noirs recouvraient jusqu'aux traîneaux qui glissaient sur la Neva gelée. Les deux sœurs passèrent ensemble tout leur temps libre, non au palais d'hiver trop exposé au danger mais au palais Anitchkov, plus sûr, autour duquel des centaines d'hommes et de femmes creusèrent tout de même un profond fossé censé le protéger des bombes ou des mines. Sacha, le nouveau tsar, qui aimait tant sortir au grand air, devait se contenter de tourner en rond dans le petit jardin couvert de neige du palais. Une fois par jour, il se rendait sous bonne garde à l'église Saint-Pierre-et-Saint-Paul où reposait son père. Le temps que Bertie et Alix arrivent, son cadavre avait commencé à se putréfier en dégageant une odeur ignoble. Conformément au rituel russe, le visage du tsar demeura toutefois découvert et les membres de la famille royale durent se résoudre à l'embrasser.

Une nuée de têtes couronnées assista aux funérailles mais pas une seule n'égalait en beauté la princesse de Galles sous son chapeau noir à long voile. Le prince de Galles, lui, n'avait qu'une hâte : s'en aller dès que possible. Saint-Pétersbourg ne lui semblait pas un endroit très sûr, et il s'y ennuyait à mourir parmi la foule en deuil. La reine Victoria ordonna à son fils de remettre au nouveau tsar l'ordre de la Jarretière avant son départ. La cérémonie qui fleurait bon la pompe anglaise eut lieu dans la salle du trône du palais Anitchkov. L'insigne, l'étoile, le ruban, l'épée et la jarretière elle-même furent tous présentés sur des coussins de velours rouge généreusement ornés de dentelle d'or.

Après les funérailles, Alexandra demanda à rester une semaine encore auprès de Minny à qui revenait la tâche intimidante de soutenir son époux, pas du tout prêt pour ce qui l'attendait. « Peu importe, chère maman », répondit avec un courage admirable Alexandra à la reine Victoria, opposée à son projet. « J'en ai bientôt fini, maintenant, et ma pauvre sœur a pu connaître encore quelques instants de bonheur. C'était vraiment très gentil de la part à [sic] Bertie de me permettre de rester mais il savait à quel point cela nous tenait à cœur, et après tout ç'aurait été moins grave qu'il m'arrive quelque chose à moi plutôt qu'à lui[17]. »

Alexandra s'en fut à la fin du mois de mars. En avril, Minny écrivit à leur mère à Copenhague : « Nous ne laissons jamais les garçons sortir seuls : ils restent toujours auprès de nous. Nous leur épargnons tout ce qui pourrait les affliger pour ne surtout pas qu'ils ressentent notre tension en ce moment, sinon cela gâcherait leurs premières impressions d'enfants pour le reste de leurs vies[18]. » À près de treize ans, Nicky n'était pourtant plus un enfant. Sa mère poursuit : « Nicky nous interroge souvent à propos du procès. Il sait que les sept brutes vont se balancer au bout d'une corde, seulement, nous ne lui avons pas dit quand afin qu'il n'y pense pas trop. La pendaison a eu lieu le 3 sur la place Smirov. Toutes les précautions ont été prises pour empêcher la foule d'attaquer les criminels qu'elle aurait sans doute écartelés vivants tant elle leur en veut, et à juste titre. Apparemment, l'ordre a été maintenu. » Bien que Nicky fût désormais l'héritier du trône, on ne lui confiait presque rien de ce qui se passait.

Peu après les funérailles, le général Tcherevin, le nouveau directeur de la police secrète, conseilla à la famille impériale de quitter Saint-Pétersbourg pour Gatchina, un palais relativement sûr à cinquante kilomètres au sud de la capitale. Lui-même s'y installerait en tant que commandant de l'ochrana, la garde personnelle du tsar. La famille impériale entama dès lors une vie qu'Alexandre III comparerait à celle d'un détenu « en prison ». La police secrète veillait jour et nuit sur le palais. Les gardes se tenaient à distance d'œil les uns des autres, le long du haut mur d'enceinte, dans les jardins et les moindres pièces. Une brigade d'infanterie et une autre de cavalerie chevauchaient autour du palais vingt-quatre heures sur vingt-quatre. Cette surveillance constante coupa la famille impériale du reste du monde. À contrecœur, Alexandre III s'y résigna toutefois : il ne pouvait en aller autrement depuis que, le jour même de son accession au pouvoir, il avait décidé de ne pas céder d'un pouce face aux révolutionnaires.

L'énorme palais de Gatchina comprenait six cents pièces. Trois mille domestiques y servaient la famille impériale qui s'efforçait d'y vivre simplement dans une suite d'appartements aux plafonds bas et voûtés remplis de meubles, de bibelots, de photos et de porcelaine. Un joueur de cor grandeur nature en ronde-bosse décorait le modeste cabinet du tsar qui préférait quant à lui le trombone. La salle principale où la famille prenait ses repas regorgeait d'ours empaillés. Un train miniature effectuait un circuit complet à travers les jardins où un passage souterrain menait à une grotte à écho auprès d'un lac.

En général, le tsar se levait à sept heures, prenait un bain froid, se promenait sous escorte dans le parc, s'attablait, puis se mettait au travail dans son cabinet où il recevait ses ministres, signait des documents et lisait des rapports. Son secrétaire, Lanin, raconte que le tsar y portait des annotations sommaires mais fermes : « quelle bande de porcs ! » ou « quelle sale bête[19] ! ». Il inscrivait souvent ce seul mot : « décourageant » à propos de fléaux tels que la famine ou les mauvaises récoltes. Après déjeuner, il repartait se promener dans l'enceinte du palais, cette fois avec son épouse Minny, et souvent aussi en compagnie du chef de la police. Des audiences occupaient ses après-midi. Il dînait à huit heures, la plupart du temps auprès des siens et de quelques membres de la maison impériale puis il finissait sa journée *en famille*, excepté lors de ses fameuses soirées bière où son propre orchestre jouait de la musique. Les invitations y étaient si recherchées que certains allaient jusqu'à apprendre à jouer d'un instrument insolite rien que pour en obtenir une.

À Gatchina, les cinq enfants, Nicky, Georgeï, Xenia, Mikhaïl, surnommé Misha, et Olga, vécurent plus protégés et isolés encore qu'auparavant. Leur éducation à l'abri des épaisses murailles du palais présente un aspect surréaliste : ils dormaient sur des lits de camp aux durs matelas et, comme leur père, se levaient à sept heures avant de prendre un bain froid, sauf quand leur mère les autorisait à se laver à l'eau chaude dans sa propre chambre. Leur petit déjeuner à base de porridge et de pain noir ressemblait assez à celui de la plupart de leurs sujets ; si l'on excepte, bien sûr, la présence de leurs valets. Les trois cousins semblent avoir été victimes de la même illusion parentale selon laquelle il suffirait d'élever un enfant dans des conditions que la plupart des gens estiment spartiates pour le protéger de l'influence destructrice de la flatterie.

Les cinq enfants du tsar passaient leurs matinées auprès de gouvernantes et de précepteurs, et leurs après-midi au jardin, à monter à cheval, s'occuper de leurs animaux domestiques, couper du bois avec leur père ou, en hiver, patiner ou glisser en luge sur le lac. Ils adoraient voir leur père se risquer sur sa surface à peine figée : la glace cédait alors sous son considérable poids en le plongeant dans l'eau jusqu'aux genoux. Le soir, les enfants, du moins passé un certain âge, dînaient avec leurs parents dans la grande salle. Si personne d'autre ne partageait leur repas, et même parfois dans ce cas, ils s'amusaient à se lancer des boulettes de pain. Après manger, il arrivait à leur père de leur lire une nouvelle de Gogol lorsque Mr Heath ne les gratifiait pas d'un peu de Shakespeare.

Les grands jours de fête de l'église russe orthodoxe, la famille impériale se rendait à Saint-Pétersbourg sous bonne garde. On inculqua très tôt aux enfants qu'ils devaient « prier le Seigneur » et Nicky du moins s'y appliqua toute sa vie. Les rituels religieux jouaient un rôle fondamental dans l'existence des Russes ; incidemment, ils rappelaient aussi aux enfants la nature semi-divine de leur père, le tsar autocrate. « Après dîner, nous avons peint des œufs avec Mr Heath », écrit Nicky, de Saint-Pétersbourg où il fêtait pâques en compagnie de ses parents, à sa sœur Xenia restée à Gatchina. « Hier, au palais d'hiver, nous avons assisté aux matines qui ont duré deux heures. Un tas de gens ont échangé des triples baisers avec Papa et Maman à l'église[20]. »

Nicky avait treize ans lorsque la famille s'installa à Gatchina et ce fut là qu'il commença le journal qu'il tint toute sa vie. On y trouve plus de détails et d'informations que dans celui du cousin Georgie mais pas tant que ça. Il y est surtout question des péripéties de la vie de famille, et parfois aussi des événements politiques, à mesure que Nicky grandit. Là où le journal de Nicky gagne par rapport à celui de Georgie, c'est dans la mesure où il nous révèle ses sentiments ; ses engouements, ses chagrins, ses frustrations et ses inquiétudes lorsqu'il tombe amoureux, apprend la mort d'un de ses proches, souffre des contraintes de sa vie publique ou redoute la tâche qui pèse sur ses épaules.

Son journal débute au nouvel an 1882 : « Ai bu du chocolat ce matin. Ai essayé l'uniforme des gardes du corps (…) me suis rendu au jardin avec papa. Avons fait un grand feu. Ai été me coucher vers neuf heures et demie[21]. » En d'autres occasions, il précise : « Ai été en cours » ou « Mon bouvreuil est sorti de sa cage et a mangé dans ma main », ou encore : « Ai travaillé dans la serre ». Les enfants adoraient s'entraîner à la guerre en vue de leurs futures carrières militaires. « Aujourd'hui : marche jusqu'à la forteresse[22] », précise Nicky le 24 juin 1883. « Sergueï, Georgiy et moi avions des fusils, pas les autres. Les deux patrouilles de garde ont eu un comportement exemplaire, le désordre s'est répandu parmi les non-combattants mais avec le temps cela s'arrangera. »

Parfois, la famille se rendait au théâtre ou au cirque à Saint-Pétersbourg, sous l'aile de douzaines de policiers en civil grimés en spectateurs. « Après le petit déjeuner, ai été voir les clowns au [cirque] Ciniselli[23] », note Nicky le 31 mars 1884. « Tout a été excellent ; les clowns nous ont terriblement fait rire. » Plus âgé, il assisterait à des ballets ou des opéras au théâtre du Bolchoï. Mr Heath apparaît fréquemment dans le journal de son élève : il ne tarda pas à devenir l'un de ses professeurs préférés, toujours prêt à se mêler aux jeux des petits. Nicky raconte qu'il le visait avec son pistolet à billes « entre deux leçons ». Mr Heath contre-attaquait en lui courant après avant de le battre de bon cœur avec sa canne. Nicky rapporte qu'au cours d'un voyage en train impérial au palais de Livadia en Crimée, « on s'est énormément amusés avec Mr Heath. On s'est mis à lui lancer des oreillers au moment de passer sous un tunnel et il a paru très surpris par l'obscurité[24] ». Peut-être sa surprise s'explique-t-elle aussi par l'âge de Nicky – seize ans à l'époque.

M. Lanson, un Français intraitable sur l'accent de ses élèves, et à qui son manuel d'*Histoire de la littérature française* apporterait plus tard la gloire, rejoignit bientôt la famille impériale à Gatchina. Il s'étonna de voir les enfants participer aux tâches ménagères : ils dressaient la table, faisaient puis défaisaient eux-mêmes leurs valises en rangeant chaque chose à sa place. Leur mère lisait les journaux : le *Times* et *Le Figaro* aussi bien que les quotidiens danois. Sachant que, d'eux-mêmes, les enfants n'ouvriraient jamais une gazette, elle découpait des articles qu'elle affichait sur les murs de la salle à manger ou des couloirs. Elle consacrait ses jeudis après-midi à sa correspondance. Sinon, elle accompagnait son mari lors de ses longues promenades dans l'enceinte du palais.

Ceux qui se plaisent à considérer l'Histoire comme une succession de tournants tiendront l'assassinat d'Alexandre II pour la parfaite illustration de leur théorie. Sur le bureau de ce tsar libéral, le matin de sa mort, traînait un document, signé de sa main, accordant une assemblée consultative et une plus grande liberté au peuple : le premier pas vers un gouvernement représentatif. Après ses funérailles, son fils et héritier Alexandre III déchira ce document. Ou plutôt : son ancien précepteur, Constantin Pobedonostsev, le déchira pour lui. Il ne croyait pas à la démocratie, et certainement pas appliquée à l'électorat russe inexpérimenté. Selon lui, seul un autocrate parviendrait à gouverner la Russie, sur les conseils d'une élite triée sur le volet. La démocratie représentait un danger. Pobedonostsev n'avait pas de temps à perdre avec les libéraux instruits des classes moyennes qui s'en faisaient les promoteurs. Il estimait l'instruction pernicieuse parce qu'elle venait d'engendrer une génération d'étudiants radicaux appelant à la révolution. Le jeune Lénine et son frère aîné Alexandre en offraient un parfait exemple. Alexandre finit par être exécuté, Lénine partit en exil en Sibérie. L'assassinat d'Alexandre II en 1881 prouva au tsarévitch, si besoin était, que Pobedonostsev ne se trompait pas. En Russie, il n'y avait qu'une seule solution : la répression.

Lorsque Alexandre III publia son manifeste, on sut à quoi s'en tenir : « La voix de Dieu Nous ordonne de Nous placer avec assurance à la tête du pouvoir absolu. Confiant dans la divine providence et dans Sa suprême sagesse, ayant foi en la justice et la force de Son autocratie que Nous sommes appelés à maintenir, Nous présiderons sereinement aux destinées de Notre empire, qui ne regarderont plus dorénavant que Dieu et Nous seul[25] ».

Ministres, grands-ducs, gouverneurs des provinces, officiers et fonctionnaires ; tous avaient à répondre de leurs actes devant le tsar et lui seul. Les prérogatives de la police augmentèrent, l'exil en Sibérie devint monnaie courante pour les dissidents politiques et la liberté de la presse se réduisit comme peau de chagrin. L'une des premières décisions du tsar Alexandre III fut de nommer Pobedonostsev secrétaire en chef du saint-synode ; poste crucial qu'il détint jusqu'en 1905. Le pouvoir en Russie reposait en réalité entre les mains d'une toute petite clique qui tenait sous sa coupe Alexandre, le souverain de toutes les Russies. « Le nouvel empereur est quelqu'un de très casanier, dévoué à son épouse et ses enfants ; grand amateur de musique, il s'est entouré d'un petit cercle de personnages insignifiants[26] », rapporte l'ambassadeur britannique Lord Dufferin à la reine Victoria en mars 1881. « On ne sait pas encore grand-chose de lui, sans doute parce qu'il n'y a pas grand-chose à savoir. »

« Ceux qui ne connaissaient pas le tsar le dépeignaient injustement comme quelqu'un de borné, à l'esprit engourdi[27] », écrit le comte Witte à propos d'Alexandre III dans ses Mémoires, en remettant Lord Dufferin à sa place. Le comte Sergueï Ioulevitch Witte, l'un des hommes politiques les plus capables de son temps, devait pourtant savoir à quoi s'en tenir. Il était né dans le Caucase, d'un père d'origine balte et allemande, bureaucrate de haut rang, et d'une mère russe noble. Après ses études à l'université d'Odessa, il se fit rapidement un nom dans les chemins de fer, grâce à son esprit percutant et ses décisions audacieuses. Il devint ensuite directeur du département des affaires ferroviaires au ministère des Finances. Alexandre III, frappé par son potentiel, le nomma ministre des Finances ; poste qu'il détenait encore lorsque Nicky accéda au pouvoir. « Certes, il possédait une intelligence et une instruction inférieures à la moyenne », poursuit Witte au sujet d'Alexandre III. « Je ne nierai pas qu'en effet le tsar était mal éduqué mais en revanche je m'opposerai à ce qu'on raconte souvent : à savoir qu'il manquait d'esprit. Il faudrait déjà s'entendre sur la définition du mot. Peut-être n'avait-il pas la fibre intellectuelle mais il avait l'intelligence du cœur, et quelle intelligence, celle qui fait pressentir l'avenir. Cela compte beaucoup plus que l'intellect pur. »

En avril de cette même année 1881, le sort frappa personnellement la reine Victoria. Son « meilleur ami, le plus dévoué », Disraeli, l'homme politique qui avait su la flatter avec subtilité en l'informant des événements par ses longues lettres distrayantes, lui qui sollicitait toujours ses conseils, venait de mourir, et la laissait face à l'infernal Gladstone. Victoria ne manquait toutefois pas d'un certain sens des réalités. En août, sur un ton conciliatoire, elle remercia Gladstone de ses rapports réguliers sur les travaux de la Chambre des communes, sans pouvoir résister à l'envie de glisser une petite pique : « Peut-on s'attendre à mieux de la part d'une telle quantité de députés aux viles idées révolutionnaires[28] ? »

Au moment où le prince de Galles revenait des funérailles d'Alexandre II, ses fils Eddy et George débarquèrent en Afrique du Sud au cours de leur troisième et dernier grand voyage ; direction l'Australie. Chaque fois qu'ils jetaient l'ancre quelque part, Dalton leur montrait les sites remarquables des environs afin de parfaire leur éducation. « Nous avons visité un élevage d'autruches », note Georgie avec un manque évident d'enthousiasme dans son journal le 2 mars 1881[29]. Un malentendu surgit à la Barbade où les journaux annoncèrent que les deux princes s'étaient fait tatouer le nez. La nouvelle ne tarda pas à se répandre en Angleterre. Le prince George acquit par la suite de nombreux tatouages (il est d'ailleurs amusant, devant les photos de son couronnement, de songer à tous ces dragons tapis sous l'hermine !) mais, en 1881, il n'en avait encore aucun, ni sur le nez ni ailleurs. « Comment as-tu osé faire tatouer ton petit minois ? » lui écrit la princesse de Galles, catastrophée. « Quelle tête tu dois avoir ! Tout le monde va regarder de travers ce garçon ridicule avec une ancre sur le nez ! Pourquoi diable ne l'as-tu pas placée ailleurs[30] ? »

Entre l'Afrique du Sud et l'Australie, le HMS *Bacchante* essuya une violente tempête qui dura trois jours et déchira le gréement. Le bateau, à plus de six cents kilomètres du port le plus proche, se mit à dériver au hasard, sans plus de contact avec le reste de l'escadre. La peur et les coups de théâtre valaient cependant mieux que l'ennui. « On passait des semaines et des semaines d'une monotonie incroyable en mer à se nourrir de repas plus monotones les uns que les autres mais surtout très mauvais. Pour l'essentiel : du porc salé et des biscuits[31] », se souviendra plus tard un membre de l'équipage. « On ne connaissait pas le confort en ce temps-là, ni les réfrigérateurs. Les fruits et légumes frais ne faisaient pas long feu à bord. En plus, ça devenait vite lassant de voir toujours les mêmes têtes à table. Souvent, il y avait de l'orage dans l'air. Pourtant, pas une fois je n'ai vu le prince George s'emporter. Je n'ai même jamais eu de mots avec lui. Serviable, toujours de bonne humeur, c'était le camarade idéal à bord. »

Enfin, en août 1882, à dix-neuf et dix-sept ans, les princes rentrèrent chez eux. Ils eurent à peine le temps de revoir la famille avant de repartir ; cette fois à Lausanne dans le vain espoir qu'en six mois, ils y apprendraient à parler un français ne serait-ce que passable. La reine Victoria regrettait que ses petits-fils ne maîtrisent que l'anglais, chose surprenante au sein d'une famille où tout le monde parlait un peu de tout, en particulier de l'allemand et du français. George ne s'en chagrinait pourtant pas outre mesure : à quoi bon apprendre une langue étrangère quand on parle anglais ? Telle demeura toujours sa ferme et patriotique conviction.

Le prince de Galles, lui-même assez doué pour les langues, donna raison à sa mère, et voilà partis nos deux princes. À leur retour, ni l'un ni l'autre n'avaient beaucoup progressé mais ce fut encore une fois Eddy qui suscita les plus vives inquiétudes. « Je suis amèrement déçue », écrit la princesse de Galles à Dalton, encore une fois du voyage,

« qu'au lieu de s'améliorer comme on espérait qu'il le ferait pendant la première partie de son séjour à Lausanne, il soit retombé dans sa paresse et sa distraction habituelles[32] ». Le prince George ne resterait pas longtemps chez lui. En juin 1883, il continua sa carrière dans la marine à bord du HMS *Canada* à destination des Antilles. Le prince Eddy, séparé de son cadet pour la première fois de sa vie, s'en fut à Cambridge. Ses professeurs n'en voyaient pourtant pas l'intérêt puisque, selon eux, c'était à peine s'il connaissait le sens du verbe « lire ».

À minuit, le 10 juin, la princesse Alexandra rédigea une lettre d'adieu à Georgie. « Mon petit Georgie chéri à moi, je viens de te quitter alors que tu allais te coucher, après t'avoir donné mon dernier baiser et t'avoir entendu réciter tes prières. Je n'ai pas besoin de te dire ce que je ressens, ni ce que nous ressentons tous deux à l'heure de la séparation. Ce sera plus difficile pour toi cette fois de devoir t'en aller seul, sans Eddy ni Mr Dalton ni Fuller, mais souviens-toi, chéri, que lorsque les autres sont au loin, Dieu, lui, est toujours présent, et il ne t'abandonnera jamais, mais te ramènera sain et sauf auprès de nous tous qui t'aimons tant[33]. » En songeant peut-être à son mari, elle supplia Georgie de ne laisser personne le détourner du droit chemin. « Reste comme tu es, en t'efforçant de progresser dans tout ce qui est bon, et évite les tentations autant que possible », écrit-elle avant de lui rappeler : « n'oublie jamais tes prières du matin ni du soir ». À l'époque, Georgie avait tout de même dix-huit ans. Charles Fuller fut presque aussi bouleversé que la princesse de Galles. « Mon précieux Fuller », comme l'appelait le prince George, lui qui avait été de tous ses déplacements depuis trois ans, resterait à Sandringham. « Il y a une semaine tout juste que vous nous avez quittés », lui écrivit Fuller le 20 juin 1883, « et vous n'imaginez pas à quel point votre cher visage me manque ; ce n'est plus pareil ici sans vous[34] ! ».

6.

DISSENSIONS FAMILIALES

En mai 1883, soit plus de deux ans après son arrivée au pouvoir, Alexandre III se fit sacrer tsar de toutes les Russies à l'église de l'Assomption à Moscou, dans l'enceinte du Kremlin. La crainte omniprésente d'un assassinat explique le long intervalle entre les deux événements. Charles Lowe du *Times* eut l'honneur de représenter la presse anglaise à la cérémonie, marquée, comme il le dit si bien, par un « faste sans exemple[1] ». Lowe se plut à décrire l'entrée triomphale d'Alexandre III à Moscou quelques jours avant son couronnement, précédé par les délégués « de toutes les tribus asiatiques et des nations qui pliaient sous son joug : Kalmouks, Kirghizes, Ouzbeks, et les hôtes du Kizil Kum et du Kara Kum, peuples des rives du Jaxartes et de l'Oxus, guerriers nomades des lointaines steppes de Sibérie et des immenses fleuves de Mongolie, tous chevauchaient dans la splendeur à nulle autre pareille de leurs costumes pittoresques, devant le puissant monarque dont la poigne de fer s'exerçait des rives de la Baltique jusqu'au détroit de Béring. Ainsi avançait la procession, au milieu des hourras sans fin de la foule immense le long des avenues, du grondement des canons, et des clameurs assourdissantes des cloches de la ville, cavalcade éblouissante en vérité qu'interrompait de place en place les magnifiques carrosses de l'impératrice et des autres dames de la famille impériale ou de la cour, tirés par de splendides destriers isabelle richement caparaçonnés ; et au centre de tout ceci : le majestueux tsar en personne, vêtu de son simple uniforme vert bouteille et de son chapeau en peau de mouton, sur un palefroi blanc comme neige, l'incarnation du "parfait gentilhomme" de Spenser* ». Comment s'étonner, après cela, du privilège accordé à Lowe ? Ce bon vieil Affie, accompagné de son épouse russe Marie, la sœur du tsar, représenta la famille royale anglaise.

Minny et Alexandra ne devaient plus se revoir entre les funérailles d'Alexandre II et l'heureux été 1883 où le tsar, la tsarine et leurs cinq enfants, dont Nicky, âgé de quinze ans, quittèrent enfin leur « prison » de Gatchina pour le havre de paix de Copenhague. Ils y débarquèrent le 30 août à bord de leur yacht impérial. Les attendaient le roi et la reine de Danemark, le prince héritier Frédéric et le prince Waldemar. Le courtisan anonyme à l'obséquiosité touchante servait toujours le couple royal. Il trouva la tsarine Dagmar aussi jeune et jolie que jamais et le tsar, inchangé : « toujours la même haute stature imposante, les mêmes yeux bleus honnêtes et confiants et sa barbe qui s'agitait contre sa poitrine. Aucune nuée d'orage ne projette encore son ombre sur ses traits virils[2] ».

Notre homme de cour s'intéressa aussi à d'autres membres de la famille impériale. « Je dois avouer qu'il y a de la vie et de la gaieté au palais, en ce moment. La jeunesse princière qui se réunit ici se laisse aller. Des rires fusent de tous les recoins du palais et du parc. On dirait un essaim d'oiseaux pépiant. Les plus jeunes des enfants royaux et princiers ont trouvé leur maître en la personne du tsar de Russie, ni plus ni moins. Alexandre aime les enfants comme peu d'hommes. Quand il est là, on peut

* Que l'auteur de ces lignes confond d'ailleurs avec Chaucer. [N.d.T.]

être sûr que les petits vont s'attrouper autour de lui comme des jeunes pousses à l'ombre d'un vénérable chêne. Ils n'ont aucun respect pour sa majesté : ils sautent sur ses genoux, lui tirent la barbe et jouent des centaines de vilains tours à leur camarade de jeu impérial. »

À l'été 1883, pour la première fois depuis vingt ans, les six enfants du roi et de la reine de Danemark se retrouvèrent tous ensemble avec leur nombreuse progéniture. Willi vint de Grèce et Alexandra, d'Angleterre, en compagnie d'Eddy, Toria, Louise et Maud. Seul le pauvre Georgie manquait à l'appel : vaille que vaille, il poursuivait sa carrière dans la Royal Navy.

Comme il fallait s'y attendre, cet été-là, Nicky s'éprit de Toria, née la même année que lui. « Je suis amoureux de Victoria et on dirait qu'elle aussi m'aime. Ceci dit, je m'en fiche. Oh, c'est vrai, ce serait quand même mieux qu'elle m'aime[3] », confie-t-il à son journal. « J'apprécie terriblement sa compagnie. Sans elle, je suis comme abattu. » Les deux cousins ne se quittaient plus. Ils dessinaient ensemble et se promenaient ensemble. Ils discutaient à n'en plus finir, prenaient des cours de danois, et mangeaient l'un à côté de l'autre. Fidèles en cela à l'esprit danois, ils préféraient surtout s'amuser. « Le soir, Victoria joue à se cacher, et moi, à la chercher. Quand je la trouve trop vite, elle s'énerve et me court après. Si jamais elle m'attrape, elle essaye de me jeter à terre, sauf qu'elle n'y arrive pas. Puis elle me bat avec ses poings, ce que je supporte comme l'agneau de Dieu », écrit-il le 6 septembre. Puis, deux jours plus tard : « Il m'a semblé que Victoria me méprisait mais non : je me trompais du tout au tout, Dieu merci ! Moins je m'intéressais à elle, plus elle me suivait ; ce dont je me réjouissais en secret. Le soir, j'ai essayé de me retrouver seul avec elle et de l'embrasser. Elle est tellement adorable. » Le lendemain, c'était l'inverse : « Plus Victoria tourmente et taquine sa proie, plus sa proie l'aime. La proie, c'est *moi*. »

Le mois de septembre fut occupé par des excursions à Copenhague, des fêtes à bord des yachts royaux et des visites de proches et d'amis. Le 9 octobre, Nicky avoue : « En attendant, j'aime de plus en plus Victoria et cela me désole qu'on doive bientôt s'en aller. C'est fini, je ne batifolerai plus avec elle dans la petite chambre en coin[4]. » Ils se promirent de s'écrire et de se revoir au bout de deux ans mais, à ce moment-là, beaucoup de choses auraient changé. La force de leur premier amour ne ressusciterait plus jamais ; ce qui n'empêcherait pas leur amitié de perdurer. Toria enverrait des cartes de vœux à « mon cher vieux Nicky » longtemps après son mariage. Elle-même resterait célibataire. Nicky garderait toujours de l'affection pour elle comme pour son frère George, son cousin anglais que Nicky préférait de loin à ce prétentiard de Willy.

À la fin de l'été, les deux sœurs, Minny et Alexandra, durent une fois de plus se séparer. Alexandra décrivit à Georgie, alors en haute mer, « l'*horrible* moment où nous avons dû nous arracher l'une à l'autre sans savoir *où* ni *quand* on se reverrait. Pauvre petite Minny, je la vois encore, au sommet des marches, désespérée, les yeux baignés de larmes, s'efforcer de me retenir le plus longtemps possible. Ce pauvre Sacha aussi a souffert du départ et a pleuré à chaudes larmes[5] ». La famille royale danoise redoutait les séparations : ses membres se sentaient très proches les uns des autres mais, hélas pour eux, ils vivaient tous au loin. Pour Minny et Sacha, le retour à la « prison » de Gatchina fut sans doute d'une atrocité que les autres ne soupçonnaient même pas.

L'année suivante, le peintre de cour danois Laurits Tuzen vint à Gatchina terminer un portrait de la famille royale commencé à Fredensborg l'été précédent. Il nous fournit une description haute en couleur de la vie que menaient là les malheureux invités peu au fait des drôles d'usages de la cour : Tuzen y passa en tout deux mois dont la moindre minute lui pesa. « La grandeur et la solitude vont de pair[6] », conclut-il. Il disposait d'une grande chambre, d'un atelier et de son valet attitré, ce qui semble un luxe mais signifie en pratique qu'il ne voyait jamais personne. Il mangeait seul et passait seul aussi ses interminables heures de loisir à se promener en suivant les routes rectilignes et désertes qui partaient du palais. Il n'avait de contact humain qu'avec la tsarine ou ses enfants lorsque ceux-ci posaient pour lui. « Pour me rendre de ma chambre à mon atelier, je devais traverser une enfilade de pièces en poussant tout un tas de portes pendant cinq bonnes minutes. »

Un jour, la tsarine lui demanda pourquoi on ne le croisait jamais au jardin l'après-midi. Personne ne l'avait autorisé à s'y rendre, répondit-il. La tsarine y mit bon ordre mais la situation du peintre ne s'améliora pas pour autant. Tous les cent pas, un soldat l'arrêtait pour lui demander : « Votre nom ? » Des policiers en civil se tenaient tapis dans chaque bosquet. Un jour, Tuzen croisa le tsar sur un petit pont enjambant un canal. Il se découvrit avant de proposer au tsar une séance de pose supplémentaire puis il renfonça son chapeau sur son crâne. « On verra[7] », répondit brusquement le tsar avant de s'éloigner. Comme Mr Lowe du *Times* le dit si bien : « En dehors du cercle familial, le tsar ne se montrait ni communicatif ni très avenant. C'était un homme taciturne, mal à l'aise, plutôt maladroit. » Tuzen comprit qu'il avait commis un *faux pas* en se couvrant en présence du tsar. Il n'obtint jamais sa séance de pose mais apprit une chose essentielle : en Russie, le tsar ne se comportait pas comme au Danemark.

Le 15 mai 1884, à Gatchina, Nicky écrivit à sa mère : « Ma chère, chère maman, aujourd'hui nous attendons avec impatience le courrier et une lettre de toi. Je serais ravi de recevoir un mot de ta main. Aujourd'hui, il fait un temps splendide, c'est la première fois cette année qu'il fait aussi chaud. Il y a plein de fleurs partout et de primevères, juste quand tu n'es pas là ! Je t'en envoie une que j'ai cueillie hier soir en rentrant à la maison (...) Au revoir, maman chérie », conclut-il, « je t'embrasse tendrement, comme tout le monde ici et, bien entendu, Xenia. Je le répète, je suis content que le courrier arrive aujourd'hui, ton Nicky qui t'aime[8] ». La vie affective de Nicky à seize ans tournait encore autour de sa mère et de sa famille ; conséquence sans doute inévitable de son enfance surprotégée.

En 1884 éclata l'un de ces démêlés familiaux qui nous apparaissent, rétrospectivement, de très mauvais augure. Une fois encore, un projet de mariage opposa Vicky et la reine Victoria au camp prussien. Les frères Battenberg, Louis, Heinrich et Alexander, tous trois princes charmants et allemands sans le sou ambitionnaient de contracter un mariage avantageux. Deux d'entre eux y parvinrent avec éclat. Louis épousa la princesse Victoria de Hesse-Darmstadt, une petite-fille de la reine Victoria qui avait adopté les enfants de Hesse à la mort de leur mère la princesse Alice, emportée par la diphtérie en 1878. Il accepta de s'installer en Angleterre où il intégra la Royal Navy avant de devenir Premier Lord de la mer puis marquis de Milford Haven. Heinrich fit encore mieux : il épousa Beatrice, la propre fille de la reine Victoria, se résolut lui aussi à vivre en Angleterre et, tant qu'il y était, se fit appeler Henry.

Restait Alexander, ou Sandro, pour le distinguer des autres Alexandre royaux. En 1879, ce jeune homme gâté par la nature fut installé sur le trône bulgare, un peu comme Willi de Danemark, sur celui de la Grèce. Il manquait en effet un monarque à la Bulgarie depuis l'effondrement de l'Empire ottoman or les grandes puissances voulaient maintenir la Bulgarie dans la sphère d'influence de la Russie. On supposa que Sandro se montrerait reconnaissant envers son oncle, le tsar Alexandre II. Un couronnement en bonne et due forme scella l'accord. Mais Alexandre de Bulgarie ne joua pas le jeu. Il se rangea du côté des Bulgares, « son peuple » comme il disait depuis peu, qui, lui, voulait son indépendance, au grand dam du tsar Alexandre.

En avril 1884, Sandro aggrava son cas en courtisant la princesse Victoria, la fille de dix-neuf ans du prince et de la princesse héritiers de Prusse ; au grand dam, cette fois, de son frère Willy, de Bismarck et du Kaiser, qui ne pouvaient pourtant pas risquer de vexer le tsar ou de provoquer un malentendu. Une chose enragea par-dessus tout Willy : Sandro n'était pas assez *ebenbürtig* à son goût. La reine Victoria et Vicky le prièrent de revoir ses positions. La reine qualifia d'« extraordinaire impertinence » l'attitude de Willie – ainsi qu'elle persistait à écrire son nom – lorsque celui-ci souleva la même objection au mariage de Heinrich avec la princesse Béatrice. « Quant à Dona », ajouta la reine Victoria, pas encore calmée, « cette pauvre petite princesse insignifiante que seule ta gentillesse [celle de Vicky] a hissée à sa position actuelle, je préfère ne rien en dire[9] ».

Béatrice épousa quand même Heinrich, ou plutôt Henry, et leur mariage fut l'un de ces grands rassemblements royaux sanctifiés par la présence de la reine Victoria en personne. Indifférentes aux considérations politiques qui chiffonnaient Bismarck et le Kaiser, Victoria et la princesse héritière – qui devait pourtant savoir à quoi s'en tenir – se prétendirent ravies des sentiments de Sandro de Bulgarie pour la princesse Victoria de Prusse. « Je le trouve fascinant », confie la reine Victoria à Vicky « et (comme ton Papa bien-aimé) merveilleusement beau[10] ».

Bismarck avertit le prince de Galles, qui soutenait comme de juste le parti anglais, que l'amour comptait pour du beurre à côté des intérêts de l'Allemagne. Bertie estima le coup « un peu rude » et se hâta d'annuler un engagement certes ennuyeux au possible à Londres pour escorter le prince de Bulgarie à Berlin et l'aider à rallier le kronprinz à ses projets de mariage. Lors d'un banquet au Neues Palais de Potsdam, Vicky œuvra elle-même en ce sens avec son manque de diplomatie coutumier : Alexandre de Bulgarie se retrouva placé entre le prince de Galles et le kronprinz qui le traita « avec une cordialité tout à fait inhabituelle (...) la princesse héritière devait encore une fois avoir circonvenu son mari[11] ».

Visiblement, la victoire revenait au parti anglais. Mais Bismarck n'avait pas dit son dernier mot. Un autre événement royal approchait à grands pas : la majorité de Nicky. Vexé, le Kaiser envoya le prince Wilhelm l'y représenter à la place de son fils le kronprinz. Ce fut la première mission diplomatique d'importance qui échut à Willy et celui-ci l'accepta avec une joie mal déguisée. En choisissant le prince Wilhelm plutôt que le kronprinz « sous influence anglaise », Bismarck prouvait au tsar que les Prussiens le soutenaient dans l'Affaire Sandro.

Willy partit d'excellente humeur pour un séjour de près de deux semaines en Russie en compagnie de son maréchal de la cour, von Liebenau, de ses deux adjudants, von Krosigk et von Bülow, et du général comte von Waldersee, tous fervents partisans de Bismarck et ennemis déclarés du kronprinz. Willy devait remettre à Nicky, le tsarévitch, l'ordre de l'Aigle noir, le plus prestigieux de l'Allemagne impériale. Lui-même serait nommé officier du premier régiment des gardes grenadiers du tsar Alexandre, par chance dotés d'un superbe uniforme.

À Saint-Pétersbourg, Willy, encore fort impressionnable à vingt-cinq ans, se retrouva pour la première fois de sa vie en présence d'un autocrate accompli. Jamais il ne l'oublierait. Il fit en outre la connaissance de Herbert, le fils de Bismarck, comme par hasard membre de la délégation allemande à Saint-Pétersbourg. Willy court-circuita l'ambassadeur allemand pour se renseigner auprès d'Herbert sur l'art et la manière d'impressionner favorablement le tsar. « Intéresse-toi avec enthousiasme à tout ce qui est russe[12] », lui répondit le protégé de Bismarck.

Au palais d'hiver, Willy logea dans de splendides appartements ; ce qu'il interpréta à juste titre comme une marque de respect flatteur. Le 18 mai, il remit à Nicky l'ordre de l'Aigle noir, avant de revêtir en toute hâte son splendide uniforme russe pour la cérémonie de la majorité de Nicky. Le comte von Waldersee, les regards tournés vers l'avenir, nota dans son journal ce soir-là que le tsarévitch semblait « bien frêle et délicat ». Il s'étend ensuite en détail sur la fabuleuse cérémonie : « Des hordes de généraux, d'officiers de haut rang, d'hommes de cour, de sénateurs, de membres du clergé et, bien entendu, le corps diplomatique au complet et un grand nombre de dames en costumes russes emplissaient les immenses salles. La procession – le tsar et la tsarine en tête suivis du prince Wilhelm au côté de la reine de Grèce, etc. – se rendit à l'église en passant par une pièce puis une autre et ainsi de suite. L'héritier du trône prêta serment d'une voix ferme puis tout le monde s'en fut à la salle du trône remplie de bannières où les troupes prêtèrent serment. De là : cap sur les appartements de l'empereur en passant entre les rangées de soldats au garde-à-vous[13]. »

Alexandre III pria les grands-ducs détenteurs de l'ordre de l'Aigle noir d'arborer leur décoration au banquet en honneur de l'héritier du trône. Son ministre des Affaires étrangères von Griers releva que le tsar semblait plus détendu que jamais. Pour la première fois, il parla d'une amitié et d'une alliance entre « les trois empires ». Willy, loin de soupçonner, et tant mieux pour lui, l'aversion que la Prusse inspirait au tsar et à la tsarine, y vit un hommage à ses talents de diplomate. Vêtu de son uniforme russe, il noua une conversation à bâtons rompus de plus d'une heure avec le tsar à propos de la situation internationale. Sitôt quitté son hôte, il courut tout raconter à Waldersee.

Le tsar aborda devant Wilhelm la question épineuse d'Alexandre de Battenberg et de la Bulgarie. Wilhelm rassura le tsar : « le Reich ne s'intéresse pas au prince[14] », affirma-t-il, et le Kaiser ne consentirait jamais au mariage de Battenberg avec la princesse Victoria. Lorsque le tsar suggéra que ce dernier ne conserverait pas forcément son trône, Willy déclara un peu à l'étourdie que « ce ne serait pas une grande tragédie ». Après cela, le tsar envoya aux parents désillusionnés de Willy un télégramme suant l'hypocrisie. « Ce fut une véritable joie de compter votre fils parmi nous en cette occasion de réjouissances et nous garderons toujours un excellent souvenir de lui[15]. » Willy revint à Berlin plus arrogant que jamais. Il ne restait plus à ses parents au désespoir qu'à guetter la suite des événements.

Dans ses Mémoires rédigés des années après les faits, Wilhelm précise : « Ceci affecta sérieusement ma relation avec ma mère et me blessa beaucoup ; je fus aussi très affecté par le destin de ma sœur. Mais, devant le bien-être du *Vaterland*, il fallait écarter toute considération personnelle[16]. » Willy revint en Allemagne convaincu d'avoir séduit le tsar. Quant à son cousin Nicky, si l'on en juge par ses commentaires ultérieurs, Willy eut tôt fait de le tenir pour un adversaire négligeable, frêle et faible, à l'inverse de son père. Nicky, bientôt absorbé par des événements plus palpitants, ne prêta quant à lui que peu d'attention à Willy.

Le 27 mai 1884, quelques jours après la célébration de la majorité de Nicky, les têtes couronnées d'Europe se retrouvèrent à un mariage au palais de Peterhof, à vingt-cinq kilomètres de Saint-Pétersbourg. Le grand-duc Sergueï Aleksandrovitch, le frère cadet du tsar, épousa la princesse Élizabeth de Hesse-Darmstadt, une autre des filles d'Alice, que sa famille surnommait Ella. L'oncle Willi et la tante Olga, le roi et la reine de Grèce, assistèrent à la noce, de même que la sœur de Nicky, Xenia, mariée depuis peu à un autre Sandro, russe, celui-là. Le Sandro russe détestait le grand-duc Sergueï, son oncle par alliance. « J'aurais donné dix années de ma vie pour l'empêcher [Ella] d'entrer à l'église au bras de ce prétentieux de Sergueï », écrit-il dans ses Mémoires. « Têtu, arrogant, désagréable, il étalait ses bizarreries devant la nation entière, fournissant aux ennemis du régime la matière intarissable de calomnies et de pamphlets[17]. » Parmi ses bizarreries : une homosexualité sans retenue. Il n'eut jamais d'enfants. Sandro présentait ainsi son épouse : « Ravissante, d'une rare intelligence, dotée d'un délicieux sens de l'humour, d'une infinie patience et d'un cœur généreux, elle avait toutes les qualités. Quelle cruelle injustice pour une femme de sa trempe de devoir s'unir à un homme comme l'oncle Sergueï. » Un mariage royal restait un mariage royal : de ce point de vue, les sœurs de Hesse, petites-filles de la reine Victoria, n'avaient pas trop le choix.

La sœur d'Ella, Alexandra, ou plutôt Alix ou Alicky, vint aussi au mariage. Sa future beauté se devinait déjà malgré son jeune âge – douze ans à peine. D'ailleurs, elle n'échappa pas à Nicky. « Aujourd'hui, il a fait un temps superbe. Comme d'habitude, on a déjeuné avec les Darmstadt », note-t-il dans son journal le 12 juin. « On a sauté ensemble sur le filet [un trampoline]. À trois heures, je suis sorti avec eux dans le break à 4 chevaux. Papa roulait devant en char à bancs avec tante Marie et Victoria. On est allés à Oserki et tout le monde a inscrit son nom dans le livre d'or. On a bu du lait frais et mangé du pain noir. On a dîné avec Ernest, la jolie petite Alix et Sergueï. Alix et moi, on a écrit nos noms sur la fenêtre de la maison italienne. » Entre crochets, il avoue : « On s'aime, tous les deux[18]. »

Le lendemain, après la messe, Nicky enfila son uniforme du régiment Preobrajenski avant la parade des grenadiers et des uhlans. Alix et son frère Ernie lui rendirent visite après déjeuner. « On a sauté ensemble sur le filet. Ernie, Alix et moi, on s'est échangé des secrets. On s'est amusés comme des fous à la maison italienne. On a dîné tous ensemble. Je suis resté bavarder avec cette chère petite Alix. Me suis battu avec Ernie[19]. » Ils bavardaient en anglais, la seule langue qu'ils comprenaient aussi bien l'un que l'autre. Nicky avait seize ans mais il adorait batifoler ; comme un gamin de douze ans, si l'on en croit le comte von Waldersee. Une semaine plus tard, Nicky écrit : « On s'est beaucoup amusés sur les balançoires. Papa a ouvert le robinet quand on est passés devant le tuyau et on s'est retrouvés tout mouillés. » Le lendemain, 20 juin : « On a dîné ensemble dans mes appartements. On a sauté sur le filet et on s'est dit des secrets dans le pavillon italien. On a joué sous le tipi du balcon de Xenia. » Puis, pour finir : « Je suis très triste que les Darmstadt s'en aillent demain, surtout cette chère Alix qui, elle aussi, va me quitter. »

Ils ne devaient plus se revoir avant cinq ans ; Nicky tomba amoureux à plusieurs reprises entre-temps, et pourtant son amour pour la petite Alix de Hesse s'avéra la grande passion de sa vie. Leur relation très intense, à la limite de la symbiose, n'aurait eu aucune répercussion en d'autres circonstances. Hélas, elle se déroula sur la scène publique de la politique européenne, non sans de terribles conséquences.

Georgie, le cousin de Nicky, poursuivait quant à lui sa carrière dans la marine avec « sincérité, discipline et entrain » mais en proie au mal du pays qui ne le lui laisserait plus jamais de répit. Les lettres de ses parents le consolaient peut-être, ou peut-être pas. En mars 1886 à Gênes, le prince de Galles assista au départ de son fils avant de se ruer à Monte-Carlo où il écrivit à Georgie : « En te voyant t'éloigner en train hier, je me suis senti très triste et tu as dû voir, je pense, que j'avais la gorge nouée au moment de te dire adieu. Le temps qu'on a passé ensemble, surtout ces derniers mois, m'a fait ressentir d'autant plus durement notre séparation (...) Quand je retournerai à Cannes aujourd'hui, tu me manqueras plus que jamais, mon cher Georgy et au bal de la baronne Hoffmann – comme j'aimerais que tu puisses y aller ! Dieu te bénisse, mon cher garçon, puisse-t-Il te préserver du mal et veiller sur toi. N'oublie pas ton dévoué Papa. A. E.[20]. »

Quand ses fils étaient petits, le prince de Galles ne supportait pas de se séparer d'eux plus de quelques semaines, même si une bonne partie de chasse en Hongrie ou un coup de chance au casino de Baden le consolaient parfois de son chagrin. Le départ de Georgie lui causa une tristesse sincère mais les charmes de Cannes le remirent bien vite d'aplomb. « Je te trouve plutôt dure envers moi quand tu parles des distractions auxquelles je me livre à Cannes, Londres, Homburg et Cowes », écrit Bertie à sa mère l'année suivante. « J'aime énormément Cannes, surtout pour son climat et ses paysages, comme toi, Aix, dont tu m'as dit que tu t'y rendrais cette année (...) Personne n'est plus conscient que moi que je ne suis pas parfait – en attendant, j'essaye de remplir mes nombreux devoirs du mieux que je peux (...) Un vieux proverbe anglais prétend que "trop travailler sans jamais s'amuser rend Jack maussade" et, c'est loin d'être faux[21]. »

Le terme « maussade » n'était certes pas de ceux qu'on aurait spontanément associés au prince de Galles. À Cannes, il participa sans retenue à la fameuse bataille des fleurs. Il revit son « cher Georgy » à son retour de Malte. Puis il s'en fut à Berlin au quatre-vingt-dixième anniversaire du Kaiser. En août, après des courses de chevaux et des parties de chasse en Angleterre suivies d'un bon nombre de bals, de dîners et de soirées au théâtre, il retourna à Homburg, et surtout aux tables de jeu où il réussit l'exploit d'accroître encore ses dettes.

Georgie, lui, s'en retourna en mer, toujours aussi nostalgique. « Je me demande qui va occuper ma petite chambre adorée, il faudra que tu y ailles de temps en temps en t'imaginant que ton Georgie chéri y dort encore[22] », écrit-il à sa mère, restée à Sandringham. « Pense de temps en temps à ton pauvre garçon si loin de toi mais qui restera toujours ton petit Georgie dévoué qui t'aime. » Le prince de Galles – absent, pour ne pas changer – trouva le temps d'écrire à son vieil ami le capitaine Henry Stephenson, commandant du navire de guerre *Thunderer* de la flotte méditerranéenne où George servait à l'époque : « J'ai le sentiment en te confiant mon fils que je ne saurais le remettre en de meilleures mains, seulement : ne le GÂTE pas, JE T'EN PRIE[23] ! »

La vie dans la marine enthousiasmait de moins en moins Georgie. Lorsqu'il tenta d'aborder le sujet avec son père, il reçut une réponse rien moins qu'indulgente. Même si Bertie avait dit adieu à son fils en août la gorge nouée en se prétendant maudit de toujours devoir se séparer de ses enfants et de sa famille, il ne ménagea pas Georgie : « J'ai été désolé d'apprendre par les allusions que tu as semées que la marine ne t'enthousiasmait plus autant qu'avant. Je le déplore, car il n'existe pas de plus beau métier pour un Anglais et nous souhaitons vivement que tu t'y plaises. La profession devient de plus en plus intéressante chaque année et il faut absolument que certains membres de notre famille y soient actifs. Que ferais-tu si tu quittais la marine ? Voudrais-tu d'une vie d'oisiveté ? Je suis certain que non[24]. »

On imagine sans peine ce que ressentait Georgie à la perspective d'années de vie au large. Il savait néanmoins qu'en tant que fils cadet du prince de Galles il n'avait pas le choix. Apparemment, il n'en reparla plus. Quant à Bertie, il repartit à Homburg avant de rejoindre son épouse et le reste de la famille au Danemark. De Copenhague, où le tsar, la tsarine et Nicky, l'héritier présomptif du trône de Russie, séjournaient également, il prit de nouveau la plume : « Tu imagines la vie qu'on mène ici et tout le raffut qu'on fait (...) Nous sommes une famille heureuse. *Oh oui !* Tu es le seul qui manque pour la compléter[25] », confia-t-il à son fils. Un vrai réconfort pour Georgie, condamné à voguer en haute mer – n'en doutons pas.

À cette époque-là, le différend qui opposait le prince de Galles à son neveu Wilhelm/William se creusa encore. La reine Victoria, outrée par le soutien – une « extraordinaire impertinence[26] », selon elle – de Willy à Bismarck et au Kaiser contre sa propre mère, et par son hostilité au mariage Battenberg, se décida à donner une leçon à son arrogant petit-fils. « Quant à Willie », écrit-elle à Vicky, « ce garçon irréfléchi, désobéissant et, il faut le dire, au cœur de pierre, je n'ai plus de patience avec lui et je voudrais qu'il reçoive une bonne "*skelp'g*" comme disent les Écossais, et qu'on le remette à sa place[27] ». Elle chargea le prince de Galles de transmettre le message – décision peu avisée de sa part.

En octobre 1885, après son habituel séjour au Danemark avec la princesse de Galles, le tsar et la tsarine, Bertie partit en Hongrie mener une vie sociale plus haute en couleur. De Budapest, il télégraphia à Willy de venir auprès de lui dès que possible car il avait quelque chose de pressé à lui dire en privé. Willy prit son temps et ne rejoignit son oncle que la veille de son départ. Le prince de Galles envoya entre-temps de ses nouvelles à Georgie, alors sous-lieutenant en formation au Collège Royal Naval de Greenwich et sur le HMS *Excellent* à Portsmouth. À Greenwich, Georgie s'en était sorti haut la main en navigation et assez bien dans les autres matières mais il obtint un score étonnamment nul en mécanique : 9 sur 125. À Portsmouth, il s'en tira plutôt bien en artillerie et en torpillage et rata de peu une mention très bien en pilotage. « Tu t'es, je l'espère, remis de ta déception à propos de ta mention », lui écrit son père, compatissant. « Bien sûr, ç'aurait été *mieux* si tu l'avais obtenue mais ce doit être une *grande* satisfaction pour toi de ne l'avoir ratée que de

20 points et cela prouve qu'il n'y a pas eu de favoritisme[28]. »

Lorsque Willy arriva enfin à Budapest, son oncle l'informa avec une satisfaction mal dissimulée que la reine Victoria, mécontente de lui, ne voulait pas le recevoir en Angleterre à l'automne. Willy comprendrait que, dans ces circonstances, lui et la princesse de Galles ne l'accueilleraient pas non plus à Sandringham. Il s'agissait d'une vexation de tout premier ordre et à très courte vue. Le lendemain matin, le prince de Galles s'en fut à Vienne, inconscient ou indifférent au ressentiment de son neveu. Lorsque Wilhelm revit Herbert Bismarck à Berlin où celui-ci occupait le poste de secrétaire d'État aux Affaires étrangères, il traita sa grand-mère de « vieille sorcière » en ajoutant « qu'il se félicitait de disposer d'une arme contre sa mère si jamais celle-ci s'avisait de lui reprocher son hostilité à la reine d'Angleterre[29] ». Les Bismarck n'auraient pas pu espérer mieux. Herbert rapporta l'affaire, les commentaires haineux de Wilhelm y compris, à son collègue Friedrich von Holstein, dans le journal duquel on trouve l'anecdote.

En juin 1887, la reine Victoria fêta son jubilé. La plus grande nation de la Terre laissa libre cours à son patriotisme, pour le coup déchaîné. Sur les étals de la rue du Strand apparurent des livres commémoratifs, des portraits, des théières à l'effigie de la reine, et même des tournures musicales qui jouaient « God save the queen » chaque fois que s'asseyait la dame qui la portait. Au palais de Buckingham affluèrent par courrier ou par télégramme des quatre coins du monde des milliers de compliments et d'innombrables joyaux et bijoux d'or et d'argent. Le poète officiel de la monarchie, Tennyson, composa soixante-cinq vers de circonstance.

Des invités venus de quatre-vingts pays et des colonies dans leurs fabuleux costumes nationaux éblouirent les foules qui se massaient depuis plusieurs jours devant le château de Windsor et le palais de Buckingham. Les spectateurs habitués aux députations austères des conseillers municipaux et des francs-maçons de Londres tendirent le cou afin d'apercevoir les maharadjahs couverts de diamants. Réceptions, dîners, bals, revues navales, expositions et inaugurations se succédèrent. Le prince de Galles s'affaira de tous côtés, organisant les cérémonies, accueillant les invités. En somme, il s'amusa comme un fou. Seule la reine manquait d'enthousiasme. « Le jour est venu et me voilà seule », écrit-elle dans son journal le 20 juin 1887, « même si je compte auprès de moi de nombreux enfants qui me sont chers. J'écris ceci, après une journée épuisante, au jardin du palais de Buckingham où je venais si souvent m'asseoir autrefois. Voilà cinquante ans aujourd'hui que je suis montée sur le trône ! Dans son immense bonté, Dieu m'a soutenue au travers de bien des épreuves et des déceptions[30] ».

Sa principale déception lui venait alors de son petit-fils. Willy avait supplié la reine de le laisser assister aux célébrations à la place de son père, atteint d'un cancer de la gorge, même si personne ne soupçonnait encore la gravité de son état. Sa grand-mère, toujours remontée contre lui, ne lui répondant pas, Willy demanda à son grand-père, le Kaiser vieillissant, la permission de représenter les Hohenzollern en Angleterre ; permission que le Kaiser lui accorda. Willy mit Victoria devant le fait accompli en prétendant obéir à son grand-père. Cette « impertinence » enragea la reine à qui l'envie vint tout à coup de décommander la venue de Willy.

En fin de compte, elle s'arrangea avec sa fille Vicky pour que Fritz représente officiellement les Hohenzollern à la place d'honneur dans la procession. Le jour venu, il chevaucha devant le carrosse de la reine à travers les rues décorées de guirlandes jusqu'à l'abbaye de Westminster. On aurait dit Siegfried sur son beau destrier blanc, resplendissant dans l'uniforme blanc des cuirassiers poméraniens. Les diamants de son étoile de la Jarretière étincelaient de mille feux. Il n'eut aucun mal à recueillir les applaudissements de la foule ébahie. Vicky, la fille chérie de sa mère, eut droit à la place d'honneur à côté de la reine et de sa belle-sœur la princesse de Galles. Willy, lui, fut littéralement remis à sa place : à l'arrière de la procession, perdu dans la foule des autres princes et altesses royales. Il se plaignit que son oncle Bertie le snobait. La préséance accordée à la reine noire de Hawaï sur Dona le vexa au plus haut point. Jamais il n'oublierait l'insulte.

Le jubilé offrit à Georgie une occasion de retrouver sa famille bien-aimée. Le traditionnel Noël à Sandringham lui avait beaucoup manqué l'année précédente. « Quel délice de fouler de nouveau ce bon vieux sol anglais », confia-t-il à son journal le 16 juin. « Arrivée à King Cross à 8 h. [du soir] Papa et Maman chéris, Eddy, mes sœurs et Georges de Grèce sont venus m'accueillir. Quel bonheur d'être de nouveau à la maison. Dîner à 9 h. À 11 h 30 nous sommes tous allés danser aux Wombwells. Retour à la maison à 4 h 30. Ai discuté avec maman chérie. Coucher à 5 h 30[31]. »

Les jours suivants se passèrent à accueillir dans différentes gares un flot de royaux invités : Danois, Allemands, Autrichiens, Grecs, Suédois, Espagnols, Portugais ; sans oublier les Battenberg, les Hesse et ces chers Cobourg. George avait un faible pour ses parents danois et sa tante russe Olga, l'épouse du roi Georges de Grèce, l'ex-Willi de Danemark. La reine Victoria, qui n'appréciait pas trop l'engouement de son petit-fils pour la branche dano-grecque de la famille, lui reprochait ses fréquentes visites au palais d'Athènes lorsqu'il était basé dans la Méditerranée. « Pourquoi diable ne devrais-je pas aller les voir ? », écrit-il à sa maman chérie lors d'un de ses accès de nervosité. « Pourquoi ne pourrais-je pas rendre visite à l'oncle Willy si vous et papa le souhaitez ? C'est la plus grosse *sottise* que j'aie jamais entendue ». Il eut tout de même le bon sens d'ajouter : « S'il te plaît, maman chérie, ne laisse pas traîner ma lettre ; il y a certaines choses que je n'aurais peut-être pas dû dire mais tu sais, maman chérie, que je te dis toujours tout. Mieux vaut la brûler[32]. » Sa grand-mère nomma ses petits-fils préférés, les princes Eddy et George, ses aides de camp pendant son jubilé. Ils chevauchèrent de part et d'autre de son carrosse « au son assourdissant des bravos ». Willy, son autre petit-fils, en disgrâce celui-là, resta à la traîne dans le froid.

La vie de Georgie semblait déjà tracée pour bien des années à venir : sa carrière dans la marine suivait son cours malgré son mal de mer persistant et sa nostalgie de la terre ferme. En 1888, il retourna chez lui en permission à Noël et commença l'année 1889 à Sandringham en chassant le canard avec Eddy et Papa dans les bois de Woodcock. À 5 heures, il prit le thé puis rédigea quelques lettres jusqu'au dîner à 8 h 45, suivi d'une partie de billard et d'une autre de bowling sur la piste personnelle du prince de Galles. Georgie discuta ensuite avec sa maman chérie et « coucher à 1 h ». D'après les critères de Georgie, ce fut là une journée idéale.

Un seul détail clochait : à cette époque, le nom de Julie Stonor apparaissait souvent dans le journal du prince George. Sa mère, Mrs Francis Stonor, une ancienne dame de compagnie de la princesse de Galles, était morte en 1883, en laissant orphelins ses enfants adolescents, Harry et Julie. Comme ils habitaient dans les environs, la princesse de Galles les prit sous son aile et ils se mirent à fréquenter Sandringham. Le prince George, en permission, s'éprit de la jolie Julie en mal d'amour et d'un protecteur. Après son départ, ils s'échangèrent de longues lettres empreintes d'affection. Mais Julie Stonor était une roturière et surtout une catholique. La mère de Georgie, indulgente vis-à-vis de ses fils sauf en ce qui concernait leur futur mariage, lui écrivit qu'elle aimait beaucoup Julie,

« une brave petite, jolie et sans prétentions [...] Enfin ! c'est bien triste pour vous deux, mes pauvres enfants ! Si seulement vous pouviez vous marier et vivre heureux ensemble mais hélas, je crains que ce ne soit pas possible[33] ».

7.

J'ATTENDS MON HEURE

Lorsqu'il se rendit en Russie en 1884, Willy s'était déjà rallié aux conservateurs allemands sous la férule de Bismarck. Malgré le désir de sa mère de le façonner selon les principes anglais, il était devenu « un Hohenzollern pur et dur », pour reprendre ses mots. Alors que Willy n'avait encore que douze ans, la reine Victoria écrivit à sa fille : « Quelle chose terriblement éprouvante que la condition de prince ! *Personne* n'a le courage de leur dire la vérité ni de les accoutumer aux vicissitudes si nécessaires à la formation des jeunes hommes[1]. » Étant donné le sort de Georgie dans la Royal Navy, la remarque de la reine ne le concernait pas vraiment. En revanche, elle s'appliquait tout à fait à Willy.

La flatterie fut un gros problème pour nos trois cousins mais ce fut Willy qui en pâtit le plus ; lui dont l'orgueil inné se mêlait à un curieux manque de confiance en soi aggravé par l'infirmité de son bras. Dès qu'il se mit à tenir un rôle public, il se retrouva cerné d'intrigants. En 1884, il n'était plus temps de se demander lequel des deux camps l'emporterait. « J'attends mon heure », nota Willy en anglais au bas d'une photo de lui en costume des Highlands, signée *William prince of Prussia*. Son costume, un cadeau de sa grand-mère la reine Victoria, et l'anglicisation de son nom indiquent qu'il s'agissait d'une plaisanterie. Elle ne fit pourtant pas rire tout le monde. Prenez garde ; voilà ce que Willy voulait dire.

Son séjour russe de 1884 marqua un tournant dans la vie de Willy. « Le prince a laissé une excellente impression ici », rapporte Herbert Bismarck à Berlin. « Il soulève l'enthousiasme des deux sexes[2]. » Willy, flatté par tant de compliments, envoya un télégramme arrogant à ses parents. « Très ému par cérémonie admirable. Vous annonce ma nomination au grade de commandant du régiment Vyborg[3]. » Il se doutait bien que la nouvelle consternerait son père. En effet, celui-ci éclata en sanglots amers en comprenant que le Kaiser et Bismarck le court-circuitaient. Willy ne soupçonnait toutefois pas que les deux factions rivales allaient bientôt s'entendre pour le flatter dans leur intérêt.

Le destinataire des rapports de Herbert Bismarck à Berlin se nommait Friedrich von Holstein. C'était lui qui avait remarqué qu'au banquet, après le mariage Darmstadt, Alexander Battenberg se tenait entre le prince de Galles et le kronprinz qui s'adressait à lui « avec une cordialité tout à fait inhabituelle (…) ce qui prouve que la princesse héritière devait encore une fois avoir circonvenu son mari ». Holstein occupait le poste de *Geheimrat* au ministère des Affaires étrangères de la Wilhelmstrasse, une sorte de conseiller d'ambassade. Il disposait d'un réseau d'informateurs si efficace qu'il s'écoulait rarement plus d'une journée avant qu'il ne soit averti du moindre événement d'importance, en Prusse ou à l'étranger.

Le prince Wilhelm se rendit en Russie avec Adolf von Bülow, le fils de l'ancien secrétaire d'État aux Affaires étrangères de Bismarck et le frère de Bernhard von Bülow, son futur chancelier. C'était un ancien camarade de classe de Herbert. En Russie, Bülow fit part de cet avertissement prémonitoire à Herbert Bismarck : « En ce moment, tu vois le prince au mieux ; il ne se sent pas encore très sûr de lui et ce manque d'assurance l'incite à chercher des conseils avisés car il désire réussir. La manière dont on le traite ici lui plaît beaucoup. Ses parents n'arrêtent pas de le critiquer et le prennent pour un gamin, alors qu'ici, on lui accorde à profusion tous les honneurs dus à l'héritier présomptif du trône[4]. »

Curieusement, Willy n'assista pas au mariage de sa cousine Ella en Russie en 1884, célébré quelques jours à peine après son départ. Sa dérobade n'aurait pas signifié grand-chose s'il n'avait pas lui-même projeté d'épouser Ella. À l'époque où, encore élève à Kassel, il rendait visite à ses cousins et sa tante Alice à Darmstadt, il s'était entiché d'Ella, la cadette. « Je ne saurais te dire à quel point on a passé un bon séjour à Darmstadt », écrit Willy à sa mère en avril 1875, en anglais selon son habitude. « Ella, ma *chouchou*, a beaucoup grandi et elle est devenue exessivement [sic] belle ; en fait, c'est la plus belle fille que j'aie jamais vu. Elle et moi, on s'aime très fort ; elle m'a montré la serre & le jardin de Darmstad [sic] et on a passé la journée ensemble. Je pense que, si Dieu m'accorde de vivre jusque-là, j'en ferai mon épouse, si tu le permets[5]. » Cette lettre, tout à fait représentative de celles qu'il envoyait à sa mère en ce temps-là, nous montre à quel point l'opinion de Vicky lui importait encore. On y pressent aussi la relation très personnelle de Willy à Dieu ; si exclusive que le futur Kaiser n'accepterait bientôt plus de conseils de personne d'autre. Le plus curieux n'en reste pas moins qu'à ce moment-là, Ella n'avait que onze ans.

Vicky, et l'on peut s'en étonner, n'approuva pas le projet de Willy d'épouser sa cousine – la fille de sa propre sœur, Alice. Elle invoqua leur lien de parenté trop étroit mais l'argument ne trompa personne : dans les familles royales, on se mariait sans arrêt entre cousins. La vérité se cachait ailleurs.

En 1873, un fâcheux accident survint aux Darmstadt : le petit Frittie de trois ans tomba d'une fenêtre du palais en jouant avec son frère Ernie. On venait à peine de diagnostiquer son hémophilie. Il mourut de ses blessures. Son oncle Leopold, le fils de la reine Victoria, hémophile lui aussi, présenta ses condoléances aux parents en s'efforçant de les consoler : « je ne sais que trop ce que c'est de souffrir comme lui-même aurait souffert et combien il est pénible de ne pas pouvoir profiter de la vie ni connaître le bonheur (...) Je ne peux m'empêcher de me dire qu'il vaut peut-être mieux que ce cher petit échappe aux épreuves et aux malheurs d'une vie de malade comme la mienne[6] ». Dix ans plus tard, Leopold lui-même mourut des suites d'une chute dans les escaliers. On savait à l'époque que l'hémophilie se transmettait aux enfants mâles par leur mère. Vicky et Fritz ne voulaient pas courir le risque que leur petit-fils, le futur Kaiser du Reich allemand, hérite de cette anomalie génétique.

L'hostilité de sa mère à ses projets de mariage exerça sur Willy un effet radical des plus étranges. Vicky aimait mieux que son fils épouse l'une ou l'autre des princesses de Schleswig-Holstein-Sonderborg-Augustenborg. Leur grand-mère avait l'avantage d'être une cousine du prince Albert et la sœur de Vicky, Helena, avait épousé leur oncle. Du jour au lendemain, Willy changea d'avis. Le 30 août, les deux princesses Holstein vinrent à Potsdam avec leurs parents. Au moment de leur départ, le lendemain, et avant que lui-même ne s'en aille à Balmoral chez sa grand-mère, Willy demanda au duc leur père s'il ne pourrait pas s'entretenir avec lui à son retour d'Écosse. À sa tante Helena, alors en Angleterre, il présenta Victoria, ou Dona, comme : « la seule que j'aie jamais aimée ». Helena fit aussitôt parvenir une copie de la lettre à Vicky, qui la transmit à Fritz en soulignant qu'elle trouvait la prose de leur fils « drôlement pompeuse & maniérée ». Le brusque « changement de selle[7] » de Willy, comme le qualifia son père, laissa ce dernier perplexe. Le Kaiser, lui, y vit un nouvel exemple des machinations de Vicky, sans se douter que Dona deviendrait l'une de ses meilleures alliées. Vicky ne tarderait en effet pas à regretter son choix.

En exil à Doorn en Hollande après la Première Guerre mondiale, Wilhelm, vieil homme revenu de tout, avouerait à son petit-fils qu'en se mariant, il n'avait accompli que son « devoir ». Ce mot resurgit sans cesse dans la vie des trois cousins, Willy, Georgie et Nicky, sous un sens parfois différent. Pour Willy, cela signifiait se résigner au mariage, bon gré, mal gré. Le premier devoir d'un monarque n'était-il pas d'engendrer un héritier à sa couronne ? Willy sentait déjà parfaitement ce que lui inspiraient les femmes. Dans ses Mémoires, il ne consacre qu'une page à son mariage contre une dizaine à son existence d'officier à Potsdam.

Les penchants de Willy l'entraînaient vers d'autres directions, comme l'avenir le prouverait d'ailleurs. Son régiment de Potsdam lui tenait lieu d'« el dorado ». Du moins, c'est ce qu'il écrivait à la comtesse Dönhoff ; avec « des soldats, en veux-tu, en voilà ». Celle-ci divorça de son diplomate de mari pour épouser Bernhard von Bülow, lui-même diplomate ambitieux, frère de l'aide de camp de Willy, Adolf von Bülow, et surtout futur chancelier de Willy. La brillante comtesse, l'une des rares confidentes de Willy, n'ignorait pas la nature de ses préférences. Il connaissait depuis l'université la plupart des « charmants jeunes officiers » de son régiment. Dans ses Mémoires, Bismarck mentionne le goût prononcé de Wilhelm pour les *lange Kerls*, les jeunes gens aux membres élancés. Son fils Herbert souligne dans un rapport daté de Russie que le prince Wilhelm soulevait l'enthousiasme « des deux sexes ». En 1886, Wilhelm connaissait déjà son meilleur ami, le comte Philipp zu Eulenburg und Hertefeld, surnommé « Phili » ou même « Philine » par ses intimes. La police berlinoise qui le soupçonnait d'homosexualité détenait un épais dossier sur son compte.

Lorsque l'industriel Walter Rathenau rencontra Wilhelm, il en resta stupéfait. Endoctriné par la propagande, il s'attendait à un homme énergique. Mais non. « Devant moi se tenait un jeune homme en uniforme coloré décoré de drôles de médailles, ses mains blanches couvertes de bagues bigarrées, des bracelets à ses poignets ; la peau douce, les cheveux fins, de petites dents blanches », note-t-il dans ses Mémoires en 1923, en ajoutant avec une rare clairvoyance : « un authentique prince, soucieux de l'impression qu'il laissait, sans cesse en lutte contre lui-même, forçant son tempérament pour en obtenir de la prestance, de l'énergie, de l'assurance. Pas un instant où il ne s'observât lui-même ; une seule chose lui échappait – et voilà où cela devient touchant – son combat contre sa propre nature. D'autres que moi l'ont observé : le manque d'affection dont il souffrait, sa douceur, son attachement aux gens, son côté puéril perçaient sous ses exploits athlétiques, sa tension et son affairement pompeux[8] ».

Willy ne pratiquait probablement pas l'homosexualité. Par bien des côtés, il resta toujours dévoué et surtout dépendant de son épouse. Jeune lieutenant, il eut même quelques expériences avec des prostituées. Cela dit, aucun doute ne subsiste sur ses penchants, dont nul ne se soucierait s'il n'avait dû hériter du trône. Tels qu'ils étaient, ils ouvrirent un boulevard à toutes sortes d'influences, que la clique des Bismarck ne se fit pas faute d'exploiter.

Il est difficile de ne pas compatir au sort de Willy. Différent par sa naissance, handicapé, mal compris par ses parents, écartelé entre ses racines prussiennes et anglaises, décontenancé par les intrigants qui composaient son entourage, il ne savait plus de quel côté se tourner. « Froid comme la glace[9] », commente tout aussi froidement Herbert Bismarck, mais il ne fut pas le seul à remarquer ce vide fatidique derrière les rodomontades du futur Kaiser.

En 1886, Willy, marié à Dona depuis cinq ans, était déjà père de trois enfants : les princes Wilhelm, Eitel Friedrich et Adalbert. S'y ajoutèrent par la suite August Wilhelm, Oskar et Joachim, puis, en 1892, Victoria Louise, sa seule fille, et surtout sa préférée. Dona se consacrait tout entière à ses enfants et à l'église ; mais non à la cuisine. « La princesse Hohenzollern était aimable et vertueuse », reconnaît notre homme de cour anonyme. « Elle avait reçu une éducation très simple et sous l'influence du chapelain ducal était devenue très pieuse et d'une orthodoxie stricte. La princesse ne manifesta jamais beaucoup de sympathie aux autres confessions et à ceux qui les professaient. Au contraire, elle s'en tenait éloignée le plus possible[10]. » Son attitude ne plaisait sans doute que modérément à sa libérale belle-mère.

Le plus souvent, Dona ne voyait son mari qu'au petit déjeuner ; et encore, quand il ne partait pas en voyage. Aussitôt après, Willy rejoignait son régiment. Parfois, il revenait déjeuner avec son épouse puis, ensemble, ils se promenaient dans la campagne aux environs de Potsdam, en compagnie des aides de camp de Wilhelm. La plupart du temps, il passait toutefois la soirée avec son régiment. Sinon, il lui arrivait de rendre visite à son grand-père le Kaiser ; ils buvaient du thé, rédigeaient ensemble sa correspondance ou dînaient au palais de Berlin. De temps à autre, Bismarck se joignait à eux et, au début du moins, on n'aurait su imaginer plus joyeux trio.

Le Kaiser promut Wilhelm commandant des très élitistes hussards de la garde sans même consulter son fils et héritier, le kronprinz, ce qui accrut encore l'amer ressentiment de ce dernier en blessant son orgueil. Wilhelm se mit alors à pavaner dans son splendide uniforme flambant neuf en faisant étalage de ses brillants succès et de ses opinions arrêtées sur les affaires militaires. Surtout, il se mit à croire à ses propres affabulations. Son père, un authentique soldat vétéran de guerres tout ce qu'il y a de plus réelles, se sentit insulté par ce « militarisme de pacotille ». Sans doute le prince Wilhelm ne saisissait-il pas la nuance.

Sa tendance à s'illusionner empira encore sous l'influence des flatteurs et des militaires de son entourage.

Wilhelm appréciait plus que tout la compagnie de ses camarades officiers. S'il chevauchait et paradait à leurs côtés la journée, le soir il aimait s'amuser avec eux au mess quand il ne les gratifiait pas d'un sermon sur un point précis de l'histoire militaire. La société des officiers était exclusivement mâle et leur code d'honneur, sacré. Celui qui y contrevenait devait en répondre en duel. Comme le découvrit plus tard son ami Eulenburg, Wilhelm estimait les officiers prussiens incapables de mal agir. « C'est là que j'ai trouvé ma famille, mes amis, mes intérêts », lui confia Wilhelm, « tout ce qui jusqu'à présent m'avait manqué[11] ».

« Il faut anéantir la Grande-Bretagne[12] », annonça Wilhelm à son retour de Russie en 1884. Du moins Herbert Bismarck le prétendit-il. « Après son séjour à Saint-Pétersbourg, le prince se crut un spécialiste de la Russie », écrit-il en trahissant malgré lui son mépris. « Il m'envoya des notes sur le meilleur moyen d'abattre Battenberg &, au tsar, des lettres que je n'ai jamais vues. » Herbert exagérait peut-être mais il ne mentait pas au sujet des lettres. Exalté par son nouveau rôle de diplomate, Wilhelm fit parvenir au tsar des missives confidentielles pas diplomatiques pour deux sous. « Il aime bien s'opposer[13] », confia-t-il naïvement au tsar à propos de son père le kronprinz « et il est sous la coupe de ma mère, elle-même manipulée par la reine d'Angleterre, qui lui fait tout voir à travers un “prisme anglais”. Je vous assure que l'empereur, le prince Bismarck et moi sommes d'accord, et je ne cesserai jamais de considérer comme mon plus grand devoir de consolider la ligue des trois empereurs. Ce bastion triangulaire doit défendre les monarchies et l'Europe contre les vagues d'anarchie et c'est précisément ce que l'Angleterre craint le plus au monde ». Déjà, on reconnaît à son style fleuri et ses fanfaronnades le futur Kaiser Guillaume.

Herbert Bismarck précise que Gladstone ne répondit pas à la provocation. Ce que Herbert nomme la coalition « Galles-Copenhague[14] » tenait selon lui Gladstone au parfum sans lui cacher que les Allemands voulaient peut-être la guerre mais, pour reprendre l'expression de Gladstone : « on ne va pas leur faire cette fleur ». Les deux sœurs, Alexandra et Minny, s'échangeaient chaque semaine des lettres remplies de nouvelles de toute sorte.

Sans même soupçonner ces divergences de fond, le prince, malléable, servait les intérêts de son entourage anglophobe, dont le général von Waldersee, un ambitieux réactionnaire dans l'âme qui convoitait déjà le poste du chancelier vieillissant, et le capitaine von Kessel, un soldat un peu rustre, cousin des Bismarck et aide de camp de Wilhelm en remplacement d'Adolf von Bülow.

En septembre 1886, Bismarck envoya de nouveau Wilhelm auprès du tsar. Sans doute le jeune prince s'étonna-t-il de ne pas être invité plus de deux jours : il considérait son premier voyage comme un succès spectaculaire. En fait, le tsar Alexandre, voulant écourter le plus possible son séjour, proposa à Willy d'assister aux manœuvres des troupes russes à Brest-Litovsk plutôt que de se rendre à Saint-Pétersbourg. Le tsar n'avait plus besoin de lui : Alexander Battenberg, le prince de Bulgarie, se retrouverait sous peu kidnappé, déposé et contraint de plier bagage.

L'irritation que causa sa visite écourtée à Wilhelm éclate dans le récit qu'il en livre au cours de ses Mémoires, des années après les faits. Il dut caser sa mission diplomatique entre les interminables exercices militaires et la cordialité du tsar n'empêcha pas ce dernier de se montrer très clair. « Voici sa réponse [celle du tsar] : s'il voulait Istanbul, il l'aurait », écrit Wilhelm. « Il n'attendrait pas la permission du prince Bismarck. En même temps, il disait qu'il continuerait d'adhérer à l'alliance des trois empereurs afin de maintenir la paix en Europe et il transmit à mon grand-père ses chaleureux compliments et, en un sens, se montra très amical avec moi[15]. » Selon Willy, les impressionnants exercices militaires proclamaient : « Nous sommes prêts. » On reconnaît derrière ces commentaires la conviction du général von Waldersee que la Russie souhaitait un conflit or, « la meilleure défense, c'est l'attaque[16] ». Waldersee voulait une guerre préventive contre la Russie car, comme chacun le savait, la Russie n'était pas encore prête à se battre. Dès son retour à Berlin, Willy se hâta de tout raconter à son grand-père le Kaiser.

« Quel manque d'égard de rendre D'ABORD visite à ses grands-parents & ensuite seulement à toi ! Comment est-ce possible ! », s'indigne Vicky, en compatissant en majuscules au sort de son mari Fritz, depuis le Tyrol du Sud où elle passait ses vacances. « C'est absurde de confier des affaires importantes & délicates à des mains aussi *inexpérimentées*, celles d'un jeune homme *Immature & Impétueux*. Cela *nuit* à notre *cause*, lui fait tourner la tête, et t'offense par la même occasion[17]. » Vicky identifia sans hésiter le problème : « Les intrigants n'auront de cesse d'avoir atteint leur but[18]. »

La tête tournait en effet à Willy. En mai, il avait rencontré le comte Philipp zu Eulenburg : l'homme qui, fort de la profonde affection que lui vouerait Wilhelm, allait exercer sur lui une influence décisive, aux résultats les plus désastreux. Comme l'écrirait en 1924 le biographe et apologue d'Eulenburg, Haller : « On peut dire que jusqu'à la fin des années 1890, il [Eulenburg] joua un rôle plus ou moins manifeste dans presque toutes les affaires domestiques ou internationales de quelque importance[19]. » Haller le souligne avec fierté mais certains virent les choses sous un autre angle à mesure que le pouvoir d'Eulenburg s'accrut.

Les circonstances de la rencontre entre les deux hommes méritent qu'on s'y arrête. Le 19 avril, le comte Eberhard von Dohna-Schlobitten invita Eulenburg à passer quelques jours à Prökelwitz, le vaste domaine de son frère Richard en Silésie. La raison en est simple : le prince Wilhelm aussi devait s'y rendre, or Eulenburg tombait à point nommé pour soumettre le prince à la faction Bismarck. Vu que les proches amis d'Eulenburg, Herbert von Bismarck y compris, connaissaient ses préférences sexuelles, ils n'ignoraient sans doute pas non plus l'ambivalence des penchants du prince. Eberhard et Eulenburg, amis intimes depuis l'enfance, s'étaient engagés ensemble lors de la première guerre d'unification allemande, avec leur ami Edgard von Wedel, le futur *Kamerherr* ou officier de la chambre de Wilhelm – un homosexuel, lui aussi. Eberhard et Eulenburg avaient ensuite fréquenté l'académie militaire de Kassel où Eulenburg rencontra Kuno, comte von Moltke, son ami le plus proche. Celui-ci joua un rôle clé dans les procès pour homosexualité qui choquèrent l'opinion publique en 1907 et 1908.

Après la guerre franco-prussienne, Eulenburg quitta l'armée qui ne convenait pas à son tempérament d'artiste pour étudier le droit à l'université de Leipzig. Là, il noua des liens avec Axel von Varnbüler. Tous deux terminèrent leurs études à Strasbourg où ils formaient un cercle d'amis intimes avec Karl von Dornberg et Alfred von Bülow, par la suite accusé à son tour d'homosexualité. Karl von Dornberg, que ses amis appelaient « le petit », se suicida en 1897 lorsque le scandale l'éclaboussa.

Eulenburg, un dilettante, écrivain et musicien de talent doublé d'un conteur hors pair, était le leader incontestable du groupe. Les autres l'adoraient. Il composait des ballades sur de vieux thèmes nordiques qu'il interprétait à merveille en s'accompagnant au piano. Ses pièces de théâtre connurent un certain succès à Munich et Berlin. Ceci dit, il ne réussit ses examens de droit à Strasbourg qu'au rattrapage. Il n'était donc peut-être pas aussi brillant que certains le pensaient.

La plupart des intimes d'Eulenburg se marièrent mais lorsque vint le tour de Kuno von Moltke, Eulenburg s'en offusqua. « Ce mariage m'a paru RÉPUGNANT », écrivit-il par la suite, « et je crains que la "jeune épouse" aussi s'en soit aperçue[20] ». Eulenburg, Varnbüler et Kuno von Moltke formaient un trio inséparable. Varnbüler, lui, était déjà marié. Eulenburg aussi, avec Augusta Sandels, une comtesse suédoise qu'il connaissait de longue date. « Mon cher Axel, voilà que je touche au but ! » écrit-il à Varnbüler en ajoutant : « mais ne t'attends pas de ma part à une lettre de remerciement exaltée comme en composent les jeunes mariées, je suis toujours le même, calme et loin de bêtifier, crois-moi[21] ». Le couple emménagea près de Liebenberg, le domaine des parents d'Eulenburg en Prusse-Orientale. Eulenburg adorait sa mère à qui il écrivait presque chaque jour. Il lui dévoilait son « moi profond ». De tempérament artiste, elle comprenait son fils, contrairement à son père, un officier prussien rigide. « Ma maman bien-aimée », lui écrit-il après l'une de ses visites, « depuis ton départ, j'ai le sentiment d'avoir perdu la parole[22] ».

Karl von Dornberg, Alfred von Bülow et Eulenburg terminèrent leur apprentissage sous l'autorité d'un juge de district nommé Laemmel. Dès la fin de ses études, Eulenburg devait intégrer la carrière diplomatique. En avril 1886, il travaillait à l'ambassade de Prusse à Munich après des missions à Stockholm, Dresde et Paris, où il s'était lié avec le secrétaire d'ambassade Bernhard von Bülow. Brillant, charmant, dévoré d'ambition, Bernhard avait épousé la comtesse von Dönhoff, la confidente du prince Wilhelm.

La visite de Wilhelm à Proklewitz en mai 1886 n'aurait pu rencontrer un plus franc succès. Se réunirent là un petit groupe d'intimes : Richard et Eberhard von Dohna, Philipp zu Eulenburg, le prince Wilhelm, plus un aide de camp en faveur. Le 11 mai, Eulenburg trouva le temps de décrire au fils de Bismarck les heures passées à chasser en compagnie de Wilhelm jusqu'à ce qu'il lui semble connaître le prince « au plus profond de son âme intime et politique[23] ». Dans une autre lettre à sa femme, il avoue : « le prince Wilhelm se montre très amical envers moi et mes ballades nordiques lui plaisent tellement qu'il demande sans arrêt à les entendre. Il se tient près de moi au piano, et tourne la partition. Nous sommes en excellents termes[24] ». Il ajoute qu'il aurait dû quitter Proklewitz le 9 mai sauf que Wilhelm ne voulait pas qu'il parte. Eulenburg estime que l'avenir du Reich repose entre de bonnes mains, « dans le respect de la tradition Hohenzollern ». Du point de vue des Bismarck, c'était un excellent début.

Le 11 juin, Wilhelm envoya à Eulenburg, à l'ambassade de Prusse à Munich, un télégramme en vue de leur prochaine rencontre. « Demande informations exactes sur dispositions. "Atlantis" me ravit toujours, connais "Hokum et Harald" par cœur. Partirai sans doute à Reichenhall jeudi. Wilhelm Pr v Pr[25] [Prinz von Prussia] ». "Hokum et Harald", l'une des ballades d'Eulenburg, traitait de l'amitié entre deux jeunes gens. À partir de 1886, le prince Wilhelm et le comte Philipp zu Eulenburg, deux jeunes gens eux aussi amis, célébreraient leur première rencontre à Proklewitz tous les ans en mai, comme des amoureux. Wilhelm ne tarda pas à surnommer Eulenburg « Phili » à l'instar de leurs autres amis, qui, tous monarchistes convaincus comme Eulenburg lui-même, appelèrent bientôt Wilhelm « der Liebling », « le chéri ».

Cette année-là, Herbert écrivit à Eulenburg : « Mon cher Phili, merci beaucoup pour tes lettres, fort intéressantes, dont j'ai reçu aujourd'hui la dernière. Je les ai envoyées directement à mon père et tes réflexions ont été prises en compte[26]. » Dans une autre missive, il annonce à Eulenburg que le prince Wilhelm le portait aux nues et ajoute : « à toi de t'en servir à bon escient ; il faudra que tu lui parles quand tu le verras à Reichenhall et que tu fasses son éducation (…) afin qu'il troque ses opinions de lieutenant contre des réflexions dignes d'un homme d'État[27] ». Sans doute Herbert et son père concevaient-ils du prince Wilhelm une opinion moins flatteuse qu'Eulenburg, encore tout ébloui. Ils s'inquiétaient en outre de la santé du prince aux nerfs à fleur de peau, sujet à des crises de colère inexplicables. Eulenburg, dont la passion pour Wagner se communiquait peu à peu à Wilhelm, projetait de l'emmener à Bayreuth. Herbert le mit en garde, en ne plaisantant qu'à moitié : « j'espère que tu veilleras sur ce cher Wilhelm et que les harmonies wagnériennes n'endommageront pas sa mauvaise oreille (…) sa santé n'a pas de prix pour la patrie allemande[28] ».

Depuis sa naissance dans les conditions que l'on sait, son oreille interne posait de gros problèmes à Wilhelm et, en dépit de soins médicaux constants, son état empirait. Sa santé n'avait « pas de prix » car son grand-père approchait des quatre-vingt-dix ans alors que son père le kronprinz ralliait à lui les sociaux-démocrates.

Avant que le prince Wilhelm ne parte rejoindre son nouvel ami à Munich, Eulenburg lui envoya un rapport « personnel et confidentiel » sur la situation politique de la Bavière. Friedrich von Holstein l'apprit en moins de deux jours. Il contacta Eulenburg, en précisant que Herbert von Bismarck venait de lui écrire puis lui offrit quelques conseils. Eulenburg, reconnaissant, le remercia par courrier. À cette époque, du moins, il semblerait qu'Eulenburg, courtisan pourtant habile à se faire valoir, se laissait manipuler autant que lui-même manipulait les autres. Willy, le chéri, passa de nombreuses heures de bonheur auprès d'Eulenburg en ce fatidique été 1886, sans jamais soupçonner les intrigues qui se tramaient autour de lui.

Le 22 mars 1887, juste avant le jubilé de la reine Victoria, le Kaiser fêta son quatre-vingt-dixième anniversaire, événement célébré avec enthousiasme par la nation allemande. Comme le note François Ayme, un grand changement était survenu en Allemagne après la dernière guerre d'unification de Bismarck : la fierté et l'ambition nationales enflaient sans cesse. L'économie allemande se développait si vite qu'elle devançait déjà la russe et la française et peut-être même bientôt l'économie britannique. Le nouveau Reich, incarné par le Kaiser Guillaume Ier, s'apprêtait à revendiquer la place qui lui revenait de droit dans le monde.

Mais que se passerait-il à sa mort ? La décision fut prise de former le prince Wilhelm à la conduite des affaires de l'État. Comme d'habitude, personne ne se soucia de ce qu'en pensait le kronprinz, le fils et héritier du Kaiser, ce qui l'humilia et le vexa une fois de plus. Herbert von Bismarck suggéra un petit stage aux Affaires étrangères. Friedrich von Holstein, qui voyait loin, lui, ne se montra pas très enthousiaste : il se méfiait déjà de l'emprise des Bismarck sur l'héritier du trône. Le projet se réalisa tout de même. Il n'en sortit pas grand-chose de bon. Willy, quoique assez intelligent, ne savait pas se concentrer et ne portait qu'un intérêt superficiel aux dossiers diplomatiques. Il en alla de même au ministère des Finances lorsqu'on voulut lui donner un aperçu des questions économiques. Ses responsabilités nouvelles ne firent qu'accroître son sentiment d'importance déjà disproportionné. Comme l'écrit Vicky, en rage, à la reine Victoria : « il est si têtu, supporte si mal la moindre autorité en dehors de celle de l'empereur, et se montre si *soupçonneux* envers quiconque n'admire que tièdement Bismarck qu'il est *inutile* d'essayer de l'éclairer, de discuter avec lui ou de le convaincre d'écouter d'autres opinions que la sienne ! Fritz le prend *au tragique*. Quant à moi, je m'efforce de ne pas perdre patience ni courage[29] ».

Cette lettre date d'avril 1886. À l'automne, Fritz tomba malade. Il souffrit au départ d'un mal de gorge qui empira tellement qu'à Noël il ne pouvait presque plus parler. En mars de l'année suivante, on décela une excroissance sur la corde vocale gauche du kronprinz. En mai, six spécialistes diagnostiquèrent un cancer en conseillant une opération immédiate si le kronprinz voulait survivre, certes en renonçant à l'usage de la parole. Inutile de préciser ce que cela impliquerait sur le plan politique. Un autre spécialiste, anglais celui-là, vint donner son opinion. « Ai reçu un télégramme chiffré de Vicky me priant de lui envoyer aussitôt le Dr Morell Mackenzie[30] », nota la reine Victoria dans son journal le 19 mai.

À la surprise des Allemands, le Dr Morell Mackenzie de Harley Street ne décela pas de tumeur maligne. Il préconisa un mois de repos au soleil, après quoi tout rentrerait dans l'ordre. Vicky et Fritz se raccrochèrent à cette bonne nouvelle avec un entêtement que seul explique leur désespoir. Ni l'un ni l'autre ne voulaient envisager ce qui se passerait si jamais sa maladie emportait Fritz. Peu de monde en Allemagne accorda foi au diagnostic anglais. Les sociaux-démocrates tremblaient à l'idée de perdre leur kronprinz libéral. Les Bismarck aussi s'inquiétaient mais pour d'autres raisons : immature et imprévisible, le prince Wilhelm n'était pas encore prêt à gouverner. Seuls Eulenburg et ses amis, tous monarchistes enragés, se félicitèrent de ce coup de théâtre. Comme beaucoup d'autres, le général von Waldersee reporta son attention sur le prince Wilhelm en redoublant ses flatteries déjà immodérées. Lorsque la nouvelle de la maladie du kronprinz se répandit en mai, d'aucuns en Allemagne se dirent que le diagnostic douteux offrait un nouvel exemple de l'anglicisme aussi forcené que malvenu de la princesse héritière.

Pendant ce temps, les projets de jubilé allaient bon train en Angleterre. Fort de l'autorité du Dr Mackenzie, Fritz se prétendit en assez bonne santé pour y assister. Le Kaiser accepta à contrecœur mais Willy insista pour venir également. La reine Victoria y consentit, à contrecœur elle aussi. La taille de la suite de Wilhelm la mit en rage.

Mécontent à son tour, Willy confia à son nouvel ami Eulenburg, qui ne portait pas la nation maternelle de Willy dans son cœur, « qu'on ne haïra jamais assez l'Angleterre[31] ». Lorsqu'il se pavana en tête de la procession du jubilé, le kronprinz ressemblait certes à un chevalier en armure mais il pouvait à peine parler. Avant la fin de l'année, le Dr Mackenzie de Harley Street dut réviser sa copie : en effet, la tumeur était cancéreuse. Fritz, Vicky et leurs trois plus jeunes filles, que Willy se plaisait à surnommer « la colonie anglaise », partirent pour San Remo dans l'espoir d'une guérison miraculeuse sous le soleil italien.

Le 10 mars 1888, le prince et la princesse de Galles fêtèrent leurs noces d'argent à Marlborough House. Bertie offrit à son épouse à la constance admirable une croix en diamants et en rubis et la reine Victoria, une coupe en argent. Minny et Sacha lui envoyèrent de Russie un magnifique collier en rubis et en diamants. Trois cent soixante-cinq dames de la haute société se cotisèrent pour lui payer un diadème en diamants, la Grande Loge des francs-maçons lui donna un papillon en diamants, et Lord et Lady Rothschild éclipsèrent tout le monde en envoyant un porte-bouquet incrusté de pierres précieuses et une énorme paire de boucles d'oreilles en diamants et en perles. Le Kaiser et son épouse choisirent quant à eux une paire de vases en porcelaine de Dresde particulièrement laids.

Willy parvint à San Remo à temps pour apprendre de la bouche des médecins que son père ne guérirait jamais. Il écrivit à la reine Victoria que le kronprinz avait accueilli la nouvelle « en Hohenzollern et en soldat ». La flatterie avait tellement tourné la tête de Willy que son langage imprégné du mythe de la Prusse romantique n'entretenait plus le moindre contact avec la réalité. L'un de ses premiers discours publics, un peu plus tôt cette année-là, se termina ainsi : « Messieurs, je suis un soldat. Laissez-moi donc citer en conclusion les paroles de notre grand chancelier au Reichstag le 6 février, le jour où le parlement nous a donné le magnifique spectacle des représentants du peuple marchant main dans la main avec le gouvernement : “Nous, les Brandebourgeois, nous craignons Dieu mais rien d'autre[32].” »

En quelques mois, le grand-père puis le père de Willy moururent, et le prince Guillaume devint Kaiser. Après tant d'années passées à patienter, Fritz ne régna que quatre-vingt-dix-neuf jours. Il ne put pas accomplir grand-chose en un laps de temps si court mais il décora tout de même son épouse de l'ordre le plus prestigieux de l'Empire, celui de l'Aigle noir. Vicky se lança quant à elle dans la bataille du mariage Battenberg, sans s'apercevoir que, depuis sa destitution du trône bulgare par les Russes, Sandro avait perdu tout intérêt pour la chose et ne souhaitait plus épouser sa fille la princesse Victoria. L'attitude de sa mère outragea Willy qui monta sur ses grands chevaux, sachant que l'heure de son règne approchait. Le 12 avril 1888, il écrit à Eulenburg : « Ce que j'ai subi ici ces 8 derniers jours défie toute description et même l'imagination ! Le sentiment de profond déshonneur pour le prestige entaché de ma maison jadis si noble et inviolable – c'est ce qui domine en moi ! Je le considère comme une épreuve pour moi comme pour nous tous et je m'efforce de la supporter patiemment. Mais que le blason de notre famille doive être terni et le Reich se retrouver au bord de la ruine à cause d'une princesse anglaise, ma mère qui plus est, c'est encore le pire de tout[33] ! »

À la fin du mois d'avril, la reine Victoria vint à Potsdam rendre visite à son beau-fils à l'agonie, l'homme en qui reposaient la plupart de ses espoirs d'une Allemagne unie et libérale. Connaissant la piètre opinion que la reine concevait du futur Kaiser, Lord Salisbury, Premier ministre depuis la chute de Gladstone suite à son projet de loi sur l'autonomie irlandaise*, se fit du souci. « Elle ne le tient pas en très haute estime », confia-t-il à un ami. « Elle lui en veut de son attitude envers sa mère ; ce qu'elle lui a plus d'une fois montré sans ambiguïté. Il s'en irrite, trop conscient de sa position (...) Impossible de raisonner la reine : elle persiste à voir en William son petit-fils et rien de plus. L'affaire devient cependant sérieuse. Il va falloir que la reine se plie à nos conseils[34]. » Heureusement, en tant que souveraine d'une monarchie constitutionnelle, Victoria était tenue de s'en remettre à son gouvernement ; contrairement à Wilhelm, le futur Kaiser tout-puissant.

Le 24 avril, la reine Victoria nota dans son journal : « J'ai un peu rajusté ma tenue puis ma chère Vicky est venue me demander d'aller voir ce cher Fritz. Il était allongé dans son lit, le visage inchangé, et en me voyant, de plaisir il a tendu les mains vers moi et m'a fait un compliment. Ce fut très touchant et très triste[35]. » Le lendemain, Bismarck vint au palais s'entretenir en privé avec Victoria. Ils discutèrent du prince Wilhelm, ou William, comme elle persistait à l'appeler. La reine exprima son inquiétude face à son « inexpérience, sans compter qu'il n'a jamais voyagé[36] ». Bismarck abonda dans son sens mais il estimait qu'une fois « jeté à l'eau », Wilhelm apprendrait à nager. La reine se dit surprise de trouver Bismarck « aussi aimable et courtois ». Elle ne tarderait pas à découvrir à quel point les premières impressions peuvent s'avérer trompeuses.

Le Kaiser Frédéric III mourut le 15 juin en son Neues Palais bien-aimé de Potsdam. « J'en ai le cœur brisé », télégraphia la reine Victoria à son petit-fils, le nouveau Kaiser. « Fais tout ce que tu pourras pour ta pauvre chère maman. Efforce-toi de suivre la voie tracée par ton père,

* Le *Irish Home Rule Bill* de 1886. Gladstone y proposait à la Chambre des communes la création à Dublin d'un parlement responsable des affaires intérieures de l'Irlande, mais il essuya un échec. [N.d.T.]

le meilleur, le plus noble et le plus gentil des hommes[37]. »

La bonté ne trônait pas au sommet de l'échelle des valeurs de Willy. Dès que son père eut rendu l'âme, il mit en œuvre un projet conçu de longue date. Le major von Nutzmer, l'officier en charge des hussards de la garde, galopa autour du palais en ordonnant d'en fermer toutes les portes. Personne ne pourrait y entrer ni en sortir sans une permission écrite, pas même les médecins. Les moindres lettres et colis subirent une inspection détaillée. Une fois le palais entier sous scellés, les officiers de la garde postés à des endroits stratégiques entreprirent de tout retourner à la recherche des preuves d'un complot libéral fomenté par le Kaiser Frédéric et son épouse, la princesse anglaise. Ils forcèrent les serrures des secrétaires et fouillèrent les tiroirs en quête de documents compromettants. Lorsque le ministre de la Justice, Heinrich Friedberg, arriva à l'improviste, il mit en garde Wilhelm. Certes, il était en son pouvoir d'agir ainsi mais, « dans ce cas, votre règne commencera sous de mauvais auspices[38] ». Wilhelm ne renonça pas pour si peu. De toute façon, ses sbires ne trouvèrent rien. Les papiers de Fritz et Vicky étaient déjà à l'abri en Angleterre, au palais de Buckingham. Eux-mêmes en avaient emporté une partie à Londres à l'occasion du jubilé de Victoria. L'un des assistants du Dr Mackenzie en avait sorti d'autres du palais, à l'abri dans un coffre, avant de les remettre à Malet, l'ambassadeur britannique, le 13 juin, soit deux jours avant la mort de Fritz. Vicky brûla le reste à San Remo.

Le prince de Galles assista aux funérailles du Kaiser Frédéric en compagnie de son épouse et du prince Eddy. C'était la première fois qu'Alexandra mettait les pieds à Berlin en onze ans. La reine Victoria confia à son journal son soulagement « d'apprendre que cette chère Alix accompagnera Bertie à Berlin, selon mes vœux[39] ». La princesse ne s'y rendit cependant pas de bonne grâce. Elle croyait que Fritz allait offrir une réparation au Danemark mais hélas ! voilà l'occasion disparue à jamais. Elle ne tarda pas à étendre sa haine de la Prusse et de Bismarck à Willy – « ce jeune imbécile de William », comme elle disait. « Au lieu que William soutienne sa mère et la réconforte », écrit-elle à Georgie, « il s'est rangé aux vues de Bismarck et compagnie, qui la méprisent et l'écrasent. Quelle infamie[40] ! ». Bertie, émotif, et sincèrement affecté par le décès de son beau-frère, écrivit à son fils en mer : « Efforce-toi, mon cher Georgy, de ne jamais oublier ton oncle Fritz. Ce fut l'un des hommes les plus nobles qui vécurent jamais. S'il avait un défaut, c'était d'être trop bon et généreux pour un monde comme le nôtre[41]. »

Le chagrin du prince de Galles était justifié : le kronprinz et lui auraient formé le tandem rêvé en faveur d'une Europe libérale et démocratique. Beau-frère du Kaiser et du tsar, en excellents termes avec l'un et l'autre, Bertie se serait retrouvé dans une position idéale. Le Kaiser et le tsar détenaient un véritable pouvoir et, même si on n'aurait su en dire autant de Bertie, celui-ci n'en jouissait pas moins d'une influence considérable. Au fil de son règne, Fritz aurait sans doute engagé une lutte contre Bismarck. La Constitution allemande, rédigée par Bismarck lui-même, accordait au Kaiser le pouvoir suprême. À l'époque, les libéraux et les sociaux-démocrates gagnaient déjà du terrain au Reichstag. Entre 1870 et 1910, la population de la seule ville de Berlin passa de près de 800 000 à plus de 2 millions d'habitants. En 1891, le Reich comptait 334 000 syndiqués. En 1913, à la veille de la Première Guerre mondiale, ce chiffre frôlait les 3 024 000. Si Fritz avait vécu, l'influence anglaise aurait peut-être fini par prévaloir en Prusse.

Après les funérailles de Frédéric III, le prince de Galles commit une maladresse : il aborda la question du Danemark devant Herbert von Bismarck en se demandant avec une naïveté feinte si le Kaiser Frédéric ne comptait pas offrir une réparation à la perte du Schleswig-Holstein. Mal lui en prit ! Wilhelm le perçut comme une ingérence malvenue de la part de son oncle, et se mit en rage. Il bondit sur la première occasion de démentir les rumeurs par un discours exalté à Francfort-sur-l'Oder, en août, où il qualifia les sous-entendus de Bertie d'« insultes intolérables[42] » en affirmant que jamais son père n'aurait renoncé aux conquêtes du « sabre prussien ». Wilhelm avait désormais le dessus : il régnait, lui, alors que son oncle attendait encore son tour en coulisse. Bertie ne tarda pas à surnommer son neveu « Guillaume le grand » et Willy, à parler de son oncle comme du « vieux paon ».

Après la mort de Frédéric III, la reine Victoria attendit en vain une lettre de son petit-fils le Kaiser. « Comme tu ne m'as pas écrit, je t'enverrai juste quelques lignes[43] », lui annonça-t-elle le 3 juillet 1888. Elle aborda la question délicate du futur cadre de vie de sa « pauvre chère maman » avant d'en venir au fait : « Des rumeurs prétendent que tu comptes rendre visite à divers souverains. J'espère que tu attendras au moins quelques mois : il n'y a même pas trois semaines que ton cher papa bien-aimé n'est plus parmi nous. Nous portons encore son deuil. » Son petit-fils ne donna pas satisfaction à la reine Victoria. Willy obligea sa « pauvre chère maman » à quitter le Neues Palais afin de s'y installer lui-même et, quelques semaines plus tard, il se rendit en visite d'État en Russie, puis à Vienne et Rome, au mépris des conseils de sa sage grand-mère, qu'il se mit à surnommer « l'impératrice de l'Hindoustan » pour amuser ses amis antianglais.

« C'est répugnant de voir Willy, moins de deux mois après la mort de son noble père bien-aimé, assister à des banquets et des revues militaires[44] ! » s'indigne la reine Victoria en écrivant à Bertie. « C'est très indécent de sa part, et très égoïste ! » Bien vrai ! songea sans doute le prince de Galles qui dut passer le long deuil de la cour cloîtré à Sandringham. La princesse de Galles s'estimait quant à elle heureuse en songeant à « la vie solitaire et terriblement triste » de Vicky. À côté de l'amertume et des intrigues qui empoisonnaient l'existence à Berlin, il faisait bon vivre en Angleterre. « Nous formons une famille heureuse et je remercie Dieu de m'avoir donné des enfants aussi gentils et affectueux – mon seul véritable réconfort en ce monde[45] », écrit-elle à Georgie. De retour à Sandringham en permission de Noël, celui-ci nota dans son journal, le dernier jour de l'an 1888 : « Au revoir, cher vieux journal & ne laisse personne te lire. Tu es rempli maintenant, je n'écrirai plus rien entre tes pages[46]. »

À Berlin, son cousin Willy venait d'entamer son règne comme il entendait le poursuivre : en autocrate responsable devant Dieu et Lui seul. Sergueï Witte, l'un des principaux hommes d'État de la Russie tsariste, avait remarqué l'attitude de Wilhelm vis-à-vis des autres empereurs dès sa seconde visite au tsar à Brest-Litovsk en 1886. « La scène de Brest, anodine certes, mais révélatrice, restera gravée dans ma mémoire[47] », avoue-t-il dans son autobiographie. Alexandre III, vêtu de son uniforme prussien et d'une capote russe, descendit du train impérial, et tendit sa capote à un cosaque. « Après que la garde d'honneur eut fini de saluer, l'empereur réclama sa capote. À ces mots, Wilhelm, qui comprenait un peu le russe, se rua sur le cosaque, lui arracha la capote des mains et courut en couvrir les épaules de l'empereur. » Witte avait déjà observé chez Wilhelm une attitude comparable face à son grand-père le Kaiser, qu'il aidait à rédiger sa correspondance, « comme le premier clerc venu ». Witte en déduisit que Wilhelm éprouvait un respect sacré pour les empereurs. « Il tient les empereurs pour des surhommes », conclut-il.

Au dîner, ce soir-là, Witte releva un autre aspect du prince Wilhelm. On aurait dit un « dandy : l'officier prussien typique avec ses moustaches retroussées, sa démarche affectée, ses prétentions à l'élégance ». Et voilà que, de but en blanc, le dandy officier était devenu Kaiser. Ses défauts doublèrent du jour au lendemain, tant il lui tardait d'exercer ses pouvoirs d'autocrate. Le jeune homme vulnérable décrit par Rathenau se laissa piéger par une mascarade complexe de virilité et de puissance. Bien sûr, la clique de flatteurs qui l'entourait ne chercha nullement à y remédier – tactique périlleuse lorsqu'elle s'applique à un homme aux nerfs aussi sensibles que Wilhelm, vaniteux en apparence, mais fortement impressionnable au fond, comme nombre de ses proches auraient bientôt l'occasion de le découvrir.

8.

WILLY, LE KAISER

La première mesure du Kaiser Guillaume consista à prononcer trois discours : à l'armée prussienne dont il était désormais le commandant suprême, à la marine et au peuple. « C'est avec une profonde émotion que je m'adresse en premier lieu à mon armée[1] », déclara Guillaume II. « Nous sommes indissolublement liés, l'armée et moi. Nous étions nés l'un pour l'autre. Restons donc soudés à jamais ; que Dieu ordonne la paix ou la tourmente. » Histoire d'enfoncer le clou, il transforma le nom français de son Q.G. *Maison Militaire*, en *Hauptquartier Seiner Majestat*. À la marine, à peine embryonnaire à l'époque, il s'adressa sur le même ton : « C'est avec une profonde émotion que je dois informer la marine que ce matin, à onze heures passées de cinq minutes, mon cher père, Sa Majesté l'empereur allemand et roi de Prusse Frédéric III, s'est endormi dans la paix du Seigneur. Puisqu'il me faut assumer la position que me destine la volonté de Dieu, le gouvernement des terres de mes ancêtres et, avec lui, le commandement en chef de la marine repose désormais entre mes mains[2]. » À l'entendre, tout lui appartenait. Enfin, il s'adressa à « mon peuple », en invoquant une fois de plus « le trône de mes ancêtres » et en ne courbant le front que devant le « roi des rois ». Il attendit encore une semaine avant de parler au

Reichstag. Déjà, les penchants autocratiques de Wilhelm se manifestaient en posant au gouvernement un problème insoluble.

En Angleterre, ce problème n'échappa nullement à la presse libérale et socialiste. On put ainsi lire dans l'édition de *Truth* du 21 juin 1888 que l'Allemagne devait chercher à modifier sa Constitution en l'améliorant, afin que le peuple lui-même gouverne « et non un individu qui, hasard d'entre les hasards, occupe en ce moment le trône. Ici, le souverain règne mais ne gouverne pas. Ce devrait être le cas en Allemagne[3] ». Le numéro de *Justice* du 30 juin fournit un aperçu plus haut en couleur de la situation en qualifiant le système politique de l'Allemagne de « junkérisme va-t-en-guerre de l'espèce la plus brutale », et en soulignant que « Guillaume II passe pour haïr l'Angleterre et les Anglais. Mais ce que Guillaume hait chez nous, c'est cette part d'authentique liberté conquise par nos pères[4] ».

Lord Salisbury, le Premier ministre, ne s'inquiéta pas moins. L'été 1888, il reçut la visite d'un certain Dr Erichsen. Celui-ci lui confia un rapport médical établi dans les années 1870, à l'époque où le prince Wilhelm, encore adolescent, souffrait des séquelles de sa naissance difficile. Selon ce rapport, ses lésions à l'oreille interne, proche du cerveau, expliquaient en partie ses « accès de colère subits » l'empêchant de « former un jugement raisonnable ou équitable[5] ». À compter de ce jour, on vit Salisbury se tapoter la tempe à chaque nouveau coup d'éclat du Kaiser en marmonnant « Erichsen ». À la reine Victoria, il résuma ainsi le problème : « Il n'est reste pas moins vrai, hélas, que les moindres élans du prince Wilhelm, quelque blâmables ou déraisonnables qu'ils soient, risquent de se muer en affaires politiques aux conséquences énormes[6]. »

N'ignorant pas la haine de sa mère envers les Prussiens, Georgie, toujours en haute mer, lui livra ce commentaire amusé sur les boutades de Willy, le nouveau Kaiser :

« J'apprends que William se rend à Vienne et Rome. Je suppose qu'il estime ne pas encore s'être assez fait voir. Il doit avoir été dans toutes les capitales d'Europe sauf Londres & je ne pense pas qu'il viendra, qu'en dis-tu ? Quelle que soit son opinion de lui-même, il a bien trop peur pour cela[7]. »

Georgie se méprenait sur son cousin Willy ; ce qui ne présageait évidemment rien de bon. Georgie, le plus simple et le plus franc des trois cousins, ne parviendrait jamais à « déchiffrer » Willy, le plus retors et le plus imprévisible du lot. La lettre de Georgie concernait la querelle Battenberg qui avait pris corps lorsque Wilhelm, à l'époque simple prince de Prusse, s'était opposé à son oncle Bertie le prince de Galles, l'héritier du trône le plus puissant au monde. Depuis que Willy régnait enfin, ni sa grand-mère ni son oncle Bertie ne lui inspiraient plus la moindre crainte.

La première impulsion du Kaiser Guillaume le porta à remplacer les officiers de l'armée et de la cour qu'il n'appréciait pas ou dont il se méfiait par des membres de sa propre clique. Le principal de ses favoris, le général comte von Waldersee, l'un des premiers à être admis en présence du Kaiser le jour de la mort de Frédéric III, devint chef d'état-major. Wilhelm von Hahnke, un parent des Bülow, obtint le poste de chef du cabinet militaire, et Liebenau, celui de grand maréchal de la cour en charge des dépenses – y compris celles des cérémonies et des voyages, des soixante-seize palais royaux et des cinq cents domestiques. Après le grand maréchal venait le maréchal de la maison, en charge des affaires familiales, puis le maréchal de la cour qui s'occupait des cuisines royales aux quarante chefs, des dîners et des banquets, et enfin le maréchal en charge des biens royaux. Chacun d'eux commandait à une nuée de domestiques. Le grand maréchal se présentait au Kaiser à neuf heures chaque matin afin d'organiser sa journée, peu importe que celui-ci fût en

Allemagne ou à l'étranger. Au moins deux maréchaux accompagnaient le Kaiser au cours de ses voyages qui se multiplièrent bientôt tant qu'ils lui valurent le surnom de « Kaiser voyageur ».

« Le palais ne tarda pas à bourdonner d'activité[8] », se rappelle l'homme de cour anonyme qui venait de quitter le service de l'empereur Frédéric pour celui de son fils le Kaiser. « La suite et la maison du Kaiser augmentèrent considérablement. En dehors des dîners d'État et en l'absence de visiteurs, on consommait chaque jour au palais 45 kg de bœuf, 90 kg de mouton et de porc, chacun ; 157 kg de veau, 10 langues de bœuf, 4 têtes de veau. Le poisson, la volaille, le gibier et les légumes suivaient les mêmes proportions et on utilisait souvent 45 kg de beurre par jour. » Le palais du Kaiser à Berlin comprenait six cent cinquante pièces. Un kilomètre et demi séparait les cuisines de la salle à manger. On ne consommait donc jamais de soufflés car, comme l'explique notre homme de cour, celui-ci serait retombé bien avant d'arriver sur la table. Depuis son humble position au sein de la maison impériale, notre auteur anonyme ne put s'empêcher de remarquer que Wilhelm reléguait sa mère en coulisse quand il n'oubliait pas jusqu'à son existence. « La veuve de l'empereur souffrit en silence mais le traitement que lui réserva son fils aîné, Bismarck et ses partisans la fit horriblement souffrir[9]. »

Bismarck, lui aussi, allait au-devant de bien des ennuis. En 1871, il avait élaboré une Constitution accordant au Kaiser des pouvoirs d'autocrate, certain que Guillaume Ier suivrait toujours les conseils de son chancelier. Soudain, Bismarck découvrit que le nouveau Kaiser omnipotent, à l'instigation de son entourage, utilisait ses pouvoirs en écoutant de moins en moins son chancelier. Les chefs des cabinets militaire et civil de Wilhelm reçurent l'ordre de transmettre leurs rapports directement au Kaiser ou au général von Waldersee sans passer par Bismarck. Le recrutement des officiers et des bureaucrates relevait en outre de leur compétence, ce qui leur donnait un pouvoir immense. Quant au gouvernement, Wilhelm l'autocrate prenait rarement la peine de consulter ses ministres qu'il traitait de « bande de nouilles ». À leur place proliférèrent des *Immediatstellen*, des conseillers autorisés à s'entretenir avec le Kaiser en l'absence de ministres. Une coterie d'aides de camp en uniforme entourait sans cesse Wilhelm. Il devint bientôt impossible de franchir la muraille qu'ils formaient autour de lui. Wilhelm prit en outre l'habitude de nommer attachés militaires des ambassades allemandes ses aides de camp, qui lui transmettaient leurs rapports à l'insu des ambassadeurs. Inutile de préciser que ce genre de manœuvres ne contribuait pas à la popularité du Kaiser auprès des diplomates de la Wilhelmstrasse.

Bismarck restait cependant trop puissant pour être renversé. Lorsque Wilhelm voulut nommer son ami Eulenburg ambassadeur de Prusse à Munich, l'un des postes diplomatiques les plus en vue, Bismarck tint ferme. Il confia à son fils Herbert que, même s'il appréciait Eulenburg, « dans le domaine politique, il ne sait pas distinguer ce qui est important ou pas ; et il prête l'oreille aux commérages malveillants qu'il répète ensuite, ce qui contrarie les gens inutilement[10] ». Une nomination à une ambassade de second rang comme Oldenbourg, Brunswick ou Lippe convenait à Eulenburg mais un poste à Munich, ça non, c'était « impossible ». Ce jugement sans pitié porté sur la médiocrité foncière du favori n'augurait rien de bon pour l'avenir.

Eulenburg lui-même ne souhaitait aucune promotion. Il doutait même de vouloir renoncer à sa carrière artistique pour la politique. En fait, ses partisans venaient de trancher la question à sa place car, pour le moment du moins, ils avaient besoin de lui auprès du Kaiser. « Je sais depuis longtemps », écrit Herbert von Bismarck à son père le 5 octobre 1888, « que S.M. aime Phil Eulenburg plus que n'importe qui d'autre[11] ». Eulenburg jouissait donc de tout le crédit que pouvaient désirer les Bismarck ; d'autant plus qu'il en usait à l'abri des regards. Anticonstitutionnel par essence, échappant à la surveillance du gouvernement, le pouvoir d'Eulenburg continuerait de s'exercer dans l'ombre, où le meilleur ami du Kaiser menait sa vie privée comme il l'entendait.

La relation déjà tendue de Willy avec sa famille ne s'améliora pas au contact de son entourage antianglais. Herbert von Bismarck s'ingéniait à dresser la presse allemande contre l'Angleterre en général et le prince de Galles en particulier. Wilhelm lui-même, en cela très ambivalent, se mettait parfois à haïr l'Angleterre pour la porter en son cœur la minute d'après. Malgré son refus de rencontrer son oncle à Vienne l'automne précédent, le désir lui vint de se rendre en Angleterre. Lord Salisbury, ne voulant pas que la situation internationale tendue s'envenime à cause de querelles familiales, alla voir le prince de Galles à Marlborough House. Il lui annonça que l'ambassadeur allemand s'excusait : le Kaiser ne l'avait pas rencontré à Vienne de crainte d'éveiller les soupçons des Russes « à un moment où la situation devenait délicate, sans fournir à l'Allemagne de véritable compensation sous forme d'une authentique alliance anglaise[12] ».

Salisbury ne souhaitait pas s'allier à l'Allemagne de peur de détériorer les bonnes relations de l'Angleterre avec la France. Au fond, Bertie savait pertinemment que Willy voulait lui prouver qu'il régnait en maître sur l'Allemagne. L'ambassadeur ajouta que le prince de Galles avait vexé Willy en le traitant « comme un oncle, son neveu, sans égard pour son statut d'empereur[13] ». « Oh, c'est un fou et un âne, imbu de lui-même », écrit la princesse de Galles à Georgie. « Il dit que Papa et Mamie ne lui accordent pas le respect qui lui est dû en tant qu'*empereur* de la vieille et puissante Allemagne. J'espère que sa fierté en prendra un coup un de ces quatre ; quelle ne sera pas notre joie à ce moment-là[14] ! » Salisbury précisa au prince de Galles que le Kaiser lui semblait avoir « perdu ses esprits » et qu'à son avis : « il n'y est plus[15] ».

Le prince de Galles prit assez bien la chose ; trop heureux de souligner à son tour que Guillaume le Grand perdait « ses esprits ». Quant à la reine Victoria, ce fut une autre affaire. Elle confia en lettres majuscules à Salisbury que le désir de Willy qu'on le traite en tant que « Majesté Impériale » en privé et en public n'était que « FOLIE ». Son attitude – « par *trop vulgaire* et trop absurde, autant qu'injuste » – dépassait la mesure du « plausible ». « Il vaut mieux qu'il ne se présente *jamais ici* avec de telles idées. La reine n'avalera pas un tel affront[16]. »

Salisbury insista : le Kaiser devait venir en visite officielle en Angleterre. Le prince de Galles affirma qu'il n'accepterait pas de recevoir Willy tant que celui-ci ne s'excuserait pas. Pour finir, la reine, sur les instances de Salisbury, envoya à son petit-fils une lettre conciliante, à laquelle Guillaume le Grand répondit à la légère. « Tout ceci n'est qu'une idée fixe qui a germé dans l'imagination de l'oncle Bertie ou de Dieu sait qui d'autre encore. Qui lui a mis cela en tête ? Je suis ravi d'apprendre que c'en est fini de cette affaire[17]. » Francis Knollys, le dévoué secrétaire privé de Bertie, en resta outragé. Il estima que Salisbury avait sacrifié le prince de Galles par « convenance politique ». Herbert von Bismarck précise que lorsque la confirmation de sa visite en Angleterre lui parvint, Wilhelm était « presque en extase, comme un enfant la veille de Noël[18] ».

Le prince de Galles se laissa finalement convaincre de renoncer aux excuses de son neveu : il se doutait bien que son absence susciterait des commérages inutiles dans la presse des deux pays. Il se plia donc aux sages conseils de son entourage avec sa bonne grâce habituelle et n'y pensa bientôt plus. Son attitude illustre on ne peut mieux le fonctionnement d'un régime constitutionnel du genre de ceux dont Willy aurait eu grand besoin mais dont il ne disposait hélas pas. Bertie montra suffisamment de bonne volonté pour accueillir le Kaiser à Spithead, en compagnie des princes Eddy et George, alors lieutenant de la Royal Navy. Willy arriva sur son nouveau yacht impérial *Hohenzollern*, escorté par douze unités de la marine allemande en pleine construction. La glorieuse Royal Navy qui apportait la prospérité sur toutes les mers du globe en protégeant les intérêts commerciaux de la Grande-Bretagne fascinait Willy depuis ses vacances en Angleterre, petit garçon. L'Allemagne disposait certes de l'armée la plus puissante au monde, mais sa marine ne valait pas un clou. Wilhelm entendait y remédier dès que possible. La reine, loin de soupçonner les ambitions de Willy, consentit à lui décerner le grade honoraire d'amiral de la flotte. Willy en fut doublement enchanté : le voilà désormais amiral britannique et en mesure d'ajouter un bel uniforme de plus à sa collection.

Le Kaiser et le prince de Galles se rejoignaient sur un point : leur amour des uniformes. À Spithead, oncle et neveu, brouillés il y a peu encore, se saluèrent avec chaleur, resplendissants en tenues d'amiraux. La visite se déroula mieux qu'on ne l'aurait cru. Willy savait se montrer charmant quand il le voulait et, maintenant qu'il se trouvait sur le sol anglais, il le voulait en effet. Le prince de Galles, non moins charmant, accepta de venir à Berlin fêter l'anniversaire du Kaiser au mois de janvier suivant. « La visite se passe très bien[19] », annonça la reine d'Angleterre à sa petite-fille Victoria, l'épouse de Louis de Battenberg depuis le 7 août 1889, « même s'il est très difficile de supporter cet horrible Herbert Bismarck que tout le monde déteste (...) Willy se montre très aimable ; il s'est étoffé et a le visage plus bouffi qu'avant. En tout cas, il semble satisfait ».

La reine ne se trompait pas. Soudain, tout ce qui était anglais s'avéra du goût de Wilhelm. Le mot « *gentleman* » se remit à ponctuer ses phrases. La vie campagnarde à l'anglaise incarna de nouveau à ses yeux l'existence la plus désirable en ce bas monde. Sa cour berlinoise parut à Wilhelm étriquée, provinciale : il faudrait qu'elle s'inspire de l'élégance et de la sophistication anglaises. Il donna l'exemple en commandant pour ses valets des bas de soie semblables à ceux des domestiques du palais de Buckingham. Herbert von Bismarck s'aperçut avec amertume que le Kaiser était rentré chez lui en anglophile convaincu.

En juin 1889, Georgie revint à Londres, à l'occasion d'un dîner en honneur du HMS *Bacchante*, au titre de « Lt S.A.R. le prince George de Galles ». Au banquet fut servi un menu d'une prévisibilité sanctifiée par le temps : consommé, petite friture, selle d'agneau, asperges, tarte aux groseilles et, pour couronner le tout, des canapés aux anchois. En octobre, Georgie rejoignit ses parents, Eddy, ses sœurs et ses grands-parents danois à une réunion de famille, un mariage royal, cette fois, à Athènes. « Vendredi 25 oct. Palais d'Athènes. Lever 8 h 30. Petit déjeuner 9 h 30[20] », nous indique son journal. Tout le monde s'en fut ensuite au Pirée accueillir le yacht royal *Amphitrite* venu d'Allemagne avec à son bord la tante Vicky et ses quatre filles ; dont Sophia, la mariée, qui devait s'unir au prince Constantin de Grèce ou « Tino ». « Sophie reçut partout un accueil merveilleux, foules immenses, ville décorée », note Georgie en abrégé, ce qu'on ne saurait lui reprocher. Le lendemain : retour au Pirée « en uniforme » avant d'accueillir Willy, Dona et le frère de Willy, le prince Heinrich ou Henry. Le comité d'accueil monta à bord du yacht impérial *Hohenzollern* avant de regagner Athènes. « William a amené avec lui 67 gentilshommes, dommage qu'il n'en ait pas amené un peu plus encore[21] », confia à son journal un Georgie plus railleur que de coutume.

Willy s'était présenté en uniforme d'amiral britannique. Oubliant sans doute la nature purement honoraire de son grade, il offrit à ses parents anglais quelques conseils sur la flotte britannique en Méditerranée, qu'il estimait dangereusement insuffisante. Après un dîner *en famille*, tout le monde écouta la fanfare un certain temps avant de se retirer. Georgie discuta jusqu'à minuit passé avec Eddy et leurs cousins danois, grecs et russes, dont Nicky, le tsarévitch. Aucune mention ne figure dans son journal de son autre cousin, Willy.

En Allemagne, depuis son accession au trône, le nouveau Kaiser bouillonnait : aucun détail n'échappait à son attention. Il décida de durcir l'étiquette militaire à la cour et bombarda de circulaires les chefs de service. Il révisa aussi la coupe des uniformes, dépensa des millions de marks en projets d'agrandissement de ses palais, et commanda un nouveau train impérial, en tons pastel et crème, comprenant onze wagons, une cuisine équipée, une voiture-restaurant pourvue d'une table assez longue pour accueillir vingt-quatre convives, deux wagons-lits pour hommes, deux autres pour dames, un autre encore pour les domestiques, plus deux salons meublés de fauteuils, de divans et de secrétaires et deux autres pour son usage personnel, que l'impératrice ne partagerait qu'à l'occasion. À l'époque, une plaisanterie se répandit en Allemagne : l'hymne national *Heil Dir im Siegerkranz* (Salut à toi qui portes les lauriers de la victoire) allait devenir *Heil Dir im Sonderzug*[22] (Salut à toi dans ton train royal).

Willy passa commande du yacht impérial *Hohenzollern*[23] aux chantiers navals de Kiel. Digne de soutenir la comparaison avec les bateaux de plaisance des parents anglais et russes du Kaiser, c'était le plus grand yacht privé de l'époque. Ses cabines pouvaient héberger jusqu'à quatre-vingts invités et domestiques. Trois cent cinquante marins y servaient en permanence. Chacun d'eux devait pratiquer un instrument de musique en plus de son métier. Un liseré d'or décorait la coque couleur crème. Deux cheminées crachaient la fumée des centaines de tonnes de charbon que consommaient les deux énormes fourneaux. Les quatre ponts supérieurs accueillaient les cuisines, les salles à manger, les salons remplis de meubles capitonnés, et surtout la magnifique suite personnelle du Kaiser. Une technologie ultramoderne fournissait l'éclairage électrique. Des poêles allemands carrelés assuraient le chauffage central. Les dimensions du pont supérieur permettaient au Kaiser d'y emmener ses invités faire de la gymnastique le matin, ce dont il ne se privait jamais lors de ses croisières annuelles en mer du Nord – entre hommes exclusivement. Il tenait à ce que même les généraux d'un âge avancé participent aux exercices : il leur tapotait le dos pour les encourager en éclatant de rire face à leurs efforts. En tant que chef de l'église protestante allemande, il aimait aussi assister à l'office du matin dont il prononçait lui-même le sermon. À d'autres moments de la journée, il prenait plaisir à s'asseoir sur le pont en fumant des cigares et en écoutant la fanfare. En résumé, il savourait les joies de la camaraderie auprès de ses amis en uniforme et de ses chiens, une meute de teckels.

En mars 1890, le prince George se rendit en visite d'État à Berlin en compagnie de son père et d'Eddy. Sa mère, elle, ne quitta pas le sol anglais. Ils emmenèrent avec eux une liste dressée par la reine Victoria de princesses allemandes susceptibles d'épouser le prince Eddy. En poste, depuis peu, au 10e régiment de hussards, ce dernier, un cas désespéré, n'était « jamais prêt, jamais là », comme le disait le duc de Cambridge, commandant en chef de l'armée. À l'évidence, il lui fallait une épouse. La princesse Margaret, la sœur cadette du Kaiser, figurait en bonne place sur la liste mais Mossy, comme la surnommait sa famille, ne semblait pas assez jolie aux yeux du flamboyant Eddy. De toute façon, elle déclina l'honneur, à l'instar de la princesse Alexandra de Hesse, la petite-fille préférée de la reine Victoria ; la future épouse de Nicky, le tsarévitch. Malgré la perspective du trône le plus imposant au monde, aucune jeune fille ne semblait désireuse de lier son sort à celui de « *Collar and Cuffs** », comme le prince de Galles surnommait son aîné pour le taquiner. Eddy avait la réputation de fréquenter une maison de tolérance pour homosexuels à Cleveland Street mais il entretenait aussi une fille à St John's Wood. « C'est une griffeuse », note son frère George dans son journal. Sans doute partageait-il les faveurs de la dame. Cette année-là, Victoria nomma Eddy duc de Clarence et Avondale afin de le préparer à son futur rôle en lui fournissant un siège à la Chambre des lords.

Le Kaiser remit à son cousin George six ordres différents dont celui de l'Aigle noir. La cérémonie se déroula à 11 h 45. « Un chevalier nous a invité à entrer. Après une triple révérence à William, vint la lecture des statuts », précise Georgie, attentif aux détails. « Nous avons posé notre main droite sur la Bible en disant "*Ja, ich glaube es*" & nous avons enfilé notre tenue (...) [William] nous a remis notre collier & nous a embrassé trois fois (...) Des hérauts jouaient des "fanfares" pendant tout ce temps[24]. » Ce soir-là, il écrivit une longue lettre à sa mère. Le lendemain, un office fut célébré à l'intention de ceux qui venaient de recevoir l'ordre de l'Aigle noir. L'après-midi, William nomma Georgie capitaine du régiment de dragons de leur Bonne-maman. « J'ai essayé l'uniforme », précise Georgie, content de lui, avant de se laisser photographier auprès d'Eddy, en tenue de hussards de Blücher, dont il était colonel honoraire.

La mère de Georgie fut loin de déborder d'enthousiasme : « Alors, comme ça, mon petit Georgie est devenu un vilain soldat allemand pur et dur avec son casque à pointe[25] !!! » écrit-elle, peu avare de points d'exclamation. « Ma foi, jamais je n'aurais cru voir *ça* de mon vivant !

---

* Cette expression de l'argot cockney qui signifie littéralement « col et poignets » désigne en fait un homosexuel. Il faut préciser que le prince Eddy était connu pour son... dandysme. [N.d.T.]

Mais peu importe, comme tu dis, on ne pouvait pas faire autrement, c'était ton malheur et non ta faute, et tout vaut mieux, même le sacrifice de mes deux garçons – que de voir Papa nommé amiral allemand : ça, je n'aurais pas pu le supporter et vous auriez dû récupérer votre pauvre maman chérie au fond de la mer dès qu'il se serait mis à parader en uniforme ! » Le prince de Galles en profita pour rappeler à sa mère la reine que la visite lui avait vidé les poches. « La prochaine fois que tu lui écriras [à William], remercie-le : il m'a traité comme un souverain en estimant que je lui rendais visite en ton nom, en tant que ton représentant et je suis navré de t'avouer que mes dépenses ont été par conséquent très lourdes[26]. »

Gladstone, le chef de l'opposition, venait de persuader la Chambre des communes d'augmenter le revenu annuel du prince de Galles en lui allouant 60 000 livres en plus pour ses dépenses. Les radicaux protestèrent : 5 % des ouvriers anglais avaient dû quitter le pays pour s'établir aux colonies ou en Amérique en réunissant à grand-peine les 6 livres nécessaires à la traversée de dix jours jusqu'à Boston. Un nombre croissant de travailleurs se syndiquaient afin d'obliger leurs employeurs à augmenter leur salaire et améliorer leurs conditions de travail ; la grève très bien organisée des dockers l'année précédente avait suscité une vague d'affiliation syndicale. Et voilà que le prince de Galles obtenait 60 000 livres en plus de ses revenus annuels ; le tout grâce au chef de l'opposition ! Quelle honte ! Le prince de Galles ne prétendit pas le contraire. La somme ne suffirait pourtant pas à éponger ses dettes.

Le 18 mars 1890, le Kaiser, à qui le pouvoir tournait de plus en plus la tête, stupéfia le monde entier en congédiant son chancelier, Otto von Bismarck. Les sujets du Kaiser n'en revinrent pas. Bismarck était leur héros. Personne ne voulait y croire ; à part Waldersee et Eulenburg, qui venaient de manigancer le renvoi de Bismarck avec l'aide du très retors Friedrich von Holstein du ministère des

Affaires étrangères. Chacun d'eux avait ses raisons de souhaiter la disgrâce du chancelier. Waldersee voulait accaparer le pouvoir. Eulenburg et ses amis, surnommés le cercle Liebenberg depuis qu'Eulenburg avait hérité de son père le domaine de Liebenberg en Prusse-Orientale, rêvaient d'une monarchie absolue où le pouvoir n'appartiendrait qu'au Kaiser et pas au chancelier ni au parlement. Seul Holstein, qui correspondait avec Eulenburg depuis que celui-ci était devenu le meilleur ami du Kaiser, obéissait peut-être à des motivations complexes. En tant que fonctionnaire haut placé du ministère, il n'ignorait pas l'importance cruciale d'un équilibre des pouvoirs sur la scène internationale. Pour y parvenir, un seul moyen : contrôler le Kaiser, de plus en plus incontrôlable, par l'entremise d'Eulenburg. Wilhelm, bien entendu, crut agir de sa propre initiative. Dès que la nouvelle du renvoi de Bismarck parvint à Saint-Pétersbourg, Alexandre III entama des négociations en vue d'une alliance franco-russe. En 1889, le tsar avouait en effet à Bismarck : « j'ai toute confiance en vous mais, hélas, votre Kaiser prête l'oreille à d'autres personnes, en particulier au général Waldersee qui veut la guerre. Cela, j'en suis certain[27] ».

La disgrâce de Bismarck venait couronner une série de conflits avec le Kaiser. La première année de son règne, Wilhelm tempéra la politique sociale de son gouvernement, sans doute sous l'influence de son ancien précepteur Hinzpeter qui abreuvait son ex-élève de longs tracts sur des questions sociales. Lorsqu'il passait à Berlin, le Kaiser lui accordait toujours une audience. En mai 1889, les usines Krupp à Essen durent fermer à cause d'une grève de mineurs. On fit appel à la troupe pour maintenir l'ordre. Les mineurs réclamaient un salaire revu à la hausse, une journée de huit heures seulement, le dimanche férié et de meilleures conditions de travail pour les femmes et les enfants. À la consternation de Bismarck, Wilhelm invita les meneurs de la grève au palais afin qu'ils lui exposent leurs griefs. Le Kaiser leur conseilla vivement de ne jamais se mêler aux sociaux-démocrates avant de leur adresser un discours flamboyant qui dut les laisser plus que perplexes. L'impératrice douairière en fut horrifiée. « La grève des mineurs est une affaire des plus sérieuses ! » écrit-elle à sa mère à Windsor. « Le discours de William m'a consternée. Wm leur a dit que si jamais ils frayaient avec les sociaux-démocrates, "*Ich werde Euch allen über den Haufen schiessen lassen* (Je ferai tirer dans le tas)" C'est lui tout craché ! Il emploie *les gros mots* dès qu'il peut et se croit admirable ! De tels termes dans la bouche d'un souverain, si jeune et inexpérimenté, me paraissent aussi brutaux qu'inconvenants[28]. » Wilhelm employait un langage de plus en plus inquiétant. Il se mit à qualifier le Reichstag de « porcherie » et les sociaux-démocrates de « racaille qui chie dans sa culotte ».

D'autres grèves risquaient encore d'éclater. Bismarck insista pour durcir les lois antisocialistes existantes afin d'exiler les agitateurs loin des villes au besoin. Face à la résistance du Kaiser, Bismarck menaça de démissionner. Le véritable problème était de savoir à qui appartenait le pouvoir : au Kaiser ou à son chancelier ? En février 1890, Bismarck présenta de nouveau sa démission sans se douter que Wilhelm, sur les conseils de Holstein et Eulenburg, avait déjà choisi son successeur : le général Leo von Caprivi, que le Kaiser convoqua le 1er février à Berlin. À la mi-février, Bismarck envisagea un coup d'État afin de mater le Kaiser. Il confia à Malet, l'ambassadeur britannique, que même si le Kaiser restait amical envers lui, « il désire gouverner lui-même (...) Il ne doute de rien. Il se croit capable de tout et tient à ce que le mérite en revienne à lui seul[29] ». Malet se hâta de le répéter à Salisbury, en ajoutant que Wilhelm s'était plaint en personne à Malet que Bismarck le traitait « comme un écolier ».

Le dénouement survint lorsque Bismarck rappela aux ministres, en s'appuyant sur une décision du cabinet de

1852, que seul le ministre de la Guerre pouvait s'entretenir avec le Kaiser ou lui adresser des rapports sans la permission du chancelier. Après une autre altercation, Wilhelm ordonna à Bismarck de lui remettre sa démission ; ce qu'il fit le 19 mars. Le 29, Bismarck et son épouse quittèrent Berlin pour Friedrichsruh, leur domaine près de Hambourg. Le long des rues se massèrent des milliers d'Allemands venus présenter leurs respects et manifester leur attachement au chancelier qui avait fait de l'Allemagne une grande nation. À la gare se réunit le corps diplomatique au grand complet accompagné de nombreux officiers et d'une garde d'honneur. Bismarck reçut deux compositions florales de la part du Kaiser et pourtant : aucune trace de Guillaume II nulle part.

« Je regrette de devoir le dire mais cette pauvre Dona n'est pas un soutien pour moi, plutôt un obstacle », écrit Vicky à la reine Victoria. « Son orgueil est tel qu'elle croit tout savoir mieux que tout le monde parce qu'elle est impératrice. Elle reste toujours sur la défensive, et ridiculement *exigeante*. La flatterie dont on les abreuve tous les deux suffirait à tourner la tête de n'importe quelle dame. Il ne faut donc pas s'étonner que ce soit son cas (...) Ils ne comptent pas une seule personne avisée dans leur entourage ; des gens très respectables et bien-intentionnés, ça oui, de dangereux intrigants aussi, mais pas un seul homme ni une seule femme d'esprit supérieur[30]. »

En mai, le prince George prit le commandement du HMS *Thrush*, une canonnière à destination de la Jamaïque. Il resterait absent plus d'une année. Sans doute enragea-t-il d'apprendre que le Kaiser venait de se rendre à Copenhague, sa destination favorite. « À ce que je vois, William le Fébrile vient de passer à Copenhague, pourquoi diable voulait-il y aller », écrit-il à sa mère en juillet. « Il faut toujours qu'il coure à droite à gauche se mêler de ce qui ne le regarde pas[31]. » La reine Victoria entreprit dès lors de chercher une épouse à ses petits-fils. « Je suis tout à fait d'accord avec toi, ma chère Bonne-maman et je comprends tes raisons de souhaiter que Eddy & moi nous marions dès que possible », lui écrit diplomatiquement George en février 1891. « Mais je persiste à penser que c'est une mauvaise chose, de se marier trop jeune. Mais je ne dis pas non plus qu'Eddy est trop jeune, à vingt-sept ans (...) Une chose que je ne pourrai jamais faire : épouser quelqu'un à qui je serais indifférent. Ça me rendrait malheureux pour le restant de mes jours[32]. »

1891 fut une mauvaise année pour le prince de Galles. Un scandale éclata autour d'un certain Gordon-Cumming surpris en train de tricher au baccara. Le prince de Galles ne disputait pas la partie incriminée mais il y assistait. L'opinion britannique estima qu'il donnait le mauvais exemple à la jeunesse. Un second scandale survint ensuite : la belle et brillante Lady Brooke, l'une des favorites du prince de Galles, noua une liaison avec Lord Charles Beresford, un autre membre de la clique de Marlborough House. Le prince prit le parti de Lady Brooke en se froissant avec les Beresford, entre-temps réconciliés. « On commence à se demander qu'est-ce que le prince de Galles va encore faire de travers en cherchant à miner notre société qui n'en a pourtant pas besoin[33] », commenta Lady Charles. Les rumeurs du scandale atteignirent le Danemark où la princesse de Galles séjournait comme à son habitude chez ses parents avec Minny, Sacha et leurs enfants. Sur le coup, elle décida de donner une leçon à son « vilain petit homme » : elle ne rentrerait pas en Angleterre en octobre mais suivrait le tsar et la tsarine en Crimée. Ces derniers devaient fêter leurs noces d'argent au palais de Livadia.

Le prince George, en permission, passa l'été au Danemark. À Copenhague, il informa sa grand-mère des dernières nouvelles par courrier mais, bien sûr : pas un mot du scandale. « Ma chère Bonne-maman, j'ai reçu ma nomination au poste de commandant et j'en suis ravi. Voilà six ans que je suis lieutenant et pendant ce temps j'ai servi à bord de huit bateaux différents (...) J'ai été enchanté de revoir tous nos proches. Apapa et Amama [ses grands-parents danois] se portent à merveille, ils n'ont pas pris une ride. Oncle Sacha et tante Minny sont arrivés lundi, ils vont tous les deux très bien. Nicky a été ravi par son voyage en Inde qu'il m'a raconté en détail[34]. » Le futur tsar et le futur roi d'Angleterre, à vingt-trois et vingt-six ans respectivement, avaient toujours plein de choses à se dire.

Ce fut un prince de Galles déprimé qui fêta son cinquantième anniversaire à Sandringham le 9 novembre, en compagnie d'Eddy et Georgie. Trois jours plus tard, ce dernier eut un accès de fièvre. Le prince de Galles le fit conduire en toute hâte à Marlborough House où les meilleurs médecins appelés à son chevet diagnostiquèrent la typhoïde. Un télégramme à Livadia avertit la princesse de Galles de l'état de santé de son fils. Elle accourut auprès de lui avec ses trois filles sans plus songer à sa querelle conjugale. Lorsqu'elle parvint à Londres le 22 novembre, la maladie de Georgie touchait à son terme et le prince ne tarda pas à se rétablir. À la fin décembre, il retrouva « ce cher vieux Sandringham » auprès de ses parents, enfin réconciliés. « Dieu merci, le George anglais va mieux[35] », écrivit la tsarine à son frère Willi, le roi de Grèce, qui lui aussi avait un fils appelé George, à ne pas confondre avec le Georgeï de Minny.

À Berlin, Herbert von Bismarck n'envisagea pas un instant de rester secrétaire d'État aux Affaires étrangères après le départ de son père. Un autre des hommes de Holstein qui attendaient leur tour en coulisse le remplaça : l'envoyé de la Prusse à Baden, le baron Adolf maréchal von Bieberstein. Les Bismarck ignoraient une chose : par un courrier du 11 mars, Holstein avait demandé à Eulenburg de se rendre à Berlin dès que possible afin d'aiguiller le Kaiser pendant les jours de chaos qui préluderaient à la démission du chancelier. Le maréchal von

Bieberstein aussi lui avait écrit. Eulenburg rencontra Caprivi à Hanovre le 6 mars. Tout se passa donc comme prévu. Hermann von Lucanus, le chef du cabinet civil, occupait déjà son poste. Mais Eduard von Liebenau, le maréchal de la cour, au service de Wilhelm depuis des années, lui posait un problème. Comme Waldersee le dit à Eulenburg : « Il sert en même temps et plus encore [que le Kaiser] les intérêts des Bismarck ; par conséquent c'est un traître[36]. » Il fut aussitôt remplacé par le comte August zu Eulenburg, le frère de Botho, le ministre de l'Intérieur cousin de Philipp zu Eulenburg. En fait, August zu Eulenburg excellerait à sa tâche en se cantonnant judicieusement à l'arrière-plan, d'où il exerça une influence discrète. Encore en poste en 1918, ce fut le seul membre de l'entourage de Wilhelm à lui conseiller de ne pas abdiquer.

Philipp zu Eulenburg s'en sortait remarquablement bien pour un homme doutant de sa vocation politique. Deux ans plus tôt à peine, lorsque Wilhelm était arrivé au pouvoir du jour au lendemain, il lui avait écrit, avec une naïveté feinte : « Cela me torture de penser que le gouffre qui nous sépare socialement, mais que notre amitié a comblé, doit, du fait de ta couronne impériale, se creuser encore et encore[37]. » Il ne devait pourtant pas s'inquiéter. Willy rassura aussitôt son ami, qui lui écrivit : « Comme je suis content de pouvoir te parler franchement. Tu comprends tout ce qui me touche – les questions graves ou sujettes à moquerie, le devoir, l'art, la culture ; chacun de ces domaines distincts, avec une grande clairvoyance. Ainsi es-tu et ainsi espéré-je aussi demeurer. Dieu nous donnera sa bénédiction pour qu'il en soit ainsi si nous restons convaincus de pouvoir atteindre au plus haut uniquement grâce à Lui[38]. »

Les lettres d'Eulenburg à Wilhelm fourmillent de ce genre d'effusions. Dans son étude de l'entourage du Kaiser, Isabel Hull soutient, preuves à l'appui, que les intimes du cercle Liebenberg s'échangeaient des lettres rédigées selon une espèce de code leur permettant d'aborder « franchement » des sujets que les autres ne comprenaient pas et ne toléraient peut-être pas non plus. Ce qui comptait, c'était que le *Liebling* comprenne en donnant sa bénédiction. Entre amis, les membres du cercle Liebenberg parlaient de leur « moi authentique », de leur « *Eigenart*[39] », leur particularité ou individualité, et situaient leur amitié sur un plan élevé, idéalisé, au-delà des jugements de la plèbe insensible. Wilhelm lui-même décrivit à Eulenburg sa jeunesse comme d'« horribles années où personne ne comprenait mon individualité ». Par là, il faut entendre : « ma sexualité ».

Les lettres d'Eulenburg lui donnaient le moyen d'exercer une emprise secrète sur Wilhelm. Au printemps 1894, il expliqua à Lucanus sa méthode pour manipuler le Kaiser – méthode qu'il compare à une partie de tennis. « Il me permet de tout lui dire en matière de politique, précisément parce que je joue au tennis avec lui et qu'entre les échanges de balles et au cours des pauses du match, il me prête l'oreille et, de bonne grâce, si bien qu'il est prêt à donner son consentement à des affaires délicates. *Ludere pro patria et imperatore* (Joue le jeu pour ton pays et ton empereur) ! Quel monde de fous[40] ! »

La partie ne se disputait cependant pas à Berlin où l'on aurait remarqué sa présence mais à distance, par courrier. En 1894, Eulenburg fit main basse sur le poste d'ambassadeur de la Prusse à Vienne, soutenu par Friedrich von Holstein qui eut soin de le mettre au parfum avant sa rencontre avec le ministre autrichien des Affaires étrangères. Il aida ensuite Eulenburg à rédiger un rapport au Kaiser. Wilhelm estima qu'il s'agissait du « premier rapport intéressant et sensé venu de Vienne depuis bien longtemps ». À ses lettres, Eulenburg ajoutait des rendez-vous personnels et des visites éclair à Berlin dès que Holstein ou le maréchal von Bieberstein, et plus tard Bülow, estimaient une affaire urgente. Eulenburg exerçait toutefois sa plus forte emprise sur le Kaiser chaque fois que Wilhelm et lui passaient du temps ensemble loin de Berlin dans l'atmosphère intime du cercle Liebenberg. En mai, ils fêtaient l'anniversaire de leur rencontre à Prokelwitz. Les *Nordlandreise* ou croisières de la mer du Nord se déroulaient en juin à bord du yacht impérial *Hohenzollern*. À l'automne, Guillaume II séjournait au domaine d'Eulenburg pour la *Kaiserjagt*, la chasse du Kaiser, puis à Rominten, au pavillon de chasse royal. Aucune femme ne les accompagnait. On ne croisait auprès d'eux que des favoris mâles, membres, pour la plupart, du cercle Liebenberg – les frères Eulenburg, August et Botho ; Alfred von Bülow, le frère de Bernhard, et son ami de longue date Karl von Dornberg ; Kuno von Moltke et Axel von Varnbüler ; Eberhard von Dohna, qui entretenait une « relation intime » comme disait son frère, avec Eulenburg depuis leurs années d'école ; Emil Görtz zu Schlitz, qui connaissait Wilhelm depuis tout petit par l'entremise de Hinzpeter ; et Georg von Hülsen-Haeseler, qui devint directeur du théâtre royal, d'abord à Wiesbaden puis à Berlin.

Phili et Wilhelm occupaient des cabines voisines à bord du *Hohenzollern* et des chambres contiguës à Rominten, où Willy conservait une photo de Phili sur son bureau. D'autres photos nous montrent des groupes de jeunes hommes enjoués en uniforme (même sur le *Hohenzollern*) ou en habit de chasse vert, coiffés d'élégants chapeaux à plumes à Rominten. L'ambiance était aux joyeuses plaisanteries plus ou moins crues. Wilhelm donnait à ses amis des grandes tapes dans le dos ou des coups de coude dans les côtes. Il les poursuivait dans les couloirs, les embrigadait dans ses exercices matinaux et coupait leurs bretelles avec une paire de ciseaux quand ils avaient le dos tourné. Quelqu'un d'inaccoutumé à ce genre de blagues aurait sans doute donné raison à Lord Salisbury : le Kaiser « n'y était plus ». Au lieu de refréner ces débordements,

Eulenburg et les autres membres du cercle Liebenberg entraient dans le jeu en s'accrochant à l'emprise que celui-ci leur donnait sur le Kaiser. Ils riaient de bon cœur aux plaisanteries de Wilhelm, ne le contredisaient jamais et prêtaient une oreille attentive à ses bavardages sans fin – car il ne s'arrêtait jamais de parler. Ils ne se souciaient que d'une chose : amuser leur Kaiser qui ne tenait pas en place. Des « distractions » incessantes meublaient les longues soirées : musique, récits de vive voix, spectacles de marionnettes ou de magie, mais le mieux restait encore les numéros de cabaret, de préférence un peu lestes. Avant la chasse impériale à Liebenberg en 1892, Georg Hülsen écrivit à Emil Görtz : « Je te ferai parader en caniche tondu ! Tu feras un malheur. Imagine-toi : rasé derrière. Devant : de longues franges noires et blanches en laine et, sous une authentique queue de caniche, un orifice rectal qu'on ne pourra pas ne pas remarquer. Dès que tu te dresseras sur tes pattes arrière, on apercevra une feuille de vigne en bonne place. Pense un peu à l'effet produit quand tu aboieras ou que tu japperas au son de la musique ; que tu tireras au pistolet ou Dieu sait quelle autre bêtise encore. Ce sera tout simplement splendide ! Personne ne trouvera de meilleur déguisement que toi ; tu pourras modeler la tête toi-même, j'imagine déjà S.M. riant autant que nous, je m'attends à un *succès fou*[41]. »

À la fin des chasses impériales à Liebenberg, dont il était l'unique hôte, Eulenburg se sentait toujours épuisé nerveusement. Mais c'était pour la bonne cause. La plupart des décisions politiques des années 1890 se prirent au cours de ses retrouvailles annuelles avec le Kaiser. Une lettre flatteuse confirmait ensuite ce qui venait de se conclure officieusement. Un tel système ne ressemble certes en rien à celui d'un gouvernement responsable.

Les ministres n'avaient pas souvent leur mot à dire : dès que Wilhelm s'absentait, il devenait injoignable. Des courriers lui apportaient les documents officiels mais ils mettaient souvent plusieurs jours à lui parvenir et autant à rejoindre Berlin. En général, le Kaiser se trouvait dans sa capitale en janvier. En février, il chassait puis se rendait à Wilhelmshaven où il recevait le serment de fidélité des recrues de la marine ; en mars et avril, il allait reprendre des forces en Italie ou sur les rives de la Méditerranée puis au théâtre royal de Wiesbaden. Venaient ensuite une visite officielle en Alsace-Lorraine et une autre, plus romantique, à Prokelwitz. Wilhelm enchaînait avec une semaine de courses en yacht à Kiel, une manière pour lui de concurrencer la semaine de Cowes, la fameuse régate où brillait son oncle Bertie. Sa croisière annuelle en mer du Nord précédait un séjour en Angleterre ; à Cowes justement, où le Kaiser rivalisait si âprement avec le prince de Galles que celui-ci, à court d'argent, finit par renoncer aux courses de yachts. Le mois d'août se passait à Wilhelmshohe, la résidence d'été préférée du Kaiser, depuis ses années d'études à Kassel, et le plus souvent en famille. En septembre, Wilhelm revenait à Berlin et à Potsdam pour la grande parade militaire de Tempelhof. En octobre, il repartait de nouveau chasser, à Rominten et au pavillon de chasse royal de Cadinen, puis, après un court intervalle berlinois, il se rendait à Liebenberg en novembre et chassait en Silésie, tout ceci en si nombreuse compagnie que la reine Victoria refusait de le recevoir, lui et sa suite, à Osborne pendant la semaine de Cowes, l'obligeant à rester à bord du *Hohenzollern*. Enfin, en décembre, le Kaiser retournait à Potsdam fêter joyeusement Noël auprès des siens.

Caprivi ne resta que quatre années en poste. Ce n'était pas un libéral pourtant il parut bientôt trop libéral au Kaiser manipulé par son entourage militaire. Tout allait bien jusqu'à ce que Caprivi propose de diminuer le budget de l'armée suite à une provocation du Reichstag. Le Kaiser répondit qu'il comptait augmenter les dépenses et les effectifs des troupes et non l'inverse. Il s'y était d'ailleurs engagé « devant Dieu et mes ancêtres ». En janvier 1892, Eulenburg informa Wilhelm entre deux « parties de tennis » qu'il estimait le projet de loi sur l'éducation de Caprivi trop libéral. Wilhelm convoqua aussitôt ses ministres pour leur annoncer qu'il rejetait le projet dans sa totalité. Eulenburg reprit la plume en priant Sa Majesté d'adoucir son langage. Lors d'un conseil de la couronne, une semaine plus tard, le Kaiser, docile, annonça qu'il n'accepterait le projet qu'après modification. « Il n'y a qu'un seul monarque dans cet empire et c'est moi. Je ne tolérerai l'autorité de personne d'autre[42] », déclara Wilhelm à l'occasion d'un de ces discours dont il avait le secret en mai 1891. À l'évidence, il suffisait pourtant à Eulenburg de claquer des doigts pour que Wilhelm, le *Liebling*, se range à ses vues.

Le Kaiser ne voulait d'aucune espèce de gouvernement responsable. Caprivi le savait bien : Wilhelm consultait ceux qu'il voulait à l'insu de son chancelier et nommait de la même manière ses favoris, Eulenburg au poste d'ambassadeur à Vienne et Kuno von Moltke au rang d'aide de camp. « Kuno, aide de camp ! Le Kaiser m'a télégraphié la nouvelle, ravi. C'est bon de le savoir à Berlin », écrit Eulenburg à Varnbüler, le nouvel envoyé du Württemberg à la capitale allemande. Kuno, en contact quotidien avec le Kaiser, serait on ne peut mieux placé pour tenir Eulenburg au parfum. En octobre 1893, après une série de manœuvres aussi complexes qu'une partie d'échecs, Eulenburg profita de la chasse annuelle à Rominten pour préparer le Kaiser à la nomination imminente de Varnbüler à Berlin. « La bombe est prête à exploser ! » écrit Kuno à Varnbüler en ajoutant : « Phili te demande de garder le secret là-dessus[43]. » Bien entendu, personne ne consulta Caprivi.

À ce moment-là, le Kaiser, jadis partisan des réformes sociales, révisa son point de vue. En 1890 puis en 1893, les socialistes de plus en plus nombreux au Reichstag réclamèrent des réformes, sociales et constitutionnelles. Le Kaiser proposa au Reichstag un projet de loi antirévolutionnaire très dur. Bismarck, qui gardait l'œil sur les événements politiques depuis son domaine de Friedrichsruhe, dut en éprouver un accès de *Schadenfreude* aussi pervers que jouissif. Ses craintes ne tardèrent pas à se vérifier dans le domaine des affaires étrangères également. Sous l'influence de Waldersee, partisan d'une guerre offensive contre la Russie, et de son entourage, presque exclusivement pro-autrichien, le Kaiser ne renouvela pas le pacte russo-germanique. Par contre, et pour faire bonne mesure, il reconduisit la Triple-Alliance avec l'Autriche et l'Italie. Imbu de ses talents de diplomate, le Kaiser se croyait capable d'amadouer Alexandre III par des promesses d'amitié, entre « collègues ». Le tsar n'en fut pourtant pas dupe. « Wilhelm est aussi bon menteur qu'il a de mauvaises manières[44] », commenta-t-il. Le tsar et la tsarine n'appréciaient ni Willy ni ces fats de Prussiens en général. Le tsar invita une escadre française à mouiller à Kronstadt, le port de Saint-Pétersbourg. À compter de cette date, la Russie se rallia plus ou moins officiellement à la France contre l'Allemagne.

Waldersee, qui, depuis quelque temps, ne faisait plus très bonne figure, ne tarda pas à se retrouver à l'écart. Holstein ne l'avait jamais apprécié ni même estimé digne de confiance. Il devinait en lui l'ambition la plus coriace alliée à une intelligence relativement médiocre. Eulenburg ne l'aimait pas non plus : ne risquait-il pas de lui disputer l'affection de Wilhelm ? Le départ de Waldersee ne représenta pas une grosse perte. L'imprévisibilité du Kaiser et son éloignement croissant de la réalité posaient tout de même de sérieux problèmes au Reich. Hélas, plus Wilhelm avait besoin de conseils désintéressés, moins il en recevait. « Chaque jour, je loue le ciel qu'un gouvernement fort repose entre des mains aussi sûres que les vôtres[45] », écrivit la reine Victoria à son Premier ministre Lord Salisbury en mars 1896. En Allemagne, le chancelier et le gouvernement n'avaient pas voix au chapitre car le Kaiser accaparait le pouvoir. Le Kaiser que ne conseillaient pas ses ministres mais son meilleur ami, Philipp zu Eulenburg.

Du point de vue de ses relations avec la Grande-Bretagne, il faut avouer que Wilhelm/William ne fut pas aidé. « Les premières années de son règne, le Kaiser reniait sa parenté avec l'Angleterre à la moindre occasion », note l'homme de cour allemand anonyme. « Un jour, à la chasse, il s'écorcha la main à des ronces. En voyant tomber une goutte de son sang, il marmonna, en colère "*Dies verdammte englisches Blut* [ce maudit sang anglais] !", incident révélateur s'il en est. Plus tard, Wilhelm devint, en apparence du moins, plus tolérant. Il n'en approuva pas moins la tentative de ses courtisans d'établir qu'il n'était pas d'extraction anglaise et que pas une goutte de sang anglais ne coulait dans ses veines. Un historien patriote dressa son arbre [généalogique] afin de prouver que le Kaiser était de sang purement allemand[46]. »

S'intercale alors dans l'ouvrage de notre auteur anonyme un arbre généalogique remontant de Georg (et non pas George) Ier jusqu'à la reine Victoria en passant par le père de celle-ci : le fils de Georg III et de Charlotte von Mecklenburg-Strelitz. Au sein de la noblesse prussienne des années 1890, la « pureté du sang » importait autant que chez les nazis. Eulenburg et le cercle Liebenberg, des racistes du genre le plus pernicieux qui soit, firent découvrir à Wilhelm Gobineau et Houston Stewart Chamberlain, deux théoriciens racistes enragés, l'un allemand et l'autre anglais. Wilhelm ne tarda pas à imputer aux juifs toutes sortes de maux : la mort de son père, aux mains de ces « propres à rien » de juifs ; l'agitation sociale que fomentait la « racaille » juive, et les critiques qu'orchestrait la « plèbe » juive dans la presse. Le commerce appartenait aux juifs qui vidaient le Reich de ses forces. Seule la cour du Kaiser échappait à la contamination. Willy et

Dona ne comprenaient pas qu'on pût admettre des juifs à la cour anglaise. Certains comptaient même parmi les meilleurs amis de l'oncle Bertie. « Le vieux paon » ne se rendait donc pas compte que les juifs tramaient une conspiration internationale ? Ils lui prêtaient de l'argent pour éponger ses dettes dans le seul but de satisfaire leurs propres ambitions. Bien sûr, tout ceci finirait par apporter de l'eau au moulin des Allemands anglophobes.

9.

UN MARIAGE ET DES FIANÇAILLES

En Angleterre, il fallait encore et toujours une épouse au prince Eddy. L'héritier du trône était disposé à s'unir à la princesse Hélène d'Orléans mais sa religion catholique rendait leur mariage impossible. La reine Victoria songea à un parti mieux assorti à son tempérament : une jeune fille sans argent ne venant pas d'une famille royale de premier plan, et sans doute pas une beauté non plus mais, gentille, intelligente, et dotée d'une qualité précieuse entre toutes : le bon sens. Cette perle rare était en outre anglaise ; enfin, plus ou moins, et surtout dévouée à la monarchie. Il s'agissait de la princesse May de Teck qui avait grandi au palais de Kensington, à un jet de pierre de Buckingham.

Le père de May, le duc de Teck, était mi-allemand, mi-hongrois. Quant à sa mère, la princesse Mary de Cambridge, une petite-fille de George III, on la surnommait « la grosse Mary » parce qu'il lui fallait deux des petites chaises de la cour pour asseoir sa généreuse silhouette. La reine Victoria s'intéressait depuis longtemps à leur famille qui bénéficiait d'ailleurs grâce à elle d'un appartement de faveur. Petite, May venait parfois jouer à Marlborough House avec ses trois frères, même si les enfants de Galles leur paraissaient un brin turbulents. La princesse de Galles aussi gardait un œil sur la petite May. En 1881, elle écrivit à Georgie : « May a bien grandi depuis ton départ, avec ses cheveux relevés et ses longs jupons, elle atteint presque ma taille[1]. »

« L'affaire me semble bien engagée. Pensez-vous que la princesse May regimbera[2] ? » demanda Francis Knollys à Sir Henry Ponsonby, le secrétaire privé de la reine Victoria, le 19 août 1891. « Je ne m'attends pas à une véritable opposition de la part du prince Eddy si on lui présente les choses comme il faut en lui disant que c'est son DEVOIR – pour le bien du pays, etc. etc. » En décembre, Eddy et May se fiancèrent. Les semaines suivantes, les journaux ne parlèrent plus que du couple princier – ses tenues, ses dîners, ses promenades à Hyde Park. La nation entière s'en réjouit. Début janvier, le prince Eddy, à Sandringham au moment des fêtes, dut s'aliter à cause d'une grippe qui se compliqua bientôt en pneumonie. Le 14 janvier 1892, il n'était déjà plus de ce monde. « Ah ! Pauvres, pauvres parents ; pauvre May dont le brillant avenir n'est plus qu'un simple rêve ! Pauvre de moi, qui voit à mon grand âge une vie si prometteuse fauchée en pleine jeunesse[3] ! » note dans son journal la reine Victoria, en résumant assez bien la situation, si l'on excepte le jugement un peu trop charitable qu'elle porte sur Eddy. À Vicky à Berlin, elle écrivit que Bertie avait pleuré d'un bout à l'autre des funérailles. « Il est très abattu, et à en croire Bertie, cette pauvre chère Alix, malgré sa contenance remarquable, ne fait que pleurer[4]. »

La mort d'Eddy bouleversa Georgie. « Je suis sûr que jamais deux frères ne se sont aimés plus que nous », écrit-il à sa grand-mère le 18 janvier. « Hélas ! ce n'est que maintenant que je m'aperçois à quel point je l'aimais et je me rappelle avec chagrin presque toutes les paroles blessantes que je lui ai dites et presque toutes nos disputes & je voudrais lui demander pardon mais hélas, c'est trop tard[5] ! » Du jour au lendemain, Georgie se retrouva héritier du trône. Déjà tout retourné par la perte du frère auprès duquel il avait passé toute sa vie ou presque jusqu'au départ d'Eddy pour l'armée, il en perdit le sommeil. Les hommes politiques poussèrent un discret soupir de soulagement avant de reporter leur attention sur le cadet nettement plus prometteur et malléable.

Il fallait au prince George un nouveau titre et un siège à la Chambre des lords : le 24 mai 1892, la reine le nomma duc d'York, comte d'Inverness et baron Killarney. « Je suis contente que le titre de duc d'York te plaise », lui écrit la reine Victoria de Balmoral le 27 mai. « Je crains de ne pouvoir en dire autant ; j'aurais préféré que tu restes comme tu étais. Un prince, *personne* ne peut le devenir, alors qu'un duc, c'est à la portée de n'importe quel noble. D'ailleurs, beaucoup ne s'en privent pas[6] ! » La princesse de Galles se montra plus conciliante : « Imaginez ça : mon petit Georgie grand-duc d'York[7] ! » lui écrit-elle, amusée. Dorénavant, le prince occuperait au palais de Saint-James ses propres appartements, surnommés comme il se doit *York House*. Le major général Sir Francis de Winton devint contrôleur de sa maison, et le lieutenant Charles Cust, un vieil ami de la marine, son écuyer. (Le fidèle Cust resterait trente-neuf ans à son service.) À Sandringham, Georgie put enfin disposer du *Bachelor's Cottage* ou « cottage de célibataire », et sa situation financière s'améliora puisqu'il hérita des revenus d'Eddy en plus des siens.

En juillet, il dirigea avec un manque d'enthousiasme notable les manœuvres estivales du HMS *Melampus*. « Le navire amiral a commis un certain nombre d'erreurs », confie-t-il à son journal le 27 en ajoutant : « j'espère ne plus jamais participer à d'autres manœuvres (…) Je déteste ça[8] ! » Il y renonça bientôt pour se concentrer sur son futur rôle en se félicitant de rester en Angleterre. Son enthousiasme pour la navigation ne faiblirait cependant jamais. Auparavant, il prit à Heidelberg quelques leçons de ce que sa mère appelait avec mépris la « langue des choucroutes* ». Son père lui ordonna d'emporter « ton uniforme allemand (...) vu que William ira à Karlsruhe le mois prochain (tout près d'Heidelberg) chez le grand-duc & la grande-duchesse de Baden ; tu pourras leur rendre visite tant que tu y es. Au cas où il y aurait une célébration ou quelque chose dans ce goût-là, tu ferais mieux d'amener l'attirail complet[9] ». Georgie ferait bien d'emporter TOUTES ses décorations allemandes ainsi que l'ordre de la Jarretière. Son cousin Willy l'emmena à Wittenberg à bord de son train impérial bleu et crème. Là, il assista aux célébrations luthériennes annuelles en uniforme de la tête aux pieds, en s'étonnant de l'extrême courtoisie de William, plus aimable que jamais. Il ne lui vint pas à l'idée que le changement d'attitude de son cousin s'expliquait par son nouveau statut d'héritier de la couronne.

De retour chez lui, Georgie entama sa carrière par des leçons d'histoire constitutionnelle sous la houlette de J. R. Tanner de l'université de Cambridge, qui lui fit lire *La Constitution anglaise*, de Walter Bagehot. Georgie devrait en outre acquérir quelques notions de politique, matière absente de son instruction dans la marine. Les élections d'août sonnèrent la défaite des conservateurs. Gladstone remplaça Lord Salisbury au poste de Premier ministre. La reine Victoria, à qui le projet de loi de Gladstone sur l'indépendance irlandaise ne disait rien qui vaille, ne s'en réjouit pas outre mesure. Georgie, plus ouvert d'esprit, alla écouter le nouveau Premier ministre présenter son projet à la Chambre des communes le 13 février 1893. « Il a prononcé un superbe discours et a parlé 2 h ¾ ; remarquable pour un homme de 83 ans[10] ! » commente-t-il, admiratif. Georgie lui-même commençait alors à prononcer des discours : devant la société pour la prévention de

* En anglais, le terme « kraut » qui désigne le chou mariné sert aussi d'insulte à l'égard des Allemands, équivalente au « boche » des Français. [N.d.T.]

la cruauté envers les enfants puis lorsqu'il devint membre honoraire de la compagnie des marchands tailleurs. Ce nouveau devoir ne lui plaisait pas tellement. « J'étais horriblement nerveux », avoua-t-il à son journal.

Le prince Eddy reposait à peine sous terre lorsque la reine Victoria décida qu'il fallait une épouse à Georgie. Qui lui conviendrait mieux que la charmante princesse May ? En avril, la reine en vacances sur la côte d'Azur écrivit à Georgie : « as-tu vu May et as-tu réfléchi à l'*éventualité* ; ou du moins percé ses sentiments[11] ? ». La lettre ne mit pas longtemps à parvenir à son destinataire. Par une heureuse coïncidence, les Teck et la famille du prince de Galles séjournaient eux aussi dans le Sud de la France, à Cannes et au Cap-Martin. « Papa et moi passerons à Cannes quelques jours (incognito) à la fin de la semaine et j'espère te voir à ce moment-là », écrivit Georgie, docile, à May le 29 mars, en concluant : « Au revoir, Miss May (...) votre vieux cousin toujours aussi aimant, Georgie[12]. »

Tout se passa ensuite très vite. Fin novembre 1892, la princesse May et ses parents fêtèrent à Sandringham l'anniversaire de la princesse de Galles. Les fiançailles de May au prince Eddy, le mois de décembre précédent, ne furent pas oubliées. « Il a plu », se contenta de noter la princesse May dans son journal, le jour de l'anniversaire de « Maman chérie ». « À 11 h, on lui a remis ses cadeaux, dont certains adorables, elle était toute retournée, la pauvre. Nous avons été déjeuner sous une tente à cause du temps atroce (...) Après le thé, j'ai joué au bésigue avec George[13]. » Le 3 décembre, un an jour pour jour après ses fiançailles, May écrivit : « Un morne jour de pluie. Il y a un an comme aujourd'hui, on s'était fiancés ; quel triste contraste[14]. » À ce moment-là, ses secondes fiançailles étaient déjà une affaire conclue. « Quelle charmante *erscheinung* [apparition] que May, tout en noir, bien sûr ! Elle m'a cependant parue un peu raide & froide ! Je l'entends louée de tous côtés par ceux qui la connaissent[15] », écrit à sa fille Vicky, l'impératrice douairière d'Allemagne, de Windsor où elle séjournait auprès de la reine. « Elle a des manières exquises etc. ; mais beaucoup de charme, ça je ne le crois pas ! Elle a peut-être été intimidée par ma présence en me revoyant après tant de malheurs ! La voilà en tout cas dans une position difficile – vu que les journaux parlent sans cesse de ses fiançailles avec Georgie. » La princesse de Galles ne facilitait pas les choses. « L'amour entre une mère et son enfant nous lie tous les deux et rien ne pourra diminuer notre attachement ni nous éloigner l'un de l'autre », écrit-elle à Georgie. « Personne ne peut ni ne doit s'interposer entre moi et mon petit Georgie chéri[16]. »

« Ai reçu un télégramme de Georgie (...) il m'apprenait ses fiançailles avec May de Teck et me demandait mon consentement. Je le lui ai donné avec joie[17] », note la reine Victoria dans son journal en manifestant une surprise de pure forme le 3 mai 1893. Le public anglais, depuis longtemps partisan de cette union, accueillit avec joie la nouvelle des fiançailles. Les sujets de la reine Victoria, aussi navrés que leur souveraine pour la princesse May, estimaient sa destinée romantique sans rien y trouver de malsain. Le jeune couple ne manifestait pas autant d'assurance. « Je regrette ma timidité envers toi, j'ai fait des efforts l'autre jour mais hélas ce fut un échec, comme je m'en suis voulu ! C'est idiot de rester aussi guindés en présence l'un de l'autre. Sincèrement, il n'y a rien que je ne veuille te dire, excepté que *je t'aime* plus que n'importe qui d'autre et cela je n'ose te le dire en face ; je te l'écris donc afin de soulager mon cœur[18] », avoua May. Georgie lui répondit aussitôt, en jetant la ponctuation aux quatre vents : « Dieu merci nous nous comprenons, et il ne me semble pas nécessaire de t'avouer la profondeur de mon amour pour toi ma chérie car je le sens croître et fortifier chaque fois que je te vois ; même si je te parais encore timide et froid[19]. »

La date du mariage fut fixée avec une hâte presque inconvenante au 6 juillet 1893 à la chapelle royale du palais de Saint-James. Sachant que May n'avait pas le sou, sa tante et son oncle le grand-duc et la duchesse de Mecklenburg-Strelitz lui payèrent son trousseau. Le *Lady's Pictorial* prétend qu'il comprenait quarante tailleurs, quinze robes de bal et cinq robes d'hôtesse, des robes d'intérieur, des couvertures de voyage et des tenues de marche en tweed, sans compter les bonnets, les chaussures et les gants assortis – et encore : ce n'était là qu'une « partie[20] » du trousseau. On remarqua cependant avec satisfaction que : « la princesse May n'est pas férue de toilettes. Ses goûts vestimentaires n'ont rien d'extravagant. Elle ne recherche que l'élégance qui sied à une dame ». Les hebdomadaires nationaux commentèrent les moindres aspects de la vie de la princesse. Chose surprenante : ils précisèrent qu'« aucune jeune femme aujourd'hui, princesse ou autre, n'est plus versée dans les classiques anglais ou plus à l'aise dans la littérature moderne que notre future reine[21] ». Des cadeaux, quinze mille en tout, arrivèrent des quatre coins du monde, pour un montant total de 300 000 livres (et ce, à une époque où un ouvrier s'estimait heureux de gagner 3 livres par semaine).

Affluèrent alors les invités : les grands-parents danois de Georgie, Amama et Apapa, le prince Henry, ou Heinrich de Prusse, représentant le Kaiser, et Nicky. « Ma chère maman », écrit Nicky à sa mère la tsarine depuis Marlborough House où il logeait. « Je suis bien arrivé. La traversée a été très agréable grâce à la reine qui a eu la gentillesse d'envoyer son yacht *Victoria and Albert* à Flessingue[22]. » « Cette chère famille de Galles » accueillit Nicky à Charing Cross avant de l'escorter jusqu'à Marlborough House. On lui donna une chambre contiguë à celle qu'occupaient son premier amour, Toria, et sa sœur Maud. « Victoria a beaucoup maigri et, malheureusement, elle ne semble pas très en forme ; Maud à l'inverse a pris du poids[23] », note-t-il dans son journal. L'oncle Waldemar, du Danemark, logerait au bout du couloir. Les grands-parents, Amama et Apapa, dormiraient à l'étage inférieur. Nicky se sentait là comme chez lui. L'oncle Bertie lui parut d'excellente humeur et très amical – presque trop. « L'oncle Bertie m'a envoyé un essaim de tailleurs, de cordonniers et de chapeliers ! Il me fait rire ! Enfin ! il a toujours été aux petits soins pour moi. » Cet après-midi-là, Nicky prit le thé à Clarence House avec son oncle Affie et sa tante Marie. Les jours suivants, lui et Georgie se firent photographier ensemble. On aurait dit des jumeaux – la même taille, les mêmes cheveux, les mêmes yeux, et les mêmes moustaches entretenues avec amour. Les deux cousins passèrent plus d'un matin à discuter dans la chambre de Nicky. Un après-midi, Georgie emmena Nicky découvrir ses nouveaux appartements du palais Saint-James.

Nicky revint enchanté de son séjour à Londres. « Jamais je n'aurais cru que ça me plairait autant », avoua-t-il à sa mère. May aussi l'enchanta ; il la trouva beaucoup plus jolie au naturel qu'en photo. Quant aux cadeaux de mariage : quelqu'un avait offert une vache au couple royal ! apprit-il à la tsarine. Il visita Londres et fit du lèche-vitrines, escorté par un certain colonel Clarke qui ne le quitta pas d'une semelle pendant son séjour. Il s'amusa au bal et dansa beaucoup « mais n'ai pas vu de très belles dames ». Il préférait les femmes de la haute société qu'il voyait monter à cheval à Rotten Row le matin. Un jour, il alla écouter un discours de Gladstone à la Chambre des communes. Une autre fois, avec l'oncle Affie, il rendit visite à la reine Victoria, qui lui remit à Windsor l'ordre de la Jarretière. Aimable, il qualifie l'auguste souveraine de « grosse boule perchée sur des jambes chancelantes ». À chaque apparition publique du tsarévitch, des acclamations fusaient. Sa ressemblance frappante avec le duc d'York enflammait l'imagination du peuple. La reine

Victoria s'amusait « des drôles de méprises sans fin » que cela entraînait, « l'un étant pris pour l'autre ! ».

« Le grand jour, attendu avec tant d'impatience, se leva enfin, radieux mais d'une chaleur accablante[24] », note la reine Victoria dans son journal le 6 juillet. Dans son lit au palais de Buckingham le matin même, elle entendait déjà « le bourdonnement lointain de la foule » et, par sa fenêtre, elle aperçut des troupes d'infanterie, de cavalerie et de volontaires. À onze heures et demie précises, une première procession de douze landaus rouge et or tirés par quatre chevaux blancs chacun conduisit à la chapelle royale les invités par ordre inverse de préséance. La seconde procession – le marié, son père et leur suite – partit à midi moins le quart. La foule se répandit en acclamations. Puis vint la reine en carrosse escorté par la cavalerie de la maison royale. À ses côtés se tenait la duchesse de Teck, radieuse. D'autres hourras fusèrent. Enfin, au son des cris les plus enthousiastes arriva la mariée : la princesse May de Teck en personne auprès de son père le duc. Elle portait une robe blanc et argent d'une exquise simplicité, décorée de roses, de trèfles et de chardons*. Une petite couronne de fleurs d'oranger, de myrte et de bruyère blanche lui ceignait le front. Un diadème offert par la reine, orné d'un unique diamant et de la rose blanche d'York, retenait son voile. Elle salua la foule en souriant modestement. Dix demoiselles d'honneur l'accompagnaient. Lorsqu'elle entra dans la chapelle, son promis, le prince George, en uniforme de la marine, s'inclina devant elle. « J'ai vraiment de la chance d'avoir une femme aussi gentille et charmante[25] », confia-t-il à son journal ce soir-là.

« Le jeune couple va s'installer au cottage de Sandringham, ce que j'estime *fâcheux* et regrettable[26] », écrit la reine Victoria à Vicky en pensant encore à Eddy. Ce n'était pas l'avis de Georgie, qui n'aimait séjourner nulle part

* Emblèmes de l'Angleterre, de l'Irlande et de l'Écosse. [N.d.T.]

ailleurs autant qu'à Sandringham, dans son *bachelor's cottage* rebaptisé pour la circonstance York Cottage. Il y passerait les trente-trois années suivantes. Harold Nicolson, dans sa délectable biographie de George V, nous en livre une description mémorable : « une morne petite villa, cernée de fourrés et de rhododendrons (...) les chambres aux boiseries en chêne fumé, aux miroirs ovales enchâssés dans les dessus de cheminée blancs, aux carreaux en porcelaine de Doulton, et aux verrières en éventail ne se distinguent en rien de celles de n'importe quelle maison de Surbiton ou d'Upper Norwood[27] ». Comment mieux illustrer que la monarchie britannique avait plus de points communs avec l'homme de la rue qu'avec les snobs des classes supérieures que critiquait tant la reine Victoria ? L'exiguïté des chambres glaciales et mal éclairées, si peu nombreuses qu'il était impossible d'accueillir des invités, ne gênait pas le duc d'York, loin de là. Lorsque la famille s'agrandit au fil du temps, les enfants se retrouvèrent au dernier étage, sous les mansardes en pastiche Tudor. Les secrétaires privés travaillaient dans leurs chambres, faute de place suffisante pour un bureau. Un seul et unique téléphone était placé dans le couloir. Les domestiques habitaient des cottages disséminés sur le domaine. Dans un accès d'enthousiasme, avant l'arrivée de son épouse, le duc d'York meubla son intérieur en style résolument moderne en dévalisant le grand magasin Maple de Tottenham Court Road.

Nicky espérait retrouver la princesse Alix de Hesse au mariage de George mais celle-ci dut refuser l'invitation à cause de ses moyens financiers limités. Nicky et Alix ne s'étaient revus que deux fois : à l'hiver 1889, lors d'une visite d'Alix à sa sœur Ella à Saint-Pétersbourg puis au début de l'année 1893, aux noces de Mossy, la sœur du Kaiser, à Berlin.

En 1889, Nicky, âgé de vingt ans, suivait le chemin habituel des héritiers du trône en servant comme officier des gardes de Preobrajensky, le régiment d'élite de l'armée russe. À l'instar de Willy en Allemagne, mais à l'inverse de Georgie en Angleterre que personne ne s'attendait à voir régner un jour, Nicky commença dès ses dix-sept ans sa formation au métier de tsar comprenant des leçons d'histoire, de droit international et d'art de gouverner dispensées par des hommes politiques, des universitaires et des militaires de premier plan. Nicholas Boungue, un ancien ministre des Finances, lui apprit l'histoire de l'économie en général et celle de la Russie en particulier. Boungue, un homme charmant, très humain, libéral par instinct autant que par son éducation, connaissait à merveille les mécanismes du capitalisme et le système bancaire des autres pays d'Europe. La principale influence que subit Nicky resterait tout de même celle de Pobedonostsev : l'ancien tuteur d'Alexandre III, le conservateur pur et dur qui avait récrit le manifeste du tsar selon des principes nettement moins démocratiques, secrétaire en chef du saint-synode sous les règnes d'Alexandre et Nicolas. Ses opinions ne varièrent jamais d'un pouce : la démocratie, dangereuse, mènerait au désastre un empire aussi vaste et ingouvernable que la Russie. Un seul système convenait à ce pays : une monarchie autocratique s'appuyant sur la police, l'armée et les conseils d'une élite triée sur le volet. La religion et la nation étaient les pierres angulaires de la vie des Russes, et le tsar, l'autocrate de toutes les Russies, régnait en maître absolu sur l'une comme sur l'autre.

Pour l'heure, le futur autocrate de toutes les Russies se donnait du bon temps au mess des officiers avec les jeunes aristocrates de son régiment élitiste à la même tournure d'esprit que lui. Comme Willy en Allemagne, Nicky adorait l'armée, ses traditions, ses uniformes, ses codes d'honneur. Élevé sous surveillance policière dans l'atmosphère surprotectrice des palais impériaux fortifiés, Nicky vécut son entrée au régiment comme une enivrante libération. « Je suis plus heureux que je ne saurais le dire, d'avoir rejoint l'armée », écrit-il à sa mère depuis le camp de Krasnoïe Selo en juin 1887. Des manœuvres occupaient ses matinées et des exercices de tir, ses après-midi ; ou l'inverse. Le reste du temps, c'était la routine. « J'aime terriblement mon bungalow et, si tu le voyais, Maman chérie, tu en tomberais sans doute amoureuse. Ma petite chambre et mon cabinet sont confortables à souhait et ravissants. La salle à manger est plutôt grande, comparée à eux. L'une de ses portes donne sur une terrasse et un petit jardin qui mène droit à l'allée centrale. On déjeune à midi et on dîne à 8 h ; avec sieste et thé entre les deux. Les dîners sont très joyeux ; on est bien nourris. Après manger, les officiers s'entraînent dur sur le *pas-de-géant* ou jouent au billard, aux quilles, aux cartes ou aux dominos. Je joue toujours aux quilles malgré le mauvais état de la piste[28]. »

« N'oublie jamais que tout le monde a les yeux fixés sur toi en attendant de voir à quoi ressembleront tes premiers pas *indépendants* dans la vie », lui répondit sa mère. « Sois toujours poli et courtois envers tout le monde, fais en sorte de bien t'entendre avec tous tes camarades sans distinction mais sans trop de familiarité non plus et n'écoute *jamais* les flatteurs[29]. » Nicky suivit probablement ce conseil mais la vie à l'armée, on sait ce que c'est. « Je me suis réveillé en ayant l'impression qu'une escadre avait passé la nuit dans ma bouche », confia-t-il à son journal, mais pas à sa mère.

Le 30 janvier 1889, Nicky attendit Alix à la gare de Saint-Pétersbourg « en uniforme ». Le comité d'accueil comprenait aussi son père le tsar, Ella, Sergueï et divers grands-ducs. À dix-sept ans, Alix voyageait encore avec son père Louis de Hesse, qui l'élevait depuis la mort de sa mère, et son frère Ernie. Ils se rendirent en voiture au palais Anitchkov où tante Minny, la tsarine, les attendait pour prendre le thé. « Elle a beaucoup grandi et embelli », nota ce soir-là Nicky dans son journal. Alix logeait chez Ella et Sergueï. Tout l'hiver se succédèrent des soirées au théâtre, des bals à la cour et des réceptions. Alix, qui elle aussi tenait un journal intime, y décrivit une journée typique, le 29 janvier : « J'ai patiné et fait de la luge l'après-midi au jardin du palais Anitchkov. Souper à 7 h ½ puis Ella et moi sommes allées au palais d'hiver nous habiller pour le bal (diamants blancs, fleurs et ceinture blanches[30]). » Elle précise qu'elle a dansé un quadrille avec Paul et un cotillon avec Nicky. Le lendemain, celui-ci ajouta : « sur la patinoire, on s'est beaucoup amusés avec tante Ella et Alix. Après les *zakouska*, je suis allé avec Papa et Maman au *Mikado* où on a tous bien ri ».

Nicky passa beaucoup de temps en compagnie d'Ella, Sergueï et Alix. Le 16 février, ils s'en allèrent tous quatre patiner puis, le soir venu, au théâtre français où l'on jouait alors *L'Assommoir*, d'après Zola. « Un drame terrible », commente Nicky, qui ne raffolait pas trop des excès de réalisme. Quelques jours plus tard, Ella et Sergueï organisèrent un dîner en famille suivi de danses. « On a dansé jusqu'à tomber de fatigue : on a passé une merveilleuse soirée. J'ai dansé la mazurka avec Alix[31] », note Nicky dans son journal. Deux jours plus tard, il ajoute : « j'étais d'humeur très animée, je ne sais trop pourquoi ? ». Le lendemain, ils jouèrent à cache-cache, comme des enfants. Le 11 mars, après des parties d'échecs contre Alix toute la soirée, il avoue : « J'étais d'humeur sombre. » Alix devait partir le jour suivant.

Ils entamèrent une correspondance en anglais, la seule langue qu'ils comprenaient l'un et l'autre. « C'est si gentil de ta part de m'écrire, ça m'a fait très plaisir[32] », lui confia Alix de retour à Darmstadt. « Merci beaucoup pour ta chère petite lettre », lui répond Nicky de Saint-Pétersbourg en ajoutant qu'il venait d'abattre son premier ours à la chasse ce jour-là. « Avec beaucoup d'amour, ton Nicky à jamais aimant », conclut-il. Ella et Sergueï s'ingéniaient à attiser leur flamme. Ella donna à Nicky une photo d'Alix en robe de bal – « une charmante photo, qui se trouve constamment sous mes yeux », avoue l'intéressé. En juin, Nicky mit Ella dans la confidence. « Cher Nicky », lui répondit-elle, « toute la journée, j'ai pensé et repensé à notre conversation et ton petit message que je viens de recevoir m'a fait grand plaisir, merci du fond du cœur ». Elle raconta tout à Sergueï mais ne dirait rien à personne d'autre. Bien entendu, elle venait aussi d'écrire à Alix. Nicky savait-il qu'il suffisait de prier dans une église sur le point d'être consacrée pour voir ses vœux réalisés ?

La reine Victoria appréhendait le départ d'Alix pour la dangereuse Russie. De toute façon, elle savait très bien qui tirait les ficelles. « C'est à propos d'Alicky et N [Nicky] », annonce-t-elle dans une lettre à Victoria, la sœur d'Ella et Alix, qui vivait en Angleterre depuis son mariage avec Louis de Battenberg. « Tu m'assurais qu'il n'y avait rien à craindre de ce point de vue mais je sais avec certitude que (…) dans votre dos, Ella et Sergueï font tout ce qu'ils peuvent pour que cela arrive, ils encouragent même et pressent le Garçon de prendre les devants ! – j'ai promis de ne pas dire qui me l'a raconté – mais à toi, je dois l'avouer : c'est tante Alix, qui le tient de tante Minny, que tout ceci contrarie. Tu ne dois surtout pas mentionner le nom de tante Alix mais ça ne peut pas continuer (…) L'état de la Russie est si détestable, si pourri qu'à tout moment quelque chose d'horrible risque d'arriver et même si ça ne change rien pour Ella, l'épouse du *Thronfolger* [l'héritier du trône] se retrouverait, elle, en fâcheuse posture[33]. » Il y avait beaucoup de vrai là-dedans, comme le prouverait l'avenir, mais les objections de Victoria restent avant tout celles d'une grand-mère qui ne souhaite pas perdre sa petite-fille préférée. Quand reverrait-elle Alicky si celle-ci s'installait en Russie ? Revoilà l'éternel problème des répercussions publiques de certaines relations personnelles. « Ça serait du plus mauvais effet ici et en Allemagne (où l'on n'apprécie pas la Russie) et il en résulterait une séparation entre nos familles. »

En Russie, le tsar ne débordait pas non plus d'enthousiasme. Pour le moment, il avait d'autres chats à fouetter. En novembre 1890, quatre terroristes furent condamnés à mort par pendaison, dont une femme à la sentence commuée par la suite. Leur groupe entretenait des liens avec des révolutionnaires qui fabriquaient des bombes à Zurich et avec une cellule nihiliste à Paris qui projetait d'attenter à la vie du tsar. Survint alors la terrible famine de 1891 présentée par les pamphlets séditieux des nihilistes comme la conséquence inévitable du régime politique qu'il fallait remplacer de toute urgence par une assemblée nationale. L'activité des révolutionnaires redoubla. La police découvrit des presses à imprimer clandestines dans sept villes différentes. En sortaient des proclamations « à la nation persécutée et opprimée » qui se terminaient ainsi : « Vive la liberté ! Vive la révolution ! » Deux cent quarante personnes furent arrêtées rien qu'à Moscou ; dont quatorze fonctionnaires, quatre maîtres d'école, et six officiers, issus pour certains des classes supérieures instruites. Après une tentative d'assassinat du tsar, plusieurs étudiants furent appréhendés puis pendus. L'un d'eux n'était autre que le frère de Lénine. Les douanes découvrirent quatre caisses de dynamite destinées à exploser pendant la visite du tsar à l'exposition française de Moscou.

Le pays était en crise. Les mesures de répression sévères qui suivirent aggravèrent encore la situation. Mr Lowe du *Times*, que le tsar Alexandre III avait tant impressionné quelques années plus tôt, le jugea soudain réactionnaire et trop influencé par Pobedonostsev. Sa source habituelle, « Mr Lanin », lui rappela que le tsar vivait coupé du quotidien dans ses palais impériaux gardés en permanence et grouillant d'espions. Lorsqu'il voyageait à bord de son train impérial, des soldats montaient la garde le long des rails. « N'importe quel homme ayant vu, comme lui, son père attaqué, mourir de ses blessures ; ayant plus d'une fois lui-même réchappé de justesse à un tel destin (...) ne doute plus que les cheveux de sa tête sont tous comptés[34] », déclara Mr Lanin à Mr Lowe.

Nicky entama une tournée de neuf mois en Orient en passant par la Grèce et l'Égypte afin de parfaire son éducation en vue de son futur rôle politique. Il partit avec son frère cadet, Georgeï, son cousin le prince Georges de Grèce, deux de ses amis : les princes Bariatinski et Obolenski, et le Dr Rombach, le médecin de la cour. Divers spécialistes les rejoignirent au fil de leurs étapes pour leur transmettre leurs connaissances, dont le prince Ukhtomski, un expert en religion et culture asiatiques et M.K. Onu, une autorité en matière de politique moyen-orientale, qui se joignit au groupe en Égypte. Sir Donald Mackenzie Wallace les escorta en Inde. Le tsar et la tsarine espéraient peut-être qu'en s'éloignant, Nicky oublierait la belle danseuse Mlle Kshessinskaya avec laquelle il avait eu une brève liaison, mais sans doute souhaitaient-ils avant tout qu'il oublie la princesse Alix de Hesse.

À son arrivée en Inde, où le gouvernement britannique lui réserva un accueil pompeux à souhait, le frère de Nicky, Georgeï, se trouva mal. Il dut retourner en Russie où l'on diagnostiqua la tuberculose. Le reste de la compagnie se rendit au Siam puis en Chine et au Japon en mai. Là, le voyage se termina brusquement. Un policier brandissant une épée attaqua Nicky alors qu'il visitait la ville d'Otsu. Seule la prompte réaction du Georges grec, qui bondit sur l'assaillant, sauva Nicky de la mort. Il en conserverait une cicatrice à la tête pour le restant de ses jours. Personne n'élucida jamais le motif de l'attaque mais elle décida les voyageurs à plier bagage. En apprenant la nouvelle, la tsarine écrivit à son fils, bouleversée : « Mon plus que très cher Nicky, Dieu soit loué ! Rien ne saurait te dépeindre les larmes d'angoisse avec lesquelles nous avons reçu cette TERRIBLE nouvelle ! Je n'en croyais pas mes yeux et j'ai pensé que je devenais folle. Quelle chance que ton télégramme où tu nous disais que tu ne craignais plus rien nous soit parvenu en premier (...) Quelle joie que tu quittes cet horrible Japon aujourd'hui le 7 mai pour Vladivostok. L'impératrice Haruko m'a envoyé chaque jour de tes nouvelles par les télégrammes les plus touchants[35]. »

Nicky marqua une halte en Sibérie, à Vladivostok où il assista à la bénédiction du chantier de construction du Transsibérien. On compte parmi les plus précieux legs d'Alexandre III à la Russie, outre le maintien de la paix hors des frontières si ce n'est à l'intérieur du pays, de grandes réalisations du génie civil : routes, ponts, chemins de fer, qui contribuèrent à faire entrer dans la modernité cet immense empire à la traîne. Sergueï Witte, à l'époque ministre des Finances, suggéra au tsar de nommer Nicky président du comité pour la construction du chemin de fer, en pensant que cela le préparerait à son futur rôle. Le tsar s'y opposa. « Mais c'est encore un enfant ! » protesta-t-il. « Il juge de tout comme un enfant, comment pourrait-il présider un comité[36] ? » Nicky avait alors vingt-quatre ans. Witte obtint gain de cause et Nicky assista à la cérémonie. On le nomma en outre directeur du comité spécial pour remédier à la famine, ce qui lui permit fort utilement de rencontrer certains hauts fonctionnaires russes en découvrant la dure réalité de la vie quotidienne dans l'empire.

En août 1891, Nicky retrouva ses grands-parents au Danemark, où il discuta longuement avec son cousin Georgie. En décembre, à Gatchina, il tâta le terrain auprès de ses parents au sujet d'Alix. « Forcément, cette conversation a touché la corde sensible en moi et ce *rêve* et cet *espoir* avec lequel je vis jour après jour. Voilà déjà un an et demi que j'en ai parlé à Papa à Peterhof et depuis rien n'a changé, ni en mieux ni en pire[37] ! » confie-t-il à son journal le 2 janvier 1892. « Mon rêve : épouser un jour Alix H., je l'aime depuis longtemps mais plus encore depuis les six semaines de son séjour à Saint-Pétersbourg à l'hiver 1889 ! J'ai longtemps lutté contre mes sentiments en essayant de me leurrer sur l'impossibilité de réaliser mon vœu le plus cher ! Mais depuis qu'Eddy a renoncé ou essuyé un refus, le seul obstacle entre nous – c'est la religion. »

La religion et ses parents, et aussi, certains jours, lui-même. Il reconnaît ainsi qu'il éprouvait encore des sentiments pour la danseuse Kshessinskaya. « Quelle chose surprenante que le cœur ! En même temps, je n'arrête pas de songer à Alix ! Faut-il en conclure que je suis très épris[38] ? » Épris ou pas, il n'eut bientôt plus à se poser la question puisque Alix lui écrivit du Danemark, l'été suivant le mariage de Georgie et May à Londres, qu'elle ne l'épouserait pas faute de pouvoir changer de religion. Un peu plus tôt cette année-là, ils s'étaient retrouvés au mariage de Mossy à Berlin. Nicky avait cependant à peine vu Alix, et encore moins parlé avec elle. Mais Willy l'avait harcelé jusqu'à ce qu'il se laisse décorer de l'ordre de l'Aigle noir. « Il a fallu que j'enfile un manteau rouge particulièrement inconfortable – j'ai failli étouffer de chaleur, là-dessous[39] ! » confie-t-il à son journal. La cérémonie du mariage ne lui plut pas non plus. « Je n'ai pas aimé le service. Il y a eu des chants, un peu de musique, le pasteur a fait un sermon – et voilà ! – rien qui fasse sentir que le mariage est un sacrement ! Dans la grande salle, les jeunes mariés ont reçu les félicitations les plus ennuyeuses au monde : chacun de leurs invités a dû s'incliner devant eux à tour de rôle – ce petit plaisir a duré deux heures. »

Il fallut attendre encore une année et un mariage pour que la situation de Nicky et Alix s'arrange. Le frère d'Alix, Ernie, épousa Ducky, la fille de l'oncle Alfred et de la tante Marie, à Cobourg. L'année précédente, Alix et Nicky s'étaient beaucoup écrit. Ella et Alix aussi. Sans compter Xenia, la sœur de Nicky. Alix ne voulait pourtant pas céder. Comme sa mère, la princesse Alice, elle adhérait à la religion protestante avec une ferveur quasi mystique :

elle avait en effet grandi en son sein. Jamais elle n'aurait l'esprit en paix si elle y renonçait. Se convertir à la foi orthodoxe lui semblait au-delà de ses forces.

Apparemment, personne ne releva que le frère d'Alix était mort de son hémophilie. Le 15 avril 1894, Nicky se rendit à Cobourg en train impérial. « Il faisait très chaud dans le compartiment », note-t-il dans son journal. « J'ai beaucoup transpiré et beaucoup lu. À 6 h 30 nous sommes arrivés à la frontière et nous avons continué à pleine vapeur dans nos trois wagons-lits. Oncle Vladimir et tante Michen, oncle Sergueï et tante Ella, oncle Pavel et moi, avec tous nos domestiques. » Une garde d'honneur les attendait à la gare de Cobourg le lendemain après-midi. Tout le monde assista au mariage, même l'oncle Bertie, le Kaiser et la reine Victoria. Vu son peu d'estime pour Ernie, elle ne vint probablement qu'afin de garder un œil sur Alix et Nicky. « Mon Dieu ! Quelle journée ! » écrit Nicky deux jours plus tard. « Après le café à 10 h environ, Ernie et Alix sont arrivés chez tante Ella. Elle a remarquablement embelli mais m'a paru bien triste. Ils nous ont laissés seuls et nous avons entamé la conversation qu'il me tardait tant d'avoir et que je redoutais cependant. Nous avons parlé jusqu'à 12 h mais sans succès, elle ne veut toujours pas changer de religion. Elle a beaucoup pleuré, la pauvre. »

Le mariage eut lieu le 19 avril. Suivit un déjeuner en famille. L'après-midi, Nicky partit se promener avec l'oncle Vladimir. Ils rentrèrent juste avant la tempête. Toute la nuit, il plut à verse. Le soir, ils dînèrent avec tante Marie « en uniforme, à cause de l'empereur qui ne s'habille jamais en civil ». La veille, jusqu'à une heure du matin, Willy avait tenté de convaincre Nicky d'épouser Alix : leur union resserrerait fort utilement l'alliance entre l'Allemagne et la Russie. Malgré la peine qu'il se donnait, Willy n'entretenait avec Alexandre III qu'une relation cordiale, certes, mais protocolaire. Une fois Nicky devenu tsar, les obstacles s'aplaniraient. Ce serait plus simple alors d'arranger les choses « entre collègues » considérant d'un même œil le dangereux système libéral et démocratique de l'Angleterre dont le souverain, même lorsqu'il se montrait aussi redoutable que la reine Victoria, restait subordonné au parlement. Selon Willy, lorsque la reine viendrait à mourir, l'oncle Bertie, « le vieux paon », hériterait du trône et la monarchie anglaise s'affaiblirait encore.

« Un jour inoubliable, merveilleux, celui de mes fiançailles à ma chère Alix bien-aimée[40] », nota Nicky dans son journal le 20 avril. « Elle est venue chez tante Michen à 10 h passées et, après qu'elles eurent discuté ensemble, je lui ai parlé. Seigneur, je me sens soulagé d'un poids (...) Wilhelm se tenait dans la pièce adjacente avec les oncles et les tantes, il attendait l'issue de notre entretien. » En effet, il attendait ! Par la suite, il s'attribua même le mérite de leur union en prétendant que lui seul avait su apaiser les craintes d'Alix quant à sa conversion à la foi orthodoxe. « J'ai pleuré comme un enfant et elle aussi », écrit Nicky à sa mère, « mais son expression avait changé ; un doux contentement illuminait son visage ». Comme si Alix, en cédant enfin, venait d'embrasser une nouvelle religion vouée au culte de Nicky ; qui à son tour se vouerait au culte d'Alix. « Le monde entier a changé à mes yeux », avoua-t-il à sa mère, « la nature, les hommes, tout ». On célébra ce jour-là un service d'action de grâces. Des télégrammes de félicitations commencèrent à affluer. Le soir, l'ensemble de cordes du régiment bavarois donna un concert à la cour. Le lendemain matin, les dragons de la reine Victoria, ne voulant pas être en reste, exécutèrent un programme entier sous les fenêtres de Nicky. Un peu plus tard, l'oncle Bertie insista pour qu'on prenne une photo de groupe au jardin. Le soir, la reine en personne assista au dîner. Comme Wilhelm, sa mission menée à bien, venait de s'en aller, Nicky put s'habiller en smoking.

« Mon cher vieux Nicky ! » lui écrivit Georgie, heureux en ménage à York Cottage, le 21 avril. « Je te souhaite, à toi et Alix, toute la joie et tout le bonheur possibles, maintenant et à l'avenir[41]. » La mère de Nicky, résignée à l'inévitable, lui écrivit avec un enthousiasme forcé de sa « prison » de Gatchina : « Mon cher Nicky adoré ! Je ne saurais t'exprimer le *plaisir* et la *grande* joie que m'a procurés l'heureuse nouvelle ! La tête me tournait presque tant je débordais de joie[42] ! » Elle voulait qu'Alix l'appelle « Maman chérie », comme sa sœur la princesse de Galles en Angleterre. Le tsar son père envoya une lettre à Nicky, sa sœur Xenia aussi, et même son frère Georgeï, qui souffrait pourtant de la tuberculose. Nicky et Alix passèrent de nombreuses heures à répondre aux courriers et aux télégrammes en se promenant et en discutant entre-temps. Depuis qu'elle avait pris sa résolution, Alix semblait plus détendue et heureuse. À la fin de ce séjour d'une semaine et demie, Nicky retourna en Russie. « Ma douce Alix bien-aimée ! Oh, c'était trop dur de te dire au revoir ainsi, devant des tas de gens qui nous observaient de tous côtés[43] ! » Ce même jour, Alix, de retour à Darmstadt, lui répondit, en anglais comme de coutume : « Mon Nicky chéri adoré à moi, je viens de me coucher mais je n'arriverai pas à m'endormir tant que je ne t'aurai pas écrit puisque se parler, hélas, nous ne le pouvons pas. Oh, comme tu me manques, c'est indescriptible et j'aspire à passer deux heures seule avec toi. Pas de baiser pour se souhaiter une bonne nuit, c'est dur. Mais nos pensées se croiseront, n'est-ce pas ? » Ainsi commença la liaison passionnée qui ne se terminerait qu'à leur mort.

Fin avril, Alix retrouva sa grand-mère en Angleterre, au château de Windsor. Sitôt après le petit déjeuner avec Mamie, elle écrivit à Nicky qu'elle s'était installée dans son ancienne chambre en y disposant des photos de Nicky avec ses « grands yeux magnifiques ». Elle allait aussi se remettre au piano qu'elle avait honteusement négligé ces derniers temps. Elle signe : « ta petite Alix qui t'est profondément dévouée à jamais », en ajoutant en guise de post-scriptum : « Ton épouse, cela sonne drôle. Mon chéri, je n'arrête pas de penser à toi[44]. » Nicky lui répondit : « Bonjour mon trésor à moi ! Je viens de sortir de mon sommeil qu'une insolente chauve-souris a perturbé à trois heures du matin. »

Dans ses lettres à Alix, Nicky s'étend sur l'ennui que lui inspirait la vie à Gatchina : il étudiait le piano avec Xenia, lisait le *Times* mais ne voulait pas jouer à ces « maudites réussites » comme les autres. « Je revois encore ma douce petite chérie qui se retourne en me lançant un regard espiègle ; cela me fait penser à une certaine maison sur la route de Cobourg à Ketchendorf[45] !!! » lui écrit-il dans l'intimité de sa chambre. « Vilain ! » se plaint Alix, « comment oses-tu parler de mon regard espiègle et de la maison sur la route de Ketchendorf !!! » Décidément : très peu pour eux, la timidité de Georgie et May. Un autre jour, Alix fit étalage des quelques mots de russe qu'elle venait d'apprendre. « *Dorogoy mili Nicky* », commença-t-elle avant de revenir à l'anglais et à des préoccupations plus terre à terre : « cet idiot de Georgie prétend que tu dois porter des talons hauts et moi, des plats. Il dit que May ne veut pas renoncer aux siens mais lui en porte d'encore plus élevés ».

À la mi-juin 1894, Nicky partit pour l'Angleterre à bord du nouveau yacht impérial *Étoile polaire* que lui avait prêté son Papa. Il emmena avec lui le frère Yanisheff, un prêtre orthodoxe russe chargé de préparer Alix à sa conversion. Le 20 juin, ils pénétrèrent dans l'estuaire de la Tamise, salués par le destroyer *Thunderer* sur lequel le cousin Georgie avait autrefois servi. De Gravesend, le train royal les conduisit à Walton-on-Thames où Alix les attendait chez sa sœur Victoria. Nicky trouva sa promise « plus charmante et plus belle que jamais ». Le 22, ils rejoignirent Mamie à Windsor. Des excursions à Londres succédèrent aux visites à Sandringham chez l'oncle Bertie, dont l'entourage scandalisa Nicky – en particulier le baron Hirsch, un magnat des chemins de fer juif qui le pressa un brin lourdement de venir en aide aux juifs opprimés de Russie. À Windsor, Nicky reçut une délégation de maisons de commerce russes. Le lendemain, il assista à une messe avec Mamie et Alix au mausolée du prince Albert. Enfin, le 9 juillet, il se rappela qu'il devait écrire à sa mère. Il l'informa qu'Alix et lui venaient d'aller voir le bébé de Georgie et May puis il ajouta qu'il comptait retourner en Russie le 9 juillet, un mois et un jour après son arrivée. Cette courte lettre ne semble pas moins affectueuse que les précédentes, pourtant il n'y a pas à s'y méprendre : Nicky avait reporté son affection sur sa future épouse.

Pendant ce temps, Georgie menait une vie de couple heureuse. Lui et May organisèrent leur premier dîner le 4 mars à York Cottage, en famille. Le menu se composait d'huîtres, de potage et de bouillon, de soles et de turbots, de mouton, de poulet, de cailles, d'asperges, d'un soufflé, d'une tarte à l'abricot et de sorbets. Quelques jours plus tard, à un autre dîner, officiel, celui-là, il invita Lord Rosebery et Mr Gladstone : le nouveau Premier ministre et l'ancien, à la retraite depuis peu. Le premier enfant des York vit le jour en juin. La reine Victoria exigea aussitôt qu'on prénomme Albert son arrière-petit-fils et futur héritier. Armé de majuscules, Georgie se tenait prêt à la riposte : « Bien avant la naissance de notre cher petit, May et moi avons décidé que si c'était un garçon, il s'appellerait Edward comme notre cher *Eddy. C'est là notre souhait le plus cher*, Bonne-maman, car le nom d'Edward est SACRÉ pour nous[46] », lui écrit-il le 1er juillet. La reine Victoria répliqua le lendemain : « Bien entendu, si tu souhaites le prénommer Edward, je ne m'y opposerai pas, seulement tu me l'annonces comme si ce cher Eddy se prénommait *vraiment Edward* alors que non : il s'appelait *Albert Victor.* »

Sans se laisser démonter, ce soir-là, le 2 juillet, Georgie, fidèle à son habitude, résuma sa journée dans son journal. « Lever à 8 h. Ai vu May et le bébé[47]. » À neuf heures, il se rendit à York Cottage où il prit son petit déjeuner avant d'assister à une messe de requiem « en uniforme » avec Papa et l'oncle Affie. Vint ensuite un déjeuner en famille à Marlborough House, trente-quatre convives, précise Georgie, toujours attentif aux chiffres exacts, dont Alix et Nicky. Après manger : « Ai parlé à Nicky et Alicky dans la chambre de ma sœur. » À Copenhague, Cobourg ou Londres, les deux cousins trouvaient toujours le temps de dialoguer. Le soir, Georgie, de retour chez lui, dîna avec May. Puis ils firent une réussite avant de se « coucher à minuit ». Lorsqu'il ne jouait pas aux cartes, Georgie lisait les journaux pendant que May tricotait, ou alors il fumait une cigarette. Georgie aimait surtout s'occuper de sa collection de timbres – passion communiquée par l'oncle Affie qui avait hérité de ce « cher petit pays » de Cobourg en 1893.

Une semaine après sa conversation avec Georgie dans la chambre de Toria à Marlborough House, Nicky partit pour Saint-Pétersbourg en s'arrêtant au Danemark chez Amama et Apapa. Sitôt rentré chez lui, il écrivit à Alix : « Je suis à toi entièrement et pour toujours, âme et esprit, corps et cœur, tout est à toi, à toi[48] ». Alix lui répondit : « Oh, mon chou, si seulement je t'avais à côté de moi, j'ai trop envie de toi, un désir fou s'empare de moi et je ne tiens plus en place. » Les préparatifs du mariage fixé au mois de janvier allaient déjà bon train. La reine Victoria ne s'en félicitait pas vraiment malgré le succès de la visite du « charmant » Nicky en Angleterre. « Mes craintes à propos de ce futur mariage reprennent le dessus et mon sang se fige quand je pense qu'elle est encore si jeune[49] », confia-t-elle à la princesse Victoria, à Walton-on-Thames. « Sur ce trône si peu sûr, sa précieuse vie, et celle de son mari plus encore, seront constamment menacées, et moi,

Je ne pourrai plus la voir ou très rarement. C'est un grand souci de plus dans mes vieux jours ! Oh ! Comme j'aimerais ne pas devoir perdre ma douce Alicky. » La reine Victoria ne semblait pas partager l'opinion selon laquelle seule une monarchie autocratique assurerait un avenir stable à la Russie.

En octobre, le tsar, pourtant réputé pour sa vigueur, tomba gravement malade. Il souffrait des reins depuis quelques mois. Aucun des spécialistes appelés à son chevet ne parvint à le guérir. Son état empira bientôt tant qu'on ne douta plus de sa mort prochaine. Il pria Alix de venir le rejoindre au palais de Livadia, près de Yalta en Crimée. Nicky s'y trouvait déjà. Jamais un tsar n'avait hérité du trône, célibataire. Alix arriva le 10 octobre, en compagnie d'Ella. Nicky s'en fut l'accueillir à la gare et ensemble ils se rendirent à Livadia en carrosse ouvert. Le long de la route, des villageois les saluèrent en leur lançant des fleurs et des grappes de raisin. Dix jours plus tard, le tsar était mort.

« Mon Dieu, mon Dieu, quelle journée[50] ! » note Nicky dans son journal, le 1er novembre. « Le Seigneur a rappelé auprès de lui notre cher papa bien-aimé. La tête me tourne, je ne peux tout simplement pas le croire – ça me paraît inconcevable, quelle terrible chose. » Personne ne voulait y croire. Le tsar n'avait que quarante-neuf ans. « L'empereur Alexandre III est mort comme il a vécu », commenta Sergueï Witte, bouleversé, « en bon chrétien, en fils dévoué de l'église orthodoxe, en homme simple, fort et honorable. Le monde entier reconnaît avoir joui de la paix sous son règne grâce à son grand amour de la paix, un amour qu'il n'exprimait pas en paroles – il ne se perdait pas en vains discours et n'organisait pas des conférences internationales – mais par ses actes, sa fermeté et son entier dévouement à la paix[51]. » Nicky, le nouvel empereur, frêle de carrure et pas préparé du tout à sa tâche, parvint à peine à faire face à la situation. Son cousin

Sandro, le mari de sa sœur Xenia, mit sans hésiter le doigt sur le problème. « Il [Nicky] m'a pris par le bras et m'a conduit en bas dans sa chambre. On a pleuré ensemble, encore et encore, dans les bras l'un de l'autre. Il ne parvenait pas à rassembler ses esprits. Il savait qu'il était désormais empereur et le poids de sa tâche terrifiante l'écrasait. "Sandro, que vais-je faire ?" s'est-il exclamé d'un ton pathétique. "Je ne suis pas prêt à régner. Je n'ai jamais voulu devenir tsar. Je ne connais rien au gouvernement d'un empire. Je n'ai même pas la moindre idée de la manière dont il faudra que je m'adresse aux ministres[52]." »

10.

NICKY ET WILLY

Le prince et la princesse de Galles partirent pour Livadia le 30 octobre 1894 afin de soutenir Minny au moment où celle-ci en avait le plus besoin. Le lendemain soir, à Vienne, ils apprirent la mort du tsar. Ils arrivèrent à destination le 4 novembre. Le 5, le prince de Galles pressa Georgie de venir aux funérailles à Saint-Pétersbourg « par respect pour la mémoire de ce cher oncle Sacha » mais aussi parce que « c'est une occasion à ne pas manquer de visiter la capitale de la Russie ». « Ta pauvre Maman est toute retournée », ajoute-t-il. « C'est le voyage le plus éprouvant et le plus triste que j'aie jamais entrepris[1]. » Au palais, les deux sœurs partagèrent la même chambre tandis que Bertie disposait d'une suite personnelle avec vue sur la mer.

Le 10 novembre, le convoi funèbre entama son long périple en chemin de fer jusqu'à Saint-Pétersbourg via Sébastopol et Moscou. La famille du tsar devait escorter sa dépouille embaumée dans son cercueil. Le train s'arrêta dans les grandes gares où se massèrent d'immenses foules et où les hommes d'église des environs récitèrent des prières pour le repos de l'âme du défunt. La présence d'Alix réconforta Nicky qui ne la quitta pas d'une semelle. Sergueï Witte se tenait parmi la multitude de courtisans et d'officiers attendant le train à Saint-Pétersbourg. « L'empereur Nicolas II, encore un jeune homme, descendit du train, suivi de deux femmes. Naturellement, il me tardait de découvrir notre future impératrice, que je ne connaissais pas encore, et par erreur j'ai cru que c'était la plus jolie des deux. Je n'en revins pas lorsqu'on m'annonça que la plus jolie était en réalité sa tante, la princesse Alexandra, l'épouse d'Édouard, le prince de Galles. Non seulement notre future impératrice avait moins belle allure mais elle semblait moins avenante que sa tante. Bien sûr, elle était jolie aussi, et l'est encore toujours mais le pli de sa bouche trahissait comme une contrariété permanente[2]. »

La procession funèbre se rendit de la gare à la cathédrale Saint-Pierre-et-Saint-Paul, où, pendant deux jours et deux nuits, les sujets du tsar défilèrent solennellement devant son cercueil ouvert. Georgie venait d'arriver, tout comme ses grands-parents le roi et la reine de Danemark, et les rois de Grèce, Roumanie et Serbie. Le Kaiser, à l'emploi du temps surchargé, ne trouva pas le temps de venir : il envoya à sa place son frère le prince Henri accompagné d'une lettre. « Mon cher Nicky, la lourde tâche que t'a destinée la providence vient de t'échoir tout à coup, à la mort inattendue et prématurée de ton cher père regretté[3]. » Dans son anglais guindé, il passe ensuite à des considérations non plus personnelles mais politiques. « Je ne peux que te réitérer l'expression de ma confiance absolue en toi et l'assurance que je continuerai toujours d'entretenir les liens amicaux de longue date qui unissent ta maison à la mienne. » Willy, ce qui n'a rien d'étonnant de sa part, ne comprit pas que les actes en disent plus long que les discours. Sa présence à Saint-Pétersbourg aurait sans doute mieux servi ses intérêts.

Le prince de Galles assista aux longues cérémonies sans se plaindre une seule fois, même lorsqu'il lui fallut embrasser le tsar dans son cercueil ouvert. Il n'était que trop conscient de l'importance de maintenir d'excellentes relations avec son neveu, le nouveau tsar, et sa nièce, la future tsarine, qui par chance était aussi sa filleule. Il se montra partout et s'entendit avec tout le monde. Il se mêla même de diplomatie en discutant des relations anglo-russes avec le ministre des Affaires étrangères, Nicolas Griers. Il convainquit la reine Victoria de nommer Nicky colonel honoraire des gardes écossais ; en échange, Nicky lui décerna le titre de colonel honoraire du 27e régiment de dragons des gardes de Kiev. « Nicky fait tout ce qu'il faut sans éclat mais il est par nature timide », écrit-il à sa mère le 11 novembre. « Le peuple éprouve sans aucun doute de la loyauté et de l'attachement envers l'empereur et sa famille ; il désire seulement qu'on lui fasse confiance et si Nicky adopte des vues libérales et se montre tolérant envers ses sujets, on ne trouvera pas de souverain plus populaire dans ce pays[4] », ajouta-t-il avec une inquiétante clairvoyance.

Jusqu'à ce que son père réclame sa présence à Saint-Pétersbourg, Georgie passait un paisible été. Le 6 août, il avait écrit à May, de Cowes : « William est arrivé ici en yacht cet après-midi & je viens de le voir, il a l'air en pleine forme, il m'a demandé de tes nouvelles & de celles du bébé (...) Là, je vais avec Papa rendre une petite visite à William à bord du *Hohenzollern* mais j'espère qu'il sera sorti[5]. » Curieusement, William trouvait toujours le temps d'aller à Cowes. Le lendemain, Georgie apprit à May que William avait terminé la course deuxième avec son *Meteor*, et que lui et Papa l'avaient devancé de dix-sept minutes. Le 8 août encore, il rédigea une lettre à « ma petite femme chérie à moi tout seul[6] », comme tous les jours. En résumant la situation avec une candeur inattendue, il lui avoua : « Je sais que je suis, du moins je suis assez vain pour croire que je suis capable d'aimer n'importe qui (à condition qu'elle partage mes sentiments) de tout mon cœur et de toute mon âme et je suis sûr que j'ai trouvé cet objet d'amour en la personne de ma douce petite May. Tu sais aujourd'hui que je ne fais rien à moitié, quand je t'ai demandé de m'épouser, j'étais entiché de toi, mais pas très amoureux, puis j'ai découvert en *toi* la personne que j'étais capable d'aimer le plus profondément pour peu que tu partages mes sentiments (…) J'ai tenté de te comprendre et de te connaître, avec cet heureux résultat que je sais désormais que je *t'aime* ma chérie de tout mon cœur et je te suis tout *dévoué* (…) *je t'adore, ma douce May*, je ne peux pas mieux dire. »

La nouvelle de la mort du tsar, son oncle, frappa Georgie au plus haut point. « C'est une terrible calamité pour le monde entier, jamais on n'a connu homme plus honnête, plus généreux ou à la plus grande bonté de cœur », écrit-il dans son journal au moment de se rendre à Saint-Pétersbourg avec Lord Carrington, le Lord Chambellan de la reine Victoria. Georgie logerait au palais Anitchkov avec les autres têtes couronnées. Le service funèbre du 19 novembre dura quatre heures. Georgie trouva tout de même le temps d'écrire à sa belle-mère : « Cette chère tante Minny m'épate, elle semble si calme, si résignée et courageuse ; c'est touchant de voir Nicky auprès d'elle – rien à voir avec l'attitude de quelqu'un qu'on connaît envers sa mère[7]. » De retour chez lui, il colla dans son journal le menu du 21 novembre, rédigé en français : *Sterlet à la moscovite, foie gras, canetons nantais, asperges à la hollandaise, mazarin aux fruits* et, pour finir sur une touche humoristique : *Bombe à la napolitaine*. « Dernier dîner de Nicky célibataire », nota-t-il le 25 novembre. « Ai discuté avec Nicky, Georgie et Waldemar. Coucher à 12 h 30[8]. » Voilà les cousins anglais, russes, grecs et danois, « le club » comme les appelait Georgie, à nouveau réunis.

« Le jour de mon mariage ! » nota Nicky dans son journal le 26 novembre. « Tout le monde s'est réuni autour d'une tasse de café avant de s'habiller : j'ai enfilé mon uniforme des hussards et à 11 h 30 je me suis rendu au palais d'hiver avec Misha[9] », c'est-à-dire son frère, le grand-duc Mikhaïl. La tuberculose dont il souffrait atrocement empêcha son autre frère Georgeï de quitter Livadia pour assister aux funérailles ou au mariage. « Des soldats guettant le passage de Maman et Alix bordaient la Nevsky tout entière. On a tous attendu dans la salle arabe qu'Alix s'habille au salon de malachite. À une heure moins dix, la procession s'est enfin mise en route pour l'église dont je suis sorti marié ! » Connaissant l'intérêt que sa souveraine portait aux détails, Lord Carrington se permit « de noter une ou deux choses dont les journaux ne parleraient peut-être pas[10] ». Le temps fut maussade et les dames, en costumes russes ornés de diamants, pas très jolies. Les pages parurent en habit rouge et or, culottes blanches et bottes montantes ; les laquais, en manteaux rouges et tricornes ornés de dentelle. Le palais d'hiver était bondé : dix mille personnes au moins s'y pressaient. « S'y frayer un chemin ne fut pas chose facile. » Les soixante-dix demoiselles d'honneur portaient toutes des robes à manches écarlates, de longues traînes et des diadèmes. L'une d'elles était si vieille qu'elle devait s'adosser au mur pour ne pas s'effondrer. Le maréchal de la cour, le prince Troubetskoï, tenait un bâton en or de plus de deux mètres de haut, surmonté d'une couronne en diamants. Le roi de Danemark et l'impératrice Marie ou Minny, « vêtue de blanc, très pâle et affligée », ouvrirent la procession impériale devant les jeunes mariés. Auprès de l'empereur en simple uniforme « s'avança modestement, d'un air très digne » la petite-fille préférée de la reine Victoria, « tout simplement magnifique » sous sa couronne de diamants et son « énorme manteau de drap d'or bordé d'hermine ».

Le correspondant du *Daily Telegraph*, posté à l'extérieur du palais, informa ses lecteurs anglais que « la haie d'hommes qui longeait la route était si impénétrable que certaines personnes parties pour le palais d'hiver un quart d'heure après moi ne sont jamais parvenues à destination. Des paysans, des marchands ambulants, des officiers de réserve, des vieillards et des jeunes enfants ont bravé la bise mordante de plus en plus glaciale au fil des heures. Certains étaient venus avec des chaises, d'autres, des échelles ; les plus entreprenants construisaient des estrades à l'aide de caisses et de poutres afin d'apercevoir ce spectacle historique ; mais l'ordre régnait et la police ne dut que rarement intervenir[11] ». Georgie estima le service « très beau mais très triste ». Lui et son papa dînèrent avec les Lascelle à l'ambassade britannique avant de jouer au billard. Le lendemain, ils déjeunèrent avec tante Minny, Nicky et Alix. En ce début du très long deuil officiel de la cour, l'impératrice douairière ne permit pas au jeune couple de partir en voyage de noces. Le prince de Galles confia à Carrington que Nicky et Alix étaient venus prendre leur petit déjeuner le lendemain « comme si de rien n'était ». À ce moment-là, Nicky subissait encore l'influence de sa mère, mais plus pour longtemps.

Lord Carrington revint en Angleterre avec trois lettres adressées à la reine Victoria : l'une de Nicky, une autre d'Alix, et la dernière du très obéissant Georgie. « Nicky a été la bonté même pour moi[12] », lui annonce-t-il, conscient de la nécessité de conserver de bonnes relations avec la famille. « Il est toujours le même vis-à-vis de moi ; il me parle de tout avec franchise. » Lorsque le prince de Galles revint en Angleterre, Lord Rosebery, le successeur de Gladstone au poste de Premier ministre, le félicita du « service signalé » qu'il venait de rendre, par son action « patriotique » en Russie, « à votre pays, à la Russie et à la paix dans le monde[13] ». La princesse Alexandra resta encore un mois à Saint-Pétersbourg auprès de Minny. « Je ne sais pas comment l'impératrice aurait surmonté ces jours terribles sans elle », avoue à la reine Victoria Charlotte Knollys, la sœur de Francis Knollys, une dame de compagnie d'Alexandra. Le 1er décembre, la princesse

Alexandra fêta ses cinquante ans. Nicky lui offrit une superbe fleur de Fabergé en cristal au cœur de diamants dans un vase en or. « Toute la famille est venue », commente George dans son journal. « Elle a reçu la moitié de la boutique Fabergé[14]. » Trois jours plus tard, il s'en retourna chez lui en s'arrêtant à Berlin, le temps de prendre le thé avec sa tante Vicky. Le lendemain, il vit William avant de partir pour l'Angleterre en dînant à bord du train. À Calais, le matin suivant, il se lava et prit un petit déjeuner à l'hôtel avant de traverser la Manche sous un épais brouillard. Arrivé à Londres, Georgie se rendit aussitôt à Windsor où l'attendaient Bonne-maman, May chérie et le bébé.

Au début, Nicky et Alix vécurent avec la tsarine douairière au palais Anitchkov, en attendant que leurs appartements du palais d'hiver soient prêts. Nicky commençait sa journée à 9 heures par son petit déjeuner. Il recevait ses ministres et certains fonctionnaires jusqu'à 11 heures puis se promenait une demi-heure au jardin. Il accordait d'autres audiences et déjeunait avec des invités avant de retrouver Alix. À 2 h 45, il partait se promener à pied ou en voiture puis travaillait jusqu'à l'heure du thé qu'il prenait souvent en famille. La plupart du temps, la tsarine douairière participait au dîner. Nicky se retirait ensuite dans son bureau tandis qu'Alix tenait compagnie à sa belle-mère.

Aussi souvent que possible, les jeunes mariés se réfugiaient au palais Alexandre de Tsarskoïe Selo, à vingt-cinq kilomètres de Saint-Pétersbourg. « Nous avons passé ici quatre jours à profiter du bon air et du calme[15] », écrit Alix à la reine Victoria. « Ce pauvre Nicky a tant à faire que cela lui est très bénéfique de se reposer ici ; c'est un tel plaisir de l'avoir rien qu'à moi ! Jamais je ne remercierai assez Dieu de m'avoir donné un mari comme lui – l'affection qu'il te porte me touche en outre beaucoup : n'as-tu pas été une mère pour moi depuis la mort de ma Maman bien-aimée ? (...) Je porte toujours ta jolie bague. Mais je dois te dire au revoir, Bonne-maman bien-aimée. J'embrasse tendrement ta chère main et reste ton enfant aimante et dévouée, Alix. » À demi allemande et à demi anglaise, Alix allait maintenant devenir un petit peu russe aussi. Nicky n'était pas uniquement son mari et son amant mais sa vie entière : il remplaçait tout ce qu'elle avait perdu. Elle exigeait de lire chaque soir son journal et se mit à y inscrire ses commentaires. Son écriture anglaise s'y mêle aux caractères russes de Nicky. Le 28 octobre, alors qu'Alexandre III agonisait encore à Livadia, elle nota déjà : « Mon petit chéri, je t'aime, oh, si tendrement et si profondément. Sois ferme et demande aux médecins de venir te voir seul chaque jour pour te dire comment ils le trouvent (...) Ne laisse pas les autres se mettre en avant et t'écarter. Tu es le fils chéri de Père et on doit tout te dire et te demander ton avis. Montre ce que tu penses et ne laisse pas les autres oublier *qui tu es* ! Pardonne-moi, mon amour[16]. » Au fil des lettres d'Alix à Nicky, les mots « sois ferme » reviennent comme un leitmotiv dont l'écho se répercute jusqu'à nous à travers les soubresauts de l'Histoire russe.

La fermeté manquerait à Nicky le restant de ses jours. « Le nouvel empereur aimait à n'en pas douter beaucoup son père dont la mort l'a profondément chagriné ; en plus, ses nouvelles responsabilités l'angoissaient, il ne s'y sentait pas préparé du tout. Et par-dessus le marché, il adorait sa fiancée. Il a donc été soumis à des impressions contradictoires très marquées[17] », note le très perspicace Sergueï Witte. Sir George Buchanan, l'ambassadeur de la Grande-Bretagne à Saint-Pétersbourg, envoya à ses supérieurs anglais ce commentaire non moins révélateur : « Le tsar, distingué mais insuffisamment instruit, a le malheur de se montrer faible sur tous les points, excepté sa propre autocratie[18]. » Le comte Mossolov, un vieux courtisan, chef de la chancellerie de cour, abonde en ce sens : « À son avènement, Nicolas II se fixa pour règle de ne jamais se sentir obligé par sa position de monarque de faire ce qu'il ne voulait pas. En cela, sa timidité naturelle l'influença : il détestait étudier la moindre question à fond ou "s'opposer" à quiconque[19]. » Bertie, l'oncle de Nicky, estimait lui aussi son neveu « faible comme le roseau ».

Ce qui nous amène à la question suivante : existait-il quelqu'un d'assez fort pour gouverner seul la Russie ? Même Alexandre III ne parvint jamais à endiguer le flot croissant des troubles révolutionnaires. A fortiori, la tâche dépassait les capacités de Nicky qui, comme son cousin en Angleterre, n'aspirait qu'à une vie de gentilhomme campagnard auprès des siens. « J'ai du travail jusqu'au cou mais Dieu merci j'arrive à gérer la situation sans trop de difficultés », écrit-il à son frère Georgeï, encore cloîtré à Livadia. « On ne reçoit que le mercredi et le vendredi – mais j'en ai assez ! Je me rappelle que Papa ne le supportait pas non plus – comme je le comprends maintenant ! » Nicky venait d'endurer la veille une cérémonie du *baisemain* où cinq cent cinquante dames étaient venues à la cour lui embrasser la main. À cette époque, il trouvait tout de même le temps de patiner, de se promener en voiture avec Alix et de lire à sa mère *Le Journal de la Duchesse d'Angoulême* le soir.

« Même les moins prévenus en faveur de Nicolas II ne nièrent jamais son charme », commente Aleksandr Izvolski, le futur ministre des Affaires étrangères de Nicky. « Personnellement, j'avoue que son naturel attachant m'a envoûté, et jamais autant que lorsque je l'ai vu en compagnie du Kaiser, dont l'exubérance bruyante et le maintien théâtral contrastaient avec l'attitude simple et dépourvue d'affectation de Nicolas II. » Nicky n'avait peut-être pas reçu une éducation aussi poussée que Willy mais il était au moins aussi intelligent que son cousin allemand, et beaucoup plus assidu à la tâche. D'un autre côté, même Izvolski qui l'admirait devait admettre que Nicolas se laissait trop facilement influencer par la dernière personne qui venait de lui parler. Il manquait aussi de présence. Contrairement à son père à qui il suffisait d'entrer quelque part pour occuper le centre de l'attention, Nicky était petit et frêle et, du fait de sa timidité, trop enclin à se glisser dans un groupe sans se faire remarquer.

Le 29 janvier 1895, Nicky dut prononcer un discours au palais d'hiver devant les représentants de la noblesse, les *zemstvos* (assemblées provinciales) et les comités municipaux. Comme souvent avant un événement officiel, la nervosité le gagna. Il se sentait « dans tous ses états ». Néanmoins, il exprima clairement sa position : « Je suis conscient que récemment, dans certains zemstvos, se sont élevées les voix de gens emportés par le rêve irraisonné de prendre part au gouvernement. Que tout le monde sache donc que je m'en tiendrai aux principes de l'autocratie aussi fermement que feu mon inoubliable père[20]. » L'expression « rêves irraisonnés » reçut un très mauvais accueil : on croit reconnaître la voix de Pobedonostsev. « Il rédigea lui-même l'allocution dont l'empereur prit connaissance juste avant d'entrer dans la salle d'audience », explique Izvolski. « Quand on songe à la large diffusion de ce malheureux discours, communiqué par les représentants des zemstvos à leurs bases dans les coins même les plus reculés de la Russie, on comprendra pourquoi j'affirme que ce premier contact de Nicolas II avec son peuple marqua le début d'un malentendu qui ne cessa plus par la suite de s'interposer entre le souverain et la nation[21]. »

La famille du nouveau tsar ne lui facilita pas la tâche. Ses oncles les grands-ducs, qui le dépassaient tous par leur stature, rechignaient à se dessaisir de leurs postes au profit de leur jeune neveu sans expérience qui ressemblait si peu à un tsar. Le cousin de Nicky, Sandro, le mari de Xenia, mit le doigt sur le problème : « Les oncles réclamaient toujours une chose ou une autre. Nikolaï se croyait habile à la guerre. Alekseï s'imaginait régner sur les mers. Sergueï tenta de faire de Moscou son domaine privé. Vladimir se posait en mécène des arts. Chacun d'eux soutenait un général ou un amiral qui méritait soi-disant une promotion, des ballerines désireuses d'organiser une “saison russe” à Paris, des prédicateurs voulant racheter l'âme de l'empereur, des médecins capables de miracles sollicitant une nomination à la cour ou encore des paysans extralucides porteurs d'un message divin[22]. » Sandro et le beau-fils de Xenia, Felix Youssoupoff, nous ont laissé un portrait inoubliable de l'un des oncles, le mari d'Ella, Sergueï qui, comme la reine Victoria le soupçonnait à juste titre, avait joué un rôle non négligeable dans l'union d'Alix à Nicky. « J'adorais la grande-duchesse », écrit Youssoupoff, « mais je n'appréciais pas le grand-duc. Ses manières me semblaient étranges et je détestais sa façon de me regarder. Il portait des corsets dont on voyait les baleines sous la tunique en lin blanc de son uniforme d'été. Enfant, je m'amusais à les toucher et, bien sûr, cela le contrariait au plus haut point[23] ». Sergueï était un fat de l'espèce la plus déplaisante qui soit et, comme le savaient la plupart des gens à la cour de Russie, un homosexuel.

À cette époque, le Kaiser se mit à bombarder le nouveau tsar de longs télégrammes bourrés de conseils. Il croyait Nicky plus malléable que son père Alexandre III qui, sous l'influence de son épouse, nourrit jusqu'à son dernier souffle de l'aversion et de la méfiance envers la Prusse et les Prussiens. Willy cherchait surtout à détacher Nicky de la France. Depuis la guerre franco-prussienne, l'Allemagne voulait à tout prix éviter une *revanche* de la France, laquelle n'avait toujours pas digéré la perte de l'Alsace-Lorraine. En cas de conflit, l'alliance de la France et de la Russie obligerait l'Allemagne à se battre sur deux fronts. « L'encerclement » de l'Allemagne tourna pour Willy à l'obsession puis à la paranoïa pure et simple alimentée par les va-t-en-guerre de son armée. Il se crut bientôt attaqué de tous côtés par la France, l'Angleterre et la Russie qui s'en prenaient à lui comme des écoliers à la cour de récréation. Le Kaiser ne se trompait pas complètement. Juste avant sa mort, Alexandre III noua une alliance défensive secrète avec la France. L'erreur de Willy fut de croire qu'il résoudrait le problème par les armes plutôt que par la politique.

En janvier, il souhaita une bonne année à Nicky et Alix en ajoutant à ses vœux quelques conseils sur le choix du nouvel ambassadeur russe à Berlin. En février, il mit son cousin en garde à propos de la France et de son gouvernement républicain : « L'impulsion donnée aux démocrates et au parti révolutionnaire se fait aussi sentir ici. Mon Reichstag se comporte aussi mal que possible, il oscille entre les socialistes aiguillonnés par les juifs et les catholiks [sic] ultramontains ; pour autant que je puisse en juger, l'un et l'autre camp mérite la potence. En Angleterre, le ministère court à sa perte au milieu de la dérision générale ! En résumé, partout, le *principe de la monarchie* est appelé à se montrer fort[24]. » En avril, il prit de nouveau la plume afin de présenter son ambassadeur à Saint-Pétersbourg, le prince Radolin. Il en profite pour rassurer Nicky : il ferait tout ce qui était en son pouvoir pour « que l'Europe reste tranquille et aussi pour garder les arrières de la Russie de sorte que personne ne gêne ton action en Orient ! Car, protéger le continent asiatique et défendre l'Europe des incursions de la grande race jaune, telle est à l'évidence la mission d'avenir de la Russie[25] ». En fait, Willy estimait qu'une guerre à l'est tomberait à point nommé pour épuiser la Russie, en éloignant la menace d'un conflit sur deux fronts opposés en Allemagne. Il assura Nicky qu'il l'aiderait avec grand plaisir à régler la question d'éventuelles annexions de territoires si, en échange, son cousin autorisait l'Allemagne à acquérir un port utile. Dans sa lettre suivante, il souhaita à son cousin « un été paisible et un joli petit garçon ». Alix attendait en effet son premier enfant. En juillet, Willy revint à son sujet favori, l'Orient, qu'il présenta à Nicky comme sa grande mission, celle pour laquelle le ciel l'avait formé, aussi certainement que « Amen à l'église ». Il en profita pour informer Nicky que deux ingénieurs russes avaient été surpris en train d'espionner ses navires de guerre et ses fortifications à l'inauguration du canal de Kiel en juin. Nicky avait refusé pour on ne sait quel motif de répondre à l'invitation en envoyant à sa place son oncle le grand-duc Alekseï.

Le cousin Georgie n'avait pas eu le choix, lui. Son entourage estimait sa présence opportune d'un point de vue diplomatique, d'autant que le canal présentait un intérêt stratégique évident. Le 18 juin à Sheerness, il embarqua sur le yacht royal *Osborne* ; direction Hambourg. Il passa la journée à lire sur le pont ou jouer au piquet. Le soir, il fit une petite croisière sur l'Elbe où il dîna. « Très joli[26] », commente Georgie. Arrivée à Hambourg à 9 h 15. « Beaucoup de bateaux ici, beaucoup de monde et de navires. Coucher à minuit. » Le lendemain, Wilhelm arriva sur le *Hohenzollern*. Le soir, six cents convives assistèrent à un banquet suivi d'une excursion sur une île au milieu d'un lac, aménagée pour l'occasion et pour 500 000 marks mais destinée à disparaître le 1er juillet. Rien ne semblait trop coûteux pour célébrer l'ouvrage d'art qui donnerait à l'Allemagne un accès à la Baltique, comme le projetaient Bismarck et le grand-père de Willy depuis leurs trois guerres d'unification allemande. Après un feu d'artifice, les convives se rendirent à l'entrée du canal. « Très beau spectacle ; rives bordées de badauds & de soldats[27]. » À Kiel mouillaient quatre-vingts navires pavoisés et l'escadre de la Manche, « magnifique ». Un bal suivit le dîner à bord du *Hohenzollern*, « affluence monstre ». Le lendemain, Georgie et son épouse « en tenue » (c'est-à-dire en uniforme allemand) regardèrent Willy et Dona poser la première pierre du chantier. Le soir eut lieu un autre banquet de mille convives à l'intérieur d'une maison en forme de bateau. William prononça un « excellent » discours. « Superbe soirée. Feux d'artifice et illuminations. Coucher à minuit[28] », précise Georgie, l'aimable cousin, simple et franc. Le lundi 24 juin, il revint à York Cottage où l'attendaient sa « May bien-aimée et bébé chéri ». Les jeunes époux déjeunèrent avec Papa, Maman chérie et les sœurs de Georgie mais, le soir, ils dînèrent en tête-à-tête.

« J'ai reçu l'aide de camp de l'empereur allemand, Moltke. Il m'apportait une lettre et une gravure de ce raseur de Herr Wilhelm[29] », note Nicky dans son journal le 11 septembre 1895, pas impressionné pour deux sous. La gravure – une commande de Willy à l'un de ses artistes favoris, inspirée d'une esquisse de sa propre main – représentait le glorieux combat de la Russie contre le péril jaune. On y voyait l'archange Michel appeler les puissances européennes incarnées par des allégories à s'unir et résister à « l'avancée du bouddhisme, du paganisme et des barbares, en défendant la croix ». Willy changea ensuite de tactique : il prévint Nicky que l'Angleterre convoitait les Dardanelles. Il se dit d'ailleurs stupéfié par la nouvelle en ajoutant que « depuis l'*avènement* de Salisbury, la politique étrangère de l'Angleterre est devenue des plus absconses ; mais la flotte qui rôde aux environs des Dardanelles n'est sûrement pas là par hasard[30] ». N'ignorant pas la susceptibilité des Russes à ce sujet, Willy se félicita du coup de pouce qu'il donnait ainsi à son collègue le tsar à titre privé. Ce nouvel exemple de l'autocratisme du Kaiser qui court-circuitait tous les canaux habituels du gouvernement consterna ses ministres. Au même moment, Eulenburg soumit à Holstein l'idée d'une guerre offensive contre la Russie. Holstein formula soigneusement sa réponse. « Sur un point, je partage votre opinion, à savoir qu'une guerre couronnée de succès aurait un effet salutaire. Mais pour cela, il nous faut absolument une juste cause, comme en 1870. Vous conviendrez que, si nous déclenchions une guerre d'agression, il faudra s'attendre à de drôles de surprises. Ceci dit, aujourd'hui, il y a peu de chances qu'on se lance dans une guerre de défense, vu que personne ne tient à s'en prendre à nous[31]. »

À cette époque où les grandes puissances se partageaient l'Empire ottoman en désagrégation, le sujet le plus sensible des relations internationales restait « la question de l'Orient ». Tout le monde savait que la Russie convoitait Constantinople et le détroit des Dardanelles afin d'accéder à la Méditerranée. Ce n'était pas du goût de l'Angleterre, qui y voyait à juste titre une menace à sa mainmise sur le canal de Suez, et en dernier ressort sur l'Inde. Les Habsbourg voulaient quant à eux contrôler les Balkans. Willy conseilla à Nicky de ne pas se ranger du côté des Français occupés à placer leurs troupes le long de la frontière. « Dieu sait que j'ai fait tout mon possible pour préserver la paix en Europe mais si on continue d'encourager la France à violer ouvertement ou en secret les règles de la courtoisie internationale et surtout la paix en temps de paix, un beau jour, mon cher Nicky, tu te retrouveras *nolens volens* entraîné dans la plus horrible des guerres que l'Europe a jamais connues[32] ! »

À la mi-septembre, Nicky et Alix emménagèrent dans leurs nouveaux appartements du palais Alexandre à Tsarskoïe Selo. « On s'est enfin installés dans ces splendides pièces ; parfois, on se contente de rester assis en silence en admirant les murs, la cheminée, les meubles[33] », confie Nicky à sa mère. « La chambre mauve (le boudoir d'Alix) est exquise – c'est à se demander quand elle a plus belle allure, le soir ou à la lumière du jour ? Le salon d'Alix, le salon Chippendale, n'est pas mal non plus, tout en vert pâle. » La tsarine était une « amoureuse des fleurs et de la nature et chez elle, il y avait toujours des quantités de lilas blanc et de superbes orchidées de toutes sortes », se rappelle la baronne Buxhöwden, sa dame de compagnie. « Elles s'épanouissaient car il faisait toujours extrêmement froid chez l'impératrice – une épreuve pour ceux qui n'en avaient pas l'habitude. Comme sa grand-mère la reine Victoria, elle ne supportait pas ne fût-ce qu'une température modérément chaude. Les chambres à coucher et la nursery étaient capitonnées de chintz aux couleurs vives. L'impératrice s'en tenait fidèlement aux idées anglaises de sa mère et son logement ressemblait à une confortable demeure anglaise[34]. » Mi-Anglaise, mi-Allemande ; peu importe la manière dont on envisageait la situation, la tsarine était à n'en pas douter une étrangère.

Minny, la tsarine douairière, la belle-mère d'Alix, s'était montrée plus avisée en se pliant au mode de vie russe et en charmant la cour par ses manières enjôleuses. Elle savait s'intéresser à tout un chacun sans renoncer à sa dignité. Alix, timide et susceptible, ne put jamais s'y résoudre. Du coup, elle se consacra à sa famille. « Deux fois déjà, nous avons été à la future nursery », écrit Nicky à sa mère. « L'autre jour, une partie du trousseau du bébé est arrivée d'Angleterre avec un lit d'enfant, le même que celui de Xenia[35]. » La reine Victoria leur envoya une nurse anglaise. Miss Orchard, la nurse d'Alix en Allemagne, et de sa mère Alice en Angleterre, suivit Alix en Russie où elle veillerait elle aussi sur la nursery. En novembre 1895 naquit le premier enfant du tsar. Ses parents lui avaient déjà choisi un prénom : Paul. Mais puisque c'était une fille, on la baptisa Olga.

La même année, une intervention de William dans les affaires de la Grande-Bretagne en Afrique du Sud irrita pour ne pas changer la reine Victoria. Le 30 décembre, Leander Starr Jameson, un proche de Cecil Rhodes, le Premier ministre de la colonie du Cap, franchit la frontière de la république des Boers du Transvaal avec quatre cent soixante-dix mercenaires de la compagnie britannique d'Afrique du Sud et huit mitrailleuses. Il voulait tenter un raid éclair sur Johannesburg dans le cadre d'une révolte organisée par Rhodes visant à intégrer le Transvaal à une fédération inféodée à la couronne britannique. Sous l'autorité de son président Paul Kruger, la république des Boers, riche en diamants et, depuis peu, en or, résista, comme on pouvait légitimement s'y attendre. La révolte échoua faute de soutien suffisant. Jameson et ses hommes durent capituler le 2 janvier 1896.

Officiellement, la Grande-Bretagne nia toute implication. Le lendemain, par un télégramme verbeux, le Kaiser offrit à Kruger ses « plus sincères félicitations : vous et votre peuple avez remporté la victoire, par votre seule force et sans demander l'aide de puissances amies, contre les bandes armées qui ont violé vos frontières en détruisant la paix. Vous avez ainsi restauré la paix et défendu l'indépendance du pays contre les attaques de l'extérieur. Wilhelm IR[36] ». Depuis des années, les hommes d'affaires allemands commerçaient avec les Boers en investissant des millions de marks dans la république de Kruger. Le Kaiser n'eut pas à se demander longtemps à qui allait sa sympathie. « Après tout », écrit-il en février à Sir Edward Sullivan, un ami anglais, « le commandement "Tu ne voleras pas" s'applique aux Britanniques autant qu'aux autres[37] ! ».

De ce point de vue, il avait sans doute raison même si ce n'était pas très habile de sa part d'envoyer un télégramme. La presse anglaise s'en donna à cœur joie. La reine Victoria se mit en rage. « En tant que ta grand-mère, à qui tu as toujours manifesté beaucoup d'affection et dont tu as toujours parlé avec beaucoup de respect, je ne peux me retenir de t'exprimer mes regrets face au télégramme que tu as envoyé au président Kruger », lui écrit-elle le 5 janvier 1896. « Ton geste passe pour très hostile envers notre pays, ce qui, j'en suis sûre, n'était pas ton intention, et, je suis chagrinée de devoir te le dire, a produit ici une impression pénible. Bien sûr, le Dr Jameson a eu tort mais, vu la position très particulière du Transvaal vis-à-vis de la Grande-Bretagne, je crois qu'il aurait mieux valu que tu ne dises rien[38]. » Le prince de Galles, outré, qualifia le comportement de William de « marque d'hostilité tout à fait gratuite[39] ». Georgie partageait le sentiment de son père. Il s'entretint avec l'un des aides de camp de Willy en visite à Osborne, avant d'écrire à May : « Il m'assure que W. ne voudra PAS venir à Cowes cet été, ce dont je ne me réjouis pas qu'un peu[40]. »

Le moral du prince de Galles remonta peu de temps après. En mars, un jeune soldat remarquable, Herbert Kitchener, inaugura une nouvelle expansion coloniale en marchant sur le Soudan depuis l'Égypte. « J'espère, comme toi, que nos forces suffiront, vu que le moindre revers s'avérerait désastreux pour nos intérêts », confia-t-il à Georgie. « Les Français sont fous de rage contre nous mais, comme nous ne faisons jamais rien de bien à leurs yeux, ça ne sert à rien de prêter attention à leurs insultes[41]. » En juin, ce fut encore mieux : son cheval Persimmon remporta le Derby d'Epsom en devançant d'une tête le Saint-Frusquin de son ami Léopold de Rothschild, au son des applaudissements assourdissants de la foule patriote. Cette année-là, le prince de Galles ne gagna pas moins de 28 734 livres aux courses.

En Allemagne, l'incident lié au raid de Jameson fit réfléchir le Kaiser. En cas de conflit éventuel, même de courte durée, entre l'Allemagne et la Grande-Bretagne, il se retrouverait pieds et poings liés : seule une marine aussi puissante que la Royal Navy permettrait à l'Allemagne d'intervenir loin de l'Europe, en Afrique du Sud. Le Kaiser se fixa dès lors pour objectif une marine digne de ce nom. Année après année, il insisterait pour augmenter drastiquement le budget de la marine et le Reichstag serait bien obligé de s'incliner.

Au milieu des années 1890 apparurent dans la presse des critiques régulières quoique voilées de l'autocratisme du Kaiser et de son puissant entourage qui bravaient la Constitution en ne recourant pas au parlement. En 1894, le journaliste Ludwig Quidde publia un pamphlet : *Caligula, une étude de la mégalomanie.* Aucun doute ne plana sur la véritable identité du Caligula en question. La même année, le magazine satirique *Kladderadatsch* (« Babillage et commérages ») attaqua les conseillers du Kaiser, soit, à l'époque : Eulenburg, Holstein et l'un de ses alliés aux Affaires étrangères : Alfred von Kiderlen-Waechter. Leurs noms n'apparurent nulle part mais personne ne se demanda qui était visé ni qui se cachait derrière le personnage du « comte troubadour ». Ce dernier (Eulenburg) accaparait tous les postes influents au profit de ses amis. Pour l'heure, les trois complices attendaient leur partenaire à une partie de skat. Les initiés devinèrent que celui-ci n'était autre que le vieil ami d'Eulenburg, Axel Varnbüler. Cette année-là, Eulenburg obtint pour Varnbüler le poste d'envoyé du Wurtemberg à Berlin. « Axel est avant tout là pour servir Votre Majesté », écrit Eulenburg au Kaiser. « Je l'ai mis au courant et lui ai expliqué la tâche qu'il devra remplir[42]. » La plupart des lecteurs supposèrent que ces informations confidentielles provenaient des Bismarck.

À ce moment-là, Eulenburg tenait encore compte de Holstein dans ses machinations mais plus pour longtemps vu que ce dernier ne partageait pas son soutien indéfectible à la monarchie absolue. En mars 1894, Eulenburg envoya au Kaiser une note secrète lui exposant ses projets pour les trois années à venir, en vue de l'instauration du « règne personnel » de Wilhelm. D'abord, il fallait remplacer Caprivi par Botho zu Eulenburg ; le ministre de l'Intérieur réactionnaire, cousin de Philipp, « l'homme d'État le plus important dont Votre Majesté dispose ». Ensuite succéderait à Marschall, le secrétaire d'État aux Affaires étrangères, Bernhard von Bülow, avant que ce dernier n'hérite de Botho le poste de chancelier. Enfin, il fallait renvoyer Holstein à la première objection. En octobre, Caprivi démissionna, lassé par les refus du Kaiser d'accepter la moindre pression de la part de son chancelier ou du Reichstag. August zu Eulenburg, d'ordinaire plein de tact, se montra pour le coup sous son vrai jour en parlant en faveur de son frère Botho. Holstein s'y opposa si farouchement qu'on se rabattit sur un compromis : le prince Chlodwig zu Hohenlohe-Schillingsfürst, alors vice-roi d'Alsace-Lorraine. La nomination de Hohenlohe, un aristocrate catholique bavarois âgé et fragile, au poste de chancelier impérial et ministre-président de Prusse n'allait pourtant pas de soi. En fait, le clan Eulenburg ne le soutenait que parce qu'il était du genre à faire ce qu'on lui disait.

Restèrent en place Marschall et le général Walter Bronsart von Schellendorf, le ministre de la Guerre, une créature de Holstein. « La position des ministres devient impossible[43] », avoue Bronsart en février 1895. « On s'épuise à essayer d'accomplir quelque chose puis des conseillers anonymes viennent tout détruire. Ça ne peut pas continuer ainsi. » Marschall partageait ce sentiment. « C'est bien beau, vraiment ! de devoir traiter non seulement avec les États étrangers mais avec S.M. et ses conseillers irresponsables, par-dessus le marché », écrit-il dans son journal le 17 février 1895.

La réforme du code militaire et en particulier des cours martiales qui plaçaient les militaires au-dessus des lois finit par déclencher une crise. Bronsart, soutenu par Marschall et Holstein, présenta une proposition de loi au Reichstag. Le Kaiser se mit hors de lui. « L'armée est soumise, en temps de paix comme en temps de guerre, à Mes ordres exclusivement[44] », déclara-t-il en 1895. Au départ, on put croire que le Reichstag l'emporterait : pour une fois, Hohenlohe tint bon, à l'instigation de Holstein. Tout le mois de décembre 1895, Holstein pressa Eulenburg de trouver un moyen de contrôler le Kaiser. « Penche-toi sérieusement sur le problème », le prévint-il le 26 décembre, « et garde à l'esprit que, sans ce remède amer, le

Kaiser et la patrie auront tous les deux de gros ennuis[45] ». Il rappela ensuite à Eulenburg qu'« un Kaiser qui se tiendrait lui-même lieu de chancelier poserait problème en n'importe quelle circonstance mais plus encore dans le cas de ce maître impulsif et hélas complètement superficiel qui n'a pas la moindre idée d'une loi constitutionnelle, d'un précédent politique, de l'histoire de la diplomatie ou de la manière de traiter les gens. N'ai-je pas raison ? Alors s'il te plaît, ne t'enfouis pas la tête dans le sable ». Il signa « Holstein qui s'inquiète[46] » en conseillant à Eulenburg de consulter Bernhard von Bülow avant d'entreprendre quoi que ce soit.

Holstein ne savait pas qu'Eulenburg envoyait des copies de ses lettres à Bülow. « Prends garde que l'Histoire ne te dépeigne pas un jour comme le cavalier noir qui se trouvait au côté de l'empereur errant lorsque celui-ci s'est engagé dans la mauvaise voie[47] », avertit-il Eulenburg en croyant encore possible d'éviter le désastre. Comme Bismarck avant lui, il profita d'une crise politique pour tenter de soumettre le Kaiser à son contrôle mais, comme Bismarck avant lui, il échoua parce que la camarilla du Kaiser résistait à toute avancée constitutionnelle ou démocratique. En mai 1896, la victoire revint sans conteste à Eulenburg et Bülow. Hohenlohe disparut dans l'ombre ; à cause de son grand âge et de sa faiblesse, selon certains. D'autres prétendirent qu'en dépit de son nom à particule, il avait besoin d'argent pour entretenir sa famille sur un pied décent. Il reçut en effet une pension de 20 000 marks par an[48], qu'il est difficile de ne pas considérer comme un pot-de-vin. En août 1896, Bronsart fut remplacé par un homme qui plaisait beaucoup plus à Eulenburg et au Kaiser. Un an s'écoula encore avant le renvoi de Marschall, le temps de préparer Bernhard von Bülow à sa succession. L'occasion de contraindre le Kaiser à une réforme constitutionnelle était alors perdue à jamais. Et pourtant, cette occasion aurait pu changer le cours de l'Histoire allemande et mondiale.

La relation fatidique d'Eulenburg et Bülow remontait à 1881, à l'époque où tous deux travaillaient à l'ambassade allemande à Paris. En janvier 1886, Eulenburg raconta à sa mère une visite à Bülow, en poste à Vienne, marié par convenance à la comtesse von Dönhoff, la confidente de Wilhelm. « Ce fut, comme toujours, un immense plaisir de voir Bernhard. Nous partageons les mêmes opinions politiques et sommes si attachés l'un à l'autre, personnellement et de par nos relations de travail, que nous pouvons nous dire un millier de choses impossibles à confier aux autres ou du moins aussi facilement, et cela fait du bien[49]. »

Le mois suivant, Bülow reçut sa nomination à Saint-Pétersbourg. Il n'écrivit plus à Eulenburg avant le 29 mai 1886 : quelques jours après la rencontre d'Eulenburg avec le prince Wilhelm à Prokelwitz, événement dont lui avait certainement parlé son collègue Holstein. « Quel délice si nous pouvions nous voir !! Passer du temps avec toi, mon ami le plus cher, est une telle joie pour moi », s'épanche-t-il en s'excusant de son long silence. « J'aspire sincèrement à te parler. Bien que ton tempérament soit par essence esthétique et le mien, politique, nous avons beaucoup en commun. Je m'adresse un beau compliment en disant cela. Ton ami loyal comme toujours, Bernhard B[50]. » À cette époque, Bülow, surnommé « l'anguille » en raison de ses impressionnantes capacités à flatter et manipuler son entourage, voyait déjà loin.

Eulenburg croyait de bonne foi à la sincérité de son ami. Au moment de la crise Bismarck en 1890, il écrivit à Bülow, confiant : « Je pense si souvent à toi quand des questions et des décisions graves se présentent. Comme j'aimerais profiter de ton expérience (...) Écris-moi ce que tu me conseilles (...) Si seulement tu étais à Berlin[51]. » Bülow ne tarda pas à assumer le rôle de conseiller politique en adressant à Eulenburg des lettres flatteuses à outrance, au style sentimental semblable à celui d'Eulenburg, mais fort différent du ton que Bülow employait avec ses autres correspondants. « En tant que sœurs, nos âmes ont jadis jailli de la mystérieuse source de l'Être », écrit-il en mars 1893. « Nous avons simplement reçu des enveloppes et des ailes de couleurs différentes. Les êtres célestes t'ont accordé le don magique d'un talent artistique riche et brillant (...) par inclinaison naturelle et de par mes études d'histoire, de droit et d'économie, je pourrai peut-être te transmettre, de la réserve que je constitue lentement, plus d'une pièce utile à l'édifice que, jeté dans le combat politique contre tes penchants, tu élabores avec bonheur et d'une main sûre pour le bénéfice du Kaiser et du pays[52]. » Dans une autre lettre, il affirme à Eulenburg qu'il venait au Kaiser des idées presque toujours justes et brillantes mais « c'est un autre problème, de savoir si les intentions de Sa Majesté se traduisent efficacement dans les faits[53] ». Il aurait aussi bien pu écrire « Bülow, chancelier ! » en lettres rouges en travers de la page.

Eulenburg ne demandait qu'à se laisser convaincre. « Bernhard est le serviteur le plus précieux dont Votre Majesté dispose, le chancelier du Reich de l'avenir[54] », écrit-il au Kaiser dès février 1895. Lui-même ne souhaitait pas de pouvoir officiel : il préférait exercer son influence à distance, depuis Vienne, par lettre ou par le biais de ses entrevues secrètes avec le Kaiser dans l'intimité du cercle Liebenberg. Le loyal et dévoué Lucanus exerçait la fonction de chef du cabinet civil et son cousin August zu Eulenburg le soutenait discrètement depuis son poste clé de maréchal de la cour. Mais le Reichstag posait encore problème. Eulenburg méprisait la procédure parlementaire. Il haïssait surtout les sociaux-démocrates et les réformateurs qui menaçaient tout ce en quoi il croyait. Il avait besoin de Bülow au poste de chancelier. Bülow qui ne partageait pas seulement les opinions d'Eulenburg mais son âme.

« Je serai un chancelier d'un genre différent de mes prédécesseurs[55] », affirma Bülow en s'adressant à Eulenburg le 23 juillet 1896. « Je me considérerai comme le bras droit de Sa Majesté, son chef d'état-major politique, pour ainsi dire. Avec moi, son règne personnel – au bon sens du terme – commencera vraiment. » Hohenlohe resta en poste jusqu'en 1900. Ce n'était qu'un chancelier « de façade », pour reprendre ses propres mots. L'impétueux Wilhelm bouillait d'impatience. « Bülow sera mon Bismarck », annonça-t-il prématurément en croyant que Bülow lui tiendrait lieu de « bras droit ». Holstein finit par percer le fin mot de l'histoire : il s'accrocha avec ténacité à sa place mais plus jamais il ne s'adresserait à Eulenburg, ni de vive voix, ni par écrit.

11.

LE TOURNANT DU SIÈCLE

Georgie fut très contrarié de ne pouvoir assister au couronnement de Nicky en mai 1896. « Mon cher vieux Nicky », lui écrit-il le 17 avril de Copenhague, « Je voulais te dire à quel point nous sommes déçus, May et moi, de ne pas venir à ton couronnement. Je le regrette sincèrement. Bien sûr, tu n'as rien pu faire dès lors que Bonne-maman t'a dit qu'elle enverrait l'oncle Arthur. Tout le monde en Angleterre s'attendait à ce qu'on y aille et quand la décision d'envoyer les Connaught est tombée à la dernière minute, je dois avouer que j'étais furieux mais il n'y avait rien à faire[1] ». Willy aurait pu y assister, lui, mais il ne s'en donna pas la peine : une fois de plus, il envoya son frère à sa place. « Ton ambassade s'est enquise de la représentation allemande à ton couronnement à Moskau [sic] et j'ai nommé Henry mon représentant », écrit-il à Nicky en mêlant allemand et anglais. « Je te serais très reconnaissant de bien vouloir t'assurer que la question du rang sera tranchée comme il se doit ; j'ai entendu dire que ton maître des cérémonies aurait glissé à Radolin qu'il devrait venir après les grands-ducs et les princes héréditaires allemands, et même le fils du prince du Monténégro[2]. » Les trois cousins s'accordaient au moins sur un point : l'importance des questions de préséance.

« Un grand jour solennel pour Alix, Maman et moi[3] », écrit Nicky dans son journal le 26 mai, à Moscou. « Nous étions sur pied dès 8 h du matin bien que notre procession ne se soit mise en route qu'à 9 h 30. Par chance, il faisait un temps divin. Le grand escalier offrait une vue éblouissante. Tout s'est déroulé à la cathédrale Uspenski et même si j'ai l'impression d'avoir rêvé, je m'en rappellerai toute ma vie ! » À l'arrivée de Leurs Majestés, des acclamations de la foule massée sur le parvis fusèrent jusqu'à l'intérieur de la cathédrale. La tsarine douairière, drapée de pourpre, attendait sur un trône à la droite du tsar et de la nouvelle tsarine. Sur les marches de l'église, les prêtres accueillirent Leurs Majestés en les aspergeant d'eau bénite avant qu'Elles ne s'inclinent devant les icônes à l'entrée de la nef. À l'autel, le tsar récita le credo d'une voix claire puis il revêtit son manteau pourpre et posa lui-même sa couronne sur sa tête avant de s'emparer de l'orbe et du sceptre. L'assistance s'agenouilla aussitôt devant lui. Le soir venu, à la tombée de la nuit, les tours et les murailles du Kremlin s'éclairèrent de lumières électriques.

Quatre jours plus tard, selon la tradition, on distribua au peuple de la nourriture, des chopes à couvercle en étain et de la porcelaine, au nom du nouveau tsar et en l'honneur de son couronnement, sur une prairie des environs de Moscou : le champ Khodynka. Des milliers de gens s'y entassaient depuis la veille. Au moment de distribuer les cadeaux, la cohue fut telle que plus de neuf cents personnes – dont de nombreux enfants – moururent piétinées. « Mon sang se figea. Je me sentis mal. Et pourtant, je continuai à regarder », raconte Olga, l'une des sœurs de Nicky. « Des carrioles emportaient les morts – méconnaissables à force de mutilations[4]. » Lorsque le tsar et la tsarine arrivèrent, on venait juste de dégager les cadavres. Tout était rentré dans l'ordre mais le couple impérial, choqué, songea sur le coup à renoncer au bal de l'ambassadeur français le soir même. L'oncle de Nicky, le mari d'Ella, le grand-duc Sergueï, gouverneur général de Moscou, s'y opposa : les Français le percevraient comme une insulte. Nicky, hésitant, finit par céder, à la consternation de sa sœur Xenia et de son mari Sandro. « Mes frères ne contenaient plus leur indignation », reconnaît Sandro, « et nous avons tous les quatre exigé le renvoi immédiat du grand-duc Sergueï et la fin des festivités. Une scène pénible a suivi. Les aînés des grands-ducs se sont ralliés à l'oncle Sergueï[5] ». Tous se rendirent au bal où, précise Sandro, Sergueï accueillit les invités avec un large sourire comme si de rien n'était. Les étrangers en conclurent que les Romanov avaient perdu la tête ; le tsar et la tsarine y compris. Sandro et ses frères partirent dès le début des danses, ce qui leur valut ce commentaire de l'oncle Alekseï : « Regardez qui s'en va : les quatre suiveurs impériaux de Robespierre. »

Voici formulé sans détour le problème qui se poserait jusqu'à la fin du règne de Nicky : tenait-on pour les Romanov ou pour Robespierre ? Le pays se soumettrait-il à un régime autocratique répressif ou progressif et proto-démocratique ? La Russie elle-même ne parvenait pas à se décider : la question divisait ses habitants et ses hommes politiques. Tout au long des années 1880 et 1890, le ministre de l'Intérieur qu'inquiétaient les menaces constantes de troubles sociaux et de révolution réclama qu'on investisse dans l'éducation et l'agriculture, les chemins de fer et l'industrie, en soutenant modérément les syndicats naissants. Il préconisait par ailleurs des mesures draconiennes pour réprimer les grèves et combattre les révolutionnaires. Le ministère des Finances défendit quant à lui une diminution des entraves au développement du commerce et du capitalisme, la seule solution sur le long terme pour un pays aussi vaste que la Russie au système d'impôts inefficace, comprenant cent millions de paysans et de petits propriétaires. Le ministre de la Guerre estimait pour sa part que la Russie, beaucoup plus pauvre que l'Angleterre, la France ou l'Allemagne, devait investir dans l'armée et la marine si elle voulait conserver sa place sur la scène internationale. Ce fut lui qui finit par l'emporter, en soumettant l'économie russe à des pressions encore plus fortes.

Le comte Sergueï Witte, ministre des Finances à partir de 1893, tenta de développer l'économie russe par le biais de nouvelles lois. Il voulut d'abord améliorer la condition ouvrière, en particulier dans les usines à la croissance éclair, ce qui lui valut une réputation de dangereux libéral, bien qu'en réalité ce monarchiste respectueux du modèle anglais eût conscience de la nécessité pour un souverain de s'entourer de conseillers avisés. « Lorsque le tsar Nicolas II monta sur le trône, une aura de bonne volonté encore intacte l'entourait, si l'on peut dire. Il désirait sincèrement le bonheur et la paix pour la Russie, pour tous ses sujets, peu importe leur nationalité. Il ne fait aucun doute qu'il a très bon cœur », écrit Witte dans ses Mémoires, achevés en 1912. « S'il s'est montré sous un autre jour ces dernières années, c'est à cause des nombreuses épreuves qu'il a traversées. Peut-être en a-t-il subi certaines faute d'avoir placé sa confiance en ceux qui le méritaient mais il n'a agi ainsi que convaincu d'œuvrer dans la bonne voie[6]. » Witte laissait ainsi entendre que Nicky était un brave homme, certes, mais pas tant que ça.

« Cette année s'annonce comme une année de dur labeur, dont Alix et moi serons les martyrs[7] », écrit Nicky à son frère Georgeï, toujours cloîtré en Crimée, le 10 août. « Moscou au printemps, et bientôt ces intolérables visites à l'étranger ! D'abord en Autriche, puis à Kiev, en Allemagne, au Danemark, en Angleterre, en France et enfin à Darmstadt ; là, au moins, on se reposera ; enfin, espérons ! Quelle alléchante perspective, tu ne trouves pas ? Par-dessus le marché, il faudra qu'on traîne notre pauvre petite fille avec nous ; toute la famille veut la voir. » Voyager à bord de luxueux trains ou de yachts impériaux remplis de domestiques et de courtisans par douzaines ne correspond pas forcément à l'idée que tout le monde se forge d'un « dur labeur ». C'était pourtant ce que pensait sincèrement Nicky, partisan d'une vie simple auprès des siens. Les deux cousins Nicky et Georgie se ressemblaient physiquement mais aussi par leurs goûts. Nicky passa le 29 juillet à chasser le canard. Il en tua soixante-douze et ne rentra chez lui que le temps de prendre le thé avec sa sœur Xenia et Sandro, en visite. Georgie, l'heureux possesseur d'une paire de fusils Purdey de calibre 12, cadeau de mariage des habitants de Kings Lynn, abattrait quant à lui des milliers de faisans, de perdrix et de bécasses à son Sandringham bien-aimé en Angleterre.

En septembre, Nicky et Alix rendirent visite à Bonne-maman en Écosse. À bord de leur nouveau yacht impérial *Standart*, ils arrivèrent à Leith où les oncles Bertie et Arthur les accueillirent en uniforme russe. Pour l'occasion, Nicky arbora l'uniforme des *Royal Scots Greys* ; bonnet en peau d'ours y compris. Après avoir été reçus par les maires de Leith et d'Édimbourg, ils montèrent à bord du train royal. Le prince de Galles venait d'écourter ses vacances annuelles à Hombourg afin de veiller aux moindres détails de la visite du tsar. Des processions aux flambeaux les escortèrent. Des feux de joie illuminèrent les collines de Leith jusqu'à Ballater. À la gare de Ballater éclairée à l'électricité les attendaient May et Georgie, en kilt. La compagnie se rendit ensuite en carrosse à Balmoral. « Ai reçu la nouvelle du débarquement de Nicky et Alicky et de leur départ de Leith », note la reine Victoria dans son journal à Balmoral, le 22 septembre 1896. « Suis descendue peu après sept heures et demie au salon des visiteurs, ai attendu jusqu'à ce que retentissent les cloches des églises et les cornemuses. À huit heures précises, la procession est arrivée ; l'escorte des *Scots Grey* en premier, puis les joueurs de cornemuse et les porteurs de torches, et enfin Nicky, Alicky, Bertie et Arthur en carrosse. Je me tenais à la porte. Nicky, que j'ai aussitôt embrassé, est descendu le premier, suivi de cette chère Alicky, tout en blanc, en pleine forme ; je l'ai embrassée très tendrement aussi[8]. »

Ils dînèrent tous avec Bonne-maman à 8 h 45. « Dîner en famille, à douze seulement[9] », précise Georgie dans son journal. En sortant de table, il eut « une conversation avec ce cher Nicky. Il n'a pas changé : toujours aussi attachant ». Le lendemain, les cousins partirent chasser le cerf puis la jeune génération se réunit dans la chambre d'Alix, où tous fumèrent et bavardèrent avant de disputer une partie de billard. Le jour suivant, Maman chérie et Toria, toujours pas mariée, se joignirent à eux. Le 26 septembre, Lord Salisbury arriva de Londres dans le but avoué de discuter à bâtons rompus des affaires internationales avec le tsar.

Le problème du Moyen-Orient préoccupait beaucoup Salisbury. Selon lui, il fallait détrôner Abdülhamid II, le sultan de la Turquie et se mettre d'accord sur le partage de la Turquie, « le temps de passer à table, à Balmoral[10] ». En août, dans une lettre à son ami Canon Gordon, il admit que, curieusement, malgré le progrès des idéaux démocratiques, l'avenir de l'Europe « pour le meilleur comme pour le pire » dépendait encore de la volonté de trois hommes, le Kaiser, le tsar et le sultan de Turquie. Il ne mentionna pas sa propre souveraine, la reine Victoria, parce qu'à la tête d'une monarchie constitutionnelle, celle-ci régnait sans gouverner.

Salisbury et le tsar se retrouvèrent officieusement à 7 heures du soir – avant de passer à table, donc – le dimanche 27 septembre 1896. Dans un dossier classé top secret, Salisbury rapporta au cabinet les conclusions de leur entretien. Le tsar ne s'opposait pas à la présence des Britanniques en Égypte mais il refusait de discuter de la Turquie. Selon lui, il fallait à tout prix ouvrir les détroits aux navires de guerre russes et remettre les Dardanelles aux mains de la Russie ; sinon son empire se retrouverait dans la peau d'un homme qui ne possède pas la clé de sa propre maison. Le tsar ne cacha pas qu'il n'appréciait pas son cousin le Kaiser. Il le trouvait « agité et mal élevé » à cause de son agaçante habitude de lui donner des coups de coude dans les côtes ou des tapes dans le dos comme à un écolier.

Nicky était censé chasser tous les matins avec son oncle Bertie et son cousin Georgie, peu importe qu'il pleuve ou qu'il vente. Par chance, l'oncle Bertie ne tarda pas à se lasser de Balmoral où sa mère l'écartait toujours de ses conversations sérieuses avec le tsar, Lord Salisbury et les autres ministres présents. Le 29 septembre, il se rendit aux courses de Newmarket où, par un heureux coup du sort, l'un de ses chevaux remporta un prix. « Après son départ, ç'a été plus simple pour moi ; au moins, j'ai pu faire ce que je voulais et je n'ai plus dû sortir chasser tous les jours malgré le froid et la pluie », écrit Nicky à sa mère en ajoutant : « Mamie a été plus gentille que jamais. Elle a envoyé Lord Salisbury me parler et j'ai eu deux conversations importantes avec lui. Il est bon qu'il s'informe à la source des opinions et des vues de la Russie. » Nicky apprécia tout de même la compagnie de son cousin Georgie à la chasse : « Au moins, on a pu discuter des bons moments qu'on vient de passer au Danemark[11]. »

Sur le chemin du retour, le tsar et la tsarine se rendirent en France, l'alliée de la Russie malgré les menaces et les mises en garde du Kaiser. Nicky souffrit au départ de ses habituels « accès de nerfs » mais cela lui passa rapidement grâce à l'accueil enthousiaste que les Français lui réservèrent. « Partout où on est allés, d'immenses foules se massaient dans les rues, derrière des policiers postés tous les deux cents mètres. Les gens se tenaient tranquilles, tout le monde restait à sa place, en bon ordre, mais en criant le plus fort possible, et en agitant chapeaux et mouchoirs[12]. » Willy en serait quitte pour ses avertissements sur le danger des républiques. Le tsar et la tsarine partirent quatre jours plus tard, à regret. Ils atteignirent la frontière allemande à bord du train impérial à 11 heures du soir. « Là, pour la dernière fois, nous avons vu les petits *pioupious* et entendu des bribes de notre hymne national », écrit Nicky à sa mère. « Après, ç'a été le début des casques à pointe ; une vision fort déplaisante, ma foi. À la moindre gare, en France, on entendait des hourras et on voyait des visages gais et avenants mais là, tout était sombre et noir et ennuyeux ! Heureusement, l'heure a sonné d'aller nous coucher[13]. »

Au mois de juillet suivant et que cela lui plût ou non, Nicky dut subir la compagnie de Willy. Le Kaiser se rendit en effet en visite d'État en Russie, accompagné de sa suite d'officiers et de courtisans et d'une nuée de domestiques veillant à son confort et son apparence. « Il ne manquait rien à la garde-robe du Kaiser, sur laquelle veillait un personnel très efficace », se rappelle notre homme de cour anonyme qui servait alors le troisième Kaiser depuis le début de sa carrière. « Bien sûr, il possédait d'innombrables uniformes. Les uniformes de gala de sa propre nation et de tout autre pays d'importance étaient toujours prêts en cas de visite, à donner ou à recevoir ; sans compter les uniformes des moindres régiments de Sa Majesté, des uniformes provisoires destinés à la maison et des uniformes de la marine, à la navigation. Plusieurs tailleurs installés au Schloss veillaient à leur entretien mais seuls les fournisseurs de la cour les confectionnaient. Le Kaiser ne possédait que peu d'habits civils. À chacun de ses passages à Londres, il commandait des vêtements de bonne qualité. Il n'y avait qu'en Angleterre qu'il s'habillait en civil[14]. » Au total, le Kaiser possédait quatre cents uniformes. Il posa devant l'objectif des photographes vêtu de la plupart d'entre eux en affichant l'orgueil du militaire ou l'attitude plus détendue du marin, ses moustaches artistement relevées en pointe comme s'il sortait tout droit d'une opérette allemande. La perspective d'acquérir un nouvel uniforme russe exalta Willy. « Je le regrette mais il va falloir donner à Wilhelm le rang d'amiral de notre marine », s'excusa Nicky auprès de sa mère qui venait de se réfugier au Danemark. « C'est l'oncle Alekseï qui me l'a rappelé. Tant pis si c'est pénible, on va devoir le laisser porter l'uniforme de notre marine, surtout que l'an dernier, il m'a nommé capitaine de sa propre marine et, pire encore, il faudra que j'aille l'accueillir dans cet accoutrement à Kronstadt. *C'est à vomir*[15] ! »

Une fois n'est pas coutume, l'impératrice accompagna le Kaiser, escortée par ses dames d'honneur, les tantes Alléluia, dont faisait partie la comtesse von Benkendorf. « Dans l'ensemble, Wilhelm a été de très bonne humeur, calme et courtois », écrit Nicky à sa mère, « et elle a essayé d'user de son charme mais elle était très laide dans ses riches habits choisis sans aucun goût ; le soir et à Olgino, elle a porté des chapeaux tout bonnement impossibles[16] ». Il décrit ensuite un ridicule incident à propos d'une représentation de *La Vie parisienne* d'Offenbach. L'ordre avait été donné de couper tous les « passages inconvenants » par égard pour l'impératrice et les tantes Alléluia. Le lendemain, le bruit se répandit néanmoins que « cette idiote de comtesse B. » n'avait pas apprécié le spectacle qui, à l'en croire, ne visait qu'à ridiculiser les Allemands. Selon elle, le personnage de l'amiral suisse cachait une allusion au Kaiser, depuis peu amiral de la flotte russe. Le grand-duc Constantin Constantinovitch ou Kostia, le cousin de Nicky, avoue : « Je n'aime vraiment pas l'empereur malgré l'affection et la gentillesse qu'il me témoigne. Bien que ce soit un brave homme par bien des côtés et qu'il ne manque ni d'enthousiasme ni de volonté, il se montre encore trop puéril ; ridicule, même. Son absence de retenue me choque[17]. »

En juin 1897, la tsarine donna naissance à sa seconde fille, Tatiana. À en croire Nicky, il s'agit du « deuxième plus beau jour de notre vie de famille ». Son cousin Kostia se rappelle pourtant que lorsque la nouvelle arriva par téléphone, juste avant le déjeuner, au mess des officiers, « la déception fut générale car tout le monde espérait un garçon[18] ». Et revoilà encore le fameux problème de l'héritier à engendrer… Ce second échec n'aida pas la tsarine, mal à l'aise vis-à-vis de la haute société russe, à gagner en assurance. « Elle n'est pas très loquace », remarque Kostia, « plutôt timide. La nécessité de s'adresser à un groupe d'écolières est une torture pour elle. Il lui en coûte de surmonter son appréhension lors des réceptions. On voit bien qu'elle ne possède pas le charme de sa belle-mère et, du coup, elle ne suscite aucun engouement[19] ». Pour couronner le tout, Alix n'oublierait jamais que son frère Frittie était mort de son hémophilie. Après la naissance de sa cadette, la santé d'Alix s'affaiblit. Elle se mit à rester au lit tard le matin et à sortir le moins possible en restant très à cheval sur les convenances. De son côté, Nicky tenta de s'adapter aux responsabilités écrasantes de sa nouvelle vie. « L'annulation d'une audience me réjouit toujours au plus haut point », confia-t-il à son frère Georgeï, « et je suis devenu si féru de chasse que je profite du moindre moment de liberté pour m'enfuir en forêt, comme un écolier paresseux qui prend plaisir à manquer la classe[20] ! ».

En Allemagne, l'été 1897 marqua un tournant auquel Eulenburg et Bülow œuvraient depuis de nombreuses années. En octobre, Bülow remplaça Marschall au poste de secrétaire d'État aux Affaires étrangères, la dernière étape sur le chemin de la chancellerie. Le Kaiser nomma l'amiral Alfred von Tirpitz secrétaire d'État de la Marine impériale. Tirpitz soutenait une marine forte à la flotte de guerre assez puissante pour défier la suprématie ancestrale de la Grande-Bretagne sur les mers. Le Reichstag, cette « ménagerie de singes », selon l'expression de Willy, ne tarda pas à protester contre le budget astronomique de la marine. Le Kaiser et Tirpitz ne voulurent pourtant pas démordre de leurs rêves de grandeur. Jamais plus

Wilhelm ne se sentirait les mains liées, comme à l'époque de son télégramme à Kruger. Le refus de sa grand-mère, irritée par ses ingérences, de le voir assister aux fêtes du soixantième anniversaire de son accession au trône en juin n'arrangea rien. « Je me sens comme un coursier enchaîné à l'écurie qui entend sonner le cor, frappe du sabot et ronge son frein parce qu'il ne peut pas suivre son régiment[21] », lui écrit-il en évoquant sa mise à l'écart par une déroutante métaphore. Sir Frank Lascelles, l'ambassadeur britannique à Berlin, avait cependant prévenu Salisbury : le Kaiser prenait toujours très mal les vexations que lui infligeait la branche anglaise de sa famille.

Le soixantième anniversaire de son accession au pouvoir fut pour la reine Victoria un autre de ces jours « inoubliables » – une affluence « indescriptible », des acclamations « tout à fait assourdissantes[22] », etc. La reine parada dans son carrosse tiré par huit chevaux blancs, vis-à-vis de cette chère Alexandra, « ravissante en lilas ». Vicky, la mère du Kaiser absent, les suivit à bord d'un autre carrosse tiré par quatre chevaux noirs, « ne pouvant rouler dans le mien, car son rang d'impératrice lui interdit de tourner le dos aux chevaux or il ne devait y avoir personne à côté de moi ». Comme à l'époque, l'électricité était du dernier chic, la reine fêta l'événement en envoyant, d'une simple pression sur un bouton, un message télégraphique à tout son empire : « Du fond du cœur, je remercie mon peuple bien-aimé. Que Dieu le bénisse ! » Georgie et May durent se rendre à l'autre bout du monde à l'inauguration du premier parlement du Commonwealth en Australie. « Ai pris congé de Georgie et May avec regret », avoue la reine dans son journal le 30 septembre 1897. « Plus je les vois, plus je les aime et les respecte. Georgie a une épouse si bonne, si indispensable et si parfaite en son genre ! Dieu en soit loué[23] ! »

Si seulement elle pouvait en dire autant de Willy ! « Willy a quarante ans aujourd'hui. J'aimerais qu'il se montre plus prudent et moins impulsif à son âge[24] ! » confie la reine à son journal en janvier 1899. En mars, elle écrit à Nicky : « il faut que je t'apprenne *quelque chose* qu'il *vaudrait* mieux que tu saches mais que tu ignores peut-être. Je regrette de devoir le dire, mais William fait tout ce qu'il peut pour convaincre Sir F. Lascelles que la Russie cherche à s'opposer à nous en proposant des alliances à d'autres puissances et qu'elle en a même négocié une avec l'émir d'Afghanistan, *contre nous*. Inutile de préciser que je n'en crois PAS un mot ; Lord Salisbury et Sir F. Lascelles non plus. Je crains que William ne cherche à te monter contre nous, comme il essaye de nous monter contre toi[25] ». Nicky n'en fut ni surpris ni même décontenancé. « Très chère Bonne-maman », répondit-il à la reine qui passait alors quelques jours sur la Côte d'Azur sous le pseudonyme de comtesse de Lancastre. « Je suis si content que tu m'aies parlé ouvertement de William. Je devine ce qu'il manigance – c'est un jeu dangereux qu'il joue là (...) je suis heureux que tu n'aies pas cru à son histoire d'alliance entre nous et l'émir d'Afghanistan, il n'y a pas un mot de vrai là-dedans[26]. » Il espérait que le temps était au beau fixe sur la Côte d'Azur. Il promit enfin de venir à Balmoral à titre privé avec Alix et les bébés à l'automne avant de conclure : « ton petit-fils à jamais aimant et dévoué, Nicky ».

Wilhelm ne manigançait rien de bon, la suite des événements allait d'ailleurs le prouver, mais il avait une circonstance atténuante : quoi qu'il fasse, au sein de sa famille ou sur la scène internationale, il se trouvait toujours isolé, indésirable, comme l'avait remarqué Kostia. Handicapé de naissance, perturbé par son enfance malheureuse, mal aiguillé par son entourage militaire et par Eulenburg, il vivait dans un monde imaginaire pétri de grandiloquence. Il penchait d'un côté puis d'un autre en se rendant à peine compte de ce qu'il ressentait vraiment. Sa rancœur se focalisait sur l'Angleterre mais celle-ci ne comptait pas lui accorder la moindre concession ni le plus petit début d'empathie. Au contraire : Lord Salisbury repoussait systématiquement les avances de Willy et la haute société anglaise se moquait du Kaiser à son insu lorsque celui-ci se pavanait en uniforme ou, pire encore, en habits civils qui, comme le note un observateur malveillant, lui donnaient l'allure d'un « touriste à Margate un jour férié[27] ». Le Kaiser se plaignait sans arrêt à la reine Victoria du rejet de ses tentatives de devenir « le meilleur ami » de la Grande-Bretagne. À demi anglais, à demi allemand, William/Wilhelm se sentait snobé ; ce qui fit bien entendu le jeu des anglophobes de la cour berlinoise. Wilhelm se mit par ailleurs à faire une fixation sur l'air de supériorité innée de Salisbury. Le 27 mai 1899, il se plaint à sa grand-mère de « la douleur et la honte que m'a causé le traitement dédaigneux et arbitraire des ministres qui ne sont même jamais venus ici (...) Le gouvernement de Lord Salisbury doit apprendre à nous respecter et nous traiter en égaux[28] ».

Sa remarque valut à Willy une autre rebuffade. Sa lettre « consterna » sa grand-mère, qui jugea son attitude « incorrecte ». « Je ne peux qu'attribuer à une irritation passagère le ton que tu emploies à propos de Lord Salisbury. Je ne pense pas qu'autrement tu aurais écrit une telle lettre et je ne pense pas non plus qu'un souverain se soit déjà adressé en de tels termes à un autre souverain à propos de son Premier ministre, surtout quand le souverain en question n'est autre que sa grand-mère[29]. » Hélas, ces vexations répétées confortèrent Willy dans sa résolution de se doter d'une marine puissante, histoire de montrer à l'Angleterre qui était le maître des mers. Comme Wilhelm le précisa à Eulenburg : le problème avec Salisbury, « c'est qu'il ne nous craint pas assez[30] ». Au mépris de la plus élémentaire prudence, le Kaiser déclara à Sir Frank Lascelles que le jour où l'Allemagne disposerait d'une flotte digne de ce nom, la Grande-Bretagne devrait la respecter comme il se doit. Lascelles en avertit aussitôt Salisbury mais le Premier ministre de la plus grande nation au monde n'y prit pas garde. Il se tapota le front en attribuant le coup d'éclat du Kaiser à son instabilité mentale. Il ne comprit pas que le Kaiser et Tirpitz allaient se lancer dans une course à l'armement naval qu'ils poursuivraient jusqu'au désastre final. À ce moment-là, une autre crise préoccupait déjà Salisbury.

Le 12 octobre 1899, la Grande-Bretagne entra en guerre contre les Boers de la république d'Afrique du Sud et de l'État libre d'Orange. Salisbury n'avait peut-être pas été averti du raid Jameson mais il participa sans conteste à la tentative ultérieure du gouvernement britannique de le couvrir[31]. Ce grand aristocrate avait en lui quelque chose du pirate. Ce n'était certes pas son style d'« occuper, fortifier, s'approprier et se vanter », selon la mémorable description de Disraeli par Lord Derby, mais lorsque les intérêts britanniques étaient en jeu, Salisbury ne reculait jamais. Dix ans plus tôt, en conflit avec la France à propos de l'Égypte, il avait expliqué sa prédilection pour un empire « officieux » : « nous ne disposons que d'une seule forme de contrôle : l'influence morale qui consiste en pratique en un mélange de petits riens, de remontrances et de piques[32] ». À cette occasion, il avait consenti à « partager » l'Égypte avec la France sous une autorité anglo-française en désamorçant tout risque de conflit. Face aux Boers d'Afrique du Sud, on ne pouvait envisager aucune solution de ce type. Le 19 octobre, la reine Victoria passa en revue le régiment des Gordon Highlanders avant son embarquement pour Le Cap. Les Highlanders en kilt défilèrent dans les rues au son des cornemuses et des acclamations de la foule. « J'espère sincèrement que la hausse des impôts, nécessaire aux dépenses de guerre, ne retombera pas sur les classes laborieuses », écrivit la reine à Salisbury le jour même, « mais je crains que celles-ci ne soient très affectées par les six pence supplémentaires de taxe sur la bière[33] ».

« La guerre entre l'Angleterre et le Transvaal me préoccupe au plus haut point », avoua Nicky à sa sœur Xenia au début des hostilités. « Chaque jour, je lis les nouvelles que publient les quotidiens anglais de la première à la dernière ligne (...) En apprenant que les Boers ont capturé deux bataillons britanniques entiers et une batterie de montagne au cours de l'offensive du général White, j'ai éprouvé une joie qu'il m'est impossible de cacher[34] ! » Nicky n'était pas le seul à se frotter les mains. Les grandes puissances, dont la plupart ne rêvaient que d'acquérir l'or et les diamants du Transvaal, s'opposèrent toutes à cette énième violation du droit des peuples par les Britanniques. Déjà, la Grande-Bretagne freinait les ambitions russes en Asie centrale et en Orient ; voilà maintenant en plus que l'impérialisme britannique revendiquait le Transvaal ! L'opinion publique russe se rangea du côté des Boers. Des orchestres se mirent à jouer « Transvaal, Transvaal, mon pays » comme s'il s'agissait de leur propre hymne national. Des livres et des pamphlets se répandirent. Les Russes priaient pour une rapide victoire des Boers contre les perfides Anglais. Tolstoï, le pacifiste, se laissa lui aussi emporter par la fièvre générale : il se mit à lire les journaux chaque matin comme le tsar en espérant une victoire des Boers. Lénine, à l'époque tout jeune révolutionnaire, soutint lui aussi le combat des Boers contre l'impérialisme. Afin d'accroître la pression sur les Anglais, la Russie déploya sa flotte dans l'Atlantique et la Méditerranée en massant ses troupes aux frontières de l'Afghanistan et de l'Inde.

Nicky décida d'avoir une petite conversation avec Willy. Il semblerait que Willy ne fût pas le seul des trois cousins à penser qu'il valait mieux résoudre les crises internationales en privé, « entre collègues ». « J'ai l'intention de lancer la discussion sur les Britanniques, en rappelant à l'empereur son fameux télégramme à Kruger[35] ! » annonça Nicky à sa sœur Xenia. Si Nicky avait su que Willy le traitait de « simplet » et de « geignard » sous la coupe des femmes, « tout juste bon à faire pousser des navets dans sa maison de campagne[36] », il ne se serait peut-être pas senti si sûr de lui. De retour de Wolfsgarten, l'une des résidences d'été de la famille de Hesse, Nicky passa deux jours à Potsdam avec Alix. Il s'y était beaucoup plu, avoua-t-il à sa mère le 9 novembre 1899 en s'excusant du temps qu'il avait mis à lui répondre. Désireux de laisser une bonne impression à ses hôtes, Willy leur montra les monuments historiques de Berlin et Potsdam que Nicky estima fort intéressants. Seule la température trop élevée des appartements le gêna : il en attrapa une migraine qui lui rendit la corvée du banquet plus pénible encore que de coutume. « Dans l'ensemble, tout s'est bien passé », conclut-il en ajoutant : « Je m'intéresse de très près à la guerre des Boers ; je souhaite tout le succès possible à ces pauvres gens engagés dans un conflit inégal et injuste. L'Europe entière manifeste une sympathie presque incroyable aux Boers, même les gens ordinaires prennent le plus grand intérêt à leur sort[37]. » Bien entendu, il présenta les choses sous un autre angle à la reine Victoria : « Je ne saurais trop te dire que mes pensées t'accompagnent car je sais à quel point la guerre au Transvaal et les terribles pertes déjà subies par tes troupes t'éprouvent. Puisse Dieu assurer une conclusion rapide au conflit[38] ! »

Nicky ne consentait pas plus que Willy à laisser du pouvoir aux ministres et au parlement dans le cadre d'une monarchie constitutionnelle. Après la délivrance de Mafeking assiégée par les Boers, on put un instant s'attendre à ce que les Britanniques cherchent à conclure la paix. Mais non. Le 29 mai 1900, lors d'un discours à un banquet à la City de Londres, Lord Salisbury déclara qu'à long terme, les Britanniques ne seraient pas en sécurité en Afrique du Sud « tant que nous laisserons la moindre bribe d'indépendance gouvernementale à l'une ou l'autre république[39] ». Il se leva de nouveau un peu plus tard pour annoncer une nouvelle qui tombait à point nommé : Lord Roberts, le commandant en chef des troupes, venait de s'emparer de Johannesburg. Les applaudissements retentirent et l'orchestre joua l'hymne national. À la fin de l'année, le conflit se mit à tourner à l'avantage des Britanniques. Il faut dire que Salisbury venait d'envoyer un demi-million de soldats s'assurer qu'en effet, les Boers ne conserveraient pas la moindre bribe d'indépendance gouvernementale.

Nicky se trompait dans la plupart de ses calculs. « Tu me connais, je ne suis pas arrogant, pourtant c'est un plaisir pour moi de savoir que moi et moi SEUL ai les moyens d'infléchir le cours de la guerre en Afrique du Sud[40] », écrit-il à sa sœur au début des hostilités. « Rien de plus simple : il suffirait que j'envoie un ordre de mobilisation au Turkestan et que les troupes s'avancent jusqu'à la frontière [indienne]. Même la flotte la plus puissante au monde ne nous empêchera pas de frapper l'Angleterre à son talon d'Achille. » En réalité, la Russie ne pouvait agir seule ; d'où les avances de Nicky à son cousin Willy à Potsdam. Lamsdorff, le ministre russe des Affaires étrangères, chercha quant à lui à nouer avec la France une alliance antibritannique. Aucune de ces initiatives ne porta de fruits. La France soutenait les Boers mais elle ne voulait pas contrarier la Grande-Bretagne, sa voisine, la seule grande puissance capable de la protéger de l'Allemagne. La géographie, toile de fond de nombreuses alliances, joua là aussi un rôle crucial, comme en maintes autres occasions de l'Histoire de France.

En Allemagne, la situation apparaissait plus complexe. L'opinion publique et la majorité des élites au pouvoir désapprouvaient les Britanniques. Pourtant, le Kaiser resta neutre du début à la fin de la guerre, ce qui lui valut de nombreuses critiques dans son propre pays. Par la suite, il n'hésiterait pas à le rappeler à ses cousins anglais. Jusqu'à un certain point, l'attitude de Wilhelm s'explique par la faiblesse de sa marine qu'il savait incapable de soutenir un conflit. En Allemagne, on le soupçonna toutefois de s'être encore une fois laissé circonvenir par la branche anglaise de sa famille. Au début des hostilités, le gouvernement britannique estima opportun d'inviter officiellement le Kaiser en Angleterre. À contrecœur, Georgie dut aider son père, pas très enthousiaste, à distraire son cousin. « Nous avons quitté Londres avec Papa par train spécial pour Windsor à 11 h 45 », se rappelle-t-il dans son journal le 20 novembre 1899. « Ai vu Bonne-maman. Ai revêtu mon uniforme allemand. Maman chérie et Toria sont arrivées. Nous sommes tous allés à la gare à 1 h 30 accueillir William, Dona et leurs deux fils. Je suis monté en voiture avec William, Papa et l'oncle Arthur. Les rues étaient décorées. Il a reçu un très bon accueil[41]. » Sa grand-mère se félicita de son retour au bercail. « William est venu prendre le thé », note-t-elle dans son journal le 22 novembre. « J'ai eu avec lui une longue conversation fort intéressante sur de nombreux sujets. Nous avons d'abord parlé de la santé de sa chère maman, qui n'est pas satisfaisante, puis du ton choquant qu'emploie la presse allemande, de ses attaques honteuses contre l'Angleterre, et des monstrueux mensonges qui circulent à propos de la guerre, et que William déplore[42]. »

Le prince de Galles se surpassa : il se chargea de distraire son neveu à Sandringham trois jours entiers. On servit à Willy du bacon et des œufs au petit déjeuner, et aussi du porridge. De nombreuses personnalités furent invitées à le rencontrer. Son oncle n'aurait pas pu se montrer plus aimable. Même la princesse de Galles parvint à masquer son hostilité, bien qu'on l'entendît marmonner « *Ach !* l'imbécile ! » lorsqu'elle apprit que William avait emmené avec lui trois valets, un coiffeur, et un barbier chargé de friser ses impériales moustaches. À Sandringham, Georgie, encore une fois de corvée, dut promener Willy et Dona dans les jardins en leur montrant l'écurie et la ferme. Puis il les conduisit à York Cottage où ses enfants – trois, à l'époque – enchantèrent le Kaiser et son épouse. Ceux-ci n'émirent aucun commentaire sur la taille de la maison, malgré leur étonnement probable. Le soir, après dîner, le Kaiser et le duc d'York jouèrent aux quilles. Le dimanche, ils se rendirent tous à l'église, et le lundi, à Wolferton Wood, où ils tuèrent, comme Georgie prit soin de le noter, mille huit cent quatre-vingt-onze oiseaux. « William tire très bien si l'on tient compte du fait qu'il n'a qu'un bras[43]. » Tout le monde se félicita de la visite, des plus satisfaisantes, mais personne ne comprit ce que signifiait la présence au côté du Kaiser d'Eulenburg et de son ami Bernhard von Bülow qui, en moins de quelques semaines, parviendrait à ses fins en devenant chancelier du Reich. Bülow remarqua que lorsque l'oncle Bertie s'adressait à son neveu, on aurait dit « un gros chat malicieux jouant avec une souris[44] ».

De retour en Allemagne et en réaction à son chaleureux accueil en Angleterre, Willy bombarda son oncle de conseils amicaux à propos de l'Afrique du Sud. Il lui suggéra d'accepter la défaite des Britanniques, comme au cricket « en reconnaissant d'un geste chevaleresque la valeur de l'adversaire ». Son oncle lui répondit poliment : « La comparaison que tu établis entre notre conflit avec les Boers et les matches de cricket qu'on dispute contre les Australiens ne m'a pas trop convaincu[45]. » En 1900, la presse française se montra si hostile aux Anglais que le prince de Galles préféra renoncer à ses habituelles vacances de printemps sur la Côte d'Azur pour rejoindre son épouse au Danemark. Ce fut un choix judicieux à plus d'un titre. Bertie passait trop de temps en compagnie de sa nouvelle favorite, Alice Keppel. Même si la princesse de Galles le tolérait, il ne fallait pas s'attendre à ce que cela embellisse son humeur. « Comment ça va, dans l'ensemble[46] ? » écrivit May à Georgie, à Cowes avec ses parents, un peu plus tard, cette année-là. « Je veux dire : la paix règne-t-elle ou as-tu passé des moments difficiles ? » Georgie lui répondit : « Hélas, Mrs K. arrive demain en yacht, je crains que la paix et le calme ne durent plus très longtemps. »

En Russie, Nicky avait d'autres soucis. Au mois de juin précédent était né son troisième enfant, encore une fille : la grande-duchesse Maria Nicolaïevna. « Et donc, toujours pas d'héritier. Toute la Russie va être déçue par la nouvelle[47] », commente le cousin de Nicky, Kostia, dans son journal. La reine Victoria lui envoya ses félicitations sans pour autant tourner autour du pot. « Je suis si contente que cette chère Alicky se soit remise mais c'est dommage pour le pays qu'il s'agisse encore d'une fille[48]. » Deux semaines plus tard à Livadia, le frère de Nicky, Georgeï, toujours pas guéri de sa tuberculose, mourut d'une chute à bicyclette. Aux funérailles, l'impératrice douairière Minny, dont la mère, la guillerette reine Louise de Danemark tant critiquée par la reine Victoria, venait de mourir en septembre, s'effondra de chagrin. Nicky, Xenia et son mari Sandro durent se porter à sa rescousse. En cas de décès de Nicky, le pouvoir en Russie reviendrait désormais au troisième fils de Minny, le grand-duc Mikhaïl. Nicolas II le tsar essuyait ainsi un revers cuisant mais Nicky le père de famille ne s'en soucia pas outre mesure. « Ma petite femme chérie à moi », écrit-il à Alix le 10 juillet 1899 avant son départ le lendemain. « C'est étrange de t'écrire, assis dans ma chambre, en sachant que tu te tiens tranquillement au balcon. Mais demain, je serai loin et je ne veux pas qu'un seul jour s'écoule sans que tu entendes ton mari te dire de vive voix ou par courrier à quel point il t'aime, toi et nos trois petites ! » Il conclut ensuite : « Bonne nuit, ma douce Alix chérie, mon épouse, ma joie, mon bonheur, ma seule et unique, mon tout[49] ! »

D'autres problèmes se posaient à la Russie en dehors de la famille impériale. Les nihilistes et les révolutionnaires s'agitaient de plus en plus, or Nicky rechignait à appliquer les mesures répressives habituelles, qui ne donnaient de toute façon pas de résultats. Il ne parvenait pas à « se résoudre à admettre qu'il pouvait mettre un terme à tout cela », écrit Kostia dans son journal. « Pour reprendre les mots de Xenia, l'attitude de Nicky est celle d'un simple spectateur !! Si seulement il avait plus de force et de confiance en lui[50] ! » Sergueï Witte, le ministre des Finances, ne voyait que des ennuis se profiler à l'horizon. Fort de son expérience d'homme d'affaires, il estimait que le gouvernement russe devait améliorer la condition des ouvriers par des lois sur le travail inspirées des autres pays industrialisés, au risque sinon d'une aggravation des troubles sociaux. Sous le précédent ministre des Finances, Boungue, et surtout sous Witte lui-même, l'industrie russe connut un développement rapide. Witte étendit le réseau ferroviaire et réduisit la dette nationale en attirant les investisseurs étrangers. Il chercha ensuite à augmenter la productivité des travailleurs, dans les usines comme dans les campagnes. Un besoin urgent de réformes se faisait sentir : il fallait légiférer sur la durée de la journée de travail, les associations d'ouvriers, les assurances et les soins médicaux aux travailleurs et, dans les villages, passer d'une économie collective à des efforts individuels. Witte rencontra une vive opposition des réactionnaires qui prévalaient sous Nicolas II. Il n'obtint que le vote d'une loi sur le dédommagement des ouvriers sans travail. « Parce que nous restions à la traîne sur ces questions-là, les relations entre ouvriers et capitalistes s'aigrirent », écrira-t-il par la suite. « Les idées socialistes, et même révolutionnaires, se mirent à séduire nos travailleurs[51]. »

Peu de gens écoutèrent Witte, le dangereux libéral. Il rencontra plus de succès en politique étrangère. En novembre 1897, les Allemands débarquèrent des troupes dans la baie de Kiao Tchéou en Chine. Au lieu de se joindre à la pression internationale pour déloger les Allemands, le ministre russe des Affaires étrangères, le comte Mouraviev, y vit une occasion idéale pour la Russie d'acquérir le port dont elle avait tant besoin dans les eaux chinoises, sous couvert d'aide aux Chinois. Son choix s'arrêta sur Port-Arthur, dans la péninsule de Liao Toung. Witte l'avertit que la Chine allait devenir l'ennemie de la Russie, d'autant plus que la Russie venait de s'engager à protéger la Chine du Japon ! En plus, l'Angleterre et le Japon ne manqueraient pas de se liguer contre la Russie. Witte en parla au tsar lorsqu'il le revit à Tsarskoïe Selo. À sa grande désolation, il comprit que Nicolas soutenait Mouraviev. En quittant le bureau du tsar, Witte croisa par hasard le grand-duc Aleksandr Mikhaïlovitch, commandant en chef de la marine russe. « Souvenez-vous de ce jour, Votre Altesse », le mit en garde Witte. « Il restera gravé dans les mémoires à cause de ses conséquences terribles pour la Russie[52]. » L'histoire donnerait raison à Witte. La guerre contre le Japon s'avérait dès lors inévitable.

Witte comprit à la réaction du grand-duc que celui-ci connaissait à l'avance le sort de Port-Arthur. En réalité, le Kaiser et le tsar qui désiraient l'un et l'autre obtenir une base en Chine avaient tout manigancé en privé « entre collègues ». Witte profita de son entretien suivant avec le tsar pour lui proposer sa démission. Nicolas refusa : Witte n'était que ministre des Finances, ce pour quoi il le tenait d'ailleurs en haute estime. Witte devina sans peine qui tirait les ficelles : « il ne fait aucun doute que lui [le Kaiser] et ses diplomates essayaient par tous les moyens possibles d'engager nos troupes en Orient où nous épuiserions nos forces ; ce qui ôterait à l'Allemagne toute crainte quant à sa frontière russe. De ce point de vue, le Kaiser réussit au-delà de toute espérance[53] », écrit Witte à la veille de la Première Guerre mondiale. Le tsar voyait les choses autrement. En mars 1899, il écrivit à la reine Victoria : « Comme tu le sais, chère Bonne-maman, mes efforts actuels visent tous à prolonger le plus possible la paix dans le monde. Les événements récents en Chine le prouvent à l'évidence (...) Tout ce que veut la Russie, c'est qu'on la laisse tranquille et qu'on lui permette de se développer au mieux de ses intérêts, du fait de sa proximité avec la Sibérie. Nous tenons plus que tout à notre mainmise sur Port-Arthur et les chemins de fer mandchous, laquelle n'affecte en rien les intérêts des autres puissances européennes[54]. »

Mariages, funérailles, anniversaires et baptêmes remplissent l'agenda des têtes couronnées et rythment la vie des familles royales en marquant le cours de l'Histoire. Le vendredi 4 mai 1900, Georgie partit assister à Berlin aux cérémonies de la majorité du kronprinz, le fils aîné du Kaiser. Il ne s'en réjouit d'ailleurs pas vraiment. « Naturellement, cela me répugne d'y aller », confia-t-il à Knollys, le secrétaire privé de son père, « mais je suis toujours prêt à me conformer aux souhaits de la reine et à faire mon possible pour mon pays[55] ». Voilà une parfaite illustration de l'attitude de Georgie face à ses devoirs envers la Grande-Bretagne ; même s'il faut reconnaître qu'on a déjà connu vie plus pénible que la sienne. À bord du train, il lut, dormit et écrivit à Maman et Papa, heureusement pour eux dispensés de l'accompagner. Puis il s'habilla en uniforme « allemand », comme il le précise dans son journal, avant d'arriver à 7 heures du soir à Berlin où l'attendaient le Kaiser, les princes et la garde d'honneur. Se succédèrent ensuite les habituels banquets, déjeuners aux ambassades, inspections de régiments, discours et toasts. Tout le monde célébra la majorité du kronprinz en uniforme de la tête aux pieds. « Le service a duré plus d'une heure. Il faisait une chaleur étouffante, de nombreux soldats de la garde postés autour de la chapelle se sont évanouis en tombant ; chose dangereuse puisqu'ils avaient tous des baïonnettes à leurs fusils[56]. »

Deux jours plus tard, Georgie rendit visite à sa tante Vicky à Friedrichshof, sa « charmante maison » de Cronberg. À ce moment-là, Vicky, en qui reposaient jadis les espoirs de ses parents, n'était plus qu'une vieille femme amère et déçue ; elle ne cessait de se plaindre à sa mère de son fils qui la négligeait en conduisant son pays à la ruine. Lorsque la guerre des Boers éclata, elle ne se demanda pas longtemps à qui irait sa sympathie : « Je ne saurais te dire combien je suis soulagée pour toi, pour Lord Roberts et Lord Kitchener, pour l'armée en général et toute l'Angleterre[57] », avoua-t-elle à sa mère dès lors que le sort se retourna en faveur de la Grande-Bretagne en Afrique du Sud. Entourée d'anglophobes, Vicky, l'impératrice douairière d'Allemagne, demeurerait jusqu'au bout « la princesse anglaise ». À l'époque de la visite de Georgie, son cancer la rongeait déjà. Ils eurent une longue conversation mais Georgie remarqua que sa tante souffrait beaucoup. Le lendemain, il rentra chez lui. « Ai retrouvé May chérie et les enfants en pleine santé. Ai pris un déjeuner léger. Suis allé à MH voir Papa et Maman chérie[58]. »

En juillet, la cousine de Georgie, Alix, la tsarine, écrivit à son amie la princesse Bariatinski : « Ma grand-mère nous invite à venir en Angleterre mais ce n'est pas le moment de quitter le pays. Comme j'aspire à revoir son visage chéri, tu l'imagines sans peine, jamais nous n'avons été séparées si longtemps, 4 années complètes, et j'ai le pressentiment que je ne dois plus la revoir. Si ce n'était pas aussi loin, je serais partie seule quelques jours en laissant mes enfants et mon mari, car elle est une seconde mère pour moi, depuis la mort de Maman il y a 22 ans[59]. » De tous ses petits-enfants, c'était Alix que préférait la reine Victoria ; Alix qui aimait aussi le plus sa grand-mère. À cette époque, tout paraissait morose et pénible à la reine, dans sa quatre-vingt-deuxième année. « Voilà déjà trente-huit ans que cette horrible catastrophe a brisé et changé ma vie en me privant de mon ange gardien, le meilleur des maris et le plus noble des hommes[60] ! » se plaint-elle à son journal.

Le 31 juillet lui parvinrent d'autres mauvaises nouvelles. Le pauvre Affie, qui avait fini par hériter « ce cher petit pays » de Cobourg en 1893, venait de mourir subitement dans son sommeil. Il souffrait d'un cancer depuis quelque temps. « Ça me déchire le cœur », avoua la reine. « Des souvenirs de l'enfance et de la jeunesse de ce cher Affie me sont revenus en masse[61]. » Vicky aussi inspirait de l'inquiétude à sa mère. « Soixantième anniversaire de Vicky chérie », note-t-elle dans son journal le 21 novembre. « Cela me brise le cœur de penser à elle, si merveilleusement active autrefois, mais malade et souffrante aujourd'hui. » La reine elle-même ne se sentait pas très bien depuis de nombreuses semaines. Elle avait perdu le sommeil et l'appétit. Il lui semblait particulièrement éprouvant de rester assise à table sans toucher à son assiette. Ses insomnies l'« exaspéraient ». Elle souffrait beaucoup. Les médecins ne parvenaient pas à la soulager. Lord Salisbury vint prendre le thé avec elle et la pressa de partir à l'étranger se changer les idées et se reposer. De temps à autre, elle se promenait en voiture avec Beatrice. Le 2 janvier 1901, Lord Roberts se rendit à Osborne où elle lui remit l'ordre de la Jarretière. Deux jours plus tard, elle admit : « Du fait que je ne me sens pas bien, je vois très mal, ce qui m'est pénible[62]. » Elle inscrivit ses derniers mots dans son journal le 12 janvier avant de s'éteindre le 22 au soir, entourée par ses enfants et ses petits-enfants, après trente-deux années de règne.

Willy venait d'arriver deux jours plus tôt, précédé par l'un de ses télégrammes non codé. Sa présence contraria la maison de la reine mais il témoignait ainsi publiquement de son attachement à sa grand-mère ; ce qui lui valut les louanges et l'affection du public anglais. Son oncle le prince de Galles dut quitter Osborne et le chevet de sa mère pour l'accueillir à Londres en s'arrêtant à Marlborough House, le temps de revêtir son uniforme prussien. Le lendemain matin, tôt, oncle et neveu repartirent ensemble à Osborne. Ce jour-là, la reine prononça ses dernières paroles : « Bertie ! » avant de perdre connaissance. Willy en garderait un souvenir différent. Dans ses Mémoires, il raconte que l'un des médecins demanda à la reine à l'agonie si la présence de son petit-fils d'Allemagne lui faisait plaisir ; à quoi elle répondit : « oui, beaucoup, car je l'aime énormément[63] ». William resta toute la journée auprès de sa grand-mère entourée par ses proches. Ensemble, ils rajustèrent ses oreillers et la soutinrent jusqu'à son dernier soupir.

Le lendemain, Willy envoya d'Osborne un ordre à son armée en Allemagne. « Le décès de ma regrettée grand-mère bien-aimée et honorée, Victoria, reine de Grande-Bretagne et d'Irlande, impératrice des Indes, m'a plongé, moi et ma maison, dans le plus profond chagrin. Je suis bien conscient que mon armée compatit sincèrement à la perte douloureuse que je viens d'éprouver et j'ordonne par conséquent à tous les officiers de mon armée de porter le deuil pendant deux semaines[64]. » Le premier régiment de sa grand-mère, celui des dragons de la garde, reçut l'ordre de garder le deuil trois semaines. Tous les drapeaux des bâtiments militaires restèrent en berne pendant trois jours.

Le prince de Galles, désormais Édouard VII, loua William de sa gentillesse et lui délégua son autorité à Osborne, le temps d'assister au conseil d'accession au palais Saint-James. Georgie accompagna son père à Londres. Le premier, il jura allégeance au nouveau monarque. L'archevêque de Canterbury administra le serment. Édouard VII récita un petit discours de mémoire, sans notes, montrant à quel point il savait s'y prendre avec le peuple. « Papa a prononcé un superbe discours ; il y a déclaré qu'il voulait qu'on l'appelle Édouard VII[65] », note à ce propos Georgie dans son journal.

Les funérailles d'État n'auraient pas lieu avant le 4 février mais William refusa de retourner en Allemagne entre-temps. Il précisa qu'il resterait en Angleterre en tant que membre de la famille en deuil et non en tant que Kaiser ; ce qui ne fut pas bien perçu en Allemagne, pas plus, d'ailleurs, que ses ordres à l'armée. « La présence de notre Kaiser bien-aimé à Osborne m'inquiète[66] », avoua Eulenburg à son vieil ami Bülow. « Je pense à tout ce qu'il va dire ! Il sera comme un enfant au milieu de ces gens indélicats malgré leur deuil. Auprès d'eux, il oublie toute dissimulation. Une espèce d'embarras s'empare de lui en le poussant à dire la vérité et n'importe lequel d'entre eux pourrait sans peine lui arracher ses secrets (et nos secrets d'État par la même occasion). » Comme s'il cherchait à s'aliéner ses ministres et ses sujets, le Kaiser, emporté par l'accueil chaleureux de sa famille anglaise, oublia qu'il était Wilhelm et non William : il remit l'ordre de l'Aigle noir à Lord Roberts. La guerre des Boers battait alors son plein. La consternation se répandit au sein du peuple allemand. Les Britanniques en furent quant à eux enchantés. Le jour des funérailles, ce fut le Kaiser qui suscita la plus vive admiration de la foule en noir massée pendant des heures en silence le long du trajet de la procession funèbre. Lorsqu'il repartit enfin en Allemagne deux jours plus tard, le *Times* titra « *Es lebe der Kaiser*[67] » : Vive le Kaiser ! Selon le *Morning Post* : « on entend de tous côtés des témoignages d'amitié et d'admiration pour Sa Majesté impériale. Des chapeaux ont été lancés en l'air et des mouchoirs, agités. Quelle scène d'enthousiasme magnifique[68] ! ».

12.

BERTIE ET SES DEUX NEVEUX

Dès son avènement, les journaux anglais accablèrent de louanges le nouveau roi ; tous sauf le *Times*, qui rappela sur un ton édifiant à ses lecteurs que, si Édouard VII menait depuis toujours une vie publique irréprochable sans jamais manquer à ses devoirs envers la nation, « nous ne prétendrons pas qu'il n'y ait rien dans sa longue carrière à quoi ceux qui le respectent et l'admirent ne puissent trouver à redire ». Au cas où l'on n'aurait pas saisi l'allusion, le journaliste précisa en toutes lettres que le roi avait été « sollicité par les tentations les plus séduisantes[1] ».

Si Édouard en fut contrarié, il n'en laissa en tout cas rien paraître. Il entama son règne avec l'énergie et l'enthousiasme de celui qui attend depuis trop longtemps en coulisse. Le fidèle et zélé Francis Knollys l'épaula en s'assurant que les ministres, et en particulier Lord Salisbury, ne manqueraient pas de consulter leur souverain. Édouard VII n'appréciait ni Lord Salisbury ni Arthur Balfour, son neveu et successeur au poste de Premier ministre. Ils lui semblaient trop intellectuels, or le roi préférait les courses de chevaux et le jeu à l'art ou la littérature. Édouard VII n'aimait pas non plus Lord Lansdowne, le ministre des Affaires étrangères. Il considérait les relations internationales comme son domaine à lui, celui des monarques. Moins le gouvernement s'en mêlerait, mieux cela vaudrait. D'un autre côté, le roi se plierait de bonne grâce aux contraintes de la monarchie constitutionnelle dont il ne transgresserait les principes qu'à l'occasion, en omettant de consulter ses ministres.

Édouard VII parvint à conserver un certain pouvoir malgré tout. Au début de son règne, il réunit autour de lui un petit groupe d'amis monarchistes en mesure d'influencer le gouvernement en sous-main, de sorte que son action se conforme aux souhaits du roi. Ces amis prônaient un libéralisme modéré en se déclarant partisans d'une évolution par degrés plutôt que d'une révolution. On comptait parmi eux Sir Charles Hardinge, un diplomate, vieil ami du roi et futur vice-roi des Indes ; Sir John Fisher, qui devint premier Lord de la mer en 1904 et se consacrerait dès lors à la modernisation de la marine ; et le brillant financier Sir Ernest Cassel dont les conseils à Édouard VII en matière d'investissements soulagèrent un temps ses dettes toujours croissantes. Né en Allemagne dans une modeste famille juive, Cassel avait quitté l'école à quatorze ans avant de débarquer à Liverpool huit ans plus tard avec pour seul bagage un violon et son baluchon. Il se rendit ensuite à Londres où il ne tarda pas à diriger un groupe financier international en échange d'un salaire de 5 000 livres par an. À ce groupe se joignaient aussi dans une moindre mesure Luis de Soveral – le ministre portugais cosmopolite basé à Londres, connu pour sa haine des Allemands, qui se lierait d'amitié avec le roi – et Alice Keppel, Mrs George Keppel, la brillante favorite d'Édouard dont la discrétion et le charme envoûtaient les hommes politiques qu'elle recevait chez elle. Tout le monde l'adopta, même la princesse de Galles devenue entre-temps reine Alexandra.

Le membre le plus actif du groupe restait sans conteste Lord Esher : un diplômé d'Eton aux nombreux talents sans fonction précise jusqu'à ce que son ancien camarade de classe Lord Rosebery le nomme secrétaire permanent du bureau des travaux publics en 1895. Esher connaissait déjà un peu le prince de Galles mais ils se lièrent d'amitié après les célébrations qu'il organisa, en 1897, des soixante ans de règne de Victoria. Esher aimait ordonner les événements politiques en coulisse en échappant au poids des responsabilités administratives. Après l'accession d'Édouard au trône, Esher refusa de nombreux postes au gouvernement pour devenir *Lieutenant and Deputy Constable* du château de Windsor, ce qui lui permit d'entretenir des contacts réguliers et officieux avec le roi. Il assumerait en outre la présidence de comités, dont celui pour la défense, en servant toujours au mieux les intérêts de son souverain. « Bien que vous ne soyez pas exactement un fonctionnaire », lui écrit le roi en mars 1905, « je vous tiens pour le fonctionnaire le plus précieux à ma disposition[2] ». Esher passait ses journées à arpenter les quelques centaines de mètres qui séparent le palais de Buckingham de Downing Street et du ministère des Affaires étrangères en exerçant une pression sur untel ou en plaçant sa confiance en tel autre. Ses manières de procéder ne lui ont pas toujours valu l'affection des politiciens qui y voyaient une entorse aux principes de la monarchie constitutionnelle mais, en général, il donnait des conseils judicieux en jouant de son influence à bon escient. Il amusait le roi par sa collection d'anecdotes et de potins à laquelle plus d'un homme politique eut recours à un moment ou un autre.

En fait, Esher en Angleterre jouait un rôle assez semblable à celui d'Eulenburg en Allemagne ; si ce n'est qu'Esher, plus intelligent qu'Eulenburg, œuvrait au sein d'un système politique et d'un climat différents. Esher, Francis Knollys et Fisher dînaient régulièrement au Brook's, un club privé de la rue Saint-James, à un jet de pierre du palais de Buckingham. Ils s'échangeaient opinions et nouvelles en maintenant à flot le navire de l'État.

À l'instar d'Édouard VII, Esher confia ses finances personnelles au très capable Sir Ernest Cassel.

Le parlement vota au roi des revenus annuels de 470 000 livres, sans compter l'entretien de ses palais et de ses yachts. Georgie, le nouveau prince de Galles, recevrait 100 000 livres par an et ses sœurs s'en partageraient 18 000. À l'époque, un ouvrier agricole ne gagnait pas plus de 40 livres par an, et un domestique, deux fois moins. Sitôt le roi et la reine installés au palais de Buckingham, Georgie et May quittèrent York Cottage pour Marlborough House. À Windsor, ils logeaient à Frogmore House, une charmante demeure fin XVIIe, à un kilomètre et demi du château. À Sandringham, Georgie refusa de renoncer à son York Cottage bien que son père eût pris la peine de sillonner le Norfolk en voiture en compagnie de Lord Esher, à la recherche d'une maison plus convenable.

L'emploi du temps d'Édouard VII ne changea pas beaucoup après son accession au pouvoir. Il passait Noël et la nouvelle année à Sandringham avant de chasser une semaine avec ses amis. Fin janvier, le roi revenait à Londres, au palais de Buckingham, pour l'ouverture de la session parlementaire. La saison, ses bals, ses dîners et ses soirées au théâtre, se prolongeait jusqu'au début du mois de mars. Le roi partait alors à l'étranger en s'arrêtant à Paris et Marienbad où il prenait les eaux. Il aimait y séjourner incognito au luxueux hôtel Weimar. Chaque année, après son départ, la direction de l'hôtel vendait les meubles de sa suite le double de leur prix d'achat ; ce qui prouve (au moins autant que les foules s'attachant au moindre de ses pas) qu'il ne voyageait pas aussi incognito qu'il se plaisait à le croire.

Il revenait à Londres en mai puis assistait au Derby d'Epsom en juin. En juillet, il se rendait en visite officielle dans l'une des provinces de son royaume ; il inaugurait alors des plaques commémoratives et des hôpitaux et prononçait des discours ou serrait des centaines de mains en charmant tout le monde par son aisance et son sens très sûr de l'opinion publique. En septembre, il séjournait au palais de Buckingham ou rendait visite à ses amis. En octobre, il allait à Balmoral chasser le coq de bruyère et le cerf puis aux courses de Newmarket par train royal. Il passait novembre au palais de Buckingham, à Windsor ou Sandringham, allait au théâtre ou au bal à Londres, jusqu'au Noël suivant, à Sandringham. Pendant ce temps-là, Édouard VII s'acquittait aussi de ses obligations de souverain. Il consultait ses ministres, en général par le biais de Francis Knollys. Il accordait des audiences, recevait les ambassadeurs étrangers, assistait à des parades militaires, prononçait des discours, posait la première pierre de chantiers, se rendait dans des hôtels de ville, inaugurait des écoles, tenait sa cour, assistait à des galas de charité, ouvrait des expositions et décernait de nombreuses médailles. Il signait des documents à n'en plus finir, en accordant toujours une attention particulière aux commissions militaires et navales. À l'occasion, il se rendait aussi à la Chambre des lords, lorsqu'un débat en particulier l'intéressait.

Tandis que Francis Knollys assistait le roi en Angleterre, Frederick Ponsonby, son écuyer et secrétaire privé auxiliaire, veillait sur lui à l'étranger. Ponsonby était un homme de cour jusqu'au bout des ongles. Après ses études à Eton, il servirait plus de quarante ans et successivement la reine Victoria, Édouard VII et George V. Il nous a laissé l'un des meilleurs récits qui soient de la vie à la cour. Il résume parfaitement son travail d'écuyer, auquel il excellait d'ailleurs, en expliquant qu'il s'agissait avant tout de « faire tourner la boutique[3] », veiller aux conversations, au bon déroulement des visites officielles, au respect de l'étiquette ; en somme, à ce que le roi exerce son métier de roi. La compagnie de Ponsonby, un linguiste érudit doublé d'une autorité en matière de cérémonial, était très recherchée et il jouait admirablement au bridge. En résumé, il savait se rendre indispensable.

Le 23 février 1901, Ponsonby accompagna Édouard VII chez sa sœur Vicky en Allemagne qui, affaiblie par son cancer, n'avait pu assister aux funérailles de leur mère. Le troisième jour de leur visite, l'impératrice douairière convoqua Ponsonby dans son boudoir. À son entrée, il la trouva adossée à ses oreillers. Une piqûre de morphine lui donna la force de parler quelques minutes. « Il y a quelque chose que je voudrais que vous fassiez pour moi », déclara-t-elle. « Je veux que vous emmeniez avec vous mes lettres en Angleterre (...) Il ne faut pas que Willie les trouve ni qu'il sache qu'elles sont en votre possession[4]. » On les apporterait dans la chambre de Ponsonby à une heure du matin, dans deux grandes caisses noires. Celui-ci se demanda comment les sortir d'un palais infesté par la police secrète. Il nota « Livres – fragile » sur l'une et « Porcelaine – fragile » sur l'autre en croisant les doigts. Le lendemain, pendant que des soldats chargeaient les caisses en question à bord d'une voiture, Ponsonby, nerveux, vint se placer auprès du Kaiser. Heureusement, celui-ci « discourait sur un sujet qui le passionnait et, bien entendu, tout le monde, moi y compris, l'écouta attentivement[5] ». Le Kaiser ne s'aperçut de rien. À son retour en Angleterre, Ponsonby entreposa les deux caisses sous clé chez lui à Old Windsor. Encore une fois, il s'était contenté de « faire tourner la boutique ».

Vicky, l'impératrice douairière, mourut quelques mois après sa mère, le 5 août 1901. Le roi et la reine, escortés cette fois encore par Ponsonby, assistèrent à ses funérailles en Allemagne. La reine Alexandra apporta des jardins de Windsor où Vicky avait passé son enfance une couronne de fleurs. Princesse anglaise jusqu'au bout, Vicky demanda à ce qu'on l'enterre dans un cercueil anglais selon le rite anglican. Willy respecta les volontés de sa mère à la lettre même si par la suite il ordonna de placer son cercueil dans un autre, allemand celui-là, avant de l'enterrer une seconde fois selon les rites allemands.

Édouard VII nomma Sir Arthur Bigge, le futur Lord Stamfordham, secrétaire privé de Georgie. Il avait un drôle de passé pour un homme de cour : fils d'un curé du Northumberland, il avait été remarqué par la reine Victoria en 1879 à son retour des guerres contre les Zoulous en tant que jeune officier de l'artillerie royale. La reine Victoria qui se plaisait à distinguer des gens de son entourage le nomma secrétaire privé auxiliaire en 1880 sous les ordres de Sir Henry Ponsonby, le père de Frederick Ponsonby. Stamfordham apprit son métier d'homme de cour auprès de Sir Henry qu'il décrit comme « l'un des, si ce n'est le plus grand gentleman de ma connaissance : l'effacement complet du MOI : l'absence totale de vanité, de prétention ou de suffisance : une courtoisie pleine de charme envers les inconnus, vieux ou jeunes, des classes supérieures ou inférieures, riches ou pauvres[6] ». À la mort de Sir Henry en 1895, Stamfordham se glissa dans les souliers de son maître en servant la reine avec non moins de dévouement jusqu'à ce que celle-ci s'éteigne en 1901. Ce fut au titre de secrétaire privé du prince de Galles qu'il entreprit la mission la plus délicate de sa carrière : former le futur souverain. Il demeura trente ans auprès de Georgie, jusqu'à sa propre mort en 1931.

En mars 1901, Georgie et May partirent représenter le roi en Australie, en Nouvelle-Zélande et au Canada. Ils s'absentèrent huit mois en tout en confiant leurs enfants aux nounous et aux gouvernantes. Au début, Édouard VII s'opposa à un voyage aussi long, moins par égard pour ses enfants que pour lui-même. Il lui répugnait au moins autant qu'à son épouse de se séparer de Georgie plus d'une semaine. Georgie ne réagit pas beaucoup mieux. Après ses adieux à la famille à Portsmouth, il écrivit à ses parents : « May et moi sommes descendus dans nos cabines où nous avons pleuré à chaudes larmes en essayant de nous consoler l'un l'autre[7]. » À bord du vapeur *Ophir* embarquèrent aussi l'ancien tuteur de Georgie, désormais chanoine Dalton, et Lord Stamfordham. Ensemble, comme le nota soigneusement Georgie, ils parcoururent 45 000 miles, posèrent les premières pierres de 21 chantiers, reçurent 544 adresses, remirent 4 329 médailles, passèrent en revue 62 000 soldats et serrèrent 24 855 mains à des réceptions officielles. Ce voyage comptait beaucoup pour la monarchie vu que, comme Arthur Balfour se fit fort de l'expliquer à Édouard VII, le roi servait de « principal lien constitutionnel rassemblant au sein d'un unique empire des communautés d'hommes libres séparées par la moitié de la circonférence du globe. Les sentiments patriotiques qui permettent à un tel empire d'exister se concentrent sur lui ; du moins pour l'essentiel. Tout ce qui incarne sa personne aux yeux de nos compatriotes d'outre-mer doit être perçu comme un gain pour la monarchie et l'empire[8] ». Le prince de Galles y ajouterait une note de son cru : « L'Angleterre doit se réveiller si elle souhaite conserver sa prééminence de longue date dans le commerce colonial au détriment de ses concurrents étrangers[9] », déclara-t-il à un public d'hommes d'affaires de la City dès son retour, sans doute à l'instigation de Stamfordham.

En janvier 1902, Georgie fêta l'anniversaire de Willy à Berlin. L'hostilité entre l'Allemagne et la Grande-Bretagne atteignait alors son paroxysme : la paix en Afrique du Sud ne se conclurait pas avant le mois de mai. Du coup, Édouard VII mit en garde le Kaiser : « En envoyant mon fils George à Berlin fêter avec toi ton anniversaire, je t'offre une marque d'affection & d'amitié personnelle mais je dois avouer qu'après ta lecture des discours virulents du Reichstag contre l'Angleterre & surtout contre mon ministre des colonies et mon armée, où perce une vive hostilité envers mon pays, j'estime que, vu les circonstances, il vaudrait mieux qu'il n'aille pas là où il risquerait qu'on l'insulte[10]. » Willy nomma Georgie colonel du 8e régiment de cuirassiers. « Ai essayé mon uniforme mais ça n'a pas été un succès, surtout les bottes qui m'ont fait abominablement mal[11] ! » avoue Georgie dans son journal. Il discuta un long moment avec le comte von Bülow, le nouveau chancelier. Le 28 janvier, il prit soin de recopier le menu du dîner, rédigé en français de cuisine, qui comprenait pour l'occasion du « rosbif à l'anglaise ». Le lundi 30 janvier, Georgie se mit en route de bon matin et d'excellente humeur pour l'Angleterre où il renouerait avec sa routine habituelle. « Ai trouvé May chérie en pleine forme », écrit-il ce soir-là. « Déjeuner à 1 h 45. Bigge m'a apporté un tas de lettres. » Puis il alla voir Maman chérie, Papa et ses sœurs afin de leur narrer par le menu sa visite à Berlin. « Ai passé la soirée à discuter avec May[12]. »

En Russie, des troubles intérieurs marquèrent les premières années du siècle. La vie privée du tsar et de la tsarine n'était pas non plus de tout repos. Lorsque Alix apprit la mort de sa grand-mère la reine Victoria, elle voulut aussitôt se rendre à Windsor mais elle dut y renoncer car elle attendait alors son quatrième enfant – peut-être l'héritier tant espéré ? N'ayant plus vu sa grand-mère depuis cinq ans, elle s'effondra pendant le service funèbre en mémoire de la reine Victoria à l'église anglicane de Saint-Pétersbourg. Son bébé vit le jour le 5 juin. Encore une fille. « Mon Dieu ! Quelle déception ! (…) une quatrième fille », s'exclame la sœur de Nicky, Xenia, dans son journal, ce soir-là. « Elle se prénommera Anastasia. Maman m'a envoyé un télégramme : "Alix a encore donné naissance à une fille[13] !" » Kostia, le cousin de Nicky, se montra plus circonspect. « La grande-duchesse Anastasia est venue au monde à 6 heures ce matin ; l'accouchement, sans aucune complication, a duré trois heures ; le bébé se porte bien. Pardonne-nous Seigneur si nous avons tous été déçus au lieu de nous en réjouir ; nous espérions tant un garçon, et c'est encore une fille, la quatrième[14]. »

Dans son journal, Nicky se contente de mentionner le fait en précisant : « Heureusement, Alix s'est sentie toute joyeuse. »

En juillet, le tsar et la tsarine firent la connaissance de M. Philippe par le biais de la princesse monténégrine, la grande-duchesse Militsa, férue d'occultisme. Philippe, un Français originaire de Lyon, passait pour un guérisseur mystique – ou un charlatan, c'est selon. Deux fois déjà, il avait comparu en France pour exercice illégal de la médecine. En 1901, il organisait des séances de spiritisme à Saint-Pétersbourg et guérissait des maladies nerveuses par l'hypnose ; plus grave, il se prétendait capable de déterminer le sexe d'un enfant encore à naître. Le 10 juillet, il arriva à Tsarskoïe Selo. « M. Philippe nous a beaucoup appris par sa conversation[15] », précise Nicky dans son journal. « Nous avons passé avec lui des heures merveilleuses. » Le lendemain, Nicky et Alix l'appelaient déjà « notre ami » ; ils le présentèrent à leurs quatre filles avant de prier avec lui dans leur chambre à coucher. Lorsque Nicky dut se rendre en août à la parade navale du Kaiser à Dantzig, Alix lui écrivit : « Mon trésor à moi, je veux que tu lises ces lignes quand nous serons séparés pour que tu n'oublies pas que ta petite femme reste près de toi. Mes pensées et mes prières t'accompagneront tout le temps. Celles de M. Philippe aussi, je le sais, et c'est un réconfort pour MOI, car sinon notre séparation serait trop pénible (…) Je t'aime, je t'aime et je couvre ton visage chéri des baisers brûlants les plus tendres. Dieu te bénisse et te protège et te préserve du mal. Oh, comme c'est dur de se quitter – adieu, chéri, mon Nicky, mon petit garçon à moi, à qui je m'accroche de toutes les fibres de mon être. Je t'embrasse, t'embrasse, ta petite femme pour toujours[16]. »

Pieux par nature autant que par conviction, Nicky et Alix étaient aussi sensibles l'un que l'autre à l'influence des mystiques. Les célébrations de l'église orthodoxe rythmaient la vie de Nicky ; il se sentait alors en communion avec l'ensemble de ses sujets mais surtout avec les paysans russes à la foi naïve. Alix avait hérité de sa mère la princesse Alice son penchant pour la religion. Convertie à la foi orthodoxe malgré sa répugnance initiale à renoncer au protestantisme, elle reporta sa ferveur sur l'église russe. M. Philippe se mit à les fréquenter assidûment. « C'est un homme d'une cinquantaine d'années, petit, les cheveux et la moustache noirs, assez laid ; il a un accent du Sud de la France très désagréable », note Kostia dans son journal. Nicky et Alix se rendaient souvent chez Militsa, où ils priaient avec Philippe. Ils passaient de longues soirées en sa compagnie « dont ils revenaient dans un état d'exaltation, presque en extase, le visage radieux et les yeux brillants[17] ». Dans une de ses lettres de l'époque à Georgie, May mentionne une conversation avec Maman chérie. « Nous avons parlé de l'influence du spirite en Russie et elle m'a confié que c'était surtout Alix qui subissait l'influence de ce méchant homme. Tante Minny en est au désespoir[18]. »

En 1902, Anne Topham arriva à la cour berlinoise en tant que gouvernante anglaise de la dernière-née du Kaiser : son unique fille, Victoria Louise. Originaire d'un petit village du Derbyshire, Anne allait à cette occasion découvrir le monde étrange de la cour. « Vers la mi-août 1902, par une chaleur étouffante, je me rendis en proie à diverses appréhensions à la ville de Homberg-von-der-Hohe où la cour prussienne résidait temporairement[19] », écrit-elle dans ses Mémoires, publiés en 1914, avant les événements qui conduiraient à la Première Guerre mondiale. Rien n'échappa à cette jeune Anglaise pleine de bon sens et d'humour. Après une traversée agitée de la mer du Nord puis un long voyage en train, elle arriva au palais de Homburg, où l'accueillit un respectable gentilhomme vêtu d'un frac noir et d'un chapeau haut de forme, l'un des nombreux officiers subalternes qui veillaient à la bonne marche de la cour.

Un domestique conduisit Anne à une jolie pièce ombragée avec vue sur les toits rouges de Homburg en passant par un long couloir frais et un petit escalier en colimaçon. Tout y était d'une propreté impeccable, même le fauteuil un peu démodé recouvert de chintz bleu. Des fleurs trônaient sur la table. Une petite chambre à coucher meublée d'un lit en bois donnait sur le salon. Peu après, un homme vêtu de la simple livrée noire des domestiques au rang supérieur à celui de valet entra en la saluant. Anne s'attendait à ce qu'il lui apporte du café car on l'avait assurée à plusieurs reprises qu'on ne buvait que du café en Allemagne. Mais non : le domestique lui offrit du thé, venu tout droit d'une grande maison londonienne. Ce fut là sa première expérience de la double identité du Kaiser. Un coup retentit alors à la porte. Se présenta une femme de haute taille entre deux âges, le sourire aux lèvres : la comtesse von Kessel, l'une des trois dames de compagnie de l'impératrice, les tantes Alléluia. Elle accueillit chaleureusement Anne puis lui conseilla de revêtir une tenue « habillée » car elle dînerait ce soir-là avec Sa Majesté l'impératrice à 7 h 30. Comme d'habitude, Sa Majesté l'empereur était absent. Anne Topham s'inquiéta : elle ne possédait pas de tenue « habillée », rien qu'une robe décolletée, à la traîne peut-être pas assez longue, d'ailleurs. À 7 heures, on la mena aux appartements de Sa Majesté. Elle n'avait enfilé qu'un seul de ses longs gants en chevreau, comme on le lui avait ordonné, et tenait l'autre de sa main nue.

Un valet d'un certain âge conduisit Anne et la comtesse von Kessel dans une antichambre tapissée de satin jaune vif où la comtesse lui enjoignit de baiser la main de Sa Majesté. Anne ne tarda pas à nouer une conversation étonnamment libre avec l'impératrice qui parlait très bien anglais. Celle-ci tint les propos habituels d'une mère indulgente sur sa fille chérie. À 7 h 30, l'impératrice se leva. Précédée d'un valet, elle se rendit à la vaste salle à manger éclairée de nombreuses bougies où les conversations étouffées des convives cessèrent à son entrée ; tout le monde s'inclina en saluant Sa Majesté « comme un champ de maïs quand le vent souffle sur les épis ». Anne fit la connaissance de Victoria Louise le lendemain : une enfant très sensible et avenante, qui n'arrêtait pas de parler de son « Papa » ni de se quereller avec le prince Joachim, le plus jeune de ses six frères. Sissy, comme on la surnommait, ne tarda pas à appeler Anne « Topsy ».

Quelques jours plus tard, le Kaiser revint de voyage. On lui présenta Anne Topham lors d'un pique-nique. En attendant cet instant décisif, Anne, un peu nerveuse, fit la première de ses observations piquantes : Sa Majesté parlait avec volubilité au groupe d'hommes en uniforme qui ne le quittait jamais. Le Kaiser ne ressemblait pas à ce que laissaient espérer sa terrible réputation et ses portraits officiels. « Je l'imaginais grand, élancé », note-t-elle, « alors qu'il atteignait à peine une taille moyenne, étoffée qui plus est ; ses yeux globuleux se fixaient en un regard dur et inquisiteur assez déplaisant, il parlait d'un ton emphatique en agitant son index sous le nez de la personne à qui il s'adressait. "*How d'ye do*" [Comment allez-vous ?] me demanda l'empereur en me tendant la main. Sa poigne énergique me fit grimacer. "Ha ha ! La poigne de fer ! Eh bien quoi ?" ajouta-t-il d'un ton badin[20] ». Heureusement pour elle, Anne Topham n'était pas un homme : le Kaiser prenait plaisir à retourner le chaton de ses bagues avant de serrer la main de ses interlocuteurs masculins. Voilà ce qu'il considérait comme une bonne plaisanterie.

Les semaines suivantes, Anne Topham, l'œil aux aguets, nota d'autres détails révélateurs à propos du Kaiser. Celui-ci s'absentait souvent et, dès son retour à la cour, une tension palpable s'installait ; tout le monde se tenait prêt à partir en excursion à tout moment, à visiter un musée, pique-niquer, n'importe quelle activité susceptible de distraire Wilhelm qui ne tenait jamais en place. Il fallait engloutir en quatrième vitesse le déjeuner où les dames devaient s'habiller « en soie ou en satin, avec une longue traîne et les inévitables éventails et gants de dentelle blanche » car le Kaiser ne passait jamais plus d'une demi-heure à table. On lui apportait sa viande déjà coupée puisqu'il ne pouvait se servir de son bras ni de sa main infirmes. Un valet se tenait derrière chaque convive excepté le Kaiser qui disposait de son propre *Jaeger*, son chasseur, en uniforme vert. Sa Majesté ne buvait jamais d'alcool et parlait sans arrêt. Les rares fois où il s'habillait en civil, cela lui donnait une drôle d'allure. « Le traditionnel costume trois-pièces en tweed des Anglais, qui leur sied d'ailleurs tant, ne le flatte pas du tout », note finement Anne Topham. « En civil, il a l'air de porter un déguisement, on dirait qu'il n'est plus lui-même[21]. »

À la cour, le temps se passait à patienter ou à serrer des tas de mains. « Sans doute que ça évite de s'ennuyer. » La nécessité de s'habiller représentait une perpétuelle épreuve. Il n'était pas rare de devoir se changer sept fois dans la journée. Au déjeuner, il fallait porter une robe à col montant et le soir, une tenue décolletée pourvue d'une longue traîne par-dessus un corset à baleines comprimant la taille. Des domestiques venaient au secours des dames d'honneur mais pas d'Anne Topham dont les robes se fermaient dans le dos par des douzaines de minuscules boutons en perles. « Peu importe le nombre de boutons que l'on parvenait à fermer par des efforts surhumains requérant une dextérité exceptionnelle, il en restait toujours deux ou trois hors de portée au milieu du dos[22]. » La cour n'arrêtait pas de se déplacer d'un palais à l'autre et Anne Topham passait ses journées à faire et défaire ses valises.

Lorsque la cour partit de Homburg à Potsdam, on décora de drapeaux et de lauriers la salle d'attente royale à la gare. Au moindre arrêt, une « foule en émoi » se pressa à la rencontre du convoi – des petites filles portant des guirlandes de fleurs séchées, des garçons agitant des drapeaux, des officiels en chapeaux hauts de forme et, sur les quais, des chefs de gare en uniformes bleus d'allure militaire, qui se mettaient au garde-à-vous au passage du train. « L'Allemand agite un drapeau à la moindre incitation, il habille son petit garçon de six ans en uniforme de hussard et le laisse ainsi se pavaner dans les rues », note Anne sans cacher sa réprobation. « Ce patriotisme trouve sa source dans la personnalité de l'empereur[23] », ajoute-t-elle avec perspicacité. Le Kaiser et son pays, le pays et son Kaiser – tous deux se reflétaient parfaitement l'un l'autre.

Plus encore que le Kaiser, le tsar jouissait d'un pouvoir illimité. En pratique, cependant, chaque monarque restait soumis à l'influence de conseillers officieux n'ayant à répondre de leurs actes devant personne. En Allemagne, Phili zu Eulenburg restait le meilleur ami du Kaiser. En Russie, les grands-ducs et divers favoris détenaient encore une profonde influence ; pas autant, néanmoins, qu'Alix, la tsarine. Nicky se sentait lié à elle par une relation intense souvent exclusive. Sous l'emprise d'Alix, Nicky finit par se convaincre que seul Dieu pouvait dicter au tsar sa conduite. Mais même Dieu ne parvint pas à rendre le tsar moins hésitant, or les hésitations de Nicolas II compliquaient la vie de ses ministres presque autant que celles du Kaiser. Alix n'était ni particulièrement intelligente ni bien informée, d'autant plus qu'elle parlait assez mal le russe. Allemande de naissance, elle ne comprenait pas la Russie, même si elle s'imaginait le contraire. Elle incitait son mari à la fermeté, plus par principe que par souci d'efficacité. Alix se mit à suivre de plus en plus les conseils du guérisseur Philippe, qui ne tarda pas à acquérir un fort ascendant sur le tsar et la tsarine.

« Mon bien-aimé à moi », écrit Alix à Nicky le 4 juillet 1902 alors que Nicky recevait le Kaiser à Reval (l'actuelle Tallinn) à l'occasion d'une inspection de la flotte russe en réponse à l'inspection de la flotte allemande par Nicky à Dantzig l'année précédente. « C'est terrible de devoir te laisser t'en aller SEUL, sachant que des soucis t'attendent. Mais notre cher ami [Philippe] sera près de toi et t'aidera à répondre aux questions de William. Sois amical mais ferme, qu'IL comprenne qu'IL ne doit pas oser plaisanter avec toi et qu'il apprenne à te *respecter* – c'est le *principal. Comme* je voudrais me trouver à tes côtés[24]. » La petite-fille de la reine Victoria savait de source sûre comment devait se comporter un monarque puissant et respecté. Dans son anglais parsemé de majuscules, elle se référait à William et non Wilhelm, comme sa grand-mère avant elle. Le lendemain, elle reprit la plume. Sa sœur Ella et son mari Sergueï se trouvaient en visite chez elle. Après le petit déjeuner, pendant qu'Alix et Ella se promenaient en calèche à Tsarskoïe Selo, Sergueï alla voir la tante Marie, de retour en Russie suite au décès de l'oncle Affie à Cobourg. Ella interrogea sa sœur au sujet de « notre ami » mais Alix ne lui fournit que des réponses insignifiantes. Ella entendait beaucoup de propos défavorables sur son compte. Le bruit circulait qu'il ne fallait pas « Lui » faire confiance. « Je lui ai expliqué qu'il fallait y voir le fruit de la jalousie et de la curiosité mal placée. Elle m'a objecté qu'un grand secret entourait cette affaire. Je lui ai répondu que non, que nous agissions ouvertement et que, vu notre position, nous ne pouvions rien cacher puisque nous vivons sous les yeux du monde entier[25]. »

Le Kaiser continua de faire sa cour au tsar, surtout par courrier, et souvent à l'insu de ses ministres. Ses lettres, pas toujours très cohérentes, présentent un curieux mélange de racontars familiaux, de conseils non sollicités parfois moralisateurs et d'intrigues. Le tsar aussi écrivait au Kaiser, mais moins souvent, et plus succinctement. Nicky n'éprouvait certes pas beaucoup de sympathie pour Willy mais, en tant que souverains, les deux cousins se rejoignaient sur bien des points. Ils rejetaient le régime constitutionnel anglais et tenaient autant l'un que l'autre à se montrer fermes face aux socialistes et aux nihilistes. Par ailleurs, la guerre des Boers outragea Nicky : encore une fois, la Grande-Bretagne mettait un frein aux ambitions territoriales de la Russie. Willy répétait sans cesse à Nicky qu'ensemble, ils se posaient en défenseurs de la foi chrétienne. « La grande mission d'avenir de la Russie consiste à l'évidence à cultiver le continent asiatique en défendant l'Europe des attaques de la Grande Race Jaune », lui écrit-il. « Tu as bien interprété l'appel de la providence à défendre la croix et la vieille culture chrétienne de l'Europe contre les incursions des Mongols et du bouddhisme. » Après sa visite à Reval, il conseilla à Nicky de se méfier du Japon – « un client à surveiller », selon lui. Il suggéra même à Nicky qu'ensemble, ils parviendraient à maintenir « la paix dans le monde[26] » en partageant leurs secrets navals. Il signe : « Ton ami et cousin dévoué, Willy, Amiral de l'Atlantique. »

Sergueï Witte ne tarda pas à comprendre que le Kaiser cherchait par son emprise sur le tsar « à saper nos relations avec les autres puissances ». Il le tenait du comte Lamsdorff, l'ambassadeur russe à Berlin dont les efforts pour contrer l'influence du Kaiser lui avaient valu son inimitié. « Le comte m'a confié que si jamais on publiait les documents secrets en sa possession, cela ferait sensation[27]. » Fin 1903, Willy mit en garde Nicky contre « l'archi-comploteur » : leur oncle Édouard VII. L'Angleterre projetait d'apporter la « liberté » aux races des Balkans opprimées, ce qui se traduirait (expliqua-t-il à son cousin) par la création de républiques et de parlements. Encore une preuve que l'Angleterre s'opposait aux intérêts russes. Il prévint ensuite Nicky que les « Japs » armaient clandestinement la Chine dans le dos de la Russie. « J'espère que les avertissements de l'amiral de l'Atlantique, toujours vigilant, ne mettront pas en colère l'amiral du Pacifique ! Bye-bye, transmets toute mon affection à Alix, de la part de ton ami et cousin dévoué *toujours en vedette* ! Willy[28]. »

Nicky entretenait une correspondance nettement moins compliquée avec son cousin anglais. En janvier 1902, il remercia Georgie de son cadeau de Noël : un bâton de marche « exquis ». L'hiver s'annonçait froid et ensoleillé, il neigeait beaucoup. À l'automne, il avait abattu vingt cerfs en Pologne. La saison, trépidante, battait son plein : bals et fêtes se succédaient et l'archiduc François-Ferdinand séjournait chez eux. Il transmit à la fin son affection à May en signant, comme de coutume ; « ton cousin et ami, aimant et dévoué à jamais », sans mentionner, bien entendu, la guerre des Boers. Dans sa réponse qu'il ne rédigea pas avant mars, Georgie annonça qu'il irait peut-être au Danemark avec May le mois suivant pour l'anniversaire d'Apapa. Ils espéraient y retrouver Nicky et Alicky. Georgie se plaignit de son emploi du temps surchargé : il devait se rendre à une réception à Bristol puis à Manchester, la semaine suivante. Lui et May se trouvaient pour le moment à Londres et les enfants, à Sandringham auprès de Mama et Toria, où ils se plaisaient beaucoup « puisqu'il y a encore du brouillard à Londres ». Comme Nicky, Georgie évitait de parler politique sauf pour compatir à l'inquiétude que causaient à son cousin les étudiants « fauteurs de troubles[29] » de diverses universités.

Les étudiants provoquaient sans arrêt des troubles en Russie mais ils n'étaient pas les seuls. Les travailleurs et une large partie des classes moyennes et supérieures s'opposaient de plus en plus au gouvernement, en réclamant des réformes constitutionnelles et en menaçant de se révolter. Viatcheslav Plehve, le ministre de l'Intérieur, riposta par des mesures répressives de peu d'effet. « Aux débordements estudiantins succédèrent des grèves et des combats d'ouvriers d'usines contre la police. Bientôt, la masse des paysans se soulèvera en réclamant des terres[30] », écrit Polovtsov, un membre du Conseil d'État. Les partis socialistes révolutionnaires se développaient à une vitesse inquiétante. Les marxistes, qui se scindèrent en bolcheviques et en mencheviques en 1903, pensaient que le travailleur urbain entraînerait la révolution en s'arrachant au système capitaliste. Le parti socialiste révolutionnaire croyait plutôt qu'elle serait provoquée par les paysans et les classes moyennes inférieures aidés de certains membres de l'intelligentsia. Ils ne répugnaient d'ailleurs pas à utiliser la terreur contre l'élite au pouvoir : trois ministres moururent assassinés entre 1901 et 1904. Les partis libéraux en Russie, composés en majorité d'intellectuels, ne comptaient pas beaucoup sur la scène politique, du fait de leur peu d'ancienneté.

Witte, le ministre des Finances, soutenait que seule une économie de marché sauverait le pays. En dépit d'une expansion industrielle rapide, le déséquilibre budgétaire tournait à la catastrophe en raison de l'inefficacité du système fiscal et des dépenses excessives consacrées à la défense. Les ministres ne parvenaient pas à s'accorder entre eux. Ils perdaient des journées entières à ergoter sans que personne ne prenne la situation en main. Le tsar insistait pour décider lui-même en dernier ressort mais il changeait souvent d'avis. Il consultait en outre des conseillers officieux, souvent des amis aristocrates. Ceux-ci ne manquaient pas d'esprit mais ce n'étaient que des amateurs dont l'attitude mettait en rage les ministres – des professionnels, eux.

Le tsar était passé maître en l'art de créer des rivalités entre ses ministres, au bénéfice de sa propre souveraineté qu'en bon autocrate il détenait de Dieu seul et de ses ancêtres. « Il a une tête bien faite, des capacités d'analyse et il saisit vite ce qu'on lui dit. Mais il ne saisit la signification d'un fait qu'isolé des autres, sans relation aux événements, aux courants ou aux phénomènes annexes », commente son ancien tuteur Pobedonostsev. « Il manque d'idées d'ensemble formées par un échange de vues ou des discussions argumentées. La preuve, c'est qu'il n'y a pas longtemps, il a demandé à quelqu'un de son entourage : "Pourquoi te querelles-tu sans arrêt ? Je dis toujours oui à tout le monde et ensuite, je fais comme je l'entends[31]." » Ces ruses dépassées, Nicky ne comptait malheureusement pas y renoncer. Il était peut-être « faible comme un roseau », pour reprendre l'expression de son oncle Bertie, mais il restait ferme sur un point : c'était lui, l'autocrate de toutes les Russies, et personne n'y changerait rien, si ce n'est Dieu.

Le 18 septembre 1903, Kostia nota dans son journal que beaucoup estimaient la situation de la Russie fatale. « Notre pessimisme s'explique par la faiblesse de l'empereur, qui se laisse influencer à son insu par diverses opinions ; la dernière exprimée primant à tous les coups[32]. » L'année suivante, le 28 juillet 1904, un jeune révolutionnaire socialiste assassina Plehve en lançant une bombe sur le passage de sa voiture à Saint-Pétersbourg. Nicky dut choisir un nouveau ministre de l'Intérieur. Il soutint au départ la candidature du général von Wahl, l'assistant de Plehve qui partageait les convictions politiques de son ancien supérieur mais il finit par se rallier à une opinion adverse : celle de sa mère.

Même si la tsarine douairière détenait une influence politique moindre que du vivant de son mari ou au début du règne de son fils, elle intervenait encore de temps à autre – et, compte tenu de son éducation danoise, au profit des libéraux. Le comte Paul Benkendorf, grand maréchal de la cour, a décrit la scène entre mère et fils dans une lettre à son frère le comte Aleksandr Benkendorf, l'ambassadeur russe à Londres. « Wahl allait être nommé ministre de l'Intérieur. Une *scène de famille* a suivi : elle [la tsarine douairière] s'est quasiment jetée à ses pieds [ceux du tsar] pour empêcher sa nomination. Cela ne rime à rien de changer de couleur politique dans le seul but de satisfaire sa mère[33]. » Le poste échut pour finir au prince Sviatopolk-Mirsky, aux opinions très éloignées de celles de

Plehve. Mirsky proposa au tsar un programme de réformes portant sur les droits civiques, la tolérance religieuse et l'élection de représentants locaux que l'on consulterait en matière politique et législative. Nicky répliqua qu'il ne saurait consentir à un gouvernement représentatif « parce que je l'estime nuisible au peuple que m'a confié Dieu[34] ». Alix abonda dans son sens. Début 1905, elle écrivit à sa sœur Victoria : « le ministre de l'Intérieur cause les plus grands dommages. Il proclame de bien belles choses sans les préparer. On dirait un cheval qu'on a longtemps tenu par la bride et dont on lâche tout à coup les rênes. Il bondit, tombe et ce n'est pas facile de l'arrêter avant qu'il n'en ait entraîné d'autres à sa suite dans le fossé (...) Saint-Pétersbourg est une ville pourrie, pas russe pour deux sous. Le peuple russe est profondément et sincèrement dévoué à son souverain[35] ». Selon Paul Benkendorf, qui voyait tous les jours la tsarine, son rôle en politique intérieure croissait sans cesse : elle défendait « bec et ongles » le pouvoir autocratique de son époux.

Cet été-là, le tsar et la tsarine, accompagnés de divers membres de leur famille, se rendirent par le train impérial au monastère de Sarov. Ils allaient y chercher la protection de saint Séraphin qui, leur assura leur ami Philippe, leur donnerait un fils. « Nous avons été accueillis sous un chapiteau par la noblesse, le zemstvo, les habitants des villes et les paysans de la province de Nizhegorodsky », note Nicky dans son journal, le 30 juillet. « Nous sommes montés dans des carrioles et nous avons suivi une route poussiéreuse à travers de gros villages, où nous ont accueillis des paysans. Nous avons bu du thé à quelque soixante kilomètres d'Arzamas. À six heures, nous sommes arrivés au monastère de Sarov. Ce fut très particulier d'aller à la cathédrale de l'Assomption puis à l'église des saints Zosime et Savati prier les reliques du saint-père Séraphin[36]. » De longues processions et des messes pour les morts d'une durée de trois heures se succédèrent sous des nuées d'encens. Des foules de pèlerins et d'infirmes espérant une guérison miraculeuse attendaient leur tour d'embrasser le cercueil de Séraphin en file indienne. Nicky et Alix entendirent parler de nombreuses guérisons. La nuit, sous le couvert de l'obscurité, ils se baignèrent en priant dans la rivière sainte aux eaux glacées. Nicolas ordonna par la suite au saint-synode de canoniser Séraphin. Pobedonostsev, toujours secrétaire du synode, dut expliquer au tsar qu'un simple décret impérial ne suffisait pas à proclamer un saint. La tsarine lui prouva le contraire : « le tsar est capable de tout », affirma-t-elle. Et en effet, Seraphin fut canonisé.

Les incrédules pensaient ce qu'ils voulaient mais l'année suivante, Alix attendit un enfant. Cette fois, elle donna naissance à un garçon. « Un grand jour inoubliable pour nous ; à l'évidence, nous avons été touchés par la grâce divine », note Nicky dans son journal le 12 août 1904. « À 1 h 15 de l'après-midi, Alix a donné naissance à un fils, que nous avons appelé Alexis pendant nos prières. Tout s'est passé remarquablement vite – du moins pour moi. Ce matin, j'ai été voir Maman comme d'habitude, puis j'ai retrouvé Alix pour déjeuner. Elle était déjà à l'étage et une demi-heure après, l'heureux événement a eu lieu. Aucune parole ne rendra suffisamment grâce à Dieu de ce réconfort en ce temps de dures épreuves[37] ! » Maman le rejoignit l'après-midi et Nicky rédigea une quantité de télégrammes. Ce soir-là, lui et Alix dînèrent dans sa chambre. Nulle part n'apparaît la moindre mention de l'hémophilie qui avait précipité la mort du frère d'Alix, Frittie ; celle de son oncle Léopold, le fils de la reine Victoria ; et aussi celle de son petit-neveu, le fils de sa sœur Irène, mort d'une hémorragie consécutive à une chute en février.

« Dieu a envoyé un fils à leurs Majestés. Quelle joie[38] ! » se félicita le cousin Kostia dans son journal. « La Russie attend un héritier depuis dix ans et le voilà ! Nous avons entendu tonner les canons du fort – une salve de 301 coups. L'héritier se prénomme Alexis. Le Te Deum venait de s'achever lorsque nous atteignîmes l'église gothique. Le tsar en est sorti et, avec sa mère et ses filles aînées Olga, Tatiana et Maria, il a fait le tour de l'assemblée qui l'a félicité. » Trois jours plus tard, Kostia et son épouse prirent le thé en compagnie de la tsarine douairière. Son fils Misha, qui jusqu'à la naissance d'Alexis devait succéder à Nicky, se joignit à eux. « Il rayonne de joie à l'idée de ne plus devoir hériter du trône », avoue Kostia.

Qui aurait en effet pu vouloir monter sur le trône de Russie à cette époque ? Déjà, l'année précédente, une grève générale avait éclaté à Odessa. En 1904 planait plus que jamais la menace d'une révolution. Nicky oscillait sans cesse entre un parti puis un autre. « Rien n'est sûr, la même question sera perçue de tel point de vue aujourd'hui et de tel autre demain », relève Kostia dans son journal. « L'agitation croît. On pressent qu'il se prépare quelque chose d'inédit, d'inévitable et de terrible. » Les membres des zemstvos d'ouvriers se réunissaient chaque jour pour discuter des conditions nécessaires au progrès dans la vie politique et sociale du pays. Le 4 décembre, Kostia écrit : « C'est comme si une digue venait de se rompre : en l'espace de deux ou trois mois, une soif de changement s'est emparée de la Russie. On en parle partout haut et fort. Les doumas de Kalouga, Moscou et maintenant Saint-Pétersbourg ont adopté à l'unanimité des motions où elles réclament toutes les libertés. La révolution frappe à la porte. On discute ouvertement d'une Constitution. Quelle honte ! Comme c'est effrayant[39] ! »

À 9 heures du matin, le 6 janvier 1905, Nicky et Alix quittèrent Tsarskoïe Selo sous bonne garde pour assister à la cérémonie religieuse annuelle de la bénédiction des eaux de la Neva à Saint-Pétersbourg. Au palais d'hiver, ils revêtirent leurs habits de cour en présence des domestiques. La tsarine douairière, déjà là, portait une longue traîne qui pendait de ses épaules, une haute coiffure russe de soie blanche amidonnée décorée de perles ainsi que, sur son corsage en brocart, le ruban bleu de l'ordre de Saint-André auprès de son étoile de diamants. Ses colliers et ses boucles d'oreilles regorgeaient de perles et de diamants. Sitôt le reste de la famille réuni, les huissiers arabes, drapés de châles en cachemire, ouvrirent les doubles portes qui menaient à la salle où se tenaient les dignitaires de l'empire. Les chambellans en uniformes dorés réclamèrent le silence en frappant leurs bâtons contre le sol. La procession impériale se rendit lentement à l'église du palais en passant par les salles remplies des régiments des gardes en uniformes magnifiques, cuirasses d'or et d'argent, casques ornés d'aigles à double tête, étendards en soie où figuraient des aigles impériales. Derrière eux se massait la multitude des courtisans en uniformes colorés ou en fracs et bas de soie auprès des dames de la cour richement parées et des milliers de nobles et de gens de haut rang. Nicky portait le simple uniforme de son régiment de fusiliers. Au passage de la procession impériale, les dames esquissèrent de profondes révérences et les hommes s'inclinèrent. Le service d'une durée d'une heure et demie se déroula selon un rituel ancestral : les prêtres de l'église russe orthodoxe aux lourds habits sacerdotaux psalmodièrent pendant que le chœur chantait dans une atmosphère saturée d'encens. « Nous avons revêtu nos manteaux pour aller dans le Jourdain », nota Nicky ce soir-là dans son journal. « Pendant le salut, l'un des canons de ma première batterie d'artillerie montée a lancé des shrapnells depuis l'île Vassili ; ils ont frôlé la surface du Jourdain avant d'atteindre une partie du palais. Un policier a été blessé, on a trouvé des balles sur le quai et la bannière de la marine a été déchirée[40]. » Ce fut là le premier soubresaut de la révolution de 1905.

Les troubles gagnèrent bientôt l'ensemble de la Russie. Les syndicats à Saint-Pétersbourg organisèrent une manifestation en réclamant une série de réformes radicales, à la fois politiques et économiques, dont l'élection d'une assemblée. La police ne suffisant pas à contenir la foule, on fit appel à l'armée. Erreur fatale ! Le 22 janvier, le « dimanche rouge », les troupes ouvrirent le feu sur les manifestants non armés, tuant plus d'une centaine d'entre eux. Lénine, expulsé de l'université de Kazan à cause de sa participation à des mouvements politiques radicaux d'étudiants, y vit le début de la fin de l'ancien régime. Dans les villes se répandirent d'autres grèves et manifestations suivies d'émeutes et d'incendies criminels dans les campagnes. En octobre, Nicky dut garantir contre son gré par un manifeste impérial la liberté d'expression, de conscience et d'association, et la création d'une assemblée élue, la douma. Le comte Witte présiderait désormais le Conseil des ministres.

Le 27 avril 1906, Nicolas II ouvrit la session de la première douma d'État dans le plus grand cérémonial. Il s'avança seul au-devant de la procession impériale et gravit les marches du trône dans la salle Saint-George, où la cour et les dignitaires se tenaient tous assemblés. L'ambassadeur américain nous a laissé une remarquable description du spectacle qu'offrait la foule vêtue de toutes les tenues imaginables – des paysans en habits grossiers et bottes hautes, des marchands et des commerçants en frac, des avocats en costumes trois pièces, des prêtres aux cheveux longs, en longues robes, des courtisans couverts de décorations, des généraux en uniformes éblouissants et même un évêque catholique en habits liturgiques violets[41]. Xenia, la sœur de Nicky, vit la scène sous un angle différent : « Juste en face de nous se tenaient les membres du conseil et les officiels de haut rang. À gauche : les membres de la douma, dont plusieurs hommes aux visages rebutants affichant une expression de dédain insolente ! Ils ne se signèrent pas ni ne s'inclinèrent mais restèrent debout, les mains derrière le dos ou dans leurs poches en posant sur tout et tout le monde un regard sombre[42]. » Le tsar lut son discours d'une voix ferme et retentissante. Seuls ceux qui se tenaient auprès de lui devinèrent au tremblement de ses mains les sentiments qui agitaient son cœur. « Nous avons tous ressenti une émotion indescriptible », admit Kostia « Ce fut un grand moment historique, que n'oublieront jamais ceux qui en ont été les témoins. »

La première douma impériale se réunit le 10 mai 1906. Y dominait le parti cadet, constitutionnel et démocratique, qui entra aussitôt en conflit avec la couronne en exigeant une amnistie générale pour les milliers d'activistes politiques croupissant en prison. Il réclama en outre le suffrage universel, un gouvernement responsable, la suppression du conseil impérial, l'égalité de toutes les classes devant la loi ; l'abolition des discriminations fondées sur la race, la classe ou la religion ; des réformes de l'administration des gouvernements locaux, de l'éducation et des finances publiques ; l'abolition de la peine de mort, et la redistribution des terres en faveur des paysans. Le 22 juillet, la douma fut dissoute par décret impérial. La nouvelle douma élue au suffrage censitaire se réunirait le 5 mars 1907.

La dissolution de la première douma s'accompagna d'une mutinerie au port de Kronstadt. Comme chaque semaine, Izvolski, le ministre des Affaires étrangères, s'en était allé à Peterhof, à quinze kilomètres à peine de Kronstadt, s'entretenir avec le tsar. Il ne put résister à l'envie de demander à Nicolas comment il parvenait à conserver son calme à une heure aussi critique pour sa dynastie. « *Si vous me voyez si peu troublé* », répondit le tsar dans son excellent français de cour, « *c'est que j'ai la ferme, l'absolue croyance que le sort de la Russie, que mon propre sort et celui de ma famille, est entre les mains de Dieu, qui m'a placé là où je suis. Quoi qu'il arrive, je m'inclinerai devant Sa volonté, avec la conscience de n'avoir jamais eu d'autre pensée que celle de servir le pays qu'Il m'a confié*[43] ». Dieu et le tsar, le tsar et Dieu. Il n'y avait rien entre eux et, « *quoi qu'il arrive* », le tsar s'inclinerait devant son destin. Nicolas II refusa cependant de consentir à la moindre réforme de son pouvoir autocratique alors qu'une concession de ce genre aurait pu infléchir le cours de ce fameux destin.

13.

WILLY ET NICKY EN FÂCHEUSE POSTURE

« C'est vraiment gentil de ta part de m'avoir choisi comme parrain de ton petit garçon ! » écrit Willy à Nicky le 16 août 1904. « Tu imagines sans peine notre joie à la lecture de ton télégramme annonçant sa naissance ! "*Was longe wahrt, wird gut !*" prétend un vieux proverbe allemand, puisse-t-il en être ainsi avec ce cher petit ! Puisse-t-il devenir plus tard un brave soldat, et un homme d'État sage et puissant ; et puisse Dieu, par sa grâce, le préserver du mal, du corps autant que de l'âme. Puisse-t-il être pour vous deux comme un rayon de soleil toute votre vie[1] ! » Le prince Henry son frère, comme Willy persistait à l'appeler, remit à Nicky la lettre accompagnée d'un gobelet d'or pour « mon petit filleul » car « le lait ne suffit pas à étancher la soif d'un homme ! ».

Il n'y avait pas à se méprendre au commentaire de Willy sur le mal du corps et de l'âme. Le 20 septembre, Nicky nota dans son journal : « Alix et moi étions inquiets car le petit Alexis a saigné du nombril par intermittence toute la soirée ! Il a fallu qu'on appelle Korovine et le chirurgien Fedorov ; vers sept heures, ils lui ont appliqué un pansement. Le petit s'est montré remarquablement calme et gai ! Comme il est douloureux de passer par de tels moments d'anxiété[2]. » Le soulagement survint deux jours plus tard. « Dieu merci, notre cher Alexis n'a plus perdu de sang depuis 48 heures ! Je me sens le cœur beaucoup plus léger ! » La famille entière pressentait toutefois que rien ne serait jamais plus comme avant. « Même dans notre maison une certaine mélancolie régnait », se rappellerait Maria Pavlovna, la cousine de Nicky et d'Alix. « À n'en pas douter, les parents ont été très vite renseignés sur la nature de la maladie de leur fils. Personne n'a jamais su quelles émotions a éveillées en eux cette atroce certitude mais, à partir de ce moment, troublée et inquiète, l'impératrice n'a plus été la même et sa santé, physique et morale, s'est altérée[3]. » Alix, qui avait transmis à son fils le gène de la maladie hérité de sa mère et de sa grand-mère, en éprouverait une culpabilité insurmontable, qui la rendrait encore plus vulnérable aux promesses des guérisseurs.

La semaine suivante, Nicky dut s'absenter quelques jours. Sitôt son mari parti, Alix lui écrivit : « Mon très tendre, Ce fut horrible de te voir t'éloigner et je sais ce que cela te coûte de quitter notre trésor – mais Dieu merci tu n'as pas dû partir la semaine dernière, ç'aurait été insupportable (…) la chaussure et le gant de bébé chéri sont destinés à te réchauffer le cœur au moment d'aller te coucher. Tes grands yeux tristes bien-aimés, je les vois toujours devant moi. Notre cher ami, j'en suis sûre, veille sur toi, comme Il a veillé sur le petit la semaine passée – oh, quelle angoisse alors, et sans laisser voir aux autres le poignard qui nous transperce le cœur. Dieu merci il va bien maintenant ! (…) ta petite femme à toi, à tout jamais jamais, Sunny[4]. » Elle signa sa lettre du surnom qu'on lui donnait pendant ses années d'enfance insouciante, avant la mort de sa mère. « Ma Sunny bien-aimée à moi », lui répondit Nicky le lendemain à bord du train impérial, dans son excellent anglais, appris auprès de l'aimable Mr Heath, « quelle joie m'a apportée ta douce lettre. Merci, encore et encore, ma chérie, pour tes tendres pensées qui m'ont tant touché. Seule ma petite femme pouvait avoir l'idée de faire ainsi plaisir à son mari chéri quand il est loin d'elle. Tes télégrammes me sont d'un tel réconfort ; on se sent plus proches l'un de l'autre en s'échangeant des nouvelles deux fois par jour ». Il conclut par un refrain familier : « Le devoir, le devoir, il n'y a rien à y faire. Au revoir, Dieu te bénisse mon rayon de soleil, mon amour, toi et nos enfants chéris. Embrasse mon fils très tendrement pour moi. Ton mari chéri rien qu'à toi, Nicky[5]. »

La dévotion de Nicky pour son épouse n'excluait pas complètement sa mère. Il gardait avec elle un contact presque quotidien lorsqu'elle se trouvait à Saint-Pétersbourg et restait aussi attaché à elle que son cousin Georgie, à sa propre « Maman chérie ». Lorsque la tsarine douairière séjournait à Gatchina ou au Danemark, Nicky lui écrivait régulièrement et celle-ci lui répondait en lui communiquant des nouvelles de la famille entrecoupées de conseils avisés, même si le déclin de son influence politique sur son fils ne faisait plus l'ombre d'un doute. Au palais Anitchkov, l'impératrice douairière recevait les visites de la haute société : ministres, gouverneurs de provinces, courtisans, officiers de haut rang, diplomates, écrivains, artistes et hommes d'État étrangers. « Si quelqu'un s'avisait de demander par curiosité qui est la dame la plus populaire de Russie », rapporte un journaliste anglais, « il est fort probable qu'on lui répondrait : l'impératrice douairière, car la grâce et le tact qu'elle a toujours manifestés à ses sujets lui ont permis de conquérir leurs cœurs. L'impératrice s'intéresse personnellement à tout et tout le monde[6] ».

Au Danemark, à cette époque, les deux sœurs Minny et Alexandra se faisaient construire une villa à Hvidore, le long de la côte, près de Copenhague. « Je n'ai jamais vu de propriété plus épouvantable », avoue Charles Hardinge, un ami d'Édouard VII. « On n'y dispose d'aucune intimité, vu que la route se trouve tout près de la maison ; ceux qui y circulent voient par la fenêtre ce qui se passe à l'intérieur et pour accéder à la mer, il faut encore la traverser, cette route[7]. » On imagine mal plus grand contraste avec les vastes palais auxquels Minny et Alix étaient accoutumées, et pourtant elles en raffolaient. Elles cherchaient alors à cimenter une amitié durable entre l'Angleterre et la Russie au détriment de l'Allemagne. Izvolski, le ministre russe attaché à la cour danoise, écrirait plus tard dans ses Mémoires : « L'impératrice douairière éprouvait une telle aversion pour l'Allemagne et tout ce qui était allemand que, lorsqu'elle venait voir son père, elle arrivait toujours à bord de son yacht pour ne pas devoir traverser l'Allemagne. Lorsque le mauvais temps ou la saison l'obligeait à retourner en Russie par voie de terre, elle refusait de franchir les détroits qui séparaient les îles danoises de la côte allemande à bord d'un vapeur sous pavillon allemand ; elle prenait donc un bateau danois jusqu'à Warnemünde où un train spécial russe l'attendait pour la conduire à la frontière en s'arrêtant le moins souvent possible[8]. »

Trois ans plus tard, le Kaiser fêta l'anniversaire du roi Christian au Danemark. C'était la première fois qu'il s'y rendait depuis l'amer conflit prusso-danois. Arrivé à destination, il envoya à Nicky un télégramme censé lui prouver qu'il s'entendait à merveille avec tout le monde. « Je viens de partir après quelques jours délicieux en compagnie de la famille au grand complet à Copenhague. Ton cher grand-père a été la gentillesse même. Ta mère et ta tante Alix bien-aimées m'ont gâté ; toutes deux ont l'air encore très jeunes, tout le monde a fait de son mieux pour que je me sente là-bas comme chez moi ; je n'ai pas de mots pour les remercier assez[9]. » Nicky se hâta d'envoyer une copie du télégramme à sa mère en y ajoutant une note de son cru. Il ne savait que trop ce que masquaient les sourires de bienvenue. « Profondément ému, ne dirait-on pas ? »

note-t-il, sarcastique. « C'est parce que son vœu le plus cher, d'être accepté dans le cercle de la famille danoise, a enfin été exaucé, alors sa joie ne connaît plus de bornes ! » Il concède toutefois : « Nous avons lu son discours en réponse à celui d'Apapa – plutôt intelligent et bien tourné. » Alix a une façon bien à elle de résumer la situation : « Willy se prend pour un surhomme mais, en vérité, ce n'est qu'un clown[10]. »

Willy se retrouvait toujours de trop en famille. Même le vertueux Georgie rechignait à lui rendre visite. « Mon cher Francis », écrit-il à Knollys en 1905, après la lecture d'une lettre de l'ambassadeur britannique à Berlin, « Merci beaucoup de m'avoir montré la lettre de Lascelles. Je ne la trouve pas très honnête & ce qu'il dit à la fin, à propos de ma répugnance à me rendre à Berlin & que je n'ai toujours pas été voir mon régiment alors que j'en suis colonel depuis trois ans, ce ne sont que des *SOTTISES*. Quel dommage que l'empereur trouve toujours quelque chose à redire et à se plaindre. Je n'avais aucune envie de devenir col. d'un régiment allemand, on m'y a forcé et parce que je n'ai pas encore eu l'occasion de le voir, on me harcèle sans cesse[11] ».

Quoi qu'il en soit, la famille restait la famille, et la politique, la politique. De ce point de vue, Nicky se sentait plus proche de Willy que de Georgie ou de son père, « l'archi-comploteur » Édouard VII. Le 3 janvier 1904, Willy envoya ses vœux à Nicky : « Très cher Nicky, J'espère que ces lignes te parviendront la veille de Noël et que tu les liras en bonne santé, heureux auprès d'Alix et de la joyeuse compagnie des petits en train de gambader autour de toi à la lueur du sapin de Noël[12]. » Willy espérait que leurs vies s'écouleraient « aussi doucement qu'une onde limpide » si la paix durait ou, sinon, que « les lauriers de la victoire les couronneraient ». Il joignit à sa lettre des coupures de presse susceptibles d'intéresser Nicky, dont une extraite d'un journal anglais populaire que des milliers de gens lisaient quotidiennement à Londres et ailleurs. « C'est pour te montrer le genre d'articles dont cette presse abreuve ses lecteurs depuis de nombreuses semaines déjà, en semant la discorde. Tant d'hypocrisie et de haine nous paraissent vraiment odieuses et inconcevables, ici, sur le continent. » L'article traitait des ambitions russes en Corée. Les lettres de Willy n'avaient en réalité qu'un seul objectif : attaquer l'oncle Bertie occupé à négocier une alliance avec la France.

Depuis son accession au trône, Édouard VII projetait de se rendre en France, dès la fin de la guerre des Boers. Il dissimula ses ambitions politiques en prétendant voyager pour son plaisir personnel. Afin de rendre l'illusion plus convaincante encore, il vint à Paris dans le cadre d'une tournée en Europe entreprise en avril 1903. Ponsonby, qui l'accompagnait, releva que le roi avait tout organisé lui-même, jusqu'aux moindres détails, sans en informer personne. Lorsque Ponsonby aida Édouard VII à dresser son itinéraire, ses derniers doutes sur le véritable objectif du voyage se dissipèrent. Il s'agissait de former avec la France une entente cordiale, même s'il en résulterait inévitablement une *entente* rien moins que *cordiale* avec l'Allemagne.

Édouard VII comptait prendre sa revanche. Il avait trop longtemps pâti de l'arrogance de son neveu William. Il garda si bien le secret sur ses projets que certains membres de sa suite ignoraient leur destination – le Portugal, Gibraltar, Malte, l'Italie et la France, mais pas l'Allemagne. « Je ne tardai pas à me convaincre que le véritable objectif du roi n'était autre que Paris[13] », reconnaît Ponsonby. Édouard refusa la compagnie de ses ministres en insistant pour que son ami Charles Hardinge l'accompagne. Ce n'était pas très réglementaire de sa part puisqu'il y avait d'autres fonctionnaires plus haut placés que Hardinge aux Affaires étrangères mais le roi s'entêta : la tournée ne revêtait aucun caractère officiel. « Selon moi, ce voyage repoussait les limites de la monarchie constitutionnelle au point de les outrepasser[14] », reconnaît Ponsonby. Ce fut la seule entorse à la Constitution de tout le règne d'Édouard VII mais elle n'alla pas sans conséquences politiques graves.

À l'arrivée du roi à Paris, on entendit la foule crier çà et là « *Vive les Boers !* ». Édouard VII sourit en saluant, prouvant par sa belle humeur qu'il ne le prenait pas en mauvaise part. Le lendemain, il rappela par un discours son « attachement de longue date aux Parisiens » et, le soir, au théâtre, il se fit un devoir de baiser la main de la grande actrice Mlle Jeanne Garnier en lui rappelant l'époque où il allait la voir à Londres quand elle « incarnait toute la grâce et l'esprit de la France[15] ». Ce bon mot se répandit dans les rues de Paris et, lorsque le roi et sa suite se rendirent à l'hôtel de ville le matin suivant, l'atmosphère n'était plus la même. Édouard VII prononça un autre discours au débotté, déclarant qu'il n'oublierait jamais la superbe ville de Paris « *où je me trouve comme si j'étais chez moi* ». La remarque sonnait vrai : personne n'ignorait à quel point Édouard appréciait ses séjours dans la capitale. Après une apparition aux courses de Longchamp et un autre discours à un banquet à l'Élysée le soir, encore une fois en français, le peuple, séduit, se mit à acclamer bruyamment le roi en entonnant « *Good old Teddy !* » et « *Vive Édouard*[16] *!* ». Selon l'ambassadeur britannique, la visite connut « un succès plus complet que ce qu'aurait pu espérer l'optimiste le plus convaincu ».

Comme il avait le chic pour s'attirer les bonnes grâces du public, le roi prépara seul ou presque le terrain à l'Entente cordiale, signée le 8 avril 1904. Ce fut la principale réalisation politique d'Édouard VII, qui conclut ainsi une ligue avec la France, déjà alliée de la Russie selon la volonté du beau-frère d'Édouard, Alexandre III, avant sa mort en 1894. Enfin, la connexion entre l'Angleterre et la Russie portait ses fruits ; cette connexion qu'entretenaient depuis si longtemps les deux princesses danoises Minny et Alexandra, les épouses respectives du tsar Alexandre III et du roi Édouard VII.

L'Entente cordiale allait cependant créer de sérieux problèmes. L'Angleterre et la France avaient consenti à s'apporter un soutien mutuel en Afrique du Nord : l'Angleterre pouvait garder l'Égypte, la France conserverait le Maroc dans sa sphère d'influence. Dans le langage équivoque des diplomates : « il appartient à la France, plus particulièrement en tant que puissance dont les colonies ont des frontières en grande partie communes avec le Maroc, d'y maintenir l'ordre et de lui fournir toute l'assistance nécessaire aux réformes administratives, économiques, financières et militaires[17] ». L'accord laissait de côté l'Allemagne, dont les intérêts commerciaux croissaient à vue d'œil en Afrique du Nord. Édouard VII essaya d'arranger la situation par une visite officielle à Kiel en juin 1904, accompagné par Lord Selborne, le premier lord de l'Amirauté, mais hélas ! le mal était déjà fait. Certaines rivalités familiales de longue date s'étaient mises à glisser de la sphère privée à la scène publique où elles ne tarderaient pas à affecter le destin du monde. À compter d'avril 1904, l'Allemagne se crut encerclée par la Russie, la France et l'Angleterre. Le Kaiser en fit une obsession, alimentée par sa paranoïa, qui joua un rôle critique dans la course à la Première Guerre mondiale.

À la même époque, le Japon exigea le retrait des troupes russes de la rive gauche du Yalou. La Russie venait plus ou moins de conquérir la Mandchourie jusqu'aux frontières de la Corée après la concession de Port-Arthur par les Chinois en 1898. Sergueï Witte mit en garde le tsar : une telle provocation risquait fort de déboucher sur une guerre contre le Japon. Witte se déclarait partisan du commerce avec la Chine et surtout la Corée. Il souhaitait en outre achever le tracé du Transsibérien mais il ne voulait pas d'une guerre. L'économie russe ne se portait pas bien du tout. Le pays ne pouvait pas se permettre d'entretenir un conflit à une telle distance de sa capitale. Witte ne partageait pas l'opinion du ministre de l'Intérieur Plehve : à entendre ce dernier, une « petite guerre victorieuse » résoudrait les problèmes internes de la Russie en écartant la menace d'une révolution. Les Japonais accepteraient peut-être la présence russe en Mandchourie mais pas en Corée où les attiraient leurs propres ambitions territoriales. Rien ne permettait d'affirmer que la guerre ne s'éterniserait pas ni qu'elle se conclurait par une victoire russe. Witte s'aperçut que la tsarine douairière partageait ses appréhensions. « N'ayant pas encore perdu tout espoir d'empêcher la guerre contre le Japon, je compris qu'il fallait avertir l'impératrice douairière : si on n'infléchissait pas la politique d'alors, le conflit s'avérerait inévitable[18] », raconte Witte. « Je lui conseillai d'envoyer chercher le comte Lamsdorff [le ministre des Affaires étrangères] ; ce qu'elle fit aussitôt. Il abonda dans mon sens. » Minny convoqua en outre le général Kouropatkine, le ministre de la Guerre, qui lui répéta la même chose. Influencé tour à tour par l'un et l'autre partis, Nicky ne se décida pas tout de suite. « Je garde encore l'espoir d'un accord pacifique », écrivit-il à Willy. Ce dernier voyait les choses autrement. « Nicolas se cause à lui-même beaucoup de tort par son irrésolution », confia-t-il à Bülow. Il lui montra la lettre de Nicky en ajoutant que ce dernier « compromet les autres souverains[19] » par sa faiblesse.

La Russie promit de se retirer des rives du Yalou mais, à plusieurs reprises, elle faillit à sa promesse. « Même si les Japonais ne cherchaient nullement à nous provoquer ; même si les ministres de Saint-Pétersbourg estimaient acceptables la plupart de leurs exigences », écrit Witte, « l'issue des négociations ne fut pas un succès. Elles traînèrent en longueur sans raison valable. Faute de réponse à leurs propositions, les Japonais optèrent pour une rupture[20] ». Sans prévenir, le 9 février 1904, les Japonais attaquèrent l'escadre russe à l'ancre devant Port-Arthur, en coulant deux navires de guerre et un croiseur. Witte ne chercha pas longtemps les causes de l'échec diplomatique. « On imaginera la surprise que causa la rupture à l'empereur en se rappelant qu'en septembre, il était parti pour Darmstadt et ne revint pas à Saint-Pétersbourg avant la fin de l'automne. » À ce moment-là, Nicolas II venait de renvoyer Witte. Sans consulter aucun de ses ministres, il nomma l'amiral Alekseïev vice-roi d'Extrême-Orient. Ainsi, il se déchargea de ses responsabilités sur un tiers – attitude typique de sa part. Personne, pas même les Japonais, n'ignorait cependant que le tsar en personne devait ratifier les moindres décisions de son gouvernement.

« Très cher Nicky », lui écrivit Willy de Potsdam en janvier 1904, « une simple ligne pour t'assurer que mes pensées t'accompagnent en cet instant critique. Puisse Dieu faire en sorte que tout se passe sans heurts et que les Japs suivent la voie de la raison, nonobstant les efforts déchaînés de la presse abjecte d'un certain pays[21] ». Il signe : « À toi pour toujours, avec toute mon affection, Willy », avant d'ajouter ce post-scriptum : « Pardonne-moi si je te dérange aussi fréquemment par mes télégrammes mais à Wolfsgarten, tu as gentiment dit que tu me serais reconnaissant de te communiquer toute nouvelle d'importance en ma possession ; bien sûr, je compte sur ta discrétion, car celles-ci ne concernent que toi. Amiral de l'Atlantique. »

La guerre contre le Japon tourna au désastre pour la Russie. En raison de l'immensité de son territoire, seules les troupes russes déjà sur place purent d'abord engager le combat ; les autres n'arrivèrent pas avant des mois. Le Transsibérien à voie unique, par où transitaient armes, munitions, nourriture et renforts, s'étendait sur près de six mille cinq cents kilomètres. Pour rejoindre le théâtre des opérations, il suffisait aux Japonais d'en parcourir quelques centaines par voie de mer. La flotte russe de la Baltique dut sillonner la moitié du globe avant d'opérer sa jonction avec la flotte du Pacifique. Après les années de paix du règne d'Alexandre III, les officiers supérieurs russes n'étaient plus prêts à se battre. Le budget russe de la défense dépassait les moyens du pays sans pour autant suffire à financer un conflit dans ses provinces les plus reculées. Par ignorance et par préjugé, les Russes sous-estimèrent largement les Japonais. Willy vint au secours de Nicky en ordonnant à ses navires marchands de fournir du charbon à la flotte balte dans les eaux territoriales russes et le Sud-Ouest de l'Afrique. Pendant ce temps, la flotte russe filerait de Kronstadt à Vladivostok à toute vapeur. Le Kaiser n'attendait qu'une occasion de ce genre pour extorquer à la Russie une alliance officielle contre l'Angleterre et la France de nature à neutraliser sa *bête noire* : l'Entente cordiale, ratifiée en avril. « Comme le disent les Chinois dans leur mauvais anglais » écrit-il, ravi, à Bülow, « "si toi pas avoir charbon, comment toi faire[22] ?" ». Avant que son cousin et ami dévoué ne lui fournisse le charbon nécessaire au déplacement de la flotte russe, Nicky dut accepter d'entamer des négociations. « Très cher Nicky », lui écrit Willy, « Le déclenchement des hostilités a entraîné de tristes conséquences pour ta brave marine, ce qui m'a profondément ému ! Comment pourrait-il en aller autrement vu que je suis un amiral russe, et fier de son rang, qui plus est[23] ! ».

En octobre, la Russie et l'Angleterre évitèrent de justesse un affrontement lors d'une parfaite illustration de la loi du rasoir d'Hanlon*. Au début de son périple jusqu'en Extrême-Orient, la flotte russe de la Baltique prit par erreur des chalutiers attachés au port de Kingston upon Hull pour des torpilleurs japonais et ouvrit le feu au large du Dogger Bank, en coulant l'un d'eux. « S'il n'y avait pas

* « N'attribuez jamais à la malignité ce qui peut s'expliquer simplement par la stupidité. » [N.d.T.]

eu mort d'homme », écrit Édouard VII à Georgie le 24 octobre 1904, « la maudite imbécillité des Russes prêterait à rire[24] ». Les Britanniques, excités par une presse indignée, crièrent à l'outrage. « Les Anglais en ébullition sont très en colère. Il paraît même qu'ils préparent leur flotte à entrer en action[25] », écrit Nicky à sa mère. « Hier, j'ai envoyé un télégramme à l'oncle Bertie en lui exprimant mes regrets mais je ne me suis pas excusé. » Les esprits ne se calmèrent qu'une fois l'incident porté devant le tribunal de La Haye, lorsque la Russie consentit à verser une compensation. L'Amirauté britannique, préférant ne pas courir de risques avant le départ de la flotte russe au grand complet, envoya quelques navires de guerre en mission de surveillance. Le tsar le prit très mal ; il se plaignit au Kaiser de l'arrogance des Anglais et de leur insolence. Le grand ami et conseiller officieux d'Édouard VII, Lord Esher, toujours attentif aux événements politiques susceptibles de nuire à l'Angleterre, nota que la Russie et l'Allemagne « s'entendaient en secret[26] » sans l'ombre d'un doute. Par « Russie » et « Allemagne », il fallait comprendre « Nicky » et « Willy ». Le tsar et le Kaiser se livraient à leur penchant favori : prendre des décisions de leur propre chef sans s'encombrer de l'avis de leurs ministres. Esher l'avait su par la reine Alexandra, qui le tenait elle-même de sa sœur, la tsarine douairière.

La guerre des Russes contre le Japon alla de mal en pis. Les Japonais, qui contrôlaient les mers, débarquèrent des troupes en Corée et en Mandchourie avant d'assiéger Port-Arthur. Le 13 avril 1904, une mine coula le navire amiral russe *Petropavlovsk* en entraînant la mort de sept cents hommes, dont l'amiral Makarov, le commandant de la flotte. Le 2 janvier 1905, Port-Arthur tomba. « J'ai été frappé comme par la foudre par la nouvelle de la chute de Port-Arthur », note Kostia dans son journal. « Les défenseurs manquaient de munitions, tous souffraient du scorbut et de la typhoïde, il y a eu d'innombrables blessés, les obus japonais n'arrêtaient pas de tomber sur l'hôpital, en atteignant ceux qui étaient déjà touchés[27]. » En février, les Russes livrèrent une bataille décisive contre les Japonais afin de conserver le contrôle de la ville de Moukden en Mandchourie : 330 000 soldats russes affrontèrent 270 000 Japonais. Après la perte de 89 000 hommes, les Russes s'enfuirent.

La guerre fut un désastre militaire à la gestion désastreuse qui alimenta la popularité des révolutionnaires en Russie. Le 16 février 1905, une bombe tua le grand-duc Sergueï, le mari d'Ella, le gouverneur de Moscou connu pour ses méthodes répressives, alors qu'il traversait la ville en carrosse. « Un terrible crime vient d'être perpétré à Moscou : l'oncle Sergueï a été assassiné aux portes Nicolsky », commente Nicky dans son journal. « Pauvre Ella, que le Seigneur la bénisse et lui vienne en aide[28] ! » Ella confia plus tard à Kostia que Sergueï était d'excellente humeur ce jour-là car Nicky venait de lui offrir une miniature représentant Alexandre III « sans diamants mais entourée d'une guirlande de lauriers en or ». Peu après le déjeuner, Ella entendit un bruit sourd « comme lorsque de la neige tombe d'un toit, mais en plus fort ». Voyant des gens se précipiter vers la place, elle enfila en hâte son manteau et courut dans la direction de la détonation en se frayant un chemin à travers la foule. Là, elle découvrit les restes de Sergueï éparpillés : « une partie du tronc et une jambe, une main soufflée par l'explosion, des morceaux du corps et des habits ». Tout le monde ne le regretta pas. « L'oncle Sergueï, le grand-duc Sergueï Aleksandrovitch, a joué un rôle crucial dans la chute de l'empire », écrit Sandro, le mari de Xenia. « J'ai beau m'y efforcer, je ne trouve rien dans son caractère qui parvienne à le racheter[29]. »

La flotte balte vogua vers Port-Arthur en passant par le cap de Bonne-Espérance et Madagascar, suivie de près par des espions japonais. Lorsqu'elle atteignit les eaux territoriales du Japon, l'ennemi l'attendait, prêt à l'affronter. À deux heures de l'après-midi du 27 mai 1905, la flotte russe apparut dans le détroit de Tsushima entre le Japon et la Corée, ses huit bâtiments de ligne s'avançant à toute vapeur en une longue colonne. L'amiral Togo, le commandant japonais, les aperçut dans son viseur à une distance de six mille quatre cents mètres et donna l'ordre d'ouvrir le feu. En moins de quarante-cinq minutes, les huit navires coulèrent tous ; plus sept des douze croiseurs russes et six de leurs neuf contre-torpilleurs. Deux semaines plus tard, une mutinerie éclata au sein de la flotte de la mer Noire. « La nouvelle la plus incroyable nous est parvenue, tout simplement ignominieuse, il y a de quoi en avoir honte ! » écrit Kostia le 28 juin. « Une mutinerie s'est déclarée à bord du *Potemkine*, le commandant et plusieurs officiers ont été tués. Ils sont arrivés à Odessa hier soir et ce matin, le corps d'un marin a été porté à terre, un placard sur sa poitrine expliquait qu'il avait été tué par les officiers pour s'être plaint de la nourriture[30]. » Le *Potemkine* commandé par les hommes du rang s'en fut en haute mer, prêt à se battre avec le reste de l'escadre. D'autres mutineries suivirent. Les autorités refusèrent d'approvisionner le *Potemkine* ou de lui fournir du charbon. La loi martiale fut décrétée et le *Potemkine* dut se rendre. « Je me sens tellement abattue, c'est impossible », avoue Xenia dans son journal le 8 juin. « C'est terrible, ce qui se passe, des grèves, des meurtres, le mécontentement, une faillite générale de l'autorité ! J'ai lu un mémoire publié par la noblesse, c'est dur et cruel mais hélas vrai[31]. »

Voilà comment se termina la guerre contre le Japon. Dans un premier temps, Nicolas campa sur ses positions. Il lui répugnait de reconnaître sa défaite, surtout face à la race jaune. Pourtant, en septembre on négocia la paix. Bon gré mal gré, le tsar envoya Witte, le seul homme politique digne de ce nom en Russie, le représenter à la conférence présidée par Théodore Roosevelt à Portsmouth, dans le New Hampshire. « Lorsqu'il faut nettoyer un égout, on fait appel à Witte », commenta ce dernier en acceptant sa mission sans enthousiasme. Les Japonais ne demandaient pas mieux que de s'entendre sur un compromis. La Corée leur reviendrait tandis que les Russes évacueraient le Sud de la Mandchourie sans payer d'indemnité. Aleksandr Izvolski, le futur ministre russe des Affaires étrangères, comprit que la Russie devait cette petite victoire diplomatique à Witte, ses talents de négociateur et sa force de persuasion. « Aucun diplomate de profession n'aurait pu faire mieux. » Nicolas aussi consentit à lui témoigner sa gratitude mais dans certaines limites. « Witte est venu nous voir », écrit-il à sa mère. « Il s'est montré charmant, et intéressant. Après une longue conversation, je lui ai annoncé son nouveau titre : je vais faire de lui un comte. Il s'est raidi sous le coup de l'émotion et a tenté de me baiser la main à trois reprises[32] ! »

Le Kaiser réagit à sa façon : le 11 mars 1905, il écrit à Bülow : « Les nouvelles reçues via "Wolff" des négociations de paix par l'entremise du camp gallo-anglais au nom du tsar nous apprennent que les Rothschild ne veulent plus continuer à financer la guerre. Ces négociations expliquent peut-être l'annulation subite du voyage d'Édouard VII. Il voudra conclure l'alliance gallo-britanno-japonaise maintenant qu'il a l'Afghanistan et le Tibet dans sa poche (...) C'est monstrueux que nous soyons à nouveau laissés de côté, nous qui avons loyalement épaulé le tsar[33]. » Willy croyait dur comme fer que, par l'entremise des princesses danoises, Grande-Bretagne et Russie rassemblaient leurs forces contre lui. Il s'indigna de voir l'Angleterre traiter l'Allemagne comme « *quantité négligeable* ». L'encerclement de l'Allemagne par ses ennemis aggrava sa paranoïa en le poussant à entreprendre de nouvelles manœuvres sur la scène internationale.

En Russie, c'était le chaos : les soldats démoralisés regagnèrent peu à peu leurs foyers par le Transsibérien. Le coût de la guerre, l'humiliation de la défaite et la désaffection des troupes accrurent encore les troubles sociaux et la menace d'une révolution. Une violence exacerbée se répandit dans tout l'empire. Boulangers, plombiers, serruriers, conducteurs de trams, ouvriers de l'imprimerie se mirent en grève. Les journaux cessèrent de paraître et les tribunaux, de fonctionner. Les drogueries fermèrent. Les villes ne reçurent bientôt plus ni gaz ni électricité et une grève de cheminots paralysa le pays. « Quant à l'état de la Russie », écrit Édouard VII à Georgie en octobre, cette année-là, « c'est vraiment trop atroce & on dirait que l'anarchie règne partout ! Il y a maintenant des grèves dans les chemins de fer de l'ensemble du pays et plus personne ne peut se déplacer[34] ! ». Son ami Charles Hardinge, parti à Saint-Pétersbourg prendre ses fonctions d'ambassadeur britannique, dut rentrer en toute hâte en Angleterre par voie de mer.

Édouard VII revenait alors des courses de Doncaster et d'un séjour à Rufford Abbey en compagnie de Lady Savile. Dans ses déplacements l'accompagnaient un valet, un laquais, un brosseur, deux écuyers disposant d'un valet chacun, deux téléphonistes, deux chauffeurs et un garçon arabe dont la mission consistait à préparer le café du roi comme il l'aimait. En Russie, le tsar dut former un nouveau Conseil des ministres. À contrecœur, il demanda à Witte de le présider. « Les nouvelles de Russie sont meilleures ces derniers temps & il paraît que l'insurrection est maîtrisée », écrivit Édouard VII à Georgie le 12 janvier 1906. « Si seulement une Constitution pouvait sembler acceptable au peuple et si Nicky pouvait rester ferme & tenir ses promesses[35]. » En avril 1906, la Russie se dota de sa première douma.

En Allemagne, le Kaiser devait affronter de sérieux problèmes, si personnels qu'ils l'exposèrent d'ailleurs à la menace du chantage. Les premières rumeurs du scandale s'ébruitèrent dès 1897. Cette année-là, Klara von Schaffer-Voit entama une procédure de divorce à l'encontre de son mari Friedrich zu Eulenburg, le frère de Phili. Ils formaient un couple mal assorti depuis vingt ans. Elle invoqua des « passions contre-nature[36] ». Fredi fut convoqué devant une cour martiale. Plein d'espoir, Fredi pria Phili de demander au Kaiser de mettre un terme à la procédure. « Je voudrais demander à Votre Majesté de garder le secret sur toutes ces informations qui relèvent du secret militaire[37] », écrivit Phili à Willy, le *Liebling*, le 8 octobre. À l'évidence, il pensait comme Fredi que lui, le meilleur ami du Kaiser, parviendrait à extorquer cette petite faveur pour son frère. Lorsque Phili contacta Wilhelm, il reçut toutefois un choc et un avant-goût inquiétant de ce qui allait suivre. Au lieu de se montrer compréhensif, Wilhelm se déclara outré et insista pour que Fredi lave l'honneur de son nom. Phili et Wilhelm savaient tous deux que c'était un peu hypocrite mais le Kaiser, dans un accès de panique qui l'amena au bord de la dépression nerveuse, ne voulut pas en démordre. Incapable de satisfaire les exigences de Wilhelm, Fredi dut démissionner de son régiment. Le Kaiser ordonna à Phili de couper les ponts avec son frère. Eulenburg, au sommet de son pouvoir et de son influence, n'accepta pas le jeu ambigu de Wilhelm. « Je ne vis aucune raison de me détourner de mon pauvre frère », confia-t-il à son vieil ami Bülow.

Bien entendu, Bülow n'ignorait pas les penchants du cercle Liebenberg puisque son frère Alfred en faisait partie, quoique lui-même prît soin de ne jamais s'y mêler. Les trois piliers de ce cercle n'étaient autres qu'Eulenburg, Kuno Moltke et Varnbüler – le seul qui ne brûla pas sa correspondance lorsque le scandale éclata publiquement dans toute son horreur baroque. Se joignaient souvent à eux Edgard von Wedel et Eberhard Dohna-Schlobitten, de proches amis d'enfance d'Eulenburg. Edgard était devenu

Kammerherr ou officier de la chambre de Wilhelm et Eberhard avait orchestré la rencontre de Phili et Wilhelm à Prokelwitz en 1886. Karl von Dornberg, un diplomate de talent, comptait aussi au nombre des amis intimes d'Eulenburg, depuis leur passage commun au régiment des gardes. Lorsque Karl, surnommé « Chacha » ou « le petit » par le cercle Liebenberg, mourut dans des circonstances obscures à Saint-Pétersbourg en 1891, Kuno Moltke écrivit à Varnbüler : « Ma vieille amie Philine me manque. Il faut que je discute avec elle de notre petit. Il faut que je la voie : nous devons nous serrer les coudes deux fois plus encore après cette déchirure au sein de notre cercle intime[38]. » Le cercle comprenait aussi Georg von Hülsen, l'ami féru de théâtre de Phili. Ce dernier convainquit Wilhelm d'offrir à Hülsen le poste de directeur du théâtre royal de Wiesbaden puis du théâtre de la cour à Berlin ; ce qui lui valut une nouvelle accusation de manipulation politique. Hülsen fut par deux fois accusé d'homosexualité. Par deux fois aussi, il évita un procès. Le baron Jan von Wendelstadt, l'artiste du groupe, entraîné malgré lui dans le tourbillon du scandale, dut à son tour répondre de ses mœurs devant la justice. Il se suicida en 1909.

Tous les amis du cercle Liebenberg n'étaient pas forcément homosexuels mais c'était le cas de la plupart, et aucun d'eux ne l'ignorait. August zu Eulenburg, le maréchal de la cour de Wilhelm, qui ne manquait jamais une partie de chasse à Liebenberg ni l'une des *Nordlandreise*, les croisières sur la mer du Nord, devait savoir à quoi s'en tenir ; de même que Gustav von Kessel, l'aide de camp de Wilhelm, et le baron Walter von Esebeck, le grand-maître des écuries impériales. Tous trois étaient des cousins d'Eulenburg. Esebeck, connu pour son manque de discrétion, dut démissionner lorsque le scandale éclata. Comme dans l'Angleterre d'Oscar Wilde, l'homosexualité était admissible tant qu'elle n'était pas officiellement démasquée.

Bülow aussi connaissait les penchants de Kuno von Moltke, sur qui se concentra le scandale. En août 1897, Wilhelm avait nommé Kuno attaché militaire à Vienne où Eulenburg occupait le poste d'ambassadeur. Eulenburg écrit à sa mère qu'il en était « au comble de la félicité » ; il espérait convaincre Moltke d'abandonner sa femme Lily pendant un an au moins ; ce qui suggère que la mère d'Eulenburg n'ignorait pas la nature de ses inclinations. « Une telle union me semble répugnante », avait écrit Eulenburg à l'époque du mariage de Kuno. « Kuno avait l'air d'un homme au désespoir, et ce fut pour moi l'expérience la plus pénible au monde[39]. » Contrairement à l'épouse d'Eulenburg qui s'occupait de ses enfants à Liebenberg, Lily insista pour accompagner son mari à Vienne où éclatèrent de violentes querelles entre mari et femme puis des luttes entre Lily et Eulenburg, jaloux l'un de l'autre, pour l'amour de Kuno. Eulenburg suppliait Lily de « libére[r] mon ami, rendez-moi mon ami ». Le mariage se conclut par un divorce. Kuno fut aussitôt rappelé à Berlin où il devint aide de camp de Wilhelm. « J'ai maintenant la certitude, grâce à Phili, de ce que je prévois depuis longtemps », écrit Varnbüler à Kuno. « Si tu avais vraiment réussi à aller jusqu'au bout, à te transformer complètement de l'intérieur, à renier les idéaux qui ont été les tiens toute ta vie, à descendre de ces hauteurs pour te sentir chez toi dans l'atmosphère oppressante où respirent les gens normaux alors, *mein Dachs*, et alors seulement, tu te serais perdu pour de bon et moi, je t'aurais perdu, toi[40]. »

Les scandales homosexuels à la cour de Berlin auraient certainement fini par être étouffés sans Maximilian Harden. Ce fils d'un marchand de soieries berlinois juif assimilé appartenait à la classe moyenne intellectuelle, en pleine expansion depuis la croissance économique éclair consécutive à l'unification allemande. Harden était un ancien élève de l'établissement le plus élitiste de Berlin, le *Französische Gymnasium* ou lycée français. Son éducation n'avait rien de spécifiquement juif et, d'ailleurs, il se convertit plus tard au christianisme comme une grande part de sa famille ; peut-être parce que dans l'Allemagne du Kaiser Guillaume II, les Juifs ne rencontraient pas tant d'occasions de promotion sociale.

Lorsqu'il quitta l'école, Harden, un brillant élève, essaya d'abord de devenir acteur, avant d'opter pour le journalisme. Naturellement doué, il y consacrerait sa vie. Il commença sa carrière au *Berliner Tagesblatt* avant de travailler pour des hebdomadaires comme *Die Nation* ou *Die Gegenwart*, où il rédigea des critiques de livres, de pièces de théâtre et des articles sur la littérature et la politique. Harden possédait une intelligence supérieure et une mémoire hors du commun. Il dénigrait les goûts réactionnaires de la cour du Kaiser qui, anticipant en cela sur Hitler, méprisait la modernité prétendument « dégénérée » au profit d'œuvres plus classiques comme la Siegesallee : une avenue bordée de sculptures massives de héros germaniques juchés sur des piédestaux. Dès l'accession au pouvoir de Guillaume II en 1888, Harden prit en horreur les rodomontades, les uniformes voyants, les discours pompeux et les parades militaires interminables accompagnées de musique bruyante et chauvine.

En juillet 1890, Harden fit paraître son premier article dans *Die Gegenwart* sous le pseudonyme d'Apostata : il renonça ainsi à la sphère culturelle au profit de la politique. Il se contentait jusqu'alors de critiquer l'atmosphère de la cour où prévalaient le sentimentalisme et les goûts réactionnaires du cercle Liebenberg. À compter de cette date, peut-être en réaction au renvoi de Bismarck en avril, il prit pour cible l'orientation politique du Kaiser. Les articles d'Apostata soutenaient Bismarck contre le nouvel entourage de l'empereur, composé de militaires médiocres : Eulenburg et ses amis. Bientôt, tout le monde se mit à lire Apostata ; Bismarck y compris. Celui-ci ne découvrit toutefois l'identité d'Apostata qu'en janvier 1892, lorsque Harden décida de lui envoyer ses vœux pour la nouvelle année. « L'expression chaleureuse de votre sympathie dans votre carte de nouvel an m'a beaucoup touché », lui répondit Bismarck. « Si jamais vous passiez dans le voisinage, je serais heureux de vous renouveler personnellement mes remerciements[41]. » Peu de temps après, Harden passa comme par hasard dans le voisinage de Friedrichsruh, le domaine de Bismarck près de Hanovre. L'alliance qui se développa entre les deux hommes porterait ses fruits jusqu'à la mort de Bismarck en 1898.

En 1898, Harden fonda son propre hebdomadaire : *Die Zukunft* (l'avenir), qui tiendrait lieu de tribune à ses critiques du Kaiser et de son entourage. Il se lança dans une campagne audacieuse en faveur du changement politique en sapant le système de gouvernement personnel mis en place par Eulenburg avec son vieil ami Bülow au cours des années 1890. « La capitale allemande ne manque ni de cerveaux ni de talents », écrivit Harden dans l'un des premiers numéros de son journal, « mais une minorité vulgaire et portée à l'ostentation règne ici[42] ». Il surnomma le Kaiser « Filmhelm », jeu de mots sur un acteur, coqueluche de ces dames, en se moquant de ses poses et de ses rodomontades. Ses critiques visaient cependant surtout les flatteurs du cercle Liebenberg. « On vous ment depuis des années », écrit-il dans une lettre ouverte au Kaiser publiée par le *Zukunft* du 25 juin 1898. « Les flagorneurs vous ont convaincu que l'aura de votre glorieuse personne, devant laquelle le monde entier s'incline, admiratif, a depuis longtemps triomphé de la malice [de certains] (...) C'est entièrement faux[43]. » Parfois, pour plus de sécurité et plus d'amusement, il camouflait sous un déguisement transparent l'identité de ses cibles. Le Kaiser devenait ainsi Louis XVI ; Eulenburg, le « comte Troubadour » et Kuno Moltke, « le doux ». Il inventa une correspondance entre deux personnages fictifs : Moritz et Rena, un frère et sa sœur issus d'une vieille famille prussienne, afin de commenter les intrigues de la cour. La ruse ne fonctionna toutefois pas toujours. Certains numéros du *Zukunft* finirent confisqués. À trois reprises, Harden fut arrêté et condamné à quelques mois de prison.

Lorsqu'il vit qu'Eulenburg resserrait encore son emprise sur le Kaiser, Harden réfléchit à un moyen de débarrasser le pays de son influence néfaste. Il savait que certaines personnes ne demandaient qu'à l'aider : en attribuant à ses seuls amis les positions les plus influentes, Eulenburg s'était créé de nombreux ennemis. Un par un, ceux-ci contactèrent Harden, en souhaitant toujours garder l'anonymat. Harden reçut un soutien des plus inattendus en la personne d'une ancienne victime de ses attaques : Friedrich von Holstein. Les relations d'Holstein et Eulenburg s'étaient tant envenimées qu'ils n'entretenaient plus aucun contact depuis 1897. Du ministère des Affaires étrangères de la Wilhelmstrasse, Holstein, impuissant, voyait le Kaiser écouter de moins en moins ses ministres et mépriser ouvertement le Reichstag à l'instigation d'Eulenburg et des réactionnaires qui l'entouraient. « Je suis seul maître du Reich, je n'en souffrirai pas d'autre », annonça-t-il lors d'un de ses discours pompeux, en rupture avec la réalité. Les socialistes et les sociaux-démocrates en particulier déchaînaient la fureur de Wilhelm. « Tant qu'on ne chassera pas du Reichstag les leaders des sociaux-démocrates et tant qu'on ne les tuera pas, rien ne s'arrangera[44] », confia-t-il à Eulenburg, apparemment sans rire, en juillet 1899. Après une grève des traminots, il exprima ouvertement l'espoir que ses soldats abattraient au moins cinq cents de ces fauteurs de troubles.

Même son entourage le plus proche trouvait le Kaiser de plus en plus instable. Des rumeurs commencèrent à circuler sur ses sautes d'humeur, ses accès de nerfs, ses déplacements incessants, sa mégalomanie et même sa santé mentale. En privé, ses sujets rapprochaient ses coups d'éclat de ceux du roi fou Louis de Bavière. Le comte Anton Monts, l'envoyé de la Prusse en Bavière, écrivit à Eulenburg le 20 mars 1897 que dans l'Allemagne catholique du Sud, « beaucoup disent en secret que S.M. est folle. Déjà, cela transparaît dans la presse (...) Ce que je pense de S.M., je n'ose même pas le dire, mais je crains qu'il ne soit complètement fini ici, dans le Sud (...) on parle sérieusement d'un *coup d'État* dans le Reich[45] ». Bismarck fit savoir qu'il n'avait tenu à conserver son poste aussi longtemps qu'en raison de l'état de la santé mentale du Kaiser. Dès 1888, il était déjà convaincu que le Kaiser « souffrait d'antécédents liés à l'héritage génétique de ses ancêtres anglais et russes[46] ». En Angleterre, Lord Salisbury, se rappelant le rapport médical de 1879 qui faisait état de lésions à l'oreille interne de Wilhelm, dont les écoulements risquaient d'atteindre le cerveau, se remit à se tapoter le front en marmonnant « Erichson ».

En fin de compte, le Kaiser ne souffrit jamais de véritable dépression nerveuse mais plutôt d'une série de crises de nerfs, en 1893, 1900, 1903 et 1908. Fragile et vulnérable sous ses airs fanfarons, il manquait plus que jamais de conseillers avisés et diplomates. Faute de mentor valable, il se reposait sur Eulenburg, un monarchiste pur et dur doublé d'un réactionnaire enragé qui haïssait les parlements. Pire encore, Eulenburg ne possédait qu'un esprit médiocre, comme Bismarck l'avait remarqué des années plus tôt. Pour reprendre les propos de Harden en novembre 1901 : « il est de ces gens dont Goethe a dit "il est dans la nature des dilettantes de ne pas se rendre compte des difficultés d'une entreprise et de s'engager dans ce qui dépasse leurs capacités[47]" ». La relation du Kaiser à Eulenburg s'avéra d'autant plus dangereuse que ce dernier agissait autant par opportunisme que par conviction idéologique.

Après avoir proposé sa démission à plusieurs reprises en espérant faire rentrer le Kaiser dans le rang et le forcer à respecter un tant soit peu la Constitution, Holstein finit par quitter son poste le 6 avril 1906, aigri et soucieux. *Die Zukunft* prétendit que le cercle Liebenberg jubilerait en apprenant la nouvelle puisque « l'*Austernfreund* [l'ami des huîtres : Holstein] ne menacera plus le troubadour ni son Kuno[48] ». Holstein ne tarderait pas à entrer en contact avec Harden.

Paradoxalement, depuis qu'en 1897 le Kaiser avait déclaré sans ambages qu'il ne protégerait pas le frère d'Eulenburg du scandale homosexuel qui l'éclaboussait, Eulenburg essayait de se dépêtrer de sa position à la cour. Il ne devinait que trop les torts que lui causerait un scandale public ; à lui, au système politique qu'il avait soigneusement édifié et peut-être même aussi au Kaiser. Sans plus d'illusions sur la loyauté de son souverain, il devint très critique envers lui. Il se mit à découvrir en Wilhelm des traits déplaisants qui lui avaient curieusement échappé jusque-là. Le 21 août 1899, il écrivit à Bülow que Wilhelm ne changeait pas : « toujours aussi explosif. Il se montre d'autant plus inflexible et impulsif qu'il se fie à son expérience d'homme mûr – laquelle ne vaut rien[49] ». L'année suivante, lors de sa croisière annuelle en mer du Nord à bord du *Hohenzollern*, il admit avoir l'impression de se tenir assis sur un baril de poudre. Il conseilla en outre à Bülow de ne pas informer Wilhelm d'événements politiques susceptibles de le mettre en rage et de provoquer une nouvelle crise. « S.M. ne se contrôle plus[50]. » Les distractions habituelles – numéros musicaux, sketchs un peu lestes, jeux sur le pont – n'y changeraient plus rien. Personne, pas même le médecin attitré du Kaiser, ne savait comment sortir de l'impasse. Son entourage se mit à prier Dieu de leur épargner un nouveau drame susceptible de mener le Kaiser à une véritable dépression nerveuse. Pendant des années, les flatteurs qui le cernaient l'avaient bercé d'un sentiment de sécurité trompeur. Il ne restait plus à Wilhelm qu'à se rabattre sur son personnage public mais, depuis qu'il avait senti le scandale le frôler, il craignait pour son avenir.

Les attaques à peine voilées de Harden contre Eulenburg et le cercle Liebenberg continuèrent de plus belle. À plusieurs reprises, Eulenburg chercha un prétexte pour démissionner. Bülow, chancelier depuis 1900, ne voulait pas le laisser partir. Il avait encore besoin d'Eulenburg pour contrôler le Kaiser ; du moins en attendant mieux. Le comte Witte, fin observateur, déclara après une entrevue avec le chancelier allemand : « Bülow ne me paraît pas un mauvais bougre, il n'est pas particulièrement appliqué à la tâche ni brillant mais il s'exprime bien. En tant que diplomate, il m'a surtout semblé rusé mais dans le bon sens du terme ; ce qui lui est utile dans ses relations avec l'empereur. Conscient des faiblesses de son souverain, il les exploite à bon escient, mais souvent en ravalant sa fierté personnelle et la dignité qui sied à un Premier ministre. À l'évidence, il n'a rien d'un Bismarck ; on ne saurait même pas le comparer à l'honorable Caprivi. Tout bien considéré, Bülow n'est à mon avis qu'un homme politique de second rang[51]. »

En 1902, Eulenburg devint trop encombrant : Bülow ne tint dès lors plus à le conserver à son poste. Eulenburg démissionna en août. « Il faut dire à certaines personnes que ma santé m'oblige à me retirer dans le Sud, loin de Berlin et de sa société[52] », écrit-il à Bülow le 14 janvier 1902, en songeant à Harden. Certains détracteurs de Harden ont suggéré que seule l'homophobie motivait ses attaques. Dans ce cas, la démission d'Eulenburg n'aurait pas suffi à y mettre fin. Or celles-ci cessèrent pour ne reprendre que trois ans plus tard, lorsque Eulenburg tenta de revenir sur la scène politique. Harden se préoccupait avant tout de l'Allemagne. Il ne disposait pas d'autre prétexte que l'homosexualité du cercle Liebenberg pour éloigner ses membres du pouvoir et mettre un terme au règne personnel du Kaiser.

À son tour, Bülow tenta de brider le comportement autocratique du Kaiser. Hélas, il s'y prenait trop tard. Le monde imaginaire où se réfugiait le Kaiser entouré de flatteurs avait depuis longtemps remplacé le sens des réalités qu'avait peut-être possédé un jour le jeune Wilhelm. À l'époque de sa visite à sa grand-mère à Osborne, à l'âge de quatre ans, celle-ci qualifiait son « cher petit William » d'« enfant prometteur[53] ». À l'école aussi, Willy semblait beaucoup promettre. Bien aiguillé, il aurait pu réaliser ses promesses à l'âge adulte ou du moins apprendre à contenir ses pires excès. Hélas, il n'en fut rien. En 1902, Willy le Kaiser courait droit au désastre.

14.

DANGEREUX DÉSACCORDS

À la fin de son court règne, Édouard VII connut quelques années de félicité. Ses finances personnelles prospéraient grâce à la gestion avisée de son ami Ernest Cassel. Il entretenait avec sa famille des relations harmonieuses. Diplomate, Alix acceptait de bonne grâce la présence de Mrs Keppel qu'elle invitait même à la cour, et le roi restait en excellents termes avec son fils Georgie. « Nous sommes plus comme des frères que comme un père et son fils[1] », lui répétait-il. Leurs vies s'imbriquaient l'une dans l'autre à Sandringham, Londres, Balmoral et Windsor, où Édouard VII avait placé le bureau de Georgie à côté du sien. Ne voulant pas reproduire l'erreur de sa mère la reine Victoria, il informait son héritier des affaires d'État en lui montrant les dossiers gouvernementaux et les rapports du ministère des Affaires étrangères. Il le présenta en outre à tous les hommes politiques qui comptaient à l'époque. Après le succès de l'Entente cordiale, son triomphe personnel, le roi n'aurait pu jouir d'une plus grande popularité. Il confia d'ailleurs à Georgie que l'accord anglo-français lui semblait une excellente chose. « Nous avons conclu le marché à notre avantage ; quant aux concessions au Maroc, si on ne les avait pas faites, les Français nous les auraient arrachées de toute façon ; notre position en Égypte est plus assurée que jamais[2] ! »

En octobre 1905, Georgie et May entamèrent une autre tournée royale, cette fois en Inde. Ils s'absentèrent cinq mois, en laissant en Angleterre leurs six enfants. À Calcutta, le vice-roi et son épouse, Lord et Lady Minto, préparèrent la maison du gouvernement en vue de leur arrivée en engageant sept cents hommes pour rafraîchir l'intérieur et dresser cinquante tentes au sol couvert de tapis, pourvues de chambres à coucher, de boudoirs et de salles de bains. Les domestiques embauchés pour l'occasion y logeraient. « À l'heure du déjeuner, on aperçut soudain une kyrielle de chars à bœufs où s'entassaient les bagages royaux, aussi loin que portait la vue », note Lady Minto dans son journal. « Cinq cents coolies avaient été engagés pour le transport des bagages[3]. » Tout au long de son périple, le prince de Galles rédigea des notes sur l'Inde à l'intention de son père. « Il ne fait aucun doute que nous traitons mieux les Indigènes que par le passé mais, malgré moi, j'ai été frappé par le mépris avec lequel les Anglais reçoivent les salutations des Indigènes. À l'évidence, nous sommes trop enclins à les traiter comme une race conquise et exploitée et les Indigènes, de plus en plus instruits, en prennent conscience. Je n'ai pas pu m'empêcher de remarquer qu'en général, les Européens considèrent les Indigènes avec indifférence, pour ne pas dire pire. En fait, ils n'ont pas vis-à-vis d'eux la même attitude que les classes supérieures envers les inférieures en Angleterre[4]. » Georgie découvrit que les clubs européens n'acceptaient en leur sein aucun Indien, peu importe son milieu. L'explication selon laquelle les clubs deviendraient sans cela bondés ne le convainquit pas tout à fait.

Même si le prince de Galles bénéficiait des conseils de spécialistes de l'Inde, et de l'aide de Stamfordham à formuler ses idées, les opinions qu'il exprima s'appuyaient sur ses propres observations. La princesse de Galles les partageait d'ailleurs. Main dans la main, Georgie et May entreprirent de renforcer la cohésion du Commonwealth ; ce qui leur valut un sursaut de popularité au bénéfice de la monarchie. « Puisque je ne peux pas te le dire de vive voix, je saisis l'occasion de t'écrire que je te suis profondément redevable, ma chérie, de l'aide et du soutien incomparables que tu m'as apportés pendant notre voyage. C'est toi qui en as fait un succès[5] », écrivit George à son épouse à leur retour en Angleterre. « Même si je te l'ai déjà souvent dit, je le répète encore une fois : je t'aime, mon enfant chérie, de tout mon cœur et de toute mon âme et je remercie Dieu chaque jour d'avoir une femme comme toi, qui m'est d'une telle aide et qui, du moins je le crois, m'aime aussi. »

Georgie préférait cependant rester chez lui où il s'acquittait de ses devoirs officiels en examinant les documents du cabinet ou en assistant aux commissions royales et, à l'occasion, aux débats de la Chambre des lords. Une seule chose lui posait problème : ses nerfs. Pour masquer sa timidité, il parlait souvent trop et trop fort et parfois même à tort et à travers. Il détestait les discours et s'efforçait d'échapper le plus possible à la corvée d'en prononcer. Lord Esher, anticipant déjà sur l'avenir, s'en inquiéta. « Peu importe que S.A.R. déteste ça, il faudra bien qu'il s'y plie ou c'en sera fini de la monarchie[6] ! »

Le petit groupe d'amis intimes d'Édouard VII veillait toujours sur ses intérêts en le tenant *au fait*, en sous-main si nécessaire. Knollys et Esher, qui se retrouvaient régulièrement au Brook's Club, lui communiquaient les nouvelles d'importance. Sir John Fisher et parfois Charles Hardinge, de Soveral et Alice Keppel, en faisaient autant de leur côté. Le 28 août, Esher contacta Knollys à propos de « la négligence des conseillers actuels du roi qui ne tiennent pas au courant Sa Majesté et ne donnent pas leurs raisons écrites ni ne se réfèrent à l'autorité du roi avant de prendre une décision[7] ». Peut-être l'anxiété du roi redoublait-elle à la perspective d'un gouvernement libéral. « Les jours de notre Gvt. sont comptés. A. Balfour a décidé de démissionner avant Noël, ce qui, à mon avis, n'est pas nécessaire et s'avérera une erreur[8] », écrivit Édouard VII à Georgie. « La formation d'un nouveau gouvernement donnera du fil à retordre et je suppose que je devrai faire appel à Sir H. C-B. »

Knollys fit des pieds et des mains pour que le cabinet de Campbell-Bannerman se compose entre autres d'Asquith, Grey et Haldane, moins radicaux que d'autres au sein de leur parti. Le roi se soumit à l'inévitable en se fiant à son bon sens. Le 15 décembre, il écrivit à Georgie : « Il s'agit à n'en pas douter d'un gouvernement fort aux grandes capacités intellectuelles. Espérons qu'ils en useront pour le bien du pays et de l'empire. Sir E. Grey suivra, je l'espère, la voie tracée par Lord Lansdowne. Lord Tweedmouth devrait faire un bon "Premier lord" et il manifeste le plus grand intérêt pour son poste. Mr Haldane, doté d'un solide sens commun et de grandes capacités d'organisation, devrait être un excellent ministre de la Guerre, ce dont on a bien besoin vu qu'il n'y avait rien à tirer de son prédécesseur[9]. » Asquith devint chancelier de l'Échiquier ; Lloyd George, président du conseil du commerce et Lord Carrington, un bon ami du roi, président du conseil de l'agriculture. Dans l'ensemble, ce ne fut pas une mauvaise pioche. Au moins, la plupart comptaient parmi les amis ou en tout cas les connaissances du secrétaire privé du roi, Francis Knollys, et de son dévoué camarade, Lord Esher.

La mission la plus délicate des amis d'Édouard VII consistait à réformer la marine et le bureau de la guerre. Esher tenait surtout à moderniser le système de défense de la Grande-Bretagne afin de la préparer à un éventuel conflit. À l'instar d'Eulenburg en Allemagne, Esher fournissait à son souverain des suggestions officieuses en expliquant à d'autres le meilleur moyen de s'attirer les bonnes grâces de ce même souverain. Comme Eulenburg aussi,

Esher était homosexuel, mais il œuvrait au sein d'une monarchie constitutionnelle, sans cesse soumise à l'examen du parlement. Lui-même était un libéral convaincu, au regard tourné vers l'avenir, infiniment plus intelligent que le réactionnaire Eulenburg.

Esher se sentait, par instinct, hostile à l'Allemagne. Dès qu'il vit les Russes s'embourber dans leur conflit désastreux contre le Japon, il réfléchit aux conséquences de ce drame à grande échelle. « L'avenir ne semble pas très radieux », confia-t-il à son journal le 7 septembre 1904. « Une guerre de longue durée me paraît aujourd'hui aussi fatale qu'une entente secrète entre la Russie et l'Allemagne. Cela ne fait pas le moindre doute[10]. » En mars 1905, il écrivit à son fils Maurice à propos de la guerre en Russie : « Y a-t-il jamais eu leçon de choses plus instructive quant à la valeur de préparatifs soigneux et scientifiques, et a-t-on jamais vu un coup plus dur porté à la politique de la confusion[11] ? » Le 6 juin, lorsque la Russie perdit pour de bon la guerre, il affirma que « la défaite écrasante de la Russie redresse la balance en faveur de l'Allemagne[12] ». Le lendemain, il prit de nouveau la plume, sur un ton plus gai : « La fête d'hier soir au palais de Buckingham a été très réussie. Melba et Caruso excellents tous les deux. La reine coiffée de sa tiare russe et de sa couronne impériale se tenait comme il se doit à la tête d'une douzaine de duchesses plus intelligentes les unes que les autres. » Ce fut un moyen pour Alexandra, plus habile que jamais en matière de politique vestimentaire, de manifester sa solidarité avec sa sœur, la tsarine douairière.

« Mon cher Esher », écrit le roi à bord du yacht *Victoria and Albert* à l'ancre aux environs de Corfou le 14 avril 1906, « Merci beaucoup pour ton intéressante lettre du 6. S'il te plaît, parle-moi longuement et sous le sceau de la confidence de tout ce que tu estimes susceptible de m'intéresser et je crois que tu sais depuis longtemps que je m'intéresse à beaucoup de choses (...)

Crois-moi, À toi sincèrement, ÉDOUARD R[13] ». Esher passait alors le plus clair de son temps à présider le comité pour la défense impériale après avoir siégé à celui pour la reconstruction du bureau de la guerre et la réorganisation de l'armée territoriale. « *L'Allemagne, c'est l'Ennemi* », déclara-t-il à Maurice en septembre ; et pas pour la première fois. « Il ne fait aucun doute qu'une lutte titanesque se profile à plus ou moins brève échéance entre l'Allemagne et l'Europe. L'Allemagne qui compte 70 millions d'habitants est déterminée à conquérir la suprématie dans le commerce mondial. Pour y parvenir, il lui faudra mutiler l'Angleterre et annexer les Pays-Bas. La France dispose de 40 millions d'habitants et l'Angleterre, à peu près d'autant. Si bien que, même en combinant leurs forces, l'issue du combat n'est pas certaine[14]. » Huit bonnes années avant le début des hostilités, on parlait déjà de guerre.

Le problème remontait à 1897 : au virage à droite de l'Allemagne sous l'impulsion d'Eulenburg et Bülow qui dirigeaient à ce moment-là les Affaires étrangères à Berlin. La même année, le Kaiser, enivré par le succès du plan d'Eulenburg, nomma l'amiral Alfred von Tirpitz secrétaire d'État du conseil naval impérial. Tirpitz, partisan d'une marine allemande puissante, partageait la détermination de Wilhelm depuis les événements au Transvaal à se doter d'une flotte capable de tenir tête à la Royal Navy partout dans le monde. Si l'on en croit Eulenburg, le Kaiser estimait que seule une marine suffisamment imposante parviendrait à préserver les intérêts coloniaux de l'Allemagne. Si nécessaire, l'Allemagne devait se préparer à une offensive contre la Grande-Bretagne. La marine ne pouvait plus se contenter d'un budget modeste.

Tirpitz échafauda une « théorie des risques » selon laquelle la Royal Navy ne se hasarderait pas, compte tenu de ses engagements ailleurs dans le monde, à un conflit contre l'Allemagne sur la mer du Nord si le nombre de navires de guerre allemands s'élevait aux deux tiers du total des vaisseaux britanniques. Selon Tirpitz, il faudrait à l'Allemagne une vingtaine d'années pour se doter d'une flotte digne de ce nom. Les opposants au projet, dont Holstein, soulignèrent dès le départ qu'une puissante flotte allemande irriterait les Britanniques, par tradition maîtres des mers. Les Allemands disposaient de l'armée de terre la plus puissante au monde. Il restait aux Britanniques leur marine. Renverser l'équilibre des pouvoirs revenait à flirter avec le désastre. Le Kaiser Guillaume, soutenu par son entourage militaire réactionnaire et par Tirpitz, n'en prit malheureusement pas conscience.

Le Reichstag vota sa première loi navale le 8 mars 1898, malgré l'opposition des libéraux. Les sept années suivantes, un budget colossal de 408 millions de marks financerait la construction de dix-neuf bâtiments de ligne et trente-deux croiseurs, la première étape vers la formation d'une flotte de guerre allemande. Wilhelm eut alors tout lieu de se réjouir. Lorsqu'il se disputa de nouveau avec Lord Salisbury en juillet 1898 à propos du démantèlement de l'empire portugais en Afrique, il rédigea une note à l'intention d'Eulenburg : « Encore une fois, le noble Lord se joue de nous et retourne sa veste, simplement parce qu'il ne nous craint pas du fait que nous n'avons pas de flotte – cet imbécile de Reichstag me la refuse continuellement depuis dix ans[15]. » Le Kaiser prévint Lascelles, l'ambassadeur britannique, qu'un jour viendrait où l'Allemagne disposerait enfin d'une flotte de guerre qui obligerait la Grande-Bretagne à la respecter comme il se doit. Les conséquences de sa décision n'étaient pourtant pas évidentes. Édouard VII ne perdit pas de temps : il fit sa cour à la France – cour qui culmina dans l'Entente cordiale – avant de négocier avec la Russie dans le même esprit. Ses efforts ne porteraient toutefois pas de fruits du jour au lendemain : l'alliance de la Grande-Bretagne avec le Japon pendant la guerre contre la Russie avait contrarié Nicky au plus haut point.

Le 28 octobre 1904, le tsar envoya au Kaiser un télégramme codé qui le mit d'excellente humeur. « Je ne trouve pas de mots pour exprimer l'indignation que me cause la conduite de l'Angleterre[16] », avait écrit Nicky, encore contrarié par l'incident du Dogger Bank. « Je suis parfaitement d'accord avec tes plaintes à l'encontre de l'Angleterre et de son attitude vis-à-vis du ravitaillement en charbon de nos navires par des vapeurs allemands, alors qu'elle interprète les règles de la neutralité à sa façon. Il est assurément grand temps d'y mettre un terme. Le seul moyen, comme tu le dis, ce serait que l'Allemagne, la Russie et la France s'unissent pour rabattre l'arrogance et l'insolence anglo-japonaises. Voudrais-tu mettre par écrit les grandes lignes d'un tel traité et me le faire savoir ? Dès que nous l'aurons ratifié, la France sera obligée de se joindre à son alliée. Cette combinaison m'est déjà souvent venue à l'esprit ; elle apportera la paix au monde entier. Alix te transmet ses amitiés. Nicky. »

Rien ne pouvait faire plus plaisir à Willy qui, avec l'aide de Bülow, se mit aussitôt à rédiger un traité, expédié par un *Feldjäger* impérial le lendemain soir. Dans sa lettre d'accompagnement, Willy présenta son œuvre comme « une alliance purement défensive », « une assurance incendie mutuelle contre les pyromanes ». Il se méfiait cependant de la France. « Quant à la France, nous savons tous deux que les partis radicaux et anticléricaux qui, pour le moment, prédominent, penchent pour l'Angleterre[17]. » Il ajouta que le brouillon du traité était si secret que « personne n'en sait rien, pas même mon ministre des Affaires étrangères ; ce travail est l'œuvre de Bülow et moi-même ». Nicky ne répondit pas avant dix jours : il lui semblait nécessaire de montrer l'ébauche de traité à la France, l'alliée de la Russie, avant de le ratifier. « C'est pourquoi je te demande si tu es d'accord pour qu'on informe de notre projet le gouvernement français et, dès que j'aurai leur réponse, je te la communiquerai aussitôt par télégramme. Nicky[18]. » Willy ne l'entendait pas de cette oreille. « Merci pour ton télégramme » répondit-il. « Tu m'as donné une nouvelle preuve de ta loyauté en décidant de ne pas informer la France sans mon consentement. Néanmoins, j'ai la ferme conviction qu'il serait tout à fait dangereux d'avertir la France avant que nous n'ayons signé le traité[19]. » Selon Willy, il ne leur restait qu'une seule manière de convaincre la France de se rallier à eux : la placer devant le fait accompli. « Si la France découvre qu'un traité entre la Russie et l'Allemagne existe à l'état de projet non encore signé, elle en avisera sans tarder son amie (si ce n'est son alliée secrète) l'Angleterre, à qui la lie l'Entente cordiale. » À entendre Willy, on en revenait toujours à l'Entente cordiale. Son message se termina par une menace à peine voilée : « Si tu estimais impossible de conclure un traité avec moi sans le consentement préalable de la France, alors il serait plus prudent pour nous de nous en abstenir. »

Nicky tergiversa en promettant à son cousin de lui envoyer « ses explications sur la question ». Willy, impatient, lui écrivit de nouveau deux jours plus tard en concluant dans son langage fleuri : « Que Dieu nous accorde d'avoir trouvé la bonne manière de conjurer les horreurs de la guerre et qu'Il donne sa bénédiction à notre projet. Crois-moi, très cher Nicky, transmets mes amitiés à Alix, ton cousin et ami affectionné Willy. » Trois semaines plus tard, il reprit la plume : « Loin de moi l'intention de te presser de répondre tout de suite à mes dernières remarques sur ta proposition concernant notre traité défensif », commença-t-il poliment avant de terminer par une nouvelle menace. Si jamais Nicky refusait de lutter « coude à coude » à ses côtés, « je serai au regret de devoir interdire aux vapeurs allemands d'approvisionner ta flotte en charbon[20] ». Au mois de juillet suivant, rien n'était encore décidé. Comme Bülow s'en souviendrait dans ses Mémoires pas toujours très fiables, Willy prit les choses en main en s'en remettant à « la puissance de séduction de sa personnalité ». Le Kaiser entama sa croisière estivale dans la Baltique en espérant y retrouver le tsar mais il préféra partir seul, sans Bülow ni ministres susceptibles d'intervenir. À bord du *Hohenzollern*, Willy adressa un télégramme à Nicky, lui aussi en croisière sur son yacht impérial. « J'entamerai bientôt le trajet du retour et je ne peux passer devant l'entrée du golfe de Finlande sans t'envoyer mes amitiés et mes meilleures pensées. Si jamais cela te faisait plaisir de me voir – à terre ou à bord de ton yacht – bien entendu, je reste à ton entière disposition. Je viendrai en simple touriste, sans cérémonies[21]. »

« Ravi de ta proposition », lui répondit Nicky. « Cela te conviendrait-il de me retrouver à Björkesmund, près de Viborg, un endroit agréable et paisible ? Nous séjournerons à bord de nos yachts[22]. » La Russie venait de perdre la guerre contre le Japon. La révolution menaçait d'éclater. Il fallait un soutien à Nicky. « J'ai hâte de te voir avec grand plaisir, Nicky. » Willy sauta sur la suggestion de Nicky de garder le secret sur leur entrevue. Seul son capitaine connaissait leur destination, confia-t-il à Nicky dans son message suivant. « Mes invités croient tous aller à Visby, sur l'île de Gotland. Suis ravi de te revoir. Ai des nouvelles très importantes à te communiquer. J'ai hâte de voir la tête de mes invités lorsqu'ils reconnaîtront tout à coup ton yacht. Une bonne farce. Quel tableau ! Comment faudra-t-il que je m'habille ? Willy[23]. »

Le 23 juillet 1905, les deux yachts impériaux jetèrent l'ancre près de l'île de Björkö dans le golfe de Finlande. Le premier soir, Nicky alla dîner en compagnie de Willy. Ils ne se séparèrent qu'à 3 heures du matin. Le lendemain à 9 heures, Willy monta à bord du yacht impérial russe avec son ébauche de traité, rédigée en français de sa propre main. Sur le fond, rien de changé : en cas d'attaque de l'un des empires, l'autre lui viendrait en aide par terre ou par mer en engageant toutes ses forces. Nicolas devait en informer les Français avant d'obtenir leur signature, une fois la paix conclue avec le Japon. Sans consulter Nicolas ni personne d'autre, Willy limita la zone d'attaque concernée à l'« *Europe* ». Le Kaiser ne souhaitait nullement s'engager en Extrême-Orient. Par contre, il avait besoin du secours des Russes contre l'Angleterre. Kaiser et tsar signèrent le traité dans la cabine de Nicky en la seule présence du ministre de la Marine de Nicky, le très malléable amiral Birilev, qui prétendit par la suite que Willy avait caché sous sa main les deux mots litigieux.

Enivré par son triomphe, Willy écrivit puérilement à Bülow : « Un silence de mort régnait ; on n'entendait que le bruit des vagues et le soleil brillait dans la cabine confortablement aménagée. Je distinguais le *Hohenzollern* à la coque blanche rutilante, dont le pavillon impérial flottait sous la brise[24]. » À l'en croire, le tsar lut le traité en entier avant d'y donner son assentiment. « Aimerais-tu le signer ? » lui demanda le Kaiser en lui présentant un encrier « d'un geste apparemment détaché ». Ils signèrent tous deux – Willy, des larmes de joie aux yeux, en pensant à son grand-père et à Frédéric le Grand. Si l'on se fie à Willy, le tsar aurait déclaré : « Tu es le seul véritable ami de la Russie au monde. Je l'ai bien senti tout au long de la guerre et j'en suis certain. » Willy estima quant à lui que « Dieu l'avait ordonné et voulu. »

Lorsque Bülow lut la totalité du traité, la mention « *en Europe* » comprise, il en resta consterné. « Qu'a-t-elle à mettre en jeu, l'Allemagne ? Une marine capable, un commerce florissant, des villes côtières riches, ses colonies. Et qu'offre la Russie ? Une marine dont il ne reste presque plus rien, un commerce embryonnaire, des villes portuaires insignifiantes, aucune possession coloniale[25]. » Bülow dut brandir la menace de sa démission pour que

Wilhelm redescende précipitamment de son petit nuage. « Que mon meilleur ami, le plus intime, me traite ainsi sans m'en fournir la raison, m'a porté un coup si terrible que je me sens complètement brisé », écrit ce dernier. « J'ai pris des mesures immédiates pour inciter Nicolas à ne pas tenir compte de ces deux mots fatals (…) Je n'y survivrai pas », ajoute-t-il, proche du désespoir. « J'en appelle à l'amitié que tu as pour moi. Ne me parle plus de démissionner. Câble-moi "c'est entendu" quand tu recevras ma lettre ; je saurai ainsi que tu resteras. Car le lendemain du jour où me parviendra ta demande de congé, il n'y aura plus de Kaiser vivant ! Pense à ma pauvre femme et mes enfants[26] ! »

Heureusement pour Willy, en Russie aussi Nicky rencontra des difficultés. Le comte Lamsdorff, le ministre des Affaires étrangères, ne découvrit l'existence du traité que deux semaines après sa signature, or celui-ci s'avérait incompatible avec l'alliance conclue entre le père de Nicky, Alexandre III et la France en 1894. En plus, dut rappeler au tsar Lamsdorff, la France ne consentirait jamais à s'allier à l'Allemagne. « Pendant mon séjour à Björkö, je n'avais pas sous la main les documents signés par mon père qui définissent sans ambiguïté le principe de notre alliance avec la France[27] », écrivit piteusement Nicky à Willy. Cependant, Izvolski ne tarda pas à remplacer Lamsdorff.

Au cours des quelques mois suivants, Willy tenta de sauver au moins une partie du traité. Il rappela par une lettre du 22 août à Nicky « le réseau d'information secret » que leur oncle Édouard VII « a tissé en Russie et dans toute l'Europe » grâce à la connexion danoise. À ce moment-là, leur projet d'alliance était déjà mort et enterré. « Le tsar Nicolas, depuis le début de son règne, éprouvait des sentiments mêlés envers notre Kaiser », précise Bülow. « À un moment donné, il se montrait amical, lui faisait des confidences, puis l'instant d'après, il s'en irritait, de mauvaise humeur. Les conseils non sollicités, les visites trop fréquentes et l'air de supériorité du Kaiser importunaient le tsar[28]. » Après Björkö, les relations de Willy et Nicky ne seraient plus jamais les mêmes.

À l'époque, une chose entre toutes préoccupait l'Allemagne : l'arbitraire avec lequel on avait servi le Maroc aux Français sur un plateau selon les termes de l'Entente cordiale. En janvier 1905, une mission diplomatique française présenta au sultan à Fès un programme extensif de réformes lui ôtant tout pouvoir indépendant. En mars, Bülow attira l'attention du Reichstag sur les nombreux intérêts économiques de l'Allemagne dans le sultanat du Maroc – intérêts que l'Allemagne « devait protéger et qu'elle protégerait d'ailleurs[29] ». On ne pouvait tolérer que les Français, en particulier le ministre des Affaires étrangères Théophile Delcassé, aient omis de consulter l'Allemagne avant de ratifier l'Entente. Le Kaiser devait réagir : il exposerait ses revendications en interrompant par une visite de quelques heures à Tanger sa croisière en Méditerranée à la fin mars 1905. Guillaume II lui-même en conçut une certaine appréhension. Il craignait surtout pour sa sécurité compte tenu de la situation, tendue. Bülow ne voulut toutefois pas en démordre : il fallait que la visite rappelle aux Français les intérêts commerciaux légitimes de l'Allemagne au Maroc.

Connaissant le caractère impétueux de Wilhelm, Bülow le chapitra, et lui précisa bien à qui il devait ou non s'adresser, quoi dire ou pas et, surtout, il lui conseilla de modérer sa volubilité habituelle. Wilhelm balança jusqu'à la dernière minute avant de se résoudre à débarquer. Sans surprise, il oublia aussitôt les conseils avisés de Bülow et ne chercha nullement à dissimuler ses royales opinions au comte Chérissey, le chargé d'affaires français. La visite de Sa Majesté, déclara-t-il au comte, visait à réclamer « la liberté de commercer pour l'Allemagne et l'égalité des droits avec les autres nations ». Sitôt ce point poliment concédé, le Kaiser alla plus loin. « Sa Majesté déclara qu'il parviendrait à un accord avec le sultan en tant qu'égal et souverain libre d'un pays indépendant[30] », note von Schoen, un fonctionnaire allemand des Affaires étrangères, avant d'ajouter que le comte pâlit mais, par chance, le Kaiser le congédia sans attendre sa réponse. Sinon, la visite se passa on ne peut mieux, note encore von Schoen. « Nos navires, selon la coutume du pays, repartirent chargés à ras bord des produits locaux. »

L'incident ne tarda pas à s'ébruiter. Les presses anglaise et française montèrent immédiatement sur leurs grands chevaux en traitant la réaction du Kaiser de provocation délibérée. Édouard VII, lui aussi en croisière sur la Méditerranée, estima qu'il s'agissait de l'affaire « la plus retorse et la plus importune dans laquelle s'est engagé l'empereur allemand depuis son accession au trône. Ce fut en outre un fiasco politique et s'il pense qu'il s'est fait valoir aux yeux du monde, il se trompe lourdement[31] ». Sous la pression allemande, le sultan du Maroc exigea de réunir une conférence internationale chargée de décider de l'avenir de son pays. La France refusa d'y participer. L'Allemagne brandit la menace d'un conflit en réclamant la démission de Delcassé. Le 6 juin, les Français se résignèrent à la conférence et Delcassé donna son congé.

Le Kaiser, triomphant, décerna aussitôt à Bülow le rang de prince ; ce qui mit Édouard VII en rage. Il ne permit pas à Georgie d'assister au mariage du kronprinz cet été-là. Lui-même refusa de retrouver le Kaiser sur le chemin de Marienbad en août, alors que le Kaiser, d'excellente humeur, venait de l'inviter à Homburg en espérant se réconcilier avec lui. Édouard VII préféra inviter le kronprinz et sa jeune épouse à Windsor. Au tour de Willy d'entrer en fureur ! Plus que jamais prisonnier de ses sentiments ambigus envers l'Angleterre, il espérait une invitation à Windsor à l'automne. « Peut-être l'année prochaine », répondit Knollys à une lettre de Sir Frank

Lascelles, l'ambassadeur britannique à Berlin, « à moins que l'empereur n'allègue encore des griefs imaginaires contre le roi en continuant à intriguer, dès qu'il en a l'occasion, contre ce pays, Édouard VII pourra lui accorder une entrevue[32] ».

Sir John Fisher, le premier lord de l'Amirauté, écrivit à Lansdowne, le 22 avril, trois semaines après la visite du Kaiser : « Voici une occasion en or de combattre les Allemands en s'alliant aux Français. J'espère de tout cœur que vous pourrez en profiter. Bien sûr, je ne me prétends pas diplomate de profession, mais cela me frappe de constater que l'empereur allemand nuira à la merveilleuse entente anglo-française si on le laisse prendre le dessus de quelque manière que ce soit, même s'il ne s'agit que du renvoi de Delcassé (...) Nous pourrions obtenir la flotte allemande, le canal de Kiel et le Schleswig-Holstein d'ici une quinzaine de jours[33]. » L'Angleterre ne comptait cependant pas garder le Schleswig-Holstein : Fisher et la reine Alexandra s'entendaient à merveille. Ils détestaient les Allemands autant l'un que l'autre. Fisher parlait de sa souveraine comme de « la reine Alexandra, bénie soit-elle » et la reine l'appelait pour sa part « mon cher amiral Fisher ».

En réaction à la flotte de guerre massive que construisait Tirpitz, Fisher se mit en tête de moderniser la flotte britannique. Il souhaitait disposer de deux fois plus de navires que les Allemands. En 1906, l'Angleterre passa commande du *Dreadnought* et de trois autres bâtiments de ligne non moins imposants. La conception révolutionnaire de ces cuirassés rendit obsolètes les modèles antérieurs. Le *Dreadnought*, du nom de l'un des bateaux de Francis Drake vainqueurs de l'armada espagnole, était capable de tirer une bordée de 8 canons et de virer à une vitesse de 21 nœuds. Il consommait du charbon ou du pétrole : au choix. Après la crise marocaine, le nouveau gouvernement libéral céda à la pression de l'opinion en acceptant de financer cette immense entreprise. Les dépenses se limiteraient toutefois à la construction de trois bateaux. « Oui, avec plaisir, je vous réserverai un siège à bord de mon train si vous nous accordez un quatrième *Dreadnought* », télégraphia joyeusement la reine à Fisher en juillet. « Je me permets humblement d'informer Votre Majesté que quatre *Dreadnought* seront en chantier au prochain anniversaire de Votre Majesté », répondit Fisher, « c'est pourquoi j'espère humblement disposer du siège si gracieusement offert à bord du train de Votre Majesté[34] ».

À la même époque, Édouard VII décida d'amender ses relations avec la Russie. À son retour d'une conférence de paix en Amérique au mois de septembre, Sergueï Witte s'arrêta à Paris afin de discuter avec le Premier ministre français. Il reçut alors une visite de Poklewski-Koziell, un secrétaire de l'ambassade russe à Londres. Ce dernier prétendit venir de sa propre initiative mais Witte, le sachant bon ami d'Édouard VII, devina sans peine qui l'envoyait. Selon Poklewski-Koziell, le roi d'Angleterre et son peuple souhaitaient une visite de Witte en Angleterre. Impossible ! répliqua Witte ; du moins sans la permission du tsar, qu'il lui semblait peu probable d'obtenir. « Même si le roi Édouard s'était adressé directement à notre empereur, il aurait essuyé un refus », nota-t-il plus tard, « car l'empereur Nicolas II considérait encore l'Angleterre comme notre ennemie jurée et, plus d'une fois, il affirma en ma présence qu'il ne voyait aucune différence entre les "Youpins" et les Anglais[35] ». Lorsque Poklewski-Koziell ajouta qu'il était temps pour l'Angleterre et la Russie de régler leurs différends stupides à propos de la Perse, l'Afghanistan et « d'autres choses encore », Witte ne se laissa pas démonter. « Je préconisais de bonnes relations avec l'Angleterre, mais pas aux dépens de nos bonnes relations avec les puissances continentales. Sans doute l'entente que nous avons conclue plus tard avec l'Angleterre prouve-t-elle l'influence du roi Édouard sur

Poklewski Koziell et celle de ce dernier sur son ami Izvolski, le ministre des Affaires étrangères. »

Georgie suivait les événements politiques depuis la coulisse. Heureux de laisser les décisions à son père le roi, il se contentait de la routine qu'il aimait tant : ses parties de chasse, de pêche, sa collection de timbres et ses engagements publics pas trop contraignants. Lord Esher le traitait d'« *éternel garçon* » parce qu'il exprimait encore son point de vue comme un jeune marin plutôt que comme un héritier du trône de quarante-quatre ans ; à savoir par un langage pas toujours très discret. « Foutaise ! », telle était sa manière favorite de marquer sa désapprobation : en allant droit au but. Lorsque sa cousine Ena de Battenberg se convertit avant d'épouser le roi Alphonse d'Espagne au printemps 1906, un invité au dîner nota : « Le prince et le roi sont très en colère à cause de l'union d'Ena Battenberg au roi d'Espagne et de sa conversion au catholicisme. Le prince a dépassé les bornes de la politesse et la princesse a dû le rappeler à l'ordre en s'exclamant plus d'une fois "George[36] !!!" » L'arrivée au pouvoir des libéraux en 1906 ne réjouit pas le moins du monde le prince de Galles. À un dîner, il se pencha par-dessus la table pour confier au secrétaire permanent du Trésor : « Je ne comprends pas, Sir George, que vous supportiez encore de servir ce maudit Lloyd George. » Une autre fois, il confia fort indiscrètement à Winston Churchill que même si Asquith, le futur successeur de Campbell-Bannerman au poste de Premier ministre, avait sa confiance, il ne le considérait « pas tout à fait comme un gentleman ». L'avantage avec le prince de Galles, c'est qu'il reconnaissait volontiers ses erreurs et en tirait les leçons. « Je n'aurais pas dû le dire et c'était vraiment une sacrée bêtise », admit-il en 1914, « mais Winston l'a répété à Asquith, chose monstrueuse de sa part ; ce qui a causé beaucoup de tort à tout le monde[37] ».

La mission de préparer le prince de Galles aux responsabilités de la monarchie revint pour l'essentiel à son secrétaire privé, Lord Stamfordham. « C'est fou ce que le temps passe vite, voilà déjà presque sept ans que vous êtes à mon service », lui écrivit le prince de Galles le jour de Noël 1907 à Sandringham en réponse à ses vœux. « Vous n'avez à nous remercier de rien, ce serait plutôt l'inverse et nous vous sommes largement redevable. Au cours de ces sept années, vous m'avez simplifié la vie par votre aimable assistance et votre entier dévouement à tout travail me concernant. Que serais-je devenu si vous ne m'aviez pas aidé à rédiger mes discours, c'est à peine si je suis capable de tourner une lettre d'importance sans votre assistance. Je crains de m'être parfois emporté contre vous et d'avoir été souvent fort impoli, mais je suis sûr que vous me connaissez désormais suffisamment pour savoir que je ne pensais pas ce que j'ai dit (…) je vous remercie du fond du cœur. Je ne suis pas très doué pour exprimer ce que je ressens mais je rends grâce à Dieu d'avoir un ami comme vous, en qui j'ai la plus entière confiance et de qui je sais pouvoir obtenir en toute occasion les conseils les plus avisés[38]. » Des trois cousins, c'était Georgie le plus modeste : toujours prêt à tendre l'oreille à des conseils, même s'il se permettait de jurer comme un charretier avant de les suivre.

Georgie se fâchait rarement avec son père. Il en voulut tout de même à Édouard VII de remplacer la piste de bowling de Sandringham par une bibliothèque. Plus sérieusement : père et fils s'opposèrent au sujet de John Fisher. Les partisans de ce dernier accueillirent ses projets de modernisation de la Royal Navy avec autant d'enthousiasme que ses détracteurs manifestèrent d'hostilité. Ceux-ci s'étaient regroupés autour son rival, l'amiral Lord Charles Beresford, aristocrate fortuné commandant en chef de la flotte de la Manche, qui se déclara contre à peu près toutes les réformes soutenues par Fisher – un simple parvenu, selon lui. La première consistait à renouveler le mode de recrutement des officiers dont l'incompétence frappait Esher autant que Fisher. Dorénavant, le mérite assurerait une plus rapide promotion que l'ancienneté et les officiers supérieurs recevraient une formation technique appropriée. Fisher entreprit par ailleurs de jeter au rebut un grand nombre de vaisseaux obsolètes. Une flotte de réserve efficace pourvue d'équipages spécialisés les remplacerait en plus d'une *Home fleet*. Celle-ci tiendrait les trois quarts des bateaux de guerre de la nation prêts à se battre en Europe, c'est-à-dire contre l'Allemagne, et non en Méditerranée ou dans le reste de l'empire. Dans le même objectif, Fisher commanda d'énormes bâtiments de ligne et des croiseurs. En 1907, le budget de la marine dépassa la barre des 31 millions de livres. La consternation se répandit chez Beresford et ses partisans, porte-drapeau de la tradition et de l'empire. Fisher ne s'en soucia pas le moins du monde. « Leurs épouses devraient être veuves, leurs enfants, orphelins et leurs maisons, un tas de purin[39] », déclara-t-il joyeusement à propos de ses adversaires. Georgie, lui-même ancien officier de la Royal Navy, se rangea sans hésiter du côté de Beresford.

La conférence qui devait décider de l'avenir du Maroc s'ouvrit le 16 janvier 1906 à l'hôtel de ville d'Algésiras, dans le Sud de l'Espagne. Pendant trois mois, les délégués se battirent les uns contre les autres et l'Allemagne essuya une défaite diplomatique sur toute la ligne. L'une après l'autre, les puissances européennes, dont la Russie, s'alignèrent sur la France contre l'Allemagne. Le pacte d'Algésiras, signé le 2 avril 1906, autorisa le commerce étranger au Maroc mais uniquement sous le contrôle de la France. L'initiative de Bülow, l'année précédente, n'avait finalement rien donné et l'Allemagne se retrouva isolée. « Les misérables peuples latins dégénérés sont tous devenus des instruments aux mains des Anglais pour combattre le commerce allemand en Méditerranée[40] », fulmina Wilhelm. « Non seulement, il ne nous reste plus d'amis, mais cette race d'eunuques issue du salmigondis de peuples rassemblés sous la férule de Rome nous déteste cordialement ! » Seule l'Autriche-Hongrie soutenait l'Allemagne, et encore, en traînant les pieds. Quant à la Russie : Willy entra en rage contre son cousin Nicky, son ami et collègue, il y a peu encore, à cause de sa faiblesse, de ses tergiversations et surtout de son ingratitude. Après toute l'aide allemande fournie à la Russie pendant la guerre contre le Japon, la Russie ne lui apportait « rien de rien ».

À l'évidence, la crise marocaine concernait moins le Maroc que les alliances entre grandes puissances. La construction d'une flotte de guerre allemande passait à très juste titre pour une menace contre l'équilibre des pouvoirs, par le biais d'un conflit si nécessaire. Ni l'Angleterre ni la Russie ni la France ne comptaient accorder la moindre place à l'Allemagne. À l'époque de la crise marocaine, Lord Lansdowne autorisa la mise en œuvre d'un plan secret d'action militaire et navale anglo-française contre l'Allemagne, si les circonstances l'exigeaient. Lorsqu'il devint secrétaire d'État aux Affaires étrangères, Sir Edward Grey s'y rallia à son tour. Voilà que la Russie tournait le dos à l'Allemagne ! Comme le note A.J.P. Taylor, l'échec de l'Allemagne à Algésiras marqua un tournant : pour la première fois en trente-cinq ans, une menace sérieuse de guerre se profila, qui « ferait voler en éclats la longue paix bismarckienne[41] ». Déjà, en avril 1906, les grandes puissances s'étaient alignées selon les modalités qui les précipiteraient dans la Première Guerre mondiale.

En Allemagne, Bülow tenta de présenter sous un jour favorable le pacte « également satisfaisant pour l'Allemagne et la France et utile à toutes les nations[42] ». En privé, il reprocha à Wilhelm l'isolement de l'Allemagne, en mal de soutiens. Selon lui, les hésitations du Kaiser avant son débarquement à Tanger avaient trahi son ambivalence en condamnant d'avance les négociations d'Algésiras. Après six années passées à tenter de juguler l'autocratisme de son imprévisible Kaiser, Bülow dut s'avouer vaincu, comme l'ensemble de ses prédécesseurs. Il avait épuisé toutes les ruses possibles : jouer de sa célèbre capacité à flatter, menacer de démissionner, provoquer une crise politique obligeant Wilhelm à se soumettre au parlement, etc. S'il espérait que l'échec allemand à la conférence d'Algésiras forcerait le Kaiser à entendre raison, il ne tarda pas à comprendre qu'il se trompait.

La déconvenue de Bülow s'accrut encore à cause de ce que seuls savaient quelques intimes de la cour berlinoise : Phili zu Eulenburg, après un effondrement nerveux et trois années d'exil à peine déguisé, était revenu l'année précédente, non sur le devant de la scène mais dans l'intimité du Kaiser, selon son habitude. « Comme j'aspire à revoir Votre Majesté[43] ! » écrivit Eulenburg au Kaiser en août. « J'espère avoir recouvré la santé et ne pas me montrer trop triste compagnon. » Il ne tarda pas à reprendre son ancienne place où il connut de nouveau un bonheur discret auprès de son Kaiser. En octobre 1905, Wilhelm reçut une invitation à Liebenberg pour la chasse impériale annuelle. En novembre, il convia Eulenburg à Rominten en lui assignant une mission diplomatique officieuse : entrer en pourparlers avec le ministre-président russe, Sergueï Witte, qui s'en revenait alors d'Amérique.

« À la gare de Rominten m'a accueilli le prince Philipp Eulenburg, un homme d'un certain âge réputé très proche de l'empereur, l'un des principaux membres de la camarilla de la cour[44] », raconte Witte. À leur arrivée au domaine de Rominten, le Kaiser le reçut « très gentiment », vêtu de son habit de chasse. Le comte August zu Eulenburg conduisit Witte à son logement, où Philipp zu Eulenburg ne tarda pas à venir l'entretenir de « la situation internationale, y compris les relations russo-allemandes ». Il assura Witte qu'à l'avenir, « l'empereur ayant toute confiance en lui, je pourrais communiquer avec son maître par son intermédiaire au sujet d'affaires confidentielles. Je pourrais être certain, ajouta-t-il, qu'il remettrait aussitôt tout ce que je lui transmettrais à l'empereur Guillaume et qu'il me ferait connaître directement sa réponse ». Le lendemain, le Kaiser et Witte nouèrent une longue conversation. Witte annonça au Kaiser qu'un *rapprochement* entre l'Allemagne et la France s'avérerait indispensable à une Europe unifiée. Wilhelm se plaignit des mauvais procédés de la France, comme si la haine des Français pour l'Allemagne ne s'expliquait pas en partie par sa personnalité. Il offrit à Witte quelques conseils sur les problèmes que posaient les révolutionnaires à la Russie puis il évoqua sur un ton sarcastique le comte Benkendorf, l'ambassadeur russe à Londres dont il attribuait la position éminente à ses seuls talents au bridge, très prisés d'Édouard VII.

« L'attitude de l'empereur envers le prince Eulenburg en particulier m'a frappé[45] », remarque Witte avec une naïveté feinte. « Il se tenait assis sur l'accoudoir du fauteuil qu'occupait le prince, la main droite posée sur l'épaule d'Eulenburg, presque comme s'il enroulait son bras autour de lui. Le prince était sans conteste le plus détendu d'entre nous. Si on avait demandé à un étranger de pointer du doigt l'empereur, la question l'aurait sans doute dérouté mais, une fois assuré qu'il y avait bien un empereur présent, il aurait sans hésiter désigné le prince Eulenburg. » Avant son départ, Witte reçut un portrait du Kaiser dans un cadre en or où celui-ci avait écrit à l'intention de Witte : « Portsmouth, Björkö, Rominten. Wilhelm Rex. »

Après la conférence d'Algésiras, Eulenburg, rassuré sur l'affection que Wilhelm lui portait, conseilla fatidiquement à Bülow de démissionner. Le Kaiser estimait Bülow responsable de ses échecs. Au cas où Wilhelm n'en aurait pas été persuadé, Eulenburg lui précisa que la récente *débâcle* de l'Allemagne résultait d'une tentative de Bülow de provoquer une nouvelle crise politique en mesure de mater le Kaiser. Selon certaines rumeurs colportées par la presse, le Kaiser cherchait dorénavant un remplaçant à son chancelier. Le gouvernement personnel de Guillaume revint à l'ordre du jour. Décidément, la position de Bülow n'était plus très sûre depuis que son maître ne lui faisait plus confiance pour jouer les « exécutants ».

En mai 1906, Holstein, toujours au ministère des Affaires étrangères, perça les intentions d'Eulenburg et menaça de nouveau de quitter son poste si le Kaiser ne se soumettait pas un minimum au parlement. Cette fois, le Kaiser accepta son offre de démission, la quatorzième. « Vous venez d'atteindre votre but depuis de nombreuses années : je pars », écrivit Holstein à Eulenburg le 1er mai. « Me voilà désormais libre ; je n'ai plus besoin de me contraindre, et je peux vous traiter comme le mérite un être aussi méprisable que vous. Je ne m'en priverai d'ailleurs pas à l'avenir[46]. » C'était la première lettre qu'il adressait à Eulenburg depuis des années. Il n'y avait pas à se méprendre à ses menaces. Holstein contacta sans attendre Maximilian Harden. Avec trop d'à-propos pour ne pas éveiller les soupçons, Bülow s'évanouit au Reichstag le 5 avril ; deux jours à peine après que Holstein lui eut confié ses projets. Il disparut ainsi de la scène politique pendant six mois en prétextant des soucis de santé. Il ne devinait que trop le scandale qui éclaterait pour peu qu'Eulenburg ne tienne pas compte de la menace de Holstein et que celui-ci s'acoquine avec Harden.

Jusqu'à ce que Holstein le contacte, Harden ignorait le retour en faveur d'Eulenburg. Le *Zukunft* du 18 août fit sensation en publiant une lettre ouverte de Holstein où celui-ci réfuta certaines accusations : il n'avait rien à voir, prétendit-il, avec le télégramme à Kruger ni avec les discours anti-britanniques du Kaiser au Reichstag ayant peu ou prou contribué à l'Entente cordiale entre la France et la Grande-Bretagne et à l'encerclement de l'Allemagne par ses ennemis. « À chaque fois, je me suis retrouvé devant le fait accompli[47] », écrit-il en accusant sans ambiguïté les conseillers du Kaiser, sa « camarilla », comme il appelait l'entourage de Guillaume II, d'accaparer le pouvoir.

Eulenburg comprit aussitôt ce que signifiait la lettre de Holstein : « J'y vois, non seulement la revanche qu'il comptait prendre sur moi », note-t-il dans son journal, « mais aussi quelque chose de plus crucial, et je ne saurais masquer mon inquiétude[48] ». Harden découvrit que Raymond Lecomte, un diplomate français, ami d'Eulenburg depuis qu'ils s'étaient trouvés en mission à Munich la même année, avait été invité à Liebenberg avec le Kaiser en 1905 et 1906. La police de Berlin détenait un dossier sur Lecomte qu'elle soupçonnait d'homosexualité, comme Eulenburg. Lecomte aurait été averti en sous-main que le Kaiser n'entrerait pas en guerre à propos du Maroc ; ce qui aurait permis aux Français de maintenir leurs exigences lors de la conférence d'Algésiras. Pour Harden, ce fut la goutte d'eau qui fait déborder le vase : cette fois, il ne se contiendrait plus.

L'issue de la conférence satisfit Édouard VII : non seulement les Allemands n'avaient pas ébranlé le moins du monde l'Entente cordiale mais Sir Arthur Nicolson, l'un des délégués anglais, obtint le poste d'ambassadeur à Saint-Pétersbourg afin de poursuivre les négociations avec la Russie en vue d'une entente anglo-russe. La Grande-Bretagne reprenait enfin le dessus. Le roi estima plus que jamais nécessaire de rester en bons termes avec le Kaiser. À l'en croire, il valait mieux traiter des relations internationales « entre collègues » – le syndicat des rois[49] – dont les opinions se rejoignaient sur bien des points, y compris la presse et même, à l'occasion, les parlements.

« Nous sommes, mon cher William, de si vieux amis et proches parents », lui avait-il déjà écrit en janvier à l'occasion du quarante-septième anniversaire du Kaiser, « que je suis sûr que l'affection qui a toujours existé entre nous perdurera. Au plus profond de moi, je déplore les propos malvenus de la presse concernant nos deux pays[50] ». Le roi se montrait certes un tantinet hypocrite mais on ne peut exclure qu'il ait ressenti une certaine sympathie pour son neveu pressé de toutes parts. William se prétendit très touché. « Ta lettre dégageait une telle atmosphère de gentillesse et d'amitié chaleureuse que, de tous mes cadeaux, c'est elle que j'ai le plus appréciée », répondit-il avant d'évoquer les instants d'intimité que neveu et oncle avaient partagés à la mort de la reine Victoria. « Les heures silencieuses où nous avons veillé et prié à son chevet, et le moment où l'esprit de cette grande dame et non moins grande souveraine s'est éteint lorsqu'elle a poussé son dernier soupir dans mes bras. Je suis certain que depuis la demeure de l'éternelle lumière, elle nous regarde et se réjouira de voir nos mains se serrer en toute amitié et loyauté. » Il fut décidé qu'Édouard VII rendrait une courte visite au Kaiser en août, sur le chemin de Marienbad.

Là, le roi se détendit en jouant au croquet et au golf ; et en prenant toujours soin de revêtir une tenue appropriée. Pendant ses loisirs, il affectionnait une veste bleue et des pantalons blancs à plis. Parfois, il échangeait son feutre gris contre un modèle local : mou et à plume. Lorsque Haldane, le ministre de la Guerre, vint le voir avant d'aller à Berlin s'entretenir avec Bülow, le roi décida de satisfaire son fameux penchant pour l'incognito. Il proposa à son ministre de sillonner avec lui la campagne en automobile en s'arrêtant boire un café quelque part. Haldane dut au préalable acheter un chapeau autrichien, histoire de former la paire avec le roi. Haldane souhaitait discuter de sa prochaine visite à Berlin et faire signer à Édouard un ordre à l'armée qu'il avait justement emmené dans ses bagages. Comme Fisher à la marine, Haldane s'occupait de réformer l'armée afin d'en faire une machine de guerre moderne et efficace formée de volontaires répartis entre une armée régulière plus une territoriale. Kitchener, le commandant en chef, préconisait la conscription pour les territoriaux. Esher avait son idée là-dessus comme sur tout le reste. « Comme vous le savez », écrit-il à Knollys le

30 septembre 1906, « je crois fermement à la coercition mais tant qu'on n'aura pas essayé d'inciter la jeunesse de la nation à se porter volontaire pour ce qu'on appelle la défense de la patrie (...) et tant que cette tentative ne se sera pas soldée par un échec, je ne garde pas beaucoup d'espoir que le parlement ou même le pays accepteront le principe de la coercition[51] ». Il entreprit de convaincre le roi sans tarder. Certes, celui-ci œuvrait à un *rapprochement* avec son neveu le Kaiser, mais la Grande-Bretagne ne devait pas pour autant ralentir ses préparatifs de guerre.

15.

SCANDALES ET RIVALITÉS

En février 1907, Édouard VII vint se distraire une semaine à Paris avec la reine Alexandra. Sa surdité avait empiré au fil des ans, en la privant des mondanités qu'elle appréciait tant, même si elle excellait en l'art de lire sur les lèvres. Résultat : la reine passait désormais le plus clair de son temps seule à Sandringham. Depuis la mort de son père bien-aimé le roi Christian l'année précédente, son moral était au plus bas aussi Édouard, qui d'ordinaire se rendait à Paris *en garçon*, décida-t-il de l'emmener avec lui. En mars, la sœur d'Alexandra vint de Russie séjourner plusieurs semaines auprès d'elle. Il s'agissait de la première visite de Minny en Angleterre en trente-quatre ans ; des considérations politiques l'ayant jusque-là retenue de venir. Les deux sœurs visitèrent expositions et orphelinats, hôpitaux, théâtres et boutiques du West End. « Comme nous sommes heureuses ensemble ! » écrit Minny à Nicky le 13 mars. « Nous avons passé dimanche à Windsor. C'était le 44e anniversaire de mariage de tante Alex ! On s'y est rendus en automobile. Après déjeuner, nous sommes allés au château : je n'ai pas assez de mots pour te dire à quel point il est magnifique. Les appartements de tante Alex sont remarquablement beaux et confortables – je dois dire qu'ils sont pareils à ceux du palais de

Buckingham. Tout est arrangé si artistement et avec tant de goût – toute cette magnificence fait venir l'eau à la bouche ! J'aimerais que toi aussi, tu puisses venir ici, respirer un autre air (…) Quel bien cela te ferait-il ! Moi-même je me sens une autre femme – de vingt ans plus jeune[1] ! » La connexion danoise recommençait à soutenir l'amitié anglo-russe au détriment de l'Allemagne tant haïe.

L'influence de Minny sur son fils diminuait cependant à vue d'œil, et pas uniquement à cause de son épouse la tsarine. Un nouveau saint homme était apparu à la cour à la place du Français Philippe, mystérieusement disparu, par crainte pour sa vie, prétendirent certains. « Il y a quelques jours, j'ai reçu un paysan du district de Tobolsk, Grigori Raspoutine, qui m'a apporté une icône de saint Simon Verkhoturie », écrit le tsar à Stolypine, le ministre-président, le 16 octobre 1906. « Il a fortement impressionné Sa Majesté la tsarine et moi-même ; au lieu de se conclure au bout de cinq minutes, notre conversation s'est prolongée plus d'une heure[2]. » La fille de Stolypine avait été blessée lors d'un attentat à la bombe. Raspoutine, qui se prétendait guérisseur, demanda à la voir. Il se disait capable d'arrêter l'écoulement du sang. Le tsar et la tsarine, vulnérables à la moindre promesse de secourir leur unique fils et héritier, se laissèrent séduire et Raspoutine ne tarda pas à acquérir une position influente à la cour russe.

À la mi-avril, Édouard VII et Alexandra s'embarquèrent pour une croisière en Méditerranée. Ils retrouvèrent le roi d'Espagne Alphonse XIII à Carthagène où ils se livrèrent à des manœuvres politiques sous couvert d'entretien privé. L'Angleterre, la France et l'Espagne consentirent en secret à se garantir leurs possessions respectives en Méditerranée. La nouvelle se répandit aussitôt en déchaînant la fureur de la presse allemande. « En Allemagne, on impute à Sa Majesté le roi les motivations les plus sinistres et on l'accuse de comploter contre l'Allemagne », note Ponsonby

– lui aussi du voyage pour « faire tourner la boutique », comme d'habitude. « La *Neue Freie Press* a publié des f***ues bêtises à propos de notre croisière & m'a accusé d'intrigues politiques que j'ignorais & dont je suis innocent », se défendit le roi avec une ingénuité suspecte en écrivant à Georgie le 25 avril. « À croire qu'on me reproche de partir tranquillement en croisière en Méditerranée & de rencontrer les rois d'Espagne & d'Italie dans de petits ports côtiers. Je suppose toutefois que cela amuse la presse étrangère & puis cela ne me fait pas de tort, après tout[3]. »

Le prince de Galles, en sûreté en Angleterre, venait de rédiger ce qu'Esher qualifia d'« excellent mémoire sur la police des mers », négligée par la politique de Fisher. L'Amirauté ne manqua d'ailleurs pas d'appliquer ses suggestions. À cette occasion, Georgie organisa un dîner à Marlborough House, une réception officieuse, comme souvent, à laquelle assistèrent Fisher, Esher et Knollys. Tous semblaient déterminés à ce que l'Allemagne reste à sa place. Les vives discussions que le budget faramineux de la marine souleva au parlement et dans la presse laissèrent Esher de marbre. « Ce sont les discussions qui ravivent les craintes et l'intérêt du peuple », écrit-il à Fisher. « Une nation qui se croit en sécurité court à la catastrophe ; l'Histoire nous l'enseigne. C'est l'angoisse et non un sentiment de sécurité qu'on trouve aux racines de la préparation à la guerre[4]. »

Il fallait pourtant à tout prix apaiser les Allemands. Le roi n'aurait qu'à inviter le Kaiser à Windsor en novembre. D'abord, il rendrait visite à son neveu en Allemagne, une fois encore sur le chemin de Marienbad. « Nous sommes arrivés à Wilhelmshohe à une heure environ par un temps d'été superbe », écrit Édouard VII à Georgie. « Personne n'aurait pu se montrer plus aimable que William et Donna – & la visite, bien que brève, fut un succès sous tous rapports – &, du moins je l'espère, elle donnera des résultats plus satisfaisants que la conférence de La Haye[5]. » Les deux collègues royaux s'entendaient au moins sur un point : l'inanité de cette conférence sur le désarmement et l'humanisation de la guerre. Le roi quitta Kassel pour Gmunden, où il retrouva l'empereur François-Joseph, âgé de quatre-vingts ans. « Bien que le roi paraisse en excellents termes avec l'empereur d'Allemagne et qu'il plaisante avec lui », rapporta Hardinge à ses supérieurs des Affaires étrangères, « je remarque malgré moi qu'aucune véritable intimité ne les rapproche[6] ». À l'inverse, Édouard VII s'entendait à merveille avec l'empereur autrichien.

« Entrevue satisfaisante avec l'oncle Bertie[7] », télégraphia Willy à Nicky le 2 août 1907. « Oncle de bonne humeur et disposé à la paix (...) lorsque le roi m'a interrogé sur l'état actuel de la Russie, j'ai été heureux de l'informer que je tenais de toi-même que tout allait bien ; ta dissolution de la douma, c'est un peu comme la dissolution du parlement portugais par le cousin de notre oncle, Carlos [le roi Charles]. Après plusieurs jours de pluie, il fait un temps superbe depuis hier où nous avons fait une promenade en automobile dans les bois du voisinage. J'espère sincèrement que tu auras retrouvé Alix en bonne santé. Mes amitiés à elle. Willy. » La comparaison avec le Portugal ne fut pas des plus heureuses. Là-bas éclataient sans arrêt des grèves, des soulèvements de paysans et des mutineries. Le roi et le prince héritier moururent assassinés le 1er février 1908. En octobre 1910, le cadet, Manuel II, fut déposé et une république succéda à la monarchie.

Nicky et Willy s'étaient vus deux semaines plus tôt à peine, à Swinemünde sur la côte balte, à bord de leurs yachts respectifs. Nicky redoutait tellement les bravades du Kaiser qu'il pria son ministre Izvolski de prévenir Bülow – lui aussi présent en plus de l'amiral Tirpitz et du prince Heinrich – que les discussions sur le traité de

Björkö ne sauraient se renouveler. « L'empereur n'est pas fourbe mais faible ! » note le Kaiser en ajoutant, lucide : « la faiblesse n'équivaut pas à la trahison et pourtant elle produit les mêmes effets[8] ». Trois jours durant se succédèrent manœuvres navales et parades, fanfares et banquets à bord du *Hohenzollern* et du *Standart*, le yacht du tsar. « Il est charmant à sa manière, très juvénile », écrit à propos du tsar un membre de la suite du Kaiser nommé Hopman. « La première impression de timidité laisse place à celle d'un homme sérieux, réfléchi, plein de tact. Il affiche une expression débonnaire et, pour un homme, assez douce. Mais intérieurement, il est beaucoup plus fort et déterminé qu'il ne le paraît[9]. » Hopman ne concevait pas une opinion aussi flatteuse de son propre maître. Lors de son discours d'adieu à bord du *Standart*, le Kaiser, fier de sa magnifique flotte, exprima l'espoir que le tsar parviendrait bientôt à un résultat comparable. « Il ne manquait plus qu'une petite tape derrière la tête », commente Hopman.

« Ce n'est pas facile de te laisser partir, je n'aime pas te dire au revoir, mon Nicky rien qu'à moi », écrit Alix à Nicky au moment de son départ pour Swinemünde, « bien que la distance ne compte pas quand on s'aime. Les cœurs et les âmes demeurent unis et rien ne pourra jamais les séparer (…) J'espère donc que tout ira bien, sans heurts ni conversations déplaisantes – Gr[igori] veille sur ton voyage et tout se passera bien (…) Mon amour je prendrai soin de ton rayon de soleil [Alexis]. Au revoir mon mari, mon Unique et mon tout. Des anges volent autour de toi. Que Dieu te bénisse. Tendrement et affectueusement, avec un cœur qui souffre, je t'embrasse, là où j'aime si passionnément t'embrasser. À jamais ta petite femme rien qu'à toi[10]. » Nicky lui répondit depuis le *Standart* : « Ma chérie bien-aimée, je te remercie de tout mon cœur pour ta douce lettre. Elle m'a profondément touché. Je l'ai lue avant d'aller me coucher et elle m'a fait beaucoup de bien.

Je me sens très seul dans ma cabine. La porte de la tienne reste ouverte et j'y jette souvent un coup d'œil en pensant toujours que j'y trouverai ma petite femme. Toi et les enfants, vous me manquez terriblement, comme à tous les officiers ! »

Le 5 septembre 1907, la veille de son départ de Marienbad, Édouard VII invita à déjeuner le ministre russe des Affaires étrangères, Izvolski. Une semaine plus tôt, à Saint-Pétersbourg, Izvolski et Sir Arthur Nicolson avaient signé la convention anglo-russe établissant la Triple-Entente du fait de l'alliance de la Russie à la France. Au déjeuner, Édouard VII et Izvolski discutèrent à nouveau de la question asiatique. Izvolski s'étendit sur les difficultés que lui posaient le parti réactionnaire et, dans une certaine mesure, les militaires, bien que ces derniers eussent perdu une bonne part de leur influence ; la Russie ne pouvant plus se permettre d'engager un nouveau conflit. Édouard VII loua Izvolski de son action en faveur de la paix en laissant entendre que les différends à venir entre l'Angleterre et la Russie se résoudraient dans un esprit de compromis, maintenant qu'ils avaient brisé la glace. Édouard VII et Nicolas II ratifièrent leur accord trois semaines plus tard.

Le Kaiser était officiellement attendu en Angleterre le 11 novembre 1907. Le 31 octobre, Guillaume II annonça par télégramme qu'affaibli par la grippe, il ne viendrait finalement pas. Sir Edward Grey crut à une maladie diplomatique : à en croire les Affaires étrangères, les bâtiments de ligne allemands qui devaient escorter le Kaiser ne seraient pas les bienvenus en Angleterre. Bülow, lui, connaissait le fin mot de l'histoire. Depuis la défection de Holstein, Maximilan Harden travaillait à la chute d'Eulenburg. Le procès Kuno von Moltke contre Harden venait de s'ouvrir : Moltke poursuivait Harden en diffamation car celui-ci l'accusait à mots couverts d'homosexualité, au grand dam du public allemand. Soutenu par les ministres des Affaires étrangères des deux pays, Édouard VII insista pour que la visite ait lieu comme prévu. Le Kaiser finit par céder. Il arriva avec son épouse le 11 novembre. Comme Édouard VII se fit un plaisir de le souligner, l'un et l'autre « rayonnaient de santé ».

Georgie dut accueillir Willy et Dona à Portsmouth, vêtu de son uniforme d'amiral allemand, accompagné de l'ambassadeur allemand et de sa suite. À bord du train pour Windsor, Georgie discuta longuement avec Willy qu'il trouva d'excellente humeur sans se douter du soulagement que ce dernier éprouvait à fuir la menace imminente d'un scandale. « Papa, Maman, May et toute la famille les ont reçus à la gare. Avons été au château en procession. Ai pris le thé dans leurs appartements[11]. » Puis Georgie et May retournèrent à Frogmore se changer avant le dîner en famille au château à 8 h 30.

Un franc soleil se leva le lendemain matin. L'entourage du roi tua plus de mille cinq cents faisans à la chasse. À 4 h 10, Georgie revint à Frogmore où il lut un peu avant de passer du temps auprès de May, comme il prenait toujours soin de le préciser dans son journal. À 8 h 30, ils retournèrent au château assister au banquet dans la salle Saint-George. Georgie portait son uniforme de cuirassier allemand. « Nous étions 161 ; un beau tableau. Papa et William ont tous deux prononcé d'excellents discours[12]. » Franc et honnête, Georgie ne demandait pas mieux que de reconnaître à chacun ses mérites. Après dîner, la compagnie s'attarda plus d'une heure, comme de coutume. « Suis assez fatigué d'être resté debout si tard. Coucher à minuit. » Le lendemain fut également ensoleillé « mais avec un vent fort, pas froid pour autant. » William et Dona visitèrent la City de Londres. Georgie prit la tête de leur procession depuis Paddington jusqu'à l'hôtel de ville de la City. « D'immenses foules se massaient dans les rues et ils ont reçu un merveilleux accueil[13]. » À cette époque-là, plus innocente que la nôtre, une visite d'État suffisait à retourner l'opinion publique. Le Lord Mayor présida un déjeuner de neuf cents convives. William prononça un autre excellent discours, très bien reçu. De retour à Frogmore ce soir-là, Georgie dîna avec son ancien tuteur, le chanoine Dalton, avant de se coucher à 11 h 45.

Le surlendemain, ils repartirent chasser avant d'assister à un banquet officiel en présence des amiraux, des généraux et de leurs épouses. Et aussi de Lord Esher. « Notre roi a laissé une meilleure impression que Guillaume II », note celui-ci dans son journal. « Il a plus de grâce et de dignité. Guillaume est nerveux et quelconque. Il ne crée pas d'atmosphère particulière autour de sa personne. Il n'a impressionné ni Grey ni Morley. Grey a eu deux longues conversations avec lui. Pendant la première, il s'est emporté contre les juifs. "Il y en a beaucoup trop dans mon pays. Ce qu'il faut, c'est les écraser." Morley, qui observait de près le Kaiser "a remarqué ses mouvements convulsifs et s'est interrogé[14]" ». Tout ce beau monde chassa, joua au golf, vit des pièces de théâtre au château et traînassa encore longtemps avant que Willy et Dona ne partent sous une pluie battante le dimanche 17 novembre. Dona retourna directement en Allemagne mais Willy séjourna encore trois semaines chez le colonel Edward Montagu-Stuart-Wortley, un germanophile convaincu, à Highcliffe Castle près de Bournmouth.

Le 15 décembre 1907, Georgie souhaita par courrier un joyeux Noël à Nicky et sa famille. « J'espère que ton actuelle douma fonctionnera mieux que les deux dernières », conclut-il, « et que le pays se calmera peu à peu et te donnera moins de soucis et d'inquiétude que ces dernières années. Que penses-tu du mariage de Georgie [de Grèce à Olga de Russie] ? Maintenant, tous les membres du club sont mariés. Ton cousin et ami dévoué, Georgie[15] ». Le « club » en question datait des heureux étés de leur jeunesse au Danemark et des visites à la famille en

Angleterre, en Russie et en Grèce. Willy n'en faisait pas partie.

L'année 1908 commença plutôt bien du point de vue des relations entre les trois cousins mais hélas, cela ne dura pas. En février se déclencha une crise qui accrut encore la paranoïa galopante de Willy. Lord Esher prit la défense de son ami Fisher et du budget colossal de la marine dans une lettre ouverte mal inspirée à la ligue navale, où figurait la phrase suivante : « Tous les Allemands, de l'empereur jusqu'au dernier de ses sujets, souhaitent la chute de Sir John Fisher[16]. » Le Kaiser, furieux, riposta par une lettre personnelle de neuf pages à Lord Tweedmouth, le premier lord de l'Amirauté. Il y qualifiait la déclaration d'Esher d'« ânerie (...) des gens haut placés ne devraient pas écrire des choses pareilles car elles risquent de heurter l'opinion publique ici ». On ne saurait lui donner tort.

La crise plongea Édouard VII dans l'un de ses accès de colère, d'abord contre Esher, puis contre le Kaiser. Esher ne s'en soucia pas le moins du monde. « C'est assez extraordinaire de la part de l'empereur d'écrire à l'un des ministres du roi », note-t-il dans son journal. « Comme me le disait ce soir le prince de Galles : "Comment il réagirait, lui, si le roi envoyait à Tirpitz une lettre du même tonneau[17] !" » Esher présenta ses excuses par courrier au roi et reçut une réponse amicale du palais de Buckingham le jour même : Fisher venait de plaider sa cause et Francis Knollys, « de jouer son atout, comme toujours ». Le 25 mars, Esher écrivit à Fisher : « Jamais je n'aurais regretté cette lettre, de toute façon. Cela valait bien quelques soucis (pas beaucoup, en plus !) de faire ne serait-ce qu'un petit quelque chose pour la marine. Je resterai toujours convaincu qu'on venait d'arriver à la croisée des chemins. La nation a été mise à l'épreuve mais le combat est loin d'être terminé. Bülow essaye encore une fois d'endormir la méfiance du peuple britannique. L'année prochaine, il y aura une lutte amère. J'espère qu'Asquith parviendra à s'entendre avec Lloyd George avant de le nommer à tout prix chef du gvt. – et qu'ils se mettront d'accord sur le montant du budget de la marine pour les deux ans à venir[18]. »

Esher tenait à s'assurer que le gouvernement et le peuple britanniques resteraient en état d'alerte. Il savait que, ce même mois, le Reichstag allait voter les budgets imposants que Tirpitz comptait consacrer à la marine ; par contre, rien ne permettait d'affirmer que les libéraux en Angleterre en feraient autant. Son coup d'éclat porta ses fruits. Le prince de Galles se déclara aussi inquiet que le reste du pays. Il écrivit à Hardinge que la Grande-Bretagne n'avait « pas d'autre choix que de construire autant de navires de guerre (...) aussi vite que possible[19] ». Les journaux anglais joignirent leur voix au chœur en « déblatérant », comme disait Esher, contre le Kaiser. À la découverte de la lettre confidentielle du Kaiser, la consternation se répandit en Allemagne. Avant de l'envoyer, Guillaume II n'avait consulté ni son chancelier ni son gouvernement. Il prétendit par la suite s'être adressé à Tweedmouth en tant qu'amiral de la flotte anglaise et non à titre d'empereur, nuance qui dut laisser Tweedmouth perplexe. La marine allemande ne se développait pas dans le but de défier la Grande-Bretagne mais de protéger le commerce allemand, affirma le Kaiser à Tweedmouth, sans le convaincre pour autant.

En juin 1908, Édouard VII et la reine Alexandra se rendirent en Russie sans pour autant poser le pied sur le sol russe. Ils retrouvèrent le tsar, la tsarine et la tsarine douairière à bord de leurs yachts respectifs sur la Baltique devant Reval (l'actuelle Tallinn). Les collègues royaux pensaient que leur présence en mer leur permettrait de se rencontrer officieusement et de discuter des affaires internationales en échappant à l'ingérence de leurs ministres. Un peu auparavant, Esher avait discuté avec son ami

Arthur Balfour des problèmes que posait une visite de ce type. « Je lui ai parlé de la visite du roi en Russie », note-t-il dans son journal le 30 mai. « Il se rend compte qu'un entretien du roi avec Isvoslki et Stolypine en l'absence de Grey représenterait une entorse à la Constitution. Il a songé à en toucher un mot par courrier à Grey avant le débat de jeudi[20]. » Le tsar était très impopulaire auprès de l'extrême gauche qui soutenait le gouvernement. Keir Hardie prononça un discours virulent contre la visite d'Édouard VII en Russie et, dans l'un de ses articles, Ramsay MacDonald estima que cela revenait à « s'acoquiner avec des assassins ».

Ce qui n'empêcha pas Édouard VII de partir pour Reval le 5 juin 1908, avec son vieil ami Hardinge plutôt qu'avec Grey. À l'en croire, en présence d'un ministre du gouvernement, il se serait senti dans la peau d'un prisonnier attaché par des menottes à son geôlier pendant qu'il converse avec sa famille à travers la grille d'un parloir. Ils emmenèrent avec eux Sir John Fisher ; Sir Arthur Nicolson, l'ambassadeur britannique à Saint-Pétersbourg ; Ponsonby et l'écuyer du roi, Seymour-Fortescue, sinon, il leur manquerait un partenaire au bridge.

Le lendemain soir, ils arrivèrent au canal de Kiel, où les accueillit le prince Heinrich ou Henry de Prusse, ainsi que le gros de la marine allemande et une masse de soldats le long des quais. La cavalerie offrit un magnifique spectacle en trottant le long des rives du canal, le temps d'accompagner le *Victoria and Albert* au port de Kiel. Willy n'était peut-être pas de la partie, mais il faisait sentir sa présence. Le matin du 9 juin, le yacht jeta l'ancre devant Reval où l'attendaient déjà les deux yachts impériaux *Étoile polaire* et *Standart* – plus ce qui restait de la marine russe. Comme il se doit, Édouard VII revêtit son uniforme des dragons de Kiev avant d'aller au-devant de son neveu le tsar, sa nièce la tsarine, et sa belle-sœur la tsarine douairière. Les deux jours suivants se succédèrent les visites de rigueur d'un yacht à l'autre, entrecoupées de banquets, de bals et de discours. « Au banquet précédant les danses », se rappelle John Fisher, « la grande-duchesse et moi-même, je suis au regret de le dire, firent un tel tapage en plaisantant l'un avec l'autre que le roi Édouard dut me rappeler à l'ordre : je ne devais pas me croire au mess des officiers[21] ! ». Pas abattu pour si peu, Fisher dansa la matelote sur le pont, plus tard dans la soirée. Les Russes aussi fournirent matière à distraction. « Un vapeur avec à son bord une chorale vint chanter de drôles de chansons russes[22] », précise Ponsonby. Au banquet, Édouard VII proposa un toast à la santé du tsar en cherchant à renforcer « les nombreux liens qui unissent nos deux maisons » et à « unir nos pays et promouvoir et maintenir la paix dans le monde ». On pardonnera aux deux sœurs danoises d'avoir cru contribuer à leur mesure au renouvellement de l'amitié anglo-russe.

Grisé par ses succès diplomatiques, le roi nomma sur un coup de tête son neveu amiral de la flotte. De retour en Angleterre, Esher confia à son journal : « Le grade d'amiral de la flotte décerné au tsar a posé un gros, voire un sérieux problème. Le roi a pris la décision sans consulter ses ministres (...) Il semble que le roi ait outrepassé ses prérogatives. Grey est en colère, Asquith, fâché[23]. » Le cabinet se réunit et décida d'adresser des remontrances au roi. Knollys dut expliquer par courrier à Asquith que le roi « ignorait ce que spécifiait la Constitution sur ce point et regrettait d'avoir contrevenu aux règles à son insu ». En tant que souverain d'une monarchie constitutionnelle, Édouard VII savait présenter des excuses comme personne mais il ne revint pas pour autant sur ses actes. Pour faire bonne mesure, Knollys ajouta un post-scriptum à sa lettre : « Le roi déplore la position de Mr Asquith sur le projet de loi concernant le vote des femmes[24]. »

La visite n'en resta pas moins un succès. Comme le dit Nicolson, le tsar repartit de Reval « flatté et rassuré[25] ». De

Bjorkö et Swinemünde, il était au contraire revenu « effrayé et humilié ». L'ambassadeur allemand à Londres, un dénommé Metternich, rassura Bülow le 25 juin : « La grande masse des Anglais désire la paix or telle est la politique du roi Édouard. » Le Kaiser ajouta en marge : « Faux. Il cherche la guerre. C'est moi qui suis censé la déclarer, afin qu'il ne se retrouve pas en butte à la haine[26]. »

Wilhelm passait alors par l'un de ses accès de paranoïa ; les événements en Allemagne ayant tourné au tragique. Maximilian Harden avait lancé sa première attaque contre Eulenburg dans le *Zukunft* du 17 novembre 1906, en le désignant sans ambiguïté comme le véritable détenteur du pouvoir sous le règne personnel du Kaiser. « Il a réussi à placer à leur avantage tous ses amis », explique-t-il, avant de décrire « leurs rapports, oraux et épistolaires », empreints d'une « touchante intimité[27] ». Selon Harden : « Tout ceci ne regarderait qu'eux s'ils n'appartenaient pas au cercle du Kaiser et (…) ne tiraient pas, depuis leurs positions plus ou moins affichées, les fils qui étranglent le Reich (…) Aujourd'hui, j'affirme que Philipp Eulenburg est l'homme qui insinue à Guillaume II que son destin l'appelle à régner seul car il possède toutes les grâces et ne doit répondre de ses actes que devant le trône céleste des hauteurs duquel il tient sa couronne ». Pour faire bonne mesure, Harden publia dans le numéro suivant sept lignes inspirées d'une scène du *Faust* de Goethe : « novembre 1906. De nuit. Un champ de l'*Ukergebiet* ». Deux personnages, le harpiste et le chéri, soit Eulenburg et Kuno von Moltke, se demandent l'un à l'autre : « Tu l'as lu ? » « Déjà, vendredi ! » « Crois-tu qu'il continuera sur sa lancée ? » « Nous devons l'envisager ; il semble bien informé, et s'il a connaissance des lettres où on parle du *Liebling*… » « Impensable ! En attendant, ç'a été réimprimé partout. Ils veulent notre tête ! » « Une meute de sorcières.

Allons-nous-en ! » « Pourvu qu'il ne découvre rien de plus ! »

Eulenburg disparut alors en Suisse et Harden se tint tranquille. Au printemps 1907, Eulenburg reparut à Berlin. Dans les numéros d'avril du *Zukunft*, Harden fourbit de nouveau les armes en insinuant que plusieurs membres du cercle Liebenberg étaient homosexuels. Il visait surtout Eulenburg et Kuno von Moltke. Il n'alla pas jusqu'à accuser le Kaiser lui-même d'homosexualité mais il déclara que le Kaiser était devenu le jouet de pervers. Harden n'avait pas d'autre moyen de précipiter la chute de la « camarilla », or il ne comptait pas s'en priver. Au palais, on chargea le kronprinz de montrer les articles au Kaiser. Il s'exécuta le 2 mai 1907. Le Kaiser, consterné et en proie à l'inquiétude la plus vive, déclara qu'Eulenburg devait se justifier ou sinon mourir lapidé. Il ordonna à son aide de camp d'interroger Eulenburg sur sa culpabilité et ses intentions. Aussitôt, Eulenburg qualifia les allégations de Harden de tissu de mensonges ; ce dont le Kaiser, son ami depuis tant d'années, ne pouvait d'ailleurs pas douter. Il n'intenterait pas d'action en justice contre Harden par crainte de mêler le Kaiser à des insinuations sur son gouvernement personnel. À l'instigation de son entourage militaire et de Bülow, Wilhelm répondit à Eulenburg que celui-ci devait traîner Harden devant les tribunaux sous peine de lui rendre l'ordre de l'Aigle noir puis de quitter le pays.

Eulenburg se contenta de se retirer à Liebenberg. Mû par une combinaison fatale de bêtise et d'arrogance, Kuno von Moltke décida de se mesurer à Harden. Peut-être ne se rendait-il pas compte que Harden détenait de solides preuves contre lui (des lettres d'Eulenburg à Moltke que son épouse Lily avait remises à Harden à l'époque où son couple battait de l'aile). Plus probablement, Moltke, naïf, crut que ses soucis allaient s'arranger, comme d'habitude.

L'affaire Moltke contre Harden, Moltke accusant Harden de diffamation, fut portée devant les tribunaux en octobre 1907. Eulenburg et Wilhelm espéraient sans doute eux aussi que le verdict les innocenterait et que le scandale se tasserait. De ce point de vue, ils sous-estimaient largement Harden et les preuves qu'il avait amassées contre eux. Eulenburg allégua des soucis de santé pour ne pas témoigner. La justice trancha en faveur de Harden. Face au tumulte qui s'ensuivit au Reichstag, Bülow tenta d'étouffer l'affaire. Forcément ! En novembre, un certain Adolf Brand, homosexuel déclaré, intenta un procès au chancelier lui-même en l'accusant d'homosexualité. Eulenburg témoigna que ni lui ni Bülow n'avaient jamais eu de relations homosexuelles telles que les définissait l'article 175 du Code civil prussien. En moins d'une journée, le tribunal débouta Brand. À en croire certaines déclarations ultérieures du neveu de Bülow, et d'autres encore, Bülow était cependant bel et bien homosexuel[28]. Mais comment, dans une telle galerie de glaces, percer le secret des accords conclus en coulisse ? Il n'en reste pas moins qu'un mois plus tard, Kuno von Moltke fit appel. Cette fois, Eulenburg témoigna que lui aussi était innocent des délits relevant de l'article 175 ; il ajouta même, évasif, qu'il n'avait « jamais rien fait de sale[29] ». La cour donna raison à Moltke en condamnant Harden à quatre mois de prison.

Bien entendu, Harden ne comptait pas s'en tenir là. Il disposait d'informations supplémentaires. Si Wilhelm s'en était douté, il se serait sans doute abstenu d'entreprendre une démarche fatale en croyant le danger passé. Le 18 décembre 1907, le comte Zedlitz-Truetzschler, le maréchal de la cour, nota dans son journal : « Le Kaiser a formé le projet de réhabiliter le prince Eulenburg et le comte von Moltke. Même au début, je n'ai pas cru un instant qu'il y renoncerait et je suis aujourd'hui convaincu qu'il ira jusqu'au bout. On peut comprendre qu'il souhaite sa réhabilitation, c'est humain ! mais d'un point de vue politique, il s'agit à mon avis de la plus néfaste de toutes les erreurs déjà commises à propos de ces scandales[30]. »

Zedlitz-Truetzschler appartenait à une espèce rare : celle des officiers de cour allemands dotés d'un jugement solide et fiable. Marié, père de deux enfants, issu de la noblesse prussienne, il était passé par une carrière militaire puis diplomatique, comme la plupart de ses collègues. Il servait le Kaiser depuis 1903 mais, avant cela, il avait voyagé en France, en Angleterre et en Amérique. Très jeune, il s'était convaincu que les vices d'un régime aussi centralisé que celui de l'Allemagne impériale ne manqueraient pas de conduire à la catastrophe tôt ou tard, et qu'il fallait par conséquent le moderniser.

Son travail consistait à s'occuper des réceptions à la cour et des cuisines royales, de leurs trois chefs et leurs douze assistants, des trois cuisiniers de campagne, des caves à vin, de la vaisselle, des provisions, du linge de maison, de la blanchisserie et des livrées des six cents domestiques. Lorsque le Kaiser partait en voyage, Zedlitz-Truetzschler l'accompagnait en veillant au grain. Il ne mit pas longtemps à cerner la personnalité de son maître qu'il qualifiait d'« étourdissante » ni à s'apercevoir que la grande intelligence du Kaiser lui permettait de retenir les détails marquants d'un rapport de vingt pages après une seule lecture. Il s'aperçut aussi de son incapacité à rester en place et à juger sainement des hommes, de ses sautes d'humeur, de son besoin infantile d'affection et de louanges et de sa mégalomanie galopante. « C'est moi qui congédie mes ministres et non l'inverse[31] », entendit-il le Kaiser déclarer plus d'une fois. Pire : il comprit que l'entourage du Kaiser, militaires et civils mêlés, ne lui disait jamais la vérité mais le flattait et n'interrompait ses interminables tirades que pour lui déclarer « Puisque Votre Majesté l'ordonne ! ». Il remarqua en outre qu'Eulenburg et ses amis veillaient à ce que le Kaiser se serve de son pouvoir « depuis toujours illimité, selon ses désirs personnels et purement arbitraires[32] ». « Quand je relis ce que j'ai écrit », avoue-t-il, « je suis souvent abasourdi par le pessimisme auquel je me suis laissé aller[33] ».

Ce pessimisme se serait encore accru s'il avait eu connaissance de ce qui se tramait à ce moment-là. Les informations de Harden provenaient de simples travailleurs, un ouvrier agricole et un pêcheur, n'appartenant pas au cercle habituel. Contrairement aux proches amis d'Eulenburg, ils étaient prêts à témoigner contre lui et à jurer qu'ils avaient eu ensemble des relations sexuelles à la fin des années 1880 à Starnberg, en Bavière, où Eulenburg passait alors ses vacances. D'un point de vue politique, leur aveu pour le moins explosif prouverait qu'Eulenburg s'était rendu coupable de parjure en se réfugiant derrière le code d'honneur des officiers. Surtout, il menacerait de très près le monarque lui-même. Au cours des années 1880, le prince Wilhelm, étourdi par sa nouvelle amitié avec Eulenburg, lui avait en effet rendu visite en Bavière.

En avril 1908, Harden, qui avait plus d'un tour dans son sac, s'arrangea pour qu'un ami journaliste lui intente un procès en diffamation à Munich, donc hors de la juridiction prussienne, en l'accusant de ne pas être en mesure de prouver l'homosexualité d'Eulenburg ; ce qui lui donnerait l'occasion d'exhiber les preuves irréfutables qu'il tenait en réserve. Le verdict tomba sans surprise en précipitant la chute d'Eulenburg. Bülow, qui se croyait à l'abri depuis la conclusion à son avantage des procès auxquels il était mêlé, ordonna l'arrestation d'Eulenburg et la fouille de Liebenberg. Auparavant, il prit toutefois soin de placer en lieu sûr la correspondance d'Eulenburg avec lui-même et le Kaiser[34].

Le second procès Moltke contre Harden fut invalidé puis reporté au mois de novembre 1908. Le procès d'Eulenburg, accusé de parjure, se déroulerait quant à lui en juillet 1908. Le moment venu, Eulenburg s'effondra sur place avec trop d'à-propos pour ne pas éveiller les soupçons, obligeant les magistrats à le déclarer inapte à la poursuite du procès. Après ce départ manqué, l'affaire fut renvoyée aux calendes grecques. Harden reprit les armes en usant d'une autre tactique et décida de prononcer un discours public dans une brasserie. Le 10 octobre 1908, il écrivit à Holstein : « Je dirai tout ce qu'il faudra, la semaine prochaine, à la brasserie Brock, pour déclencher un scandale encore plus grand. Tant que j'en aurai la force, je parcourrai le pays en dévoilant cette infamie[35]. »

Comme Harden le précisa à Holstein dans une lettre du 15 novembre, ce « scandale encore plus grand » établirait un lien entre Wilhelm lui-même et Jacob Ernst, le pêcheur de Starnberg. Harden en avertit Holstein par courrier le 16 septembre en lui confiant qu'il tremblait à l'idée des « discussions sans frein » que provoqueraient « les dissensions politiques (Lecomte *funditus*) ; Bundesfursten et princes, Kistler-Ernst-S.M. ; Moltke lui-même, Kessel-Eberh, etc. etc. ». Il se sentait néanmoins obligé d'aller jusqu'au bout parce que « ce monarque ne changera jamais, or il est aux mains de maîtres-chanteurs[36] ». Si nécessaire, ajouta-t-il dans sa lettre du mois de novembre, il contraindrait Wilhelm à renoncer au trône « en recourant aux grands moyens, (je pourrais dire en prenant les choses au sérieux) ». Le jeu de mots sur le terme « sérieux » ou « *Ernst* » en allemand constituait une ultime menace.

Holstein transmit sans tarder l'information à Bülow qui passa à l'action. Le troisième procès Moltke-Harden se résuma à une simple formalité. Avec l'aide d'Albert Ballin, un ami du Kaiser qui connaissait toutes les parties en cause, Bülow conclut un accord officieux avec Harden obligeant ce dernier à verser une amende de 600 marks, plus 40 000 marks pour les frais de justice des trois procès. En fait, Ballin mit la main à la poche et la chancellerie du Reich le remboursa par la suite. D'aucuns en conclurent que Bülow tirait les ficelles depuis le début : afin de se débarrasser de son ancien ami Eulenburg qui cherchait en 1902 à revenir dans l'entourage du Kaiser mais aussi en guise d'ultime tentative de soumettre le Kaiser à son parlement – ou sinon, du moins à son chancelier.

Harden n'accepta sans doute un tel arrangement qu'en échange de l'assurance qu'Eulenburg ne reparaîtrait plus jamais à la cour. Eulenburg resterait en effet en exil à Liebenberg jusqu'à sa mort en 1921. Lui et Wilhelm, les deux meilleurs amis du monde, ne devaient plus se revoir. Harden dut aussi penser que le Kaiser allait désormais se ranger, or, en cela, il se trompait. Il était déjà trop tard. Les militaires réactionnaires qui gravitaient autour du Kaiser se contentèrent d'occuper la place laissée vacante par Eulenburg en courant aveuglément à la guerre.

À l'automne 1908, Wilhelm frôla plus que jamais la dépression nerveuse. Il venait de perdre « Phili » pour toujours et de découvrir qu'il n'était ni tout-puissant ni même capable d'étouffer les scandales provoqués par un simple journaliste, juif par-dessus le marché. Il perdit foi en Bülow à qui il avait pourtant destiné le poste de chancelier de son règne personnel. Il se croyait entouré d'ennemis en Allemagne autant qu'à l'étranger. Il se mit à fulminer de plus belle contre les juifs, les socialistes, les Anglais, les Français et ces ingrats de Russes.

Comme pour lui donner raison, un autre drame éclata en septembre, cette fois à propos de la course à l'armement naval entre l'Allemagne et l'Angleterre. Le Kaiser chassait à Rominten avec ses amis et invités habituels lorsque arriva une lettre de Lord Burnham, le propriétaire du *Daily Telegraph*. Elle contenait le brouillon d'un article inspiré d'un entretien avec le colonel Montagu-Stuart-Wortley, l'hôte du Kaiser à Highcliffe Castle, en novembre précédent. À ce moment-là, Londres bruissait des rumeurs de propos extravagants tenus par le Kaiser en privé. À l'en croire, il essayait sans cesse de se lier d'amitié avec l'Angleterre qui repoussait toujours ses avances. Le Kaiser avait trouvé un fervent soutien en la personne du colonel Stuart-Wortley, qu'il invita aux manœuvres de l'infanterie allemande en Alsace en août. Là, ils décidèrent de rendre publiques les prises de position du Kaiser afin de détromper l'opinion anglaise et d'amender les relations anglo-allemandes. Wilhelm lut le brouillon de l'entretien et le montra à l'amiral Tirpitz, son invité, qui ne se laissa pas impressionner. Puis il le transmit à Bülow, accompagné d'une note enjoignant au chancelier de « suggérer toute modification souhaitable en marge du texte anglais » avant de le lui renvoyer, sans le montrer à personne aux Affaires étrangères et « en gardant le secret là-dessus autant que possible[37] ». Que Bülow ait lu ces lignes ou pas, il nota en tout cas « confidentiel » et « à revoir attentivement » sur l'article qu'il transmit à Berlin où celui-ci passa d'un gratte-papier à un autre avant de revenir à Bülow qui le signa et le renvoya au Kaiser. Soit Bülow s'était déchargé de ses responsabilités sur ses inférieurs, soit il avait cherché une bonne fois pour toutes à débarrasser l'Allemagne de son Kaiser.

L'article, publié dans le *Daily Telegraph* du 28 octobre 1908, sous la manchette : « D'une source à la fiabilité indiscutable », souleva l'indignation des Allemands et des Anglais. Il visait pourtant à apaiser les craintes que suscitait en Grande-Bretagne l'ambition des Allemands de développer leur marine. Voilà les propos que l'on y prêtait au Kaiser : « Être sans arrêt mal jugé, voir mes offres répétées d'amitié soupesées et examinées à la loupe par des regards jaloux et soupçonneux met ma patience à rude épreuve (...) Je le répète, je suis l'ami de l'Angleterre mais vous me rendez les choses difficiles (...) une grande partie des classes moyennes et inférieures allemandes nourrit des sentiments rien moins qu'amicaux envers l'Angleterre. Je me retrouve, pour ainsi dire, en minorité dans mon propre pays (...) je m'efforce sans cesse d'améliorer les relations entre nos nations et vous me rétorquez que je suis votre ennemi juré. Pourquoi[38] ? » Et cela continuait encore et encore dans la même veine. Apparemment, le Kaiser n'imaginait pas que les classes moyennes et inférieures d'Allemagne en entendraient parler. Il s'y présentait comme l'avocat de la paix à propos du Maroc et de la guerre des Boers avant d'aborder la question de la marine, au cœur de tous les débats. « Mais, direz-vous, qu'en est-il de la marine allemande ? Ma réponse est claire. » Elle l'était selon les modalités habituelles : l'Allemagne développait sa marine à des fins commerciales et non guerrières. Lorsque les Anglais et les Allemands découvrirent les allégations du Kaiser dans leurs journaux respectifs, personne ne voulut y croire. Le Kaiser, écartelé depuis toujours entre l'Angleterre et l'Allemagne, désireux de gagner les faveurs de l'une autant que de l'autre, réussit en fin de compte à offenser les deux.

« De toutes les gaffes politiques que S.M. a faites », écrivit Édouard VII à Hardinge au Jockey Club le 30 octobre, « celle-ci est la pire[39] ». En Angleterre, la crise se tassa rapidement mais pas en Allemagne. L'opinion publique et la presse fourbirent les armes contre les indiscrétions et la déloyauté du Kaiser. « Il sape notre position politique et fait de nous la risée du monde entier. C'est à se demander si on n'est pas dans une maison de fous[40] ! » confia la baronne von Spitzenberg à son journal, en résumant parfaitement le sentiment de ses compatriotes. Sans surprise, Bülow chercha surtout à prendre ses distances[41]. De nombreuses voix s'unirent aux cinq partis qui siégeaient au Reichstag pour critiquer avec vigueur le Kaiser et Bülow.

Un autre article menaçait de paraître au même moment, prétendument inspiré par un entretien donné par le Kaiser cet été-là à un certain Mr Hale, correspondant du *New York Times*. Sa teneur trop extrémiste incita le rédacteur en chef à y renoncer. Le texte n'apparut que tronqué dans une petite publication américaine. Le Kaiser y accusait Édouard VII de corruption : sa cour était pourrie et la guerre avec l'Angleterre, inévitable. Le Kaiser démentit catégoriquement ces assertions. Comme l'article sortait de presses germanophobes, il s'agissait sans doute d'une exagération pure et simple. Édouard VII n'en fut pourtant pas persuadé. « Puisque vous m'avez laissé la lettre du comte Metternich [l'ambassadeur allemand], où l'empereur nie tout, je suppose qu'il ne me reste pas d'autre choix que de l'accepter », écrit-il à Knollys le 25 novembre de Castle Rising où il chassait dans le Yorkshire. « Je suis cependant convaincu que les propos attribués à l'E.A. par Mr Hale sont authentiques. Je sais que l'E. me hait et ne manque jamais une occasion de le faire savoir (dans mon dos) alors que je me suis toujours montré poli et gentil envers lui[42]. »

Wilhelm, le cousin qui, quoi qu'il fasse, s'y prenait toujours de travers, se retrouva dès lors à bout de ressources. Il venait de perdre son meilleur ami, son chancelier l'avait trahi, l'Angleterre le rejetait ; et voilà qu'un soir où il se détendait en toute innocence, le général Dietrich von Hülsen-Haeseler, son chef du cabinet militaire, mourut d'une crise cardiaque en quittant la scène après un numéro de danse en tutu devant le Kaiser et son entourage. Fin 1908, Wilhelm n'était plus qu'à deux doigts de la dépression nerveuse.

Début 1909, les relations entre l'Allemagne et l'Angleterre s'assainirent. Édouard VII, à qui ses ministres conseillèrent judicieusement de se réconcilier avec l'Allemagne, consentit à contrecœur à s'y rendre en visite officielle en février en compagnie de la reine Alexandra, pas très enthousiaste, elle non plus. En Allemagne, on remarqua que le roi ne semblait pas en bonne santé. Il souffrait des bronches, sa respiration était sifflante et il éprouvait des difficultés à monter les escaliers. Après un déjeuner à l'ambassade britannique, il suscita de vives inquiétudes en s'étouffant avant de s'effondrer alors qu'il fumait un cigare. Heureusement, il reprit ses esprits dès que la reine eut défait le col trop serré de son uniforme prussien. Un franc succès couronna toutefois la visite d'Édouard VII qui charma tous ceux qui le rencontrèrent, excepté l'entourage de Wilhelm, nettement hostile. Willy confia à son oncle qu'il comptait se débarrasser de Bülow à qui il n'accordait plus aucune confiance[43]. Il lui reprochait l'affaire du *Daily Telegraph*, convaincu que Bülow marchait encore la main dans la main avec Holstein. En juillet, Bülow quitta son poste pour de bon.

Ce printemps-là, le roi et la reine retrouvèrent la tsarine douairière lors de leur croisière annuelle en Méditerranée. Après le retour d'Édouard VII en Angleterre, les deux sœurs rendirent visite en Grèce à leur frère le roi. Des tensions surgissaient sans arrêt entre les États des Balkans. Les sœurs se rongeaient d'inquiétude pour leur frère Willi. En octobre, l'année précédente, l'Autriche avait annexé la Bosnie-Herzégovine sans préavis, en contrevenant au traité de Berlin. La menace d'un conflit dans la zone se profilait de plus en plus nettement. On attendait de savoir si la Russie interviendrait ou pas. Izvolski cherchait à négocier le droit de passage des Russes par le détroit des Dardanelles, fermé aux navires de guerre depuis le traité de Berlin qui avait privé la marine russe de débouchés hors de la mer Noire. Charles Hardinge tenait Édouard VII informé de l'évolution de l'affaire ; ce ne serait pas une mauvaise idée que le roi écrive une lettre amicale à son neveu le tsar. Nicky répondit à son « cher o. B. » qu'il se réjouissait que leurs deux pays parvinssent à « s'entendre sur plusieurs points en Asie ». Il affirma en outre qu'il ferait son possible pour apaiser les Balkans. « Bien sûr, tu sais que la Russie a besoin de la paix, plus qu'aucun autre pays en ce moment[44]. » Puisque l'Allemagne soutenait son alliée l'Autriche-Hongrie, nul doute que la Russie n'allait pas se battre pour la Bosnie-Herzégovine.

En janvier 1909, Willy écrivit à Nicky : « l'annexion de la Bosnie-Herzégovine a été une surprise pour tout le monde, mais surtout pour nous car nous avons été informés des intentions de l'Autriche après vous[45] ». L'Allemagne n'avait pas le choix : elle devait soutenir son alliée, expliqua-t-il à Nicky, mais il fallait que la Russie et l'Allemagne restent aussi unies que possible « pour le maintien de la paix et des institutions monarchiques (...) Il est patent que depuis deux ans, la politique russe s'est graduellement détournée de nous en s'approchant toujours plus d'une alliance des puissances qui nous sont hostiles », commente Willy au cours d'une de ces longues missives dont il avait le secret. « Le monde entier parle de la Triple-Entente entre la France, la Russie et l'Angleterre comme d'un fait accompli. Les journaux anglais et français ne ratent aucune occasion de laisser entendre qu'elle est dirigée contre l'Allemagne et, trop souvent, la presse russe s'en fait l'écho ». Le Kaiser n'avait pas tort mais il n'en tira pas pour autant la conclusion qui s'imposait : il fallait construire moins de vaisseaux de guerre.

En Angleterre, le « budget du peuple » présenté par Lloyd George fin avril 1909 déclencha une tempête de protestations à la Chambre des lords. Il prévoyait une augmentation drastique des impôts afin de financer les retraites, l'éducation et la marine de guerre. À la moindre occasion, les Lords opposaient leur veto au gouvernement libéral. Lloyd George se mit à fulminer contre eux. Il attaqua les ducs propriétaires terriens* dans son style fleuri bien à lui. À l'entendre : « un duc équipé de pied en cap coûte aussi cher à entretenir que deux dreadnoughts[46] » ; en revanche, il est plus difficile de s'en débarrasser. Heureusement, en mai, le cheval du roi, Minoru, remporta le Derby d'Epsom à quatre contre un. Les courses de chevaux plaisaient aux lords autant qu'à la plèbe. La foule enthousiaste entonna « *God save the king !* » encore et encore, en acclamant le souverain

---

* Lloyd George proposait en effet la création d'un impôt foncier. [N.d.T.]

aux cris de « *Good old Teddy !* » et en jetant ses chapeaux en l'air. Contrairement au Kaiser, Édouard VII savait mieux que personne se concilier la faveur du public.

Le lundi 2 août, Georgie, ses parents, Toria et l'oncle Arthur attendirent la famille impériale russe à bord du yacht royal *Victoria and Albert* à l'ancre devant Spithead. Le tsar, son épouse et leurs cinq enfants arrivèrent à 12 h 15 sur leurs yachts *Étoile polaire* et *Standart*, escortés par deux croiseurs. Les Anglais montèrent à bord du *Standart*, « puis ils revinrent avec nous & leur nombreuse suite sur notre yacht[47] », précise Georgie dans son journal. À la « nombreuse suite » comprenant Stolypine et Izvolski se mêlaient des douzaines d'agents de police russes qui offraient un contraste saisissant avec Mr Quinn de Scotland Yard et sa petite équipe de limiers passant inaperçus sous leurs fausses barbes ou leurs moustaches postiches.

Asquith et Sir Edward Grey, eux aussi présents, dominèrent de toute leur hauteur le couple impérial. « Ce cher Nicky semblait en pleine forme & Alicky aussi, je ne les avais plus vus depuis douze ans. » Après le déjeuner, ils se rendirent à Cowes. « J'étais bien fatigué après être resté debout toute la journée, en uniforme depuis 10 h 30. Nicky m'a très gentiment nommé amiral de la marine russe. » Les décisions de ce genre ne posaient aucun problème constitutionnel à Nicky, l'autocrate de toutes les Russies. Ce soir-là, on donna à bord du *Victoria and Albert* un grand dîner, accompagné des toasts et des discours d'usage. « Nous avons ensuite bavardé sur le pont. Flotte illuminée. Magnifique spectacle. Belle nuit, plutôt froide. Coucher à 11 h 30. » Le lendemain, ils dînèrent tous « en habits de cérémonie » sur le *Standart*. Le jeudi, « un jour divin, soleil brûlant », les Russes s'en allèrent mais pas avant que les deux cousins ne posent devant l'objectif en élégantes tenues de yachtmen, bras dessus, bras dessous ; ils se ressemblaient tant que les gens les surnommaient les jumeaux.

Le vendredi, Georgie, toujours à bord du *Victoria and Albert*, se sentit d'humeur pensive. « Il y a trente ans aujourd'hui, Eddy et moi avons rejoint l'équipage du *Bacchante* ici à Cowes ; il me semble que c'était hier[48]. » Comme tout le monde, il s'inquiétait de la santé de son père que la crise constitutionnelle imminente n'arrangeait en rien : la Chambre des lords venait en effet de rejeter la loi de finance du gouvernement libéral. Celui-ci entendait mater les Lords en persuadant le roi de créer suffisamment de nouveaux pairs pour assurer le vote de la loi. Knollys, un libéral modéré, estimait nécessaire une réforme de la chambre haute mais il craignait que la monarchie ne paraisse trop pencher à gauche. Esher prépara à l'intention du roi un résumé de la situation. Asquith venait de se rendre à Balmoral afin d'apaiser les tensions par son amabilité. Les libéraux remportèrent les élections de janvier 1910 à une courte majorité.

En mars, les troubles bronchiques du roi s'aggravèrent. Son appétit ne parut pourtant pas affecté : un soir, il offrit à ses amis un dîner composé de soupe à la tortue, saumon, poulet grillé, selle de mouton, bécassine fourrée au foie gras, asperges, compote de fruit suivie d'une énorme préparation glacée et d'un entremets. Le lendemain, 7 mars 1910, il traversa la Manche. Arrivé à Paris, il souffrit d'une indigestion et de douleurs cardiaques. Il poursuivit tout de même son voyage jusqu'à Biarritz où sa bronchite le reprit. La reine Alexandra faisait alors une croisière en Méditerranée avec Toria. Sachant que Mrs Keppel se trouvait auprès de son mari, elle ne put que le prier par lettre de quitter « cette horrible ville de Biarritz », conseil qu'Édouard se garda bien de suivre, décidé qu'il était à profiter jusqu'au bout de la vie.

À son retour en Angleterre le 27 avril, le roi se rendit aussitôt à Sandringham. Le lendemain, sous un vent violent, il passa l'inspection du domaine et de la ferme, selon son habitude. Il revint ensuite à Londres gravement malade. On appela auprès de lui la reine Alexandra de toute urgence. À Calais, une lettre de George attendait sa mère : « Sa toux le gêne beaucoup et il dort très mal depuis deux nuits. Je ne saurais te cacher que je m'inquiète pour lui, comme il est légitime de le faire lors de ses crises, surtout que celle-ci suit de près celle de Biarritz. Je sais que Laking [le médecin personnel d'Édouard VII] va t'écrire et je n'en dirai pas plus mais Dieu merci tu reviens demain veiller sur lui. Dieu te bénisse, Maman chérie[49]. » À la gare de Victoria, ce ne fut pas le roi qui vint accueillir Alexandra comme à son habitude mais le prince et la princesse de Galles avec leurs deux aînés. Le lendemain matin, 6 mai, le roi insista pour enfiler son frac avant de recevoir son dévoué Knollys puis, après avoir allumé un gros cigare, son vieil ami Ernest Cassel, l'homme qui avait tant œuvré au redressement de ses finances en piètre état. L'après-midi même, il perdit connaissance. Bertie, qui avait jadis couru embrasser Alexandra sous les yeux de la foule en délire à son arrivée en Angleterre, entama son agonie. La reine appela à son chevet le reste de la famille et certains de ses amis les plus proches, dont Mrs Keppel. Le soir même, il tomba dans le coma et, juste avant minuit, Édouard VII, le roi le plus aimé par son peuple, pour ses défauts autant que pour ses triomphes, mourut en paix à Buckingham.

« À 11 h 45, mon bien-aimé papa s'est éteint en paix : j'ai perdu mon meilleur ami et le meilleur des pères », écrit Georgie dans son journal. « Jamais de toute ma vie je ne me suis disputé avec lui. J'ai le cœur brisé et je suis anéanti par mon chagrin mais Dieu m'aidera dans mes responsabilités et May chérie me réconfortera comme toujours. Puisse Dieu me guider et me donner la force d'accomplir la lourde tâche qui vient de m'échoir[50]. »

16.

GEORGIE ENFIN ROI

« Très cher Georgie », lui écrit Nicky de Tsarskoïe Selo sur du papier à lettres à liseré noir, le 8 mai 1910, en anglais selon son habitude. « Quelques lignes pour te dire à quel point je compatis à la terrible perte que toi et l'Angleterre venez de subir. Je sais, hélas ! par expérience, combien cela est éprouvant. Voilà ton cœur qui saigne et qui souffre mais en même temps, le devoir s'impose & les affaires viennent t'arracher à ton chagrin. Il est difficile d'accepter l'idée que ton père bien-aimé n'est plus. Avec quelle odieuse rapidité tout s'est enchaîné ! Comme j'aurais voulu venir auprès de toi te soutenir[1] ! » La seconde moitié de la lettre illustre le passage des relations entre les deux cousins du domaine purement personnel au professionnel puisque Georgie allait désormais régner. « Je te prie, très cher Georgie, d'entretenir notre amitié de longue date et de manifester à mon pays autant d'intérêt que ton père depuis son accession au trône. Personne n'a œuvré autant que lui au rapprochement de nos deux pays. Les premiers pas en ce sens ont donné de bons résultats. Essayons de poursuivre nos efforts. D'après nos conversations passées et tes lettres, je crois me souvenir que tu partageais son opinion. Je t'assure que la mort ô combien regrettable de ton père a suscité dans toute la Russie une peine sincère & la sympathie la plus chaleureuse pour ton peuple. Dieu te bénisse, mon cher vieux Georgie ! Mes pensées t'accompagnent sans cesse. Avec toute mon affection, à toi & ta chère May, ton ami dévoué à jamais, Nicky. »

Après trois jours d'exposition en grande pompe à Westminster Hall, le cercueil d'Édouard VII fut transporté sur un affût de canon à travers les rues de Londres jusqu'à la gare de Paddington où un train l'emporta à Windsor en vue des funérailles d'État. Des centaines de milliers de Britanniques vêtus de noir inclinèrent la tête en silence au passage du convoi ; on n'entendait plus que le grincement des roues, les sabots des chevaux et le pas lent et régulier de la procession. Neuf rois, dont le Kaiser Guillaume, y prirent part. La tsarine douairière vint de Russie soutenir sa sœur. Théodore Roosevelt fit le déplacement d'Amérique. Princes, ministres, diplomates, amis turfistes, courtisans, compagnons de voyage, maîtresses ; tous suivirent les obsèques de l'un des monarques les plus populaires de l'Histoire. À la place d'honneur, derrière le cercueil, s'avançait le fox-terrier préféré d'Édouard VII, Caesar, mené en laisse par un domestique écossais. C'était bien la première fois qu'il devait laisser la préséance à un chien ! se moqua le Kaiser.

« Aujourd'hui, j'ai vécu une journée longue & éprouvante que je n'oublierai jamais, aussi longtemps que je vivrai[2] », avoue Georgie à son journal. « À 9 h 5, notre procession s'est mise en route pour Westminster Hall ; William, tous les rois & les princes à cheval auprès de moi ; & Maman chérie & les princesses en voiture (...) spectacle impressionnant & magnifique (...) sur le trajet du cortège se tenaient postés des soldats, environ 35 000. La foule la plus immense jamais vue de mémoire d'homme s'était rassemblée ; le plus frappant, ce fut encore le silence absolu. » Le lendemain, neuf rois, en uniformes splendides, décorés de médailles, posèrent devant l'objectif de William Downey. George V se tenait au centre, au premier rang, devant son cousin William entre le roi Albert des Belges et le roi Ferdinand des Bulgares. Ils passèrent les jours suivants à prendre congé les uns des autres. Le dernier à s'en aller ne fut autre que William, qui plia bagage le 23 mai. Avant même de quitter le sol anglais, il remercia par courrier Georgie de lui avoir permis de partager son « chagrin au moment de déposer en terre les restes de mon oncle bien-aimé, ton regretté père ». Réunions, entretiens, banquets et dîners en famille ponctuèrent les adieux. Plus d'un soir, Georgie nota dans son journal : « ai travaillé avec Bigge après le petit déjeuner ». Sir Arthur Bigge, Lord Stamfordham, l'homme qui apprit à George son métier de roi, resterait à ses côtés du début à la fin.

Aussitôt après la mort d'Édouard VII, Stamfordham se proposa d'exercer conjointement avec Francis Knollys la fonction de secrétaire privé du nouveau roi. Cela partait d'une bonne intention mais ne fonctionna pas très bien en pratique. Politiquement, les deux hommes se situaient aux opposés du centre : Stamfordham penchait vers la droite et Knollys vers la gauche. Édouard VII s'était éteint en pleine crise constitutionnelle due à la détermination du gouvernement libéral de réformer la Chambre des lords. À quarante-quatre ans, George V possédait moins de maturité ou d'expérience que son âge le laissait espérer. Plus petit de carrure que son père, il n'avait ni sa présence ni son flair. Il détestait prononcer des discours. Le port de l'uniforme ne l'avantageait pas à cause de ses jambes cagneuses. Il ne rêvait que d'une paisible vie de gentilhomme campagnard. Néanmoins, il avait le sens du devoir et ne demandait qu'à apprendre ; si seulement il avait pu maîtriser ses angoisses ! « Il m'a confié qu'il n'en dormait plus », note Esher dans son journal le 16 mai. « Il se réveille à cinq heures et se retrouve à dresser des listes de ce qui l'attend au cours de sa journée de travail[3]. » Comme beaucoup de membres de l'ancien entourage d'Édouard VII, Esher s'efforça de s'adapter de son mieux au nouveau souverain. « Jamais il n'y eut rupture plus complète », confia-t-il à son ami Fisher une semaine plus tard. « Les anciennes bouées qui délimitaient le chenal de nos vies semblent aujourd'hui balayées par les vents (...) Francis a un comportement admirable, toujours fidèle à ses obligations. Il continue comme avant car il sait que c'est ce que souhaitait le défunt roi[4]. » Le 3 juillet, Esher revint à Buckingham s'occuper de l'oraison d'Édouard VII. « Le roi m'a convoqué jeudi. Il s'est montré humble et parfaitement franc envers moi. Un roi-matelot, tout simple. Un gentil garçon, en somme[5]. »

Knollys et Stamfordham ne parvenaient pas à s'entendre sur la crise constitutionnelle. En novembre échoua une conférence censée résoudre le problème. Avant les élections de décembre, Asquith demanda à George V de s'engager en secret à créer suffisamment de nouveaux pairs pour rééquilibrer le pouvoir à la Chambre des lords, en cas de victoire des libéraux. En fait, il ne laissa pas le choix au roi : si celui-ci rejetait sa requête, Asquith démissionnerait avant la dissolution de l'actuel parlement. Stamfordham conseilla au roi de refuser. D'après lui, Asquith devait compter sur son souverain pour prendre une décision opportune, le moment venu. Knollys conseilla au contraire à George V d'accepter. Ce dernier se rangea à l'avis de Knollys pour le regretter plus tard ; surtout lorsqu'il découvrit l'ampleur de la contrariété que son geste avait provoquée au sein du parti unioniste.

Les libéraux remportèrent les élections qui marquèrent un tournant dans la vie politique du pays. La nouvelle loi sur le parlement subordonnait la Chambre des lords au gouvernement élu. Un changement se produisit chez le roi lui-même : à compter de cette date, il placerait sa confiance en Stamfordham au détriment de Knollys. Les conseils de Stamfordham n'en restaient pas moins équivoques. Le roi d'une monarchie constitutionnelle se doit d'écouter ses ministres. Après le départ à la retraite de Knollys en 1913, sa position vis-à-vis de Stamfordham étant devenue intenable, les conseils que donna au roi son secrétaire privé penchèrent de plus en plus vers la droite. « Tout le monde a regretté le départ de Knollys et l'influence croissante de Stamfordham dont le Premier ministre voudrait voir les ailes rognées[6] », admit Sir Charles Hobhouse, le secrétaire financier du trésor – tout le monde sauf les Tories et les unionistes, cela va de soi.

La mort d'Édouard VII laissait en souffrance la réforme de la chambre haute mais également l'inauguration du monument de la reine Victoria en marbre blanc massif orné de dorures. Cet hommage au plus vaste empire à la surface du globe devait occuper l'espace libre devant Buckingham où il se dresse encore de nos jours face au Mall. L'inauguration était prévue en mai 1911. Georgie dut toutefois envoyer à Nicky une lettre d'explications. « Tu auras sans doute lu dans les journaux que j'ai invité William et son épouse en Angleterre pour l'inauguration de la statue de Grand-mère le 16 mai. Papa comptait inviter William à la cérémonie et je sais qu'il tenait absolument à y assister. Bien sûr, sa visite, purement privée, n'a aucune signification politique ; il vient juste en tant qu'aîné des petits-fils de Grand-mère. Je voulais te prévenir au cas où les journaux inventeraient des sottises à ce propos[7]. » Revoilà l'éternel problème de la frontière un peu trop floue entre vie publique et vie privée. Georgie enchaîne quelques lignes plus bas sur des considérations politiques : « Je crains en ce moment que l'Allemagne ne cherche à isoler la France, je peux me tromper mais c'est ce qu'il me semble. Sans doute l'Allemagne s'offusque-t-elle de l'entente amicale qui existe entre l'Angleterre, la Russie et la France ; pourtant celle-ci ne s'est pas conclue contre l'Allemagne, mais au profit de la paix et de la civilisation. Je sais que tu ne m'en voudras pas de t'écrire franchement ce que je pense, vu que nous avons toujours été bons amis, j'aime autant tout te dire. » Georgie venait en effet d'évoquer le chemin de fer de Bagdad – le projet fétiche de Willy de relier Berlin à Bagdad par voie ferrée grâce à des fonds allemands – et d'autres « questions afférentes », bien que le terme « afférentes » ne vînt pas de lui. Depuis que Georgie régnait, Stamfordham relisait jusqu'à ses lettres personnelles. Ou, si l'on préfère, depuis que Georgie régnait, ses lettres à ses cousins ne relevaient plus uniquement de son domaine personnel.

Georgie ne se trompait pas à propos de Willy. Le Kaiser lui annonça par une longue lettre ampoulée qu'il acceptait son invitation. Il se prétendit ravi de voir le cousin Georgie régner à la place de l'oncle Bertie. Pour reprendre ses mots, Georgie était quelqu'un de très « casanier ». Voilà l'époque du fauteur de troubles en chef révolue ! À Nicky, il écrit : « Je vais à Londres à l'inauguration du monument de Grand-mère ; Georgy m'invite[8]. » Il ajouta qu'il chercherait à savoir si, oui ou non, l'Angleterre voulait isoler les unes des autres l'Allemagne, l'Autriche et la Russie.

Le 15 mai à midi, Georgie, accompagné de May et leurs deux aînés en calèche, accueillit à la gare de Victoria « William et Victoria » et leur fille, Victoria Louise, âgée de dix-huit ans. Le roi avait commencé sa journée, comme souvent, en montant à cheval avec Charles Cust, son vieil ami fidèle de la marine, devenu entre-temps son écuyer. L'après-midi, il reçut une délégation de son régiment de dragons prussiens, venue d'Allemagne pour l'occasion. L'inauguration eut lieu le 16, « un jour de beau temps chaud[9] » à midi. « William & Victoria & toute la famille se sont avancés jusqu'à la statue où Esher, en tant que président du comité, a lu un discours. » George V y répondit. Vint ensuite le tour de l'archevêque de Canterbury. L'assemblée entonna un chant avant que le roi ne dévoile la statue. L'hymne national retentit. Une batteric du régiment d'artillerie royale à cheval tira une salve. Les régiments de Grand-mère défilèrent au pas ; « splendides ».

Ce soir-là, 57 convives se réunirent au dîner, dont le comte August zu Eulenburg, Metternich, Asquith, Grey, Haldane, Kitchener, Tweedmouth, Lascelles et Cust. Le lendemain, le roi et la reine emmenèrent le Kaiser et son épouse au théâtre à Drury Lane. « Dans les rues se massaient des foules de gens qui nous acclamèrent à tout rompre[10]. » Lorsqu'ils se rendirent à Windsor le lendemain, « des tas de gens le long de la route nous firent une ovation ». Le vendredi soir, après une compétition militaire à Olympia, on donna à 10 heures un bal officiel à Buckingham en l'honneur de William et Victoria, Willy et Dona. « La famille entière était là. Près de 2 300 personnes sont venues. Beau spectacle. J'ai porté mon uniforme du régt. de dragons allemand. Ai vu beaucoup d'amis. Tout a été terminé à 1 h. Coucher à 1 h 30. » La veille de son départ, Willy se promena avec Georgie ; tous deux « discutèrent » une heure durant. Sur le chemin de la gare de Victoria les attendaient d'autres foules enthousiastes. « Je crois que leur visite a remporté un franc succès à tout point de vue ; le peuple leur a en tout cas réservé un merveilleux accueil et il me semble qu'ils se sont bien amusés. » Voilà que les Britanniques se sentaient de nouveau disposés à apprécier le Kaiser.

Tout semblait alors s'arranger pour Willy. Les scandales autour de ses amis homosexuels commencèrent à se tasser, relégués aux oubliettes de l'Histoire. Ses nerfs se calmèrent peu à peu. Son nouveau chancelier, Theobald von Bethmann-Hollweg, quoique pas parfait, loin de là, s'annonçait assez malléable. Issu pour ne pas changer de la noblesse prussienne aux vues bornées, Bethmann partageait avec le Kaiser son aversion pour la démocratie et surtout le socialisme, même si, en tant qu'homme politique, il se souciait en premier lieu d'obtenir les voix des modérés au Reichstag. Kiderlen-Waechter, de retour de son exil à l'ambassade de Roumanie suite à son soutien à Holstein, devint secrétaire d'État aux Affaires étrangères. Bethmann et Kiderlen désiraient conclure un accord politique avec la Grande-Bretagne afin de contrecarrer ce qu'ils percevaient comme l'encerclement croissant de l'Allemagne par la Triple-Entente. Le Kaiser estimait quant à lui que les affaires de ce genre devaient s'arranger « entre collègues » sans que des politiciens ou des diplomates s'en mêlent. À son tour, Bethmann se mit à éprouver des difficultés à contrôler le Kaiser. Wilhelm ne tarda pas à se lasser de son nouveau chancelier, trop pédant à son goût : il aimait encore mieux passer son temps en compagnie de son entourage et de ses habituels conseillers officieux en évitant Bethmann le plus possible. Lorsque celui-ci entreprit de choisir un nouvel ambassadeur à Londres, le Kaiser lui rappela sèchement : « Je n'enverrai à Londres que *mon* ambassadeur, qui aura *ma* confiance, obéira à *ma* volonté, et exécutera *mes* ordres selon *mes* instructions[11]. »

Ce qui empêchait surtout l'Angleterre et l'Allemagne de s'entendre, c'était la flotte de guerre de Tirpitz en pleine expansion, sans compter le soutien de l'Angleterre à la France sur le territoire marocain. En avril 1911, la France occupa Fès sous prétexte de protéger les Européens des Berbères rebelles. L'Allemagne envoya un vaisseau de guerre au port d'Agadir, histoire de protester au nom des intérêts commerciaux de l'Allemagne. Les Français l'interprétèrent comme une provocation mais ils savaient qu'ils finiraient par avoir le dessus : pendant que le Kaiser envoyait son vaisseau au Maroc, son ministre des Affaires étrangères Kiderlen conclut un accord avec la France. Celle-ci céderait à l'Allemagne une partie du Congo si l'Allemagne laissait à la France les mains libres au Maroc ; ce qui réduisait à rien le geste du Kaiser. Wilhelm, absent de Berlin, comme d'habitude, accusa Kiderlen de semer la pagaille dans ses affaires et le menaça d'interrompre sa croisière annuelle dans la mer du Nord pour reprendre les rênes du pouvoir. Les Britanniques, eux, soutenaient la France. Les rumeurs d'un conflit imminent se mirent à gronder. La presse des trois pays attisait le feu de la guerre. Pour finir, l'Allemagne accepta une large partie du Congo français sans grande valeur. L'affaire raviva l'anglophobie des Allemands et la paranoïa du Kaiser. À l'en croire, l'Angleterre tirait les ficelles depuis le début en le contrant à la moindre occasion.

En septembre 1911, Stolypine, le ministre-président de la Russie depuis 1906, fut assassiné un soir qu'il se rendait au théâtre. Il discutait avec un ministre de la cour au premier rang du parterre lorsqu'un homme en queue-de-pie vint lui tirer dessus à deux reprises à bout portant. Le tsar et la tsarine se trouvaient alors dans leur loge impériale, à quelques mètres de là. En s'effondrant, Stolypine se tourna vers eux et se signa. Sa devise était : « l'ordre d'abord, les réformes après ». Mais l'ordre qu'il s'efforçait d'imposer n'endiguait aucunement les violences des nihilistes contre les personnages haut placés du régime. Lors de sa rencontre avec Stolypine à Reval en 1908, Frederick Ponsonby s'était déclaré impressionné par « cet homme grave, à l'allure époustouflante, qui portait une longue barbe grise[12] ». Stolypine savait que les nihilistes s'étaient juré de le tuer mais il se comportait comme si de rien n'était, alors que sa fille elle-même avait été victime d'une attaque à la bombe. Il confia à Ponsonby que « s'il vivait dans la crainte permanente de mourir, sa vie ne vaudrait plus la peine d'être vécue ».

Kokovtsov remplaça Stolypine en réclamant la nomination de Makarov au ministère de l'Intérieur. « Le nouveau Premier ministre a sans nul doute fait cette suggestion parce que Makarov appartient à l'extrême droite », commenta Witte depuis la coulisse. « Mais Makarov n'avait pas l'envergure d'un ministre de l'Intérieur : il n'en imposait pas assez, ce n'était pas dans ses cordes[13]. » Le 2 mars 1912, Witte conclut ainsi ses Mémoires : « Me voilà arrivé à l'année 1912 de mes Mémoires en sténographie. Pour le moment, je vais interrompre ce travail. » Il mourut trois ans plus tard ; à ce moment-là, la Russie s'était laissé happer par la tourmente de la Première Guerre mondiale et les troubles politiques violents à l'intérieur même du pays confirmèrent ses prédictions en ouvrant la voie à la révolution.

La menace constante d'assassinat qui planait sur la famille impériale empira encore la santé de la tsarine déjà peu florissante à l'origine. À chaque départ du tsar pour Saint-Pétersbourg ou Moscou, même sous bonne garde, elle tremblait de peur. Elle passait le plus clair de son temps avec ses enfants à Tsarskoïe Selo ou l'un des autres palais impériaux, à l'écart du monde. En public, elle se montrait encore timide et maladroite et les réceptions officielles la mettaient à la torture. En dépit de son attachement romanesque à la Russie, elle ne s'y sentait toujours pas chez elle et on riait dans son dos de son fort accent allemand. Sa belle-mère, très populaire, régnait sans conteste sur la société pétersbourgeoise, même si depuis quelque temps on la voyait souvent à l'étranger ou au palais de Livadia en Crimée. Le pire problème d'Alix restait toutefois ses incessantes craintes au sujet de la santé de son fils Alexis, l'héritier du trône. Quand la famille sortait prendre l'air, un domestique le portait, de peur qu'un malheureux incident ne provoque une hémorragie. Alix devint de plus en plus sensible à l'influence du guérisseur Raspoutine et, en cela comme sur bien d'autres points, elle déteignit sur son mari, Nicky.

Après une longue conversation avec l'une des dames de compagnie d'Alix, la sœur de Nicky, Xenia, nota dans son journal que ce qui se passait à Tsarskoïe Selo la perturbait, surtout « l'attitude d'Alix et les enfants envers ce sinistre Grigory (qu'ils considèrent presque comme un saint alors qu'en fait ce n'est qu'un *khlyst**) ! Il est sans arrêt là, il se rend à la nursery, va voir Olga et Tatiana avant qu'elles n'aillent se coucher, il discute avec elles et les caresse (...) C'est tout bonnement incroyable, incompréhensible[14] ! ». Apparemment, Raspoutine fascinait les enfants, coupés du monde extérieur, qui craignaient en outre d'offenser leur mère. « Ma douce maman chérie à moi », écrit Tatiana, à treize ans, en anglais, la seule langue que mère et fille connaissaient toutes les deux. « S'il te plaît, pardonne-moi que je n'ai pas fait ce que je voulais l'autre jour. Je suis si triste que j'ai fait ça, je savais pourtant que ça te plairait pas. S'il te plaît pardonne-moi je ne voulais pas vraiment faire ça Maman chérie. Jamais, jamais je ferais quelque chose si je sais que ça te plaît pas et je le ferais pas sans te le demander à toi ma maman chérie. Comment va ta tête ? J'ai si peur que S.I. [la gouvernante des enfants] dise à Maria des choses pas bien sur notre ami. J'espère que notre nurse va être gentille avec notre ami maintenant[15]. » « Notre ami » désignait Raspoutine.

La tsarine douairière se méfiait beaucoup de Raspoutine et désirait l'éloigner mais Alix et Nicky n'y consentiraient jamais. Alix admit devant Olga que l'inquiétude que lui causait la « maladie » d'Alexis la rendait elle-même malade, sachant qu'il n'en guérirait pas. Elle disait croire en Raspoutine car chaque fois qu'il s'approchait de lui, son fils allait mieux. Le moindre accident risquait de provoquer chez Alexis des hémorragies internes accompagnées d'une douleur intense. Souvent, le petit garçon hurlait si fort qu'on l'entendait dans les couloirs du palais. À ces moments-là, Alix ne le quittait plus, elle ne prenait même plus la peine de se changer. Elle restait à son chevet, impuissante, au désespoir. Nicky ne valait pas mieux mais la nécessité quotidienne de remplir ses devoirs lui épargna

* Membre d'une secte russe ascétique fondée au XVIIe qui voit en chacun de ses chefs successifs une incarnation du Christ. [N.d.T.]

au moins les veilles et l'attente de tous les instants. En public, mari et femme prenaient soin de masquer leur angoisse mais, dans l'intimité, celle-ci dominait leur vie entière.

Pierre Gilliard, le professeur de français d'Alexis, se rappelle une scène emblématique : un soir, les filles jouaient une pièce de théâtre dans la salle à manger du palais devant Leurs Majestés, leur suite et divers invités. Gilliard, qui tenait le rôle du souffleur, s'était caché derrière un paravent. En tendant le cou, il vit la tsarine sourire et deviser gaiement avec ses hôtes. À la fin de la pièce, il se rendit dans le couloir face à la chambre d'Alexis, d'où lui parvinrent des sanglots. « Soudain, j'aperçus la tsarine qui courait, en tenant à deux mains sa longue traîne qui l'embarrassait. Je m'aplatis contre le mur et elle passa devant moi sans me remarquer. Une expression de folle terreur se lisait sur son visage. Je revins à la salle à manger où régnait une grande animation. Des valets en livrée proposaient des rafraîchissements sur des plateaux. Tout le monde riait et plaisantait. La soirée battait son plein. Quelques minutes plus tard, la tsarine revint. Elle avait repris son masque et se força à sourire aimablement aux invités qui se pressaient autour d'elle. Je remarquai cependant que le tsar, bien qu'il soutînt la conversation, s'était placé de manière à ne pas perdre de vue la porte. Malgré moi, je surpris les regards désespérés que la tsarine lui lança en entrant[16]. »

Le 3 novembre 1912, le ministre de la cour impériale publia dans la presse le communiqué suivant : « La crise dont a gravement souffert Son Altesse Impériale le Tsarévitch et grand-duc Alexis étant désormais passée, il est possible de brosser un tableau de sa maladie suivant les observations de ses médecins[17]. » À la mi-septembre, le tsarévitch avait « sauté d'un bond à bord d'un bateau » ; d'où une hémorragie à son abdomen. Trois semaines plus tard, poursuivait l'article, il s'en remettait à peine lorsque, la démarche encore mal assurée, il avait fait une chute à l'origine d'une nouvelle hémorragie plus grave. Sa température était montée en flèche.

Le 22 octobre, quatre jours après la seconde chute, Nicky nota : « Je suis resté dans la chambre d'Alexis jusqu'à ce qu'il se calme et s'endorme, à deux heures. Il a passé une bonne journée dans l'ensemble et a beaucoup dormi, sa température est revenue à 39,5 °C. Suis allé me promener ce matin avec les filles. Ai joué au tennis après déjeuner. Temps chaud. Alix et moi avons veillé Alexis chacun notre tour[18]. » Le lendemain, l'état d'Alexis s'améliora et le moral de tout le monde remonta. Après la messe, l'homme qui enseignait la religion aux enfants vint lui donner la communion, ce qui lui fut d'un grand réconfort. L'après-midi, Nicky partit se promener avec Irène, la sœur d'Alix mariée au frère de Willy, le prince Henri, dont le fils était mort des suites de son hémophilie, quelques années plus tôt. Après le thé, il répondit aux nombreux télégrammes de sympathie qui venaient de lui parvenir. Le 26 octobre, Alexis était en voie de rétablissement et sa température, à nouveau normale. On le transporta de son lit sur le sofa où il fit une « excellente sieste ».

« Mon très cher Nicky », lui écrit Georgie de Sandringham le 16 décembre, « je ne saurais te dire à quel point j'ai compati à tes inquiétudes et celles d'Alicky pendant la maladie de ton petit garçon. J'espère qu'il va vraiment mieux maintenant et ne souffre plus. Comptes-tu l'envoyer dans le Sud cet hiver ? J'ai aussi beaucoup pensé à toi à propos de ce cher Misha. J'ai tellement d'affection pour lui que cela me désespère qu'il ait fait une telle bêtise et j'imagine à quel point tu dois en être malheureux. Nous avons tous tant de soucis en ce bas monde ! Je reste à jamais, mon cher Nicky, ton cousin dévoué et ami de longue date, Georgie[19] ». L'agent de police matricule 1638 venait de rapporter au tsar que Son Altesse Impériale le grand-duc Mikhaïl, le frère cadet de Nicky, Misha, venait d'épouser une certaine Mme Wulfert, une roturière, le 30 octobre à Vienne, après un séjour du couple à l'hôtel Esplanade de Berlin.

La situation politique tendue mais surtout la mauvaise santé d'Alix dissuadèrent Nicky d'assister aux funérailles d'Édouard VII puis au couronnement de George V, en juin 1911. Ce fut la tsarine douairière qui représenta la famille impériale russe. Nicky lui écrivit le 18 juin : « Je pense souvent à toi, chère maman, comme tu dois être heureuse auprès de tante Alix, au calme à Sandringham. Nous avons suivi les détails du couronnement avec grand intérêt dans les journaux. Heureusement pour Georgie et May, toutes ces festivités sont maintenant terminées et, autant qu'on puisse en juger, avec succès. La simple lecture de tout ce qu'ils ont dû endurer a été épuisante. C'est curieux de penser qu'il y a déjà quinze ans que nous sommes passés par là[20] ! »

Les journaux ne parlaient plus que de ça. « Un événement historique » ; « Les préparatifs du roi à son couronnement » ; « Noble cérémonie à l'abbaye » ; « Une scène de toute beauté ». Marie Corelli rédigea pour le *Daily Mail* un article intitulé : « Impressions sur le couronnement ». « Honneur, révérence, splendeur et majesté, noblesse des rituels accomplis avec solennité, tout ceci l'a proclamé et l'antique et grise abbaye de Westminster n'a jamais vu de cérémonial plus impressionnant que l'éblouissant spectacle d'hier », commence-t-elle avant d'embrayer sur la suite : « Pourquoi un roi et une reine suscitent-ils de tels transports ? Pourquoi ? Parce que l'Angleterre reste loyale jusqu'au bout des ongles et le socialisme n'est qu'une onde de mécontentement à la surface d'une eau stagnante. »

« Ciel chargé et nuageux avec quelques averses et une forte brise mais il vaut mieux cela qu'une vague de chaleur[21] » – voilà ce que George V nota dans son journal le soir du 23 juin 1911. La reine Mary ne lui donna pas tort : « Temps couvert mais acceptable – aujourd'hui : jour de notre couronnement. Accueil magnifique à notre départ et notre retour[22] », écrit-elle dans son propre journal. « Des centaines de milliers de gens nous ont réservé un magnifique accueil », poursuit Georgie. « L'office à l'abbaye a été très beau & impressionnant mais ce fut un supplice terrible (...) May chérie avait charmante allure & ce fut un vrai réconfort pour moi de l'avoir à mes côtés comme toujours depuis 18 ans. »

À compter de ce jour, la vie de Georgie lui paraîtrait essentiellement un supplice. En février, lui et May ouvrirent pour la première fois la session parlementaire. « Je dois avouer que l'ouverture de la session parlementaire a été le supplice le plus terrible que j'aie jamais enduré[23] », écrit-il à sa mère. « La Chambre des lords grouillait de monde & de gens que je connaissais ce qui était encore pire (...) j'ai reçu ton télégramme au moment de monter en carrosse, pas très confortable d'ailleurs, mais très haut. Les chevaux blancs qui le tiraient n'étaient pas très disciplinés & ceux du devant se cabraient chaque fois qu'ils croisaient du monde. »

Georgie se réjouit de pouvoir se reposer un peu à Balmoral. Esher, son invité, avoue dans son journal : « On n'y retrouve plus l'ambiance d'antan, cette curieuse atmosphère électrique qui flottait toujours autour du roi Édouard. Pourtant, tout est charmant et sain et plaisant. La maison semble faite exprès pour les enfants, il y en a six au déjeuner, les plus jeunes courent sans arrêt autour de la table. La reine passe ses soirées à tricoter. Personne ne joue au bridge[24]. » À son fils Maurice, il raconta : « On se couche tôt, ce que j'apprécie, et on prend le petit déjeuner à neuf heures (...) Hier soir, la gouvernante française était placée à la droite du roi au dîner. Imagine la tête des courtisans de Berlin ou de Vienne s'ils avaient vu ça ! » Lloyd George, lui aussi à Balmoral, écrivit à sa femme : « Le roi est un brave gaillard mais Dieu merci il n'a pas grand-chose dans la tête. Ce sont des gens simples, très,

très ordinaires et peut-être que, tout compte fait, cela vaut mieux ainsi[25]. »

Le seul et unique voyage que George V comptait entreprendre l'amènerait en Inde ; cette fois en tant que roi-empereur, en compagnie de la reine Mary. Il assisterait au *durbar** du couronnement à Delhi, la nouvelle capitale. Une absence prolongée du roi juste après son accession au trône ne disait rien qui vaille au gouvernement mais Georgie obtint gain de cause. « Le grand *durbar* du couronnement qui occupe l'Inde depuis plus d'un an en exigeant les préparatifs les plus complexes et qui a rassemblé 250 000 personnes venues de tout l'Empire indien, s'est tenu aujourd'hui sur les vastes plaines qui s'étendent au-delà de Delhi », lut-on dans le *Times* du 13 décembre 1911. « Assis sur un trône en hauteur sous un dais d'or, les regards tournés vers l'extrême Nord d'où ils sont arrivés, leurs Majestés le roi-empereur et la reine-impératrice ont reçu les acclamations de plus de 100 000 de leurs sujets. La cérémonie à son apogée a parfaitement illustré la conception orientale des ultimes dépositaires du pouvoir impérial. Les monarques se tenaient isolés, en surplomb de la multitude, éloignés mais bienveillants, visibles de tous, vêtus de riches habits, flanqués des radieux emblèmes de l'autorité, protégés par une armée de soldats ; le point de mire des princes les plus fiers de l'Inde, les figures centrales de ce qui fut sûrement l'assemblée la plus majestueuse jamais vue en Orient[26]. » De retour sous sa magnifique tente royale doublée de soie dans le vaste campement aménagé aux abords de Delhi, Georgie se remémora sa journée sur un ton plus sobre. C'était le spectacle le plus beau, le plus merveilleux qu'il eût jamais vu mais il se sentait « épuisé après avoir porté la couronne

* Terme indien désignant une assemblée cérémoniale dont les participants jurent allégeance – dans le cas qui nous occupe, au souverain britannique. [N.d.T.]

3 h ½, elle me faisait mal à la tête, tant elle est lourde[27] ». Le nouveau vice-roi, le vieil ami d'Édouard VII, Charles Hardinge, parut moins convaincu que le *Times* de l'heureuse impression laissée par les « dépositaires du pouvoir impérial ». Lors de sa propre entrée officielle dans la nouvelle capitale une semaine plus tard, il fut légèrement blessé par une bombe qui tua son assistant. Pendant ce temps, George V séjournait au Népal où il abattit à la chasse vingt et un tigres, huit rhinocéros et un ours.

« Chaque année, j'ai le sentiment que nous devenons de plus en plus nécessaires l'un à l'autre et nos vies s'imbriquent de plus en plus étroitement », écrit Georgie à May alors que celle-ci visitait Jaipur. « Et je suis sûr que je t'aime chaque année un peu plus et je te suis tout dévoué & il me répugne de devoir te quitter ne serait-ce qu'une journée. Surtout maintenant, vu ma position actuelle, avec les quantités de choses que j'ai à faire & toutes mes responsabilités, j'ai le sentiment que ton aide & ton soutien me sont plus que jamais nécessaires. Et je dois reconnaître que tu me les apportes toujours sans faute, je t'en suis très reconnaissant et je te remercie du fond du cœur de ton amour et ton dévouement[28]. » Cette lettre-là, Stamfordham n'avait pas aidé Georgie à la rédiger, or elle n'en était pas moins bien tournée pour autant. Le roi ajoute qu'il se sentait « très fier d'être ton mari & j'ai le sentiment que notre venue en Inde en tant qu'empereur et impératrice a débouché sur ce que j'ai toujours prédit : un grand succès », et ce, à tous les sens du terme. May acquit plus d'assurance et, à leur retour en Angleterre, des acclamations à tout rompre accueillirent le roi et la reine. Jamais ils n'avaient joui d'une telle popularité.

À Londres, les effets de la nouvelle loi sur le parlement ne tardèrent pas à se faire sentir. En avril 1912, le gouvernement s'apprêtait à soumettre au vote des chambres son projet de loi sur l'indépendance irlandaise. Depuis la réforme parlementaire, il suffisait à la seule Chambre des communes de voter trois fois une loi avant de la soumettre à l'approbation du roi – procédure que celui-ci prenait très au sérieux alors qu'il ne s'agissait que d'une simple formalité au sein de la monarchie constitutionnelle. Les unionistes fourbirent les armes. La menace d'une guerre civile se profila. Asquith ne s'émut pas pour si peu. Appuyé par Stamfordham, le roi reprocha au gouvernement de l'avoir placé en fâcheuse posture. Quelle que soit sa décision, la moitié des Anglais y trouverait à redire. Soit il s'aliénerait les protestants, soit il se mettrait à dos les catholiques d'Irlande du Nord. L'aile droite du parti tory lui demanda de renvoyer le gouvernement. Il adressa un long mémoire à Asquith lui suggérant de réunir une conférence à laquelle assisteraient toutes les parties concernées afin de trouver une solution à la crise.

Asquith lui répondit en pointant du doigt le véritable problème, du point de vue de la monarchie : « Selon une tradition de 200 ans aujourd'hui fermement établie, en dernier ressort, l'occupant du trône accepte les conseils de ses ministres et les applique. Le souverain a peut-être perdu un peu de son pouvoir et de son autorité personnels mais en contrepartie, la couronne échappe aux tempêtes et aux vicissitudes de la politique partisane[29]. » Le roi lui répondit par une lettre de plusieurs pages mentionnant l'affaiblissement de la Chambre des lords. Selon lui, le gouvernement comptait imposer par la force son projet de loi malgré la vive opposition qu'il suscitait. « Il nous appartient tous », écrit-il, « de ne ménager aucun effort pour éviter ces événements menaçants qui outrageraient inévitablement l'humanité et déconsidéreraient le nom des Britanniques dans l'esprit du monde civilisé tout entier[30] ». Encore une fois, le vocabulaire venait de Stamfordham mais il exprimait à n'en pas douter les sentiments du roi. Asquith ne se laissa pas démonter. Il continua de rédiger des mémoires à l'intention de l'« œil royal » en espérant ainsi ne pas contrarier son souverain et endiguer le flot de ce que, dans sa correspondance à sa maîtresse Venetia Stanley, il qualifiait de lettres « à demi hystériques ». Vu la farouche opposition des Lords, il accepta tout de même le principe d'une conférence et se mit à réfléchir à un compromis.

« Aujourd'hui, nous déjeunons avec Georgie et May au palais de Buckingham », écrivit la tsarine douairière à Nicky le 29 avril en lui souhaitant un joyeux anniversaire, son quarante-septième. « Ils t'envoient tous deux leurs compliments. Hier soir, nous avons vu le film de leur voyage en Inde. Le Kinemacolor donne de merveilleux résultats, très intéressants ; on a l'impression de tout voir en vrai. Un autre soir, je suis allée au théâtre avec Toria et Olga. Dieu te protège ! Ta vieille Maman qui t'aime[31]. » Depuis la paisible Angleterre, la menace constante de violences qui planait sur la Russie semblait à coup sûr inconcevable de par son horreur même.

En octobre 1912, de nouveaux troubles éclatèrent dans les Balkans : la Bulgarie, la Serbie et la Grèce, résolues à profiter du démembrement de l'Empire ottoman, déclarèrent la guerre à la Turquie. « Malgré la maladie d'Alexis, je suis de très près la guerre entre Chrétiens et Turcs en me réjouissant de leurs fulgurants succès contre l'ennemi commun[32] », écrit Nicky à sa mère le 2 novembre. « Le principal problème se posera à la fin du conflit, quand il faudra concilier les intérêts légitimes des petits pays avec ceux des vestiges de la Turquie en Europe et avec les visées politiques des grandes puissances. » Depuis la visite en Grande-Bretagne du ministre des Affaires étrangères, Sazonov, en octobre, le courant passait mieux entre la Russie et l'Angleterre. « Je ne saurais dire à quel point M. Sazonov nous a charmés, la reine & moi, ni comme nous étions heureux qu'il puisse passer quelques jours avec nous dans notre résidence des Highlands et qu'il en profite pour nouer de longues conversations très amicales avec Sir Edward Grey[33] », écrit Georgie à Nicky dans une lettre datée de Balmoral.

En novembre, l'Autriche décida de placer des unités de combat à la frontière russe en réaction aux rumeurs de mouvements de troupes russes dans la zone. L'Allemagne ne cacha pas qu'elle se porterait au secours de l'Autriche. En Angleterre, Haldane, qui s'attendait à du grabuge, organisa une réunion qu'Esher, averti par son réseau d'informateurs habituels, réprouva vivement. « La semaine dernière, Haldane a organisé une réunion de défense secrète (ce qui n'était pas très avisé de sa part) afin de discuter d'une action éventuelle si jamais l'Angleterre rejoignait la France dans une guerre contre l'Allemagne », note-t-il dans son journal le 6 septembre. « Asquith, Lloyd George, Churchill, Grey et McKenna y assistaient. Ils n'ont rien décidé de précis mais ça ne les a pas empêchés de décréter que cinq divisions indiennes prendraient part aux hostilités. Entendre cela, de la part d'un gouvernement radical[34] !! »

Cette réunion faisait suite à une initiative officieuse mais infructueuse de Ernest Cassel et son ami allemand Albert Ballin, un proche du Kaiser, directeur de la compagnie maritime Hambourg-Amérique. Ensemble, ils étaient convenus d'une entrevue privée avec le Kaiser. En février, Haldane se rendit à Berlin incognito afin de préparer le terrain à une éventuelle entente avec l'Allemagne. Haldane demanda au Kaiser et à Bethmann d'entreprendre des « démarches mutuelles » contre les attaques d'autres pays. Les Allemands, eux, voulaient autre chose : l'assurance de la neutralité anglaise en cas de guerre, d'agression ou pas. C'était hors de question. Haldane souligna qu'en continuant de développer sa marine à la vitesse actuelle, l'Allemagne anéantirait tout espoir d'accord politique. L'Allemagne campa sur ses positions en sonnant le glas de la mission Haldane. Celui-ci ramena en Angleterre un buste en bronze du Kaiser et une estimation des budgets de la marine, cadeaux du Kaiser, mais rien de plus concluant. La réunion secrète de défense qu'Esher mentionne dans son journal eut lieu peu après.

Les cousins de Georgie auraient sans doute désapprouvé la tenue d'une réunion aussi cruciale en l'absence du souverain. En Allemagne, le dimanche 8 décembre 1912, le Kaiser convoqua au palais de Berlin l'amiral Georg von Müller pour une réunion, elle aussi secrète, présentée plus tard comme un *Kriegsrat* ou conseil de guerre. Müller occupait le poste de chef du cabinet naval depuis 1906 ; assez longtemps pour ne plus s'étonner des caprices de son maître. L'été précédent, au cours de la croisière en mer du Nord où l'appelait son devoir, il avait noté dans son journal avec lassitude : « Beaucoup de bêtises pendant la gymnastique, ce matin. S.M. a coupé les bretelles du général von Scholl à l'aide d'un coupe-papier[35]. » Il estimait en outre « pas très catholique[36] » le penchant du Kaiser pour les grands aides de camp au physique avantageux. Il servait à la cour lorsque le général von Hülsen-Haeseler, le chef du cabinet militaire, mourut d'une crise cardiaque après un numéro de danse en tutu et aussi au moment des procès Moltke et Eulenburg. Contrairement à la plupart de ses collègues, Müller, le fils d'un professeur de chimie agricole, était issu de la bourgeoisie. Il avait épousé la fille d'un colonel et rejoint la marine où son intelligence et son labeur assidu lui assurèrent une promotion rapide. Il soutenait la grande marine de Tirpitz, non pas en vue d'une guerre mais parce que les intérêts commerciaux de l'Allemagne l'incitaient à trouver des débouchés partout dans le monde. Son journal, d'une objectivité peu commune, reste un document de première main sur les événements qui ont conduit à la Première Guerre mondiale.

Le 8 décembre, au retour d'une partie de chasse, le Kaiser découvrit un rapport du prince Lichnowsky, l'ambassadeur d'Allemagne à Londres, daté du 3. Le prince y rapportait des propos que Haldane avait tenus au nom de Grey : au cas où l'Allemagne attaquerait la France, l'Angleterre aiderait « inconditionnellement » la France « car l'Angleterre ne saurait tolérer une rupture de l'équilibre européen ». Les témoignages ne s'accordent pas tous sur la liste des participants au conseil de guerre qui suivit mais Tirpitz y assista sans nul doute et Helmuth von Moltke, le chef de l'état-major, aussi. Par contre, ni le chancelier ni le ministre des Affaires étrangères n'y furent conviés, contrairement à ce qui s'était passé en Angleterre. Selon Müller, le Kaiser ouvrit la séance en affirmant qu'il se félicitait des dernières informations en date vu qu'au moins, elles clarifiaient la situation. Il souligna ensuite que l'Autriche devait traiter « énergiquement » les « Slaves étrangers », à savoir les Serbes, et que si la Russie soutenait les Serbes, alors « la guerre deviendrait inévitable pour nous également ». L'Allemagne et l'Autriche avaient tout lieu d'espérer que la Bulgarie, la Roumanie, l'Albanie et peut-être la Turquie se rangeraient dans leur camp. « Bien entendu, la flotte doit se préparer à lutter contre l'Angleterre. » La déclaration de Haldane signifiait que l'hypothèse d'un conflit contre la seule Russie n'était plus à l'ordre du jour. Tirpitz reçut l'ordre d'accélérer la construction des sous-marins. On évoqua l'utilisation des mines en cas de conflit. Moltke conclut : « J'estime la guerre inévitable et le plus tôt sera le mieux[37]. » En attendant, il faudrait faire pression sur la presse afin que celle-ci rende la guerre plus populaire auprès de l'opinion publique. « Tirpitz », note Müller, « déclara que la marine préférerait reculer d'un an et demi l'échéance des combats », faute de préparation suffisante pour le moment.

Müller reçut le soin d'informer Bethmann de la réunion par courrier en lui transmettant les ordres du Kaiser : Bethmann devait « éclairer le peuple par le biais de la presse sur les intérêts de l'Allemagne en jeu dans le cas d'une généralisation du conflit austro-serbe. Il ne faudrait pas que le peuple se demande au dernier moment, quand le conflit éclatera, pour quoi l'Allemagne va se battre[38] ».

Préparer le peuple à la guerre ne serait pas une mince affaire. En 1912, les sociaux-démocrates, soutenus par les syndicats et par des classes laborieuses mécontentes, obtinrent un tiers des voix aux élections dans un contexte de troubles sociaux croissants. En 1871, au moment de la naissance du II^e^Reich, deux tiers de la population vivait à la campagne. Désormais, deux tiers des Allemands vivaient et travaillaient dans les villes. Les socialistes réclamaient une république. Wilhelm était convaincu que les juifs les manipulaient. Il refusa de recevoir leurs députés et les traita d'« orangs-outans » et de « chiens d'antipatriotes[39] ».

Il aurait pu en aller autrement si l'entourage de Wilhelm l'avait apaisé ou conseillé judicieusement. Mais il ne fréquentait presque que des militaires issus de la noblesse prussienne aux vues étroites. Ceux-ci ne comprenaient ni n'appréciaient les sociaux-démocrates ou les socialistes, pas plus que Wilhelm lui-même. La plupart, tel le général Hans von Plessen, le commandant du Q.G. du Kaiser, étaient des réactionnaires va-t-en-guerre en complet décalage avec l'Allemagne depuis les années 1870, une société industrielle florissante beaucoup mieux informée et moins soumise qu'auparavant. L'impératrice ne valait pas mieux. Certes, elle savait réconforter Wilhelm mieux qu'une mère en cas de crise nerveuse mais elle n'exerçait sur lui aucune influence. De toute façon, ses horizons étaient aussi bornés que ceux des autres. Vu que Wilhelm s'entretenait rarement avec ses ministres et prêtait de moins en moins attention à Bethmann, il ne restait personne pour le maîtriser. La Constitution de Bismarck accordait tellement de pouvoir au Kaiser que celui-ci n'avait plus besoin d'écouter son chancelier. Sans consulter Bethmann, le Kaiser prépara un projet de loi sur l'armée et la marine dont il voulait encore augmenter le budget. Inquiet, Bethmann dut se contenter de mettre en garde le Kaiser : à moins de conserver le secret, on penserait que l'Allemagne cherchait à provoquer la guerre. La promulgation de la loi sur la marine fut remise à plus tard. Début 1913, une loi sur l'armée accrut tout de même les dépenses militaires en prévision d'un conflit.

« Me suis réveillé par une matinée divine », nota Nicky dans son journal le 2 juin 1913 à Moscou. « À dix heures, nous sommes arrivés à l'appontement de Kostroma puis, de là, nous nous sommes rendus à la cathédrale où se massaient des troupes. Je les ai passées en revue puis nous sommes entrés pour nous joindre à la sainte procession jusqu'au site où se dressera le monument en l'honneur du 300e anniversaire de la dynastie des Romanov. Chacun de nous y a posé une pierre portant son nom. Après la cérémonie, les soldats ont défilé au pas[40]. » Quatre jours plus tard eut lieu une autre cérémonie à la cathédrale de l'archange à Moscou. La famille impériale au grand complet y assista ; plus le synode et le clergé de l'église russe, les grands-ducs et grandes-duchesses, les ministres et les hauts officiers, tous en tenues de cour. Les grands événements impériaux obéissaient tous au même rituel : les membres de l'élite au pouvoir se suivaient par ordre de préséance strict et les foules, retenues par des centaines d'agents de la police secrète, assistaient respectueusement au spectacle sans manifester la moindre agitation. « Raspoutine se tenait près de l'entrée, tout le monde l'a vu, sauf moi[41] ! » se lamenta Xenia dans son journal ce soir-là. « Il était bien en évidence, encore une fois ; il y a tant de mécontentement et de protestations parmi le clergé ! » Un peu plus tard, Xenia toucha quelques mots à Nicky et Alix de sa fille Irina, qui désirait épouser le prince Felix Youssoupoff, le futur assassin de Raspoutine.

La première guerre balkanique se termina par le traité de Londres signé au palais Saint-James en mai 1913 – « en grande partie grâce à Sir E. Grey[42] », avoue George V dans son journal. « J'ose espérer que les alliés ne vont pas se battre entre eux ». La Turquie perdit la guerre et, avec elle, une large part de ses territoires européens, son prestige et le peu de respect que lui valait encore sa puissance militaire. Néanmoins, personne n'y gagna grand-chose. Très vite, les États des Balkans recommencèrent à se disputer les territoires qu'ils venaient d'acquérir alors que les grandes puissances les manipulaient à leur insu. La seconde guerre balkanique ne tarda pas à se déclencher. Le traité de Bucarest y mit un terme en août 1913 : la Bulgarie perdit l'essentiel de la Macédoine au profit de ses ennemis.

Chaque fois qu'elles rendaient compte de la situation internationale, les presses anglaise, allemande et russe montaient les trois cousins l'un contre l'autre. Eux-mêmes devaient à ce moment-là s'occuper d'affaires de famille non moins importantes à leurs yeux. La dernière-née du Kaiser, sa seule fille, la princesse Victoria-Louise ou Sissy, devait épouser le duc de Brunswick le 23 mai 1913. Le Kaiser envoya à George V et au tsar Nicolas II une invitation au mariage que tous deux acceptèrent dans l'espoir de s'y revoir. Sir Edward Grey dut expliquer à l'ambassadeur français qu'il s'agissait d'une visite à titre strictement privé mais cela n'empêcha pas les Français de craindre que l'Angleterre ne fasse désormais des avances à l'Allemagne.

« Nous avons effectué la traversée de jour jusqu'à Flessingue à bord du *Victoria and Albert*. Un moment très agréable : nous nous sommes assis sur le pont en prenant du bon temps[43] », écrit Ponsonby. Ce fut une merveilleuse excursion, tout à fait du goût du roi-matelot. Les images d'archive où on le voit franchir la passerelle à Flessingue puis longer le quai en compagnie de ses courtisans en balançant son parapluie nous laissent deviner un homme d'excellente humeur. Tout ce beau monde passa la nuit à bord du confortable train impérial envoyé par Wilhelm. Le lendemain matin, ils prenaient le café en uniforme lorsque le train s'arrêta à quarante minutes de Berlin pour accueillir à son bord l'ambassadeur Goschen et les officiers allemands qui escorteraient le roi et la reine pendant leur séjour. Le roi inspecta une garde d'honneur puis on lui présenta la suite des Allemands. Tout le monde alla au wagon-restaurant boire du café et de la bière selon une curieuse coutume allemande et Ponsonby se retrouva à « faire tourner la boutique », comme d'habitude, tâche rien moins que simple puisque les Allemands parlaient très mal anglais. Heureusement, ils arrivèrent bien vite à Berlin où les attendaient le Kaiser, son épouse et « un certain nombre de princes et de princesses ». Les actualités allemandes filmèrent quantité d'embrassades et de claquements de talons avant que le roi et l'empereur, Georgie et Willy, inspectent ensemble une énième garde d'honneur. Puis la fanfare entonna une marche et la garde parada au pas de l'oie ; « en levant les pieds jusque sous leur nez », comme disait Ponsonby.

Le lendemain, le roi insista pour accueillir à la gare le tsar qui s'était déplacé avec sa suite habituelle et plus d'une centaine d'agents de police mais sans la tsarine retenue chez elle par sa mauvaise santé et son fils Alexis. Le Kaiser en fut « plutôt contrarié » car il comptait accompagner seul le tsar en carrosse ouvert de la gare au Neues Palais : il avait d'ailleurs demandé à ce que l'on filme la scène, colorée plus tard à la main. Georgie expliqua qu'il ne tenait pas spécialement à se joindre à la procession et qu'il se contenterait de se rendre à la gare en automobile par les rues de traverse ; ce qui apaisa Willy. Le déjeuner s'avéra délicat pour Ponsonby car les Russes parlaient encore moins bien anglais que les Allemands. Le lendemain soir, ils allèrent au théâtre de la cour voir *Kerkyra* : « une pièce inspirée par le Kaiser, où l'on voit des scènes de Corfou », comme la décrit ironiquement Ponsonby.

Le mariage eut lieu le 24 mai. « Les invités reçurent tous de copieuses instructions : ils n'avaient donc plus d'excuse pour commettre le moindre impair[44]. » La compagnie s'assembla dans les salles de gala à 4 h 30 pour regarder passer la procession royale menée par la mariée et sa suite à qui le futur époux emboîta le pas en compagnie de sa propre suite. La chapelle du palais était bondée, il ne restait plus de place assise. Après la cérémonie, tout le monde assista au *Defilercour* dans la Weisser Saal : le *corps diplomatique* au grand complet et les principaux officiels accompagnés de leurs épouses défilèrent devant le couple royal. Chacune des dames portait la traîne de celle qui la précédait. « On s'est tous attroupés pour dîner et j'ai trouvé ma place sans la moindre difficulté », commente Ponsonby en se moquant des instructions reçues. Mille deux cents convives y assistèrent. Comme d'habitude, le comte Eulenburg avait veillé au moindre détail, secondé par le successeur de Zedlitz-Truschler, parti quant à lui en retraite quatre ans plus tôt. Ensuite : retour à la Weisser Saal pour la fameuse *Fackeltanz* ou danse aux flambeaux : la jeune mariée fit lentement le tour de la pièce, d'abord en donnant le bras à son père et son beau-père, puis au tsar et au roi George V et ainsi de suite jusqu'au bas de la hiérarchie royale. Seules les altesses royales avaient le droit de prendre part à cette danse au snobisme des plus raffinés. Les autres Altesses, sérénissimes ou pas, en étaient exclues. La chose n'en dura pas moins une bonne heure. « À ce moment-là, debout depuis si longtemps, nous tombions tous de fatigue. Si l'on excepte le dîner, nous étions sur pied depuis quatre heures. » Même Ponsonby, pourtant habitué aux supplices de la vie de cour, en avait assez. « Nous nous sommes retirés dans nos chambres où nous avons fumé un cigare bien mérité. »

Le tsar partit le soir même mais pas avant d'avoir discuté au calme avec Georgie, seul à seul et hors de portée d'oreille de Willy. « Ai vu Nicky dans sa chambre », note Georgie dans son journal le 22 mai et, plus tard le même jour : « Ai été à l'hôtel Kaiserhof voir les cousins, ai croisé

Nicky et nous avons tous pris le thé ensemble[45]. » « Ai eu une longue conversation fort satisfaisante avec ce cher Nicky », ajoute-t-il le lendemain, « c'était bien lui, toujours le même[46] ». Georgie se plaignit tout de même de ne pas avoir pu se débarrasser de Willy un seul instant. Celui-ci l'espionnait sans arrêt, l'oreille « collée au trou de la serrure », de crainte que ses cousins ne complotent contre lui. Juste avant que Nicky ne s'en aille, les deux cousins posèrent ensemble devant l'objectif, en uniforme allemand. « May et moi avons bavardé avec ce cher Nicky jusqu'à ce qu'il parte à la gare à 10 h 15 prendre le train pour Saint-Pétersbourg[47]. »

Les trois cousins, Georgie, Willy et Nicky, ne devaient plus jamais se revoir. Quinze mois plus tard, la Première Guerre mondiale éclaterait. Les uns après les autres, les monarques d'Europe autrefois tout-puissants se mirent à vaciller sur leurs trônes ; à l'exception de Georgie qui avait la chance de régner sur une monarchie constitutionnelle à même de conserver la pompe du régime sans accorder au souverain le moindre pouvoir effectif.

17.

TROIS COUSINS S'EN VONT EN GUERRE

« Très cher Nicky », écrivit Georgie du château de Windsor, le 16 juin 1914, « tu n'as pas oublié les nombreuses conversations décisives que nous avons eues l'an dernier à Berlin, où nous sommes tombés d'accord sur l'extrême importance du maintien des relations les plus amicales entre nos deux pays, afin de garantir la paix en Europe. J'avoue que cela m'inquiète tant que je t'écris cette lettre personnelle pour t'expliquer la cause de mon inquiétude[1] ». Personnelle ? On peut en douter. Dans les archives royales de Windsor en figure une copie de la main de Stamfordham et une autre dactylographiée venant du ministère des Affaires étrangères. George V y aborde la situation en Perse qui en réalité importait peu : il s'agissait surtout de réaffirmer l'alliance entre la Russie et la Grande-Bretagne face à la menace d'un conflit. Georgie ajoute qu'il n'entrerait pas dans les détails car le comte Benkendorf, l'ambassadeur russe, venait de recevoir un mémoire rédigé par « mon gouvernement » dont Sir George Buchanan, l'ambassadeur anglais à Saint-Pétersbourg, devait discuter avec M. Sazonov, le ministre russe des Affaires étrangères.

Sazonov ne manquait pas de bonne volonté. On ne pouvait en dire autant de son collègue de l'Intérieur, Petr Dournovo. En février, celui-ci présenta un mémoire au tsar : une guerre européenne se profilait à l'horizon mais, contrairement à une opinion fort répandue, elle s'éterniserait sans doute. La Russie, profondément divisée, n'était prête à soutenir un conflit ni sur le plan économique ni sur le plan politique. Une défaite risquait de provoquer une révolution à grande échelle. Autant que la Russie ne se hasarde donc pas à combattre l'Allemagne. Celle-ci en voulait d'ailleurs surtout à la Grande-Bretagne. Dournovo estimait le régime parlementaire anglais trop libéral. L'alliance avec la Grande-Bretagne ne profiterait pas beaucoup à la Russie.

« Mon grand désir est de voir un sentiment amical envers la Russie prévaloir chez le peuple britannique », continue Georgie, « et aussi les partis politiques, conservateurs comme libéraux ; je souhaite par conséquent que nos deux gouvernements se livrent à un échange de vues franc et amical à propos de la situation en Perse ». L'opinion publique revêtait une importance cruciale, comme son père Édouard VII le savait si bien. De nombreux libéraux et la plupart des socialistes se montraient hostiles au gouvernement répressif de l'autocrate de toutes les Russies. Une épidémie de grèves et de troubles sociaux s'était répandue en Angleterre les deux années précédentes. Il fallait donc user de précaution envers l'alliance anglo-russe : les syndicats des deux pays se serraient les coudes. Georgie conclut sa lettre par quelques lignes de son cru : « J'espère que tu as passé un bon moment à Livadia, que cette chère Alicky va mieux et a repris des forces depuis son séjour là-bas. Tante Minny se porte comme un charme, elle et Maman sont tellement contentes de se retrouver ensemble. May se joint à moi pour te transmettre nos meilleures amitiés à toi & Alicky. Je reste toujours ton vieil ami et cousin dévoué, Georgie. »

Le 15 juin, en Allemagne, Willy célébra le vingt-cinquième anniversaire de son accession au trône de Prusse à la tête du IIe Reich. Discours, dédicaces, inaugurations et défilés militaires se succédèrent. Les sujets de Sa Majesté eurent droit à des parades accompagnées par des orchestres, des dignitaires locaux, et des chars représentant les corps de métier au grand complet. Les festivités se terminèrent dans les biergarten à manger des bockwurst en buvant, chantant et dansant[2]. On s'arracha des millions de cartes postales représentant le Kaiser vêtu d'uniformes divers et variés, les moustaches retroussées et les yeux brillants. Par tout le Reich, on inaugura des monuments massifs en granit et en bronze où trônaient de gigantesques Frédéric Barberousse et autres héros germaniques en style fasciste flamboyant, bien avant que ce terme n'acquière sa signification actuelle. Dans les salles de concert, des orchestres beuglèrent du Wagner et, dans les bibliothèques universitaires, des professeurs composèrent des Festschrift ou mélanges offerts à Guillaume II à la gloire de tout ce qui venait d'Allemagne. À Berlin se massa une foule curieuse de voir le Kaiser parader à cheval, le bras gauche posé sur la garde de sa puissante épée afin de dissimuler son handicap. Jamais Sa Majesté n'avait joui d'une telle popularité. Quant aux socialistes, le Kaiser s'en tint à son opinion telle qu'il l'avait jadis exprimée à Bülow : « D'abord, abattons les socialistes, décapitons-les, mettons-les hors d'état de nuire, si nécessaire, massacrons-les tous. Puis : une guerre à l'étranger ! Mais pas avant, et pas à temps[3] ! »

Le 28 juin, l'archiduc François-Ferdinand, l'héritier du trône des Habsbourg, mourut assassiné à Sarajevo par un jeune patriote serbe bosniaque résolu à ce que l'Autriche libère sa patrie. « Un choc terrible pour ce cher vieil empereur[4] », note ce soir-là Georgie, sans mesurer encore l'importance de l'événement. Une fois de plus, le roi se retrouvait aux prises avec la crise irlandaise et la Bosnie lui semblait bien lointaine. Son cousin Henri de Prusse venait de passer un mois en Angleterre à discuter avec lui de la situation internationale. Henri se fit d'ailleurs un devoir de rapporter leurs conversations à son frère Willy, quoique pas toujours très exactement. Le 27 mai se déroula le Derby d'Epsom et le 4 juin, le roi tint sa cour où « une jeune femme, Miss Bloomfield, une suffragette, je suppose, tomba à genoux en criant "Pour l'amour de Dieu, Votre Majesté". Après quoi, on la fit sortir. Je ne sais vraiment pas ce qui nous attend[5] ».

George V passa une longue journée fatigante à la foire agricole royale le 3 juillet. Le 6, le roi et la reine se rendirent en visite officielle à Glasgow. Le 19 à Portsmouth, ils défilèrent en vapeur devant les vaisseaux de la flotte britannique massés entre Spithead et Cowes. De retour à Londres, le roi assista à la conférence sur l'autonomie irlandaise organisée à sa demande par Asquith. Ce dernier n'avait obéi au roi que par souci d'apaisement, en se doutant bien que la conférence ne mènerait à rien. « Je crois qu'il est conscient du caractère inévitable de l'autonomie irlandaise », confia-t-il à sa fille Violet. « Seulement, ça lui sape le moral. Pauvre petit homme, il n'est pas à la hauteur de son poste[6]. » Tout le monde savait que Stamfordham s'opposait à l'autonomie irlandaise. « Je suppose que ce vieux butor de Stamfordham lui aura mis de mauvaises idées en tête », commenta Violet. Trois jours plus tard, le roi dut admettre sa défaite ; aucun des deux camps ne voulant se résoudre à un compromis au profit de la paix en Irlande. « La situation politique [de l'Irlande] m'inquiète beaucoup : elle devient très préoccupante[7] », avoue le roi. La conjoncture internationale n'affecta pas George V avant le 25 juillet, lorsque Sir Edward Grey lui exposa le point de vue du comte Benkendorf sur l'assassinat de l'archiduc. « Il semblerait que nous soyons à deux doigts d'une guerre européenne à cause de l'ultimatum envoyé par l'Autriche à la Serbie », confia George V à son journal. Le lendemain matin, Henri revint de Cowes prendre congé de son cousin avant de rentrer en Allemagne. Le roi renonça à se rendre aux courses de Goodwood.

Deux jours plus tôt, le ministre des Affaires étrangères autrichien, le belliqueux comte Leopold von Berchtold, avait envoyé à la Serbie un ultimatum formulé de manière à provoquer son rejet. Celui-ci fournirait à l'Autriche le prétexte rêvé pour déclarer la guerre. En Russie, le ministre des Affaires étrangères Sazonov téléphona aussitôt au tsar. D'après lui, l'Autriche et l'Allemagne étaient de mèche à propos de l'ultimatum. Nicolas lui-même ne semblait pas convaincu que son cousin souhaitait un conflit. Le tsar confia à son ministre des Finances, Petr Bark, que Sazonov exagérait la gravité de la situation et perdait son sang-froid. « L'empereur d'Allemagne l'avait fréquemment assuré de son désir sincère de sauvegarder la paix en Europe et il avait toujours été possible de s'entendre avec lui, même dans des cas délicats[8] », aurait déclaré Nicolas ; du moins, si l'on en croit Bark. Le tsar omnipotent de toutes les Russies ne se rendait pas compte que son cousin environné de militaires réactionnaires va-t-en-guerre détenait un pouvoir nettement moindre qu'autrefois. Sazonov avait vu juste : avant d'envoyer l'ultimatum, l'Autriche s'était assurée du soutien de l'Allemagne par une lettre de l'empereur François Joseph au Kaiser. Le brouillon de la réponse de Wilhelm annonçait que : « Sa Majesté soutiendra fidèlement l'Autriche-Hongrie en toutes circonstances. » Bethmann supprima les mots « en toutes circonstances » mais Berchtold n'en demandait pas plus : il envoya aussitôt son ultimatum. En réalité, la Serbie accepta toutes les exigences autrichiennes, sauf une : la collaboration avec les fonctionnaires autrichiens, perçue comme une violation de sa souveraineté.

En découvrant la réponse des Serbes, Wilhelm, en proie à un changement d'humeur radical, écrivit à Gottlieb von Jagow, son secrétaire d'État aux Affaires étrangères : « Il n'y a plus de raison de déclarer la guerre mais il faudra probablement obtenir une garantie que les promesses seront tenues[9]. » Il autorisa en outre « une occupation militaire temporaire d'une partie de la Serbie » en se proposant de jouer les « médiateur[s] pour la paix ». Bethmann finit par envoyer le télégramme : du Wilhelm tout craché. Si le Kaiser aimait se pavaner en donnant des ordres lors des manœuvres militaires où il ne doutait pas de remporter la victoire, son tempérament nerveux n'était pas de taille à affronter les horreurs d'une véritable guerre. Bülow en avait conscience depuis le début. « Ce fut le malheur du Kaiser et le nôtre que jamais ses paroles ni ses gestes ne coïncidèrent avec son attitude profonde », commente-t-il dans ses Mémoires. « Lorsqu'il se vantait ou même menaçait les gens en paroles, c'était souvent par volonté de surmonter sa timidité[10]. » Müller remarqua que le Kaiser semblait « anxieux au plus haut point[11] ». Le 28 juillet, l'Autriche déclara la guerre à la Serbie en bombardant Belgrade sur les encouragements des généraux allemands et de l'entourage militaire de Wilhelm. Ceux-ci estimaient en effet que le Kaiser ne devait pas se comporter en pacificateur mais en Kriegsherr : en foudre de guerre. Depuis la loi de 1913, l'armée attendait son heure. Tirpitz avait eu ses dix-huit mois supplémentaires pour préparer la marine impériale. Seul un conflit parviendrait à calmer l'agitation intérieure croissante. Désormais, rien ne retiendrait plus l'Allemagne.

Wilhelm parut soudain moins convaincu. Maintenant qu'on en venait au fait, il hésita devant la perspective d'une guerre contre ses « collègues royaux ». Il espérait encore que des négociations sous la houlette de la Grande-Bretagne ramèneraient à la raison la France et la Russie, ses alliées. À en croire son frère Henri, Georgie s'efforcerait de préserver la neutralité de la Grande-Bretagne en ne se mêlant pas au conflit. Qu'il s'agît d'une simple exagération ou pas de la part du prince, la position britannique était en réalité tout autre, comme Wilhelm aurait dû le savoir. Plus que jamais perturbé par sa double identité, il déclara à Tirpitz : « J'ai la parole d'un roi et cela me suffit. » Le 29 juillet, Grey informa l'ambassadeur russe, le prince Lichnowsky, que la Grande-Bretagne ne prendrait pas part à la guerre tant que la France et l'Allemagne resteraient en dehors du conflit. Wilhelm y vit une preuve des méfaits du régime parlementaire anglais. Ce « minable » de Grey, cette « sale bande de boutiquiers » du gouvernement britannique « ont essayé de nous embobiner par des dîners et des discours[12] », déclara-t-il à Lichnowsky, soucieux quant à lui d'éviter la guerre avec l'Angleterre. « L'Autriche a déclaré la guerre à la Serbie », nota George V dans son journal, ce soir-là. « Où cela finira-t-il ? (...) Winston Churchill est venu me voir, la marine est prête à livrer bataille mais je prie Dieu que ce ne soit pas nécessaire. Je vis en ce moment des heures de grande angoisse[13]. » Deux jours plus tôt, Churchill, le premier lord de l'Amirauté, avait ordonné à la flotte en manœuvres estivales de ne pas se disperser en revenant à ses ports d'attache.

Le Kaiser se mit à envoyer un télégramme après l'autre à son cousin l'autocrate de toutes les Russies. Le 28 juillet, il assura le tsar qu'il faisait tout son possible pour empêcher l'Autriche d'entrer en conflit avec la Russie. Le tsar répondit qu'il estimait « ignoble » l'attaque autrichienne de la Serbie. Le 29 juillet, il mobilisa son armée le long de sa frontière avec l'Autriche, mais pas avec l'Allemagne. La mobilisation ne représentait qu'une menace et pas la guerre, pourtant Willy déclara à Nicky que celui-ci provoquerait ainsi « la guerre la plus horrible jamais vue[14] ». Le Kaiser interpréta ce geste comme une trahison inconcevable de la part d'un « collègue royal » sans s'arrêter au fait que l'Autriche avait agi la première. À ce moment-là, Willy se posait encore en médiateur. Ou alors, il cherchait à gagner du temps.

Le livre blanc qui expose la version allemande des événements ayant mené à la guerre, du 23 juillet au 1er août, s'intitule : Comment la Russie et son chef d'État ont trahi la confiance allemande en provoquant la guerre en Europe[15]. Bien sûr, le livre bleu de la Grande-Bretagne, le livre orange de la Russie et le livre jaune de la France ne présentaient pas les choses sous le même angle. Lors d'un Conseil des ministres à Saint-Pétersbourg le 24 juillet, Sazonov déclara qu'au vu des informations dont il disposait, « l'Autriche-Hongrie et l'Allemagne entendaient porter un coup décisif à l'autorité russe dans les Balkans en annihilant la Serbie[16] ». Les Britanniques et les Français s'accordèrent avec leurs alliés russes pour attribuer à l'Allemagne le rôle de l'agresseur.

Le peuple allemand tout entier se fit l'écho du Kaiser : depuis des années, le sentiment prévalait que la Russie et la France privaient la nation de la « place au soleil » qui lui revenait de droit. Le « manifeste des intellectuels allemands », signé entre autres par Max Reinhardt, proclama : « Comme représentants de la science et de l'art allemands devant le monde civilisé tout entier, nous élevons une protestation contre les mensonges et les calomnies au moyen desquels nos ennemis s'appliquent à salir la pure cause de l'Allemagne dans le dur combat livré pour l'existence auquel nous avons été contraints[17]. » Gerhardt Hauptmann, prix Nobel de littérature en 1912, écrivit à son collègue Romain Rolland en France : « Naturellement, tout ce que vous dites de notre gouvernement, de notre armée, de notre peuple, est déformé et faux, tellement faux que de ce point de vue votre lettre ouverte me fait l'effet d'une page blanche. La guerre, c'est la guerre[18]. » Même la majorité des socialistes au Reichstag se déclara partisane de la guerre. « L'épée est sortie de son fourreau et je ne l'y rentrerai pas sans la victoire ni les honneurs[19] », proclama Wilhelm, le Kriegsherr, à son premier régiment des gardes, la veille du conflit.

« Je t'écris à un moment critique. Je ne sais pas ce qui risque de se passer d'ici quelques jours », télégraphia Nicky en chiffres à Georgie le 29 juillet. « L'Autriche s'est engagée dans une guerre imprudente qui pourrait très bien se terminer en conflit généralisé. C'est horrible[20] ! » Jusqu'à présent, expliqua-t-il, la Russie tentait de se montrer patiente envers l'Autriche, mais en vain. Il gardait confiance en la puissance russe et son bon droit mais il lui fallait prendre des mesures énergiques pour la défense de son pays compte tenu de l'état d'urgence. « Si une guerre généralisée éclatait, je sais que nous bénéficierions du soutien inconditionnel de la France et de l'Angleterre. En dernier recours, j'ai demandé à William de faire pression sur l'Autriche. » « Des télégrammes arrivent de l'étranger sans arrêt[21] », précise Georgie dans son journal le 30 juillet. « Nous ne ménageons pas nos efforts pour préserver la paix et éviter une guerre à l'échelle européenne mais l'avenir s'annonce noir. » Le débat sur l'autonomie irlandaise fut reporté aux calendes grecques. Le même jour, Willy écrit : « Ainsi, l'encerclement notoire de l'Allemagne est désormais un fait établi et la politique anti-allemande que l'Angleterre poursuit partout dans le monde a remporté la victoire la plus spectaculaire. Même après sa mort, Édouard VII reste plus fort que moi, bien que je sois toujours vivant, moi[22] ! »

Le lendemain, 31 juillet, l'engrenage de la guerre semblait déjà impossible à arrêter. George V s'entretint avec Asquith le matin et Kitchener l'après-midi. Le soir, il s'occupa de sa collection de timbres et se coucha, épuisé, à 11 h 30. Son écuyer d'honneur, Colin Keppel, le réveilla à 0 h 45 : le Premier ministre voulait le voir. George V se rendit à la salle d'audience où Asquith attendait de lui montrer le brouillon d'un télégramme qu'il désirait envoyer en son nom au tsar pour essayer une dernière fois de préserver la paix. En Angleterre, le consentement du roi à la requête de son Premier ministre ne relevait que d'une simple formalité. George V n'avait pas à prendre de décision. Il donna la permission d'envoyer le télégramme au tsar et, à 1 h 40, retourna se coucher.

Sir Edward Grey envoya le télégramme à Sir George Buchanan à Saint-Pétersbourg. Daté du 1er août 1914 à 3 h 30, il stipule : « Vous devez tout de suite demander une audience à Sa Majesté l'empereur et lui transmettre ce message personnel du roi : "mon gouvernement a reçu la déclaration suivante du gouvernement allemand : 'le 29 juillet, l'empereur russe a demandé à l'empereur allemand par télégraphe de servir de médiateur entre la Russie et l'Autriche. L'empereur s'est aussitôt déclaré prêt à le faire. Il en a informé l'empereur russe par télégramme et a agi en conséquence à Vienne. Sans attendre le résultat de sa démarche, la Russie a mobilisé ses troupes contre l'Autriche (...) nous avons donc informé la Russie que, à moins qu'elle ne soit prête à suspendre d'ici douze heures ses mesures hostiles envers l'Allemagne et l'Autriche, nous serions obligés de mobiliser notre armée, ce qui signifierait la guerre. Nous avons demandé à la France si elle resterait neutre en cas de conflit entre l'Allemagne et la Russie[23]". » Le télégramme continuait, comme si Georgie s'adressait en personne à Nicky : « Je ne peux m'empêcher de penser qu'un malentendu quelconque nous a entraînés dans cette impasse (...) j'ai très à cœur de ne laisser passer aucune occasion d'éviter la terrible calamité qui menace le monde entier. Je compte par conséquent sur toi, mon cher Nicky, pour dissiper le malentendu qui, j'en suis sûr, a dû se produire, et rouvrir la voie aux négociations et à la paix. »

Pour faire bonne mesure, le Kaiser envoya à son cousin le roi un télégramme personnel de la même facture que son message officiel, qui parvint au palais de Buckingham à 13 h 05 le 31 juillet. Le roi en prit connaissance une minute plus tard. « Merci beaucoup pour ce gentil télégramme. Tes propositions coïncident avec mes idées et les déclarations que j'ai reçues cette nuit de Vienne et que je te transmets à Londres. Mon chancelier vient de m'annoncer qu'il a appris officiellement que, ce soir, Nicky a ordonné la mobilisation de toute son armée et sa flotte. Il n'a même pas attendu le résultat de la médiation à laquelle je travaille et m'a laissé sans nouvelles. Je pars pour Berlin prendre des mesures de défense de mes frontières orientales où se massent déjà de nombreuses troupes russes. Willy. » Wilhelm s'entretint avec Bethmann et le général von Moltke, son chef d'état-major. À 1 h 45, ils firent savoir qu'un « danger menaçant de guerre » existait et donnèrent l'ordre à l'ambassadeur allemand à Saint-Pétersbourg de mettre en garde le tsar : si les Russes ne cessaient pas « les mesures guerrières » contre l'Allemagne et l'Autriche, en moins de douze heures, l'Allemagne masserait des troupes le long de sa frontière orientale.

Ce jour-là, Sir Edward Grey se rendit au palais de Buckingham en cherchant à dissiper d'autres « malentendus ». Dans les archives royales figure le brouillon non daté d'un télégramme au Kaiser que Grey voulait envoyer au nom du roi afin de corriger une fausse impression que les Allemands cherchaient peut-être délibérément à produire. « Je pense qu'un malentendu a dû surgir à propos d'une suggestion émise au cours d'une conversation amicale entre le prince Lichnowsky et Sir Edward Grey cet après-midi alors qu'ils évoquaient un moyen d'éviter [le mot "empêcher" est raturé] des combats entre les armées française et allemande tant qu'il reste encore un espoir que l'Autriche et la Russie parviennent à s'entendre. Sir Edward Grey tentera de s'entretenir avec le prince Lichnowsky demain matin tôt pour s'assurer ["s'assurer de ce qu'il a compris" est barré] s'il y a eu malentendu ou pas de sa part[24]. »

Quoi qu'il en soit, le 1er août à 7 h 05, le Kaiser envoya de Berlin à Sa Majesté le roi un autre télégramme qui parvint à Buckingham à 7 h 14 pour être transmis à 7 h 15 à George V dont le sommeil avait déjà été interrompu cette nuit-là par son Premier ministre. « Je viens de recevoir la communication de ton gouvernement proposant la neutralité française garantie par la Grande-Bretagne la question est de savoir si dans ces conditions l'Allemagne s'abstiendrait d'attaquer la France. D'un point de vue technique, ma mobilisation qui a déjà été proclamée cet après-midi doit avoir lieu sur deux fronts, est et ouest comme prévu. Je ne peux revenir là-dessus parce que je le regrette mais le télégramme de ton cabinet m'est parvenu trop tard », affirmait Willy sans réussir à se montrer convaincant. « Si la France m'offre sa neutralité garantie par l'armée et la flotte britanniques, bien sûr je m'abstiendrai d'attaquer la France et j'enverrai mes troupes ailleurs. J'espère que la France ne s'excitera pas trop. Il est encore possible d'empêcher par télégramme et téléphone mes troupes de passer en France. Willy[25]. » À l'évidence, William avait décidé d'ignorer l'alliance de longue date entre la Russie et la France, et aussi l'Entente cordiale établie par son oncle Bertie avec la France des années plus tôt. Les Français donnèrent l'ordre de mobilisation générale à 15 h 55, les Allemands, à 16 h. À 19 h, l'Allemagne déclara la guerre à la Russie.

« Ai vu Sir Edward Grey. L'Allemagne a déclaré la guerre à la Russie à 7 h 30 ce soir & l'ambassadeur allemand a quitté Saint-Pétersbourg », note Georgie dans son journal. « Est-ce que nous allons être entraînés là-dedans, Dieu seul le sait ; en tout cas, nous n'allons pas envoyer la force expéditionnaire tout de suite. La France nous supplie de venir à son secours. En ce moment, l'opinion publique est complètement opposée à ce que nous prenions part à la guerre mais je pense qu'il sera impossible pour nous de ne pas nous en mêler vu que nous ne pouvons pas consentir à ce que la France se laisse écraser[26]. »

À Saint-Pétersbourg, Nicky écrivit le soir même : « après déjeuner, j'ai convoqué Nikolasha [son oncle le grand-duc Nikolaï] afin de l'informer de sa nomination de commandant en chef jusqu'à ce que je rejoigne moi-même l'armée. Ai été me promener avec les enfants. À 6 h 30 avons été à l'église. À notre retour, nous avons appris que l'Allemagne nous avait déclaré la guerre. Olga [sa sœur], Dmitri et Ioann [le fils de Kostia] sont venus dîner. Pendant la soirée, l'ambassadeur anglais Buchanan est arrivé avec un télégramme de Georgie. Ai passé un long moment avec lui à rédiger une réponse[27] ». Il confia plus tard à Maurice Paléologue, l'ambassadeur français, que, dès le départ de Buchanan, il s'était rendu à la chambre de la tsarine avec laquelle il avait discuté jusqu'à deux heures du matin. Puis il se fit couler un bain où il s'apprêtait à entrer lorsqu'un domestique frappa à la porte en apportant un télégramme « très important » de l'empereur Guillaume. « J'ai lu le télégramme, l'ai relu encore à haute voix (...) sans en comprendre un traître mot. Qu'est-ce que peut bien vouloir dire Willy, me suis-je demandé, lorsqu'il prétend qu'il m'appartient encore d'éviter la guerre ! Il m'implore de ne pas laisser mes troupes franchir la frontière ! Serais-je soudain devenu fou ? Le ministre de la cour, Fredericks en qui j'ai toute confiance, ne m'a-t-il pas apporté il y a six heures la déclaration de guerre que l'ambassadeur allemand venait de transmettre à Sazonov ? J'ai regagné la chambre de la tsarine à qui j'ai lu le télégramme de William. Elle a dû le lire de ses propres yeux pour le croire. Aussitôt elle m'a dit "Tu ne vas quand même pas y répondre ?" "Certainement pas[28] !" »

Le lendemain, 2 août, le tsar signa la déclaration de guerre au salon de malachite du palais d'hiver. Un Te Deum suivit sa proclamation. Le tsar et la tsarine se présentèrent au balcon qui donnait sur la place Alexandre. Nicolas II s'inclina en un geste traditionnel de dévotion devant ses sujets qui tombèrent à genoux en entonnant l'hymne national. Avant de partir pour Saint-Pétersbourg, ce matin-là, le tsar prit congé d'Alexis dans sa salle de classe. Le tuteur d'Alexis, Pierre Gilliard, se rappelle qu'il « avait l'air encore plus mal en point que la veille au soir et ses yeux brillaient comme s'il souffrait de fièvre. Il me confia que, d'après les dernières nouvelles, les Allemands venaient de pénétrer au Luxembourg et d'attaquer les douanes françaises avant même de déclarer la guerre à la France[29] ». Au moment de s'incliner devant ses sujets à genoux, le tsar se sentit ému jusqu'aux larmes. Depuis qu'une menace extérieure pesait sur la Russie, le peuple avait embrassé la cause de la guerre.

Le télégramme de Buchanan parvint ce même jour au palais de Buckingham : « Lors de l'audience que m'a accordée l'empereur à 11 h hier soir, Sa Majesté m'a transmis le message suivant qu'il désirait que je télégraphie au roi : "j'aurais volontiers accepté tes propositions si l'ambassadeur allemand cet après-midi n'avait pas présenté une déclaration de guerre à mon gouvernement. Depuis l'ultimatum à Belgrade, la Russie s'est efforcée de résoudre pacifiquement le problème soulevé par l'action de l'Autriche. L'objectif de cette action était d'écraser la Serbie et d'en faire une vassale de l'Autriche[30]." » L'équilibre des pouvoirs en serait rompu, continuait le message. L'Allemagne et l'Autriche venaient de rejeter toutes les propositions qu'on leur avait soumises. L'Allemagne n'avait offert sa médiation que trop tard, et sans rien proposer de précis. La déclaration de guerre de l'Autriche à la Serbie et les préparatifs militaires secrets de l'Allemagne avaient contraint le tsar à la mobilisation partielle puis générale. La déclaration de guerre subite de l'Allemagne prouvait que le tsar était dans son bon droit : il ne s'y attendait vraiment pas, vu que lui-même avait catégoriquement assuré à l'empereur Guillaume que ses troupes ne bougeraient pas tant que les négociations se poursuivraient. Le message se terminait ainsi : « En cette heure solennelle, je souhaite t'assurer une fois encore que j'ai fait tout mon possible pour éviter la guerre. Maintenant qu'on m'y a forcé, j'espère que ton pays ne manquera pas de soutenir la France et la Russie dans leur combat pour maintenir l'équilibre des pouvoirs en Europe. Dieu te bénisse et te protège.

Nicky. » Buchanan ajouta : « Dans le cours de la conversation, Sa Majesté a observé que (...) l'empereur allemand savait parfaitement que la Russie voulait la paix et que sa mobilisation ne pourrait s'achever avant une quinzaine de jours au moins, mais il avait déclaré la guerre en hâte afin de rendre impossible toute discussion ultérieure mettant en doute la bonne foi de l'Allemagne. La déclaration allemande présente la situation sous un jour trompeur et vise de toute évidence à persuader le gouvernement de Sa Majesté que la responsabilité de la guerre incombe à la Russie dans l'espoir de l'engager à rester neutre. »

Le 2 août, l'opinion britannique se mit à basculer sous l'influence de la presse. Ce soir-là, six mille personnes se rassemblèrent devant le palais de Buckingham en chantant et poussant des hourras. Lorsque le roi et la reine parurent au balcon, ils reçurent une « formidable ovation ». Le gouvernement restait cependant divisé. Lord Esher, en contact avec tout le monde pour ne pas changer, résume la situation dans son journal à la date du 3 août : « L'opinion des membres du cabinet diverge à propos de l'action que l'Angleterre doit entreprendre. L'objet de la controverse n'est autre que notre engagement moral envers la France et la Russie ; la France, comme de juste, nous a demandé de nous décider immédiatement ; douze membres du cabinet se sont opposés à tout engagement décisif. Telle était la situation dimanche soir ; rien de conséquent n'a été arrêté[31]. » Aux yeux d'Esher, qui mettait depuis le début son pays en garde contre l'Allemagne, le choix ne faisait pas de doute. Asquith, Haldane et Lloyd George hésitaient, eux, bien que, comme le dit Esher, « la nature combative de Lloyd George l'incitera à ne pas renoncer à ses devoirs et le mènera de champ de bataille en champ de bataille. Au fond de son cœur, il déteste le tempérament allemand, si différent du sien, et il se fiche bien de la Kultur qui séduit tant de ses collègues ». L'un des membres du cabinet démissionna, et deux autres menacèrent de l'imiter.

Le peuple venait toutefois de prendre position. Lorsque le roi et la reine se promenèrent en carrosse russe le lendemain matin, ils croisèrent des foules enthousiastes tout le long du chemin. « Nous avons été obligés de nous présenter au balcon à trois reprises, à 8 h 15, 9 h et 9 h 45, acclamations formidables. L'opinion publique depuis que Grey a déclaré à la chambre aujourd'hui que nous ne devions pas laisser l'Allemagne passer par la Manche & que nous ne devions pas laisser ses troupes traverser la Belgique, a complètement changé l'opinion publique [sic], & maintenant, tout le monde se déclare pour la guerre & veut aider nos amis. L'ordre de mobilisation de l'armée va être proclamé d'un moment à l'autre[32]. » Ce n'était pas le genre de Grey de pécher par irrésolution : « Si jamais nous nous dérobons aux obligations de notre honneur et de nos intérêts », déclara-t-il au parlement, « je suis certain que notre position morale nous vaudra une perte totale de respect[33] ».

La veille au soir, Lichnowsky reçut l'ordre d'informer le gouvernement britannique que l'Allemagne imposait à la Belgique un ultimatum de douze heures réclamant le passage des troupes allemandes sur son territoire afin d'envahir la France. L'Allemagne s'y prétendait contrainte par la mobilisation des troupes françaises qui auraient ouvert le feu le long de la frontière belge. Elle promit cependant d'évacuer la Belgique dès la fin des combats en lui versant une compensation. La Belgique refusa tout net : elle ne « sacrifierait pas son honneur de nation en trahissant ses devoirs envers l'Europe[34] ». Le gouvernement britannique adressa un ultimatum à l'Allemagne lui enjoignant de retirer le sien. Les Allemands répondirent par une déclaration de guerre à la France.

« Assez chaud, des averses & du vent[35] », nota George V dans son journal le 4 août. Le matin, il travailla avec

Stamfordham, comme d'habitude. À l'heure du déjeuner, Churchill lui confirma l'envoi par le cabinet d'un ultimatum à l'Allemagne dont la réponse devait leur parvenir avant minuit. Ils n'en reçurent aucune. Le soir venu, l'Angleterre n'eut plus le choix. « J'ai réuni un conseil à 10 h 45 pour déclarer la guerre à l'Allemagne, c'est une terrible catastrofe [sic] mais ce n'est pas notre faute », commente Georgie comme s'il s'agissait d'une dispute entre cousins au jardin d'enfants. « Une foule immense s'est rassemblée devant le palais, nous sommes montés au balcon avant et après dîner. Lorsque la nouvelle de la déclaration de guerre s'est répandue, l'excitation s'est encore accrue & ce fut un moment inoubliable lorsque May, moi et David [le prince de Galles] nous sommes présentés sur le balcon ; acclamations incroyables. Prions Dieu que tout ça soit bientôt fini & qu'Il épargnera la vie de Bertie [le second fils de Georgie, le futur George VI]. Coucher à 12 heures. » Ce soir-là, des troupes allemandes franchirent la frontière belge. Ainsi commença le combat de la Belgique pour son honneur – combat mené courageusement et sans tapage par le roi Albert, qui fit de son pays l'un des grands héros pourtant les moins acclamés de cette « terrible catastrofe ».

« Ce matin, nous avons appris la bonne nouvelle : l'Angleterre a déclaré la guerre à l'Allemagne, parce que celle-ci a attaqué la France et violé la neutralité du Luxembourg et de la Belgique avec la plus grande impudence », commente Nicky dans son journal. « Ai reçu toute la matinée et l'après-midi jusqu'à 4 h. Je me suis entretenu en dernier avec Paléologue, qui est venu m'informer officiellement de la rupture entre la France et l'Allemagne. J'ai eu ma soirée de libre[36]. » Le lendemain, l'Autriche déclara la guerre à la Russie. À 11 h 30, le tsar présida un Conseil des ministres. La sœur d'Alix, Ella, vint déjeuner avec Kostia et sa femme qui avaient éprouvé quelques difficultés à passer la frontière en revenant à la dernière minute d'un voyage en Allemagne.

« J'ai reçu avec grand plaisir ton aimable télégramme », télégraphia Georgie à Nicky le 4 août, en cimentant avec chaleur l'alliance entre la Russie et l'Angleterre. « Je comprends parfaitement tout ce que tu m'as dit et la situation dans laquelle tu t'es retrouvé. Sans doute auras-tu reçu un rapport sur la déclaration de Sir E. Grey hier après-midi, qui établit clairement l'attitude de mon pays. Je suis certain que tu liras son discours avec satisfaction (...) Des moments difficiles et graves nous attendent tous deux et je prie sincèrement pour que nos deux pays les affrontent avec calme et foi en la divine providence. Dieu te bénisse et te protège, Georgie[37]. »

En Allemagne, Willy se sentit trahi. Ses cousins Nicky et Georgie avaient comploté contre lui en les entraînant tous les trois dans un conflit. Ses années d'efforts en vue de la paix n'avaient servi à rien. Le voilà désormais face au cauchemar d'une guerre sur deux fronts à la fois. « Tant d'ennemis ! » l'entendit dès lors répéter encore et encore sa fille Victoria Louise. En dissimulant sa fragilité de nerfs par une série de discours pédants, il renonça une fois pour toutes à ses origines anglaises et tonna devant les foules qui l'acclamaient : « Souvenez-vous que vous êtes un peuple élu ! L'esprit du Seigneur est descendu sur moi parce que je suis empereur des Allemands ! Je suis l'instrument du Très-haut ! Je suis son épée. Son représentant. Malheur et mort à ceux qui résisteront à ma volonté[38] ! »

Les troupes du Kaiser, en marche à travers la Belgique, chantèrent leur fameux Hasslied, le chant de la haine : « Coup pour coup et balle pour balle ; nous ne les aimons pas, nous ne les haïssons pas ; nous n'avons qu'un – et un seul objet de haine ; Nous aimons comme un seul homme, nous haïssons comme un seul homme ; Nous avons un ennemi et un seul : l'Angleterre[39] ! » Un reporter du *News Chronicle* mêlé à la foule assista au défilé des troupes allemandes à Bruxelles. « Après chaque vers de leur chant, ils avançaient de trois pas. Deux mille hommes en train de chanter ensemble en cadence et en mesure. Lorsque la mélodie cessa, le silence ne fut plus rompu que par le martèlement des bottes au bout en fer (...) Sept heures durant, l'armée passa en colonnes si compactes que pas un seul taxi ni un seul tramway ne purent circuler en ville. Tel un fleuve d'acier, elle s'écoula. Puis vint la cavalerie, les canons, les cantines, les chevaux de trait, d'autres fanfares, d'autres soldats, toute la nuit, pendant 26 heures[40]. »

Ce livre ne cherche pas à décrire le déroulement de la Première Guerre mondiale, abondamment décrit ailleurs. Il s'attache avant tout au destin des trois cousins pris dans la tourmente du conflit et à leur capacité plus ou moins grande à influer sur le cours des événements. Ce qui se vérifiait en temps de paix à propos de Nicky et Georgie se vérifierait aussi en temps de guerre. Nicky, l'autocrate de toutes les Russies, avait prise sur les événements alors que Georgie, simple souverain d'une monarchie constitutionnelle ; non ou alors très peu. Willy rejoignit Moltke au quartier général allemand : à Coblence puis à Luxembourg et, lorsque les soldats allemands avancèrent sur Paris, à Charleville où il passerait l'essentiel de la guerre. Le pouvoir qu'il détenait au début de son règne s'était alors presque entièrement effrité. L'humiliation de la conférence d'Algésiras, la débâcle de l'affaire du *Daily Telegraph*, le scandale des procès Eulenburg et la propre ambivalence du Kaiser, sa fragilité de nerfs, avaient incité ses généraux à le mettre à l'écart en minimisant son influence. Willy passa l'essentiel du conflit à voyager en train impérial d'un bout à l'autre du Reich en prononçant des discours grandiloquents ou en embrassant des enfants en uniformes prussiens miniatures quand il n'inaugurait pas des usines d'armement détenues par son ami Krupp ou qu'il ne visitait pas des blessés à l'hôpital. Dès que les généraux lui permirent de se rendre sur le front, il inspecta les tranchées, épingla des médailles sur la poitrine des héros et récita d'autres discours enflammés. Le journal que Müller tint du début à la fin de la guerre nous brosse le portrait d'un Kaiser prenant peu de décisions. Son humeur oscillait de l'espoir au défaitisme ; d'une soif de sang choquante à une peur abjecte doublée d'un apitoiement sur soi. Wilhelm l'Allemand se pavanait en se montrant à son avantage à son peuple dont une grande part croirait à la fiction du Kaiser tout-puissant presque jusqu'au bout. À l'inverse, William l'Anglais se sentait perdu et trahi par ses cousins, les seuls au monde capables de comprendre ce que cela faisait de se trouver à leur place à tous les trois.

« Quels jours terribles nous traversons[41] », écrit Alix à sa belle-mère Minny en déplacement en Angleterre, le 29 juillet. « À tout moment, un télégramme, un coup de téléphone – personne ne sait ce qui va arriver. On ne peut que prier pour que ce cauchemar s'arrête. Dieu merci l'Angleterre et la France sont avec nous. Et il semblerait que le Danemark et la Belgique se soient aussi mobilisés. Je continue d'espérer que Dieu pourra nous aider et qu'il nous aidera. Pour vous qui êtes aussi loin, ce doit être très pénible. Comment George envisage-t-il la situation ? Si seulement on pouvait renvoyer l'affaire à la conférence de La Haye, c'est à cela qu'elle sert ! Pardon pour la brièveté de ma lettre mais je ne suis pas dans l'état d'esprit qui convient pour écrire. C'est important pour moi d'œuvrer par ma force et mon calme au soutien de mon Nicky bien-aimé. Je vous envoie mes compliments pour votre fête. La poignée d'ombrelle que nous vous offrons a été fabriquée par notre propre usine ici. J'ai fait une couverture en pensant que vous n'en aviez sans doute pas. Les autres vont bien. Votre enfant aimante à jamais, Alix. » Mi-Allemande, mi-Anglaise, Alix écrivait à sa belle-mère danoise comme si toutes deux étaient russes. En un sens, elle n'avait pas tort. Leur double voire triple identité, habituelle au sein des familles royales d'Europe en temps de paix, s'avérerait fatale en temps de guerre, comme Alix ne tarderait d'ailleurs pas à s'en apercevoir.

Le déclenchement des hostilités surprit de nombreuses têtes couronnées là où il valait mieux ne pas s'attarder : le prince Henri se trouvait à l'été 1914 en Angleterre alors que Victoria, la sœur aînée d'Alix dont le mariage au beau Louis Battenberg avait tant réjoui leur grand-mère, séjournait en Russie. Minny, la tsarine douairière, avait rejoint sa sœur Alexandra en Grande-Bretagne. Dans l'Europe entière, des nounous et des gouvernantes, des précepteurs et des hommes d'affaires, des diplomates et des domestiques, des maris et des épouses regagnèrent leurs pénates en toute hâte. Victoria passa un mauvais moment lorsqu'elle dut traverser l'Allemagne, le pays de son enfance, saisi par une fièvre belliqueuse des plus démentes. Minny s'apprêtait à partir pour Sandringham avec Alexandra lorsque le comte Benkendorf leur confirma que la guerre était inévitable et qu'il lui fallait plier bagage sur-le-champ.

Les deux sœurs s'échangèrent des adieux larmoyants le premier août. Minny se rendit à Berlin à bord du train impérial qui l'attendait à Calais mais, de là, il lui fut impossible de rejoindre la frontière russe. Elle patienta plusieurs heures en refusant d'en appeler à Wilhelm. Les fonctionnaires, d'ordinaire obséquieux, rivalisèrent pour le coup d'impolitesse. Les Allemands sur le quai lui manifestaient ouvertement leur hostilité. Sa petite-fille Irina et son mari Felix Youssoupoff parvinrent à rejoindre Berlin ; le déclenchement du conflit les avait eux aussi surpris là où il valait mieux qu'ils ne s'attardent pas. D'autres Russes de passage à Berlin prirent place à bord du train en tirant les rideaux des compartiments. Deux fonctionnaires des Affaires étrangères finirent par se présenter. La tsarine douairière pouvait soit retourner en Angleterre, soit gagner la Russie par le Danemark, la Suède et la Finlande avec les stores baissés et les wagons fermés à double tour. Minny opta pour la deuxième solution. De retour en Russie, elle se consacra à l'effort de guerre en soutenant la croix rouge et les services médicaux inadaptés de l'armée afin d'organiser l'évacuation des blessés du champ de bataille vers les hôpitaux. Sa fille Olga se rendit utile dans un grand hôpital de campagne proche du front Est. Son fils Misha, dont le mariage irréfléchi avec une roturière venait enfin de lui être pardonné, se battrait au sein d'une division de la cavalerie caucasienne. « Vous n'imaginez pas quelle satisfaction j'éprouve », confia la tsarine douairière au président de la douma, « après avoir été obligée de dissimuler mes sentiments pendant cinquante ans, de pouvoir enfin clamer au monde entier à quel point j'exècre les Allemands[42] ».

Gilliard, le tuteur d'Alexis, décida de ne pas quitter Saint-Pétersbourg pour sa Suisse natale mais de rester auprès de la famille impériale jusqu'au bout. Il compatit au sort de la tsarine, séparée de sa famille anglaise et allemande. Comble de l'horreur : son frère Ernie luttait dans les rangs de l'ennemi. « Je n'ai moi-même aucune nouvelle de mon frère », confia la tsarine à Gilliard. « Où est-il ? En Belgique ou sur le front français ? Je tremble en songeant que l'empereur Guillaume pourrait se venger de moi en l'envoyant sur le front russe. Il est bien capable d'une chose aussi monstrueuse ! Quelle horrible guerre ! Quels maux et quelles souffrances elle nous apporte ! Que deviendra l'Allemagne ? Quelle humiliation, quelle chute le destin lui réserve-t-il ? Et tout cela, à cause des péchés des Hohenzollern, leur orgueil stupide et leur ambition insatiable. Qu'est-il arrivé à l'Allemagne de mon enfance[43] ? »

Alix avait deviné juste à propos de l'humiliation et de la chute qui guettaient l'Allemagne même si son triste sort ne la frapperait pas avant un laps de temps beaucoup plus long que quiconque l'imaginait. Comme le déclara par la suite

Lloyd George, le successeur d'Asquith au poste de Premier ministre en 1916, qui mènerait la Grande-Bretagne à la victoire finale : « En tant que tribunal établissant les torts dans une querelle, la guerre est cruelle, douteuse et onéreuse (...) et son coût est prohibitif [44]. » Près de dix millions de personnes périrent au cours de la Première Guerre mondiale. Vingt autres millions finirent blessés ou mutilés ; sans parler des veuves et orphelins de guerre ni de tous ceux qui en conserveraient des cicatrices émotionnelles à vie. Parmi les grandes puissances, les Russes perdirent 1,7 million d'hommes, les Allemands, 1,9 million, les Britanniques, 1 million, les Austro-Hongrois 1 million aussi et les Français 1,5 million. Les États-Unis, entrés en guerre à la dernière minute, perdirent 116 000 hommes[45]. »

« Je te félicite de tout cœur de la splendide victoire de tes vaillantes troupes à Lumberg[46] », télégraphia Georgie à Nicky le 4 septembre 1914 à propos des succès des Russes en Galicie, alors que l'armée russe venait de pousser jusqu'à deux cent quarante kilomètres de Berlin. « Mes pensées t'accompagnent continuellement dans notre combat commun et j'ai confiance en notre victoire finale. May te transmet son affection. Georgie. » Le 21 septembre, Nicky répondit, par l'entremise de son ambassadeur : « Je prie le comte Benkendorf d'assurer Sa Majesté que quelles que soient les difficultés à affronter et les pertes à subir, la Russie poursuivra son combat contre notre adversaire jusqu'au bout[47]. » Déjà, à ce moment-là, les difficultés et les pertes tempéraient le succès initial. Le front Est s'étendait sur plus d'un millier de kilomètres d'une rive à l'autre. Comme l'avait annoncé Petr Dournovo, l'armée russe était aussi mal préparée que mal équipée. En plus, l'hiver russe ne pardonnait pas. Le système de ravitaillement en nourriture, habits et armes par chemin de fer appartenait à un autre âge. Les généraux, sous la houlette du grand-duc Nikolaï, rivalisaient d'incompétence. La marine russe ne s'était toujours pas relevée de l'humiliante guerre contre le Japon, neuf ans plus tôt à peine. La contre-attaque allemande, menée par l'imbattable équipe des généraux Hindenburg et Ludendorff, écrasa les Russes, d'abord à Tannenberg puis aux lacs masures. En décembre, les Allemands avancèrent en Pologne russe jusqu'à la forteresse de ód qu'ils enlevèrent à leurs ennemis.

Le Kaiser noya Hindenburg et Ludendorff sous les honneurs. Il ne se félicita hélas pas autant du général von Moltke sur le front Ouest. Moltke dut affronter une résistance des Belges bien plus vigoureuse qu'il ne s'y attendait. Liège ne tomba qu'après des combats jusqu'à la mort. La citadelle de Namur, défendue par les troupes françaises et britanniques au côté des Belges, ne fut prise qu'à la suite de lourds bombardements. Anvers revint aux Allemands le 9 octobre, Gand le 11 et Lille le 12. Ypres résista jusqu'à la fin de la guerre, bien qu'il en coûta la vie à quatre-vingt mille hommes. La plus grave erreur du général von Moltke fut toutefois de modifier le plan Schlieffen conçu en 1897 par le général comte Alfred von Schlieffen, alors chef d'état-major, dans l'optique d'une guerre sur deux fronts Est et Ouest. Une attaque éclair de la France via la Belgique devait préluder à une offensive contre la Russie. Le projet reposait tout entier sur sa vitesse d'exécution. « Déjeuner à Paris, dîner à Saint-Pétersbourg », pour reprendre les persiflages du Kaiser. Moltke modifia le plan d'invasion de la France, qui reposait sur le principe d'une attaque par deux flancs : le Nord et Calais d'une part et le Sud vers Paris de l'autre. Alarmé par certains rapports faisant état de forces alliées bloquant la route de la capitale, il décida de déployer les troupes du Nord vers le Sud par la Marne. Résultat : Paris fut perdu pour les Allemands. Le Kaiser qui exultait il y a peu encore bascula dans la colère et la dépression nerveuse. En tant que commandant en chef des troupes, il décida de remplacer Moltke par Falkenhayn, le ministre de la Guerre.

Il ne restait plus au Kaiser qu'un seul pouvoir : celui de nommer ses subalternes. Une fois encore, il l'exerça en se fondant sur ses préférences personnelles pas très fiables. Falkenhayn n'avait que peu d'expérience de la guerre mais il semblait taillé pour le rôle : ce bel homme de haute stature aux manières distinguées, confiant en lui, impressionnait beaucoup le très impressionnable Kaiser. Falkenhayn ne rencontra toutefois pas plus de succès que Moltke. En août 1916, lorsque la Roumanie s'engagea du côté des alliés, le Kaiser, désillusionné, le remplaça par Hindenburg et Ludendorff, qui allaient mener les opérations de concert jusqu'à la fin.

Les deux généraux accaparèrent le commandement en ôtant au Kaiser les derniers vestiges de son pouvoir. Le matin, celui-ci montait à cheval, lisait les journaux puis déjeunait avec son entourage militaire ; l'après-midi, il se promenait, visitait les sites plus ou moins remarquables des environs, et cassait du bois. À l'occasion, il se rendait sur le front où il décernait des médailles, prononçait des discours exaltants et inspectait ses troupes ; ou alors, il s'absentait du quartier général, le temps d'une partie de chasse. Tout le monde s'efforçait de rendre le Kaiser heureux. Afin d'alléger son humeur, certains de ses vieux amis, comme Schönburg-Waldenburg qu'il connaissait depuis sa plus tendre enfance, se mêlèrent à son entourage en évitant de lui transmettre les mauvaises nouvelles. À partir de la deuxième année de conflit enlisé dans les tranchées sans le moindre signe de victoire de l'un ou l'autre camp, Wilhelm devint sujet à des dépressions et des crises de nerfs de plus en plus fréquentes. Dès qu'on lui annonçait une percée de ses troupes sur le front Ouest, il ne tenait plus en place. À l'inverse, lorsqu'il parcourait les listes des pertes allemandes croissantes, les larmes lui venaient aux yeux. À ces moments-là, seule Dona, plus dévouée que jamais, parvenait à le réconforter. Hélas, elle voulait à tout prix la guerre car elle détestait l'Angleterre du fond de son cœur.

Le besoin de réconfort du Kaiser s'accrut encore lorsque l'Italie, jusque-là neutre malgré la Triple-Alliance, entra en guerre au côté des alliés en avril 1915. Georgie envoya à Nicky un télégramme jubilatoire par l'entremise de Sir George Buchanan : « on t'aura annoncé que la signature date d'aujourd'hui (...) je ne pourrai te remercier assez pour ton concours dans l'heureuse issue de ces délicates négociations[48] ». L'engagement de l'Italie marqua un tournant décisif dans la mesure où d'autres pays allaient suivre son exemple. Le tsar toujours soucieux de ne rien précipiter n'y était pourtant pas pour grand-chose. Quelques jours plus tôt, Buchanan avait reçu un télégramme chiffré des Affaires étrangères, « urgent et confidentiel », contenant un message de Georgie à Nicky à propos des négociations en cours avec l'Italie. Buchanan ne devait cependant pas transmettre le message du roi au tsar s'il l'estimait « susceptible de nous nuire pour l'instant ». En Grande-Bretagne, la conduite de la guerre appartenait au ministère des Affaires étrangères et aux hommes politiques. Conscients que ce n'était pas le cas en Russie, ces derniers marchaient sur des œufs.

Après ses victoires initiales, la Russie subit une série de revers. Des offensives allemandes successives lui enlevèrent la Pologne, la Lituanie et une partie de l'Ukraine. « Mon cher Nicky », lui écrivit Georgie depuis le confortable château de Windsor, le 8 août 1915, « je compatis à ton sort en ces jours d'angoisse que tu traverses depuis que ton armée a été forcée de battre en retraite à cause du manque de munitions et de fusils, malgré sa vaillance contre notre plus puissant ennemi (...) je peux t'assurer qu'en Angleterre, nous remuons ciel et terre pour produire les munitions et les fusils nécessaires et nous envoyons nos troupes fraîches au front aussi vite que possible. L'Angleterre a décidé de mener cette guerre atroce jusqu'au bout, quels que soient les sacrifices qu'il nous en coûtera, notre existence même est en jeu. Je suis si content de constater par ta lettre que la Russie aussi entend se battre jusqu'au bout et je sais que la France partage notre résolution. Dieu te bénisse, mon cher Nicky, ton cousin et ami dévoué à jamais, Georgie[49] ».

Cet automne-là, Nicky prit une décision cruciale à l'instigation d'Alix. « En ces graves moments que traverse mon pays », télégraphia-t-il depuis son quartier général de Moghilev à Georgie, au château de Windsor, « j'ai décidé de prendre moi-même la tête de mes armées[50] ». Il ajouta qu'il plaçait sa confiance en Dieu et « les efforts combinés des alliés », avant de conclure : « Mes amitiés à toi et May, Nicky. » Voilà quelque temps déjà qu'Alix mettait en garde Nicky contre son oncle Nikolaï. « Ton être charme tout un chacun mais je veux que tu en imposes par ton intellect et ton expérience[51] », écrit-elle en avril à son trésor, sur le front. « Nikolasha a beau détenir une position élevée, tu lui restes supérieur. Notre ami a été choqué autant que moi de voir que Nikolasha rédigeait ses télégrammes, répondait aux gouverneurs, etc. en employant ton style – il devrait en adopter un plus simple et humble et d'autres choses encore. Tu trouveras que je me mêle de ce qui ne me regarde pas mais une femme sent les choses parfois plus clairement que mon trop humble chéri. L'humilité est le plus grand don de Dieu – mais un souverain a besoin de manifester sa volonté plus souvent. » En mai, elle enjoignit Nicky de rester « ferme, mon aimé, montre-leur ce que tu penses, fais comprendre aux autres que tu sais ce que tu veux. Souviens-toi que tu es l'empereur (...) Nikolasha n'a aucun droit de donner des ordres sans te demander ta permission au préalable[52] ».

En septembre 1915, Nicky arrêta sa décision sans écouter aucun de ses ministres : il remplacerait lui-même son oncle le grand-duc Nikolaï au poste de commandant en chef de l'armée et de la flotte impériales. « Le comportement de certains ministres continue de me sidérer ! » écrit-il à sa « très chère Sunny bien-aimée » depuis le quartier général de Moghilev. « Ma foi, tant pis pour eux ! Ils craignaient de fermer la douma – eh bien, c'est fait ! Je suis parti ici et j'ai renvoyé Nikolasha au mépris de leurs avertissements ; le peuple m'a naturellement suivi et compris – comme nous le comprenons nous-mêmes. La preuve : la quantité de télégrammes les plus touchants que j'ai reçus de toutes parts. Tout ceci nous montre clairement une chose : que les ministres qui vivent toujours en ville savent mal ce qui se passe dans le reste du pays[53]. » Personne ne connaissait moins bien les gens du peuple que le tsar et la tsarine vu qu'ils ne respiraient que l'air raréfié de la cour. Ils s'accrochaient toutefois à la conviction mystique qu'eux et leur peuple, le narod composé de paysans russes, étaient animés d'une seule et même âme.

Le grand-duc Nikolaï ne brillait pas par ses compétences mais, du haut de son mètre quatre-vingt-huit, et du fait de ses manières imposantes, il jouissait d'une grande popularité à la tête de l'armée. Nicky, frêle de carrure, manquait au contraire de présence et d'expérience militaire. Il pensait cependant que le moral de ses troupes, formées pour l'essentiel de paysans illettrés, remonterait dès que leur tsar vénéré se placerait à leur tête. Cela se vérifia mais à court terme seulement. Nicky parvint dans un premier temps à obtenir la coopération des fabricants d'armes qui acheminèrent plus efficacement les munitions jusqu'au front. Le général Alekséiev, son chef d'état-major, s'avéra plus compétent que ses prédécesseurs. Mais à long terme, la décision de Nicky se révélerait une grave erreur puisqu'on allait lui attribuer les défaites russes qui ne tardèrent pas à suivre.

À la cour, on s'aperçut bientôt que, plus le tsar s'attardait à Moghilev, plus le pouvoir effectif reposait entre les mains de la tsarine. « Ne viendras-tu pas au secours de ton petit mari, maintenant qu'il est absent ? » écrivit Nicky à

Alix le 7 septembre 1915. « Je ne connais pas de sentiment plus agréable que la fierté que tu m'inspires depuis ces derniers mois où tu m'as pressé presque importunément, où tu m'as exhorté à me montrer ferme et à m'en tenir à ma propre opinion[54]. » Le comte Paul Benkendorf, maréchal de la cour à Saint-Pétersbourg depuis 1904, observa avec inquiétude ce qui se passait. Il écrivit à son frère Aleksandr, toujours ambassadeur de Russie à Londres, que l'influence de la tsarine atteignait « son apogée » – une influence née « d'une volonté de fer alliée à fort peu d'intelligence et beaucoup d'ignorance[55] ».

Derrière Alix se cachait Raspoutine. Les lettres d'Alix à Nicky fourmillent de références à leur « ami » qui veillait sur Alexis en les conseillant en politique et en les mettant en garde contre leurs ennemis. « La douma doit se réunir en août et notre ami t'a supplié à plusieurs reprises de t'y résoudre le plus tard possible et pas maintenant, vu qu'ils feraient tous mieux de travailler à leur place, ici ils essayeront de se mêler de tout et de parler de choses qui ne les concernent pas[56] », écrit-elle en juin 1915. « N'oublie jamais que tu es et dois rester un empereur autocrate, nous ne sommes pas prêts pour un gouvernement constitutionnel. » Dans sa lettre du 15 septembre, elle rappelle à Nicky : « N'oublie pas de garder l'Image à la main et de te peigner à plusieurs reprises avec son peigne avant la réunion des ministres[57]. »

18.

FIN D'UN MONDE

« Mon cher Georgie », lui écrivit Nicky de son Q.G., le 24 janvier 1916, « laisse-moi te remercier encore du fond du cœur du grand honneur que tu m'as accordé en me nommant maréchal de camp de ta vaillante armée. Ton geste a donné grande satisfaction à mon pays et mes troupes[1] ». Le général britannique Callwell était parti en Russie s'entretenir avec le tsar. À son retour, il remit sa lettre au roi en mains propres. Nicky y félicitait Georgie de « la merveilleuse manière dont les troupes alliées ont quitté Gallipoly [sic] » et l'assurait que la Russie avait obtenu « quelques succès » au Caucase. Il conclut : « J'espère que tu te remettras vite de ton accident et que tu n'auras bientôt plus besoin d'une canne. Mes meilleures pensées à cette chère May et tes enfants. Je reste, mon cher Georgie, ton cousin & ami dévoué à jamais, Nicky. » Les fioritures habituelles ornaient le N de Nicky.

Georgie avait subi un malencontreux accident. Arrivé en auto à Hesdigneul pour inspecter ses troupes du front Ouest à la fin du mois d'octobre 1915, il avait enfourché un cheval d'ordinaire placide, accoutumé au bruit des canons et des blessés à l'agonie, qui finit par se cabrer en jetant le roi à terre face à un détachement du corps royal d'aviation. George V en fut quitte pour une fracture des côtes et du pelvis.

La douleur, aiguë, l'empêcha de retourner sur le front avant plusieurs semaines. Jusqu'à la fin de la guerre, le roi d'Angleterre y ferait quatre cent cinquante apparitions en décernant en personne cinquante mille récompenses pour bravoure. Avec la reine Mary, il visiterait trois cents hôpitaux plus trois cents usines de munitions et chantiers navals. Un monarque constitutionnel accompli se devait d'encourager ses troupes et son peuple en œuvrant sans compter pour la victoire – à l'abri du danger, certes. Loin de recourir au langage pompeux qu'affectionnait tant son cousin Wilhelm, il déclara plus d'une fois à ses soldats : « Il n'est pas en mon pouvoir de partager votre calvaire mais je suis avec vous de tout cœur à chaque heure qui passe[2]. » Sa sincérité éclatait dans toute sa franchise. L'inspection des troupes indiennes alimenta ses craintes sur leurs conditions de vie. Il en toucha un mot à Lord Kitchener, le secrétaire d'État à la Guerre, qui nomma aussitôt une commission d'enquête. De retour d'une visite dans l'East End londonien avec la reine Mary, le roi ordonna à Stamfordham d'envoyer un courrier à Downing Street à propos du rationnement alimentaire. « Ce matin, leurs Majestés, en se rendant à Deptford, ont vu des gens faire la queue [pour obtenir de la nourriture] et cela leur a rappelé les difficultés dont souffrent les pauvres, alors que la partie la plus riche de la communauté n'a pas à se plaindre de ce point de vue[3]. »

Lloyd George, le Premier ministre, décida de montrer au peuple que le roi et la reine partageaient leurs privations. Il leur suggéra de renoncer à certains luxes à Buckingham. Le roi et la reine ne demandaient qu'à se laisser convaincre. Le chauffage et l'éclairage furent réduits au minimum. Les souverains ne s'autorisèrent plus que quelques centimètres d'eau chaude dans leur bain. Les menus se simplifièrent. On renonça aux vins et spiritueux.

Les ronds de serviette s'imposèrent afin de limiter les coûts de blanchisserie. Le roi troqua contre un simple uniforme ses habits civils, ses fracs et ses chapeaux hauts de forme, ses costumes sur mesure et ses chapeaux melon noirs ou gris. On ne le voyait plus en costume de tweed que lorsqu'il chassait. Il tira une croix sur ses soirées au théâtre et ne dîna bientôt plus que rarement à l'extérieur. Dans les jardins de Frogmore, on planta des pommes de terre que leurs Majestés aidaient à ramasser lorsque leur emploi du temps le leur permettait.

La consternation se répandit chez les hôtes du palais de Buckingham. Les gens de cour n'en revenaient pas. « Le roi et la reine décidèrent de prendre très au sérieux le rationnement et, au petit déjeuner, ceux qui se présentaient en retard n'avaient rien à manger », note Frederick Ponsonby, que tout ceci amusait. « Quand je dis en retard, le sens ordinaire du mot rend à peine compte de l'incroyable ponctualité du roi et de la reine. Un invité arrivait en retard à table lorsque l'horloge sonnait pendant qu'il descendait les escaliers, même dans une aussi petite maison que York Cottage[4]. » Un écuyer, arrivant après les autres au petit déjeuner, commit l'erreur de demander un œuf à la coque. « S'il avait commandé une douzaine de dindes, il n'aurait pas produit autant de remous. Le roi l'accusa d'être l'esclave de son ventre, de manquer de patriotisme et il alla même jusqu'à laisser entendre que sa gloutonnerie nous ferait perdre la guerre. » Le traditionnel dîner pour trente-deux convives le jour du Derby d'Epsom se composa en 1917 de soupe, de poisson, de poulet et de macaronis, sans viande rouge ni vin. À un autre dîner la même année, le président de la République française servit du caviar, du turbot, de la selle d'agneau, une perdrix et un faisan rôtis, de la salade, de la glace napolitaine, des fraises, un gâteau, du raisin, des pêches et des poires.

Le problème central de George V ne concernait toutefois pas les menus mais les nationalités. La haine du peuple anglais envers tout ce qui venait d'Allemagne augmentait au même rythme que les pertes britanniques. On se mit en Angleterre à saccager les commerces allemands ou attaquer les gens au nom allemand. Certains même échouèrent en prison sans le moindre semblant de procès. Partout furent démasqués des « espions » allemands. Boire du vin d'Allemagne passait pour antipatriotique. Le prince Louis de Battenberg, le favori de la reine Victoria, dut renoncer à son poste de premier lord de la Mer sous la pression de la presse populaire alors qu'il servait la Royal Navy depuis son arrivée d'Allemagne pour épouser la princesse Victoria en 1884. « Je compatis à sa douleur », confia George à son journal. « Il n'y a pas d'homme plus loyal que lui dans tout le pays[5]. »

La position du roi lui-même n'était pas très claire. Il portait le nom de Saxe-Cobourg-Gotha. Son épouse, une Teck, s'exprimait avec un accent allemand, léger mais immanquable. Le Kaiser était son cousin. La chapelle de Saint-George à Windsor regorgeait d'insignes de la Jarretière appartenant aux Allemands de sa famille, par ailleurs détenteurs de commandements honoraires dans divers régiments britanniques. « Tu ferais bien d'enlever ces détestables insignes de notre église sacrée[6] », lui écrivit sa mère Alexandra, qui n'avait jamais cessé de haïr les Allemands, en joignant sa voix à celle du peuple. À contrecœur, le roi céda à la pression ambiante en se débarrassant des insignes de tous ses parents allemands sans exception. Et la reine Alexandra de se plaindre, furieuse ! Elle ne voulait voir disparaître que « ces affreuses bannières prussiennes » ; pas les autres, celles de « simples soldats ou vassaux sous les ordres de cette brute d'empereur Guillaume ». Comme sa sœur Minny, elle en était toujours restée à la guerre prusso-danoise de 1864.

Heureusement, les parents russes du roi se battaient de son côté. « En tant que maréchal de camp de l'armée britannique », écrit Nicky depuis son quartier général le

16 juillet 1916, « je te prie d'accepter et de transmettre à tes splendides troupes mes chaleureuses félicitations pour leurs grands succès en France. Mes amitiés à May. Nicky[7] ». Dix jours plus tard, Georgie lui répondit de Buckingham : « Mon très cher Nicky, le discours de William à Kiel à propos de la grande victoire navale de la flotte allemande [la bataille du Jütland] m'a fait rire. Je suis persuadé qu'ils ont perdu plus de bateaux et plus d'hommes que nous et que nous les avons forcés à rentrer au port. J'espère que cela t'aidera dans la Baltique. Je me réjouis de l'avancée de tes vaillantes troupes en Galicie et dans tes provinces occidentales. C'est merveilleux, le nombre de prisonniers qu'elles ont capturés [300 000] sans parler des fusils et des mitrailleuses. L'avance de nos troupes et des Français rencontre jusqu'à présent un certain succès sur la Somme mais nous progresserons forcément avec lenteur. Ensemble, nous avons pris 21 000 prisonniers et 100 canons. Les Allemands tiennent bon face à nous. Ton cousin dévoué et ton ami sincère à jamais, Georgie[8]. » La mère de Georgie confia quant à elle à sa sœur Minny : « Dieu merci, on s'en sort bien en France pour l'instant[9]. »

L'Histoire a retenu une autre version des faits. En février 1916, les Allemands entreprirent d'attaquer Verdun jusqu'en octobre. La bataille de la Somme, qui fit rage dès le 1er juillet, illustre à merveille l'enfer de la guerre de tranchées qui consistait à gagner un kilomètre ou deux de la boue des Flandres en l'espace d'une semaine pour le perdre la semaine suivante. La plupart des villages du Nord de la France furent rasés. Rien que le premier jour de combat, on dénombra vingt mille morts parmi les alliés. Le fils d'Asquith, Raymond, mourut au front, bientôt suivi dans la tombe par le fils de Stamfordham : John Bigge. Les pertes et les revers ne concernaient pas que le front français. En avril commença une interminable guerre civile en Irlande. En juin, Lord Kitchener périt en mer sur le chemin de la

Russie. La bataille du Jütland se conclut par un retour au statu quo.

Une chose demeure obscure : par quel miracle le général Sir Douglas Haig, commandant en chef de l'armée britannique en France depuis décembre 1915, convainquit-il le Premier ministre Lloyd George de mener sur le front Ouest une guerre de tranchées que ce dernier estimait pourtant trop coûteuse en vies humaines ? Une fois n'est pas coutume, la réponse appartient au roi. À la tête d'une monarchie constitutionnelle, George V détenait peu de pouvoir mais une influence réelle. À l'instar de ses cousins, il déplorait la moindre ingérence extérieure dans le domaine militaire. La guerre ne regardait que les soldats de métier. Il connaissait depuis longtemps le général Haig : le mari d'une ancienne demoiselle d'honneur de la reine Alexandra, un membre du cercle enchanté, et donc un homme de confiance, son ami. « Souvenez-vous que ce sera toujours un plaisir pour moi de vous aider autant que je le pourrai à vous acquitter de votre lourde tâche et de vos importantes responsabilités[10] », écrit George V à Haig en lui annonçant sa nomination. « J'espère que de temps en temps vous m'écrirez pour m'informer sans contraintes de l'évolution de la situation. Naturellement, vos lettres resteront confidentielles. » N'importe lequel des trois cousins aurait pu écrire ceci – tous aussi convaincus l'un que l'autre de leur liberté politique d'agir en sous-main sans en informer leurs ministres.

Lorsque Haig brandit la menace de sa démission après la conférence de Calais, où Lloyd George avait accepté un commandement unique pour les Britanniques et les Français sans le consulter, George V lui-même le persuada de rester en poste. « Jamais Sa Majesté ne s'y résoudra[11] », commenta Stamfordham en exprimant ainsi sa propre opinion. « Sa Majesté me prie de vous dire que vous ne devez pas vous inquiéter : vous pouvez être certain qu'il fera son possible pour préserver vos intérêts. » Et en effet, pour les préserver, il les préserva ! À l'époque de Passendale où les Britanniques déploraient déjà un million de morts au combat, Georgie écrivit à May : « Je ne saurai jamais assez t'exprimer ma profonde gratitude, May chérie, pour la manière admirable dont tu m'aides en ces heures terribles & lourdes d'angoisse. Très souvent le désespoir me gagne & sans toi je m'effondrerais[12]. » Le général Haig conserva son poste grâce au soutien du roi et de l'establishment militaire. Pour l'heure, Lloyd George n'y pouvait pas grand-chose.

« De plus d'une source me sont parvenues des informations selon lesquelles les agents allemands en Russie ont récemment cherché à semer la dissension entre ton pays et le mien en excitant la méfiance et en répandant des rapports mensongers sur les intentions de mon gouvernement[13] », annonçait le brouillon d'un télégramme du roi à l'empereur de Russie daté du 23 août 1916 et rédigé de la main de Stamfordham. Une fois de plus, le problème concernait Constantinople et les détroits. L'accord de mars 1915 stipulant que la Russie obtiendrait Constantinople à la fin de la guerre tenait toujours, affirma Georgie. « Ne permets pas que ton peuple se laisse berner par les agissements malveillants de nos ennemis. » En octobre, Georgie prit de nouveau la plume pour expliquer que le moment de rendre public le fameux accord posait problème. « Je sais que tu comprendras la nécessité pour moi de prendre en compte les sentiments de mes quatre-vingts millions de sujets musulmans. Mon gouvernement préférerait donc attendre la victoire définitive des alliés[14]. » Quant à la tentative allemande de détacher la Russie de l'Angleterre : « Quelle absurdité ! Ils te connaissent mal, toi et ton peuple s'ils croient pouvoir conclure une paix séparée avec la Russie. » Georgie remit à Nicky l'ordre militaire le plus prestigieux à sa disposition en le faisant chevalier grand-croix de l'ordre du Bain ; Buchanan en personne alla lui remettre l'insigne.

Six semaines plus tard, le 6 janvier 1917 à York Cottage, Georgie rédigea une lettre à Nicky où perçait une note d'anxiété. Les membres d'une mission gouvernementale britannique à destination de la Russie devaient la remettre au tsar en mains propres. À en croire d'inquiétantes rumeurs, la situation précaire de la Russie la contraindrait sous peu à signer la paix avec l'Allemagne. Après deux ans et demi de guerre et de défaites, le mécontentement des troupes se répandait du front Est dans les villes en attisant les troubles sociaux. À ses traditionnels vœux de l'an à son cousin, Georgie ajouta : « Je sais que tu respecteras ta promesse de lutter jusqu'au bout, comme nous-mêmes sommes prêts à le faire, quelles que soient les difficultés qui nous guettent & les sacrifices auxquels il nous faudra consentir[15]. »

L'état de la Russie était alors tel que le prédisait Petr Dournovo en février 1914. Malgré une série de victoires sur les Autrichiens augurant plutôt bien de la suite des événements, le sort des armes n'avait pas tardé à se retourner. Les désastres militaires à répétition exacerbés par un manque chronique de munitions et de matériel finirent par démoraliser les troupes sur le front Est. Il devint bientôt impossible d'appliquer la loi ou de maintenir l'ordre à l'intérieur du pays. Un peu partout, les masses se rallièrent aux slogans socialistes et la Russie se retrouva « en proie à l'anarchie la plus complète[16] ». En 1916, les soldats transis de froid, affamés et sous-équipés se rendirent par milliers aux Allemands.

Alix avait commencé la guerre sur un aussi bon pied que le reste de la Russie en décidant de soigner les blessés dans son hôpital de Tsarskoïe Selo, toute fière d'endosser son uniforme d'infirmière. Avec ses dames de compagnie, elle se mit à coudre des amulettes pour les soldats en s'imaginant qu'ils chériraient comme un trésor ce cadeau personnel de la tsarine censé les protéger. L'amulette a pu en consoler certains mais les combattants, une majorité de paysans illettrés, voulaient avant tout une réforme des terres et non des travaux manuels, même sanctifiés par l'épouse de leur tsar vénéré. Alix finit par s'épuiser à mesure que le conflit s'enlisait et que la liste des pertes s'allongeait. Son pire souci restait Alexis, son fils, l'héritier du trône. En 1916, noterait plus tard la sœur de Nicky, Olga, « Alicky était une femme malade. Sa respiration se faisait souvent saccadée, douloureuse. Je voyais ses lèvres bleuir. L'inquiétude que lui causait Alexis avait détérioré sa santé[17] ».

À Saint-Pétersbourg, tous les membres de la douma se mirent à réclamer des réformes, à l'exception peut-être des réactionnaires les plus bornés. Le bloc progressiste qui représentait les deux tiers de l'assemblée voulait un Premier ministre fort apte à prendre des décisions politiques en contrôlant son gouvernement. Sur les conseils d'Alix, Nicky rejeta les exigences des députés alors qu'elles n'allaient pourtant pas jusqu'à une réforme complète de la Constitution, loin de là. En fait, il regrettait déjà ses concessions suite à la révolution de 1905 car, selon lui, elles avaient rendu le pays encore moins gouvernable qu'avant. En tant que tsar, il devait s'acquitter de la mission que lui avait confiée Dieu et refuserait de s'incliner devant un quelconque Premier ministre, prélude à l'instauration éventuelle d'un régime parlementaire. Maurice Paléologue, l'ambassadeur français à Saint-Pétersbourg, nota le 15 octobre : « l'impératrice a un tempérament plus décidé que l'empereur, une volonté plus tenace, un esprit plus vif, des qualités plus évidentes et un tempérament plus combatif et digne d'une reine. Son idée de sauver le régime tsariste en revenant à l'absolutisme théocratique traditionnel relève de la pure folie mais son orgueilleuse obstination ne va pas sans une certaine grandeur. Elle assume un rôle désastreux dans les affaires de l'État mais elle l'endosse comme il sied à une tsarine[18] ».

« Tu as livré ce grand combat pour ton pays et ton trône, seul, avec courage et résolution. Jamais ils ne t'avaient vu aussi ferme et cela portera forcément ses fruits[19] », s'enthousiasma Alix en félicitant Nicky de son rejet des exigences du bloc progressiste. « La signification de notre combat actuel – montrer que tu es le maître, l'autocrate sans qui la Russie n'existerait pas. Si tu avais cédé sur ces différents points, ils t'auraient encore arraché d'autres concessions. »

Nicky et Alix affectionnaient les Premiers ministres de la vieille école. « Tant que je vivrai, je lutterai pour l'inviolabilité du pouvoir du tsar[20] », déclara Ivan Goremykine, Premier ministre de 1914 à 1916. Trois hommes tout aussi malléables lui succédèrent, dont le charmant prince Golitsyne d'un âge déjà bien avancé. Les ministres de l'Intérieur, tous plus incompétents les uns que les autres, ne valaient pas mieux ; surtout depuis le renvoi du réactionnaire mais énergique Nicolas Maklakov lors d'une tentative pas très enthousiaste d'apaiser la douma et l'opinion publique de plus en plus turbulente. L'influence de Raspoutine se devina dans de nombreuses nominations, dont celle d'Alexandre Protopopov en septembre 1916 à la vice-présidence de la douma. Cet industriel, propriétaire terrien et ancien officier de cavalerie, semblait à même de plaire à une large part de la douma et de la population. Pourtant, il courut au désastre. Selon Petr Bark, le ministre des Finances, Protopopov ne possédait qu'un seul véritable talent : c'était un beau parleur. Dans la pratique, il ne fallait pas lui demander grand-chose et son jugement en matière de politique ne valait pas un clou. « Dans son antichambre s'entassent des tas de gens attendant une audience qu'on ne leur accordera jamais. Les affaires courantes ont sombré dans le chaos[21]. »

En novembre, Nicky se résigna malgré lui au départ de Protopopov. Il communiqua la nouvelle à Alix par courrier. La réaction de la tsarine est extraordinaire : « Chéri, rappelle-toi que ce qui compte, ce n'est pas l'individu Protopopov ni M. X, Y ou Z mais la monarchie et ton prestige, qui ne doivent surtout pas voler en éclats sous le règne de la douma[22]. » Elle ajoute : « Ne crois pas qu'ils s'arrêteront après lui, non ; ils forceront à s'en aller tous ceux qui te sont dévoués, les uns après les autres, et puis notre tour viendra. » Une fois de plus, elle exhorta Nicky à se montrer ferme : « c'est le tsar qui gouverne, pas la douma ». Elle se rendit en personne au quartier général où elle convainquit Nicky de revenir sur sa décision. Protopopov conserva son poste, hélas ! jusqu'en 1917.

Si Nicky avait accordé des concessions à la douma à l'automne 1916 en se pliant à la nécessité de partager son pouvoir avec un Premier ministre digne de ce nom, son destin qui nous paraît rétrospectivement inévitable aurait peut-être suivi un autre cours. Malheureusement, compte tenu de son éducation et de son tempérament, Nicky ne consentirait jamais au changement. La même remarque s'appliquait à Alix. La petite-fille préférée de la reine Victoria dont l'empire s'étendait sur un quart du globe avait épousé le tsar qui régnait sur un territoire presque aussi vaste. Ni l'un ni l'autre ne se sentait l'envie d'accorder des concessions à la douma. Plus faible, Alix aurait peut-être dû céder malgré elle. Plus fort, Nicky aurait pu tenir tête à Alix et, plus intelligent qu'elle, il aurait sans doute agi autrement. Il n'en reste pas moins qu'à l'hiver 1916, la Russie plongea tête la première dans l'« anarchie la plus complète ». Les Allemands, conscients de la situation, décidèrent de laisser Lénine, en exil en Suisse, traverser l'Allemagne pour regagner la Russie. Le chaos et la révolution serviraient la cause allemande. Si Lénine s'emparait du pouvoir, comme il prônait la paix, la Russie ne tarderait pas à cesser les combats.

« De mauvaises nouvelles de Russie », note Georgie dans son journal le 13 mars 1917. « Une révolution a manqué de peu éclater à Petrograd & certains régiments des gardes se sont mutinés & ont tué les officiers. Ce soulèvement s'oppose au gvt, pas à la guerre. Nicky se trouve au Q.G.[23] » Le lendemain, George V décora soixante-quinze militaires, reçut dix officiers indiens, inspecta six voitures ambulances, se promena dans les jardins de Buckingham le temps de faire un peu d'exercice et se détendit le soir en triant sa collection de timbres. Le 19 mars, Stamfordham dicta un télégramme à Sir John Hanbury Williams, leur homme à Saint-Pétersbourg : « S'il vous plaît, transmettez à l'empereur le message suivant de la part du roi : Les événements de la semaine passée m'ont profondément ému. Mes pensées t'accompagnent sans cesse et je resterai toujours ton véritable ami dévoué, comme par le passé, ainsi que tu le sais[24]. » Voilà comment on s'assurait d'un soutien mutuel entre « collègues » au sein du syndicat des rois. Il s'agissait cependant d'une promesse fallacieuse.

Les changements survenus chez Nicky en 1916, ses joues creusées, sa nervosité, son moral au plus bas, n'échappèrent à personne. « Il ne pourra pas continuer longtemps comme ça[25] », confia Benkendorf au médecin du tsar. « Sa Majesté n'est plus le même homme. Il a tort de tenter l'impossible. Il ne s'intéresse plus à rien. Ces derniers temps, il est devenu apathique. Il suit son train-train quotidien comme un automate en prêtant plus d'attention à l'heure de ses repas ou de ses promenades qu'aux affaires de l'État. On ne peut ni gouverner ainsi un empire ni commander une armée sur le champ de bataille. S'il ne s'en rend pas compte à temps, une catastrophe se produira. » Sans doute Benkendorf adressait-il des lettres du même tonneau à son frère, l'ambassadeur russe à Londres.

Alors que la guerre se poursuivait sans issue à l'horizon, des doutes surgirent sur la loyauté de la tsarine. C'était une espionne allemande, chuchotait-on ; une ligne directe reliait sa chambre à Tsarskoïe Selo au Q.G. allemand. En dépit de l'absurdité de ces rumeurs, Alix devint le bouc émissaire de la Russie en proie à la colère et à la crainte. Les factions qui se livraient bataille à la cour s'en prirent à Raspoutine dont l'influence devenait trop manifeste. Le *starets*, l'homme du peuple, avait ancré en Nicky et Alix la dangereuse conviction que le peuple russe adorait son tsar vénéré et que, tant qu'il en irait ainsi, la monarchie ne craindrait rien. « Les meilleurs amis de la tsarine à la cour ont tenté à de nombreuses reprises de lui ouvrir les yeux sur Raspoutine. Ils ont tous échoué à cause de sa foi aveugle en lui[26] », commente Pierre Gilliard. La sœur d'Alix, Ella, vint de Moscou tenter de la ramener une fois pour toutes à la raison. Chaque fois qu'Ella aborda le sujet, Alix détourna la conversation. Ella qui s'était occupée d'Alix, petite fille, à Darmstadt, après la mort de leur mère, avant de la précéder en Russie, dut s'avouer vaincue comme les autres. À la fin de sa visite, Alix et ses quatre filles la raccompagnèrent à la gare. Les deux sœurs ne devaient plus jamais se revoir.

Le 30 décembre 1916, Raspoutine fut assassiné par un groupe de jeunes aristocrates conduits par Félix Youssoupoff, le mari d'Irina, la fille de la sœur de Nicky, Xenia. « Je n'oublierai jamais ce que j'ai ressenti en revoyant la tsarine[27] », écrit Pierre Gilliard qui venait d'accompagner Alexis au quartier général. Nicky aimait montrer à ses troupes son fils et héritier au mépris des risques qu'encou rait la santé d'Alexis. « Ses traits décomposés indiquaient malgré elle à quel point elle souffrait. Rien ne la consolera de son chagrin. Son idole vient d'être abattue. Celui-là seul qui pouvait sauver son fils a péri. Maintenant qu'il n'est plus là, n'importe quel malheur, n'importe quelle catastrophe lui semble possible. » Maurice Paléologue remarqua en se promenant dans les rues de Saint-Pétersbourg que les gens du peuple se réjouissaient de la mort de Raspoutine en s'embrassant les uns les autres ou en brûlant des bougies dans les églises. Les femmes alignées sous la neige en interminables files dans l'attente d'une maigre ration de viande, de thé et de sucre à l'épicerie ou à la boucherie ne discutaient plus que de cela.

Nicky revint à Tsarskoïe Selo pour l'enterrement. « À neuf heures, la famille au grand complet s'est rendue dans le champ où nous avons assisté à un triste spectacle », se rappelle-t-il dans son journal le 3 janvier 1917, « le cercueil contenant le corps de l'inoubliable Grigori, assassiné par quelque vaurien le soir du 17 décembre [le 30 selon notre calendrier] chez Youssoupoff venait de descendre dans la fosse[28] ». En Angleterre, la reine Alexandra écrivit à Georgie : « Ce misérable moine russe a provoqué dans le monde une formidable sensation mais il n'y a que cette pauvre chère Alicky pour le regretter alors qu'elle aurait pu détruire tout l'avenir de la Russie à cause de son influence. Je suis certaine qu'elle se prend pour leur impératrice Catherine[29] ».

Le 17 février 1917, Nicky adressa à Georgie une lettre qu'il confia à Lord Milner, le principal membre de la mission britannique de retour en Angleterre. Le tsar y avoue à son cousin l'inquiétude que lui inspirait le mauvais état des chemins de fer russes : les moyens financiers disponsibles leur permettaient à peine de réparer les locomotives et les wagons ; ce qui représentait un grave problème en période de gel hivernal des rivières et des canaux. « Mais je ne perds jamais courage », rassura-t-il Georgie. « Nous poursuivrons cette horrible guerre jusqu'au bout. Alix et moi transmettons à May et tes enfants notre affection[30]. »

À partir du mois de mars, comme Georgie ne manqua d'ailleurs pas de le relever, ne parvinrent plus de Russie que des mauvaises nouvelles. Des mutineries éclatèrent dans la marine russe avant de gagner les troupes sur le front Est. Des milliers de soldats abandonnèrent leur poste pour rentrer en Russie se joindre aux ouvriers, aux étudiants et aux révolutionnaires qui manifestaient dans les rues. Chaque syndicat marchait sous sa propre bannière en réclamant des réformes radicales et l'abdication du tsar. En ville, la nourriture manquait. Les prix excédaient de loin les salaires à cause de l'inflation galopante. À Saint-Pétersbourg, la foule pillait des magasins. Les usines se mirent en grève. L'agitation sociale se mua en révolte ouverte que Protopopov ne parvint pas à contenir. Le 11 mars, la police ordonna à l'armée de tirer sur les manifestants. On déplora des morts et de nombreux blessés. À partir de là, les régiments se mutinèrent les uns après les autres. S'ensuivit un effondrement total de la loi et de l'ordre. Révolutionnaires, marins, soldats, étudiants et ouvriers se mirent à rouler à tombeau ouvert dans les rues à bord de camions volés en tirant en l'air des coups de fusils dérobés dans des manufactures d'armes. Les rebelles investirent les prisons en libérant des centaines de détenus politiques. Protopopov dut démissionner. Nicky, toujours au Q.G., décida de rentrer à Saint-Pétersbourg, persuadé que sa présence apaiserait les esprits.

« Suis allé à MH [Marlborough House] où j'ai parlé avec Maman chérie de la Russie et de Nicky. Tout cela l'affecte énormément[31] », nota Georgie dans son journal. Cinq jours plus tard, le grand-duc Mikhaïl, le frère de Sandro, vint lui rendre visite « & je l'ai informé en détails de la révolution de Petrograd, il était dans tous ses états, je crains qu'Alicky n'en soit la cause & que Nicky ait été trop faible[32] ». Après le départ de Mikhaïl, Georgie travailla avec Stamfordham. « Ai appris de Buchanan que la douma a forcé Nicky à signer son abdication & Misha a été nommé régent & dire qu'il a été empereur 23 ans ! Je suis au désespoir ».

Le samedi, Georgie décora cent trente officiers et infirmières. L'oncle Arthur vint se promener dans les jardins du palais. « Belle journée de printemps, 11 °C, les bourgeons commencent à peine à sortir[33]. » Le soir, le roi travailla de nouveau avec Stamfordham. Le dimanche, Louis et Victoria Battenberg vinrent prendre le thé. Leur conversation roula sur la situation en Russie : difficile de savoir ce qui se passait au juste. Le samedi suivant, tout s'éclaircit pourtant : « Mikhaïl est venu me voir & nous avons évoqué la possibilité pour ce pauvre Nicky de se réfugier en Angleterre », note Georgie. « Me suis promené au jardin avec May, beau temps clair mais froid[34]. »

Au début, Nicky s'opposa farouchement à l'idée d'abdiquer mais lorsque même ses généraux le lui conseillèrent, il finit par s'incliner et renonça au trône en faveur d'Alexis. Il comptait préserver le régime autocratique en plaçant à sa tête son fils et héritier. Lorsque les médecins lui confirmèrent qu'Alexis ne guérirait jamais de son hémophilie, contrairement aux promesses de Raspoutine d'après qui l'héritier irait mieux dès son treizième anniversaire, Nicky se résolut à l'inévitable : son frère Mikhaïl lui succéderait. « Au cours de ces jours décisifs pour la vie de la Russie, NOUS estimons de notre devoir de favoriser l'unité de NOTRE peuple et le ralliement de toutes les forces populaires afin de parvenir à la victoire dès que possible et, en accord avec la douma d'État, NOUS estimons nécessaire au bien public d'abdiquer du trône de l'État russe et de renoncer au pouvoir suprême[35] », décréta le manifeste signé par le tsar le 15 mars dans la ville de Pskov, où il venait de marquer une halte sur le chemin de Saint-Pétersbourg. « Ne souhaitant pas NOUS séparer de NOTRE fils bien-aimé, NOUS nommons en tant que successeur NOTRE frère, NOTRE grand-duc Mikhaïl Aleksandrovitch, et bénie soit son accession au trône de l'État russe. Nous confions à NOTRE frère la conduite des affaires de l'État en accord parfait et inébranlable avec les représentants du peuple dans les institutions législatives, selon les principes qu'ils poseront (...) » Les délégués de la douma insistèrent pour qu'il ajoute « et nous exigeons qu'il en fasse le serment inviolable ».

« Le fait est que pour sauver la Russie et maintenir le calme parmi les troupes au front, il est nécessaire de prendre cette mesure. J'y ai consenti », note Nicky dans son journal. « À une heure du matin, j'ai quitté Pskov le cœur lourd de souffrance. Autour de moi, tout n'est que trahisons, lâchetés et déconvenues[36] ! » Le 21 mars, il parvint à Moghilev où il signa sa déclaration d'adieu à l'armée avant de prendre congé de son quartier général. Sa mère vint le soutenir en cette heure éprouvante. Elle déjeuna en sa compagnie dans la voiture-restaurant de son train et demeura auprès de son fils jusqu'à 4 h 30. Nicolas Romanov monta alors à bord du train de l'ex-tsar de toutes les Russies et se rendit lentement à Tsarskoïe Selo en passant entre des rangées de gens qui le dévisagèrent ou lui crièrent des insultes dans les gares. « Mon bien-aimé, l'âme de mon âme, mon tout-petit », écrivit Alix à Nicky le 16 mars, sans savoir si sa lettre lui parviendrait un jour, « ah, comme mon cœur saigne pour toi – ça me rend fol [sic] de ne rien savoir du tout à l'exception des rumeurs les plus viles, il y a de quoi en perdre la tête[37] ». La longue lettre de la tsarine, pleine de passion, de majuscules et de mots soulignés, se terminait ainsi : « Tu as sauvé le règne de ton fils & le pays & ta pureté sacrée & tu seras couronné par Dieu sur cette terre dans ton pays. Je te serre fort, fort dans mes bras & ne les laisserai jamais toucher ton âme éclatante, je t'embrasse, t'embrasse, t'embrasse & te bénis & te comprendrai toujours. Ta petite femme. » Le même jour, une résolution du soviet de Petrograd ordonna au gouvernement provisoire et au soviet des députés d'ouvriers d'arrêter la dynastie Romanov. La mesure concernait aussi Mikhaïl qui resterait cependant sous simple surveillance.

En Allemagne, la nouvelle laissa le Kaiser étrangement indifférent ; il qualifia sans s'émouvoir l'abdication de Nicky d'« ironie de l'Histoire[38] ». Il y voyait un coup des perfides Britanniques redoutant que le cousin Nicky ne s'apprête à conclure la paix avec l'Allemagne. Sublimement aveugle aux drames que traversait son propre pays, il conseilla au chancelier Bethmann de rester sur ses gardes : la Grande-Bretagne tenterait de se servir de la révolution russe pour exciter des sentiments de même nature en Allemagne.

Début 1917, Willy traversa une phase d'exaltation. Il se croyait prêt à conquérir le monde. Comme le remarqua Rudolf von Valentini, son chef du cabinet civil de 1908 à 1918, le Kaiser subissait des variations d'humeur extrêmes d'un jour à l'autre. Lorsque tout allait de travers, comme quand la Roumanie s'était engagée du côté des alliés, le courage lui manquait[39]. À l'entendre, la guerre était perdue et il ne restait plus qu'à conclure l'armistice. Le 9 janvier 1917, son optimisme ne connaissait au contraire plus de bornes ; et ce à cause d'une réunion à Pless, le Q.G. allemand sur le front Est, présidée par le Kaiser lui-même, à laquelle assistèrent Hindenburg, Ludendorff et Bethmann, plus Müller, von Lyncker et Valentini, les chefs des cabinets naval, militaire et civil. Les alliés venaient de refuser la proposition des Allemands, suite aux lourdes pertes sur la Somme et à Verdun, de négocier une paix sous le patronage des États-Unis. Une telle paix, souligna noblement le Kaiser, relevait pourtant du devoir moral. « Un acte comme celui-là appartient à la sphère d'un chef d'État doué d'une conscience, qui se sent responsable devant Dieu et à qui le sort de son peuple et du peuple ennemi tient à cœur et qui veut libérer le monde de ses souffrances. J'en ai le courage et j'en prendrai le risque pour l'amour de Dieu[40]. » Malheureusement, la perspective d'une paix sans victoire d'aucun des deux camps n'enthousiasmait pas trop les alliés. L'Allemagne voulait revenir au statu quo d'avant 1914 en réclamant des indemnités pour les dommages de guerre, plus la liberté sur les mers et une extension territoriale des colonies allemandes. La France, qui remâchait son amertume depuis 1871, n'avait aucunement l'intention de laisser l'Alsace-Lorraine aux Allemands.

Wilhelm se sentait moralement supérieur : un ennemi assoiffé de vengeance venait de rejeter ses efforts en vue de la paix. Le voilà donc libre de s'engager dans une guerre totale ; d'où la réunion de Pless. Il y accepta enfin de livrer la guerre sous-marine illimitée que Tirpitz, à la retraite depuis peu mais encore très influent, préconisait depuis des mois. Bethmann et Valentini s'y résolurent à contrecœur. Ils craignaient, à raison d'ailleurs, que cela n'incite les États-Unis à entrer en guerre. Wilhelm, qui partageait jusque-là l'avis de Bethmann, signa tout de même le décret autorisant la guerre sous-marine sans restriction à compter du 1er février. Il déclara devant Müller que s'ils en venaient à se battre contre les États-Unis, « eh bien, tant mieux ». Müller alla rejoindre Bethmann et Valentini, occupés à noyer leur dépit dans une coupe de champagne. Il trouva Bethmann très pessimiste : à l'entendre, le Kaiser se faisait du tort à lui-même et à la dynastie Hohenzollern. Valentini abonda dans son sens. Le 3 février, l'Amérique rompit ses relations diplomatiques avec l'Allemagne.

Les semaines suivantes, l'optimisme du Kaiser connut des hauts et des bas. Le 1er avril, une grève se déclara aux chantiers navals de Kiel. Müller nota que Bethmann semblait « extrêmement pessimiste à propos des affaires intérieures et en particulier parce que de grandes quantités d'orge et de seigle n'ont pas passé l'hiver. La révolution russe a eu un effet considérable sur les masses[41] ». Bethmann ne semblait pas aussi convaincu que le Kaiser que la Grande-Bretagne attisait l'agitation sociale en Allemagne. Les masses ne manquaient pas de raisons de se révolter. Les troupes au front, sans plus d'illusions, commençaient à se lasser de la guerre. Les ouvriers des villes risquaient de mourir de faim à cause de la diminution de leur ration de pain. Les prix flambaient. La pénurie de charbon posait problème. Pour ne rien arranger, le peuple avait le sentiment que le Kaiser et sa cour évoluaient dans le même luxe qu'en temps de paix, ajouta Müller dont les écailles tombaient enfin des yeux. Le Kaiser consentit à des réformes électorales mais pas constitutionnelles. Ce ne fut pas du goût de son épouse qui déclara : « Il n'y a que les militaires à même de traiter avec les démocrates[42]. » Le 6 avril, les États-Unis déclarèrent la guerre à l'Allemagne. À compter de ce jour, le Kaiser alla de mal en pis.

« Nicolas II est entre mes mains[43] », annonça lors d'un discours au soviet de Moscou le 20 mars Aleksandr Kerenski, un avocat révolutionnaire socialiste, ministre de la Justice du gouvernement provisoire. « Et je vais vous dire, camarades : la révolution russe s'est déroulée sans effusion de sang et je ne permettrai pas que quoi que ce soit l'entache. Je ne serai jamais le Marat de la révolution russe. Sitôt que possible, Nicolas II sera emmené sous ma supervision personnelle au port d'où il partira en Angleterre par voie de mer. » Kerenski expliqua par la suite qu'il entendait faire comprendre à « cet homme » que la révolution se montrait magnanime même envers ses ennemis. « Je voulais qu'une fois dans sa vie, il ait honte des horreurs perpétrées en son nom[44]. » En quelques mois de pouvoir, le gouvernement provisoire libéra des milliers de prisonniers politiques, proclama la liberté d'expression, de la presse et de réunion et le droit de grève. Il abolit en outre les châtiments corporels, l'exil en Sibérie et la peine de mort et prépara des élections au suffrage universel à bulletin secret. Des milliers d'exilés revinrent au pays, dont Lénine.

« Suis parvenu à Tsarskoïe Selo sans encombre à 11 h 30. Mais, Seigneur ! quelle différence : le palais est cerné de gardes postés dans la rue et à l'intérieur du parc », nota Nicky dans son journal le 22 mars. « Suis monté à l'étage où j'ai vu mon Alix chérie et les enfants[45]. » La famille impériale se retrouva dès lors en résidence surveillée derrière les portes closes du palais Alexandre. Il leur était interdit de se servir du téléphone.

Le commandant du palais ouvrait leur courrier. Ils n'avaient le droit de prendre l'air que dans une petite partie du jardin. À l'arrivée de Nicky, les gardes firent mine de ne pas le reconnaître. Heureusement, le loyal comte Benkendorf était là pour l'accueillir.

Les quatre mois suivants, une routine monotone s'établit à Tsarskoïe Selo jusqu'à ce que, pour sa propre sécurité, on emmène la famille impériale à Tobolsk en Sibérie le 13 août. « Les jours se suivaient, tous semblables, consacrés à l'étude et aux promenades[46] », commente Pierre Gilliard, qui demeura auprès du tsar jusqu'au dernier jour ou presque. Le matin, Nicky et Alix servaient tour à tour de professeurs aux enfants. De temps à autre, Gilliard et Sydney Gibbes, qui enseignait l'anglais à Alexis, les relayaient. Lui aussi choisit de ne pas quitter la famille impériale. L'après-midi, ils se promenaient dans la partie du parc où cela leur était permis. Ils abattaient des arbres ou déblayaient la neige ou s'occupaient d'un petit potager sous la surveillance des gardes qui leur manquaient souvent de respect en négligeant leur tenue et leurs manières. Des foules fascinées se massaient devant les grilles du palais afin d'observer l'ex-famille impériale ; parfois poliment, mais pas toujours, loin de là. Le soir, Alix brodait pendant que Nicky lui faisait la lecture – *Le Comte de Monte-Cristo* ou *Une étude en rouge* de Conan Doyle. Nicky se mit aussi à trier ses papiers personnels. Le 5 avril, il raconte dans son journal : « J'ai passé en revue mes livres et mes affaires et j'ai commencé à mettre de côté ce que je voulais emporter avec moi, si nous devons aller en Angleterre[47]. » Le 21 avril, il poursuit : « Avons fêté sans cérémonie le 23e anniversaire de nos fiançailles[48] ! » Cobourg, la reine Victoria, Willy et les scrupules d'Alix à propos de sa religion… seul le point d'exclamation de Nicky révèle à quel point tout cela lui semblait désormais lointain.

Sir George Buchanan, toujours en poste à Saint-Pétersbourg, prévint sa hiérarchie que Pavel Milioukov, le ministre des Affaires étrangères du gouvernement provisoire, l'avait contacté à propos de l'asile en Angleterre de la famille impériale. Milioukov « voulait à tout prix faire sortir l'empereur de Russie dès que possible, les extrémistes ayant excité l'opinion contre Sa Majesté[49] ». Le gouvernement britannique, Lloyd George à sa tête, ne s'opposait pas à une telle mesure mais le Danemark ou la Suisse ne pourraient-ils pas eux aussi accueillir le tsar déchu ? Comme le dit Lloyd George : « un souverain vertueux et bien intentionné est devenu soudain directement responsable d'un régime noyé par la corruption, l'indolence, la débauche, le favoritisme, l'envie, la diffamation, l'idolâtrie, l'incompétence et la trahison – une accumulation de tous ces vices qui conduisent inévitablement à la mauvaise gestion et à l'anarchie[50] ». La « responsabilité directe » du souverain russe découlait de ce qu'en l'absence de régime parlementaire à l'anglaise, rien ni personne ne l'encadrait ni ne le protégeait.

Lloyd George invita Stamfordham à étudier la question à Downing Street le 23 mars. On ne pouvait envisager un refus pur et simple. Cela dit, Stamfordham se demandait de quoi le tsar et sa famille vivraient en exil ; et ce ne fut pas le seul point qui inquiéta Stamfordham et le roi. Une semaine plus tard, Balfour, le secrétaire d'État aux Affaires étrangères, reçut une lettre de Stamfordham. « Le roi a beaucoup réfléchi à la proposition du gouvernement d'accueillir en Angleterre l'empereur Nicolas et sa famille. Comme vous le savez sans doute, le roi éprouve une amitié personnelle très forte pour l'empereur et il serait heureux de faire tout son possible pour l'aider pendant cette crise. Mais Sa Majesté n'en conçoit pas moins quelques doutes : à propos des dangers du voyage mais aussi de son caractère opportun ou non, est-il vraiment souhaitable que la famille impériale vienne résider dans notre pays ?

Le roi serait ravi que vous consultiez le Premier ministre, car Sa Majesté croit comprendre que le gouvernement russe n'a encore pris aucune décision définitive à ce sujet[51]. »

Une bonne partie du public britannique se déclara hostile à l'accueil en Angleterre du tsar autocrate. Le journal radical *Justice* publia un article condamnant le tsar et tout ce qu'il incarnait. Le 31 mars, sa destitution fut fêtée lors d'un meeting à l'Albert Hall. Le 21 avril, H. G. Wells élargit le débat à son propre pays en envoyant une lettre ouverte au *Times*. Il y affirma que l'heure était venue pour la Grande-Bretagne de se débarrasser des « antiques oripeaux du trône et du sceptre ». Plus loin, il parla d'une « cour étrangère et rebutante ». Le roi répliqua : « Je suis peut-être rebutant mais que j'aille me faire f***e si je suis un étranger[52]. » Les socialistes gagnaient un soutien de plus en plus massif des classes laborieuses, lasses de la guerre autant que des inégalités sociales. Le roi, sous l'influence de Stamfordham, se mit à craindre pour son trône.

Balfour répliqua que, selon lui, le gouvernement ne pouvait plus revenir sur l'invitation, déjà envoyée. « Le roi s'inquiète un peu plus chaque jour du problème que soulève la venue dans ce pays de l'empereur et de l'impératrice de Russie[53] », rétorqua Stamfordham, le 6 avril. « Sa Majesté reçoit des lettres de toutes les classes sociales, de gens qu'il connaît ou pas, où on lui annonce que cette affaire fait l'objet de débats dans les clubs mais aussi entre ouvriers, et les travaillistes de la Chambre des communes se déclarent hostiles à la proposition. Comme vous le savez, dès le début, le roi a estimé que la présence ici de la famille impériale (en particulier de l'impératrice) soulèverait toutes sortes de difficultés et je suis sûr que vous apprécierez la position délicate de notre famille royale, proches parents de l'empereur et de l'impératrice. Vous savez sans doute aussi que l'opinion publique s'est plus ou moins emparée de la question et que les gens pensent qu'il s'agit d'une initiative du roi quand ils ne critiquent pas l'injuste position dans laquelle se retrouverait Sa Majesté si jamais cela se faisait. Le roi désire que je vous demande si, après avoir consulté le Premier ministre, il ne faudrait pas suggérer à Sir George Buchanan de contacter le gouvernement russe afin de songer à d'autres solutions d'hébergement de leurs majestés impériales ? Bien à vous, Stamfordham. »

Celui-ci reprit la plume le soir même en usant de termes plus musclés. Quatre jours plus tard, il se rendit à Downing Street afin de rallier à son opinion Lloyd George. Puis il alla voir Balfour. Ce dernier finit par rédiger un télégramme à Buchanan en lui exposant le pour et le contre. Buchanan répondit, le 13 avril, qu'il était entièrement d'avis que « s'il y a le moindre danger de soulèvement antimonarchiste, il vaudrait mieux, et de loin, que l'ex-empereur ne vienne pas en Angleterre ». Il se demandait d'ailleurs si la France ne pourrait pas l'accueillir. Ainsi fut décidé. Le gouvernement britannique s'inclina par solidarité pour la révolution russe, et le roi et Stamfordham, parce que rien ne comptait plus à leurs yeux que de préserver la monarchie. Georgie avait beau adorer son cousin Nicky, son propre trône passait avant lui. La France ou la Suisse semblaient une solution idéale.

Mais qui donc en endosserait la responsabilité dès lors que les événements en Russie prendraient de vitesse les Britanniques ? Le gouvernement et non la monarchie, répondit sans ambiguïté Stamfordham. Et pendant soixante-cinq ans, jusqu'à ce que Kenneth Rose publie sa biographie de George V en 1983, la majorité des Anglais resta convaincue que Lloyd George et son gouvernement avaient d'eux-mêmes pris cette décision fatale. Lloyd George, et c'est tout à son honneur, n'opposa jamais le moindre démenti, pas même dans ses Mémoires publiés en 1934. Le secret, comme dit Rose, fut bien gardé. Stamfordham qui avait voué sa vie entière à la protection de la monarchie ne se sentirait toutefois plus jamais la conscience en paix. Quelque temps avant sa mort, en 1931, il prit la peine de ressortir des archives sa lettre du 6 avril à Balfour pour y ajouter, au bas de la page et de sa propre main, au mépris de la vérité : « la plupart des gens semblent penser que l'initiative de l'invitation revient au roi alors que non, elle revient à son gvt », signé « S[54] ».

« Une merveilleuse journée ; me suis promené avec plaisir », avoue Nicky à son journal le 10 août, à Tsarskoïe Selo, visiblement soulagé, comme certains le relevèrent d'ailleurs, de ne plus devoir gouverner. « Après le petit déjeuner, le comte Benkendorf nous a appris que nous allions être envoyés non en Crimée mais dans une lointaine ville de province de l'Est, à trois ou quatre jours de voyage ! Mais où au juste, on ne nous l'a pas dit – même le commandant n'en sait rien. Nous comptions pourtant sur un long séjour à Livadia ! Ai abattu et scié un grand bouleau le long du sentier qui mène à la clairière. Une pluie chaude est tombée, pas longtemps[55]. » Trois jours plus tard à l'aube, la famille impériale quitta Tsarskoïe Selo à bord d'un train de la Compagnie internationale des Wagons-lits pour ne plus jamais y revenir. Trente-neuf courtisans et domestiques les accompagnèrent, ainsi que trois cents gardes. Les couchettes étaient confortables et le wagon-restaurant servait une « cuisine très goûteuse », releva Nicky, amateur de bonne chère. Ironie du sort, il se rendait en réalité à Tobolsk en Sibérie, le lieu de naissance de Raspoutine. La dernière partie du trajet s'effectua à bord de deux vapeurs sur la rivière Tobol. La famille impériale parut dès lors entamer une vie meilleure mais les apparences s'avèrent souvent trompeuses. L'économie russe ne se portait pas mieux depuis l'instauration du gouvernement provisoire ; pas plus que les soldats au front. En juillet, le parti bolchevique, sous la houlette de Lénine, s'apprêtait à s'emparer du pouvoir.

La vie chez le gouverneur de Tobolsk ne manquait pourtant pas d'agrément. « N'oubliez jamais qu'il s'agit de l'ancien empereur », déclara Kerenski, désormais ministre-président, à Iévguéni Kobilinski, le chef des gardes. « Ni lui ni sa famille ne doivent souffrir de la moindre privation[56]. » Une palissade cernait la propriété dont les gardes surveillaient les moindres entrées mais le tsar et sa famille jouissaient tout de même d'une relative liberté de mouvement. Ils pouvaient prendre le soleil sur le balcon : Alix y tricotait ou y brodait en regardant les passants. Libre à eux aussi de se promener au jardin ou d'écrire à leurs proches. Nicky envoyait régulièrement des lettres à sa mère et sa sœur Xenia, à Livadia, à l'écart des troubles qui secouaient la Russie. La famille impériale avait en outre le droit d'assister à certains offices à l'église la plus proche. Leur suite, Gilliard et Gibbes y compris, logeait à la porte à côté. Rien ni personne ne les empêchait de se rendre en ville à leur guise.

Le 1er septembre, sur ordre de Kerenski, Vassili Pankratov vint s'occuper du tsar et de sa famille à Tobolsk. Pankratov, un fils de paysans, avait passé de nombreuses années en exil en Sibérie à cause de ses activités révolutionnaires. Il comptait s'acquitter noblement de sa tâche. Gilliard le décrit comme « le fanatique éclairé par essence[57] ». Son second, Aleksandr Nikolski, se montrait au contraire grossier, brutal et plein de rancœur. Le 25 octobre, les bolcheviques s'emparèrent du pouvoir. En mars 1918, la Russie conclut la paix avec l'Allemagne à Brest-Litovsk. Lénine et les bolcheviques voulaient conquérir l'Allemagne par la révolution et non la guerre. Les destins de la Pologne, de la Finlande, des provinces baltes de Lituanie, Lettonie et Estonie et de la Russie du Sud reposeraient dorénavant entre les mains des Allemands. Lorsqu'on évoqua une éventuelle indépendance de la Baltique, le Kaiser déclara, enivré par sa victoire et sublimement détaché de la réalité : « Quelle bêtise ! Je la gouvernerai et ne tolérerai aucune résistance. Je l'ai conquise et aucun homme de loi ne me l'arrachera[58]. » Neuf mois plus tard, le Kaiser en exil en Hollande n'était pourtant plus que le simple citoyen M. Wilhelm Hohenzollern.

Le contrecoup de la révolution bolchevique ne tarda pas à se manifester à Tobolsk. La méfiance des soldats qui surveillaient la famille impériale redoubla. Pour reprendre les mots de Nicky : ceux-ci se mirent à se comporter en « voyous ». On renvoya à Tsarskoïe Selo les quelques gardes encore loyaux pour les remplacer par « une horde de jeunes hommes au physique de brute épaisse ». Dix des domestiques reçurent leur congé. La famille dut bientôt se contenter pour toute nourriture de rations de soldats, sans beurre ni café. Début 1918, une lutte intestine pour la surveillance de la famille impériale éclata entre le soviet de Sibérie occidentale et celui de l'Oural, basé à Ekaterinbourg. Une contre-révolution était à craindre : le tsar bénéficiait de trop d'indulgence. En avril, sur ordre de Moscou, la nouvelle capitale de la Russie, on transféra la famille impériale à Ekaterinbourg. En avril, Vassili Iakovlev, un fidèle serviteur de la révolution, vint superviser l'opération. Le long trajet jusqu'à Ekaterinbourg permit à Iakovlev de se forger sa propre opinion des anciens tsar et tsarine. « L'étroitesse d'esprit phénoménale » de Nicolas Romanov le frappa surtout. Alexandra Romanov, c'était autre chose : « Elle est très retorse et orgueilleuse. Elle exerce une forte influence sur son mari. Tout au long du voyage, elle est restée seule dans son coin et n'est pas sortie de son compartiment pendant des journées entières. Elle ne voulait pas accepter ne serait-ce que l'ombre d'une faveur de notre part[59]. »

À Ekaterinbourg, aucun réconfort n'attendait la famille impériale. On érigea une barrière de quatorze pieds de haut autour de la maison afin que personne ne puisse voir ce qu'il s'y passait ni ne puisse jeter un coup d'œil à l'extérieur. Une ribambelle de sentinelles surveillait la propriété jour et nuit. La famille du tsar devait se contenter de quatre pièces : une chambre à coucher, une salle à manger, une salle de bains et ce que Nicky décrit dans son journal le 30 avril comme « une vaste salle pourvue d'une arcade mais sans portes ». Dans l'ensemble, son journal ne trahit aucun apitoiement sur soi et Nicky ne s'y plaint pas. Dans cette salle dormaient Iévguéni Botkine, leur médecin ; Chemodurvo, le valet de Nicky, et Ivan Sednivov, un domestique de la famille. Tous décidèrent de rester fidèlement à ses côtés jusqu'au bout. Les autres, dont Gibbes et Gilliard, furent séparés des Romanov au cours du transfert à Ekaterinbourg. La maison, « jolie et propre[60] », si l'on en croit Nicky, donnait sur un petit jardin où ils avaient le droit de s'asseoir sous bonne garde, mais pas plus d'une heure à la fois. Le soir, Nicky faisait la lecture à voix haute ou jouait au bésigue. Le temps fut splendide du début à la fin. « Les senteurs des jardins de la ville sont incroyables », releva Nicky avec la sensibilité à vif d'un exilé. Ils ne recevaient aucune nouvelle de l'extérieur. Seules de vagues rumeurs leur apprenaient ce qui se passait dans le pays. Le 13 juin, le bruit parvint à Botkine qu'ils allaient peut-être devoir s'installer à Moscou par crainte des anarchistes des environs. Le lendemain, on l'assura du contraire. Le 27 juin, Maria fêta son dix-neuvième anniversaire. Une semaine plus tôt, Anastasia avait eu dix-sept ans et Tatiana vingt et un, une semaine encore auparavant.

Le 4 juillet, leur nouveau commandant dressa une liste de tous les objets en or en possession de la famille impériale, bagues, bracelets, colliers, qu'il entreprit de leur enlever. Le lendemain, on leur rendit toutefois certaines pièces volées qui finirent en sûreté dans un coffre. De nouveaux gardes arrivèrent : des Lettons. Une série de violents orages éclata pendant les chaudes nuits d'été. Le 13 juillet, Alexis se baigna pour la première fois depuis leur départ de Tobolsk où il s'était blessé le genou. Il ne parvenait toujours pas à étirer sa jambe. « Il fait un temps chaud et agréable », ajoute Nicky. « Nous n'avons pas de nouvelles de l'extérieur[61]. » À cette date, Nicky ne se confiait plus que rarement à son journal.

Alix tint le sien jusqu'à la fin. Le 16 juillet, elle écrivit, en anglais comme d'habitude : « Matin gris suivi d'un soleil magnifique. Bébé a un léger rhume. Sommes tous sortis une demi-heure le matin. Olga & moi nous sommes occupées de nos médicaments [nom de code pour leurs bijoux]. T[atiana] a lu le tome III des *Lectures spirituelles*[62]. » L'après-midi, Alix tricota au crochet. Ils soupèrent à huit heures. Puis elle joua au bésigue avec Nicky. À 10 h 30, ils allèrent se coucher.

À deux heures du matin, Lénine à Moscou reçut un télégramme du soviet de l'Oural : « Au vu de la proximité de l'ennemi par rapport à Ekaterinbourg et de la mise au jour par la commission extraordinaire d'un complot des Russes blancs visant à enlever l'ancien tsar et sa famille. Les documents sont entre nos mains. Nicolas Romanov a été fusillé la nuit du 16 juillet par décret du comité exécutif du soviet de l'Oural. Sa famille a été évacuée en lieu sûr[63]. » Le lendemain, un autre télégramme établissait qu'en réalité : « La famille entière a subi le destin de son chef[64]. » Nicky, Alix, leurs cinq enfants, Botkine et Edniov furent réveillés en plein milieu de la nuit, conduits à la cave et abattus. Lorsqu'on dévêtit leurs cadavres avant l'enterrement, on trouva cousus dans leurs habits et leurs sous-vêtements dix-huit livres de diamants et de bijoux.

« Ai présidé une cérémonie », note Georgie le 25 juillet, après avoir décoré deux cent quatre-vingt-douze officiers et infirmières. « À 12 h 20, May et moi avons assisté à un office à l'église russe de Welbeck Street en mémoire de ce cher Nicky qui, je le crains, a été tué le mois passé par les bolcheviques, impossible d'en savoir plus, ce fut un crime ignoble. J'étais très attaché à Nicky, le plus gentil des hommes, un véritable gentleman, qui aimait son pays et son peuple[65] ». Ses proches conseillèrent à George V de ne pas assister à l'office de crainte d'attiser des sentiments révolutionnaires mais il n'en tint pas compte. C'était le moins qu'il pût faire pour Nicky, son cousin et ami depuis sa plus tendre enfance. Le 28 juillet, il obtint des informations plus précises. « Ai entendu Lockhart (notre agent à Moscou) dire que ce cher Nicky a été tué par le soviet local (des bolcheviques) à Ekaterinbourg la nuit du 16 juillet à cause du risque imminent que les Tshèques [sic] ne le capturent. Ce fut un meurtre ignoble[66]. » Le 31 août, la nouvelle se confirma. « J'ai appris de Russie que, selon toute probabilité, Alicky, ses 4 filles et son petit garçon ont été assassinés en même temps que Nicky. Cela est trop horrible & nous montre bien le fanatisme de ces bolcheviques. Pour la pauvre Alicky, il valait peut-être mieux qu'il en soit ainsi mais ces pauvres enfants innocents[67] ! » Aux yeux du brave Georgie, ces fanatiques de bolcheviques portaient la seule responsabilité du crime. Apparemment, l'idée ne l'effleura pas que lui aussi méritait peut-être une infime part de reproche.

En Allemagne, Willy avait toutes les raisons du monde de se sentir moralement supérieur. Alors que les négociations à propos de l'asile du tsar et de sa famille en Grande-Bretagne traînaient encore, il annonça qu'il garantirait personnellement à la famille impériale son passage sans encombre par l'Allemagne. Les collègues royaux restaient des collègues, en temps de guerre comme en temps de paix. À l'heure où le tsar devait affronter le pire crime imaginable – la menace pour sa couronne de l'abjecte alliance des révolutionnaires et des socialistes –, le Kaiser ne laisserait pas de vaines craintes pour son propre trône obscurcir son jugement. Inconscient de la situation intérieure de son pays en l'absence de conseillers comme Stamfordham, Willy offrit noblement à Nicky ce qu'il n'était pas en son pouvoir de lui promettre : la traversée sans incidents d'un pays épuisé par la guerre où le mécontentement social activait les ferments de la révolution.

Le destin vengeur de Wilhelm approchait à grands pas. Le désir de voir cesser enfin la domination prussienne établie par Bismarck plus de quarante ans plus tôt grandissait en Allemagne en même temps que les demandes de réforme constitutionnelle. Les soldats et le peuple, épuisés et démoralisés par la guerre qui n'en finissait pas, abandonnèrent leurs dernières illusions sur le Kaiser. « Dans la marine règne une certaine anxiété par rapport aux activités de l'Internationale socialiste dans la flotte et aux premières mutineries[68] », reconnaît Müller le 6 août 1917. Hindenburg et Ludendorff venaient d'évincer Bethmann à cause de sa volonté tenace de compromis avec le centre catholique et les socialistes au Reichstag. « Le Reichstag peut faire ce qu'il lui chante », annonça théâtralement le Kaiser qui, comme le raconte Müller, voyait alors tout en rose. « J'ai la nation et l'armée derrière moi[69]. » À l'automne, le succès initial de la ligne Hindenburg, destinée à contenir l'offensive des alliés, se mit à tourner court. La guerre sous-marine à outrance, si efficace durant l'été, ne parvenait pas non plus à porter un coup décisif aux alliés car ceux-ci protégeaient leurs bateaux par un ingénieux système de convoi. Ceux qui étaient prêts à ouvrir les yeux comprirent que la fin approchait.

En Angleterre, George V aussi rencontra quelques difficultés, quoiqu'à une moindre échelle. Les noms de famille comme Saxe-Cobourg-Gotha, Teck et Battenberg causaient à ceux qui les portaient un embarras insurmontable. Lloyd George suggéra d'en changer mais il ne trouva pas une solution plus convaincante que les autres. L'un proposait Guelf, un autre Wettin ; d'antiques noms de famille qui ne signifiaient rien au peuple britannique. Stamfordham finit par songer à Windsor, choix inspiré s'il en est. Ce simple nom de lieu, celui d'un château, n'entretenait aucun lien avec la maison royale. Pourtant il séduisit tout de suite le public. En apprenant la nouvelle, le Kaiser déclara, persifleur, qu'il assisterait avec plaisir à la fameuse comédie, *Les Joyeuses Commères de Saxe-Cobourg-Gotha*. Les Teck se changèrent en Cambridge. Les Battenberg optèrent quant à eux pour une traduction littérale de leur patronyme : Mountbatten. Partout en Angleterre, des Schmidt, Braun ou Schwartz devinrent des Smith, Brown ou Black.

En janvier 1918, les alliés posèrent leurs conditions à un traité de paix, résumées par les quatorze points du président Woodrow Wilson. Outre la restitution de tous les territoires conquis, dont l'Alsace-Lorraine, les alliés exigeaient la dissolution de l'empire Habsbourg et l'abdication du Kaiser en prélude à l'instauration d'un régime démocratique en Allemagne. « Il n'y aura de toute façon pas de conférence de paix[70] », déclara le Kaiser coupé du réel en réponse à une proposition de la reine Wilhelmine des Pays-Bas. « Nos ennemis n'ont aucun désir d'en venir là. Nous devons nous battre jusqu'à ce qu'ils tombent à nos genoux et alors nous leur dicterons la paix. » Valentini, le chef du cabinet civil depuis 1906, reçut son congé à cause de son pessimisme quant à l'issue de la guerre. Le général von Lyncker, le chef du cabinet militaire qui avait perdu ses deux fils à la guerre, dut à son tour donner sa démission. « Nous avons tous été au front aujourd'hui voir 40 canons anglais réduits en pièces sur un chemin de forêt près de Péronne[71] », note Müller le 27 mars. « Le voyage a été d'autant plus intéressant que nous avons pu nous rendre compte de l'atroce dévastation de la zone où Hindenburg a ordonné la retraite l'an dernier. Des villes et des villages rasés, les arbres fruitiers abattus et des kilomètres de trous d'obus et de barbelés. » Deux jours plus tôt, le Kaiser qui revenait alors du front avait déclaré que les membres du parlement feraient bien d'aller voir à quoi ressemblait la guerre. « À cette remarque succédèrent les habituelles insultes au Reichstag, cette maison de singes », note Müller avec lassitude. Le Kaiser revint de la zone de combats d'excellente humeur. Tout le monde but du champagne. « Sa Majesté a déclaré que si une délégation anglaise venait réclamer la paix, elle devrait s'agenouiller devant le drapeau allemand car ce qui se jouait là n'était autre que la lutte de la monarchie contre la démocratie. »

« Je te suis reconnaissant de tes prières », écrivit Georgie à sa mère le 2 juin, « elles me réconfortent et m'aideront à traverser ces jours d'angoisse et je crains que bien d'autres encore nous attendent. Mais nous devons garder courage et continuer jusqu'à la fin, même si cela prend encore longtemps, vu que je ne me soumettrai jamais à ces brutes d'Allemands & je suis sûr que la nation britannique partage mon opinion[72]. » À ce moment-là, alors que les pertes anglaises frôlaient déjà le million d'hommes (sans parler des blessés ou des mutilés), la nation britannique ne se montrait pourtant plus aussi ferme que George V se plaisait à le croire.

En juillet, Hindenburg et Ludendorff lancèrent leur assaut final sur la Marne en direction de Paris. Les alliés résistèrent en repoussant les Allemands de l'autre côté de la Somme par une attaque de chars sur Amiens. « À l'heure du déjeuner dans le train, le Kaiser a admis qu'il n'avait pas fermé l'œil de la nuit », écrit Müller le 25 juillet. « Il avait eu des visions de tous ses parents russes et anglais, de tous les ministres et les généraux de son propre règne en train de défiler devant lui en se moquant de lui[73]. » Le 8 août, Hindenburg et Ludendorff annoncèrent au Kaiser leur défaite : non seulement la bataille de chars prouvait la supériorité définitive des alliés mais eux-mêmes ne comptaient plus sur leurs propres hommes épuisés et démoralisés pour prolonger la lutte.

Au Q.G. de Spa, en Belgique, les deux généraux et le Kaiser évoquèrent des négociations en vue de la paix, mais à quelles conditions ? L'empereur Habsbourg, Charles, le successeur de François-Joseph mort en 1916, voulait cesser les combats sans attendre dans l'espoir de préserver sa monarchie. Le Kaiser repoussa cette idée avant de partir à bord de son train impérial pour Wilhelmshohe, son palais favori depuis ses années d'études à Kassel. Il y passa trois semaines à voyager aux alentours ou à se promener et monter à cheval. Il tint aussi compagnie à Dona qui, très affectée par les récents événements, venait d'avoir une crise cardiaque. Au début du mois de septembre, Wilhelm lui-même s'effondra nerveusement lorsque la réalité de la défaite finit par s'insinuer dans le pays de Jamais-Jamais où son entourage l'encourageait à se réfugier.

En septembre, les Bulgares conclurent la paix avec les alliés. Les marins de la base navale de Kiel menaçaient de se mutiner. Des grèves éclatèrent dans les villes. L'ombre de la révolution se profilait à l'horizon. Le 29 septembre, le Kaiser, provisoirement rétabli, revint à Spa discuter des mesures à prendre avec von Hertling, son dernier chancelier en date, et Paul von Hintze, son secrétaire d'État aux Affaires étrangères. Selon Hindenburg et Ludendorff, il fallait signer l'armistice sans attendre et négocier la paix d'après les quatorze points de Wilson. Hintze préconisait des réformes constitutionnelles de toute urgence. Hertling, un conservateur pur et dur, s'y opposa. Ni lui ni le Kaiser ne parvenaient à se faire à l'idée d'un régime parlementaire. Hintze finit par convaincre le Kaiser d'entamer des négociations de paix sur-le-champ. Hertling présenta sa démission, que le Kaiser accepta à contrecœur le 30 septembre.

Tout partait à vau-l'eau. Le Kaiser fondit en larmes en écrivant à son épouse, encore à Wilhelmshohe : « Dieu ne nous a pas permis d'atteindre le but que nous espérions mais il nous a élus pour souffrir dans l'adversité[74]. » Aux moments de désespoir, les trois cousins se tournaient vers Dieu dont ils se considéraient comme les représentants sur Terre. « Je continuerai de faire mon devoir envers Lui et ma patrie, tant qu'il me le permettra », ajouta Wilhelm non sans courage. Il consentit à nommer au poste de chancelier le prince Maximilien von Baden, le signataire de la résolution de paix, partisan de réformes démocratiques. Il accepta en outre qu'un membre du parti social démocrate se mêle au nouveau gouvernement. Il refusa toutefois les propositions de cet « impudent bouffon » de Wilson. À l'entendre, il s'agissait de « bolchevisme pur et dur, d'une déclaration de guerre contre le principe même de la monarchie[75] ». Ce jour-là, le pouvoir du Kaiser et de l'armée allemande entama son irréversible déclin.

Le 30 octobre, la Turquie, alliée de l'Allemagne, capitula. Le 4 novembre, l'Autriche signa l'armistice. « Nous voilà désormais seuls face au monde entier ! » déclara le Kaiser à Sigurd von Ilsemann, un grand et bel officier, nommé depuis peu aide de camp de Sa Majesté. « Nous avons dû subir cette guerre pour ne pas laisser l'Autriche dans l'embarras et c'est pourtant ainsi qu'elle en use envers nous[76] ! » Après un voyage à Berlin, le Kaiser revint à Spa en s'imaginant que sa présence remonterait le moral de ses troupes. Il ne devait plus jamais revoir sa capitale.

« Pluie le matin », nota Georgie le 8 novembre au palais de Buckingham. « Ce matin, les délégués allemands se sont présentés sous le drapeau blanc & ils ont été reçus par Foch et Rosy Wemyss & l'armistice leur a été lu ; ils disposent de 72 heures pour y donner leur consentement ou pas. Apparemment, des révoltes éclatent un peu partout en Allemagne[77]. » Une semaine plus tôt, le ministre de l'Intérieur prussien, Wilhelm Drews, était arrivé à Spa de toute urgence sur ordre de Max von Baden. Celui-ci voulait que Drews persuade le Kaiser d'abdiquer. Le Kaiser l'informa qu'il ne comptait nullement s'y résoudre dans le seul but de satisfaire quelques centaines de juifs et quelques milliers d'ouvriers socialistes. Sur ce et à l'instar de son cousin Nicky, il retourna à son occupation favorite : couper du bois. Il croyait dur comme fer que, sous sa conduite, ses troupes maîtriseraient les juifs et les socialistes dès leur retour du front à Berlin. Un peu plus tard, Max von Baden annonça par téléphone au Kaiser que les socialistes au Reichstag réclamaient son abdication sur-le-champ. La révolution se répandait dans les villes comme une traînée de poudre. Si les autorités civiles ne reprenaient pas le dessus, une dictature militaire s'instaurerait avec laquelle les alliés refuseraient de négocier. Cependant, le Kaiser ne voulait pas renoncer à la couronne qu'il détenait de Dieu.

Ce jour-là, le Kaiser convoqua à la villa Fraineuse, aux abords de Spa, son fils le kronprinz Guillaume, qui se trouvait alors sur le front Ouest avec son régiment. La voiture du kronprinz passa en cahotant à travers des champs de boue devant des « colonnes de soldats épuisés et des groupes d'hommes autrefois soldats qui, revenus à la vie civile, avançaient en traînant avec eux un tas de bric et de broc ; à son passage s'élevèrent des malédictions et des cris et des poings se dressèrent dans la brume grise[78] ». À son arrivée à la villa le lendemain, le kronprinz trouva son père au jardin, entouré d'un groupe d'officiers. « Jamais je n'oublierai le tableau que formaient cette dizaine d'hommes en uniformes gris[79] », écrit-il. « Le Kaiser semblait très excité, il s'adressait aux hommes les plus proches de lui avec des gestes expressifs et violents (...) En m'apercevant, mon père me fit signe d'approcher et il s'avança de quelques pas. Face à lui, je m'aperçus enfin à quel point ses traits étaient décomposés – son visage émacié au teint terreux tremblait, agité de tics. »

Hindenburg convoqua trente-neuf officiers à Spa. Il voulait savoir si le Kaiser pouvait compter sur ses troupes pour le défendre en cas de guerre civile. La réponse tomba sans hésitation : « non ». Le Kaiser l'apprit lors d'une conférence organisée en hâte le matin même. On lui annonça qu'une véritable révolution venait d'éclater à Berlin. Plus tard ce même jour arrivèrent d'autres nouvelles : le sang coulait à flots dans la capitale. Le Kaiser devait abdiquer sur-le-champ s'il ne voulait pas de désertions massives au sein de l'armée. Le comte August zu Eulenburg fut l'un des rares à presser le Kaiser de ne pas abdiquer. Ce maréchal de la cour dévoué, cousin de Philipp zu Eulenburg, servait Guillaume II depuis 1890. Monarchiste enragé, il se montra tout à coup sous son vrai jour. Le kronprinz songea à une solution temporaire : son père pourrait abdiquer en tant que Kaiser en conservant son trône de Prusse. Guillaume II finit par céder. Il se déclara prêt à abdiquer s'il empêchait ainsi la guerre civile ; persuadé qu'il lui restait encore son mot à dire et qu'il ramènerait ses soldats chez eux en tant que roi de Prusse. Là-dessus, il accepta de signer les documents et tous allèrent déjeuner. « Ce repas en silence, dans une pièce lumineuse aux murs blancs, sur une table décorée de fleurs où régnait le désespoir d'une amère anxiété compte au nombre de mes souvenirs les plus horribles[80] », commente le kronprinz. Une heure plus tôt, Max von Baden avait remis le pouvoir au chef des sociaux-démocrates. Il était entendu que le Kaiser renoncerait également à la couronne de Prusse.

À cinq heures de l'après-midi, Hindenburg vint prévenir le Kaiser du danger qu'il courait d'être capturé par des révolutionnaires : il devait aussitôt partir pour la Hollande, à cinquante kilomètres de là. Le train impérial attendait ses ordres. Appelé à régner depuis le jour de sa naissance, le Kaiser n'accepterait pas sans mal ce revirement du destin. Il refusa de lever le camp et passa le reste de l'après-midi à brûler ses papiers personnels. Le soir, s'accoutumant peu à peu à sa nouvelle situation, il monta à bord du train en précisant qu'il ne comptait pas se séparer de ses officiers : ces « charmants jeunes hommes » auprès desquels il s'était senti heureux pour la première fois de sa vie en trouvant en eux « ma famille, mes amis, mes intérêts, tout ce qui m'avait jusque-là manqué[81] ».

Il dîna avec ses proches avant de se retirer dans son wagon-lit, où il passa une nuit blanche. Son train partit pour la Hollande à 5 heures le lendemain matin. Vingt-cinq soldats équipés de mitrailleuses et de grenades protégèrent la voiture de l'ex-Kaiser qui dut poursuivre son voyage en automobile, la voie de chemin de fer étant bloquée par des révolutionnaires. Une fois en sécurité, la frontière passée, le Kaiser alluma une cigarette en encourageant son entourage à l'imiter. « Vous l'avez bien mérité[82] », commenta-t-il. Lorsque Friedrich Rosen, l'envoyé d'Allemagne en Hollande, une vieille connaissance, arriva quelques heures plus tard, Wilhelm lui confia : « Je suis un homme brisé. Comment pourrais-je repartir dans la vie ? Il ne me reste plus d'espoir ; rien d'autre que la désolation[83]. »

« Nous avons appris que l'empereur allemand avait abdiqué, et le kronprinz aussi[84] », note Georgie ce même jour, le 9 novembre, comme s'il ne les connaissait pas le moins du monde. « "Comment des héros sont-ils tombés ?" Il a été empereur à peine plus de 30 ans, il a accompli de grandes choses pour son pays mais son ambition était si dévorante qu'il souhaitait dominer le monde et a créé son dispositif militaire dans cet objectif. Nul homme ne peut dominer le monde (…) cela a déjà été tenté auparavant et voilà qu'il a complètement ruiné son pays et lui-même et je le considère comme le plus grand criminel connu, lui qui a plongé le monde dans cette atroce guerre qui a duré quatre ans et trois mois avec son cortège de malheurs. »

ÉPILOGUE

« William est arrivé en Hollande hier[1] », note Georgie sans s'émouvoir dans son journal le 11 novembre 1918. « Aujourd'hui, ç'a été une journée magnifique, la plus belle de toute l'Histoire de ce pays. À l'aube, les Canadiens ont pris Mons où nous avons affronté les Allemands pour la première fois il y a quatre ans et d'où la retraite a commencé. À cinq heures du matin, Foch, Wemyss & les délégués allemands ont signé l'armistice et les hostilités ont cessé à onze heures. »

Du point de vue de Georgie, qu'une foule déchaînée appellerait plus tard dans la journée au balcon du palais de Buckingham en chantant l'hymne national, il s'agit à n'en pas douter du plus beau jour de l'Histoire de son pays. La Grande-Bretagne triomphait enfin de longues années de lutte épuisante. Sa monarchie, contrairement à la plupart de ses consœurs en Europe, sortit du conflit non seulement indemne mais florissante : jamais le roi et la reine n'avaient joui d'une telle popularité. Personne ne pensait plus à leurs liens de famille avec les Allemands et les Russes. Nicky était mort et Willy, en exil. Seul Georgie, flanqué de son épouse et de son fils et héritier David, pouvait encore se présenter en uniforme à ses sujets pressés de lui rendre hommage. Lloyd George, le héros du jour qui avait soutenu le pays jusqu'au bout du conflit, se cantonna à l'arrière-plan. Sur l'île de Sa

Majesté le roi d'Angleterre, le républicanisme était bel et bien mort et enterré.

En arrivant au domaine du comte Bentinck à Amerongen, sa destination en Hollande, Wilhelm n'eut rien de plus pressé que de réclamer « une tasse de véritable thé anglais[2] ». Dona le rejoignit à la fin du mois, dès que le nouveau gouvernement lui permit de quitter l'Allemagne. Ils s'attendaient à recevoir la nouvelle de leur extradition d'un jour à l'autre. Ils écrivirent à leurs enfants que jamais ils ne se rendraient à l'ennemi. Dona était alors déjà gravement malade. Le kronprinz, qui venait de renoncer à ses droits sur le trône, partit en exil sur la petite île de Wieringen, le long des côtes hollandaises, « sans le moindre signe de vie humaine » et rien que la mer. Le prince Joachim, son cadet, se suicida. Un autre de ses frères, August Wilhelm, demanda le divorce. Victoria Louise, l'unique fille du Kaiser, son enfant préféré, pourrait quant à elle poursuivre son existence paisible en Allemagne auprès de son mari et de leurs enfants. Le prince Henri aussi fut autorisé à demeurer en Allemagne. De temps à autre, il viendrait rendre visite à son frère Willy. Devant les portes du château d'Amerongen se rassemblaient d'ordinaire une poignée de monarchistes désireux d'apercevoir l'ex-Kaiser lors de sa promenade quotidienne, lorsqu'il donnait à manger aux canards ou coupait du bois dans son jardin. Le reste de la population hollandaise voulait qu'il s'en aille. Son cousin Georgie, qu'attendaient encore dix-huit années de règne triomphal avant sa mort en 1936, ne le revit ni ne lui écrivit plus jamais.

Dans l'enceinte du château, Wilhelm meubla ses longues heures d'exil par la rédaction de ses Mémoires qu'il commença ainsi : « Mes souvenirs les plus anciens, dont je me rappelle encore parfaitement aujourd'hui, remontent à Osborne, sur l'île de Wight[3]. » Il les rédigea à son ancien bureau ramené de Potsdam, assis sur son fauteuil en forme de selle. Des années durant, il lutterait pour la restitution de sa fortune et de ses biens personnels ; non sans succès, d'ailleurs. Une grande part de ses possessions, dont plus de 1 500 pièces d'argenterie, 118 tapis orientaux, divers peintures et meubles, finirent par le rejoindre en Hollande ; ce qui ne le retint pourtant pas de pester contre les socialistes et les bolcheviques ni d'attribuer ses malheurs à la « racaille juive ». Lorsque, en 1919, les deux tiers du peuple allemand votèrent pour la « république de cochons » de Weimar, Wilhelm se sentit personnellement trahi. Comme Eulenburg l'avait précisé à Bülow des années plus tôt : le Kaiser prenait toujours tout contre lui.

Willy et Dona ne furent jamais extradés. En mai 1920, ils s'installèrent à Doorn avec une poignée de fidèles, dont le flamboyant Sigurd von Ilsemann et la comtesse von Keller, l'une des tantes Alléluia qui n'avait pas quitté l'épouse du Kaiser depuis son mariage. August zu Eulenburg finit par retourner à Berlin. Son cousin Philipp, le meilleur ami de Willy, son âme sœur à l'initiative de son fatidique règne personnel, finit ses jours à Liebenberg, abandonné de presque tous ses anciens amis. Bülow entreprit de rédiger ses Mémoires qu'Ilsemann lirait pendant son temps libre à Doorn. « J'ai maintenant presque terminé le second volume des Mémoires de Bülow[4] », note-t-il dans son journal, « et je suis frappé par le peu de changement survenu chez le Kaiser depuis cette époque. Presque tout ce qui se passait en ce temps-là se produit encore aujourd'hui avec la seule différence que ses actions, lourdes de conséquences à l'époque, ne changent plus rien à rien désormais. Bülow souligne à plusieurs reprises les nombreuses qualités du Kaiser ; un curieux personnage au tempérament complexe et singulier ». Curieux aussi, le goût prononcé du Kaiser pour P.G. Wodehouse, dont il lisait les romans à son petit entourage décontenancé le soir.

Dona mourut en avril 1921. Avant de s'éteindre, elle demanda son rapatriement en Allemagne. Le nouveau gouvernement y consentit et elle fut enterrée au mausolée royal de Potsdam. Willy accompagna sa dépouille jusqu'à la frontière mais il lui fut impossible d'aller plus loin. « Ma solitude était indescriptible[5] », commente-t-il. Le 5 novembre 1922, il se remaria. Son épouse la princesse Hermine von Schönaich-Carolath, une monarchiste plus que convaincue, venait elle aussi d'une famille royale. Leur union passionnelle au départ, du moins en ce qui concerne Wilhelm, ne tarda pas à engendrer de nombreuses frictions. La jeune mariée ambitieuse avait en effet la dent dure mais peu de points communs avec son époux. Le couple s'entendait cependant sur un point : il fallait restituer sa couronne au Kaiser. Ce projet ne tarda pas à tourner à l'obsession pour Wilhelm. Lorsqu'il mourut, le 4 juin 1941, Hitler siégeait à la tête de l'État et la Seconde Guerre mondiale venait d'emboîter le pas à la première, tel un double maléfique. Wilhelm fut enterré en Hollande et non en Allemagne car il ne voulait pas reposer ailleurs qu'en territoire monarchique. Le drapeau impérial recouvrit son cercueil. Sa famille vint d'Allemagne assister à ses obsèques à bord d'un train spécial puis de la voiture personnelle de Heinrich Himmler. Hitler y envoya une couronne de lys. Enfin, Willy reposait en paix.

Après la guerre, Georgie, à l'abri du danger en Angleterre, résolut d'aider le plus grand nombre possible de ses parents russes à fuir leur pays secoué par la révolution. De nombreux grands-ducs et grandes-duchesses moururent assassinés à Alapaïevsk dans l'Oural où ils avaient été détenus comme le cousin Nicky et sa famille. Le grand-duc Mikhaïl trouva la mort lors d'une tentative d'évasion supposée. Un sort pire encore attendait Ella, la sœur d'Alix, arrivée en Russie à dix-huit ans pour épouser le grand-duc Sergueï. N'ayant pas d'enfants, après l'assassinat de son mari, elle prit le voile et fonda son propre ordre de Marthe et Marie à Moscou. En 1917, elle refusa la proposition du Kaiser de garantir son retour sans encombre en Allemagne, ne voulant accepter aucune faveur de son cousin allemand. Elle préférait encore rester dans sa Russie adoptive, qu'elle aimait tant. En juillet 1918, elle aussi était détenue à Alapaïevsk. La cousine de Xenia, la grande-duchesse Maria Pavlovna, qui s'était enfuie à Odessa, transmit par courrier quelques informations – en réalité une simple rumeur – à Xenia en sécurité en Crimée avec sa mère la tsarine douairière. « Avec eux [à Alapaïevsk] se trouvait tante Ella (...) où est-elle aujourd'hui, je l'ignore mais tous les autres ont disparu sans qu'on en sache plus[6]. » « Tous les autres » signifiait : les beaux-frères de Xenia, les trois frères de Sandro : Sergueï, Nikolaï et Georgeï, que le grand-duc Sergueï avait accusé des années plus tôt de sympathies républicaines. On découvrit plus tard qu'Ella avait en réalité succombé à une mort lente dans une galerie de mine abandonnée à demi inondée.

Pendant ce temps, Xenia et sa mère attendaient en Crimée que le cousin Georgie envoie une canonnière à leur rescousse. Minny vit son fils Nicky pour la dernière fois au Q.G. de Moghilev en mars 1917, après son abdication. Elle y arriva en train impérial en compagnie de Sandro, le mari de Xenia. « L'auto de Nicky s'est présentée à la gare une minute plus tard », se rappelle Sandro. « Il a longé lentement le quai, a dit bonjour aux deux cosaques postés à la porte du wagon de sa mère puis est entré. Il était pâle mais sinon rien n'indiquait qu'il venait de signer cet horrible manifeste. Il resta enfermé deux heures avec l'ancienne impératrice. Jamais elle ne m'informa du sujet de leur entretien[7]. » À un moment donné, Nicky confia à sa mère qu'il se sentait prêt à se rendre en Angleterre mais il préférait rester en Russie. « Quatre heures moins le quart. Son train est arrêté en face du nôtre. Nous nous levons. Il couvre de baisers le visage de sa mère. Il se tourne vers moi et l'on s'embrasse. Il sort, traverse le quai et monte à bord de sa voiture[8]. » Jamais plus ils ne se reverraient.

Début avril 1919, le dreadnought *Marlborough* arriva à Yalta sur ordre de George V afin de conduire la tsarine douairière Xenia et sa famille en Angleterre. À ce moment-là, l'Armée Rouge s'apprêtait à encercler la Crimée. Minny, qui ne voulait pas quitter son pays adoptif, dut admettre qu'il ne lui restait plus d'autre choix. Le capitaine du *Marlborough*, Charles Johnson, lui remit une lettre de sa sœur Alexandra la priant de partir pendant qu'il en était encore temps. Minny refusa de s'en aller sans son entourage ou en laissant derrière elle les foules de réfugiés qui espéraient fuir la Russie. Xenia emporta dans ses bagages ses bijoux et un service de table en or massif de 54 pièces. Sandro, déjà à Paris, espérait une aide de la communauté internationale aux nombreux émigrés russes. La tsarine douairière, Xenia et ses enfants arrivèrent à l'embarcadère en traînant après eux leurs chiens et leur canari. En tout, dix-neuf membres de la famille impériale embarquèrent avec leurs domestiques, leurs gouvernantes et des gens de cour ainsi qu'une poignée de réfugiés.

Après leur long voyage par Constantinople et Malte, George V insista pour qu'ils soient reçus avec les honneurs à Portsmouth le 9 mai 1919. Alexandra, qui guettait sur le quai l'arrivée de sa sœur, monta à bord du dreadnought où les deux princesses danoises se retrouvèrent enfin. Ensemble, elles prirent le train royal jusqu'à la gare de Victoria où les attendaient Georgie, May et d'autres membres encore de la famille royale britannique. « L'impératrice douairière Marie de Russie est arrivée à Londres aujourd'hui », annonça le bulletin d'informations quotidien de la monarchie anglaise, « accompagnée par sa fille la grande-duchesse Xenia. L'impératrice douairière s'installera à Marlborough House alors que la grande-duchesse et ses fils resteront, pour le moment du moins, au palais de Buckingham[9] ». Ils arrivèrent pour ainsi dire sans un sou en poche et sans domicile. En souvenir de son cousin et ami dévoué Nicky, Georgie versa à sa tante la tsarine douairière une pension annuelle de 10 000 livres contre 2 400 livres à Xenia qu'il autorisa à s'installer à Frogmore Cottage. Il paya également de petites pensions à leur suite et leurs domestiques.

« Je me trouvais à Londres en novembre 1919 lorsque les affaires de l'impératrice douairière de Russie lui ont été apportées[10] », se rappelle Frederick Ponsonby. Quinze énormes malles arrivèrent au palais de Buckingham. Ponsonby insista pour les ouvrir dans la salle du trône devant des témoins prêts à jurer que les sceaux n'avaient pas été rompus depuis le départ de Russie. « La première malle, de quatre pieds de haut et huit de long à peu près, ne contenait que des tisonniers, des pelles et des pinces de l'espèce la plus commune », nous apprend-il en s'amusant des facéties des bolcheviques. La deuxième ne renfermait que des harnais et des selles ; la troisième, un tas de vieux indicateurs de chemins de fer russes… et ainsi de suite jusqu'à la dernière où « on ne trouva rien d'autre que des vieilleries sans valeur ».

Dans quelle mesure peut-on affirmer que Georgie, Willy et Nicky ; le roi, le Kaiser et le tsar, ont concouru aux événements qui bouleversèrent l'Europe entre 1914 et 1918 ? Méritent-ils, du fait de leur tempérament ou de leurs relations mutuelles, qu'on leur attribue une part de responsabilité, voire de culpabilité ?

La personnalité de Georgie n'a rien changé à l'affaire : il régnait sur une monarchie parlementaire. En revanche, Nicky et Willy portent sans conteste leur part de responsabilité personnelle. « Ce fut son malheur d'être né autocrate alors que sa nature ne convenait pas à ce rôle », écrit Buchanan, l'ambassadeur britannique, à propos du tsar. « Le système entier battait de l'aile et lui, pauvre empereur, n'était certainement pas capable d'y remédier[11]. » Nicky, indécis à propos de tout sauf de sa propre autocratie, commit des erreurs fatales dont la moindre ne fut pas de se charger du commandement en chef de l'armée en pleine guerre.

Il en était allé à peu près de même en Allemagne. À l'époque où il lisait à Doorn les Mémoires de Bülow, Ilsemann avait présenté la situation sous un jour flatteur. Le Kaiser se comportait encore et toujours comme autrefois, seulement, à Doorn, il ne pouvait plus nuire à personne alors qu'à Potsdam, ses facultés de nuisance étaient immenses. « Si l'Allemagne n'avait pas opté pour la guerre en 1914, il n'y aurait pas eu de conflit car l'Autriche-Hongrie n'aurait pas pris le risque d'une guerre sans le soutien de l'Allemagne[12] », conclut John Röhl à la fin de son étude détaillée du Kaiser et de sa cour. La Russie non plus, car elle ne s'était toujours pas relevée de la guerre contre le Japon ; sans parler de la menace constante de révolution qui planait sur le pays entier. Quant à l'Angleterre, elle ne se serait certainement pas engagée dans la bataille : elle n'avait rien à y gagner.

Röhl énumère au moins quatre moments critiques où le destin aurait pu basculer : en 1888, si le Kaiser Frédéric, le père de Willy, n'était pas mort prématurément ; en 1890, si Bismarck avait réussi à prévaloir sur l'entourage de Willy ; puis en 1896, si Friedrich von Holstein avait su convaincre le chancelier Hohenlohe de rester ferme face au « règne personnel » dont Eulenburg et Bülow préparaient l'avènement. La plus belle occasion de toutes, la dernière, survint toutefois en novembre 1908, après l'affaire du *Daily Telegraph* et au moment des procès Eulenburg contre Harden : le Reichstag aurait peut-être alors pu imposer de véritables réformes constitutionnelles. Par malchance, Bülow en personne se retrouva mêlé aux procès et il préféra conclure un arrangement en sous-main. Résultat : tout continua comme avant.

Les parents anglais et russes de Willy auraient-ils pu infléchir le cours de l'Histoire ? « Sans aucun doute, à un moment donné, le roi crut que le Kaiser aurait pu éviter le désastre », avoue John Gore dans son ouvrage sur George V. « Par la suite, il lui arriverait parfois de retracer sans amertume l'évolution de l'attitude du Kaiser face à l'Angleterre : de l'admiration à l'envie, puis de l'envie à la haine. Il le tenait pour un homme capable mais fatalement irrésolu aux moments de crise[13]. » Fine analyse de la part de Georgie, d'ordinaire pas très prolixe en commentaires de ce genre. Cependant, elle ne nous renseigne en rien sur le rôle joué par les deux autres cousins et leurs familles dans le glissement de Willy de l'admiration à la haine.

La relation ambiguë de Willy à l'Angleterre, dont l'origine remonte à son enfance perturbée, joua un rôle inévitable. Et pourtant, il devait être possible de réagir autrement à ses sentiments contradictoires. La facilité de la reine Victoria et d'Édouard VII à gagner l'affection de Willy et même sa gratitude lorsque cela leur semblait nécessaire nous permet de penser qu'il existait des solutions diplomatiques ou politiques évitant d'en venir aux armes. Pour citer la lettre du 15 octobre 1895 de Holstein à Eulenburg : « Peu importe ce qui arrive, Sa Majesté ne renoncera jamais ni à sa grand-mère ni à la semaine de Cowes. C'est là, à Osborne et Cowes, que réside le principal problème de notre politique[14]. » Peut-être s'agissait-il d'une chance infime compte tenu de l'anglophobie militante de l'entourage civil et militaire de Willy ? Et cependant, elle existait bel et bien puisque la Constitution de Bismarck accordait un pouvoir absolu au Kaiser. Malheureusement, Willy essuya rebuffade sur rebuffade de la part de ses parents anglais ; ce qui nourrit sa paranoïa en servant les intérêts de ses amis anglophobes. L'Entente cordiale voulue par Édouard VII ne fit que traduire l'antagonisme familial en termes politiques, donnant l'occasion à Willy, blessé et furieux, de se plaindre qu'une fois de plus, on le traitait comme « quantité négligeable ».

Les parents russes du Kaiser ne valaient pas beaucoup mieux[15]. Le tsar Alexandre III, sous la coupe de son épouse

Minny, la princesse danoise, se méfiait des Prussiens qu'il détestait ; et de Willy plus encore que les autres. C'est à Alexandre III que revient tout entier le mérite de l'alliance défensive secrète avec la France, conclue juste avant sa mort en 1894. Cette alliance déboucha sur la Triple-Entente avec l'Angleterre et l'encerclement de l'Allemagne. Le cousin Nicky se méfierait toujours de Willy malgré ses quelques tentatives de rapprochement avec l'Allemagne au début de son règne. Sergueï Witte ne tarda pas à découvrir que le meilleur moyen de convaincre le tsar de faire telle ou telle chose consistait à lui dire que le Kaiser voulait le contraire. Le 11 mars 1905, au moment des négociations de paix entre Russes et Japonais, Willy écrivit à Bülow : « Il est monstrueux que nous, qui avons toujours loyalement soutenu le tsar par nos conseils, nous retrouvions à nouveau exclus[16]. » Toujours exclu, toujours de trop, Willy n'eut aucune peine à identifier les coupables : encore une fois, tout était de la faute d'Édouard VII et des princesses danoises. Nicky devint bientôt l'allié de l'Angleterre, et la paranoïa de Willy s'accrut encore.

La situation aurait pu s'arranger après l'accession de Georgie au trône Mais à ce moment-là, l'amitié entre Georgie et Nicky, entretenue au fil des ans par leurs mères, était fermement établie, et Willy ne faisait pas partie du « club ». Mais il était déjà trop tard. En 1910, le compte à rebours qui mènerait à la guerre avait déjà commencé.

Bibliographie

SOURCES MANUSCRITES :

Archives royales du château de Windsor
Bundesarchiv de Coblence
National Archives
Archives du *Foreign Office*
Archives d'État de la Fédération russe, Moscou

SOURCES SECONDAIRES :

Alexandre, grand-duc, *Once a Grand Duke* (Londres : Cassell, 1932)
Anonyme, *Recollections of Three Kaisers* (1929)
Aronson, Theo, *The Kaisers* (Londres : Cassell, 1971)
— *Crowns in Conflict 1910-18* (Londres : John Murray, 1986)
Ascher, Abraham, *The Revolution of 1905* (Stanford University Press, 1992)
Asquith, H. H., *Letters to Venetia Stanley*, (Oxford, OUP, 1982)
Ayme, Franois, *Une éducation impériale. Guillaume II* (Paris, 1897)
Baden, prince Max von, *Erinnerungen und Dokumente* (Berlin, 1927)
Balfour, Michael, *The Kaiser and his Times* (Londres, 1964)
Baring, Maurice, *A Year in Russia* (Londres, 1907)
— *Les Marionnettes du souvenir* (Paris, 1948)
Battiscombe, Georgina, *Queen Alexandra* (Londres : Constable, 1969)
Benkendorf, Paul, *Last Days at Tsarskoe Selo* (1927)
Bennett, Daphne, *Vicky, Princess Royal of England and German Empress* (Londres : Collins, 1971)

Benson, E. F., *The Kaiser and his English Relations* (Londres : Longmans, 1936)

Berghahn, Volker, *Germany and the Approach of War in 1914* (1973).

Bernstein, Herman, *The Willy-Nicky Correspondence, Being the Secret and Intimate Telegrams Exchanged between the Kaiser and the Tsar* (New York, 1918)

Bigelow, Poultney, *Mes souvenirs de Prusse* (Paris, 1917)

Bing, Edward, *The Letters of Tsar Nicholas II and Empress Marie* (Londres : Nicholson and Watson, 1937)

Bismarck, Otto von, *Pensées et souvenirs* (Paris, 1984)

Bokhanov, Alexander, *et al.*, *The Romanovs* (Leppi Publications, 1993)

Bonham-Carter, Violet, *Lantern Slides, The Diaries and Letters of Violet Bonham-Carter 1904-1914* (Londres : Weidenfeld and Nicolson, 1996)

Buchanan, Sir George, *My Mission to Russia* (Londres : Cassell, 1923)

Buckle, George, *The Letters of Queen Victoria* (Londres : J. Murray, 1926)

Bussmann, Walter, *Staatssekretar Graf Herbert von Bismarck* (Göttingen, 1964)

Bülow, Bernhard von, *Mémoires du chancelier prince de Bülow* (Paris : Plon, 1930-31)

Buxhoeveden, Baroness Sophie, *Before the Storm* (Londres : Macmillan, 1938)

— *The Life and Tragedy of Alexandra Fedorovna, Empress of Russia* (Londres : Longmans Green, 1928)

Carrère d'Encausse, Hélène, *Nicolas II : la transition interrompue : une biographie politique* (Paris : Fayard, 1996)

Cecil, Lamar, *Wilhelm II, Vol. I, Prince and Emperor, 1859-1900* (Londres : Chapel Hill, 1989)

— *Wilhelm II, Vol. II, 1900-1941, Emperor and Exile* (Londres : Chapel Hill, 1996)

Cowles, Virginia, *Edward VII and his Circle* (Londres : Hamish Hamilton, 1956)

— *The Last Tsar and Tsarina* (Londres : Weidenfeld and Nicolson, 1977)

Die Grosse Politik der Europäischen Kabinette 1871-1914 (Berlin, 1922)

Dimond, Frances, *Developing the Picture, Queen Alexandra and the Art of Photography* (Londres : Royal Collection publ., 2004)

Elkind, Louis, *The German Emperor's Speeches* (1904)

Esher, Viscount (Reginald), *Journals and Letters* (Londres : Ivor Nicholson & Watson, 1934)

Esher, Viscount (Reginald), and A. C. Benson, *The Letters of Queen Victoria* (Londres : John Murray, 1908)

Figes, Orlando, *A People's Tragedy : The Russian Revolution 1881-1924* (Londres : Cape, 1996)

Fischer, Fritz, *War of Illusion : German Policies from 1911-1914* (New York, 1975)

Fisher, Baron (John), *Records by the Admiral of the Fleet, Lord Fisher* (Londres : Hodder and Stoughton, 1919)

Fuhrmann, J. T., *The Complete Wartime Correspondence of Tsar Nicholas II and the Empress Alexandra, April 1914-Mars 1917* (Londres : Grenwood Press, 1999)

Gilliard, Pierre, *Treize années à la cour de Russie* (Paris : Payot et Cie, 1921)

Goetz, Walter, *Briefe Wilhelm II an den Zaren 1894-1914* (Berlin, 1920)

Gore, John, *King George V : a Personal Memoir* (Londres : J. Murray, 1941)

Grabbe, Paul et Beatrice, éd., *The Private World of the Last Tsar* (Londres : Collins, 1985)

Guillaume (prince impérial d'Allemagne), *Mémoires du kronprinz* (Paris : Payot, 1922)

Haldane, Viscount, *An Autobiography* (New York, 1929)

Haller, Johannes, *Aus dem Leben des Fürsten Philipp zu Eulenburg-Hertfeld* (Berlin, 1924)

Hanbury Williams, John, *The Emperor Nicholas II, as I Knew Him* (Londres, 1922)

Hardinge of Penshurst, Charles, *Old Diplomacy* (Londres, 1947)

Hibbert, Christopher, *Queen Victoria in her Letters and Journals : a Selection* (Londres : J. Murray, 1984)

Hohenlohe-Schillingsfürst, Chlodwig, Prince zu, *Mémoires du prince Clovis de Hohenlohe* (Paris : L. Conard, 1909)

Holstein, Friedrich von, *The Holstein Papers : the Memoirs, Diaries and Correspondence of Friedrich von Holstein*, ed. Norman Rich and M. H. Fisher (Cambridge University Press, 1955-63)

Hosking, Geoffrey, *Russia : People and Empire* (Londres : Harper Collins, 1997)

Hull, Isabel V., *The Entourage of Kaiser Wilhelm II 1888-1918* (Cambridge University Press, 1982)

Ilsemann, Sigurd von, *Der Kaiser in Holland* (Munich, 1967)

Isvolskii, Aleksandr Petrovitch, *The Memoirs of Alexander Iswolsky* (Londres : Hutchinson, 1920)

Klausen, Inger-Lise, *Dagmar, Zarina fra Denmark* (Lindhardt & Ringhof, 1997)

Kohut, Thomas, *Kaiser Wilhelm II and his Parents*, in Röhl and Sombart, *New Interpretations* (Cambridge, 1982)

Kurtz, Harold, *Le Deuxième Reich : l'Allemagne de Guillaume II* (Lausanne, 1971)

Lee, Sir Sidney, *King Edward VII*, 2 vols (Londres : Macmillan, 1927)

Lerman, Katharine, *The Decisive Relationship : Kaiser Wilhelm II and Chancellor Bernhard von Bülow 1900-1905*, in Röhl and Stombart, *New Interpretations* (Cambridge, 1982)
Lieven, Dominic, *Russia's Rulers under the Old Regime* (London : Yale University Press, 1990)
— *Nicholas II : emperor of all the Russias* (London : J. Murray, 1993)
Lloyd George, David, *Souvenirs de guerre de D. Lloyd George* (Paris : Éditions de la « Nouvelle Revue critique », 1937)
Lowe, Charles, *Alexander III of Russia* (Londres : W. Heinemann, 1895)
— *The Tale of a « Times » Correspondent* (Londres : Hutchinson, 1927)
Ludwig, Emil, *Guillaume II* (Paris : Payot, 1984)
Magnus, Philip, *King Edward the Seventh* (Londres : J. Murray, 1964)
Mann, Golo, *Wilhelm II* (Scherz Verlag, 1964)
Marie, Reine de Roumanie, *Histoire de ma vie* (Paris : Plon, 1938)
Massie, Robert, *Nicolas et Alexandra* (Paris : Stock, 1969)
Maylunas, Andrei, *Nicolas et Alexandra : l'album de famille* (Paris : Perrin, 1992)
Monts, Anton Graf, *Erinnerungen und Gedanken des Botschafters Anton Graf Monts* (Berlin : Verlag für Kulturpolitik, 1932)
Morier, Robert Burnett David (Sir), *Memoirs and Letters of the Right Hon. Sir Robert Morier* (Londres : E. Arnold, 1911)
Mossolov, A. A., *At the Court of the Last Tsar* (Methuen, 1935)
Müller, Georg von, *The Kaiser and his Court*, ed. Walter Grlitz (Macdonald, 1961)
Nicolson, Harold, *King George the Fifth, his Life and Reign* (Londres : Constable, 1952)
Packard, Jerrold, *Victoria's Daughters* (Londres : Stutton Publishing, 1999)
Paléologue, Maurice, *Guillaume II et Nicolas II* (Paris : Plon, 1935)
— *Au quai d'Orsay à la veille de la tourmente* (Paris : Plon, 1947)
Pares, Bernard, *My Russian Memoirs* (Londres : J. Cape, 1931)
— *The Fall of the Russian Monarchy* (Londres : J. Cape, 1939)
Pless, Daisy, Princesse de, *Journal et papiers intimes* (Paris : Payot, 1932)
Poliakoff, Vladimir, *The Empress Marie of Russia and Her Times* (Londres : Butterworth, 1926)
Ponsonby, Sir Frederick, *Recollections of Three Reigns* (Londres : Eyre & Spottiswoode, 1951)
Ponsonby, Sir Frederick, éd., *Lettres de l'impératrice Frédéric* (Paris : Grasset, 1931)
Pope-Hennessy, James, *Queen Mary, 1867-1953* (Londres : G. Allen and Unwin, 1959)
Radzinsky, Edvard, *The Life and Death of Nicholas II* (Londres : Doubleday, 1992)

Radziwill, Ekaterina Rzewuska, Princesse, *Alexandra Feodorovna, la dernière tsarine* (Paris : Payot, 1934)
Reinermann, Lothar, *Der Kaiser in England* (Paderborn : F.Schöningh, 2001)
Reuss, Martin, « Bismarck's Dismissal and the Holstein Circle », in *European Studies Review*, Vol. 5, n°1 (1975)
Rich, Norman, and Fisher, M. H., *The Holstein Papers* (Cambridge : University Press, 1955)
— *Friedrich von Holstein* (Cambridge : University Press, 1965)
Roberts, Andrew, *Salisbury : Victorian Titan* (Londres : Weidenfeld & Nicolson, 1999)
Rogge, Helmut, *Holstein und Harden* (Munich : C. H. Beck, 1959)
Röhl, John C. G., *Germany without Bismarck* (Londres : B. T. Batsford, 1967)
— *Philipp Eulenburgs politische Korrespondenz* (Boppard am Rheim : H. Boldt, 1976-1983)
— *Kaiser Wilhelm II : New Interpretations : the Corfu Papers* (Cambridge University Press, 1982)
— *The Kaiser and his Court : Wilhelm II and the Government of Germany* (Cambridge University Press, 1994)
— *Young Wilhelm : the Kaiser's early Life, 1859-1888* (Cambridge University Press, 1998)
— *Wilhelm II : the Kaiser's Personal Monarchy, 1888-1900* (Cambridge University Press, 2004)
Rose, Kenneth, *King George V* (New York : A. A. Knopf, 1984)
Rosen, Baron, *Forty Years of Diplomacy* (New York, 1922)
Royalty Digest, éd. Paul Minette (Ticehurst, Sussex)
Sazonov, Sergej, *Les Annes fatales : souvenirs de M. S. Sazonov : 1910-1916* (Paris : Payot, 1927)
Schönburg-Waldenburg, Prinz Heinrich von, *Erinnerungen* (Leipzig, 1929)
Schwering, Axel von, *The Berlin Court under William II* (Londres : Cassell, 1915)
Schwertfeger, Bernhard, éd., *Kaiser und Kabinettschef, Rudolf von Valentini* (Oldenburg, 1931)
Snyder, Louis, éd., *Documents of German History* (Rutgers University Press, 1958)
Steinberg, Mark D. and Khrustalëv, Vladimir M., *The fall of the Romanovs : Political Dreams and Personal Struggles in a Time of Revolution* (Londres : Yale University Press, 1995)
Swaine, General Leopold, *Camp and Chancery in a Soldier's Life* (Londres : John Murray, 1926)
Taylor, A. J. P., *The Struggle for Mastery in Europe : 1848-1918* (Oxford : Clarendon Press, 1954)

— *Bismarck, the Man and the Statesman* (Londres : H. Hamilton, 1956)
Thimme, Friedrich, éd., *Front Wider Bülow. Staatsmanner, Diplomaten und Forscher zu seinen Denkwurdigkeit* (Munich, 1931)
Tisdall, E. E. P., *The Dowager Empress* (Londres : Stanley Paul, 1957)
Topham, Anne, *Souvenirs de la cour du Kaiser* (Paris : Delagrave, 1915)
— *Chronicles of the Prussian Court* (Londres : Methuen, 1926)
Van der Kiste, John, *Kaiser Wilhelm II* (Sutton Publishing, 1999)
— *Crowns in a Changing World* (Sutton, Stroud, 1993)
— *Once a Grand-duchess, Xenia, Sister of Nicholas II* (Sutton, Stroud, 2002)
Verner, Andrew, *The Crisis of Russian Autocracy : Nicholas II and the 1905 Revolution* (Princeton, N.J. : Princeton University Press, 1990)
Victoria (reine de Grande-Bretagne : 1819-1901), *Dearest Child, Letters between Queen Victoria and the Princess Royal* (Édit de même que les volumes suivants par Roger Fulford ; Londres : Evans brothers, 1965)
— *Dearest Mama, Letters between Queen Victoria and the Crown Princess of Prussia, 1861-1864*
— *Darling Child : Private Correspondance of Queen Victoria and the Crown Princess of Prussia, 1871-1878*
— *Your Dear Letter : Private Correspondence between Queen Victoria and the Crown Princess of Prussia, 1865-1871*
Victoria, Princess of Prussia, *My Memoirs* (Eveleigh, Nash, 1929)
Vierhaus, Rudolf, *Aus dem Tagebuch der Baronin Spitzemberg* (Munich, 1979)
Viktoria Luise, Herzogin, *Ein Leben als Tochter des Kaisers* (Göttingen, 1965)
— *Im Glanz der Krone* (Göttingen, 1967)
Waldersee, Alfred von, *Denkwrdigkeiten* (Stuttgart, 1922)
Weller, Uwe, *Maximilian Harden und Die Zukunft* (Schnemann Universitäts Verlag, Brême, 1970)
Wheeler Bennett, John Wheeler (1902-1975), *King George VI, his Life and Reign* (Londres : Macmillan, 1958)
— *Knaves, Fools and Heroes* (Londres : Macmillan, 1974)
Whittle, Tyler, *The Last Kaiser : a Biography of William II* (Heinemann, 1977)
Wilhelm II, *Aus Meinem Leben 1859-1888* (Berlin, 1927)
Williamson, Samuel, *Austria-Hungary and the Origins of the First World War* (New York : St. Martin's Press, 1991)
Witte, Sergei Ioul'evitch, Comte, *Mémoires du comte Witte (1849-1915), Premier ministre, président du Comité des finances, membre du Conseil de l'Empire, secrétaire d'État de S. M. l'empereur de Russie* (Paris : Plon-Nourrit, 1921)

Woodham-Smith, Cecil, *Queen Victoria, her Life and Times* (Londres : Hamish Hamilton, 1972)
Young, Harry F., *Maximilian Harden* (La Haye : M. Nijhoff, 1959)
Youssoupoff, Félix, *Mémoires* (Neuilly : V et O éd., 1990)
Zedlitz-Trutzschler, Graf Robert, *Douze années à la cour impériale allemande, 1898-1910* (Genève : Droz, 1962)

Notes

Introduction

1. Images d'archives du mariage de 1913 à Berlin fournies par le BFI [institut du film britannique].

2. RA [archives royales du château de Windsor] GVD [journal de George V] 21 mai 1913. Les trois cousins donnaient le nom de « *Schloss* » aux palais du Kaiser. Il s'agit ici du *Neues Palais* de Potsdam, aux abords de Berlin. Le Kaiser possédait en tout dix-sept palais, grands ou petits, dont les deux principaux, à Berlin.

3. RA PS/GV/M 481.

4. Maurice Paléologue, *Guillaume II et Nicolas II*, p. 155.

5. Christopher Hibbert, *Queen Victoria in her Letters and Journals*, p. 189.

6. Andrew Roberts, *Salisbury, Victorian Titan*, p. 643.

Chapitre 1

1. Hibbert, p. 109.

2. Sir Frederick Ponsonby, éd., *Lettres de l'impératrice Frédéric*.

3. Roger Fulford, éd., *Dearest Child*, p. 178.

4. Lamar Cecil, *Wilhelm II*, Vol. 1, *Prince and Emperor*, p. 12.

5. Cecil Woodham Smith, *Queen Victoria*, Vol. 1, p. 363.

6. Ponsonby, *Lettres*.

7. Fulford, p. 31.

8. Anonyme, *Recollections of Three Kaisers*, p. 49. L'auteur anonyme de ces Mémoires a servi les trois empereurs : Guillaume Ier, Frédéric III et Guillaume II. Arrivé de son village sur les bords du Rhin à la cour à l'âge de dix-sept ans, il occuperait une position modeste d'où il exercerait ses talents d'observateur. « Je ne pense pas ajouter quoi que ce soit à mon journal – mon fidèle compagnon depuis ma prime jeunesse », écrit-il peu avant de s'éteindre en 1914. « La paix qui m'entoure me paraît s'étendre au monde entier pendant que j'écris. Dieu veuille que cela dure ! »

9. Ponsonby, *Lettres*.

10. Cecil Woodham Smith, Vol. 1, p. 11.

11. Fulford, p. 106.

12. *Ibid.*, p. 115.

13. Guillaume II, *Aus Meinem Leben*, p. 31. Les Mémoires du Kaiser, rédigés depuis son exil en Hollande après la Première Guerre mondiale, ont été traduits en anglais en 2 volumes [et en français sous le titre *Mémoires* (Paris : Hachette, 1922) N.d.T.]. Le récit par le Kaiser de ses premières années est assez fiable mais on ne saurait en dire autant de la suite.

14. Cecil Woodham Smith, Vol. 1, p. 15.

15. *Ibid.*

16. John Van Der Kiste, *Wilhelm II*, p. 11.

17. Anonyme, p. 51.

18. Guillaume II, p. 3.

19. Ponsonby, *Lettres*.

20. Hibbert, p. 172.

21. Cecil Woodham Smith, Vol. 1, p. 15.

22. Guillaume II, p. 25.

23. Ponsonby, *Lettres*.

24. Schönburg-Waldenburg, *Erinnerungen Aus Kaiserliche Zeit*, p. 165. Le prince Heinrich von Schönburg-Waldenburg descendait d'une longue lignée d'hommes de cour. Ses Mémoires nous dépeignent un homme à l'enfance heureuse, capable d'observations fiables et impartiales. Ses commentaires sur l'attitude de Willy par rapport à son lourd handicap n'en apparaissent que plus révélateurs encore.

25. Guillaume II, p. 32.

26. Hibbert.

27. Guillaume II, p. 4.

28. Daphne Bennett, *Vicky Princess Royal*, p. 135.

29. *Ibid.*, p. 135.

30. Ponsonby, *Lettres*.
31. Jerrold M. Packard, *Victoria's daughters*, 174.
32. Guillaume II, p. 40.
33. Cecil Woodham Smith, Vol. 1, p. 27.
34. Guillaume II, p. 55.

CHAPITRE 2

1. Georgina Battiscombe, *Queen Alexandra*, p. 79.
2. Philip Magnus, *King Edward the Seventh*, p. 26.
3. Hibbert, p. 172.
4. *Ibid.*, p. 173.
5. Battiscombe, p. 50.
6. Hibbert, p. 175.
7. Magnus, p. 75.
8. Hibbert, p. 176.
9. Magnus, p. 86.
10. *Ibid.*, p. 87.
11. Battiscombe, p. 63.
12. Kenneth Rose, *King George V*, I.
13. *Ibid.*
14. Battiscombe, p. 78.
15. Magnus, p. 94.
16. *Ibid.*, p. 77.
17. Hibbert, p. 196.
18. Battiscombe, p. 81.
19. *Ibid.*, p. 74.
20. John Gore, *King George V, A Personal Memoir*, Vol. 1, p. 9.
21. Rose, p. 4.
22. Magnus, p. 96.
23. Battiscombe, p. 91.
24. Hibbert, p. 197.
25. Ponsonby, *Lettres*.
26. Magnus, p. 100.
27. Battiscombe, p. 99.
28. Magnus, p. 100.
29. Hibbert, p. 208.
30. Hibbert, p. 211.
31. Magnus, p. 111.

32. *Ibid.*, p. 110.
33. Rose, p. 5.
34. Harold Nicolson, *King George V*, p. 7.
35. Hilary Spurling, *Matisse*, p. 379. Spurling raconte l'histoire complète de ce point de chute favori de la reine Victoria, dont la prospérité continua jusqu'à la Première Guerre mondiale. À la fin des hostilités, faute d'attirer une clientèle suffisante, il fut fermé puis converti dans les années 30 en appartements. Matisse y acheta deux logements contigus en 1938.
36. Magnus, p. 136.

Chapitre 3

1. Inger-Lise Klausen, *Dagmar, Tsarina fra Denmark*. Je remercie Klausen d'avoir attiré mon attention sur ce point.
2. Battiscombe, p. 12.
3. Magnus, p. 95.
4. Louis Snyder, éd., *Documents of German History*, p. 205.
5. Klausen, p. 54.
6. E. E. P. Tisdall, *The Dowager Empress*, p. 29.
7. Je remercie Klausen de m'avoir fourni une copie de cette lettre datée du 2 octobre 1867.
8. Leppi Publications, *The Romanovs*, p. 18.
9. Battiscombe, p. 110.
10. Klausen, p. 126.
11. Baronne Sophie Buxhöwden, *Before the Storm*, p. 314.
12. Klausen, p. 125.
13. *Ibid.*, p. 125.
14. Magnus, p. 110.
15. Hibbert, p. 221.
16. Bennett, p. 183.
17. Ponsonby, *Lettres*.
18. *Ibid.*
19. *Ibid.*, p. 120.
20. Guillaume II, p. 75.
21. Klausen, p. 130.
22. Battiscombe, p. 128.
23. Tisdall, p. 57.

24. Battiscombe, p. 123.
25. Magnus, p. 127.

CHAPITRE 4

1. Ponsonby, *Lettres*.
2. Magnus, p. 129.
3. Guillaume II, p. 123.
4. Cecil, Vol. 1, p. 36.
5. François Ayme, *Une éducation impériale, Guillaume II*. Ayme est sans doute la meilleure source, la plus fiable aussi, dont nous disposons concernant les études secondaires de Wilhelm. Le potentiel de Wilhelm à cette date ne fait aucun doute. Ayme ajoute, ce que personne d'autre ne mentionne, que ce potentiel aurait pu, chez quelqu'un d'autre, trouver à s'exprimer dans le journalisme. Une telle remarque nous renseigne sur la nature exacte de ce potentiel et sur le genre de jeune homme qu'était Wilhelm à cette époque de sa vie.
6. *Ibid.*
7. *Ibid.*
8. *Ibid.*
9. Packard, p. 175.
10. Anonyme, p. 63.
11. *Ibid.*, p. 71.
12. Hibbert, p. 233.
13. Je remercie Klausen de m'avoir fourni une copie de cette lettre datée du 17 février 1874.
14. Ponsonby, *Lettres*.
15. Gore, Vol. 1, p. 25.
16. Magnus, p. 137.
17. Dominic Lieven, *Nicholas II*, p. 32.
18. Leppi, p. 22.
19. Tisdall, p. 61.
20. Lieven, p. 33.
21. Lieven, p. 26.
22. Magnus, p. 154.
23. Snyder, p. 237.
24. Guillaume II, p. 141.
25. Fulford, *Further Letters*, p. 174.

26. Cecil, Vol. 1, p. 37.
27. Anonyme, p. 79.
28. Rose, p. 6.
29. Nicolson, p. 14.
30. *Ibid.*, p. 15.
31. Rose, p. 7.
32. Gore, Vol. 1, p. 31.
33. *Ibid.*, p. 36.
34. Edward Bing, *The Letters of Tsar Nicholas II and Empress Marie*, p. 81. La similarité de ton entre les lettres des deux sœurs danoises, Alexandra et Minny, à leurs fils Georgie et Nicky, a de quoi frapper. Très affectueuses, presque à l'excès, elles trahissent la répugnance des deux princesses à laisser leurs fils s'éloigner d'elles ou même grandir. Ceux-ci leur répondaient en se mettant au diapason : en les appelant « Maman chérie ». Ils restèrent toujours en contact étroit, par lettre ou de vive voix, au cours des années suivantes.
35. Battiscombe, p. 155.
36. Nicolson, p. 24.
37. Battiscombe, p. 156.
38. Magnus, p. 161.
39. *Ibid.*, p. 169.
40. Nicolson, p. 30.
41. *Ibid.*, p. 33.

Chapitre 5

1. Guillaume II, p. 162.
2. Cecil, Vol. 1, p. 39.
3. *Ibid.*, p. 41. Les lettres de Wilhelm à la comtesse Marie von Dönhoff se trouvent avec les documents Bülow aux Bundesarchiv de Coblence : après son divorce d'avec le comte Dönhoff, Marie épousa en effet Bernhard von Bülow.
4. Isabel V. Hull, *The Entourage of Kaiser Wilhelm II, 1888-1918*, p. 20. Ce livre fournit, au même titre que l'étude menée par John Röhl du Kaiser et de sa cour, une description riche en détails révélateurs de l'entourage du Kaiser et de la profonde influence que celui-ci exerça sur les décisions politiques de Guillaume II à l'époque.
5. Guillaume II, p. 177.
6. Cecil, Vol. 1, p. 45.

7. Ponsonby, *Lettres*.
8. Guillaume II, p. 172.
9. Hull, p. 20.
10. Nicolson, p. 39.
11. Hibbert, p. 260.
12. Ponsonby, *Lettres*.
13. Guillaume II, p. 125.
14. Hibbert, p. 268.
15. *Ibid.*, p. 274.
16. Andrei Maylunas, *Nicolas et Alexandra : l'album de famille*.
17. Battiscombe, p. 160.
18. Klausen, p. 162.
19. Charles Lowe, *Alexander III of Russia*, p. 326.
20. Leppi, p. 22.
21. *Ibid.*, p. 34.
22. *Ibid.*, p. 36.
23. *Ibid.*
24. Bing, p. 30.
25. Maylunas, p. 7.
26. Battiscombe, p. 158.
27. Sergueï Witte, *Mémoires*.
28. Hibbert, p. 270.
29. Rose, p. 14.
30. *Ibid.*, p. 13.
31. Gore, Vol. 1, p. 47.
32. Battiscombe, p. 162.
33. *Ibid.*, p. 64.
34. Nicolson, p. 6.

Chapitre 6

1. Lowe, p. 67.
2. Klausen, p. 174.
3. Leppi, p. 28.
4. *Ibid.*
5. Battiscombe, p. 165.
6. Klausen, p. 178.
7. *Ibid.*, p. 181.
8. Bing, p. 28.

9. Hibbert, p. 288.
10. Magnus, p. 186.
11. *Ibid.* (Mentionné aussi dans les *Holstein Papers* (édité par Rich & Fisher) Vol. II, p. 44 ; la remarque étant de Holstein).
12. John Röhl, *Wilhelm II*, Vol. 1, p. 426.
13. *Ibid.*
14. *Ibid.*, p. 429.
15. *Ibid.*, p. 427.
16. Guillaume II, p. 317.
17. Grand-duc Alexandre, *Once a Grand Duke*, p. 140.
18. Maylunas, p. 10.
19. *Ibid.*, p. 11.
20. Magnus, p. 194.
21. *Ibid.*, p. 197.
22. Battiscombe, p. 143.
23. Rose, p. 17.
24. Magnus, p. 197.
25. *Ibid.*, p. 198.
26. Hibbert, p. 288.
27. Cecil, Vol. 1, p. 84.
28. Magnus, p. 191.
29. *Ibid.*, p. 192 (l'anecdote figure aussi dans les *Holstein Papers*, II, p. 254).
30. Hibbert, p. 304.
31. John Gore, *King George V*, Vol. 1, p. 77.
32. Nicolson, p. 39.
33. Battiscombe, p. 172.

Chapitre 7

1. Ponsonby, *Lettres*.
2. Röhl, *Wilhelm II*, Vol. 1, p. 425.
3. *Ibid.*, p. 427.
4. *Ibid.*
5. *Ibid.*, p. 326.
6. Packard, p. 162.
7. Röhl, *Wilhelm II*, Vol. 1, p. 333.
8. Hull, p. 17.
9. Cecil, Vol. 1, p. 41.

10. Anonyme, p. 80.

11. Cecil, Vol. 1, p. 59. Cette citation, et d'autres, ultérieures, de la correspondance de Guillaume II avec Eulenburg, sont extraites des trois volumes édités par John Röhl de la *Politische Korrespondenz* de Philipp Eulenburg, un ouvrage d'érudition et de référence qui nous a appris l'essentiel de ce que nous savons aujourd'hui sur la relation d'Eulenburg avec le Kaiser.

12. Röhl, *Wilhelm II*, Vol. 1, p. 434.

13. Cecil, Vol. 1, p. 82.

14. Röhl, *Wilhelm II*, Vol. 1, p. 434.

15. Guillaume II, p. 324.

16. Cecil, Vol. 1, p. 116.

17. Röhl, *Wilhelm II*, Vol. 1, p. 577.

18. *Ibid.* p. 578.

19. Johannes Haller, *Aus dem Leben*, p. 82.

20. Hull, p. 55.

21. *Korrespondenz*, Vol. 1, p. 110.

22. *Ibid.*, p. 129.

23. *Ibid.*, p. 163.

24. *Ibid.*, p. 163, f4.

25. *Ibid.*, Vol. 1, p. 170.

26. Haller, p. 20.

27. *Ibid.*, p. 21.

28. *Ibid.*, p. 21.

29. Cecil, Vol. 1, p. 93.

30. Hibbert, p. 303.

31. Cecil, Vol. 1, p. 93.

32. Louis Elkind, *The German Emperor's Speeches*, p. 3.

33. Röhl, *Court*, p. 15.

34. Cecil, Vol. 1, p. 120.

35. Hibbert, p. 310.

36. *Ibid.*, p. 311.

37. *Ibid.*, p. 312.

38. Van der Kiste, p. 57.

39. Magnus, p. 202.

40. Nicolson, p. 40.

41. Magnus, p. 202.

42. Magnus, p. 205.

43. Hibbert, p. 312.

44. *Ibid.*, p. 313.

45. Battiscombe, p. 175.
46. Nicolson, p. 41.
47. Witte, p. 92.

Chapitre 8

1. Elkind, p. 4.
2. *Ibid.*, p. 5.
3. Lothar Reinermann, *Der Kaiser in England*, p. 62.
4. *Ibid.*, p. 62.
5. Cecil, Vol. 1, p. 280.
6. *Ibid.*
7. RA GV/AA 36/21.
8. Anonyme, p. 116.
9. *Ibid.*, p. 114.
10. Röhl, *Court*, p. 41.
11. Röhl, *Wilhelm II*, Vol. 2, p. 188 ; on trouve la citation non tronquée chez Bussman.
12. Magnus, p. 210.
13. *Ibid.*
14. Rose, p. 164.
15. Magnus, p. 202.
16. *Ibid.*, p. 211.
17. *Ibid.*, p. 213.
18. Cecil, Vol. 1, p. 269.
19. Hibbert, p. 316.
20. RA GV/GVD/1889 : 25 oct.
21. RA GV/GVD/1889 : 26 oct.
22. Van der Kiste, p. 66.
23. Je remercie Kevin Brownlow de m'avoir fait découvrir ces détails : grâce à sa connaissance encyclopédique des bobines d'archives, il m'a aiguillée vers un documentaire allemand intitulé *Majestat*, à propos du Kaiser.
24. RA GV/GVD/1890 : 22 mars.
25. Nicolson, p. 42.
26. Magnus, p. 217.
27. Cecil, Vol. 1, p. 132.
28. Ponsonby, *Lettres*.
29. Cecil, Vol. 1, p. 160.

30. Ponsonby, *Lettres*.
31. Rose, p. 165.
32. Nicolson, p. 43.
33. Magnus, p. 233.
34. RA VIC/Z 92/91.
35. Klausen, p. 207.
36. Hull, p. 25.
37. *Ibid.*, p. 47.
38. Cecil, Vol. 1, p. 177.
39. Dans *The Entourage of Wilhelm II*, Hull fournit de nombreux autres exemples du langage codé qu'utilisait le cercle Liebenberg.
40. Haller, p. 111.
41. Hull, p. 69.
42. Cecil, Vol. 1, p. 219.
43. Röhl, *Court*, p. 42.
44. Cecil, Vol. 1, p. 190.
45. Hibbert, p. 333.
46. Anonyme, p. 184.

Chapitre 9

1. Battiscombe, p. 157.
2. Magnus, p. 239.
3. Hibbert, p. 321.
4. Magnus, p. 239.
5. Nicolson, p. 46.
6. *Ibid.*, p. 47.
7. *Ibid.*
8. *Ibid.*
9. RA GV/AA 19/36.
10. Nicolson, p. 48.
11. Rose, p. 25.
12. *Ibid.*, p. 26.
13. James Pope-Hennessy, *Queen Mary*, p. 244.
14. *Ibid.*
15. *Ibid.*, p. 257.
16. Rose, p. 26.
17. Hibbert, p. 324.
18. Rose, p. 27.

19. *Ibid.*
20. Pope-Hennessy, p. 264.
21. *Ibid.*, p. 265.
22. Bing, p. 70.
23. Maylunas, p. 27.
24. Hibbert, p. 325.
25. RA GV/GVD/1893 : 6 juillet.
26. Rose, p. 33.
27. Nicolson, p. 51.
28. Bing, p. 34.
29. *Ibid.*, p. 32.
30. Maylunas, p. 15.
31. *Ibid.*, p. 16.
32. *Ibid.*, p. 17.
33. Hibbert, p. 318.
34. Lowe, p. 270.
35. Bing, p. 59.
36. Leppi, p. 38.
37. Maylunas.
38. *Ibid.*
39. *Ibid.*
40. *Ibid.*, p. 47.
41. *Ibid.*, p. 48.
42. *Ibid.*, p. 50.
43. *Ibid.*, p. 57.
44. *Ibid.*, p. 59.
45. *Ibid.*, p. 61.
46. Rose, p. 37.
47. RA GV/GVD/1894 : 2 juillet.
48. Maylunas, p. 86.
49. Hibbert, p. 329.
50. Maylunas, p. 99.
51. Witte, p. 206.
52. Maylunas, p. 99.

Chapitre 10

1. Magnus, p. 246.
2. Witte, p. 207.

3. Maylunas, p. 100.
4. Magnus, p. 248.
5. RA GV/CC I/54.
6. Rose, p. 33.
7. RA GV/CC 19/164.
8. RA GV/GVD 1894 : 25 novembre.
9. Maylunas, p. 108.
10. *Ibid.*, p. 109.
11. *Daily Telegraph*, 26 novembre 1894.
12. Maylunas, p. 112.
13. Magnus, p. 249.
14. RA GV/GVD 1894 : 1er décembre.
15. Maylunas, p. 115.
16. Vladimir Poliakoff, *The Empress Marie of Russia and her Times*, p. 228.
17. Witte, p. 209.
18. Sir George Buchanan, *My Mission to Russia*, Vol. 2, p. 77.
19. A. A. Mossolov, *At the Court of the Last Tsar*, p. 6.
20. Maylunas, p. 122.
21. Izvolski, p. 254.
22. Maylunas, p. 161.
23. *Ibid.*, p. 148.
24. Walter Goetz, *Briefe Wilhelm II an den Zaren*, p. 290.
25. *Ibid.*, p. 291.
26. RA GV/GVD/1895 : 18 juin.
27. RA GV/GVD/1895 : 20 juin.
28. RA GV/GVD/1859 : 21 juin.
29. Poliakoff, p. 189.
30. Goetz, p. 299.
31. John C. G. Röhl, *Germany without Bismarck*, p. 125. La lettre de Holstein à Eulenburg datée du 17 février 1895 laisse déjà présager les différends qui les opposeront par la suite.
32. Goetz, p. 296.
33. Bing, p. 103.
34. Baronne Sophie Buxhöwden, *Life of Alexandra Fedorovna*, p. 51.
35. Bing, p. 109.
36. Cecil, Vol. 1, p. 287.
37. *Ibid.*, p. 286.

38. Hibbert, p. 332.
39. Cecil, Vol. 1, p. 288.
40. RA GV/CC 1/152.
41. Magnus, p. 254.
42. Hull, p. 102.
43. Röhl, *Germany without Bismarck*, p. 136.
44. Cecil, Vol. 1, p. 228.
45. Haller, p. 184.
46. *Ibid.*, p. 185.
47. Cecil, Vol. 1, p. 238.
48. Röhl, *Germany without Bismarck*, p. 176.
49. Röhl, *Korrespondenz*, Vol. 1, p. 160.
50. *Ibid.*, p. 164.
51. Hull, p. 86.
52. Röhl, *Court*, p. 46.
53. Hull, p. 88.
54. Röhl, *Germany without Bismarck*, p. 134.
55. *Ibid.*, p. 194.

Chapitre 11

1. Maylunas, p. 140.
2. Goetz, p. 302.
3. Maylunas, p. 144.
4. *Ibid.*, p. 146.
5. *Ibid.*
6. Witte, p. 213.
7. Maylunas, p. 151.
8. *Royalty Digest*, mai 2005, p. 335.
9. RA GV/GVD/1896 : 22 septembre.
10. Andrew Roberts, *Salisbury, Victorian Titan*, p. 643.
11. Bing, p. 119.
12. *Ibid.*, p. 121.
13. *Ibid.*, p. 124.
14. Anonyme, p. 169.
15. Bing, p. 128.
16. *Ibid.*, p. 141.
17. Maylunas, p. 170.

18. *Ibid.*, p. 163.
19. *Ibid.*, p. 172.
20. *Ibid.*, p. 166.
21. Cecil, Vol. 2, p. 77.
22. Hibbert, p. 335.
23. *Ibid.*, p. 336.
24. *Ibid.*, p. 337.
25. Maylunas, p. 182.
26. *Ibid.*, p. 183.
27. Cecil, Vol. 1, p. 274.
28. *Ibid.*, p. 325.
29. Hibbert, p. 339.
30. Cecil, Vol. 1, p. 324.
31. Roberts, p. 636.
32. *Ibid.*, p. 229.
33. Hibbert, p. 340.
34. *London Review of Books*, 16/7/98, compte rendu de *The Russians and the Anglo Boer War* par Apollon Davidson.
35. *Ibid.*
36. Cecil, Vol. 2, p. 13.
37. Bing, p. 128.
38. Maylunas, p. 191.
39. Roberts, p. 767.
40. *London Review of Books*, 16/7/98.
41. RA GV/GVD/1899 : 20 novembre.
42. Hibbert, p. 340.
43. RA GV/GVD/1899 : 27 novembre.
44. Magnus, p. 263.
45. *Ibid.*, p. 264.
46. Battiscombe, p. 209.
47. Maylunas, p. 185.
48. *Ibid.*, p. 186.
49. *Ibid.*, p. 188.
50. *Ibid.*, p. 184.
51. Witte, p. 323.
52. *Ibid.*, p. 275.
53. *Ibid.*, p. 277.
54. Maylunas, p. 183.
55. Rose, p. 43.
56. RA/GV/GVD/1900 : 6 mai.

57. Ponsonby, *Lettres*.
58. RA/GV/GVD/1900 : 9 mai.
59. Buxhöwden, p. 89.
60. Hibbert, p. 341.
61. *Ibid.*, p. 346.
62. *Ibid.*, p. 349.
63. Cecil, Vol. 2, p. 78.
64. Elkind, p. 112.
65. Nicolson, p. 63.
66. Virginia Cowles, *Edward VII and his Circle*, p. 245.
67. Rimmermann, p. 236.
68. *Ibid.*, p. 239.

Chapitre 12

1. Magnus, p. 271.
2. *Ibid.*, p. 286.
3. Frederick Ponsonby, *Recollections of Three Reigns*, p. 163.
4. Ponsonby, *Lettres*.
5. *Ibid.*
6. Rose, p. 47.
7. *Ibid.*, p. 45.
8. *Ibid.*, p. 44.
9. *Ibid.*, p. 45.
10. Nicolson, p. 77.
11. RA GV/GVD/1902 : 26 janvier.
12. RA GV/GVD/1902 : 30 janvier.
13. Maylunas, p. 206.
14. *Ibid.*
15. *Ibid.*
16. *Ibid.*, p. 208.
17. *Ibid.*, p. 219.
18. Battiscombe, p. 254.
19. Anne Topham, *Souvenirs de la cour du Kaiser*.
20. Anne Topham, *Chronicles of the Prussian Court*, p. 15.
21. Topham, *Memoires*, p. 20.
22. Topham, *Chronicles*, p. 148.
23. Topham, *Memoires*, p. 30.
24. Maylunas, p. 216.

25. *Ibid.*
26. Goetz, p. 327.
27. Witte, p. 388.
28. Goetz, p. 333.
29. Maylunas, p. 213.
30. Lieven, p. 80.
31. *Ibid.*, p. 106.
32. Maylunas, p. 231.
33. Lieven, p. 134.
34. *Ibid.*, p. 136.
35. *Ibid.*, p. 137.
36. Maylunas, p. 229.
37. *Ibid.*, p. 243.
38. *Ibid.*, p. 244.
39. *Ibid.*, p. 251.
40. Poliakoff, p. 15.
41. Geoffrey Hosking, *Russia*, p. 414.
42. Maylunas, p. 293.
43. Buchanan, Vol. 2, p. 89.

CHAPITRE 13

1. Maylunas, p. 246.
2. *Ibid.*, p. 247.
3. *Ibid.*, p. 248.
4. *Ibid.*, p. 249.
5. *Ibid.*, p. 250.
6. Poliakoff, p. 283.
7. Battiscombe, p. 263.
8. Izvolski, p. 72.
9. Bing, p. 172.
10. Cecil, Vol. 2, p. 13.
11. RA VIC/W45/147.
12. Goetz, p. 333.
13. Ponsonby, *Recollections*, p. 159.
14. *Ibid.*, p. 173.
15. Magnus, p. 312.
16. *Ibid.*, p. 313.
17. *Ibid.*, p. 339.

18. Poliakoff, p. 239.
19. Bülow, p. 61.
20. Witte, p. 349.
21. Goetz, p. 337.
22. Cecil, Vol. 2, p. 91.
23. Goetz.
24. Magnus, p. 341.
25. Bing, p. 174.
26. Esher, *Journals*, Vol. 2, p. 62.
27. Maylunas, p. 251.
28. *Ibid.*, p. 261.
29. *Ibid.*, p. 266.
30. *Ibid.*, p. 277.
31. *Ibid.*, p. 278.
32. Bing, p. 175.
33. *Spectator*, « Prince Bülow and the Kaiser », p. 158. Cette lettre secrète de Wilhelm à Bülow, extraite des archives du ministère des Affaires étrangères allemand, a été envoyée de Bremerhaven le 11 mars 1905.
34. RA GV/AA 24/24.
35. RA GV/AA 24/35.
36. Hull, p. 109.
37. *Ibid.*, p. 110.
38. *Ibid.*, p. 55.
39. *Ibid.*
40. *Ibid.*, p. 56.
41. Harry Young, *Maximilian Harden*, p. 39.
42. *Ibid.*, p. 49.
43. *Ibid.*, p. 58.
44. Röhl, *Court*, p. 12.
45. *Ibid.*, p. 22.
46. *Ibid.*, p. 130.
47. Young, p. 89.
48. Uwe Weller, *Maximilian Harden und die Zukunft*, p. 170.
49. Hull, p. 111.
50. *Ibid.*, p. 112.
51. Witte, p. 391.
52. Hull, p. 119.
53. Hibbert, p. 186.

Chapitre 11

1. Magnus, p. 242.
2. *Ibid.*, p. 337.
3. Rose, p. 63.
4. Nicolson, p. 88.
5. Rose, p. 46.
6. *Ibid.*, p. 70.
7. Magnus, p. 283.
8. *Ibid.*, p. 346.
9. *Ibid.*, p. 347.
10. Esher, *Journals*, Vol. 2, p. 62.
11. *Ibid.*, p. 80.
12. *Ibid.*, p. 90.
13. *Ibid.*, p. 159.
14. *Ibid.*, p. 180.
15. Cecil, Vol. 1, p. 324.
16. Herman Bernstein, *The Willy–Nicky Correspondence*, p. 74.
17. Goetz, p. 346.
18. Bernstein, p. 19.
19. *Ibid.*, p. 21.
20. Goetz, p. 353.
21. Bernstein, p. 104.
22. *Ibid.*, p. 105.
23. *Ibid.*, p. 108.
24. Michael Balfour, *The Kaiser and his Times*, p. 258.
25. Bernhard von Bülow, *Mémoires*, Vol. 2, p. 134.
26. *Ibid.*, p. 140.
27. Hélène Carrère d'Encausse, *Nicolas II*.
28. Bülow, Vol. 2, p. 125.
29. Cecil, Vol. 2, p. 91.
30. *Die Grosse Politik der Europaischen Kabinette 1871-1914*, Berlin, 1922, XX(1) 6589. Voir aussi Snyder, p. 289.
31. Magnus, p. 339.
32. *Ibid.*, p. 345.
33. *Ibid.*, p. 340.
34. Battiscombe, p. 231.
35. Witte, p. 452.
36. Rose, p. 68.
37. *Ibid.*, p. 71.

38. *Ibid.*, p. 49.
39. *Ibid.*, p. 72.
40. Cecil, Vol. 2, p. 104.
41. A.J.P. Taylor, *The Struggle for Mastery of Europe*, p. 441.
42. Cecil, Vol. 2, p. 104.
43. Hull, p. 120.
44. Witte, p. 455.
45. *Ibid.*, p. 457.
46. Cecil, Vol. 2, p. 11.
47. Young, p. 85.
48. Haller, p. 315 ; Young, p. 88.
49. Magnus, p. 341.
50. *Ibid.*, p. 359.
51. *Ibid.*, p. 384.

Chapitre 15

1. Magnus, p. 388.
2. Maylunas, p. 296.
3. RA GV/AA 25/14.
4. Esher, *Journals*, Vol. 2, p. 249.
5. RA GV/AA 25/18.
6. Magnus, p. 395.
7. Bernstein, p. 157.
8. *Grosse Politik* XXIII, 7877. Je remercie John Röhl d'avoir retrouvé l'origine de cette citation.
9. Journal de Hopman, 3 août 1907, BA-MA 326/6 ; merci à Röhl, là encore !.
10. Maylunas, p. 304.
11. RA GV/GVD/1907 : 11 novembre.
12. RA GV/GVD/1907 : 12 novembre.
13. RA GV/GVD/1907 : 13 novembre.
14. Esher, *Journals*, Vol. 2, p. 255.
15. Maylunas, p. 307.
16. Esher, *Journals*, Vol. 2, p. 285.
17. *Ibid.*, p. 286.
18. *Ibid.*, p. 298.
19. Cecil, Vol. 2, p. 130.
20. Esher, *Journals*, Vol. 2, p. 319.

21. Sir John Fisher, *Records*, p. 242.
22. Ponsonby, *Recollections*, p. 196.
23. Esher, *Journals*, Vol. 2, p. 322.
24. Magnus, p. 409.
25. *Ibid.*, p. 409.
26. *Die Grosse Politik* XXV ii, p. 479 et aussi Lee, p. 596.
27. Young, p. 91.
28. Röhl, *Court*, p. 227. Bülow connaissait les penchants d'Eulenburg (et il savait aussi qu'il s'y livrait) depuis le début.
29. Hull, p. 138.
30. Comte Robert Zedlitz-Trutzschler (abrégé plus bas en « ZT »), *Douze années à la cour impériale allemande.*
31. *Ibid.*, p. 39.
32. *Ibid.*, p. 28.
33. *Ibid.*, p. 93.
34. Rogge, p. 290.
35. Hull, p. 136.
36. *Ibid.*, p. 141.
37. Snyder, p. 295.
38. *Ibid.*, p. 297.
39. Magnus, p. 400.
40. Cecil, Vol. 2, p. 136.
41. Bülow, Vol. 2, p. 350.
42. Magnus, p. 401.
43. Cecil, Vol. 2, p. 142.
44. Magnus, p. 417.
45. Goetz, p. 395.
46. Magnus, p. 430.
47. RA GV/GVD/1909 : 2 août.
48. RA GV/GVD/1909 : 6 août.
49. Battiscombe, p. 270.
50. Rose, p. 75.

Chapitre 16

1. RA GV/AA 43/129.
2. RA GV/GVD/1910 : 20 mai.
3. Esher, *Journals*, Vol. 3, p. 3.
4. *Ibid.*, Vol. 3, p. 4.

5. *Ibid.*, p. 8.
6. Rose, p. 141.
7. Maylunas, p. 341.
8. Goetz, p. 395.
9. RA GV/GVD/1911 : 15-16 mai.
10. RA GV/GVD/1911 : 17-19 mai.
11. Cecil, Vol. 2, p. 150.
12. Ponsonby, *Recollections*, p. 196.
13. Witte, p. 741.
14. Maylunas, p. 331.
15. *Ibid.*, p. 330.
16. Pierre Gilliard, *Treize années à la cour de Russie*.
17. Maylunas, p. 359.
18. *Ibid.*, p. 357.
19. *Ibid.*, p. 364.
20. Bing, p. 261.
21. Rose, p. 103.
22. Pope-Hennessy, p. 440.
23. *Ibid.*, p. 436.
24. Esher, *Journals*, Vol. 3, p. 15.
25. Rose, p. 92.
26. *Ibid.*, p. 134.
27. *Ibid.*, p. 135.
28. Pope-Hennessy, p. 461.
29. Rose, p. 148.
30. *Ibid.*, p. 150.
31. Bing, p. 289.
32. Maylunas, p. 358.
33. RA/PS/GV/M 456/9.
34. Esher, *Journals*, Vol. 3, p. 58.
35. Röhl, *Court*, p. 16.
36. *Ibid.*, p. 83.
37. *Ibid.*, p. 162. On trouvera des extraits du journal de Müller dans l'ouvrage de Walter Görlitz : *Regierte Der Kaiser ?* [Le Kaiser a-t-il régné ?]
38. Röhl, *Court*, p. 178.
39. Cecil, Vol. 2, p. 182.
40. Maylunas, p. 377.
41. *Ibid.*
42. Gore, p. 146.

43. Ponsonby, *Recollections*, p. 293.
44. *Ibid.*, p. 294.
45. RA GV/GVD/1913 : 22 mai.
46. RA GV/GVD/1913 : 23 mai.
47. RA GV/GVD/1913 : 24 mai.

Chapitre 17

1. RA PS/GV/M 624/3. La version finale de cette lettre se trouve aux archives d'État russes, GARF.
2. Je remercie Kevin Brownlow de m'avoir montré de remarquables images d'archives allemandes à ce sujet.
3. Bülow, Vol. 2, p. 191.
4. Rose, p. 167.
5. Gore, p. 153.
6. Violet Bonham Carter, *Diaries*, p. 391.
7. Gore, p. 154.
8. Lieven, p. 200.
9. Snyder, p. 326.
10. Kiste, p. 171.
11. Cecil, Vol. 2, p. 202.
12. *Ibid.*, p. 204.
13. Gore, p. 156.
14. Cecil, Vol. 2, p. 205.
15. Snyder, p. 312.
16. Lieven, p. 201.
17. [traduction française extraite de Louis Dimier, *L'Appel des intellectuels allemands* (Nouvelle librairie nationale, 1915)].
18. *Ibid.*, p. 347.
19. Cecil, Vol. 2, p. 210.
20. Van der Kiste, *Crowns*, p. 101.
21. Gore, p. 156.
22. Rose, p. 162 et Emil Ludwig, *Guillaume II*.
23. RA PS/GV/Q 1549/8 et Cecil, Vol. 2, p. 205.
24. RA PS/GV/Q 1549/7.
25. RA PS/GV/Q 1549/12.
26. Gore, p. 156.
27. Maylunas, p. 394.

28. Maurice Paléologue, *Au quai d'Orsay à la veille de la tourmente*.
29. Maylunas, p. 397.
30. RA/PS/GV/Q 1549/15 et 2551/2.
31. Esher, *Journals*, Vol. 3, p. 174.
32. Gore, p. 157.
33. Snyder, p. 331.
34. *Ibid.*
35. Robert Lacey, BBC Radio series *The Diary of George V, 1914* ; je remercie Robert Lacey de m'avoir fourni la transcription de son émission.
36. Maylunas, p. 397.
37. RA PS/GV/Q 1549/23.
38. Snyder, p. 344.
39. *Ibid.*
40. *Ibid.*, p. 335.
41. Klausen, p. 288.
42. Poliakoff, p. 106.
43. Maylunas, p. 399.
44. *The Times History*, p. 278.
45. *Ibid.*
46. RA PS/GV/Q 1550/262.
47. RA PS/GV/Q 1551/264.
48. RA PS/GV/Q 1550/277 et 279.
49. Maylunas, p. 432.
50. RA PS/GV/Q 1550/287.
51. Maylunas, p. 422
52. *Ibid.*, p. 424.
53. *Ibid.*, p. 439.
54. Lieven, p. 226.
55. *Ibid.*, p. 227.
56. Maylunas, p. 429.
57. *Ibid.*, p. 439.

Chapitre 18

1. RA PS/GV/Q 2551/5.
2. Rose, p. 176.
3. *Ibid.*, p. 183.

4. Ponsonby, *Recollections*, p. 329 Mes remerciements à Kenneth Rose pour le détail des menus.
5. Rose, p. 172.
6. Battiscombe, p. 285.
7. RA PS/GV/Q 1550/312.
8. Maylunas, p. 470.
9. Battiscombe, p. 283.
10. Rose, p. 193.
11. *Ibid.*, p. 202.
12. Pope-Hennessy, p. 505.
13. RA PS/GV/Q 1550/313 ; il s'agit d'une simple copie du télégramme.
14. RA PS/GV/Q 1550/314.
15. RA PS/GV/Q 1550/317.
16. Lieven, p. 205.
17. Maylunas, p. 458.
18. *Ibid.*, p. 477.
19. Lieven, p. 216.
20. *Ibid.*, p. 217.
21. *Ibid.*, p. 225.
22. *Ibid.*
23. Maylunas, p. 541.
24. RA PS/GV/Q 1550/318.
25. Lieven, p. 220.
26. Maylunas, p. 487.
27. *Ibid.*, p. 506.
28. *Ibid.*, p. 511.
29. Battiscombe, p. 290.
30. RA PS/GV/Q 2551/8.
31. Maylunas, p. 561.
32. RA GV/GVD/1917 : 15 mars.
33. RA GV/GVD/1917 : 17 mars.
34. RA GV/GVD/1917 : 24 mars.
35. Mark Steinberg, *The Fall of the Romanovs*, p. 100.
36. *Ibid.*, p. 107.
37. *Ibid.*, p. 108.
38. Cecil, Vol. 2, p. 244.
39. Bernhard Schwertfeger, Rudolf von Valentini, *Kaiser und Kabinettschef*, p. 139.
40. Cecil, Vol. 2, p. 242.

41. Görlitz, p. 252.
42. *Ibid.*, p. 256.
43. Steinberg, p. 114.
44. *Ibid.*, p. 121.
45. *Ibid.*, p. 156.
46. *Ibid.*, p. 122.
47. Maylunas, p. 567.
48. Steinberg, p. 158.
49. Maylunas, p. 563.
50. Rose, p. 209.
51. *Ibid.*, p. 211.
52. Nicolson, p. 308.
53. Rose, p. 212.
54. Lloyd George Papers/F/3/2/19 Chambre des Lords.
55. Steinberg, p. 164.
56. *Ibid.*, p. 171.
57. *Ibid.*, p. 175.
58. Cecil, Vol. 2, p. 266.
59. Steinberg, p. 258.
60. Maylunas, p. 617.
61. Steinberg, p. 331.
62. *Ibid.*, p. 335.
63. *Ibid.*, p. 337.
64. *Ibid.*, p. 284.
65. RA GV/GVD/1918 : 25 juillet.
66. RA GV/GVD/1918 : 28 juillet.
67. RA GV/GVD/1918 : 31 août.
68. Görlitz, p. 292.
69. *Ibid.*, p. 305.
70. Cecil, Vol. 2, p. 269.
71. Görlitz, p. 345.
72. Nicolson, p. 323.
73. Görlitz, p. 374.
74. Cecil, Vol. 2, p. 279.
75. *Ibid.*, p. 283.
76. Cecil, Vol. 2, p. 286.
77. RA GV/GVD/1918 : 8 novembre.
78. *Mémoires du kronprinz.*
79. *Ibid.*
80. *Ibid.*

81. Hull, p. 20.
82. Cecil, Vol. 2, p. 294.
83. *Ibid.*
84. RA GV/GVD/1918 : 9 novembre.

Épilogue

1. RA GV/GVD/1918 : 11 novembre.
2. Cecil, Vol. 2, p. 296.
3. Wilhelm II, p. 3.
4. Röhl, *Court*, p. 12.
5. Cecil, Vol. 2, p. 302.
6. Van der Kiste, *Once a Grand Duchess*, p. 134.
7. Grand-duc Alexandre, *Once a Grand Duke*, p. 288.
8. *Ibid.*, p. 292.
9. Van der Kiste, p. 154.
10. Ponsonby, *Recollections*, p. 335.
11. Buchanan, Vol. 2, p. 86.
12. Röhl, *Court*, p. 6.
13. Gore, p. 175.
14. Reinermann, *Der Kaiser in England*, p. 146.
15. Mossolov, *At the Court of the Last Tsar*, p. 203. L'auteur y dépeint l'hostilité de ses parents russes envers le Kaiser.
16. *The Spectator*, Le prince Bülow et le Kaiser, extraits de leur correspondance personnelle, archives du ministère des Affaires étrangères allemand, p. 101.

Remerciements

Je tiens à témoigner ici ma gratitude à Sa Majesté la reine Élisabeth II qui m'a autorisée à citer des lettres du roi George V, du Kaiser Guillaume II et du tsar Nicolas II, ainsi que le journal intime de George V, avant et après son accession au trône. Les trois cousins, Georgie, Willy et Nicky, se sont écrit régulièrement, jusqu'à, et même pendant, la Première Guerre mondiale, en mêlant librement des réflexions politiques aux nouvelles de leur famille ; il n'est d'ailleurs pas toujours facile de distinguer les unes des autres. Si je n'avais pas eu la chance de consulter leur correspondance intime, ce livre n'aurait pas vu le jour sous sa forme actuelle. Je remercie en outre Sa Majesté de m'avoir autorisée à reproduire une sélection de photographies de la collection royale, de même que certaines lettres des trois cousins : elles nous offrent une occasion unique d'étudier leur écriture et leur signature. Je voudrais aussi en profiter pour exprimer ma reconnaissance au personnel des archives royales. Pamela Clark, la conservatrice, Jill Kelsey, qui s'est chargée de vérifier mes nombreuses citations, et Lisa Heighway, qui m'a aidée à mettre la main sur les illustrations, m'ont toutes trois fait profiter de leurs lumières avec une générosité sans faille.

Sinon, autant remercier ceux qui le méritent dans l'ordre chronologique : sans les encouragements constants et les conseils d'Anthony Sheil, mon inestimable agent, ce livre n'aurait jamais vu le jour. C'est Anthony Sheil qui, le premier, m'en a suggéré l'idée, après avoir vu le documentaire du même titre que j'ai réalisé pour la BBC, début 2003, et c'est lui aussi qui a convaincu John Murray de me publier. J'ai eu beaucoup de chance que Roland Philipps m'achète mon manuscrit et, surtout, s'engage à le relire. Si je devais décrire Roland, je dirais que c'est l'éditeur idéal. Il fait part de ses commentaires incisifs avec une bonne humeur des plus engageantes. Son meilleur conseil ? « Élaguez ! », tout simplement. L'équipe de John Murray, Rowan Yapp qui a supervisé la fabrication, Liz Robinson, la préparatrice de copie, Edward Bettison, le créateur de la jaquette, Nikki Barrow, l'attachée de presse, Amanda Jones, la chef de fabrication, et Douglas Matthews, qui a réalisé l'index, a fait preuve d'autant de professionnalisme que Roland. Je tiens à les remercier tous ici.

Mes recherches en Allemagne ne m'ont pas posé beaucoup de problèmes puisque je parle la langue du pays. Je ne saurais en dire autant de la Russie ou du Danemark. Je remercie donc Sergueï Podbolotov et Lena Yakoleva pour leur aide à la recherche documentaire ou d'images aux archives d'État de la Fédération russe (GARF). Je remercie également Liselotte Sykes pour son assistance concernant les princesses danoises, Alexandra et Minny : la mère de George V et celle du tsar Nicolas II. Les deux sœurs ont exercé une influence décisive mais hélas mal connue sur les prises de position de la famille royale. Elles détestaient cordialement la Prusse. Si Liselotte Sykes ne m'avait pas traduit des extraits révélateurs du livre d'Inger-Lise Klausen sur la tsarine, cela ne transparaîtrait pas dans mon livre, pas plus que l'emprise des deux sœurs sur leurs fils : Georgie et Nicky.

J'ai eu la chance de dénicher d'excellents conseillers : Kenneth Rose m'a fourni des suggestions précieuses, le plus souvent en déjeunant avec moi dans un cadre sympathique. Du début à la fin de mon livre, je me réfère à sa remarquable biographie de George V. John Röhl, professeur émérite d'histoire à l'université du Sussex, m'a fait profiter de ses quarante années de recherches sur le Kaiser. Son édition de la *Philipp Eulenburgs Politische Korrespondenz* en trois volumes prouve une fois pour toutes l'importance cruciale de la relation de Wilhelm au comte homosexuel Philipp zu Eulenburg. Je remercie John Röhl d'avoir trouvé le temps de m'en parler et de me fournir des précisions supplémentaires sur ses recherches alors qu'il rédigeait le troisième volume de sa biographie de Guillaume II.

John Van der Kiste a relu mon manuscrit. Kevin Brownlow m'a orientée vers les fascinantes archives cinématographiques de l'époque, source encore sous-employée de recherches historiques. Robert Lacey m'a aimablement communiqué la transcription de son émission radiophonique sur le journal de George V en 1914. Hugo Vickers m'a fait découvrir *Royal Digest*, un magazine rempli d'informations inattendues sur Georgie, Willy et Nicky, leurs frères, sœurs, mères, pères, oncles et tantes.

Mes amis, qui m'ont écoutée patiemment leur parler encore et encore des trois cousins, se reconnaîtront. Je les remercie tous « du fond du cœur », pour citer George V. Mais surtout, je remercie John, mon mari, qui m'a soutenue et conseillée du début à la fin et à qui, naturellement, ce livre est dédié.

Table

collection tempus
Perrin

DÉJÀ PARU

191. *Histoire de la diplomatie française*, tome I.
192. *Histoire de la diplomatie française*, tome II.
193. *Histoire de l'émigration* – Ghislain de Diesbach.
194. *Le monde des Ramsès* – Claire Lalouette.
195. *Bernadette Soubirous* – Anne Bernet.
196. *Cosa Nostra. La mafia sicilienne de 1860 à nos jours* – John Dickie.
197. *Les mensonges de l'Histoire* – Pierre Miquel.
198. *Les négriers en terres d'islam* – Jacques Heers.
199. *Nelson Mandela* – Jack Lang.
200. *Un monde de ressources rares* – Le Cercle des économistes et Erik Orsenna.
201. *L'histoire de l'univers et le sens de la création* – Claude Tresmontant.
202. *Ils étaient sept hommes en guerre* – Marc Ferro.
203. *Précis de l'art de la guerre* – Antoine-Henri Jomini.
204. *Comprendre les Etats-unis d'aujourd'hui* – André Kaspi.
205. *Tsahal* – Pierre Razoux.
206. *Pop philosophie* – Mehdi Belahj Kacem, Philippe Nassif.
207. *Le roman de Vienne* – Jean des Cars.
208. *Hélie de Saint Marc* – Laurent Beccaria.
209. *La dénazification* (dir. Marie-Bénédicte Vincent).
210. *La vie mondaine sous le nazisme* – Fabrice d'Almeida.
211. *Comment naissent les révolutions.*
212. *Comprendre la Chine d'aujourd'hui* – Jean-Luc Domenach.
213. *Le second Empire* – Pierre Miquel.
214. *Les papes en Avignon* – Dominique Paladilhe.
215. *Jean Jaurès* – Jean-Pierre Rioux.
216. *La Rome des Flaviens* – Catherine Salles.
217. *6 juin 44* – Jean-Pierre Azéma, Philippe Burrin, Robert O. Paxton.
218. *Eugénie, la dernière impératrice* – Jean des Cars.
219. *L'homme Robespierre* – Max Gallo.
220. *Les Barbaresques* – Jacques Heers.
221. *L'élection présidentielle en France, 1958-2007* – Michel Winock.
222. *Histoire de la Légion étrangère* – Georges Blond.
223. *1 000 ans de jeux Olympiques* – Moses I. Finley, H. W. Pleket.
224. *Quand les Alliés bombardaient la France* – Eddy Florentin.
225. *La crise des années 30 est devant nous* – François Lenglet.

e wisigoth d'Occitanie – Joël Schmidt.
on sauvage – Philippe Bourdrel.
lution de la Croix – Alain Decaux.
ic de Hohenstaufen – Jacques Benoist-Méchin.
nts sous l'Occupation – Nicolas Chevassus-au-Louis.
ralement correct – Jean Sévillia.
aude Lévi-Strauss, le passeur de sens – Marcel Hénaff.
Voyage d'automne – François Dufay.
Erbo, pilote de chasse – August von Kageneck.
. *L'éducation des filles en France au XIXe siècle* – Françoise Mayeur.
6. *Histoire des pays de l'Est* – Henry Bogdan.
37. *Les Capétiens* – François Menant, Hervé Martin, Bernard Merdrignac, Monique Chauvin.
238. *Le roi, l'empereur et le tsar* – Catrine Clay.

À PARAÎTRE

Neanderthal – Marylène Patou-Mathis.
Judas – Pierre-Emmanuel Dauzat.
La guerre des capitalismes aura lieu – Le Cercle des économistes (dir. Jean-Hervé Lorenzi).

Composition Nord Compo
Villeneuve-d'Ascq

Cet ouvrage a été imprimé en France par

CPI
BUSSIÈRE

à Saint-Amand-Montrond (Cher)
en mars 2012
pour le compte des Editions Perrin
76, rue Bonaparte 75006 Paris

N° d'édition : 2434 – N° d'impression : 121144
Dépôt légal : octobre 2008

collection tempus
Perrin

DÉJÀ PARU

191. *Histoire de la diplomatie française*, tome I.
192. *Histoire de la diplomatie française*, tome II.
193. *Histoire de l'émigration* – Ghislain de Diesbach.
194. *Le monde des Ramsès* – Claire Lalouette.
195. *Bernadette Soubirous* – Anne Bernet.
196. *Cosa Nostra. La mafia sicilienne de 1860 à nos jours* – John Dickie.
197. *Les mensonges de l'Histoire* – Pierre Miquel.
198. *Les négriers en terres d'islam* – Jacques Heers.
199. *Nelson Mandela* – Jack Lang.
200. *Un monde de ressources rares* – Le Cercle des économistes et Erik Orsenna.
201. *L'histoire de l'univers et le sens de la création* – Claude Tresmontant.
202. *Ils étaient sept hommes en guerre* – Marc Ferro.
203. *Précis de l'art de la guerre* – Antoine-Henri Jomini.
204. *Comprendre les Etats-unis d'aujourd'hui* – André Kaspi.
205. *Tsahal* – Pierre Razoux.
206. *Pop philosophie* – Mehdi Belahj Kacem, Philippe Nassif.
207. *Le roman de Vienne* – Jean des Cars.
208. *Hélie de Saint Marc* – Laurent Beccaria.
209. *La dénazification* (dir. Marie-Bénédicte Vincent).
210. *La vie mondaine sous le nazisme* – Fabrice d'Almeida.
211. *Comment naissent les révolutions.*
212. *Comprendre la Chine d'aujourd'hui* – Jean-Luc Domenach.
213. *Le second Empire* – Pierre Miquel.
214. *Les papes en Avignon* – Dominique Paladilhe.
215. *Jean Jaurès* – Jean-Pierre Rioux.
216. *La Rome des Flaviens* – Catherine Salles.
217. *6 juin 44* – Jean-Pierre Azéma, Philippe Burrin, Robert O. Paxton.
218. *Eugénie, la dernière impératrice* – Jean des Cars.
219. *L'homme Robespierre* – Max Gallo.
220. *Les Barbaresques* – Jacques Heers.
221. *L'élection présidentielle en France, 1958-2007* – Michel Winock.
222. *Histoire de la Légion étrangère* – Georges Blond.
223. *1 000 ans de jeux Olympiques* – Moses I. Finley, H. W. Pleket.
224. *Quand les Alliés bombardaient la France* – Eddy Florentin.
225. *La crise des années 30 est devant nous* – François Lenglet.

226. *Le royaume wisigoth d'Occitanie* – Joël Schmidt.
227. *L'épuration sauvage* – Philippe Bourdrel.
228. *La révolution de la Croix* – Alain Decaux.
229. *Frédéric de Hohenstaufen* – Jacques Benoist-Méchin.
230. *Savants sous l'Occupation* – Nicolas Chevassus-au-Louis.
231. *Moralement correct* – Jean Sévillia.
232. *Claude Lévi-Strauss, le passeur de sens* – Marcel Hénaff.
233. *Voyage d'automne* – François Dufay.
234. *Erbo, pilote de chasse* – August von Kageneck.
235. *L'éducation des filles en France au XIXe siècle* – Françoise Mayeur.
236. *Histoire des pays de l'Est* – Henry Bogdan.
237. *Les Capétiens* – François Menant, Hervé Martin, Bernard Merdrignac, Monique Chauvin.
238. *Le roi, l'empereur et le tsar* – Catrine Clay.

À PARAÎTRE

Neanderthal – Marylène Patou-Mathis.
Judas – Pierre-Emmanuel Dauzat.
La guerre des capitalismes aura lieu – Le Cercle des économistes (dir. Jean-Hervé Lorenzi).

Composition Nord Compo
Villeneuve-d'Ascq

Cet ouvrage a été imprimé en France par

CPI
BUSSIÈRE

à Saint-Amand-Montrond (Cher)
en mars 2012
pour le compte des Editions Perrin
76, rue Bonaparte 75006 Paris

N° d'édition : 2434 – N° d'impression : 121144
Dépôt légal : octobre 2008

CW01632768

FA[illegible]
A[illegible]
RAIN OF BLOOD

An unputdownable medieval mystery with a twist

IAN MORSON

William Falconer Medieval Mysteries Book 9

JOFFE
Ostara
CLASSICS

Revised edition 2024
Joffe Books, London
www.joffebooks.com

First published in Great Britain in 2013

This paperback edition was first published
in Great Britain in 2024

© Ian Morson 2013, 2024

This book is a work of fiction. Names, characters, businesses, organizations, places and events are either the product of the author's imagination or are used fictitiously. Any resemblance to actual persons, living or dead, events or locales is entirely coincidental. The spelling used is British English except where fidelity to the author's rendering of accent or dialect supersedes this. The right of Ian Morson to be identified as author of this work has been asserted in accordance with the Copyright, Designs and Patents Act 1988.

Cover art by Nick Castle

ISBN: 978-1-83526-262-7

PROLOGUE

Later, it was difficult to pin down exactly when it all began.

It could be said that the primary cause was the arrival of Sir Hugo de Wolfson, crusader knight, in Oxford on the Feast of St John Chrysostom in September 1275. By the time he rode through Eastgate, he was hot and feverish, but then he had been travelling for days and might expect to feel a little out of sorts. What he didn't know about was the fate of one of his companions with whom he had shared a cabin when crossing the English Channel, and who had complained of a sore mouth. The man had, since they had bade each other farewell, sickened and died close to Canterbury. Sir Hugo had ridden hard for ten days and, still to travel further north, had decided to break his journey in Oxford. His decision had fatal consequences for several people in the town.

It may also be said that it began a lot earlier, when knights of Western Europe pledged themselves to retrieving the Holy Lands from the Islamic invaders. Many knights returned to England with booty and tales of noble deeds. Some carried unexpected and unwanted stowaways with them in the form of disease. The ill-fated attempt led by Louis of France in 1270 resulted in Prince Edward of

England rushing to Louis's support with a band of fellow knights including Sir Hugo de Wolfson. Edward and Sir Hugo made it to the Holy Lands, but Louis did not. The saintly French king died that August of a pestilence, and was reduced to muttering 'Jerusalem, Jerusalem' on his deathbed in Carthage. Edward and his knights actually saw little combat as a peace was negotiated with the Muslim ruler, Baibars, in 1272. Though Sir Hugo de Wolfson remained, some of the English knights accompanying Edward returned to their homeland through the port of Damietta on the coast of Egypt. Red plague was rife in the town, and the knights hurried on. The crusaders fled across the sea to Venice, but one knight unwittingly took with him an unwelcome companion. And so began the plague's insidious crawl through mainland Europe.

A trader called Peter Hawkmoor was the last link in the chain to Sir Hugo, who thought he had escaped the plague in the Middle East. Unfortunately, it had lain in wait for him in France. The trader he shared a cabin with on the cog Cockerel as it crossed from Honfleur to Portsmouth had made an error of judgement. Hawkmoor had tarried in a small French town to the east of the port, where he knew a widow intimately. She had felt unwell but had put on a pretence of jollity for her generous visitor. Unknown to Hawkmoor, she was now desperately ill, and he was unaware his dalliance had ensured his own death. Unwittingly, he also passed sentence on his cabin companion and on those Sir Hugo himself encountered later.

However, some say it only really began when the town constable of Oxford took the terrible decision to close all the gates in and out of the town. It was a decision Peter Bullock came to regret, but at the time he thought it was the correct one. He locked the whole town into close confinement with the red plague to prevent its spread elsewhere. He was not comforted by the thought that other communities in the past had done so, and that down into the future would doubtless carry out similar selfless acts. Not after what came about in the febrile atmosphere of the plague town in that month of September 1275.

Some even say now that what swept through Oxford would have happened anyway. That it was a result of too much learning infecting brains with a murderous plague that ran as rampantly through the town as did the red plague of smallpox. That mankind was not meant to know so much. That books, and a reaching for an understanding of the world that was rightly the perquisite of God alone was bound to drive a person mad and cause a rash of deaths.

Others merely said what happened came about because the prophet Merlin had predicted it would.

CHAPTER ONE

The Feast of St Frithestan of Winchester, 10th September, 1275

> *'Woe to the red dragon, for his banishment hasteneth on. His lurking holes shall be seized by the white dragon, which signifies the Saxons whom you invited over; but the red denotes the British nation, which shall be oppressed by the white. Therefore, shall its mountains be levelled as the valleys, and the rivers of the valleys shall run with blood.'*

The old man closed the book reverentially, and his rheumy eyes looked up at his guest, who was pacing the small upper room that formed the library of Oseney Abbey. The tall man was fifty if he was a day, and his greying, curly locks were thinning. But he still gave out an air of authority and vigour that the old man found reassuring. The man was a teacher of the clerks at the university close by the abbey and needed to seem authoritative. The young men required firm guidance, and it was hard to know who provided that these days. Ever since old King Henry had died, and his son Edward had come to the throne, the world seemed to have changed beyond measure. And not for the better, either. Aldwyn was Welsh, and he had heard that the new king was proposing to invade his homeland. The old monk, his mind wandering as it was wont to do recently, suddenly realised that his guest had asked him a question.

'I'm sorry, what did you say?'

The man, who was indeed a regent master in Oxford, smiled, and his piercing blue eyes wrinkled at the edges.

'I was asking you if you believed all that Geoffrey wrote in his History.'

Brother Aldwyn looked scandalised at the master's deprecating remark. He patted the book on the table at his right hand reassuringly.

'It is as true a retelling of the history of Britain as has ever been recorded. From the days of Brutus's landing on the island of Albion at Totnes. How King Lud founded London, and my homeland got its name of Cambria from Brutus's son Camber. And Geoffrey's recording of Merlin's prophecies is as I myself remember them told to me by my father.'

Aldwyn closed his eyes recalling the prophecies his father had recited to him when he had been a stripling no older than most of those youths who thronged the streets of Oxford today. The passage he had just read out to his visitor was the opening of Merlin's portents and concerned the feuding between the true Britons of Wales, and the Saxon invaders who laid claim to the country next. Of course, since those times there had been the Norman invasion too, which he felt sure was in the prophecies somewhere if only he could decipher the text. Aldwyn felt that he had almost lived through all those times, immersed as he was in the chronicles of Oseney Abbey. And proud as he was of Merlin's red dragon, it was a humiliation to record how the Anglo-Saxon white dragon held supremacy. Worse still, the Prince of Wales, Llewellyn ap Gruffyd, had bribed the old King Henry to recognise his title with an amount of money he — or Wales — could ill afford. The sum of 3,000 marks had now to be found annually, and Llewellyn was not popular with his subjects for the burden imposed on them. His own brother, David, had rebelled against him and, losing the battle with his sibling, had sought refuge in England. That was another sore on the back of the Welsh pony.

The regent master coughed gently, to remind the misty-eyed Aldwyn of his presence. He had come to the abbey ostensibly to pay his quarterly rent for the hall he used in Oxford to accommodate a handful of students. His payment for being a regent master was small, and the fees the students paid supplemented that income. Oseney Abbey owned many plots of land in the university town, including Aristotle's Hall in St John's Street, where William Falconer had lived for almost fifteen years. The rent paid, he had called on the abbey's librarian, Aldwyn, because he sought some information about the past. It was something to do with the year 1225, around the time when the Friars Minor first came to England led by Agnellus of Pisa. The year, if he guessed right, when Master William Falconer thought he had been born.

Aldwyn dragged himself back to the present and smiled at Falconer ruefully.

'Still and all, you do not want to know prophecies of what is to come, but what happened in the past. Am I right?'

William Falconer nodded in agreement. Old Aldwyn was the latest in a long line of chroniclers at the abbey, and if he was to learn anything about his own origins, he needed the old monk's memory to be functioning well. So he nudged Aldwyn's recollections into action.

'Two Englishmen, who came with Agnellus, were responsible for founding the Franciscan friary, I understand.'

The old monk nodded, almost seeming to be dozing off. But then he roused himself enough to reply.

'Yes, two friars with the same name — Richard — arrived in Oxford in November of the eighth year of Henry's reign.'

That year — 1224 — was the year before Falconer's presumed birth date. Though he knew little about his childhood, he had always been told he was born in the ninth year of Henry's reign. But that was all he did know, and it was the reason he was here at Oseney making enquiries about the Franciscan friary that had eventually grown like an excrescence on the town wall on the south side of Oxford.

'Yes, and I am told that one of them helped at the hospital of St Bartholomew's.'

Aldwyn smiled as nostalgia washed over him.

'Ah, yes, Bartlemas leper hospital.' He gave the familiar name for the building rather than its formal title. 'Thirteen prebends were paid for originally, and Augustine brothers here at Oseney were involved in its running, which is why I assume you have started your quest here. Then in that year, a Grey Friar joined us. I recall that Richard Ingworth was the Franciscan in question. I also remember that the hospital possessed many relics, including St. Edmund's comb, which was a sure cure for headaches.'

Falconer frowned, an anxious look forming on his weather-beaten face.

'But, a leper hospital, you say?'

Aldwyn waved a hand by way of reassurance.

'Not at the beginning. It was set up to care for the poor infirm of Oxford. Though it later became a place of sanctuary for lepers, and that was what attracted Richard Ingworth to it. The Grey Friars were ever dedicated to those poor outcasts of our world.' He scrutinised William Falconer more closely all of a sudden. 'But what brings you to ask about Bartlemas?'

Falconer's brilliant blue eyes darkened, and he cast his glance down to the floor.

'I am curious about someone who was taken in there. But it was some time ago. Are there any records kept, would you know?'

Aldwyn shrugged his shoulders.

'I believe there are records of those who passed through the hospital's doors, but how accurate they are I cannot say. Let me make enquiries, and when you next come to pay your rent, I may have some news.'

Falconer would have liked a faster response to his enquiries but knew Brother Aldwyn of old. Living in a monastic world governed by regular and timeless routine, he would not be hurried along at the pace of the secular realm. And in truth, Falconer wasn't sure his quest was all that urgent. Finding out about his own birth and ancestry had been a subject he had ignored for many years. Such long-ago events had seemed irrelevant to him. Until he had met Saphira Le Veske.

* * *

Saphira was a Jew and placed great store by her birthright. Her surname was one she had adopted in the Christian style when she married her now long-deceased husband. But two weeks ago, lying beside Falconer in the bed in her rented house in Fish Street, she told him of her true family name. And tried to explain the intricacies of the Jewish naming of names.

'It is only living with Christians that we Jews have adopted surnames like Le Veske. Before then, everyone simply took their father's first name to describe their ancestry. And besides, Le Veske is just a version of the French word for bishop or priest — *l'évêcque*. It means that some ancestor of my late husband's was a rabbi.'

Falconer eased on to his elbow and faced his lover, tearing his eyes from her rounded breasts with difficulty.

'Then tell me what your name really is, strange woman in my bed.'

Saphira prodded his belly, which she had noticed was growing more soft and rounded lately.

'We are occupying *my* bed, regent Master William Falconer. And you are supposed to be a celibate cleric, who I should by rights throw bare-arsed out into the street. As if you needed reminding of that fact.'

Saphira pulled the covers over her bare chest. Falconer grinned, and held up a placatory palm.

'*Pace*, Saphira . . . But then if you are not Le Veske, what do I call you?'

'I was born Saphira, daughter of Habib of Nimes. Now, there's a name to conjure with.'

'Habib is Arabic!'

'And yet my father was a Jew. So he must have come to France by way of Outremer or North Africa. We Jews are good at fitting in wherever we live and fashioning our names to suit. So you can see how our very name speaks of our origins.'

She settled back on the feather pillow, tucking her hands behind her head, and exposing her nipples again in the process. Her shock of flame-red hair spread across the white linen.

'Now, tell me of your family.'

Falconer had nothing to say, because he knew nothing, having been brought up an orphan by Augustine monks in far-off Bardsey Abbey. No-one there had told him of his parents, other than to hint that his mother had died in a hospital near Oxford at his birth. His surname had been given him by a prior to whom the boy's blue eyes had suggested the piercing stare of a bird of prey. Sadly, even that attribute had proved incorrect, and though his eyes had been good enough to carry him through a career as a mercenary, he now needed eye-glasses to see anything clearly.

Still, if he looked closely, he could see well enough, and he saw that Saphira's bare nipples were hardening in the cold air of her bedroom. He had then slipped his hand underneath the covers, and for a while his childhood was forgotten. But later he began to think about who he was, and he spent the following two weeks making enquiries. Largely frustrated, and guessing the hospital near Oxford was St Bartholomew's he had finally spoken to Brother Aldwyn on the occasion of his quarterly payment of rent for Aristotle's Hall.

* * *

The Feast of St Eanswida, 12th September

After waiting a day or so for Aldwyn's news, Falconer became impatient for information. He decided he would go to the leper hospital himself and see what he could find out. It was late afternoon, and his teaching duties were over for the day. He had a rendezvous with Saphira later but felt some fresh air and a brisk walk would be beneficial. Bartlemas hospital was beyond East Gate on the Cowley Road that led south-east towards London. He could be there and back before dark. Though he knew the centre of town and its market stalls would be quiet at this time of day, he chose to cut through the narrow lanes that wound through from South Gate, past St Frideswide's Church, and along Schitebarne Lane. He loved the dark, winding alleys and vennels that made up the real Oxford for him. Here stood the low, half-timbered houses of the working population of the town. You didn't find the rarified atmosphere of intellectual speculation on the numbers of angels on a pin-head here. This was the *sordidissimi vici* of stews, cheek by jowl with stinking tanners' homes, and those of book binders who used the leather made by their smelly neighbours. To Falconer it had the odour of honest toil and sweated labour, and he returned to wallow in it when he was tired of the other world of his fellow regent masters and their petty concerns.

Emerging hard by East Gate, he had to step back sharply into the mouth of the lane as a horseman rode hard in through the entrance to the town. The rider saw Falconer only at the last minute and pulled his horse up abruptly with a warning cry.

'Have a care, man. You were nearly under my horse's feet.'

Falconer was inclined to suggest the rider in his turn might care to exercise some care, but looking up, he saw the man was as shocked as he had been. The stocky figure of a crusader knight sat firmly on his massive charger, which was lathered in sweat and covered in the dust of the road it had travelled. The rider himself was no better off, covered as he was in dust, cut through on his face by runnels of sweat. He looked dead beat, his bearded face drawn and lined with utter weariness. Falconer bowed mockingly and waved the rider past with a wave of his arm. The knight grunted and pricked his horse forwards with a jab of his heels. Falconer watched as the horse and rider plodded on at a more sedate pace into the town.

Falconer turned and acknowledged the watchman at the gate, who had stood open-mouthed at the near collision.

'Take care, Tom, or you may catch a fly in that.'

Old Tom Inge clapped his mouth closed involuntarily, and then waved a finger at Falconer.

'Have a care yourself, Master William, or I may close the gate before you can get back in.'

Falconer smiled.

'Then I shall have to pay the penalty and supply you with a jug of ale as usual.'

Blushing, the old man grunted, knowing that Falconer's jest had the ring of truth. Inge was known to accept a drink by way of allowing people back through the wicket gate after curfew. He turned back into his little box that protected him from the worst of the weather and the cold at night, and Falconer passed through the gate and on towards the leper hospital.

* * *

While Falconer delved into his past at Bartlemas, another man was also thinking about matters in Oxford. Edward was a handsome man despite the strange droop to his right eye that he had inherited from his father, King Henry. At the age of thirty-six, he still had a thick mane of black hair. And he was a tall man, standing head and shoulders above the common crowd. His long arms and legs gave him an advantage in swordplay and mastering a stallion. They also gave him his nickname of Longshanks, though no-one used that soubriquet any longer. Last year he had been crowned Edward, King of England, and was now travelling with his court around his kingdom. They had just descended on Woodstock with his retinue of cooks, carters, clerks, grooms, doctors, tailors, huntsmen and knights. Sometimes his court could swell to six hundred, though today he was travelling with a third of that number, even taking into account the merchants, players, beggars and prostitutes who also tagged along. He was actually travelling light — for a king — as his trip was one with a particular purpose. Now, pacing the great chamber that was his audience room in Woodstock Palace, a day's journey north of Oxford, he suddenly felt diminished. He turned on the patient, soberly-clad man who attended him.

'Damn it, Robert. Am I to be circumscribed by lawyers and pen-pushers?'

It seemed to the king that the times were an age of lawyers and quibblers, and not of warriors and monarchs anymore. He waved his hands above his head as though he were trying to swat away so many buzzing flies. Robert Burnell, Chancellor of England, shrugged his shoulders, not caring to inflame Edward's anger any further. He could have pointed out that it had been the king's idea to set up the Commission into local government, but that would only make matters worse. Burnell knew Edward had an orderly mind and was seeking to consolidate the laws of England in much the same way as he saw his fellow rulers doing across Europe. But his chief purpose in so doing was to define royal rights and possessions, not to cede rights to those beneath him. Edward had a well-developed sense of his own importance and power. Now he was angry.

Burnell rode out the storm of Edward's anger, knowing the real cause of the explosion. It was nothing to do with the fifty-one laws set out in the First Statute of Westminster, and now approved by bishops, abbots, barons, earls and knights of the realm. The new laws covered an astonishing numbers of subjects dear to Edward's heart — extortion by royal officers, lawyers and bailiffs; writs and methods of procedure in civil and criminal cases; the custom of wrecks; freedom of elections and so on. This had all pleased Edward, and when the Parliament also forbade usury to the Jews, he felt he had achieved a great deal in a short time. No, Burnell knew that, despite his anger, the king secretly loved all this casuistry.

What had actually peeved Edward was Llewellyn ap Gruffyd's refusal to attend his coronation. Ostensibly, it was all over the fact that Llewellyn's own renegade brother, Daffyd, had sought refuge in England and whether Edward should or not have give him succour. But Edward was sure it was more to do with the Prince of Wales — so called — chancing his arm in a battle of wills with him. Though Llewellyn had bent the knee to Henry, Edward's father, and was seen as a petty vassal to the King of England, the prince thought he could improve his own esteem at home by avoiding bowing before the new king. Besides he owed thousands of marks to Edward, which he did not have. So it had all come down to a quibble over the treaty Llewellyn had signed with Henry, and that was why Edward was railing at lawyers.

As Burnell waited patiently, a light flickered in Edward's eyes. Like his father, the king had a droopy right eyelid, and for a moment it seemed he was winking at his Chancellor. Burnell knew better, however, and kept his own eyes to the ground. Edward had come to a decision and began to explain it.

'We thought to be magnanimous, by taking the court to Chester. There, the Prince of Wales could have made his due obedience, but he didn't. Time has now run out for him.'

Robert Burnell inclined his head and nodded his approval of Edward's clever ruse. The trip to Chester, from where the king's retinue was returning, had actually been a trap for Llewellyn. The options before him had been either to meet with Edward and bow the knee, or to appear rebellious and refuse to meet him. Llewellyn had decided that to agree to meet Edward was impossible for him now. But by refusing to meet Edward so close to his own domain, he had fallen into the king's trap the Welsh prince had incautiously chosen the worse option, just as Edward and Burnell had thought he would.

Robert Burnell was a man from modest origins, who maintained an air of quiet, self-effacing charm. He had made himself indispensable to Edward even before he became king, and at one time had been spoken of as a future Archbishop of Canterbury. His attraction to women, however, and the production of at least five bastard children had eventually ruled him out of that race. But now, he was in a far more powerful position as Chancellor. He was often able to place an idea in Edward's head that might come to fruition as the king's own idea. The Chester ruse had actually been his. He now chanced his arm on a matter he knew also bothered the king.

'Perhaps, as we are close by Oxford, we can find a way to resolve the other little matter that I know vexes you, your Majesty. I have good cause to go to Oxford on your behalf to press de Bosco on the Welsh students. I could be your emissary there.'

There was a good reason the Burnell should visit Oxford in Edward's place. There was a long-standing belief that any king who entered the university town would soon thereafter lose his throne. Edward was not superstitious, but it was prudent not to tempt fate. The business in Oxford could well be dealt with by Burnell, and the king knew it. Without saying a word, Edward turned his gaze from the window out of which he had been looking and faced Burnell. This time, the little, sombrely-clad man was sure it was a wink of approval that the king gave him.

CHAPTER TWO

Feast of St John of Chrysostom, 13th September

He knelt before the altar, the stone seeping cold into his knees. He raised his arms in adoration of the crucifix suspended high in front of him. Then he fell forwards on to the chilly slabs, his face turned aside so his left cheek struck the stone floor jarringly. He made the shape of the cross with his outstretched arms and body, hugging the coldness to him in a sort of religious ecstasy. He tried to calm his boiling brain, but he couldn't. The theft of the first book had been so simple.

The chest in which it had lurked, the darkness of the interior suited to the book's murky and disgusting content, was in a communal area in the hall. The purpose of the chest's location was so that a student lodging at the hall could borrow a text for study. But the room was often left unattended, and anyone could walk in from the street and claim a book for their own. Of course there was a ledger on a stand next to the chest, where a borrower was required to make their mark. For a while, book in hand, he had contemplated the half-filled page, the space a tempting invitation to make a statement of his purpose. But he had resisted the temptation, satisfying himself with the theft alone. He had walked out with the book in the sleeve of his grey robe.

The book now resided under the simple pallet in his starkly bare cell along with others he had taken since. Their presence was still a rankling sore, for he had not thought beyond the act of stealing. Now, he tossed around his brain the possibilities open to him. He could expose the books' heresies in public, but that would only serve to disseminate its contagion. No, he had known the minute he had stolen the latest book that he would have to destroy them all. The idea at first filled him with horror — the destruction of any book was an action barely to be contemplated when each precious text took a scribe so long to copy. But the contents of the books were an abomination, so they deserved no better fate than to be burned in the fires of Hell. A fire that should be shared with their authors. This thought gave relief to his concerns about what had happened yesterday, when he had had to resort to a violent act. In his mind this was now justified.

He sighed in pleasure at the resolution of his quandary, and his breath blew out in a chilly draught across the floor of the chapel. As his cheek grew numb from the cold slab under it, so his brain cooled from its former fervour, and he began to talk with God.

* * *

Sir Hugo de Wolfson awoke that morning in his bed in Dagville's Inn with his throat feeling raw. He ran his fingers through his thick, but greying hair and sat up. For a moment he felt dizzy, but shook his head, and forced his weary bones from the bed. After dressing, it was all he could do to swallow some watered ale and bread. And even then he had to soak the dry bread in the ale to make it palatable. It had been his intention to travel onwards to his destination in the north that day, but he felt weak from a feverish cold. He resolved to recover by spending another day in Oxford, and told the innkeeper, Thomas Dagville, so. He also made enquiry for a physick, and Dagville gave him direction to an apothecary in Kepeharm Lane off Fish Street.

'You cannot miss it for the lane is almost opposite the House of Converts.'

Dagville was making reference to a sturdy stone house in the middle of Great Jewry. The people of Oxford knew little of its occupants, but as its rents were paid to the main Domus Conversorum set up by the old king in London, they assumed it served the same purpose. To accommodate those Jews who sought conversion from their faith. Dagville laughed cruelly at the situation of the Jews.

'There have been some who lodged inside, but they are so stubborn it is said that few have come to the true faith. You see how foolish they are. The Jews do not have the wit even to understand the wrongness of their ways.'

Dagville failed to mention that amidst the 'errant' Jews who lived in Oxford was a physick who was far superior in his knowledge and skills to the local Christian apothecary he had directed the crusader knight to. Old Samson was a wise and skilful Jewish healer, who Thomas Dagville's own wife had resorted to for help with her last, difficult birth when Spicer the apothecary had failed her. Dagville thought it better not to send this stiff crusader to a Jew though. So he recommended Will Spicer of Kepeharm Lane instead. De Wolfson pushed himself out of his chair, his bones aching.

'I thank you, Dagville. It is nothing but a small fever. But I have still to travel far, and do not wish to be delayed any longer than need be. I am sure Spicer will fix me up.'

De Wolfson tugged his cloak around him, though the day was already warm, and stepped out of the inn into the mayhem that was a normal market day in Oxford.

Oxford was well situated to benefit from trade moving from north to south and east to west. Inside the walls, the town was cut into four by roads running in those directions, so that the very layout of the town was in the form of a Christian cross laying on its side. Northgate Street ran down across Carfax into Fish Street, through Great Jewry to South Gate. Great Bailey in the west ran from the castle where the constable, Peter Bullock resided, through Carfax in the opposite direction, and along High Street to East Gate. These crossed roads teemed with traders, ranging from the straw-sellers in East Gate, past the pig market, wood-merchants, purveyors of earthenware, to glove-makers and bakers of good white bread. From South Gate the stalls were home to fishmongers, tanners and sellers of faggots, through to the corn-merchants at North Gate. The houses behind the stalls were only two stories high but stretched back a long way behind their narrow frontages. They were huddled in nature, cheek by jowl, and close to the ground from which they rose, as if rendered from the mud of the streets. It made the thirteen parish churches of Oxford all the more striking with their tall spires reaching up to heaven.

The ailing crusader knight at first fought against the flow of people. A group of young clerks filled the roadway, some clad in sober clothes, some in parti-coloured tunics. One of the more sober, grey-robed youths was reading a book and he bumped into de Wolfson. On hearing a curse, he might have argued. But thought better of it when he looked up to see a sturdy knight staring him in the face. He stepped aside, a scowl on his face, and walked on, his mind back deep in his tome. De Wolfson would have pressed on in his haste to find the apothecary, but he soon tired of the effort of pushing through the crowd, and let his pace conform to the slow passage of shoppers. Soon, he was moving with the flow of the crowd rather than against it. Making this more leisurely way towards Carfax, he lingered over a stall displaying well stitched leather gloves, wiping his runny nose with his fingers before picking up one of the samples to test its quality.

'It is the best of cut and stitching, sir knight, and well able to stand the vicissitudes of battle, even in the heat of Outremer.'

John Burewald, the sharp-eyed glove-seller, had expertly assessed his potential customer. The stocky figure of de Wolfson was clad in a loose nondescript tunic under his cloak, which now hung open, but it was easy to spot the broad shoulders of a fighter. And his face still bore the effect of the unbearable Holy Land sun. De Wolfson merely grunted, as he was not seeking to buy gloves. He had a pair of stained but still serviceable gloves in his saddlebags back at the inn. He shoved the glove he had picked up back at the man and moved on before the glover became a nuisance. At Carfax, he turned south, as instructed by Dagville, and followed the crowds down Fish Street.

He stopped to admire a display of fresh fish, the glittering eyes staring back at him blankly. Alice Lane was standing beside him buying pickled herring which she hoped would stretch to feed her large family back home. He was caught with a fit of coughing and hawked and spat in the foul gutter that ran the length of the street. Alice shrank back in disgust, and de Wolfson grunted an apology, almost knocking over a Franciscan friar as he stepped away. Drifting on past other fish stalls at the pace of the general mob, he realised when he came to the South Gate that he had missed his way. He turned back and retraced his steps, trying to recall from Dagville's instructions if Kepharm Lane was to the right or left. He was momentarily distracted by the sight of a pretty woman emerging from a house on the opposite side of the street. Her shapely figure fitted her flowing green dress well, and her unruly red hair escaped the confines of her linen snood, suggesting a woman of lively temperament. She crossed the street ahead of him and disappeared down a narrow lane bounded on one side by a sturdy stone building with a square tower. De Wolfson recalled the landlord's mention of the House of Converts.

'This must be the building,' he muttered to himself. 'I was to turn here, was I not? But which way?'

His head ached, and he cursed his fever-addled brains. But, mindful of the pretty red-head and the fact he had not slaked his lust in a month or more, he followed the vision of pulchritude down the narrow lane. He was soon to realise that he was going in quite the wrong direction, but by then he had lost the red-head and found himself after a few twists and turns walking down Grope Lane. Not that he knew its name, but the familiar sign of a brothel put any idea of finding a remedy for his fever out of his mind. He scratched at his crotch and stepped through the open doorway.

It was still morning, and the house was quiet, but Sal Dockerell, the brothel-keeper, bustled out of the back room. She recognised a good customer when she saw one, and when the stocky knight laid down a silver coin, she sent him upstairs to spend some time with a raven-haired slut called Peggy Jardine. Just to make sure, Sal put the coin in her mouth and bit it. She could tell it was a good one.

* * *

William de Bosco was the Chancellor of the University, and today was not the first time he had regretted taking the post. Others before him had actively sought the position and used its power to further their own ends. The previous incumbent, Thomas Bek, had indeed aspired to be Chancellor of England, but his hopes had been dashed when he used the powers of his position to bring to trial a certain regent master for murder. His idea had been that, taking the responsibility away from the King's authorised officers and assuming it himself, would raise his profile once the master was found guilty. The case had seemed straightforward, but friends of the regent master had turned it on its head, and Bek's reputation had been ruined. De Bosco had been chosen to replace him as a safe pair of hands, who had no great ambition for himself. He was a quiet man, grey by nature and in appearance. For well-nigh two years he had occupied the Chancellor's seat almost without anyone realising. But now he had a problem that he couldn't ignore.

Books were going missing from halls and private rooms, from chests and from shelves. It had started a few weeks ago, when a master teaching the *trivium* of rhetoric, grammar and logic at Moyses Hall, found that a few classical texts had gone missing. He had thought it trivial at first, as Boethius, Cicero and Priscian could be replaced, albeit at some cost. But when he spoke to a colleague from neighbouring Durham Hall, he discovered that books from a chest there had disappeared too. Soon it became apparent that many more were lost, and the tally grew. Seneca, Donatus, Statius, Juvenal, Lucan, Horace, Ovid, Perseus, Sedulius, Cato, and Macrobius were all added to the growing losses. Then came the greatest blow. Only yesterday, Regent Master Roger Stephens had come to de Bosco pale-faced and in shock, a gash on his forehead seeping blood.

He had arrived earlier than usual at the school he used in the lane beside St Mary's Church so he could prepare for a lecture on civil law. He wished to consult a reference in the rare twelfth century *Commentary* of Vacarius on Justinian. It was said that Vacarius had lectured on Roman Law at Oxford about 1149 but was forced by King Stephen to desist. Most of his works had been gathered up and destroyed, so the volume carefully locked away in the Law Schools chest was a rarity. Stephens knew something was amiss when he reached the school's door to find it ajar. Peering at the lock, he saw that the wooden door frame had been smashed. Heart racing, he pushed the door open, and stepped into the darkened room, calling out as he did so.

'Hello, who's there?'

The room was eerily silent, though the regent master sensed a presence.

'Is there anyone there?'

He wished he had brought a lantern, for now he had to grope his way across the room to the wall cupboard where the cheap tallow candles were kept. As he took a tentative step towards the centre of the room, a grey shadow detached itself from the prevailing gloom. He flinched, and soon found it was not some insubstantial shadow, but someone very solid with a square object held under his arm. The intruder barged into him, knocking him to the floor, and causing him to hit his head on a bench as he fell. For a few moments he was stunned, and when he pushed himself to his knees, he saw the chest of books had been broken open too. Heart pounding, he crawled on his hands and knees to the repository of law books. Peering inside, he instantly knew what had been in the intruder's arms. The irreplaceable tome by Vacarius was gone.

Chancellor de Bosco had sighed deeply as he listened to Roger Stephens's report and had sent the man off to have his wound attended to. Today, his mind was turning the problem over and over. He had to admit that the minor, albeit costly, inconvenience of the loss of copies of Priscian's *Grammar* and the like had taken a serious turn. He now knew he would have to do something about it and thought immediately of the regent master who had caused the downfall of his predecessor, Thomas Bek. De Bosco knew he liked to interfere in cases of murder, and thought that if this book thievery went on, it could well lead to killings. De Bosco needed the man to sort the problem out before it got worse, and someone suffered a worse fate than Roger Stephens. He muttered to himself in a sort of prayer.

'This time I will have you on my side, Regent Master Falconer.'

Having come to his decision, de Bosco turned his mind to the other problem facing him. He had only this morning received warning that no less a personage than the Chancellor of England was arriving in Oxford tomorrow. He had no idea why Robert Burnell was coming, and why the message only preceded him by a day. In a panic, he had called the two proctors, who formed his executive in keeping order in the university. Both were men he had inherited from his predecessor, and they had been re-elected annually since. Roger Plumpton and Henry de Godfree were like chalk and cheese, as Plumpton, the proctor for the northern nations, was a man who stood by the rules and rarely chanced his arm. De Godfree, on the other hand, had an eye for the main chance, and nearly came a cropper at the same time as Thomas Bek. That he had survived the turmoil spoke volumes about his slippery nature. He was the proctor for the southern nations.

The two nations of the university represented a geographical divide roughly following the course of the River Nene. The northerners, or *boreales*, therefore included the Scots in their numbers, and the southern nation, or *australes*, included Marchers, Irishmen, and Welshmen. They were constantly at each other's throats, and the proctors had difficulty keeping the students under control. But this had not been what de Bosco wanted to talk to them about. He wanted their opinion on Burnell's purpose in Oxford. When he had told them who was due to arrive in Oxford, it was surprisingly Plumpton who first spoke up.

'He is paving the way for the king. We know, do we not, that Edward proposes to finally solve the Welsh problem.'

De Bosco looked his proctor in the eye, anxiety written all over his face. He could hear the triumph in Plumpton's voice. The northern proctor was a man who had always taken the king's side, both in the Barons' War and later. Now he found himself firmly in the right, while his colleague, de Godfree, was a supporter of the reviled Welsh. De Bosco wondered how far Plumpton would be prepared to go in his attack on the Welsh. Deliberately, the chancellor tested his resolve.

'Have you heard anything, Roger? Does this mean Burnell thinks the university is not maintaining control of its Welshmen?'

Roger Plumpton's response was suddenly cautious, sensing the chancellor's prevarication.

'Not necessarily that, Chancellor, but the king is on his way back from Chester where he was snubbed once again by Llewellyn. It won't be long before he snuffs out that man's resistance, and the Welsh nation as a whole. Then we might find that the Welsh clerks in Oxford would be uncontrollable.'

De Godfree snorted in derision, eager to pass on any blame to his opponent.

'The Welsh clerks are no problem to Edward, Chancellor. It's Plumpton's Scots he should be concerned about. Why,

Bullock the constable had to crack a few Scottish heads with that sword of his only last week.'

And so the argument had raged, leaving de Bosco with still no clear notion as to why Burnell was coming to Oxford. When the day dawned, he could only hope that the Chancellor of England was not coming to oust the Chancellor of the University.

CHAPTER THREE

Holy Cross Day, 14th September

Falconer could hardly concentrate on his teaching duties that morning in the school. He droned on about Aristotle and logic almost without knowing what he was saying. He had covered the ground so many times before with so many shining faces staring at him, he was afraid he had begun to bore the young men in his class as much he had begun to bore himself. His mind was actually on what he had gleaned from the old Franciscan friar at St Bartholomew's hospital the other afternoon. Friar Gualo was even older than Aldwyn, and had a memory for patients who had passed through the hospital's doors years ago, even if he could not recall what he had done the previous day.

'The eighth or ninth year of the old king's reign, you say?'

Falconer nodded, unsure if his trip was going to be worth it. Gualo looked closer to death than some of his wards in the leper hospital. But he insisted on racking his brains for Falconer.

'A woman, you say? I recall the case of a maid who was deaf, dumb, and blind in both eyes. Her parents brought her to the festival of Saint Bartholomew, and she was cured. She skipped away full of joy, perfectly sounding her words. But she was twelve years of age, and so I don't think she is the one you are seeking.'

'No, this woman would have been of full age, and perhaps already with child.'

Gualo frowned disapprovingly.

'She would not have come here merely through being . . . *gravidus*.' He took care to use Latin to avoid any common reference to pregnancy passing his clerical lips. 'After all, that is hardly an illness. There was a leper maiden who was here three years before St Godric cured her. Her symptoms were horrible apparently, and her frame wasted.'

The old friar shivered at the thought of someone coupling with a leper.

'But no, she would not do either.'

Falconer sighed, seeing he was getting nowhere. He didn't even believe in miraculous cures and was prepared to wager that the examples given came about for one of two reasons. Either the sick person was ill through grief or despair, and was cured through a dose of hope, or the person was an astute beggar feigning illness in the first place. He was about to thank the old monk and leave, when Gualo bucked up, apparently recalling a matter long forgotten.

'Could the woman have been carrying out works of mercy here, rather than being a patient? Some women not of gentle birth but still fit for the purpose watched over the sick, and others attended to the household affairs. I do recall a story about a Welsh woman who . . .' Suddenly, Gualo's eyes clouded over. 'But then I would be talking out of turn.'

Falconer felt as though he was getting somewhere at last, and encouraged the friar to tell his tale, even if it were unpleasant.

'Friar Gualo, this is important to me. Please tell me what you know, and it will go no further.'

The old man squinted at him and huffed.

'It was only a tale told in the friary, you understand, between young postulants who should have known better.'

With a sudden shock of surprise, Falconer guessed that one of those postulants was probably Gualo himself. The friar was old enough to have been a postulant fifty years ago. He restrained a smile, imagining the old man as a youth newly entering a celibate life, and revelling in a little salacious chatter. He held his breath, and finally the old man continued.

'It concerned a woman — Welsh, as I said — of uncertain background, and a young Franciscan friar newly arrived in Oxford. He was an Italian, it was said, by the name of Alberoni. It was soon after the Grey Friars had arrived in the town, and before the friary was built. We were lodging in St Ebbe's. The Italian took a fancy to assisting at the hospital. The woman — well, girl really — kept the rooms clean and was entranced by the Italian. One thing . . .' He coughed. '. . . led to another, and she grew in size till she could hide it no more. In fact, I believe the child was ripped out of her like Julius Caesar is said to have been. When the master of the hospital learned of the situation, he had the child sent to his mother's own land. To an island where there was another Augustinian community, and where the boy could be kept an eye on.'

Falconer couldn't believe his ears. Depending on the name of the community, this could be the first morsel of information about his own birth.

'The woman . . . she died?'

Just as Friar Gualo was about to reply, a young Franciscan had appeared in the little office where they were sitting together. He was of a severe demeanour with a sour face as if he had been sucking on a sponge soaked in vinegar. His voice was harsh and piping, as if it had not yet properly broken.

'Brother, it is time to return to the friary. Our brothers require your presence for prayer.'

Gualo sighed, obviously used to this fervent young man acting as his keeper.

'Yes, yes, Fulbert. I am coming. I just have to tell Master Falconer . . .'

Fulbert's pitiless gaze latched on to Gualo, stopping the words from emerging.

'I am sure the regent master will understand your need to share your prayers with our community.'

The young man switched his gaze to Falconer, plastering a rictus of a smile on his face. Creakily, Gualo rose to his feet, following Fulbert like some tame dog. Falconer threw a question the old man's way as he passed.

'The island. What was its name?'

'Bardsey. They say that King Arthur is buried there, waiting to be woken. It is also the island of twenty thousand saints.'

Falconer was still turning over in the back of his mind the possibility that he had found the link to his birth, when the time came to move his lesson with his students on to *sophisma*. Needing to concentrate more, he shelved his other thoughts. Some of his pupils loved solving the riddle that was a sophist statement; others found it incomprehensible. Falconer confessed himself as being in the first camp. It was all a matter of liking the riddle for its own sake, and he often likened his predilection for murder cases to sophistry. He gave the students one of his favourite sentences to puzzle over.

'Consider this sophisma.'

He carefully chalked on the slate board, "All men are donkeys or men and donkeys are donkeys." He carefully did not say the words, so as not to give them any particular inflection. Then he eyed his audience, and maliciously latched on to a youth he knew disdained such theoretical arguments.

'Geoffrey Westhalf, give me a proof of the sentence's truth, and also a disproof.'

The pinch-faced boy grimaced, as all his contemporaries' eyes arrowed in on his discomfort. But he was not to be caught so easily and sneered.

'The sentence is a copulative sentence each part of which is true. "All men are donkeys or men," and "Donkeys are donkeys."'

Falconer smiled, and he heard a stirring from the brighter boys in his flock. He chose Peter Mithian, who was one of his own boarders at Aristotle's Hall.

'What's wrong with that statement, Peter?'

Eager to please his mentor, Mithian grinned widely, his youthful face lighting up.

'Nothing is wrong with what Westhalf said, master, but it is only half the truth.' He looked round for approbation of his pun on the other boy's name. Falconer sternly motioned for him to continue, so he did.

'As well as being conjunctive, the sentence can also be disjunctive, and therefore incorrect.'

Westhalf screwed up his face, making it even more weasel-like.

'How can a sentence be both true and untrue? That is stupid.'

Glad to have trapped his victim, Mithian continued.

'It can also be read as two different, incorrect statements. "All men are donkeys," and "Men and donkey are donkeys."' He paused for effect, and added a rider. 'Though in Westhalf's case, I see a man who *is* a donkey.'

Falconer spent some time calming down the class, and regretted his levity, seeing that he and Peter Mithian had both just made an enemy of Geoffrey Westhalf.

* * *

Robert Burnell's arrival in Oxford was typically discreet. He rode through the North Gate accompanied only by one other person. The Chancellor of England was dressed as usual in modest black robes and hose, and was so unmemorable that the watchman on the gate took more notice of his companion. He was a dark-skinned man with a greasy, black mane of hair, who sat on his horse as though born in the saddle. This companion of Burnell's swivelled his gaze around constantly as if distrusting anyone in the crowd around his master. His eyes, when they alighted on Peter Kepeharm, the watchman at the North Gate, were cold, black pools reflecting no light. Kepeharm blinked and looked away to deal with a small troupe of players and acrobats who were entering the gate pushing a cart loaded with their possessions. The gatekeeper stopped them, and demanded to know their business, though it was self-evident from the garish masks and brightly painted juggler's clubs on the cart. Their leader, John Peper by name, sighed and, used to being harassed by officialdom, began to explain.

Burnell and his servant rode on oblivious to the scene taking place behind them. He knew where the man he sought resided and jogged steadily down to Carfax. From there, he turned east along the High Street towards St Mary's Church. William de Bosco lodged in a house called Glassen, or Aula Vitrea, because of its extravagant glazed windows. It was located conveniently for the chancellor at the end of Schools Street, where the clerks studied, and behind St Mary's Church, where de Bosco and his predecessors held chancellor's courts to manage the affairs of the university. The passage of the quiet, little man and his swarthy servant drew little attention, and so Burnell was able to surprise William de Bosco in his lair.

* * *

Brother Aldwyn had searched the records of Bartlemas hospital but had found no reference to a female inmate who could have been the person William Falconer was looking for. Young girls who had had hysterical fits and miraculous cures of paralysed old women beyond child-bearing age cropped up regularly. But he had found an oblique reference to an incident with a serving girl at the hospital. A terse note in the relevant year told of an operation 'such as Caesar's mother suffered', but with no report as to the outcome. Aldwyn felt vaguely disturbed, as it reminded him of a prediction in Merlin's prophecies. He hurried over to his precious copy of Geoffrey of Monmouth's book to be sure of his recollection. He scanned past the passage he had quoted to Falconer earlier about the red dragon and the white. And there it was.

> *'It shall rain a shower of blood, and a raging famine shall afflict mankind. When these things happen, the red one shall be grieved; but when his fatigue is over, shall grow strong. Then shall misfortunes hasten upon the white one, and the buildings of his gardens shall be pulled down. Seven that sway the sceptre shall be killed, one of whom shall become a saint. The wombs of mothers shall be ripped up, and infants born premature.'*

It did not please him one bit that these predictions presaged the possible rise of the red dragon, or Llewellyn. There were too many evils accompanying it to excite an old man, even a true born Welshman. But he resolved to advise Falconer of his discovery. And of his fears. He gathered up Geoffrey's tome, tucked it under his arm, and hurried across the open marshland on which the abbey stood, making his way towards Oxford.

* * *

The door of William de Bosco's solar opened, and Inkpen, his servant, poked his head round. De Bosco looked up from the documents he was examining.

'Is Master Falconer here already?'

He was a little surprised. He had only just asked Inkpen to find the regent master and get him to come to Aula Vitrea. The manservant shook his head.

'No, master, I left a message at Aristotle's Hall but he has not yet arrived. However, there is a man here to see you. I told him you were busy, but he insisted, and said his name was Barnwell, or something similar. He can't be anyone important for he is dressed like a regent master, and I don't know the name. Do you, chancellor?'

De Bosco's face paled, and he found he could not take a breath. Of course he knew the name, even though Inkpen had misheard it, because he was expecting the man. He trembled at the thought that his servant was making the second most powerful man in the kingdom — after King Edward himself — linger in the hallway. He rose from his chair and, regaining his power to breath, hissed at his servant.

'My God, man, show him in at once. It is the king's chancellor, Robert Burnell.'

The blood fled from Inkpen's face also, and he disappeared from view. Only moments later, he was ushering Robert Burnell and his silent companion into the room. His voice cracked as he tried to announce them, failing completely with the second man, whose name he had not discovered in his haste to rectify matters. Burnell seemed quite unperturbed, and as Inkpen's voice died away, introduced the man at his shoulder himself.

'This is Isaac Doukas, my secretary. He is a Greek from the island of Cyprus.'

De Bosco glanced nervously at the other man. He was stocky and dark-skinned with long, greasy black hair tied up at the back, and revealed his calling by the satchel over his shoulder, out of which protruded the feathery ends of several quills. But he was no grovelling, stoop-shouldered clerk, for his eyes were as black as his hair, and gave off no reflection. Indeed, they seemed to suck the very light away from the room in which he stood. Almost as though reacting to de Bosco's imagination, a candle at his shoulder flickered, and the chancellor felt his heart lurch. He started to thrust out a hand to Burnell, but something held him back, and he bowed instead.

'Forgive me for your poor treatment. We were expecting you, but you caught us on the hop. You see, we are having some difficulty with a persistent thief of books, and his behaviour has been getting more worrisome of late. He attacked the last master he stole from.'

He was aghast that he was babbling out such embarrassing facts, but he couldn't stop himself. Burnell waved his hand, not caring to know about a thief, albeit one of such a valuable commodity as books. But de Bosco was so flustered that he continued to babble about his problem, trying to excuse himself but only making matters worse.

'I am in control of the situation, though. I have summoned a most subtle master, who concerns himself with mysteries, and who will be on the trail of the malefactor soon enough. His name is William Falconer.'

Burnell raised an eyebrow, as if he neither knew nor cared about who this master was.

'If, as you say, this thief is resorting to violence, then I think this . . . Falconer needs to act quickly. The king would hate to hear of murder within the walls of Oxford.' He stared balefully at de Bosco. 'It would not go well for your tenure.'

De Bosco licked his lips nervously. The post of chancellor was in the hands of the regent masters of the university not in the gift of the monarch. However, most of the masters could be swayed by the king's view on a candidate. Even one who was already occupying the post. He parted his dry lips to speak but saw that Burnell was of a mind to move on, and held his peace.

'But there is a far more important matter I have come to discuss. I have to tell you that the king is far from pleased by the Welsh at present. He is contemplating a campaign against Llewellyn, and wishes to have no disturbances within his kingdom centred on this rabble. Therefore, he has taxed me with the job of ensuring there is not any Welsh rebellion in Oxford.'

De Bosco opened his mouth to protest Oxford's loyalty, but once again Burnell stopped him with a glance.

'You will, therefore abolish the nations here at the university, and so prevent the Welsh and other factions joining together in rioting against the king's authority.'

De Bosco was aghast at such a command, but knew it was pointless objecting to the decision. After all, he had only the day before been talking to his proctors himself about the divisiveness that the Northern and Southern nations created in the town. These nations were a long tradition at the university, but it looked as though their days were numbered. Still, he could not help raising an objection.

'But, but . . . I will have to call together the congregation of masters, and speak to my proctors. I dare say they will not be pleased to see their power bases removed.'

Burnell waved a desultory hand, apparently dismissing the proctors and the whole mass of regent masters as though irrelevant.

'I do not know the Southern Proctor, but I have corresponded with Plumpton, and know his views on the matter. I see no problem there.'

De Bosco was shocked he had already been betrayed from inside his own camp. Plumpton, of all people, had gone behind his back. Defeated, he bowed once more to the Chancellor of England. Triumphant, Burnell now placed a friendly arm on his shoulder, and spoke of other matters.

'Now, tell me about this book thief, and the man who will root him out.'

CHAPTER FOUR

At sext, in the middle of that particular Saturday, an interesting sight was to be seen in Oxford. Solemn men in black robes appeared from all corners of the town, and began converging on St Mildred's Church in the northern quarter of Oxford. It was to observers as though a dark and gloomy mass of water was flowing down the narrow lanes, pulled by an unseen force towards the church. The Congregation of Regent Masters of Oxford University's Faculty of Arts met periodically to consider matters of relevance to the workings of the university. The Masters of Arts jealously guarded their status and pre-eminence over all other masters, and their numbers specifically excluded the friars and doctors of theology. Perhaps because of their dull garb, or perhaps due to the secretive nature of their gatherings, they were familiarly known as the Black Congregation. In actual fact, the issues coming before the Congregation were often tedious and not every master who could, attended all meetings. However, it was rumoured that today was to be an unusual occurrence. They had all been summoned at short notice by the chancellor for a most serious purpose and were required to attend at midday without fail. Rumours of someone of eminence attending the meeting had ensured that no master stayed away under any pretext. And that had made certain of their promptness too. Soon the church was filled with the black sea of masters, and the doors were closed on the curious outsiders.

Four chairs had been set up just below the altar, two slightly raised above the other two, which flanked them either side. A group of senior masters placed themselves close before the seats to establish their precedence, though they were still not sure what was to take place. Amongst the senior group were the tall, angular figure of Master Gerald Halle, and the coarse features of one of the few foreign Masters, Heinrich Koenig. Others nodded to this pre-eminent group as they moved around seeking a suitable place to sit. After an initial period of subdued conversation, when questions were bandied around from master to master but no answers supplied, the congregation began to arrange itself in the seats either side of the nave. All the masters wore a black tabard, over the top of which was arranged a black sleeveless cope, or a cloak with a hood bordered with fur. All knew how cold the interior of St Mildred's could get and had ensured they wore something warm. It was likely to be a lengthy business they were summoned to sit through. Headgear saw a mixture of square birettas and simple round pileums. A few had already pulled up their hoods to keep warm, and no doubt in order to doze off beneath them should matters become tedious. Though the wait was protracted by the absence of the chancellor, and speculative whispers broke out, the assembled crowd were not to be kept in uncertainty for long.

As the conversation in the church lulled, William de Bosco finally scurried from the gloom of the side aisle towards the chairs arranged below the altar. He wore a scarlet cope trimmed with black over his robe, and a scarlet biretta on his head, though he looked uncomfortable in such grand robes. The two proctors strode along either side of him, and arranged themselves in the lower chairs flanking the chancellor's chair and the as yet conspicuously empty one. De Godfree's face looked decidedly grim, while in contrast Roger

Plumpton's was all smiles. The delay to the arrival of the three men had been caused by the absence of the Northern Proctor, Plumpton who, it turned out, had been in private consultation with Robert Burnell. This clearly explained de Godfree's current grimness, and de Bosco's uncertainty. The three men's entrance, late as it was, had ensured complete silence, and the chancellor finally broke it with a sombre pronouncement.

'You were summoned here for a most serious purpose. The congregation will be addressed by Robert Burnell, Chancellor of England.'

A murmur of shock and surprise wafted through the gathered crowd. Some masters were no doubt excited by the prospect of such a grand figure addressing them. Others, chiefly those whose antecedents were Welsh and who were aware of the king's anger with Prince Llewellyn, were filled with apprehension. All craned their necks to look down the aisle of the church to get a sight of the chancellor. As he walked up to the empty seat next to de Bosco, Burnell's slight and sombrely-clad figure disappointed them somewhat.

* * *

He had heard the word of God again and rose from his prostrate position on the cold stone flags before the altar. He was aching and stiff — his limbs frozen by their contact with the floor and the fixed pose he had maintained for so long — but he was exhilarated by God's murmurings in his ears. He flexed his arms and stamped his feet to get the blood flowing around his extremities again. His rational mind might have told him God's words were merely echoes of the gossip he heard from his fellow creatures. But his state of ecstasy convinced him otherwise. God and his angels spoke directly in his head, telling him where next he must strike. He walked stiffly down the nave, and out into the late afternoon sun. Weak though its rays were, they warmed his frozen body, and gave his legs added purpose. The words still buzzed in his brain like bees in a hive, and they had caused his head to ache unmercifully. But it was a small price to pay to be in direct contact with God. The buzzing told him Regent Master John Bukwode of Corner Hall had a collection of magic books that must be taken, and the evil canker destroyed. He shook off a sudden wave of dizziness and began to make his plans.

* * *

Falconer had received de Bosco's message, and curiosity had finally drawn him to the Chancellor's lodgings. But not before he had skulked in his solar to avoid the Black Congregation. Then, on the way to Glassen, he had been distracted by a chance encounter with someone he knew. Ahead of him in the narrow street that led up to the High Street, he had seen a figure he recognised. The rotund young man, with a rolling gait and a shock of unruly brown hair, could be none other than the boy from the travelling players' troupe. He had to search his brain for the name, and for a while it eluded him. A few years ago, the troupe had been embroiled in a murder that he had solved. At first one of the troupe, the jealous husband of an acrobatic female *saltatore*, had been suspected. His name was John Peper — Falconer could at least remember that. But the boy, who was somewhat slow-witted, was more difficult to place. If the troupe was in Oxford, Falconer wished to know where they intended to perform, so he skipped through the crowd and caught up with the boy. He tapped him on the shoulder, and as the youth turned to face him, he remembered his name.

'Will Plome. What are you doing here?'

It was an innocently worded enquiry, but it seemed to perturb the fat boy more than it should have. His plump face turned red, and his lips formed a perfect O in surprise. Clutching a cloth-wrapped bundle to his chest, he stammered a few incoherent words in reply to the challenge.

'I . . . just . . . I didn't . . .'

The youth fumbled nervously with his parcel, and Falconer regretted his scaring of the slow-witted Plome. He patted him on the shoulder encouragingly and smiled. Plome looked away, as if expecting someone else to leap on him, and ran off clutching the parcel tightly to his bosom. Too late, Falconer realised he had failed to ask where the troupe was to perform, wondering only what had made Will Plome so skittish. When he had last seen him, he had always been cheery and pleasant. But this time his face looked ashen and grimly determined. Falconer wondered what had changed the boy so much. But he was late for his meeting with the chancellor and hurried on. And by the time he had spoken to de Bosco, Plome and the strolling players were banished from his mind.

His conversation with William de Bosco began awkwardly. He was chastised for having forgotten the calling together of the Black Congregation that very day. In actual fact, he had done no such thing, but no longer relished the meetings of that assembly ever since the time it had tried to judge him for murder. But it was easier to apologise for a poor memory rather than explain his feelings on the matter. He was told by de Bosco, however, that no less a person than Robert Burnell had addressed the gathering concerning the Welsh problem. De Bosco was most vexed by the whole situation.

'The nations are to be abolished, and I shall take the blame. Meanwhile, Burnell has gone back to the king, but has left his clerk behind, who will no doubt spy on me and report back to his master about all my failings. And talking about failings . . .'

The chancellor finally got to the point of his summoning Falconer. He wanted him to discover who was stealing valuable books from collections belonging to individual masters, and student halls. Falconer, disappointed that his summons was for mere thievery, at first declined to assist. But de Bosco was insistent, a pleading look in his eyes.

'You must help me, Master Falconer. You see, what started as purely an inconvenience, has become a serious matter. Not only has a master been violently attacked during the last theft . . .' He knew he was exaggerating, but it was to a good purpose. '. . . but now the king himself is showing interest in the university. I dare not let such vandalism progress any further.'

Falconer didn't like the thought of Edward being involved in the university's affairs. And if someone were to die as a result of this spate of thefts, he would probably find himself at the centre of something more clamorous than thievery. Far better then to solve the lesser crime than let it escalate. He nodded a reluctant agreement.

'I will look into it. Tell me who was attacked and I will talk to him.'

'I thank you, Master Falconer. It was Master Roger Stephens of the law schools.'

De Bosco was glad of Falconer's acquiescence. He heaved a sigh of relief, knowing that Burnell's Greek secretary, Isaac Doukas, was in the next room, listening in to the conversation on his master's behalf. The cold, apparently heartless man scared him more than a scribe had any right to, but he needed to show assurance. It would not do to have seemed indecisive at such a time as this. He clapped the regent master on the shoulder in a man-to-man sort of way that he was entirely unused to.

'You will not regret your decision.'

As Falconer walked back to Aristotle's Hall, he wasn't so sure. He turned the man's request over in his mind. William de Bosco was like a willow tree — he swayed with the wind, and so survived the storms around him. But unfortunately, that meant he was also in Falconer's opinion a cipher — a symbol of something, but lacking depth. Perhaps that was his purpose — to represent the university without imposing his own opinions on it in the way that Thomas Bek had. Bek had sought a greater power than was his to command, and was fortunate that, once dislodged from Oxford, he had still found a place in Edward's court. A personal friendship with the king counted for a great deal in this world. On the other hand, a king's enmity was not to be recommended, as Falconer knew to his cost. He had performed a service for the king while both men had been in Paris, but it had left Falconer knowing more about the king than Edward cared for in anyone. Knowledge could indeed be a dangerous thing, especially knowledge of the king's private affairs. So since that time, Falconer had hidden away in Oxford, kept his head down, and attended to his teaching duties assiduously. To now be under the scrutiny of Edward's servant, was a worry for him.

Falconer opened the door of Aristotle's, not convinced that de Bosco's final words were correct. He somehow felt he might indeed live to regret getting involved with the thefts. Stepping into the main hall of his rented accommodation, he was surprised to find Aldwyn hovering beside the fire that glowed in the grate. The monk hurried over to him, holding out a well-thumbed tome.

'Master Falconer, I am glad you have returned.'

Falconer could see that the old monk was agitated, and supposed it had something to do with his ancestry. Aldwyn had been examining the hospital records, and he supposed the monk may have found a reference to his possible birthing, and the fate of his mother. He licked his lips, which had suddenly gone dry.

'You have some . . . news for me?'

Aldwyn frowned, and patted the book in his hands.

'Grave news, I fear. It is all coming true.'

Falconer shook his head in puzzlement.

'What is coming true? Have you not come to tell me of my birth in the year 1225?'

Aldwyn looked uncomfortable, recalling what had started his researches in Geoffrey's book.

'Ah, yes. The cutting open of the unfortunate maid to save her baby. I suppose that could be what you were looking for.' He nodded his head slowly. 'A birth in the very year you wanted there to be one. But there is no proof it was your birth, nor that the maid was your mother.'

'Even so, did she die?'

'There is no record in the ledger.' He couldn't look Falconer in the eye. 'It was an irregular situation, you understand. But that is not why I came to see you, though it did set me on the right track.'

'The track of what?'

Falconer was becoming irritated by the old man's lack of clarity.

'The truth of the prophecies of Merlin.' Aldwyn waved the book in the air, holding the heavy tome in both hands. 'They are all coming true.'

* * *

Peter Bullock sat disconsolately in his spartan accommodation in St George's Castle. The old fortification stood on a mound at the western end of the town surrounded by a moat engineered from the stream that ran over the marshy ground outside the town walls. His two rooms, one above the other in the tower, were allocated to him by virtue of his appointment as constable. The aldermen of Oxford had a duty to maintain order in the town — no mean feat when you brought together within its wall rowdy young students, townsfolk jealous of the university's privileges, and neighbouring farmers full of drink on market days. It was Bullock's appointed job to keep the lid on this bubbling stew. A former mercenary, he was used to rough justice, and meted it out quite often with the flat of his old sword, stopping potential riots from occurring with a judicious swipe. But today he was feeling his age. At sixty-four, he could no longer wade into the middle of a dispute with the same vigour he had possessed even five years ago. King Henry, who had ruled for as long as Bullock could remember, had died at sixty-five. Who was he — a mere commoner — to expect to outlive the monarch?

He eased his aching back in the fireside chair and reached for the jug of ale at his feet. A sudden spasm of his spine spoiled his grasp, and the jug tipped over, splashing the ale across the rushes on the flagstone floor. He groaned and stretched to ease the pain. He heard a clatter of feet on the steps that led up to his private chamber, and reached for his sword, still in its scabbard by his side. The haste with which his visitor was negotiating the spiral stairs suggested this was more than a social call. He eased himself upright, clutching the arm of his chair, just as the caller burst into the dimly lit room. It was Grace from the Dagville Inn, a buxom and round-faced ale-wife, and normally of good cheer. This day, she looked ashen and careworn.

'What's this, Mistress Dagville? You have already brought my dinner today. Have you forgotten?'

Peter Bullock kept bachelor quarters, and relied on the wholesome cooking of Grace Dagville to supply his daily needs. Even as he spoke, he regretted his levity. Looking at the woman's face, he knew he would not be able to lighten what looked as if it was going to be a serious situation. Grace Dagville licked her lips nervously before speaking.

'It's one of our guests at the inn.' She paused, uncertain how to go on. 'You need to see this for yourself.'

Bullock frowned.

'See what, mistress? Can't you tell me what's wrong?'

The robust woman looked around as if fearing someone would overhear what she was too afraid to say. She screwed up the end of her linen apron, which showed signs of what she had been cooking before coming to fetch the constable.

'Constable Bullock, you need to see this for yourself.'

The constable sighed, strapped on his sword, and followed Mistress Dagville back out on to the streets of Oxford. It was evening, and despite it being September, the air was still and humid. In spite of the heat though, Thomas Dagville's wife scurried off, leading the way towards Carfax, the main crossroads in the centre of the town. Her ample buttocks wobbled back and forth under the coarse grey cloth of her skirt, and Bullock pulled at the collar of his jerkin, feeling the sweat run down his back. They were soon at the inn, where an anxious Thomas Dagville stood, looking along the High Street and wringing his hands.

'Constable Bullock, am I glad to see you. You have to tell me what to do.'

Bullock wiped his red face on his sleeve.

'I will be glad to, when I know what this is all about.'

Thomas looked sharply at his wife, who flapped her hands in evident distress.

'I couldn't say anything to the constable in case someone overheard, and then there would be panic. And it would not be good for our business.'

Thomas considered her comments, and nodded in agreement.

'You are right. Though I fear our business is ruined anyway.'

Bullock was getting increasingly annoyed by these incomprehensible statements.

'Dagville, for God's sake show me what this is all about.'

The innkeeper sighed.

'Come on, then.'

He led Bullock upstairs to where he kept his few guests in rooms under the eaves of the inn. He opened one of the low doors and stood uncertainly in the opening. Bullock brushed past him and stepped into the darkness. The stench of sweat and vomit immediately hit him. He held his hand over his mouth and nose and peered into the gloom. At first he could see nothing, but then his attention was drawn to the corner of the room by a rustling sound. At first he thought it was rats, and he raised a foot to kick out at the beasts. But in the gloom the shape of a man lying on a low pallet began to emerge as his old eyes adjusted. He made to go closer, but Dagville held him back by his arm.

'Take care. He is . . . feverish.'

Bullock shrugged off the restraining hold of the innkeeper and, covering his face with the sleeve of his shirt, he took a step forwards. He leaned over the man, and saw it was a fit-looking man of middle age with the tanned skin of one who had been in Outremer. Under his tan, however, there was the pallor of a sick man, and as Bullock looked more closely the crusader knight coughed. The constable felt a spray of wet phlegm hit his sleeve, and he lurched back. As an old soldier, he knew enough of sickness and plague to know closeness to a sick man was a danger. He should remove his shirt and wash it when he got back to his quarters.

'Do you see?'

The question came from Grace Dagville, who was now at his elbow. She was pointing at the man's face. But Bullock had already seen what he needed to. The knight's forehead was covered with a hideous rash, and when he had coughed, Bullock could see his tongue had been covered in blisters. The man stirred on his bed, but otherwise seemed oblivious to the people in his room. Bullock backed away, pushing Grace Dagville behind him out of the room. Once Thomas Dagville had closed the door, he ordered the innkeeper to keep everyone else away, and to say nothing about this matter until he had brought a physick to verify what they were facing.

Dagville's face crumpled.

'Isn't it obvious what it is? It's the plague — and in my inn too.'

'Let's not jump to conclusions, Thomas. Plague it may be, but what sort? Until I know for sure, I won't know what action to take.'

He went to touch Dagville's arm by way of reassurance, but recalled the sick man's cough that had sprayed his shirt. The old Jew, Samson, had once told him that plague could be spread that way. He didn't necessarily believe that was true, but he wouldn't take any risks. In fact, he would fetch Samson here immediately, and get some idea of what he was facing. The man was a mine of information about diseases, even if he was a Jew. He wagged a finger at the Dagvilles.

'Keep quiet about this. I don't want a panic. I will be back shortly.'

The innkeeper and his wife looked pale but nodded their heads. If this wasn't plague, they didn't want rumours to be spread without good reason. They surely didn't want anyone to be afraid of coming to their inn again. So they were guaranteed to be tight-lipped until the worst was known. Bullock rushed off down the High Street towards the Jewish quarter.

* * *

Saphira was receiving her next lesson on cures for poisoning and the effects of potions and herbs from Samson. Few outside the Jews who lived in Oxford knew of his secret skills, not only in medicines but also in poisons. If the Christians in whose midst he lived guessed at this knowledge, he might have been singled out for special attention and even worse persecution. So he lived a secret life inside what was a secretive community. He was getting old now, however, and Saphira hated the idea of his knowledge dying with him. For months now she had been mining that fund of information, and today Samson was going to test her on her knowledge of poisons.

His grizzled locks, hanging either side of his old face, gave him the look of the very Devil incarnate to outsiders. But to Saphira his strong visage and sparkling eyes spoke volumes about the humanity of the man. He was both knowledgeable and wise, and adept at using his skills in the best way possible, even though at times he seemed eccentric. Saphira, who knew his odd ways, smiled at her teacher as he snapped his fingers at her. They were in the kitchen at the back of his house, a room with a large open fire dominating one wall. In the centre of the room stood a well-worn table that should have been for preparing vegetables and meats. But this was where the resemblance to Saphira's own kitchen ended. The table was not set up to accommodate Jewish dietary laws, nor any other form of food preparation. Instead, its surface was covered with pots and jars. And strange aromas filled the kitchen, one coming from the pot that now bubbled over the fire. Samson hurried over to it and carried on stirring it gently.

'Forgive me, child, for being so abrupt, but the concoction needs my full attention.'

Saphira smiled coyly at being called a child, and even found herself blushing a little. This old man indeed made her feel once more like a child learning its alphabet. Except he was teaching her ways of both curing and poisoning people, for sometimes the same brew did both. He pointed to the pot on the fire.

'Albertus Magnus himself wrote down this recipe. It is arsenic boiled in milk, and can be used to kill flies. He also recommends a mixture of white lime, opium and black hellebore painted on the walls to the same purpose. This preparation . . .' He took one of the jars from the table, and lifted the lid, showing it to Saphira. '. . . This is the herb henbane which Pliny says can be used to cure earache. Though he does warn it can cause mental disorders.'

A month or so ago, Saphira would have gone to touch the contents of the pot. But now she knew better and recited what she had learned about henbane.

'It is well to beware. Four leaves only will induce the sleep of drunkenness from which you may never awake.'

Samson patted her arm proudly. Since starting her studies, she had found herself wanting to know more and more, until the lectures had lasted into the early hours of the morning. More than once Samson had fallen asleep over the big kitchen table, and she had quietly let herself out of his house, and crossed Fish Street to return to her own home opposite, magical words echoing in her head.

'Mercury, gypsum, copper, iron, lapis lazuli, arsenic sublimate, lead.'

These were all powerful, strong words for materials with powerful effects. But she preferred the names of the herbs and insects.

'Usnea, hellebore, bryony, nux vomica, serpentary, cantharides . . . . cateputria.'

As these words circled round her head, and Samson stirred his arsenic and milk mixture, there came a thunderous knocking at the front door.

CHAPTER FIVE

'Listen,' said Aldwyn, opening the book at a page marked with a piece of cloth. '"*The Red One will grieve for what has happened . . .*" That's the levelling of the mountains, and the rivers running with blood, as I explained before.'

Falconer sighed, knowing he would have to indulge the old monk in his fantasies, if he was ever to learn more about the fate of his mother.

'Yes, I recall all that. The Red Dragon being the royal house of Wales, and the White Dragon being King Henry and his son. But I don't think the Welsh rivers ran with blood. And what were these "mountains" that were levelled?'

Aldwyn grumbled about Falconer's carping criticisms, explaining the words away as mere poetic license by Geoffrey of Monmouth.

'King Henry almost defeated ap Gruffyd's grandfather, his namesake, Llewellyn the Great, in Snowdonia. In so doing, he could be said to be levelling the great mountain. And the river running with blood could be, in the historian's mind, the ancient ford of the River Severn where princes of Wales have traditionally met kings of England. It was there young Llewellyn had to bend the knee to Henry more than ten years ago. A sort of bloody submission.'

Falconer was minded to mention that, if this poetic view of history was the best Geoffrey could do, then the rest of his fanciful book was not to be trusted. He recalled another more down-to-earth chronicler, who had called the Welsh no more than Trojan debris swept into the wooded savagery of Cambria under the guidance of the devil. But he could see Aldwyn's blood was up already and didn't want to provoke him further. The old man was intent on continuing his exposition.

'"*The Red One will grieve for what has happened, but after an immense effort it will regain its strength.*" That's the rise of Llewellyn, do you see?'

Falconer was about to question this but was stopped by Aldwyn holding up a cautionary finger. With Falconer thus silenced, he read on.

'"*Calamity will next pursue the White One, and the buildings in its little garden will be torn down.*"' Before Falconer could query even this, Aldwyn interpreted for him. 'That is metaphorical, explained by the next line. "*Seven who hold the sceptre shall perish.*"'

He looked at Falconer in triumph.

'You see? It's clear to what that refers. The "little garden" is a reference to Edward's line — the Plantagenets, named for the common broom his ancestor wore in his cap. Merlin's prophecy says seven of his brood will die, and already six have perished including young Henry, the one-time heir to the throne, just last year.'

Just like everyone else in England, Falconer knew of the succession of children given birth to by Queen Eleanor, two of whom were stillborn or died almost at birth, and four others dying in childhood. Of course it was not unusual for children to die in those perilous early years of life, but Edward and Eleanor did seem prodigiously unlucky. Was there something in Merlin's prophecy after all?

* * *

Saphira and Samson were transfixed by the thunderous knocking on his door. When you were a Jew in a Christian world that blamed you for all sorts of misdemeanours from drinking Christian babies' blood to the murder of their Messiah, you didn't open your front door without finding out first who was knocking. There had been plenty of times in Oxford in recent years when you would have found a mob outside. Indeed, it had not been long since Saphira's own front door had nearly been cleft in two with a hatchet. William had been with her then, and she wished he were around again now. It was all very well being an independent woman, running the family business of wine shipping, and keeping unruly and thieving sea captains under her thumb. But a man did come in useful when you were faced with physical force. A woman and an old man like Samson could be easily overwhelmed. Fortunately, this time William's strong arm was unnecessary. Samson cautiously slid back the panel in the upper part of his stout oak door and peered out to see who was knocking so peremptorily. He breathed a sigh of relief, turning to tell Saphira who it was.

'It's Peter Bullock, and he's alone.'

The old man began to slide back the bolts that secured the door. As he bent down to open the lower bolt, Saphira could see the constable's face through the barred hatch. He looked pale and worried, and a pang of anxiety shot through her. She instinctively felt that something was seriously amiss for Peter to announce himself so noisily. The constable knew only too well that his loud hammering on the old man's door would create a mood of fear amongst the Jews. Seeing Saphira's look, Bullock spoke quietly through the hatch.

'Forgive me if I alarmed you, but there is an urgent problem, and I need Samson's help.'

Saphira pulled a face, and chided Peter nevertheless.

'What could be so important that you risk scaring half the neighbourhood to death?'

Samson pulled the door open far enough for Bullock to slip through. Then he closed it behind him and made sure he threw the top bolt again before turning to his visitor.

'And what is so urgent that you risk falling dead at our feet in your haste.'

Saphira noticed for the first time what Samson had seen immediately. That the constable was breathing heavily, and that his face was as grey as a pewter tankard. It had taken the physician in Samson to notice the symptoms of someone who could the next moment fall sick of the half-dead disease, or even worse. Saphira silently cursed her own poor observation and led Peter to a chair. Bullock was about to protest, asserting there was no time, but suddenly his legs felt like jelly, and he slumped down in it gratefully.

'Thank you. I will just take a moment to catch my breath. I have been tired lately . . . can't sleep.'

Samson hurried off, his sidelocks swinging as he shook his head in annoyance at Bullock's stupidity. The constable would not admit he was not the man he had been when he had fought as a mercenary forty years ago. Appointed by the aldermen and merchants of Oxford to keep the peace, he still took on too much work associated with his role as constable. When Samson came back, he was carrying a glass bottle with a blood-red, cloudy potion in it.

'You should get some of your minions to do the fetching and carrying. And the running around. Now drink this.'

Bullock balked at the command, but Samson was insistent, and he tipped back the small bottle, swigging down the reddish-coloured contents. Saphira quietly asked Samson what the potion was.

'It is an essence of hawthorn berries. It relaxes the body and helps in situations where . . .' He lowered his voice so that Bullock might not hear. '. . . where the heart is threatening to stop.'

Bullock pulled a face at the taste of the potion, but Saphira could see he was already beginning to breathe more normally.

'In future I might indeed get a man to be my runner, Samson. But in this case, the fewer people who know about the situation the better.'

Bullock pushed himself out of the chair and back on to his feet, his face once again stern.

'You must come with me now.'

'And why is that, Master Bullock? It is getting late, and I would prefer to retire to my bed soon. I know when an old man must rest, even if you don't. That potion will help you, but its effects are slow-acting. I would recommend . . .'

Bullock grabbed Samson's arm to stop him, and Saphira could see the anxiety expressed in his look. She laid a hand on his shoulder.

'Tell us, Peter. What has happened?'

Bullock took a deep breath.

'There is a man in Dagville's Inn who is ill with some sort of pox. I am afraid it may be a plague of some sort. I would have got Will Spicer the apothecary to take a look, but I fear he would refuse. He does not have a stout heart when it comes to the pox. Besides, you have a far greater knowledge of such ailments.'

Samson knew what Bullock said was true. He would not entrust any sick person to the care of Spicer the apothecary if he could help it. He equally knew he would need help, if he were to care for this man over a long period of time. He looked at Saphira hesitantly, not sure whether he had the right to ask it of her. She saved him the pain of asking by nodding.

'I will help you. It will be a good way of learning about diagnosis and treatment.'

Bullock was not happy at this turn of events. He recalled the phlegm that had landed on his sleeve and rubbed at the spot nervously.

'No, Mistress Le Veske, you cannot come. The very air of the room is dangerous to breathe.'

Samson, who was already gathering some instruments and vials and thrusting them into a pouch, snorted in derision.

'So you are now a physician as well as a constable, Peter Bullock.'

The constable face turned red, and he began to wave his arms.

'No. But that room is no place for a woman just now. Besides, Falconer will never forgive me if . . .'

Samson took Bullock's wind-milling arm.

'Stop, stop, or I will have to give you another dose of hawthorn berries. Mistress Le Veske and I will protect ourselves. Depending on the cause of this man's illness, I believe the danger is going to be from contact with the bodily fluids of the patient. We will be rigorous in avoiding them. But . . .'

He stopped Bullock's new protest with a raised palm.

'But, we will also wear a cloth across our mouths and noses, if that will please you.'

'And a nosegay of sweet flowers and herbs. I have heard that that will protect you from the plague.'

Samson nodded patronisingly at the constable as if to a child.

'And a nosegay too, though we have not yet decided if it is the plague. And may the Name protect us, if it is.'

Samson came as close to naming God as a Jew may, and Saphira had a sense of the perils they were about to encounter. She shivered but, determined to assist him, she picked up Samson's pouch, which clinked with the bottles he had placed within. Grim-faced, the three of them went out on to Fish Street. Though it was late, there were still people walking around, blissfully unaware of the horror that was about to engulf them.

* * *

The next part of Merlin's prophecy made Falconer's blood run cold.

'Say that again, Brother Aldwyn.'

The old monk looked solemnly at Falconer, knowing what the line he had just spoken implied.

'It will have nothing to do with your birthing, as that took place so long ago.'

Falconer pulled a face.

'Not all that much in the past, Aldwyn. I am only in my fifties. But read the line again.'

Aldwyn sighed, and shifted his gaze from the regent master to the writing on the page.

'"*The bellies of mothers shall be cut open, and babies will be born prematurely.*" They do say the queen is pregnant again, and so this may refer to her next child.'

Falconer shook his head.

'It says "bellies" and "babies" in the plural. The cutting was unusual in my mother's day. You said so yourself. But this is a time when this operation has become more commonplace, is it not?'

Falconer couldn't believe what he was saying. He, the great sceptic, was himself finding facts to fit Merlin's prophecy. What was he thinking? Saphira and Peter Bullock would not believe their ears, if he told them what he was contemplating. And all because he had been persuaded to learn about his own past. He had spent fifty years neither caring about his ancestry, nor believing that his unknown parents could have any effect on the way his life developed. Yet now, on having been given the smallest clue about how he came into the world, he was imagining that some mythical being living in the mists of time, could predict the future. He laughed out loud at his own gullibility.

Aldwyn frowned, and closed his precious text, seeing he had lost Falconer's attention. He made to rise from his chair.

'I must go. It is getting late, and I have to get back to Oseney before dark.'

Falconer, regretting his rudeness, placed his hand on Aldwyn's knee.

'No, stay a while longer and have some food with me. The evenings somehow get longer when you are on your own, so I could do with some company.'

That was the truth, because he had recalled that Saphira, with whom he might have otherwise spent the evening, was now engrossed in her studies of potions and poisons with old Samson in Jewry. He all too often neglected his duties attending to the needs of the students who lodged in Aristotle's Hall, preferring the womanly charms of Saphira Le

Veske instead. Their relationship was an unusual one, being both across religions, and also flouting Falconer's supposed celibacy as a regent master in holy orders. Their time together was snatched at moments when Falconer chose to ignore his duties and when Saphira's maid, Rebekkah, had returned to her family for the night.

Tonight though, Falconer would attend to his proper duties, and be a true host to the old monk, who had given him some confirmation of the first splinter of information about his parentage. He knew Saphira would be safe behind the heavy oak door of Samson's house, even if a riot broke out in Oxford that very night. Reassured, he called for one of his students to bring Aldwyn something to eat.

CHAPTER SIX

Inside Dagville's Inn it was eerily quiet, with the everyday noise from the street muffled by the closed door of the inn. That of itself made Bullock feel a cold shiver run up his spine, although he already knew what lurked behind the door. Every inn in the town would normally have its doors thrown wide open to welcome new customers. For this one to be firmly closed gave a clear sign of something seriously amiss. Saphira and Samson must have had the same feeling as he did, for they stood uncertainly in the open courtyard beyond the street door. With no soul to greet them, Saphira and Samson were not sure which way to turn. So they looked to Bullock for guidance.

'This way.'

He led them across the hard, beaten clay of the yard and through another door on the opposite side. Beyond, stood a staircase, which creaked ominously as Thomas Dagville descended towards them. He frowned at the sight of the two people who accompanied Peter Bullock.

'What's this? What use to us are a woman and an old Jew? Where is the apothecary?'

The only answer from Samson was a faint frown and a lowering of his eyes to the ground. He would have turned to leave had not Saphira grasped his sleeve. Her flame-red hair, unruly strands of which escaped from her snood, should have been a warning to Dagville of her temperament. He ought to see that she would stand no nonsense from such a bigot as the innkeeper. But Dagville's mind was closed. She stepped close up to him, hissing a warning in his face.

'If you want to save the life of your customer, and with it the reputation of this excuse for an inn, then you will stand aside and let this expert physician . . .' She gestured at Samson. '. . . get on with his work.'

Dagville was about to bring a retort to his tight-stretched lips, when a woman spoke up from behind him.

'Thomas, don't look any more foolish than you normally do. Let the Jew pass. It was he who saved my life when our little Robbie refused to come out into the world. He was here to help when you were too drunk to even notice what was going wrong.'

Grace Dagville stepped out of the shadows, and took Samson's arm, ignoring the expression of pent-up fury on her husband's face.

'Hello Master Samson. Come this way, and I will show you the patient.'

She led Samson up the stairs, and Saphira and Bullock followed, grinning at the tavern-keeper's discomfiture. Dagville for his part kicked at the doorpost and stormed across the yard to take out his anger on the young lad who looked after the stables.

The upper floor of the inn was even quieter than down in the yard. It was evident that nobody else was left in the rooms rented by travellers for their overnight stay. Grace saw the look on her visitors' faces and explained.

'There's no-one else here to worry about. It is indeed fortunate that the knight was our only customer yesterday. He ate downstairs of course but must have been feeling ill already. He kept to his corner and was not bothered or intruded upon except by me. Since then he has been in his bed through there.'

She indicated a half-open door at an angle to the small landing at the top of the stairs. Darkness was falling outside, but the gloomy section of the room that could be seen appeared darker still. The air looked thick with vapours like an anteroom to Hell. Everyone present could feel this oppressive atmosphere leaking out from behind the door, and even Samson hesitated to enter. Saphira fumbled in the shoulder bag she was carrying and produced two linen strips. She gave one to the old man and began to wind the other round her nose and mouth. Samson just stood holding the cloth in his hand.

'You know, my dear, I think I am too old to be worrying about all this. Besides, the poor man may be afraid if two masked robbers burst into his room.'

Grace Dagville, who was instinctively now holding a hand to her mouth, mumbled some fear-filled words to Bullock. The constable patted her shoulder and guided her to the top of the stairs.

'You go downstairs, Grace, and calm Thomas down.'

Relieved to be excused, Grace thanked Bullock with a look, and scurried down the stairs. After she had gone, the constable turned back to Saphira, who by now had enveloped her lower face in the linen cloth. But he could still see from her eyes that she was wondering what Grace had said.

'She said the poor man is too far gone to be aware of anyone in his room, masked or not. So . . .' He held out his hand to Samson. '. . . if you are not wearing that cloth, I am not too embarrassed to use it. I may be old too, but I don't want to catch what he has got.'

Samson shrugged and handed over the linen strip.

'You don't need to come in the room though, Peter.'

Bullock began binding the cloth around his face, but still his voice rang out harshly.

'I am the representative of law and order in Oxford, and I think I do need to be there. So, let's get on with it.'

Saphira had never heard the constable be so abrupt, and guessed it had to do with the grave nature of the situation.

They were all on edge, if not a little fearful, and the sooner they faced their fears the better. Samson recognised this too and stepped resolutely round the half-open door. When his old eyes had adjusted to the dim light, he saw on the bed the figure of a half-naked man wrapped in a tangle of bedding. The fever was high and the crusader had been writhing around as he tried to toss off the linen from his burning body. Samson grimaced at the sight, and there were gasps from both Saphira and Bullock. The muffled voice of the constable spoke in Samson's ear.

'He's covered in spots. When I saw him not so long ago, he had no more than a rash on his face.'

Samson's only reply was a low groan. He knelt down beside the bed to examine his patient more closely. By now, even he was shocked, and he held a hand over his nose and mouth. After a moment he beckoned to Saphira.

'Look, Mistress Le Veske, but do not come too close. See how the lesions are flat not raised.'

He stroked the knight's mottled skin, causing Bullock to gasp in horror.

'It is alright, constable, there is no danger to be had from touching his skin. All the same it would be wise for you to stay back.'

Bullock wasn't too sure about the lack of danger, and when Saphira stepped forward to touch the lesions too, he growled out a warning. Saphira looked over her shoulder at him.

'Don't worry, Peter. I will be careful.'

As she touched the spots, Samson continued his lecture, apparently oblivious to the peril facing him.

'See how the spots are flat and buried in the skin. How do they feel to you?'

Saphira continued stroking the man's feverish skin.

'They are soft and . . .' She sought the right word. '. . . velvety to the touch.'

Samson sighed.

'Yes, just so. It is as I feared.'

With the aid of Saphira's arm, he rose to his feet, his old bones creaking at the abuse. The old Jew shook his head and stared Bullock in the eyes.

'It is the red plague, as you might have guessed. Some call it the smallpox.'

Bullock pulled a face that was not seen behind his linen mask.

'That's bad. How many will die who catch it? One in three?'

Samson looked at the floor and paused before replying. When he looked up again, there were tears in his eyes.

'That would be a correct estimate, if it were the ordinary type of pox. But this is the malignant form of the red plague.'

'And?'

'It is nearly always fatal.'

Bullock stared at the figure on the bed, knowing that some hard decisions were coming his way. Covered as the body was with red spots, he was suddenly struck by the idea that the man looked as though he had been standing in a rain of blood.

* * *

He gasped on seeing the tomes that filled the chest before him. Earlier, he had once again prostrated himself before the altar, letting the chill of the stone slabs strike through his thin robe. He had felt it cool the fever that burned within his body, but it did not affect the heat in his brain. He was afire with righteous anger, and God's words still rang in his ear. It was the name of Regent Master John Bukwode that he had been told, and it moved him. He had risen to his feet, his brain dizzy with exultation, and plunged out into the night. The streets were dark after curfew, and the only people he had seen were some drunken students skulking back to their hall under cover of night. On an impulse, he had followed them at a distance, and it came as no surprise to him that they led him to where he was intent on going. Corner Hall at the end of Shidyerd Street was ruled over by Bukwode, and that was where the students were returning. He took it as a sign of the righteousness of his actions that they had led him straight there. Trailing in the wake of the roistering boys, he hailed the last one through the front door of the hall.

'Leave it open for me.'

The boy was too drunk to question who it was who was following him, taking him for a laggard amongst his band of fellow revellers. The door was thus left ajar, and he had entered Corner Hall with ease. Now he knelt in front of the book chest where Bukwode's treasures were stored. One by one he lifted them out, shocked by their perversity. He mouthed their names like awful spells.

'*The Prophecies of Merlin*, the *Polychronicon*.'

These he lay to one side and delved further in the chest shocked at finding books of magic. These too he named in horrified undertones.

'De pentagono Salomonis, Vinculum Salomonis, Sapientiae nigromanciae.'

The three books he removed were also laid aside with the first two tomes. He would be pleased to purge them from the collection. He began to delve for more abominations, but heard a noise from somewhere. The creaking of floorboards or perhaps a door told him he should be satisfied with his haul and leave. So, content with enough books to cope with in one night, he gathered the five works up, and slunk back towards the street.

The reason that Regent Master John Bukwode's students had been revelling in the lowest of taverns was that he himself had been in one of the whorehouses in Grope Lane. Unfortunately, he had not had enough coin to engage the services of one of Sal Dockerel's sluts any later than the tolling of the curfew bell. It was doubly unfortunate for Bukwode that, once he had been forced to leave the warm embraces of Peggy Jardine, he had come back to Corner Hall just as the book thief was leaving. They encountered each other on the threshold. Bukwode was the first to react, and he hissed a warning to the intruder.

'Who are you? And what are you doing with those books?'

He made to snatch the collection of heavy tomes from the thief, who reacted instinctively. He was holding one book in his right hand, with the others balanced precariously in the crook of his left arm. He lifted up the book in his hand and brought the edge of it down on Bukwode's skull. *The Prophecies of Merlin* had been well-bound with brass at the corners for protection. This sturdy chunk of metal stove in the regent master's skull, and he fell to the floor as if poleaxed.

* * *

Peter Bullock left Dagville's Inn resolved on carrying out an essential but contentious task. If he did as he thought he must, he would face censure, disapproval, and outright rebellion. But he knew he would have to hold fast. He stood at Carfax, the crossroads of the town, where the north-south and east-west thoroughfares intersected. It was dark, and he slowly turned a full circle, taking in the whole of Oxford. Strangely, no sounds disturbed the peace of the town. Even the noise of riotous students, so common to his ears usually, failed to breach the silence. It was as though every person in the town had had an awful presentiment of impending doom, and had retreated inside, barring their doors against the unknown horror. The town constable stood still for a moment savouring the silence. Soon there would be clamour aplenty to deal with. He struck out for North Gate first as it was the closest to where he stood. And the man on the gate was Thomas Burewald, his most calm and reliable right arm. But even he paled when Bullock announced his intentions.

'Lock up the town?'

Bullock nodded grimly.

'Let no soul in or out?'

'Exactly.'

Burewald shook his head.

'For how long? A day? Two days?'

Samson had told the constable that the pox festered for twelve days before it showed itself. If Sir Hugo de Wolfson had wandered around Oxford since his arrival, then anyone who had caught the disease from him would not know for that length of time. He paused before breaking the bad news to Burewald, then took a deep breath.

'Two weeks. We cannot allow the pox to spread any further. God knows, some who have caught it may have left the town already. There is nothing we can do about that. What we can do is prevent it going any further.'

Burewald felt as if he had been punched in the stomach and all the wind knocked out of him.

'Two weeks! There will be riots. Recall what happened ten years ago when just Smith Gate was locked.'

Bullock knew exactly what his watchman was referring to. In 1264 in the confusion over his and William Falconer's search for a murderer, he had been persuaded to lock the small gate that gave students access to fields outside the town walls. It had caused a riot, the consequences of which were only offset by the pleasure of a murderer being caught. Burewald pressed home the point still more.

'Now you are saying we should lock all the town gates for two weeks. It's impossible.'

But Bullock was adamant.

'Not if we explain our purpose.'

He clutched Burewald's arm, squeezing it hard.

'Do this for me, Thomas. I need your support, and all will be well. Inge and all the others will fall in line, if you are with me.'

Burewald grimaced, but eventually nodded. Bullock thanked him, and went on his rounds to pass the news to all those who guarded the other gates of the town. Tomorrow, Oxford would be a town sealed off from the outside world.

CHAPTER SEVEN

Though he had eaten well and it was now quite late, Brother Aldwyn insisted that he should return to Oseney Abbey forthwith. Falconer found he could not persuade him otherwise.

'What I insist on doing then, Aldwyn, is accompanying you to the South Gate. Oxford evenings can be quite rowdy, I'm afraid.'

The elderly monk, who was actually fearful of a chance encounter on the streets of the university town with drunken youths, expressed his gratitude. Old bones, once broken, took a long time to mend, and he would rather avoid any confrontation.

'Thank you, Master Falconer. I will not refuse your kind offer.'

Aldwyn clutched his precious volume of Merlin's prophecies to his chest as they emerged from Aristotle's Hall. But in the end, their walk through the back lanes of the town, past St Frideswide's Priory, coming out opposite St Aldate's Church, was uneventful. To Falconer's ears, the town was unusually silent, but he wasn't going to complain about that. He was glad that, for once, peace reigned in the turbulent town. However, his comfortable feeling did not last long. As the two men approached the southern gate of the town, they could see the main gates were closed. Even so, there was nothing unusual in that, as men on horseback or driving carts were forbidden to enter or leave so late. The small wicket gate set to one side could be opened to let travellers on foot through. But suddenly a nervous figure stepped out of the darkness, calling out to them.

'Stop there, and return home. You cannot leave by this gate tonight.'

Falconer recognised the voice of Will Sekyll, a dull and somewhat dim-witted young fellow, whom Peter Bullock had employed as night-watchman the previous year. It had been a kindness to his family, who couldn't find him any other work. Falconer smiled and took another step forward.

'Will, it's me, Master Falconer. Don't you recognise me? I have Brother Aldwyn with me from Oseney Abbey. He is anxious to return there tonight, so be a good fellow and open the side gate.'

The youth frowned, clearly perplexed by this conundrum. Constable Bullock had told him expressly that no-one was to enter or leave by the South Gate only a short time ago. Now Master Falconer, whom he knew was a close friend of Peter Bullock's, was telling him otherwise. In the end, his fear of Bullock's anger was greater than Falconer's, whom he knew as an amiable man, who would understand his orders. He pulled a face, but stood his ground.

'I'm sorry, Master Falconer, but I have my orders. The constable said I'm not to let anyone through this gate tonight. Not until I am told otherwise.'

It was Falconer's turn to be puzzled. This was a most unusual situation, and he assumed that Will Sekyll had got his orders wrong. However, from the set of the young man's face, Falconer knew it was pointless arguing. He turned to Aldwyn, and shrugged his shoulders.

'It would seem that you can't use this gate. I have no doubt that young Sekyll has his orders mixed up, but there is no use in disputing it with him. Let us go to the castle and find Peter Bullock. If nothing else, he will be able to let you out the postern gate.'

Though most people used the four main gates to get in and out of Oxford, there were two more means of passing through the fortified walls. One was within the confines of the Franciscan friary that straddled the walls just below the castle. And the other was close by the castle itself, where there was a small postern gate in the walls that debouched on to the marshy ground leading to Oseney Abbey. This latter was the one that Falconer proposed that Aldwyn should use, once he had made Peter Bullock aware of the problem with Will's misunderstanding at South Gate.

Oxford was a town of churches with thirteen within its walls alone. So the two men's route to the castle could be navigated by some of those churches. Passing St Michael's at South Gate, they walked up the quiet thoroughfare of Fish Street to St Aldate's, where they turned left. Passing St Ebbe's, they hurried on in the near dark along Freren Street to end up crossing the castle moat. Having entered the castle gate, they passed into the vast courtyard dominated by the old keep. St George's Church stood to one side of the open space, and half-hidden by it was St George's Hall, the quarters of the constable of Oxford.

The door to the hall stood half open, and Falconer could hear raised voices coming from inside. One of them was that of Peter Bullock, and he sounded very weary.

'It is impossible, Master Sparrow. You cannot leave and there's an end of it.'

The other voice was redolent of good wine, and a well-filled belly, its tones being rich and meaty.

'I find I must remind you, Bullock, that as an alderman of this town, it is I who appointed you in the first place. I can as easily rescind your appointment, and put someone more sensible in your place.'

'That's as may be, *alderman*.' Bullock placed a mock obsequious stress on Sparrow's title. 'But until such time as I am replaced, what I say goes, and I say no-one enters or leaves this town for two weeks.'

Falconer heard Aldwyn gasp at this confirmation of Will Sekyll's statement, knowing the monk must be as shaken as

Falconer himself was. What was going on that required the whole town to be so sequestered? And for two weeks at that. Falconer marched towards the open door, only to be barged aside by a fat and very red-faced man. Alderman Sparrow strode off across the courtyard, muttering dire threats about the intransigent constable. Falconer and Aldwyn stepped cautiously through the doorway, half expecting more angry people to fall upon them. Inside, a bright fire in the centre of the old hall lit the outline of a droop-shouldered Bullock. His back was to his new visitors, but even this aspect of the constable told a story of heavy burdens bearing down on the man. Falconer tried to put some joviality into the question burning on his lips.

'Whatever has happened, Master Bullock, that requires such dire action?'

Falconer was shocked by Bullock's savage response. The constable half turned, already cursing him.

'Don't you dare question my decision, William Falconer.'

Falconer raised his hands in submission, and Bullock's face suddenly fell, embarrassed by his outburst. He scratched his balding head and sighed.

'Forgive me, old friend. But tonight is not the night for levity.'

At Falconer's side, Aldwyn coughed anxiously, nudging the master with the edge of his tome. He clearly wanted the situation resolved and his return to Oseney Abbey expedited. Falconer gave him a warning glance, and walked over to the troubled Bullock.

'We have only just heard from Will Sekyll at South Gate. So you can imagine that we thought he had his orders all wrong. What else would anyone think when told the gates are to be closed for two weeks.'

Bullock grimaced.

'At least two weeks.' He looked past Falconer at his companion. He could tell from his robes that the monk came from Oseney Abbey.

'So I am sorry, brother, but you are trapped here as we all are for a while.'

As he said these words, Bullock made a gesture with his hand taking in another person, who had been lurking in the shadows beyond the glow of the fire. A swarthy man stepped forward and bowed rather awkwardly, a hank of long black hair falling over his shoulder as he did so.

'This is Isaac Doukas. He is secretary to Robert Burnell, who was here on business in Oxford. His master was fortunate to have left earlier, his business done with Chancellor de Bosco. Unfortunately, Isaac remained to complete some notes, and was caught in my trap.'

A man less like a secretary Falconer could not imagine. Doukas was dark-skinned, stocky, and well-muscled, his bare arms betraying someone who habitually wielded a sword rather than a pen. But then Falconer had to remind himself he had been a mercenary soldier in his younger days, and was now a regent master of the university. Perhaps this Greek had made the same transition. He returned the man's bow, and then picked up on something Bullock had said earlier.

'Two weeks, you say?'

Bullock pulled a face, and nodded. Aldwyn, having been a monk who had worked at Bartlemas hospital was beginning to understand. The definitive period of time alluded to by the constable could only have one meaning.

'Two weeks? Is there some infection in the town?'

'Yes. I fear it is the red plague, or smallpox, as some call it.'

'Are you certain? It could easily be something else far less dangerous.'

The shaking of Bullock's head made Aldwyn shudder.

'I am afraid it is confirmed by the Jew, Samson. He is knowledgeable in such matters, and says it is the malignant form of the plague. Inevitably fatal in most of those who catch it, he says. The man who has it is at Dagville's Inn. They are caring for the poor fellow now, but his fate is sealed, I fear.'

Falconer's heart pounded in his breast at the implications of Bullock's incautious words.

'*They*, did you say, Peter? Saphira was supposed to be with Samson this evening learning about medicines. Don't tell me she is with him at the bedside of this man?'

Bullock looked sheepishly at the floor.

'I am afraid she is, William. She . . .'

He could hardly get the words out his mouth before Falconer gave him a hard look and spun on his heels. His reproof was thrown over his shoulder as he ran out of the hall.

'Damn it, Peter, could you not have stopped her? She is risking her life.'

Bullock called after him in exasperation born of his sense of guilt.

'I tried to stop her, but you know what she is like. She's more stubborn than you.'

But Falconer wasn't listening, he had already gone. The constable slumped in his chair, speaking to himself now his friend was out of earshot.

'You can't ever stop her doing just as she wishes. What chance had I?'

* * *

John Peper was regretting bringing the small band of jongleurs back to Oxford. In better days, they had travelled around in their own wagon, which also served as a place to sleep. But recently the troupe had fallen on hard times and were reduced to pushing the tools of their trade around in a handcart. In the countryside they could always find a barn to lay their heads in. But in a town like Oxford, patrolled by watchmen at night, they couldn't even find a corner to rest that didn't involve paying for it. Last night, Peper had dug into the shrinking contents of the communal purse to pay for a room at the Golden Ball Inn. It had been just about big enough for the four of them. Their purse would need to be replenished before they tried to find accommodation again.

So earlier today, they had entered a nameless tavern in Grope Lane, and Peper had begun his patter.

'Friends, I come to bring you pleasure.'

In truth, he was not as good as their old barker, but that man was dead and gone. John did his best, and though his voice was loud, it didn't seem to penetrate the buzz of conversation in the tavern. Undeterred, he had pressed on.

'I am Master John Peper, and I bring you jongleurs who have performed before kings, and at a private audience with the Pope. Tonight, however, we perform not for the idle nobility, but for you.'

At last, a few curious looks were cast his way by drinkers who were not yet so far in their cups as to be oblivious to him. Before their attention could drift away, he lifted the black cloak he was wearing with one outstretched arm.

'I bring you the sinuous Margaretha.'

He waved his arm to reveal his wife in a thin brown shift and tight hose. Margaret bent over backwards at her waist until her hands were on the ground behind her feet. The crowd gasped at the seemingly impossible feat, as she held her stance for a moment, then flipped over backwards twice, landing on her feet just in front of a red-faced silver-smith who dropped his tankard of ale in the rush-strewn floor in surprise. The crowd shouted their approval, though John imagined it was more to do with the exposing of Margaret's limbs, still trim after all the years she had been a saltatore, than with any amazement at her dexterity. Next, Simon Godrich essayed a ballad, but the moment had been lost when Margaret had finished her routine. They had all beaten a hasty retreat when the catcalling had begun.

Now, John turned to his wife and asked how much they had collected at the tavern they had performed in. She pulled a face, and tipped a few small coins on to palm.

'Not enough to even cover the cost of our room here for another night.'

She waved her hand in the air, taking in the low-ceilinged cramped quarters that huddled under the very roof of the inn. It was the cheapest room they could find at short notice. Robert Kemp the juggler cursed their fifth, missing member roundly.

'Where the hell is Will? He was to go ahead to drum up trade and make sure we had somewhere to stay between Wallingford and here.'

Peper sighed. He had been wondering where Will Plome had been for the last week. As Kemp had stated, he was supposed to have gone from village to village announcing the arrival of the small band of jongleurs. But wherever they had stopped, they couldn't find anyone who had seen him.

'Damned silly boy. I knew he was too stupid to trust with such a task. And after he had learned his letters from that priest too.'

Will Plome was actually more than a boy. At twenty-six, he should have been considered a man, but was so slow-witted and so innocent of visage that most people still treated him as a boy. In Wallingford, where they had over-wintered the previous year, he had fallen in with a priest, who taught him his catechism for the first time. Then Will had been so eager to learn to read, that the priest had agreed to try and teach him. To the surprise of everyone in the troupe, he had picked up reading well enough to decipher some of the play texts that John Peper kept carefully stowed away in their cart. But trusting him with travelling ahead of the troupe had proved disastrous, and now Peper had taken a decision.

'We will leave Oxford tomorrow early and try our luck towards Woodstock. They do say the king is there at the moment.'

Kemp and Godrich grunted their agreement, and settled in the far corner of the room, leaving what privacy they could to the Pepers. None of them knew their plans would fall apart the following morning.

CHAPTER EIGHT

The streets of Oxford were deserted with not a glimmer of candlelight coming from any of the houses Falconer ran past. As he reached Fish Street, he could smell the stink of the open drain that ran the length of it. He had never noticed it before, not during the day, when all the bustle and noise seemed to drown out the odours. Now, the stench of human ordure seemed to reflect the dark underside of the town, and the vile infection that must already be running through its alleys.

He shivered at the thought of it taking Saphira away from him. It cost him so much to have the life they did have together. Canon law sought to discourage any sort of intimacy between Jews and Christians, including dining or bathing in the company of Jews, consulting Jewish physicians, or taking medicine compounded by a Jew. Though these laws were commonly ignored — Grace Dagville had had good reason to be grateful for the services of Samson when her child refused to come forth into the world — there was a peculiar loathing of deeper intimacies. And secular laws had sanctions for anyone violating the ban, ranging from fines and confiscation of property to castration and death by burning. Falconer's life with Saphira was therefore secret for good, practical reasons even leaving aside his supposed celibacy. The effort of hiding this intimacy, was all the more reason for him not to lose her to the plague.

He hurried along the High Street and towards Dagville's Inn. Ominously, the door was closed, and when he pushed against it, he realised it was bolted also. He beat with his fist on the weathered surface, in his anxiety skinning his knuckles on the studs that reinforced the door. He sucked the blood off his damaged hand and, hearing no sound from behind the obdurate door, beat again with the flat of his palm. Suddenly, the door opened, but only a crack, allowing Thomas Dagville to press his face to the opening.

'We are closed. It's the middle of the night. Besides, we've had a family bereavement.'

He went to close the door again, but Falconer grabbed the edge of it with his bleeding fist.

'I know what is afoot here, Dagville. And if you don't allow me in, I shall let all your neighbours know of the infection that lurks here.'

Dagville's face turned ashen, and he grabbed Falconer's arm, dragging him inside the inn. He slammed the door and threw the bolt again. Leaning back against it for support, he stared at Falconer wide-eyed.

'What do you want with us?'

'I want to speak to the lady who is in attendance on the man who is infected. Is she still with him?'

Dagville nodded his head.

'Yes. And the Jew is there too. They both must be crazy.'

'Take me to them.'

Dagville sighed and crossed the courtyard of his now deserted inn. He took Falconer through a door and stood at the bottom of the stairway beyond. He pointed up it.

'They're at the top. The room on the left. But if you take my advice, you won't go up there. The air is bad. I don't know how I'm going to make it clean ever again.'

Falconer ignored the disconsolate innkeeper and his problems and hurried up the stairs. They creaked ominously under his feet, the sound seeming even louder in the stillness. At the top of the stairs, he saw the flicker of a candle beyond the half-open door before him. A shadow moved across the opening, and a strange apparition appeared in the crack. The figure's head and lower face was covered with white linen, leaving only a pair of eyes peering out from the wrappings. They were green, and Falconer recognised them immediately. He stepped through the doorway and hissed out indignantly.

'Saphira. What in God's name do you think you are doing?'

Saphira looked his way, then stepped up to him, and pushed Falconer through the doorway back on to the landing. Pulling the linen mask from her mouth, she hissed back at him.

'Making a dying man comfortable. What would you have me do?'

'Bullock says he has the red plague. And that he can pass it on to anyone close to him.'

She could see the terror in William's eyes, and knew it was not because he feared for his own life. She forced down the tempest that had brewed up inside her at his unmannerly reaction. Taking a deep breath, she calmly explained Samson's observations on how the plague might only be spread by phlegm and other bodily fluids.

'And so, what I am doing is perfectly safe. The clothes I am wearing must be washed, or even burned when I return home. But the loss of a dress is a small price to pay, if I am to learn what can be done to prevent this pox.'

Falconer pointed at the cloth in Saphira's hand that had formerly covered her face.

'Then what is that for, if the very air you are breathing is not infected?'

She blushed and looked away momentarily.

'I admit I was not entirely convinced by Samson's assertions. Even he may be wrong. But tell me, what has Peter Bullock done about the problem?'

Falconer pulled a face.

'He has ordered the town gates locked. None can enter or leave until this is over.'

'Thanks be for that.'

It was the voice of Samson from behind Saphira that called down praise for the constable's actions. Falconer went to shake the old man's hand, but Samson held him back with a gesture of his upraised palms.

'You should not touch me, as I may pass on the noxious effluence by doing so. You should leave, and now you can take Saphira with you.'

She tried to protest, but Samson was adamant.

'You have done enough here. The man is dying, and I can see this through by myself now. Go home and cleanse your clothes and yourself. Use the mikveh in the tunnels.'

Samson was referring to the ritual bath down under the ground in Jewry. Several cellars of the houses along Fish Street had been linked as a refuge and escape route in times of trouble. Falconer knew of the tunnels because they had once saved Saphira's life when some violent men had broken into her home. She could access the tunnels by raising a slab in her kitchen floor. In the catacombs, the ritual bath was fed by an underground stream, and was reached through a low archway and down a flight of stone steps. It was deep enough for total immersion as required by the Jewish law, and Samson was recommending it for both ritual cleansing, and for the wholly practical purpose of washing away any evil taint from the dying man.

Saphira nodded her acquiescence and followed Falconer down the stairs. Dagville let them out into the street, and they heard the bolt sliding back behind them. It completed the image in both their minds of the inn being a prison. Indeed, Oxford itself had now become a prison for every soul who dwelled there and who were all sentenced to a term the length of the red plague's life.

Numbed from lack of sleep, and the seriousness of the situation, Falconer and Saphira Le Veske trudged back to the house on Fish Street that she rented from a cousin. The journey was completed in silence, neither knowing what to say to the other. And because of Samson's warnings about Saphira's clothes, neither one of them touched the other. At her front door, Saphira raised her hand to stop William following her.

'The ritual requires nakedness, and separation of men from women. Go back to your students. They are going to need your guidance over the next few days.'

Falconer grimaced and nodded his acknowledgement of Saphira's good advice. The young students under his care in Aristotle's Hall would no doubt react badly to being locked inside the town. In fact, once the circumstances were known, the whole town would be seething with anger and fear. They would all be incarcerated cheek by jowl with the smallpox, not knowing where it might be lurking, and who might already be infected with it. Peter Bullock would have his work cut out keeping a lid on the bubbling stew that mixture would cause. He looked Saphira in the eyes.

'I know it is useless of me to ask you not to get close to another infected person again. Your skills and Samson's knowledge will save someone's life, I am sure, even if the man at Dagville's Inn is doomed. But please take care of yourself.'

Saphira smiled and closed the door. Falconer put with his ear to the scarred timbers that still bore the mark of the axe that had nearly killed Saphira and himself during the recent riot. He could hear on the other side of the door the swish of Saphira's dress against the stone floor as she walked to the kitchen and the secret tunnels. He stood there long after the sound had disappeared, praying to a God he was not sure of for her safety. Finally, he turned away and walked through the silent town towards Aristotle's Hall.

* * *

Dawn, the Feast of St Adam, 15th September.

Peter Bullock had spent a restless night tossing and turning on his straw-filled pallet pulled close to the open fire in the great hall of St George's Castle. He kept to the old ways of communal sleeping arrangements for servants. Though only he lived in Oxford castle, he did not feel like the lord of St George's. His master was the town in general, and so he still avoided sleeping in the solar that was by rights the private room of the master of the castle, especially as a fire always burned in the great hall. This past night, however, he wished he had usurped the position of lord of the castle. The problem had been his sharing of the open space of the great hall with his two guests. One — Isaac the Greek — had been acceptable despite his snoring. It was Brother Aldwyn who had prevented Bullock from sleeping well. The monk had kept to the offices that governed his daily life at Oseney Abbey.

In the middle of the night, just as Bullock had been dozing off, he had become aware of a murmuring from across the other side of the fire, now reduced to glowing embers. He prised open an eye, and in the reddish light observed Aldwyn on his knees praying. But even as he opened his mouth to protest, the monk completed his devotions and settled back down on his rough bed, soon joining his snores to Isaac's. Bullock, however, lay awake for some time, his mind racing with thoughts concerning the events of the day just ended. So he was not aware of falling asleep, but must have done, because the next thing he knew was that he was again being woken by a quiet voice. This time he could see more, as a pale dawn was illuminating the hall. Having previously disturbed Bullock with Matins, Aldwyn was now observing the liturgical office of Lauds. The constable groaned for he knew it would not be long before his sleep would be disrupted by Prime, the first office of the day proper, and then after that by Terce. Sleepless, he lay back until the monk did in fact begin the Prime liturgy, and then rose, his limbs creaking with the cold. He threw a log on the embers, and went to fetch some stale bread from the bin, and a jug of weak ale.

When he returned, Aldwyn was seated close beside the revivified fire. He held open on his lap the book he had kept close to him all the night. He looked up at Bullock as he returned.

'Listen to this. *Then the Red Dragon will revert to its true habits and struggle to tear itself to pieces*. What can that signify but the events of last November, when Prince Llewellyn's own brother, Daffyd, conspired against him along with the Lord of Powys? The prince prevailed — thank the Lord — and the conspirators fled to England. But it weakened the Red Dragon of Wales even further.'

Bullock, unaware of Merlin's prophecies, wasn't sure what the old monk was maundering on about and limited himself to a grunt. He passed his guest a piece of bread and poured him some ale into a goblet. Crossing the hall to his customary chair, he saw that the Greek was stirring, and went over to him with his meagre breakfast. Isaac sat up and thanked him. Aldwyn had not finished his diatribe, however, and his piping voice carried across the hall.

'And then listen to Merlin's next prophecy. *Next will come the thunderer, and every one of the farmer's fields will be a disappointment.*'

He stabbed his bony finger at the text on his lap.

'Do you see? That fixes the time of the unravelling of the prophecy precisely.'

Bullock sniffed disdainfully. He was disinclined to believe in vague prophecies that told of events that happened time and again.

'Crops have failed before. I recall in the year of the great comet . . .'

'Ten years ago, as I recall.'

Bullock acknowledged the monk's erudition.

'Yes, the year before King Henry's fiftieth year on the throne. Crops were poor and some starved because of it. Why could not that have been the time referred to in the prophecy?'

'Yes, tell us, priest? And who is this Merlin you speak of.'

Isaac was now joining in the debate, as he flattened his greasy, black locks over his skull and dusted off the rushes that had stuck to his tunic in the night. Aldwyn stared at him, as if realising for the first time that someone else was present.

'Where are you from that you do not know of Merlin? You have the dark looks and build of a Welshman like myself. But you cannot be one, if you have not heard of King Arthur's great priest and helper.'

Isaac pulled back his shoulders and adopted the wide-legged stance of a warrior.

'I am Isaac Doukas, descended from the kings of Pafos in Cyprus, servant to Robert Burnell, Chancellor of this kingdom.'

Aldwyn was clearly not impressed and sniffed.

'A follower of the Byzantine heresy, then. That explains why you have not heard of Merlin. Nor can understand the prophecy so clearly laid before you.'

He turned to address Bullock directly, ignoring the Cypriot.

'The more important part of the prophecy concerns the *revenge of the thunderer*. On the Feast of St Protus there was an earthquake felt south of here, was there not? Do you not recall it?'

Bullock recalled it. How could he not? It had happened only a week ago, and though it had not been felt in Oxford, news had reached the town the next day. The constable was beginning to feel uneasy.

'What does the prophecy say next?'

Aldwyn stared him in the eyes, reciting from memory.

'Death will lay hold of the people, and destroy all the nations.'

* * *

Having lifted the flagstone in her kitchen floor, Saphira descended the stone steps to a world the Christians of Oxford were unaware of beneath their feet. At the bottom of the steps, the walls either side were built solidly of good ashlar, and arched over her head. It could have been a simple cellar, but this was more than that. For as she walked through this first arched room and on into another, she finally found herself in a low tunnel at a junction of arches. She held a small lamp in her hand to give her light. The air down here was cool, and she could hear the sound of water dripping further off. Right now she was underneath Fish Street. Many of the cellars on either side of the road in the houses owned by Jews were linked together. It was here that those of the faith had a mikveh — the ritual bath for cleansing after certain defilements such as a woman's monthly flow of blood. Saphira had once assumed the only one in Oxford was by the river near the Jewish cemetery. After all, dead bodies as well as living men and women needed ritual cleansing. But she had been wrong and was finally let into the secret of the tunnels. She stepped through a low arch, and now stood at the top of a flight of stone steps that led down into a crystal-clear pool of water. Having shed her dress in the house above and thrown it into the fire to burn, she was dressed only in her shift. She pulled it over her head and stood naked at the top of the steps. She removed her snood and shook out her hair to ensure it too would be properly cleansed. Slowly she walked down the steps into the chill waters, sucking in her breath. At first cold, the waters seemed to envelope her like a balm, until she stood up to her shoulders in the cleansing pool. Shivering a little, she took a deep breath and ducked her head under the waters. Her red hair spread out above her like a bloody stain on the pool's surface.

CHAPTER NINE

John Peper crept down the stairs of the inn where they were staying just as dawn was breaking. As soon as he saw that the courtyard of the inn was clear of people, he hissed up the stairwell, and Margaret tripped lithely down, followed by the more rotund and uncertain Simon Goodrich. Halfway down, he trod on a loose step, and it gave a crack that could have woken the dead. He clutched his pipe and tabor to his chest and froze. John Peper scowled, and motioned Margaret back into the shadow of the stairwell. They held their breath for an age, but the sound had not aroused the unsuspecting innkeeper apparently. The troupe's escape without paying the bill was still possible. Simon managed to reach the bottom of the stairs without further mishap, and Robert Kemp quickly followed him, avoiding the traitorous step. Outside the inn, Agnes Cheke, who had gone ahead to muffle their cart's wheels with rags, was already waiting for them in the street. As the darkness of the night gave way to a grey morning, they hurried towards South Gate. The wheels of their cart made little noise due to Agnes's attentions, but they stopped close to Torold's Lane to remove the rags. Otherwise the gatekeeper might guess why they were abroad so early, even though they had chosen this gate because of Will Sekyll.

They knew him from previous sojourns in Oxford during their annual circuit of the country as a callow youth with not much brain.

As they approached the gate, John noticed it was not yet open, and assumed they were earlier than he had imagined. Robert Kemp, juggler and occasional fool, surreptitiously pulled a carved mask out of the cart. It was painted white with two dark holes for eyes and a row of bare teeth. He fixed it on his face and pulled his hood well forward obscuring his features. As Sekyll emerged from his little box beside the gate, Kemp hovered behind John Peper, who advanced on the gatekeeper. He gave him a jovial welcome.

'Good morning, Master Sekyll. I hope we are not to be kept waiting too long. We have an engagement in Abingdon this very day and must be on our way.'

Before Will could say anything, Kemp raised his head and stared through the eye-slits of the skull mask at the gatekeeper. He uttered a low moan to add to the impression. Will Sekyll took one look at the spectre on Peper's shoulder, and fainted straight away. Peper, who had been unaware of his companion's performance, looked behind him and growled at the apparition.

'You fool, Robert. This was supposed to be a quiet escape from the town. Now the gatekeeper is swooned away at our feet, and a crowd is gathering.'

He was right about his last statement. Already, several townsfolk, who were clearly about their business early, were gathering round the strange scene. With a laugh, Kemp pulled the mask off and tossed it in the cart. Margaret knelt beside the prostrate Sekyll, and slapped his cheek.

'Will? Are you all right?'

Sekyll groaned, and as he came to, gazed fearfully around him.

'Where is the . . . the . . . skeleton?'

Margaret patted his arm comfortingly.

'It's nothing, Will, just Robert playing the fool. Now get up and open the gate. Look there's a gaggle of good citizens waiting on you.'

Will scrambled to his feet, still casting around for the apparition with a death mask. He already had an inkling why the constable had told him to bar the gate to anyone. Gossip flew fast, even in the night hours, and it was being said that plague stalked the streets of Oxford. So the appearance of a skeleton before his eyes only served to confirm what he feared. And it seemed that one or two of the people waiting anxiously for the gate to open had also heard something. Saul Shoesmith was a pot-man at Thomas Dagville's inn, and often drank the dregs from the jugs he collected. Some nights he was too drunk to drag himself back to the stews of Beaumont where he rented a room. So he slept off the effects of the bad ale Dagville served in the stable block. Last night had been a particularly bad night, and he had retired to the hayloft early. Dagville had assumed he had gone home to Beaumont, outside the town walls, and hadn't even come to seek him out in his usual lair. Shoesmith had therefore still been inside the inn when all the comings and goings had roused him. Though his head throbbed unmercifully, overhearing the merest whisper of the word *pox* from his master's lips as he spoke to his wife was enough. He had tied up his belt, and sneaked away. Realising North Gate was still barred and bolted, he had scurried down Fish Street, fearful that the pox was on his heels. He knew Sekyll as a dimwit, who always opened South Gate if a tale of woe was spun to him. Now these stupid jongleurs were holding him up.

Before even Shoesmith could urge Sekyll to do his duty and open the gate though, another figure entered the fray. Dressed in the fine robes of a merchant and atop a rouncey laden with saddlebags, sat Alderman Robin Sparrow. Behind him, and with a look of fear on her face born of the hatred of being on horseback at all, Mistress Sparrow clutched at her palfrey's neck. The gawping crowd parted to allow the horses to the fore, and the alderman called out irritably to Sekyll.

'Open this gate, damn it, or you shall be a night-soil collector by tomorrow morning.'

Sekyll blushed, but ever fearful of Peter Bullock, stood his ground.

'You must speak to the constable, master. I have my orders, and they are not to open the gate or to allow anyone in or out until I am told otherwise.'

This statement from the gatekeeper's own lips caused a buzz of fevered conversation amongst those standing around South Gate. It was the first many of them had heard of the town being cut off from the outside world in this way, and the implications were worrying. Without even considering the reason behind it, some men, who had jobs to go to outside the walls, became annoyed. They now were wondering if the work they were going to would be there when the gate was finally opened. A pair of women put their heads together and exchanged opinions on whether there were enough food supplies in the town to last out more than a few days. After all, there were reckoned to be some two thousand souls in the town with all the students swelling its numbers as they did. John Peper and his troupe were merely left wondering how they would now avoid the innkeeper they had swindled out of rent.

Saul Shoesmith could restrain himself no longer.

'You've got to open the gate. There's pox in the town, and I'll be damned if I'm going to catch it.'

There was a collective gasp from the assembled crowd, and all eyes turned to the finely-dressed Alderman Sparrow. Someone shouted from the back of the restless mob.

'Is this true, alderman?'

Sparrow's face flushed red, and at first he was inclined to deny the pot-man's statement. The entire town knew Shoesmith was a drunk, and that his word couldn't be trusted. But he wanted to escape as much as the next man, and reckoned that, if he confirmed what he knew to be true, Sekyll would be forced to open the gate.

'Yes it is. There is the red plague in Dagville's Inn.'

He turned in his saddle to address the gatekeeper.

'So you should open the gate, man, and save yourself as well as all these good citizens.'

Will Sekyll's face paled, and reluctantly he pulled the large key, fixed on a ring, from the hook on his belt.

'Stop right there, Will Sekyll.'

Peter Bullock's authoritative voice rang out over the murmur of the frightened mob. The constable gave thanks for the monk's mutterings that had awoken him early, and which had occasioned his early patrol through the town. He had decided to check on South Gate first, knowing that Sekyll was the weak link in the chain that held Oxford secure. He shouldered his way through to the front of the assembled townsfolk, seeing men and women who were his neighbours, and the fear that was in their eyes. He knew what he was asking of them and hoped they would comply if reasoned with. He picked on a few whom he thought he could enlist on his side. He would need all the support he could get over the next few days.

'Walter Felde, John Doket, Andrew Bodin. Good morning to you.'

The men he had addressed nodded and muttered a greeting. In their returning his gaze, he knew he could trust them to back him up. He stared at them unblinkingly as he explained the situation.

'What you have heard is true. The red plague, that some call the smallpox, has visited the town. So far, there is only one case, though.'

A man's voice called out from the back of the crowd.

'It's the Jews, isn't it? They brought it here with their filthy ways. They mean to kill all us good Christians.'

Someone else took up the theme, eager to blame the traditional scapegoats.

'Yes, we should burn them out of their houses while we can.'

Bullock stood firm, his voice harsh and firm.

'Shut your mouth, Peter Glover. The man who is dying of the pox is a Christian knight returned from Outremer. It was he who brought it from over the seas himself. So let's hear nothing more of Jews from you.'

He could have said that it was the knowledge of the Jews, and Samson in particular, that would save lives over the next few days. But like everyone, he knew of canon law that forbade Christians, amongst other things, from taking medicines compounded by a Jew. So though Samson was already deeply involved and he was grateful for it, it was another matter to refer to him publicly. Besides, Glover was quite capable of suggesting that, if someone died despite the attentions of Samson, the fault lay with the Jew. Instead, relying on threat rather than reason, he eased his trusty old sword in its scabbard, and told the crowd to disperse.

'Go home and stay indoors. You will all be safe, if you avoid contact with anyone who already has the plague. The crusader was only in the town for one day before he succumbed. With luck not another soul will have been infected by him, but only time will tell.'

Walter Felde frowned, thinking about how long he could survive without work.

'How long is that, constable?'

Bullock hesitated, not wanting to tell everyone what Samson had told him. If they all knew they had to wait out the disease's passage for two weeks, he could lose control of the situation right at the start.

'A few days will be enough to know the worst.'

Thankfully, no-one asked what happened if the worst did come about, and others fell ill. Muttering amongst themselves, the people began to disperse. Even Sparrow and his wife turned their mounts and plodded back to their home. The only people left at the gate were the small band of players, who huddled round their cart. Bullock breathed a sigh of relief and patted Will Sekyll on the back.

'You did well, Will. Just stick to it and you will be fine.'

Sekyll had the good grace to lower his gaze to his scuffed boots, knowing he had almost broken. But the constable's praise left him with the resolve to do better next time. Bullock carried on with his patrol, bearing the bad news to each of his gatekeepers and the town as a whole.

* * *

Robert Burnell, unaware as yet of his timely escape from the confines of Oxford, had returned to Woodstock and the king's presence. He would have informed Edward of what he had discovered in the university town, but the king was in a bad mood once again and not inclined to listen to tales of his chancellor's machinations.

'That bastard prince of Wales has been playing me for a fool again.'

Edward's normally serene and manly features were contorted with fury, his face red, and his actions agitated. Burnell pursed his lips and enquired what Llewellyn had been up to now.

'And how may I serve my Lord in this matter?'

'It seems that he thinks he can revive the Barons' War by marrying that de Montfort girl, after all.'

'Ah yes.'

On his return to Woodstock, Burnell had been swiftly apprised of the series of events concerning Eleanor de Montfort, daughter of the late Earl Simon, the man who had stood against Edward and his father ten years earlier. His daughter had set out in secret from France, where she had been living in exile, on board a ship stuffed with the arms and banner of the de Montfort family. The exercise had been so inept, however, that the king's agents had easily learned of it, and had stopped the ship on the high seas. Eleanor was now a prisoner, and Burnell reassured Edward that all was well.

'I have arranged for her to be safely locked away in Windsor, where she can stay as long as you wish, my Lord. Forever if need be. Though I do think that at some point, when you have suitably subdued Llewellyn, you can show your magnanimity and permit the two to be married.'

Edward frowned at his chancellor.

'Allow Llewellyn to marry a de Montfort, when that family's treason still smoulders in the hearts of some people in my kingdom?'

Burnell was unconcerned by Edward's apparent intransigence, and began to insinuate his ideas into the king's head.

'Once you have conquered Wales, both Llewellyn and his supposed bride will be spent forces. Your giving permission for them to marry will only grind your heel into the prince's face. A worthless bride for a worthless prince.'

Edward could see the benefit of such an act and began to pace up and down the room.

'I have been thinking about the military campaign. It will be hard for our forces to defeat the Welsh on their own territory. They are so well known for sweeping out of the hills, hitting hard and disappearing again. My father suffered from such tactics, and dreamed of cutting off their supplies by taking Anglesey, that they call Môn, but drew back from doing so because he lacked the resources.'

Burnell smiled coldly, knowing that Edward had been led along the right path.

'The island is the bread-basket of Wales, as you so rightly identify. But you are also wise to see that we do have the men and the ships that your father did not. Now we are in a position to take it.'

Edward grinned rapaciously, convinced that he had known all along what Burnell had suggested. He knew now that his course of action was set. Wales, in the shape of Llewellyn, would soon be kneeling at his feet. For Burnell, any thoughts of Oxford, and the course of action he had set Roger Plumpton on, were driven from his mind.

* * *

The flapping of wings woke Falconer from a deep and exhausted sleep. He looked up into the roof timbers over his head and saw Balthazar settling on his perch like a pale ghost. This was the fourth or fifth reincarnation of the first barn owl that Falconer had tamed. He couldn't recall precisely, as all were named the same and behaved in quite the same way. Come the evening, Balthazar drifted out of the solar's window on silent wings to hunt across the marshes south and west of Oxford. With the arrival of the dawn, today as on every day, he returned. The only sign of his success or failure was the regurgitated pellet of small bones and fur that the owl later coughed up. He and his predecessors provided Falconer with a silent companionship, and a worldly-wise stare in response to the regent master's idle ponderings. Falconer now gazed up at the white apparition.

'Tell me, Balthazar, will I outlive you, as I have done several of your ancestors? Or will the red plague gather me in?'

The owl's round eyes stared down at Falconer, and his only response was a slow winking of his eyelids.

'Not telling, eh? I should have eaten you while you were still an egg. Well, as ever I am in God's hands.'

He rolled to the edge of his bed and persuaded his aching knees to take his weight. At the door to his little private room in the eaves of the great hall that was Aristotle's stood the pitcher of water that one of his students drew for him every morning from the well in the rear courtyard. He splashed the cold water over his head and donned the plain black robe that was his everyday wear. Sitting back down on the bed, he eased on his worn and comfortable leather boots, thinking that he must at least make a start on de Bosco's problem. The book thief's deeds paled in significance next to the threat of the red plague. But if the normal commerce of the university was to be interrupted by the disease and its consequences, then he would have time on his hands. And the chances were that the perpetrator was now locked inside the town along with his hunter.

Hearing movement down in the great hall, he made for the door. He would have to give his students the news about the pox and ensure they did not leave Aristotle's while it stalked the streets of Oxford. He sighed at the thought of ensuring their enforced imprisonment, and of keeping them occupied. Even he would have to take care to avoid close human contact for a while, which may in turn hamper his investigation. Suddenly there was the thunderclap of a door being flung open, and the noise from downstairs got a whole lot louder. He heard his name being called.

'Master Falconer, a body's been found.'

CHAPTER TEN

The body lay just inside the threshold of Corner Hall, and when Falconer arrived, the young students were huddled round the fire almost as far from their former master as they could get. The boy who had fetched Falconer, stood at his shoulder staring at the congealed black blood that ran from Bukwode's head in straight lines along the cracks between the slabs of stone at the entrance. The youth had explained as he led Falconer along St John's Street that he had come to Aristotle's because he didn't know what else to do. And everyone knew Master Falconer's interest in dead bodies. The boy knew that a hue and cry should be initiated, and that as first finder, it was his duty to start the process. However, all the clerks who studied at Oxford University, knew of the tensions between the town and the university authorities. Lines were jealously drawn between the spheres of influence of the town and the gown, hence the students' uncertainty. The boy gazed anxiously at the body.

'Did I do the right thing, Master Falconer? I sent Jack to bring the constable too.'

Falconer patted his arm.

'I know he will be busy at the moment, so you did well to fetch me.'

He knelt down, careful to avoid the blood in its grid-like pattern across the floor slabs. Someone else had not been so careful. The blood was smeared in two places, suggesting a person had stepped in the blood and slid in their haste. A head wound always bled out terribly and was often worse than it looked. However, in this instance it was clear Bukwode was dead, and had been so for some time. His skin was stone cold, and flies were beginning to settle on the blood and on the man's unseeing eyes. Falconer waved them away and turned the head to examine the site of the wound that had caused so much mess. There was a jagged tear to the skin of his scalp on the left side, and beneath it the bone of the skull was cracked. Gritting his teeth, he poked at the wound, and behind him he heard one of the students gag, and rush outside to retch in the street. He could feel the pieces of broken bone giving way under the pressure of his finger. Bukwode's skull must have been quite thin at that point to have given way so easily. He wondered what the weapon could have been that had had such a devastating effect.

He was suddenly aware of a dark shape filling the doorway and obscuring the morning light. He called a warning.

'Be careful where you tread, Peter. His blood is everywhere.'

An unfamiliar guttural voice responded.

'It is Isaac Doukas, Master Falconer. The constable is busy just now.'

Falconer looked up and saw the stocky Greek, who was Robert Burnell's private secretary.

'I am surprised to see you here, Master Doukas. What has brought you from the comforts of the castle to observe a dead body?'

Isaac Doukas chuckled throatily.

'I could have said the same about you, sir, except your reputation for being present at the scene of murders extends beyond this small town.'

He peered more closely at the body, being careful to avoid the blood.

'It is a murder, I take it?'

Falconer pointed at the wound on the skull.

'There is no doubt about that, I fear.'

'And there's the mark of someone's foot in the blood. Was that you?'

Falconer looked into the man's dark brown eyes.

'Of course not. Nor could it have been the murderer who made it. Unless he chose to wait until his victim had first fallen and bled profusely, and then fled.'

Doukas squatted on his haunches, making the hard muscles of his legs even more prominent. Falconer guessed he hadn't always been some lily-livered clerk in Burnell's service. He watched carefully as Doukas stroked his black, bristly chin.

'Of course, if he was intent on stealing books and was disturbed by the regent master, he might have killed him and still carried out his task of taking what he wanted, walking in the blood as he left.'

His statement intrigued Falconer. How did this man know of de Bosco's little problem with the book thief? Was that his real reason for being here? Of course, his proposition could be true, and the thief could be the most cold-blooded of individuals with nerves of steel. Then as he re-examined the body, he saw close to Bukwode's feet, and half hidden by the folds of his robe, that a book lay on the floor. He pointed it out to Doukas.

'What you say would be possible, if it were not for that. I would estimate that the thief was already on his way out, when he encountered Master Bukwode.'

Gently he lifted the book up and saw that there was hair stuck in the brass furniture on the corner. From a cursory glance, he thought it matched Bukwode's hair. Moreover, there were traces of blood on the brass and the tooled leather cover. He had found the weapon, and probably the reason for Regent Master Bukwode's murder. The book thief had been caught in the act and had finally turned to killing. Idly he flipped the cover open, and saw it was a copy of *Merlin's*

Prophecies, quite like the one in the possession of Brother Aldwyn that he had been looking at yesterday.

* * *

'Are you crazy? The castle?'

This was Robert Kemp's judgement on Peper's suggestion as to where the players might stay during their enforced sojourn in Oxford. They had debated where they might go after being turned back at South Gate, knowing that an irate innkeeper would be seeking them out for skipping without paying their bill. So obviously, they could not go back to the Golden Ball Inn. Equally, if they stayed at another inn, the word would have got round eventually, and they would be traced. The inn-keepers might all be in competition, but they always pulled together when it came to welshers. Godrich had suggested seeking sanctuary in one of the numerous churches in the town, or even St Frideswide's Priory. But John Peper was reluctant to rely on the church, where priests would badger them about their errant lives. Goliards and jongleurs did not have the best of reputations with the clergy. So he had suggested falling back on the assistance of the secular authorities.

'We should go to the constable and ask him for a place to stay. It's his fault we are in this fix, anyway.'

That had been when Robert Kemp had made his outburst. Peper was ready to argue, but Agnes Cheke stepped in quickly. She was the oldest member of their troupe and acted like a mother to them all.

'I think it's a good idea. Sometimes, when you need to hide, it's best to do so in the least likely place they will look for you. We will go to the castle. There's an old chapel in the courtyard that is no longer used. Do you remember when we put on the miracle plays, when de Askeles got killed, we stored some of the play scenery there.'

Of course they remembered the time. De Askeles had been their leader then, an overbearing man, who got all he deserved. They had been glad to be rid of him, but it had to be said that times had been very lean for them since his demise. In those days, they had travelled in a large cart containing props and scenery, pulled by a good nag, and had performed outside churches. Now they were reduced to a handcart and performing in taverns with Margaret doing her tumbling and letting old drunkards imagine how she would perform in their beds. Agnes could see that her words had got them all thinking of the good times, and so distracted them with another problem.

'And maybe Will Plome will have the good grace to come and find us out and apologise for disappearing.'

'Ah, yes. Wandering Will,' muttered John Peper. 'Where do you think he could have got to, Agnes?'

The old woman shrugged her scrawny shoulders.

'Lord knows. I just know since he learned his letters, he's not the same simple Will Plome I knew. That priest never should have opened his eyes to what's written in those lines of the plays we used to perform. He believed every word in them.'

Robert Kemp laughed contemptuously.

'But they were all tales from the Bible. Are you saying that God's word isn't true?'

'God's words? It was man's words that scared poor Will to death.'

She began to recite from memory a short piece familiar to all the players.

> *'Solomon said, for he foresaw, that whoever enters Hell within*
> *Shall never come out, the scholars know. And therefore fellow leave this din.*
> *Job, your servant, also, thus, in his time, did tell*
> *That neither friend nor foe should find a release from Hell.'*

Peper knew the words, though he rarely performed them, being no good at reciting.

'The Harrowing of Hell. Yes, I remember Will hiding under the old wagon when he first heard those lines. He thought he was doomed to an eternity in Hell. That's what the priests want from such words. To scare the witless into obedience to the church.'

His wife, Margaret, clutched his arm.

'And to bring them to God, John. Come on. Let's see if we can find somewhere to stay at the castle.'

Downcast by their own sober thoughts, the little band gathered up their possessions and walked up an eerily silent Fish Street. To bolster his own fears, Simon began to put some words together, singing out to fill the void left by the lack of traders calling out.

'Wandering Will, I'm feeling hungry,
So where'er you are, I'll kill and eat thee.'

Agnes nudged him to stop but had to suppress a laugh.

* * *

The body was removed to St John's Church nearby, and Thomas Symon, Falconer's former pupil and now regent master in his own right, agreed to examine it more closely. Symon had turned himself into an excellent anatomist, but because the church disapproved of cutting open God's work in the form of a human body, he worked cautiously and discreetly. And usually on convicted murderers who had forfeited the protection of the church. A good and devout Christian, Symon had reconciled himself to the requirements of anatomy, seeing it as a way of understanding God in His shaping of a human body. In the case of John Bukwode, however, there would be no need for an intrusion into the carcase that lay in a side chapel of the church. Falconer had simply asked him to examine the wound on Bukwode's head and compare it with the book he now held in his hand.

'*Merlin's Prophecies*, I see,' Symon muttered, flipping through the stiff vellum pages. 'What a shame Master Bukwode didn't see his own end prophesied in it.'

He looked at the brass corner that William had indicated, observing the hair wedged in the book furniture. And the bloodstain on the worn leather cover. Bending over the body, he aligned the edge of the book with the caved-in area of Bukwode's skull. It was a perfect match. Looking over his shoulder to make sure the priest who had brought him to the dead body was no longer in evidence, Symon slyly pulled a small but very sharp knife out of his purse and pared away the skin around the wound. Then he used the tip of the blade to prise some of the bone out of the indentation. One look at its unusual thinness told him all he needed to know.

'You didn't stand a chance, did you, John Bukwode? He hit you in just the wrong place.'

He slid the knife back in his purse, his work done.

* * *

With the body of their master out of sight, the clerks of Corner Hall were a little less on edge, so Falconer began the task of examining them one by one. He had hoped that Doukas the Greek would get bored with what he was doing and leave. But he showed every indication that he intended to remain, and even produced a small quill, a pot of ink and a used piece of parchment from the satchel slung over his shoulder. In response to Falconer's questioning look, he explained what he was doing.

'Chancellor Burnell will want to know everything eventually.'

He seated himself at the table set at the end of the gloomy great hall, and laid out his tools. The students stared at him nervously, and Falconer knew that he would need to reassure them that they were not under suspicion, or he would learn nothing. He turned to the youth who had summoned him from Aristotles'. He looked older than the others, and a little more in control of himself.

'Tell me your name, boy.'

Doukas lifted his quill up in anticipation but seeing the look of fear in the boy's eyes, Falconer laid a firm, restraining hand on the hand holding the quill.

'It will not be recorded, only the facts as you tell them to me.'

Doukas sighed and laid his quill down again. With a final glance at the scribe, the boy licked his lips and spoke up, the tremor in his voice belying his bold demeanour.

'My name is Alexander Leys. I am in my third year of study. What can I tell you, master? We were all in our beds last night and heard nothing.'

Unseen by anyone Doukas quietly picked his quill up and begin writing as Falconer pursued his investigations.

'You heard nothing despite the fact that there must have been a struggle?'

Falconer did not know if such a struggle took place, but he wasn't about to make his enquiries that easy for the students. Alexander Leys examined his shabby shoes for a considerable time before answering.

'We had been revelling and I suppose we had drunk too much. When we got back last night, we all just flopped in our respective beds.'

Falconer could see, as in Aristotle's Hall, that one end of the great hall had been partitioned off into cubicles rather like in Bartlemas hospital. Each student had his own pallet and it was obvious that, from there, no-one would have been able to see someone entering Corner Hall.

'And Regent Master Bukwode allows such dissolution?'

Leys looked furtive.

'The regent master was not in his solar last night.'

Someone whispered something from the back of the bunch of clerks by the hearth, and a spotty-faced youth at the front giggled. Falconer strode over, and grabbed his arm, pulling him from the group.

'And what have you to say, boy?'

The youth squirmed in Falconer's vice-like grip but spoke up defiantly.

'Master Bukwode was in Grope Lane.'

Falconer grimaced. While his students misbehaved, Bukwode was paying a whore to service him. He felt some indignation, until it occurred to him that he was little better. He often stayed late with Saphira Le Veske, at the expense of the students in his care. Looking over at Doukas, he saw the scribe shake his head slightly, his quill hovering above the parchment. At least he had the kindness to not record the reason why Bukwode was abroad last night. Falconer took a deep breath and carried on.

'So you all came back late in the night, not knowing if your master had returned or not, and simply climbed into your respective beds. There you slept the sleep of innocents, not hearing your master return, nor even his murder. Was there nothing unusual that you can tell me of.'

He watched as the clerks, abashed by his tirade, look at each other and shake their heads.

'There was something, master.'

It was Alexander Leys who spoke out, and Falconer turned back to him.

'What was that?'

The youth screwed up his face, trying to bring some vague recollection to mind.

'When we came back, I was sure I was at the back of the group — making sure none of the kids got left behind.' He tipped a thumb at his comrades. 'Anyway, these all ran ahead of me, and I couldn't keep up. But when we got to the door, someone called out from behind me to leave it open. I didn't think anything of it at the time, but now I think about it, I am not sure who it was.'

Doukas butted in with a question before Falconer could.

'Can you describe who you saw?'

Falconer glared at the Greek, but let it go. It was what he would have asked. The boy thought for a moment.

'I can only say that he had a cloak or a long robe on — grey, with the hood up.'

He looked pleadingly at Falconer.

'I was drunk. It was all unclear to me, and still is, even now.'

Falconer knew he would not get much more from him or any of the others.

* * *

'I questioned the others, but it was no use. They didn't see the intruder either, nor heard the confrontation with Bukwode that led to his death.'

Falconer was in the hall of the castle, apprising Peter Bullock of what he had learned. Doukas sat in the background, his record of the interrogations firmly stowed in his satchel. He was offering no opinions of his own, and Falconer wondered whether he was saving his thoughts for his master, the Chancellor of England. Brother Aldwyn sat in the shadows apparently immersed in his copy of *Merlin's Prophecies*. The constable stomped back and forth in front of Falconer unable to contain his agitation.

'Damn it. This is the last thing I need at the present. I have a town full of people afraid to show their noses outside their front door in case they get the plague. And now I have a murderer running amok.'

Falconer tried to calm his friend down.

'Hardly running amok. If it is the same person who stole the other books, this is the first time he has killed, and that is only because he was caught in the act. Besides, on the other matter, you should be glad everyone is staying indoors. Better that than hammering on the town's gates demanding to be let out and spreading the pox across England.'

Bullock sighed and dropped into his favourite chair. He felt an ache in his chest, and his left arm tingled. Absently, he began to rub away the pain in his arm.

'You're right, William. I only wish that I knew who this thief was. A grey cloak is all you have as a description?'

'Yes, it's not much to work on but . . .'

As Falconer expressed his fears about the poor scraps of information he had to work on, Aldwyn's voice piped up from the other side of the hall.

'Could it have been a grey habit, not a cloak?'

Bullock frowned, peering into the shadows where the old monk sat.

'The grey habit of a Franciscan, are you saying?'

By way of reply, Aldwyn pointed a finger down at the book in his lap.

'Listen to this. It comes a little later in the prophecies, but it may be relevant.'

He began reciting in a low, sepulchral tone.

> *'Piety will frown upon the man who has inherited goods from the impious; that is, until he takes his style of dress from his own father. Girded around with a wild boar's teeth, he shall climb over the mountain summits and higher than the shadow of the Helmeted Man.'*

Bullock growled in frustration.

'You'll have to explain that to me, brother. I'm only a simple warrior and constable, and it doesn't make sense. What has that to do with our murderer being a Greyfriar?'

Falconer, who had understood Aldwyn, intervened in order to help.

'I think Aldwyn is suggesting that the book thief is a pious man who has set his mind against those who have garnered their books and learning from the impious. Mathematics learned from the Arab Al-Khwarizmi, for example, or medicine from the ancients who lived before Christ. I can understand that, but the stuff about wild boar's teeth is beyond me.'

Aldwyn leaned forward into the light of the fire.

'It may be a simple mistake on the part of whoever wrote down Merlin's prophecies. The text calls for the impious to adopt the dress of his father, which is girded around with wild boar's teeth. Now Saint Anthony tamed a wild boar during his temptations. So you could say the reference is to St Anthony, who was a Franciscan.' He stopped a moment and frowned. 'Except it was another Anthony — St Anthony of Padua — who was brought into the order by St Francis himself. That is why I say it may merely be a mistake in the text that still identifies the book thief and now murderer as a Franciscan.'

CHAPTER ELEVEN

The Feast of St Edith of Winchester, 16th September.

Saphira Le Veske walked through a deserted Oxford towards Dagville's Inn. Before she had even reached the crossroads however, she saw Samson wearily dragging himself back to Jewry. His shoulders were slumped even more than was usual in a man of his advanced years. His grey sidelocks half-covered his face, but she could see his features were the colour of ash. She raised a hand to touch him, but looking up and realising she was there, he held both his hands up. Warding off her attempt at comfort, he told her the bad news.

'The crusader is dead, and I have wrapped him in a nightgown Dagville provided. You should not touch me before I have removed these clothes and washed. I have told Grace Dagville to burn everything he possessed, and all the bedding he lay on. I must also arrange for the body to be buried.'

Saphira stood as close as she dared to the disconsolate physician, wishing to ease his burden.

'Let me do that. I will tell the constable what he must do.'

Samson nodded, and turned back towards Fish Street. Saphira posed a question.

'Will there be more, do you think? How long will we have to wait?'

Samson paused before answering.

'It could be another ten days before we know for sure if he passed the disease on to others.' He looked around him at the desolate street. 'At least Peter Bullock has done what he can, and fear is very useful in these circumstances. If people stay indoors, whoever might have been infected by the crusader will not pass on the pox themselves. Did you wash?'

Saphira nodded her head, recalling her ritual cleansing the previous day and the good feeling it gave her. She had held her breath under the waters of the mikveh for as long as she could, dragging her mane of red hair under with her. Emerging from the waters had felt like a rebirth, and she had sat by the fire in the hall of her house drying her hair and warming the shivers away from her body. She had busied herself for the rest of the day, and had longed for the closeness of William, but knew he had to be with his charges in Aristotles' Hall.

Even so, she longed for their intimacy to be renewed, but then laughed quietly, recalling what he had said a few weeks earlier about Christian exhortations against fornication. He had sat up in her bed, counting off on his fingers the number of reasons given by the church not to have intercourse.

'Never during Lent, Advent, Whitsun week, or Easter week. Nor on feast days, fast days, Sunday, Wednesday, Friday, and Saturday.'

She had been astonished, but he had not finished.

'Not during daylight, or if you are naked, if you are in church, or at all unless you are trying to produce a child.' He grinned. 'St Augustine, poor soul, failed to see what use a woman could be to a man, if one excluded the bearing of children.'

She remembered fondly what he had then done with her in her bed, with no intention of producing a child, and with both of them naked. Indeed, it had been a Wednesday too, if she recalled it correctly. So many laws broken all at once and so sweetly.

This new morning, she now had more serious matters to deal with. After her meeting with Samson, she hurried to the castle to speak to Peter Bullock. Leaving the unnatural quiet of the streets and entering through the gates, she was surprised to see an encampment in the castle's courtyard. One brightly dressed man was dextrously juggling three coloured balls in the air, and another was tuning a rebec, making the stringed instrument produce strange wails and screeches. From behind the old chapel, a slim figure in tight hose appeared, walking on his hands. Saphira gasped as the saltatore lithely bent backwards, placing his feet on the ground behind him, forming an almost backbreaking arch. The rebec player made his instrument emit a howl of admiration. Saphira was even more surprised when she realised 'he' was a woman, who proceeded to perform three back flips across the courtyard to land on her feet in front of her.

'Mistress, are you seeking the constable?'

Saphira saw that the slender woman was older than she had thought, with crow's feet defining the edges of her grey eyes. She was not much younger than Saphira was, and suddenly, Saphira felt even more envious of her suppleness and slim figure.

Margaret Peper saw the admiration in the red-haired woman's eyes as she looked her up and down. She picked up a modest skirt from the ground, and wrapped it round her hose-clad legs, pulling a face.

'I could bend my body much further than that ten years ago. And what I can do now is bought with endless, grinding exercise. Don't envy me that, mistress.' She cocked a thumb at the building behind her.

'The constable has allowed us to rest here, as we cannot leave the town. He is in the great hall.'

Margaret slid gracefully away, to help an older woman who was breaking some bread up for the troupe of players. Saphira carried on her way towards Peter Bullock's spartan quarters. Inside the great hall there was almost as strange an assembly as out in the courtyard. Close by the fire that glowed dull red in the centre of the hall sat an old monk in black robes, his head bowed over a leather tome. He was reading to a stocky, black-haired man with the swarthy skin of someone from the Mediterranean. As she entered, this man's black eyes swivelled in her direction. She felt a shiver run down her back from the cold, calculating look. Peter Bullock descended the stairs from the solar that he rarely used in normal times. Perhaps having unwelcome guests had driven him to the retreat. He lumbered across the hall with that familiar gait of his that brought comfort to the minds of the citizens of Oxford. He was a big, elderly bear of a man keeping calm and good sense in the streets at night. Today, he looked more pleased than usual to see Saphira.

'Mistress Le Veske, you are well I hope?'

The question would have been only a minor courtesy at any other time. Today, it was full of meaning. Saphira smiled reassuringly, and squeezed the old man's arm.

'I am very well, thank you, Peter. Both refreshed and cleansed.'

She drew him aside, away from his involuntary guests, and lowered her voice.

'Unfortunately, the same cannot be said for the man resident at Dagville's Inn.'

'Ah, he is dead then? Well, it was to be expected. Is Thomas Dagville burning everything?'

'I am not sure. I met Samson on the way back to his house. He has given the Dagvilles instructions, and the body is wrapped in a shroud. I said I would tell you, so that you could ensure it is disposed of properly.'

Bullock puffed his cheeks out, his face a mask of indecision.

'Should I have the body burned also?'

Brother Aldwyn must have heard the conversation between Saphira and Peter, because at this stage he spoke up.

'You cannot burn a Christian. His body must be interred like Christ's body after the Crucifixion.'

Bullock looked from Saphira to the old priest and back.

'Can we safely bury him without catching the red plague ourselves?'

Everyone looked uncertain, and it was left to Isaac Doukas to resolve the problem. He rose from beside the fire, where he had been perusing the book put down by Aldwyn.

'I think I can help you out. I have had the smallpox myself many years ago.' He pointed to some small scars on his cheeks. 'It was the mild form, and though I would guess what you have to contend with here is more virulent, I believe that I cannot catch the pox in any of its forms again.'

His cold, dark eyes scrutinised Saphira again.

'You are a Jew, and this Samson of whom you spoke also is a Jew?'

Ready for some criticism of her people being involved in the care of Christians, Saphira clenched her teeth.

'Yes.'

Doukas nodded briefly.

'That is good. Eastern physicians and Jews know more about the plague than here in the West.'

He looked at Bullock.

'I will move the body tonight, when there is less chance of being seen. Where will it be buried?'

'Bring it here — he can rest in the chapel. Then we can bury him in the grounds.'

Saphira had hoped she might find Falconer in the castle, so she had a question for Bullock.

'Have you seen William? Is he all right?'

* * *

Falconer, in fact, was very far from all right. His unease had nothing to do with the red plague, however. He had left his students with an injunction not to the leave the confines of the hall and was on his way to the Franciscan friary on the edge of the town. In fact, strictly speaking, the friary was outside the town walls, but only because of a peculiarity of its construction. The few Franciscans who had arrived in Oxford in 1224 had found adequate lodging at the house of Robert Mercer in the parish of St Ebbe. Twenty years later, their growing needs had been met when they had the King's permission to demolish a section of the town wall between Little Gate in the east and the castle in the west. This gave them access to an island in the Thames where they built their friary. The gap in the wall had been filled with their church, constructed on an east-west axis so that the very body of the church formed the new wall. The choir of the church was devoted to the friars for worship, and the nave was a preaching hall.

It was this hall that Falconer now entered, and he crossed it to go into the friary. He was seeking out Friar Gualo, to whom he had spoken about the woman who had given birth fifty years earlier in Bartlemas hospital. But this time he didn't want to investigate his own ancestry, but the vexed question of the book thief and murderer possibly being a Franciscan. What he wanted to find out was the attitude to books of the Franciscans currently in the friary at Oxford.

Falconer knew all about the Franciscan ambivalence to learning. The Ordo Fratrum Minorum had come into being to act as a counterbalance to the cloistered orders of monks. The new order of mendicant friars preached in the rural communities and growing towns of England. They had a simple creed in consequence, and when in the universities, translations of Aristotle into Latin were challenging Christian scholarship, they took up the opposing cause in the name of the Christian church. But for Falconer there was a more personal reason to be wary of the mendicants. His long-time friend, Roger Bacon, was a Franciscan friar, but of a very different stripe. Bacon was a scientist who worked on the principles of optics, and he made burning glasses and magic mirrors. He searched the stars and their influence on the lives of men. He delved into alchemy, averring that it taught the generation of things from their elements. Ten years ago, with the then pope on his side, he had compiled in three volumes an encyclopaedic collection of knowledge. Unfortunately, Pope Clement had died, and Bacon's works had been locked away. Now, Roger Bacon was also hidden away in a Franciscan friary somewhere unknown to Falconer. Scientific enquiry was forbidden by the order and deemed heretical. Falconer hoped that Friar Gualo, as a man who took an interest in medicine, would be more open-minded, and put a name or two to the more severe Franciscans in Oxford. Though he hardly dared tell Gualo that he was also trying to get him to put a name to a murderer.

The preaching hall was quite empty, and Falconer could hear the ending of the midday prayers — sext — being sung in the choir. He waited patiently until the prayers finished, then watched as the grey-clad friars dispersed. Seeing the bent figure of Gualo limping towards the door that led into the friary proper, he called out.

'Friar Gualo, may I speak with you?'

The old man looked over his shoulder and squinted in Falconer's direction. His frown told Falconer that the friar's eyesight was worse than his own. Falconer had a fine pair of eye-glasses ground for him by an expert on lenses. He rarely used them, though, as their heavy metal frame gave him the appearance of a half-blind owl. He strode over to Gualo, until he was close enough to be discerned clearly.

'It is I, William Falconer. We talked about the past recently, and of Bartlemas hospital.'

The old friar smiled in recognition.

'Ah, yes. The unfortunate matter of the serving girl . . . I am afraid I still can't recall whether she lived or died, though.'

Despite his wishes to know the fate of the girl, who could have been his mother, Falconer had to put this hunt aside.

'It is not that business that I come about, Friar Gualo.'

He saw that the friar was shuffling back and forth, and realised the old man had difficulty standing for any length of time. Sext would have tired him out. He indicated one of the benches in the nave of the preaching hall.

'Let us sit down here. I could do with a rest.'

After they had settled down, side by side, Falconer gazed towards the choir aisle and the altar. He formed his first question carefully.

'I wanted to ask about my friend, Friar Bacon. I have not heard from him for some time.'

Apparently, Gualo was not perturbed by being asked about such a controversial figure.

'Yes, Friar Roger. I believe he is devoting his time now to the study of Christian doctrine in Paris. He is a wild thinker, our Roger, and needs some . . . discipline applied to his waywardness.'

The old man patted Falconer's leg reassuringly.

'Have no fear, though. He is well and hearty, I am certain of that.'

Falconer didn't think so. If Roger had been deprived of access to scientific experimentation, he would be a very distressed and frustrated man. However, he wanted to put Gualo at his ease, and he laughed softly.

'Yes, Roger was always very . . . wayward in his thinking. I suppose he might have annoyed some of his brothers here in Oxford because of that.'

Gualo shook his head slowly from side to side.

'Indeed, there were those who opposed him when he was teaching here.'

Falconer felt he was beginning to tease out of Gualo something that might be useful to his search for the murderer. But he still felt he had to skirt around the subject, or the Franciscan might balk at revealing names of fellow members of his order.

'It is the same in the university. Recently we have had a book thief stealing contentious works. I fear he has even threatened the life of those he steals from.'

Gualo shook his ancient head sadly.

'There is no accounting for the perversity of man. But those who opposed Friar Bacon were all honourable men. They would merely invoke the words of St Francis, who warned a novice that "when you have got a psalter, then you will want a breviary; and when you have got a breviary, you will sit in your chair as great as a lord, and gape after knowledge."'

A sharp voice echoed down the aisle, cutting into the conversation.

'Wise words, brother. Books and learning have no place in Francis's scheme.'

Gualo groaned quietly, glancing sideways at Falconer. He whispered a warning under his breath.

'Fulbert is one of those who would do more than merely incarcerate Roger Bacon.'

Falconer watched as the same severe young man who had interrupted his conversation with Gualo last time, hurried towards them. His sandals slapped ferociously on the cold stone floor. Falconer wondered how long he had been standing close by, and if he had heard his words about the book thief. Friar Fulbert was obviously Gualo's keeper, and had a face like thunder having found his charge talking with the regent master again. Standing stiff-backed before them, he rounded off his homily.

'Our founder's sole aim was the practical imitation of Jesus. He told his first followers that a day would come when men would throw their books out of the window as useless.'

His sudden, cold words filled Falconer with dread and foreboding.

CHAPTER TWELVE

That night, Isaac Doukas slipped out of the castle, and silently made his way to Dagville's Inn to recover the crusader's body. Falconer, meanwhile, was telling Bullock what he had found out about the Franciscans.

'The young friar fills me with dread, Peter. If Fulbert can yearn for a time when books are thrown out of the window, he can be the one who is stealing them in the first place.'

'And murdering the owners of the books also.'

Falconer signalled his agreement with a nod of the head. He and the constable were closeted in the upper room of the tower that Bullock was using to escape his unwelcome visitors. Through the narrow window slit of the room, he could see across the marsh lands transected by streams that sparkled in the moonlight to Oseney Abbey in the distance. Since locking the gates, he thought the outside world seemed almost unreal. An impression rendered even starker by the ghostliness of the full moon. He turned back to Falconer, and slumped down into his chair.

'Two days since I closed the gates, and we have at least ten more to wait to see if we are free of the pox. Now we have a murderer running around killing scholars. Chancellor de Bosco must be tearing his hair out.'

Falconer smiled wearily, thinking of William de Bosco's bald head, and the impossibility of what Peter had suggested.

'Actually, he is remarkably calm and well-organised. He has decreed that no lessons take place until the problem is over in order to avoid contagion. I think he is relieved that our self-inflicted incarceration gives him respite from having to answer to Robert Burnell and the king about the thefts.'

'Then you will have to come up with a solution before I reopen the town, or our guest, Doukas, will be reporting failure to his master as soon as he can.'

Falconer pulled a face at the thought of the Greek. When he had come to the castle that evening, Isaac Doukas had wanted to know all that he had been doing. The swarthy man had insisted that Falconer sit down and tell him, while he noted down what he heard in his crabbed hand. If nothing else Doukas was meticulous, but made no comment as Falconer told him of Friar Fulbert's words, and his own suspicions.

'Where did he go, by the way? Doukas, I mean. He made his notes and then said he had business to attend to.'

Bullock waved a hand indicating the night outside the tower.

'He is making himself useful collecting the crusader knight's body. He says he has had a form of the smallpox when he was a youth and will not be able to catch it again.'

'Can that be true?'

Bullock gave Falconer a steely look.

'Frankly, I don't care. Let him die, if it's not true. Though I would be grateful if he didn't bring it inside the castle. I have that motley band of troubadours to consider as well as my own wellbeing.'

'Yes, I saw them in the courtyard as I arrived.'

Falconer had spoken to Margaret Peper as he crossed the yard, asking about Will Plome, who he had recalled seeing in the town earlier. Curiously, Margaret had told him that no-one in the troupe had seen Will for days. She had explained.

'Since learning his letters, he has been obsessed with reading anything and everything he could find. Now, he has disappeared entirely.'

Falconer could understand Margaret's concern. Will Plome was a simpleton, who needed someone to look after his interests and ensure he didn't get into trouble. He had reassured her that he had seen the fat young man in Oxford two days before, and that he must now still be in the town.

'Nobody can escape Oxford for the time being.'

Margaret had nodded, but clearly was still worried, and Falconer had carried on his way to speak to Bullock.

'Why have they set up camp in the castle courtyard, Peter?'

Bullock smiled wearily.

'I think they are avoiding a bill for accommodation at the Golden Ball Inn. This morning, Gil Sexton accosted me in the street accusing some wandering players of skipping without paying. I told him I would look into it, but that they may have gone before the gates were closed. What with all the other business, I haven't yet taxed them on their misdeed.'

Falconer recalled the threadbare nature of the jongleurs' clothes, and the fact that their once commodious wagon had been reduced to a handcart.

'I doubt whether they have enough to pay for a night at Dagville's, let alone the Golden Ball. Even with a pox-ridden body lurking in the next room. Talking of which, I wonder if Doukas is back yet.'

Falconer pushed himself up and out of his chair and crossed to the window that overlooked the courtyard. By the silvery light of the full moon, he could tell that the jongleurs had all retired to wherever they had found to lay their heads. The yard was empty save for their handcart, on the top of which lay a hideous Devil's mask with long curly horns. The moonlight shone on the jagged white teeth in the mask's mouth giving the impression that the castle yard was the gateway to Hell. But if it was, and the dead crusader was bound thence, there was no sign yet of Doukas and his grisly burden.

* * *

When Will Plome woke up, he was astonished to hear no movement above him. Even in the evening, the church was normally bustling with pilgrims who came to obtain a remission of sins committed or a miraculous cure. The bones of St Frideswide were still a popular draw for pilgrims, even though more recent relics such as the blood of Saint Thomas Becket at Canterbury attracted many more sinners seeking pardons. But as he wriggled out of where he was hiding, he saw that the church was empty. Even the feretarius or guardian of the shrine, Richard Yaxley — a man well known to Will — was not in evidence.

Before daring to set foot in the town, Will prostrated himself on the cold slabs of the church as he had seen pilgrims do, and prayed to God for guidance. Since learning to read, he had found himself lost in the realm of words that enveloped him. Each book he read puzzled him more, and he feared he could not discern the truth from lies — God's words from those of the Devil. In the peculiar stillness of the church, God was silent, not responding to his muttered prayers. And he pushed himself up to his feet, and went out into the town.

There, he was even more astonished to find the streets deserted. Scuttling from street corner to doorway, always keeping out of sight — though of whose sight he knew not — he soon found that not a soul existed in the town. Suddenly, he was fearful that the Day of Judgement had come while he slept. He recalled the words from the play about it that the troupe he once belonged to had performed often. He could read the words now, but they were emblazoned on his memory anyway.

'On earth I see sin everywhere,
And therefore angels I shall send,
To blow their horns, that all may hear.
The time has come: I'll make an end.
Angels, blow your horns and strive,
That every creature you may call:

Learned and lewd, husbands and wives,
Receive their doom, this day they shall.
Every soul that ever had life:
Let none be forgotten, great or small.'

He wondered if he could find more books while they were unguarded by their normal keepers. Perhaps the black-clad scholars who jealously hoarded them had been consigned to Hell. Behind the looming mass of St Frideswide's, he surveyed the short row of four narrow-fronted houses at the end of Shidyerd Street. Each door he knew led into a place where masters lived with their students, some poor and dressed in grey drab like himself, some rich in fine robes. He had seen their comings and goings from the shadows often. He scuttled across to the first door and tried the latch. It clicked up and he pushed the door open. He was uncertain about entering, but then he heard the clatter of a horse's hooves on the cobbled surface of the street behind him. To avoid being seen, he pushed on the door, and slid in through the opening.

* * *

Robert Chetwyn was having a restless night, what with the threat of pox, and the proscription by the chancellor on giving lectures. He was a regent master whose life was ruled by orthodoxy and routine. He had few students lodging at Nevill's Inn in Shidyerd Street because students were generally an unruly bunch with no regard for regularity. They didn't care for a master who demanded order. In fact he only had three clerks lodging with him at present, and his income was suffering. But better that his purse was light than his temper was taxed overmuch. Now, he could not even give lectures, and the boys lodging with him were already getting restless at being kept indoors. He lay perfectly still on his back, his arms at his side and his eyes closed, praying for sleep. Then he thought he heard the latch on his front door being lifted. Or was it next door? His door was hard by that of Beke's Inn, and visitors often mistook the one for the other. He wasn't sure even if he had heard the sound, but then it didn't matter all that much for it was overtaken by the clatter of horse's hooves on the street outside. Who could be riding around Oxford so late, and on a night when movement had been forbidden by the constable? He might have got up then, and been a better witness later, but curiosity was not in his makeup. He merely cursed the transgressor, and pulled the bedclothes up around his ears. Then just as he was dozing off a loud thumping sound from Beke's Inn roused him again.

This time he sat up in bed.

Listening, he wasn't sure if he could hear a human cry or not from the other side of the wall that divided Beke's from Nevill's Inn. Then there came another loud thump. Like a body falling to the floor. He could ignore the sounds no longer, and got up. He padded barefoot across his solar to the shuttered window that looked out on to the street. Though it was still quite dark, he saw a shadowy figure crossing the street.

* * *

Will Plome was shivering as he dragged open the door, and peered out into the narrow street. What was inside the house scared him nearly to death, but what was outside was almost as fearful. The horse he had heard earlier stood like a statue at the corner, its head bowed to the ground. It was a monster of a horse that glistened like silver in the light of the full moon. He glanced nervously up and down the street, mortally afraid of what else he might see. A rustling noise from somewhere behind the church made him gasp, his indrawn breath like the last rattle of a dying man. Flattening himself against the door, he pressed his hands on the rough surface as if trying to sink into the oak and disappear. He only began to breathe again when a rat scuttled out of a heap of rubbish that had been piled against the church wall and off along the open drain that ran down the lane. The horse made a faint whinnying sound and raised its weary head to stare incuriously at him. A cloud of steam issued from its nostrils, and he imagined he saw the Devil breathing smoke and fire. He suppressed a squeal of horror.

The night had turned into a scene from one of those plays he had seen performed so often. The Harrowing of Hell.

Then afterwards he harrowed hell,
And took those wretches from within;
Fought worthily with fiends so fell,
For souls that sunken were in sin . . .

The words rung in his ears like the bells of the church across the lane. What had happened in that house that night would remain with him forever. Fear of it finally propelled him forwards. He pushed himself away from the door, and made a dash for the sanctuary of the church. He left two bloody hand-marks on the surface of the oak.

* * *

It was almost dawn and Bullock had received an urgent message to go to some incident at the back of St Frideswide's Church. The details were unclear, and Falconer would have gone with him, but the constable asked him to stay and wait for Doukas.

'If it is a matter concerning the university or your book thief, I will send for you.'

Falconer reluctantly agreed and waited. And waited. He had almost dozed off when he saw a shadowy figure move slowly across the castle courtyard. It seemed to be a strange humpbacked apparition with its head set to one side. The moon had fled behind heavy, dark clouds and the monster was at first indistinct. Then, as it got closer, Falconer made it out. Doukas had returned, and he was bearing a shroud-covered body over his left shoulder. A lesser man might have been weighed down by such a burden, but Doukas walked easily. He crossed to the patch of beaten earth beside the old chapel, and laid the body down on the ground. Quietly, Falconer slipped out of the room, and descended the stone steps to the ground floor. Aldwyn was sleeping soundly, so Falconer carried on out to where Doukas was already toiling with a spade, making a hole in the ground to accept the crusader's body. The Greek grunted in acknowledgement of Falconer's presence, and carried on digging.

'I thought it best to bury the body while it was still dark. The jongleurs . . .' He tilted his head towards the chapel, where the Pepers and the rest of the troupe had made their beds. '. . . they might get a bit skittish seeing the cause of the pox right before their eyes.'

'Bullock didn't tell them he was bringing the body here?'

Doukas shook his head, his tail of hair swishing round his shoulders.

'He doesn't want anyone to know. Few in the town know it was a crusader brought the pox to Dagville's Inn. And the innkeeper will be guaranteed to keep his mouth shut, if he values his future business.'

He paused while he relentlessly made the hole deeper. Then he looked up at Falconer again, wiping the sweat from his brow.

'Myself, I would tell them the truth. There are those who will jump to conclusions and find scapegoats for the outbreak. Foreigners will have a bad time.'

Falconer knew exactly what the Greek was saying. There were plenty of people in England, and in Oxford indeed, ready to blame the Jews for any disaster that occurred. It did not matter if it were a national catastrophe, or the mere breaking of a valuable possession in someone's house, there would always be a person ready to point a finger at the Jews because of it. On the other hand, he suddenly remembered that the Dagvilles knew Samson and Saphira had attended to the crusader before he died. It would be so easy to twist the truth, and despite Samson's brave efforts, somehow accuse him and Saphira of colluding in his death at the very least. If not that, then of infecting the town deliberately themselves. If the facts of the crusader's last hours were known, blame could be shifted to the Jewish community anyway. It would be better to cover up the cause of the pox's arrival in Oxford while people still felt vulnerable and afraid.

He gave Doukas a helping hand in scrambling out of the makeshift grave.

'I think on balance it is better that we bury the evidence for the time being. The Jews here are used to being blamed for all sorts of ills. They have sturdy stone properties and good oak doors, and are used to keeping their heads down in times of trouble. Come, let's get this body buried.'

Doukas shrugged his shoulders, and took one end of the linen-shrouded body. Falconer stooped and lifted the other end. Together they heaved the crusader into his grave. After he had made a perfunctory sign of the cross in the Greek way, Doukas began backfilling the hole. The dry earth pattered down on the grey linen cloth that was Sir Hugo de Wolfson's shroud, and soon his body was covered over.

CHAPTER THIRTEEN

The Feast of St Hildegard, 17th September

Bullock stared down at the bed and the bloody mess that was Edmund Ludlow's head. He had sent for Falconer almost immediately, but so far there was no sign of him.

'Jesu Christ, where is William, when you want him?'

He prodded the point of his sheathed sword into the floorboards, and using it as a support, eased his creaking body down. Kneeling uncomfortably over the body, he poked at the man's greyish linen night-shirt, lifting it from the body to see if anything was hidden under it. He saw the edge of a crushed parchment roll beneath the man's chest and teased it out. Pressing out the creases against the floor with his palm, he was disappointed to see only gibberish. He started to get up off his knees, but they protested, and he groaned. He felt a hand grab his arm, and he looked round, surprised that Falconer had crept up on him without him hearing.

'There was a time when a man who sneaked up on me like that would have had a knife in his belly.'

He grumbled, but was grateful for his friend helping him back on to his feet. He pointed at the body.

'We have another one.'

When Bullock had arrived at the scene of the reported incident that had taken him away from the castle, he had been confronted by a whey-faced regent master. The man rented a small hall at the back of St Frideswide's, where he had the care of three scholars of the university. Nevill's Inn was in the middle of a row of properties opposite the corner of Frideswide's Lane and Shidyerd Street. Though the small community was keeping indoors because of the fear of pox, Master Chetwyn said his attention had been drawn to the horse loose on the street outside their hall. He didn't suppose his neighbour, Edmund Ludlow, had a visitor himself and the man had only one young boarder in Beke's Inn. So the presence of such a large destrier, undoubtedly the property of a knight, had filled him with curiosity. Venturing out on to the street, he had noticed that Ludlow's door was ajar. Uncertain of what he might find, and fearful that the plague had visited his neighbour, he had walked up to the door. He had pushed it wide open, and was horrified to find blood on his hand. He had called out, and had heard a low moan like someone in extremis. Stepping over the threshold, he had seen blood dripping through the ceiling.

Even as he had later babbled out his story to a weary constable, who had hardly got any sleep, he was still not sure if it was murder or smallpox that had struck Ludlow down. Bullock now knew for sure which it was. The man's brains were all over his bedding.

Now it was Falconer's turn to crouch over the body, which he did with greater ease than Bullock.

'He has been hit several times with a club or some such heavy object. This is different from the other death. It looks more deliberate rather than done on the spur of the moment by a thief caught stealing books. Are you sure this is our book thief striking again?'

Bullock grunted, and pointed out the open chest standing at the back of the solar.

'It's been rifled of all its contents, I would say. At least, there are no books in it, and I would expect that to be the place where Ludlow kept what he had.'

Falconer rose and walked over to the dark, polished chest. The large metal lock had been forced, and shards of fresh wood showed through the otherwise deeply coloured surface. It was empty, so whatever books Ludlow had cherished were gone.

'All taken, then.'

'Except for this.'

Bullock held out the crumpled roll of parchment that he had discovered under the regent master's body.

'It lay underneath him, as if he was trying to hide it from the thief's clutches. But I can't read what it says.'

Falconer took the scroll from Bullock's outstretched hand, and opened it out. Frowning a little, he scanned the lines of text. It was a while before he recognised it for what it was.

'It's in Greek, and is some old poem about a hero called Digenis.'

He pointed at the lines not obscured by Ludlow's blood.

'This bit reads - *Blood flowed down over their horse-trappings, and their sweat ran out over their breastplates.*'

'Curiously apt, isn't it? Especially as there was a horse standing out in the lane. A knight's horse with all its barding on — great plates of bronze. As if it was going into battle.'

Falconer could not immediately figure out what all this meant, if anything at all.

'I saw an empty chamber downstairs. Was there someone else in the house?'

'Yes, a student of some means. He is next door now.'

'Hmm. And where is it now, the horse?'

'I had it taken back to the castle.'

'Then let's go back there, and see if we can puzzle it all out.'

He looked down at the dead man.

'Ludlow wasn't known as someone who harboured controversial texts like the other masters who have suffered thefts.'

He waved the scroll.

'This was more in his line. Old manuscripts that none could find bothersome.'

Bullock couldn't see that the type of books taken mattered one jot. But he understood that his friend knew more than he did about the book thefts, as Falconer had been charged by William de Bosco to ferret out the thief. He agreed to meet Falconer at the castle shortly and set about arranging the disposition of the body.

It was Falconer's intention as he left Beke's Inn to visit Saphira. Even though assemblies of people were forbidden in Oxford for the time being, he did not think there would be any danger in his meeting her. Both of them had been in contact with the same people and the same risks already. But as he left Ludlow's house, he was hailed by a slight, stooped man standing just inside the door of the next house. Without his eye-lenses, he couldn't make out who it was, so he approached him closer. But his action caused the man to rear away, and he even made to push the door closed.

'Don't come any closer, Master Falconer. The pox is abroad and I don't want to catch it.'

Falconer recognised the voice more than the features of the man. It was Regent Master Robert Chetwyn, a timid man at the best of times, who taught the seven disciplines with a strict adherence to orthodoxy. He held up his hands, palm outwards, in a propitiatory gesture.

'I am coming no closer, Master Chetwyn. What is it you wanted to say to me?'

Relieved that Falconer was now keeping his distance, Chetwyn pulled his door open again.

'It was I found the body, and at first I feared it might be the plague. I have three students here, and their safety is my responsibility. If this is murder instead and is to be laid at the door of the book thief, then you should look in St Frideswide's for him.'

'And why should I do that?'

'I heard a noise last night. Well, a lot of noise actually, and it woke me. First there was the sound of a horse's hooves clattering down the lane, and then later I heard some sort of thumps from next door.'

Falconer assumed that those sounds had heralded the ending of Edmund Ludlow's life.

'Thank you, that is very interesting.'

Falconer started to turn away, thinking that the man's observations were of little consequence. Chetwyn, however, had more to say.

'I was wary of looking out at the time, because of the pox, you understand.'

Falconer thought it was more likely that Chetwyn had been scared to do so in case he put his own life in danger, and he met the same fate as his neighbour.

'Is that all you can tell me?'

Chetwyn screwed up his face in annoyance.

'No, of course not. I was telling you how I found the body. I didn't look out immediately, as I said, but the continuing sound of the horse was too much to keep me in bed. I resolved to complain to Ludlow, and got up. When I saw his door ajar, I began to be concerned, especially when I saw the blood.'

Chetwyn's voice broke at his recollection of the scene, and Falconer thought he was about to faint. But then he rallied and carried on.

'And then after a few moments I heard another noise. It was a sort of moan, and it put me in mind of someone with the plague. I was all for leaving, but then I saw Ludlow's boarder huddled in the corner of the hall looking quite distraught.'

'Who was this student?'

'Why should you wish to know?'

'Just for information. I might need to talk to him later.'

Chetwyn growled disapprovingly, as if he deemed divulging the information was unnecessary.

'He has seen enough horror tonight. The sight of blood coming through the ceiling would break anyone. I brought him to Nevill's Inn and tried to calm him.'

Falconer imagined Chetwyn had to calm his own fears too. He persisted with his enquiries though.

'And this student's name?'

'If you must know, it was Geoffrey Westhalf. But I don't want you talking to him. His father is a very influential man.'

Falconer wasn't sure what relevance the wealth and power of Westhalf's father had to do with it, other than he might object to his son being questioned about a death. But anyone was subject to the rigours of the law when a murder was being investigated.

'Thank you for the information. But now I must get on.'

Chetwyn's next words were full of mockery.

'Don't you want to know what else I saw?'

Falconer sighed, not wishing to play the man's games, but knowing he would now have to ask.

'What else did you see?'

'Before I went next door, I was at the solar window up there.'

He pointed up above his head to the small window in the house's frontage.

'It was from there that I observed the horse. And then beyond it in the shadows I saw him.'

Falconer was getting impatient.

'Who?'

'Why, the book thief, of course. Book thief and murderer, it seems. He was bent over picking up an armful of books from the ground where he must have dropped them. Then he scuttled around the back of the church and under the archway over there.' He pointed again. 'It leads straight into the priory grounds.'

Falconer turned to look, and he heard the door behind him slam. Chetwyn was taking no more risk with the murderer or the plague. So he followed the narrow passage that ran along the northern side of the priory church and out to beneath the eastern facade. He could still not get over the quietness of the normally bustling town. It was only a few days since Bullock had imposed the stringent controls on the inhabitants, and de Bosco had agreed to suspend classes. But it was not enough time to have become accustomed to deserted streets, and empty churches.

Falconer stood hesitantly at the west door, then strode inside and up the nave of St Frideswide's. The sound of his feet echoed up into the soaring arches over his head. The interior was gloomier than usual as no candles were burning on the tall holders that stood at intervals along the length of the nave. Falconer heard a rustling sound and thought he saw a movement from behind the high altar. It was there that the shrine of the saint was located. He called out instinctively. Though, if the movement had been caused by the murderer lurking there, it was an incautious thing to do.

'Hello?'

A monkish figure in black emerged from behind the high altar, and came forward until he stood with one hand on the arch of the rood screen. Cursing his poor eyes, Falconer approached cautiously, not wishing to scare off the man as he had done with Chetwyn. This man stood his ground, however, though he looked anxiously at Falconer's approach. As Falconer got closer, he saw the pale, ethereal face of Richard Yaxley, the feretarius or guardian of the shrine. The Augustinian monk, the waxy cast of whose features were a result of a life spent inside the church, spoke up.

'Perhaps we should keep our distance from each other, master.'

Falconer stopped in his tracks for the second time that morning.

'Perhaps so, brother.'

'Do you come seeking solace in the Lord for the horror inflicted on us? I am afraid the prior is not here, though you are welcome to pray alone.'

Falconer, who had long since ceased praying to God for anything, shook his head.

'Thank you, but that is not the reason I have come here now. I wonder. Have you seen any sign of disturbance in the church? Anything that would suggest an intruder has got in?'

Yaxley waved a dismissive hand, while still keeping his distance from Falconer.

'The church is still open for worship, even in these uncertain days. Why should anyone need to break in?'

Falconer looked around, imagining he had heard another noise, but the church was empty still. Fleetingly, he wondered if Richard Yaxley was the thief and murderer. But if so, where had he hoarded the books Chetwyn had seen being carried off? And what about all the other stolen texts? The church was vast and full of secret corners, so it was possible to hide away any number of volumes. Suddenly, Yaxley's nervousness at his presence seemed to have another cause than fear of contagion.

'I was not imagining someone breaking in, but perhaps hiding away in here.'

Yaxley gave a little laugh.

'There are many nooks and crannies, it is true. And you may have read my mind. I was thinking the very same thing, and that is why I am here. I have had the feeling for a few days of a . . .' He hunted for the appropriate word. '. . . a presence in the church. I am frequently here on my own carrying out my duties as the guardian of St Frideswide's remains. But it has only been recently that I have thought someone was watching me.'

Falconer was curious to learn more, though he remained cautious in case the man was the killer he sought, and was merely leading him astray. He took a step forward.

'Explain to me what you mean.'

Yaxley disappeared behind the rood screen, and Falconer darted forward in case the monk was fleeing. But as he too went behind the wooden screen, he saw that Yaxley was walking past the high altar. The monk called out to him and went behind the altar.

'It's in here, by the shrine that I feel it.'

Falconer came up close beside him, neither of them thinking any more about the plague and its transmission. The vicinity of the shrine did feel strange, but Falconer thought that was only to do with the sanctity of the place. St Frideswide's coffin was located in the feretory — the area behind the high altar — on a raised platform and enclosed by stone. He looked at the stone tomb, peering through one of the narrow apertures in the side which were cut in the shape of an ornate cross carved within a circle. There were three such openings set evenly in each side of the shrine intended for pilgrims to put their arms through in order to touch the coffin. Even as he looked, he thought he saw a movement inside the shrine.

'What was that?'

Yaxley, who had been looking at Falconer, turned to look.

'What did you see?'

Falconer hesitated, knowing that it was impossible for anyone to be inside the stone tomb. The apertures were too small to allow anyone other than a small child to squeeze in. But he had seen something, and he pointed.

'There, behind the coffin.'

Yaxley's face darkened like thunder clouds.

'Not again.'

'Again?'

The monk was already bending down trying to get his fingers under one of the slabs close to the shrine.

'Help me with this. We have to lift it.'

Falconer saw that the slab was loose and scrabbled to get a grip on its edge. Slowly it shifted, opening up a dark hole below. The monk explained.

'In years gone by, pilgrims were allowed closer proximity to the saint by crawling from the retro-choir here and under the reliquary. There, they could get into the shrine itself through a so-called Holy Hole in the shrine's floor. It has been eighty years since its usage was stopped due to the damage caused to the saint's coffin. Too many hands rubbing away the gilded ornamentation, you see.' He peered down into the darkness. 'But a few years ago some halfwit found this way in, and crawled into the shrine. It caused quite a stir, and nearly had me dismissed from my post.'

Falconer smiled, suddenly recalling the event. He had been present at the time. Why had it not occurred to him? Especially bearing in mind who he had seen in the street the other day.

'I remember now. It was Will Plome, wasn't it? From the troupe of players?'

Yaxley grimaced at the recollection and nodded. He called down the hole.

'If you are there, Will Plome, come out this instant.'

A muffled cry came from the hole, but not a soul emerged. The monk made to climb down, but Falconer stopped him. It would be better if he went into the Holy Hole, rather than the angry Yaxley. The monk shrugged and stood back, and Falconer went down the worn stone steps one at a time. The dim light from above hardly allowed him to see clearly in the chamber below. But when he got to the bottom, he saw the fat shape of Will Plome cowering in one corner. And in the other lay a disorderly pile of books.

CHAPTER FOURTEEN

'He said he found the books in the lane.'

Bullock snorted at the presumed naivety of Falconer's comment. They were back in the castle, where Falconer had brought Will Plome. He would have trusted the lad to stay with the other players, but Bullock had insisted on locking him in the crypt of the disused chapel. Now, Falconer and Bullock were once again disagreeing with each other.

'Of course, he would say that. He had a pile of books in his possession that were taken from Edmund Ludlow's chest on the very night the regent master was bashed on the head and killed. And he had blood on his hands. Will Plome has a child's brain. But physically he is a big man and has the strength to overpower another easily. His thefts have been progressing towards murder for some time. The death of Bukwode might have been unpremeditated, but once he had the scent of blood in his nostrils, he couldn't stop. Ludlow was hunted out in his bed, and deliberately killed.'

'But why?'

'How do I know? You told me that the books the thief has stolen up to now were contentious books. Magic and science, you said, which are one and the same thing to me. Perhaps not content with merely stealing the books and disposing of them,

Plome wanted to destroy the men who had read them. Both Bukwode and Ludlow had their brains bashed in.'

'An interesting theory, Peter, and one that has passed through my mind too. But I just can't see Will Plome hatching it.'

Bullock growled his impatience at Falconer's pedantry. He could never understand why his friend didn't just accept the obvious once in a while. He suddenly felt weary and slumped down in his chair. With a wave of his aching arm, he questioned Falconer's alternative.

'You would put your money on the disappearing horseman, then?'

Brother Aldwyn who had, along with Isaac Doukas, been a silent witness to the debate so far, perked up.

'A horseman, you say?'

He fumbled through the pages of the book he kept constantly to hand. Finding his place, he read out the lines under his finger.

> *'Men will suffer most grievously, in order that those born in the country may regain power. He who will achieve these things shall appear as the Man of Bronze, and for long years he shall guard the gates of the town upon a brazen horse.'*

He slammed the tome containing the prophecies of Merlin shut.

'When I saw you bring back that destrier, constable, I was reminded of those lines. With all that armour on it had to be the brazen horse.'

Bullock frowned.

'And the Man of Bronze? Who is he?'

'The prophecies do not make it clear. It is only later that the 'Prince of Brass' is referred to again. Here . . .'

Once more he delved into the tome in his lap.

> *'Once again the White Dragon shall rise up and will invite over a daughter of Germany. Our little garden will be*

stocked again with foreign seed, and the Red Dragon will pine away at the far end of the pool. After that the German Worm shall be crowned, and the Prince of Brass will be buried.'

Falconer couldn't help but laugh at the nonsense, causing Aldwyn to scowl furiously.

'So you are telling me that my book thief is a chimera, who will guard England for years until the throne is occupied by Germans. I can never imagine that happening.'

It was Doukas's turn to offer a suggestion.

'I think you are right about that. My master — Robert Burnell — is the king's right-hand man, and I don't imagine him recommending that Edward's children be married off to some minor German princeling. But what of the simpleton Constable Bullock has locked away in the chapel? Why do you not think he did it, Master Falconer?'

Falconer looked out of the window on the troupe of players in the courtyard of the castle. Robert Kemp was juggling with three daggers, always neatly catching each one by the hilt. Simon Godrich was sitting with his back against the cart that held all their possessions scratching out some words on a scrap of parchment. Penning a song about Will Plome and murder, perhaps. Margaret and John Peper squatted by the chapel door, deep in discussion. Occasionally, John Peper got very loud and agitated, and Margaret stroked his arm and calmed him again. They would be debating the same thing that Falconer and Bullock were. The culpability of Will Plome. Unfortunately, his interrogation of Will Plome had proved quite unsatisfactory. The simpleton had been quite uncommunicative, and Falconer had got the impression he was afraid. But of what or whom he could not divine, and he had finally given up. Aware they were expecting an answer from him, Falconer returned to the people in the great hall.

'I have known Will a long time. Or more precisely, I met him a long time ago, and have seen him from time to time since, when the players return to Oxford on their tour of the region. He is simple by nature, and I don't believe he could have conceived of such a deeply evil plan.'

Doukas and the priest looked at Bullock for confirmation of Falconer's estimation of the man held in the crypt. Bullock, his head aching, was feeling stubborn, and would not let the matter go, however.

'He is not as you knew him, William. He has learned to read and has had his head crammed with knowledge too deep for him to fully understand. It has addled his brains.'

He looked his old friend in the eye, harsh thoughts playing in his own head. He allowed himself to give rein to them for once in his long and presently tiring life.

'There are those in the town who believe that too much knowledge can turn a head. That some of the great minds of the university consider themselves able to fathom the workings of God. And there are some who think they are above God in their understanding of the world.'

Falconer knew that the constable was referring to such people as his own dear friend Roger Bacon. The Franciscan friar had immersed himself in the study of astronomy, botany, mathematics, chemistry and even alchemy, the mysterious science that awed and fascinated thinkers. In the end, he probably knew more than any man alive. But all his knowledge had done him no good. He had been locked away from communication with his fellow men by his order, which feared his ferocious intellect. Falconer knew Roger had not accumulated all that knowledge to challenge God, but simply in a burning desire to know all there was to know. He knew the friar's faith in God was not broken by it - but stimulated. It was Falconer himself, with his faulty understanding of the world, who lacked the faith that sustained most of his contemporaries. He realised that that the other three men were still staring at him, expecting some rebuttal of Bullock's accusations. But he had nothing more to say in his defence. He held his hands up in defeat.

'At least Will is safe where he is, innocent or guilty. I suppose I should pay attention to my own obligations and see that the students in my hall are safe and well.'

Leaving an embarrassed and awkward silence in his wake, he left the castle and walked through a still and quiet town.

* * *

As darkness fell, he once more prostrated himself before God. This time he knew he had no need to wait for God to speak to him. He had seen Him for himself. His hot and fevered mind was awhirl with images from the previous night. The removal of blasphemous books from the hands of evil men had been until now carried out by his own agency at God's behest. Now God himself had appeared to spirit them away from right under his nose. If he needed a greater confirmation of his actions, he couldn't imagine what it might be. And God had smitten the evildoer into the bargain. His very body burned with righteous fervour, and his throat was dry as dust. Lying face down on the floor making the shape of the cross, he once again marvelled at the mark of favour granted him. He had seen God.

* * *

Falconer didn't return immediately to Aristotle's Hall, as he said he would. Instead, he sought the opinion of the person he trusted the most when he was perplexed and frustrated. Saphira Le Veske was the most unusual woman he had ever met. While being utterly bound up in her Jewishness, she was completely open-minded about the world and all it contained. Falconer often wished the Christian world was as welcoming as hers. Once, Saphira had reminded him of the exhortation in Exodus. He remembered her words now as he walked through Carfax.

'*"Thou shalt neither vex a stranger, nor oppress him: for ye were strangers in the land of Egypt.",*' she had said. 'We are expected to show hospitality to all, and that doesn't only mean other Jews.'

He had joked then that she had shown him especial hospitality. At the time they were lying together after indulging in that greatest of intimacies that the Church frowned upon when between Jew and Christian. But she had been deadly serious and didn't rise to his humour.

'I mean it, William. That is why I wish to learn about medicine from Samson. We must share with non-Jews all the benevolent works of a community, including supporting the poor, and visiting the sick.'

Those words came back to him now with a vengeance. He was still afraid that Saphira had put herself at risk in ministering to the crusader, who now lay dead of the pox and buried in the confines of the castle. He knocked on her door and experienced a momentary shiver up his spine when there was no response immediately. Then he heard her soft tread behind the door, and the swish of her robe. A bolt slid back inside and the door opened. He slipped through the opening, admonishing Saphira.

'You should have asked who it was before unbolting the door.'

Saphira smiled and stroked Falconer's cheek.

'Who else knocks so gently on my door so late at night? Especially on a night when only those on a special mission are stirring because of the pox. But I thank you for your concern.'

She took his hand and led him to the kitchen at the back of the house, where she began to prepare some food for him. It was a house she rented from a cousin, and she had never really made it her own home. She disliked the large great hall and spent most of her time in the cosier confines of the kitchen, where a fire always burned. It often niggled at Falconer that she gave the impression that Oxford was only a temporary home for her. She had spent most of her life in Aquitaine, where she had effectively run the wine business that was her husband's by right. Her elusive, and by now deceased, husband had been more immersed in the esoteric study of Kabbalah than in his trade, or his wife. Saphira's son, Menahem, now ran the business, though he himself had been drawn to Kabbalah by his father at first. When his father had died, Menahem had disappeared, and Saphira had come to England in search of him. It was then that she had met William Falconer, and eventually settled in Oxford. But in Falconer's mind the state of the house in Fish Street gave the lie to her settling down at all. He kept imagining that one day he would knock on her door, and she would be gone. He would have understood, of course, for what could he offer her other than clandestine trysts and illicit conversations? He was a regent master and nominally celibate and in holy orders.

'What are you thinking, William?'

He realised she had asked him something, and he had not replied. Sitting down close to the fire, he sighed and stretched his long legs.

'Of people and how little I really understand them.'

She looked up from the platter of cold meat and bread she had put together, and pinioned him with her green-eyed gaze.

'That is a very philosophical statement. Who are you thinking of?'

He chose to lie to her and led his thoughts away from his concerns about her and on to the matter of the murders.

'I thought I knew a young man — a simpleton, but harmless and quite guileless in his way. Now he stands accused of vile crimes that I hardly imagined him capable of.'

He began to lay out before Saphira the complicated tale of the theft of rare and sometimes dangerous books that had escalated into deliberate murder. He explained the theory that the murderer was someone who wished to rid the world of books that in his eyes challenged faith in God. And that in the process he had perhaps progressed to erasing the same knowledge locked in the minds of the owners of those books also.

'Will Plome was discovered in St Frideswide's Church with the books from the last theft, and blood on his hands.'

'But your instinct tells you that he was not the murderer?'

Falconer nodded in reply to Saphira's enquiry and took the food she had prepared.

'I knew him as a person who cared for the horse that the troupe had to pull their cart in better days. And he took great care of a little monkey he called Ham. I cannot see him beating a man's brains out.'

'Then you should trust your instincts and seek out the real killer.'

Falconer had known that she would cut through the obscuring fog of Bullock's stubbornness and Aldwyn's prophetic maunderings. Though, concerning the latter, he thought there might be an inkling of truth in them. He smiled ruefully.

'All I need to do is find a prince of bronze, who will stand guard at our gates. We have his horse, so perhaps he will come to retrieve it.'

He broke some of the fine white bread and laid a slice of beef on it before hungrily putting it in his mouth. Saphira poured him some of her own red wine, and then sat down opposite him with her own goblet. She took a deep draft and sighed. Falconer was aware for the first time that she appeared distracted. He wondered if she was feeling ill, and he felt a hand clutching at his heart. He leaned forward in his chair, putting the pewter platter down on the floor.

'Is there anything wrong, Saphira? You're not feeling . . . ill, are you?'

She looked at him, at first puzzled by his enquiry. Then she laughed gently.

'No, there is nothing to fear on that matter.' She pulled a face. 'But there is a rumour going around concerning the parliament the king has just called.'

Falconer knew immediately that she meant a rumour circulating amongst the Jews of Oxford. King Edward had shown himself to be, if not exactly an enemy of the Jews, then certainly not a friend. And Jews relied on the king for protection. Many years ago, they had been accepted in England because of their ability to lend money with interest — a practice which was forbidden Christians. Barons, needing to finance armies and go on crusade, made use of the Jews, sometimes to immoderate levels. More recently though, Jewish bonds had been changing hands as richer men bought up poorer landowners' debts with the aim of ousting them from their lands. Edward needed to tax these very men who were being bankrupted to pay his own debts to Italian moneylenders such as the Riccardis. It wasn't difficult to see where the king was proposing to go, and Saphira explained her fellow Jews' worries.

'It is thought that Edward will abolish all the debt, and even stop Jews from lending money altogether. If so, it will be impossible for many to make a living in England.'

The implication for herself and Falconer hung in the air between them like a dark storm cloud. What he feared the most seemed to be coming to fruition. He hesitated a while, but then asked the question foremost on his mind.

'What will you do?'

Her face took on a solemn cast.

'It may come to the point where what I wish to do is irrelevant. If we are no longer of use to the king, we may be expelled from England.'

CHAPTER FIFTEEN

The Feast of St Hygbald, 18th September

Whenever Edward was vexed he resorted to his precious copy of "*The Histories of the Kings of Britain*". And he was particularly vexed right now. Robert Burnell had nothing to report on the situation in Oxford due to its self-imposed isolation. Burnell's creature was supposed to resolve the problem the king had with all due haste. But the outbreak of pox had thrown a veil over the proceedings. Eleanor was avoiding him, as she always did when she was big with child. Not that she was all that large yet, being no more than three months gone, if the physicks were to be trusted. He suspected she was just keeping out of his way because of his bad mood, not realising she was making matters worse by doing so. No, he had to admit the root cause was firstly the problems with the Jews, and secondly his confrontation with Llewellyn and the Welsh nation generally. So he had shut himself away in his private solar at Woodstock and placed Geoffrey of Monmouth's book on his reading stand. Four lit candles cast an extravagant light on the pages. He first opened it at one of his favourite passages describing tourneys and games such as he used to indulge in himself. He traced his finger along the page, which was already stained with this repeated act, and read out loud Geoffrey's description of King Arthur's tourney.

'Presently the knights engage in a game on horseback, making show of fighting a battle whilst the dames and damsels looking on do cheer them on for the sake of seeing the better sport. Others elsewhere spend the day in shooting arrows, some in tilting with spears, some in flinging heavy stones, some in putting the weight.'

Earlier that year he had taken part in a tournament in France that some had dubbed the "Little Battle of Châlons". A French count had all but tried to murder him during it, and the courtly battle had degenerated into a full skirmish. Even the thought of it now stirred his blood, and he turned the pages to read another favourite passage — Arthur's encounter with a giant. Once more the stain of his passing finger marked the passage.

'Arthur, swiftly bestirring him with his sword, hacked the accursed monster first in one place and then in another, and gave him no respite until at last he smote him a deadly buffet on the head, and buried the whole breadth of his sword in his brain-pan.'

Mimicking Arthur's action, Edward swung his sword arm down in the killing blow. He almost felt the judder up his arm as the sword's arc was stopped by the giant's skull. He gasped in satisfaction.

'You know, my Lord, that scholars say that Geoffrey's book is mere fancy. A fantasist's desire to raise his fellow Welshmen up from their lowly and ignorant status to the heights of founders of Britain. That he should portray Arthur as a Briton who fought against our Anglo-Saxon forefathers was unforgiveable.'

Edward hadn't heard his chancellor, Robert Burnell, entering his chamber. The damned fellow sneaked hither and thither without even disturbing the air he breathed. Indeed Edward wondered if he even did that as breathing was the pursuit of a normal man. Burnell appeared to be a wraith.

'Yes, yes, I know. William of Newburgh was at pains to say so fifty years after the book became known. But his opinion matters not a jot. Too many people wanted it to be true for any petulant scholar to ruin its appeal. But that is why I wanted to talk to you, Burnell.'

For once his chancellor was confused.

'What is, my Lord?'

Edward smiled easily at the thought he had kept Burnell on the hop.

'I want to go to Glastonbury before I take any action against the Welsh.'

Edward's intentions appeared to dawn on Burnell, who smiled.

'Ah. Just as your great-grandfather, Henry, saw a benefit in the monks at Glastonbury finding the skeletons of Arthur and Guivenere, you too wish to lay the ghost of the legendary king.'

'Yes. Henry had his own problems with the Welsh at the time, and a skeleton of Arthur was proof positive that he was dead, and could not rise again as the legend goes to help the Britons or the Welsh in their hour of need. I need to do the same.'

Edward closed his favourite book firmly and doused a couple of the candles with the flat of his hand. No point in wasting good candles on Burnell, who could probably see in the dark anyway. The two extinguished wicks streamed smoke for a while, leaving the distinctive smell of wax in the air of the room. Burnell remained standing by the door through which he had entered, his hands clasped over his stomach. His voice, when he spoke, was quiet and unemotional.

'If you ordered Arthur's tomb to be opened, you would reveal the wondrous large bones of the king, and those of Guinevere of marvellous beauty. I suggest it be done at twilight to heighten the dramatic effect. Then you and the queen could wrap the bones in silk and have them reinterred, leaving the skulls on permanent display outside the tomb on account of popular devotion.'

Edward paused a moment, seeing how perfect such a ceremony would be. Then he sighed. Burnell's account of what could be done at Glastonbury was so clever, he realised that his chancellor had planned it long ago. Long before Edward had even thought of the ploy. He had not caught Burnell out after all and would have to find some other way of disconcerting the man.

'Tell me about matters in Oxford.'

* * *

Eventually, Falconer managed to have a talk with Geoffrey Westhalf concerning what he might or might not have heard on the night Edmund Ludlow was murdered. He had been surprised to discover that the youth had returned to his lodgings in Beke's Inn. He had at first knocked on the door of Nevill's Inn next door, expecting Westhalf to be there still. He had half assumed he would have to badger Chetwyn into allowing him to see the boy. The last time they had spoken, Chetwyn seemed to think Falconer should not bother Westhalf due to the moneyed nature of his father. The shutter at the upper window of Nevill's Inn opened in response to his knocking, and he squinted upwards. The head of Robert Chetwyn hung out of the window staring down suspiciously at him.

'What do you want, Falconer?'

'To speak with Geoffrey Westhalf, if I may.'

'You know my opinion on that. However, the decision as to whether you can speak to him or not, is no longer in my hands.'

'Oh, why is that?'

'Because the boy no longer resides in Nevill's Inn.'

Without further explanation, the head bobbed back inside and the shutter slammed to. With no more information as to Westhalf's actual whereabouts, Falconer resorted to the only other option he had. With the town gates closed, Westhalf could only have gone to one other place, even if it was a bizarre relocation. He walked the few paces to Beke's Inn, and once again knocked. After a short silence, he heard the sound of booted feet approaching the other side of the solid door. A voice called sharply out.

'Who is there?'

'Geoffrey Westhalf? It is Regent Master Falconer. I have come with the agreement of the constable to speak to you about the other night.'

There was a long pause, and Falconer was just about to speak again, when he heard a bolt being withdrawn, and the door creaked open. Westhalf looked pale and he glared at Falconer suspiciously.

'What do you want . . . sir?'

He added the final word almost as an afterthought, and Falconer reacted to the insolence.

'I am here to seek the truth concerning Edmund Ludlow's murder, Westhalf. Which you would do well to remember.'

The young man's eyes glittered with the heat of some inner passion.

'Which truth is that, master? The conjunctive or disjunctive truth?'

Falconer was disconcerted for a moment, until he recalled his last encounter with Westhalf in his class on *sophisma*. So much had happened since that he had forgotten the confrontation between Westhalf and Peter Mithian. The intellectual puzzle set by Falconer had resulted in Westhalf being called a donkey. Clearly the young man before him had taken the joke to heart so much that it had seethed in his breast and grown to something unbearable. But Falconer was not to be diverted from his task by the feelings of this overwrought youth.

'A sophism is merely one way to come to the truth by examination. So let us examine the facts about Master Ludlow's death.'

Westhalf pulled a sneering face but stood his ground at the half-open door. He clearly had no intention of allowing Falconer in, so the regent master continued the conversation from where he stood. If Westhalf was fearful of being in close proximity to another person, it was not an uncommon feeling at present.

'What did you hear the night that your master was murdered?'

The youth's eyes were cast down, as if he was plundering his memory and trying to dredge up whatever he could. He held back so long that Falconer thought he had decided not to speak. Then he raised his red-rimmed eyes to the regent master and replied.

'I heard nothing until I awoke, and then I heard horse's hooves in the lane. I thought it was perhaps the sound that had awoken me. With the plague abroad, it was odd to hear anything outside at all, and I got up.'

He paused, and Falconer urged him to continue, though the look in the boy's eyes as he recalled that night was of fear. No, perhaps not fear but awe.

'I sleep at the back of the house behind the hall. I heard another sound like the passage of angels, and got up to see.'

'Angels? What sound do angels make?'

Falconer was beginning to be sceptical of the youth's account. He was clearly overexcited still and ascribing the most mystical of causes to the sound of the fleeing murderer. Westhalf's look hardened at the obvious expression of disbelief from the regent master. He blushed and muttered his reply.

'A whispering sound that no earthly step could imitate.'

Falconer thought that in his experience a good thief could glide over strewn floor rushes and not disturb them much. But he did not say as such, and Westhalf concluded his account.

'I peeped through the archway into the hall, but there was no-one to be seen. It was then I saw the blood dripping from above. A rain of blood from the solar where Master Ludlow was sleeping.'

He glanced nervously over his shoulder back into the darkness of the hall behind him. He must have been remembering the sight of the blood, and thinking of angels. In his present condition, Falconer doubted that the youth should be staying where he was. But when he offered to take Westhalf to the castle instead, the youth went pale and clutched the frame of the door.

'No! It is not safe. I saw . . .'

'You saw what?'

Geoffrey Westhalf lowered his eyes, and shook his head. 'I saw nothing.'

Then the door was closed, and he was gone.

* * *

'He sounded afraid to be where he was, and yet more afraid to come out into the streets. And who could blame him at the moment.'

This was Bullock's sensible comment on hearing Falconer summation of Westhalf's story. Doukas laid his quill down and pushed his parchment aside for the ink to dry. He had made careful note of Westhalf's evidence as he had done with everything that had happened since his enforced incarceration in the town. He had asserted that his master, Chancellor Burnell, would wish to know everything concerning the thefts and subsequent sequence of murders. But as Falconer scanned the spidery script of the Greek, he wondered what story would emerge from the series of notes. Doukas was offering no opinion on who might be the killer, though he already had a pouch full of scribbled interviews. Perhaps William de Bosco's tenure at the university was due to come to a close soon. That thought reminded Falconer that he owed the university chancellor an update on what he had discovered about the spate of thefts and murders. Even if the only fact was that Constable Bullock suspected a simple-minded member of a troupe of actors, acrobats and musicians of being the perpetrator. He wished he had more to tell de Bosco and slumped by the fire in Bullock's great hall.

The shadows of evening stretched across the rough stone floor, and Doukas turned to Aldwyn, who sat beneath the west-facing window to catch the last rays of the setting sun.

'What do the prophecies tell us, brother monk?'

Doukas's rough, accented voice roused the elderly monk from his reverie, and he eagerly flicked the heavy pages of Geoffrey of Monmouth's tome.

'I had been pondering that question, master scribe, and seeking to interpret the riddles Merlin presents us with. The Man of Bronze has put in an appearance, and none can deny the probable truth of the line, "*Death will lay hold of the people and destroy all the nations*". Some in the past thought that referred to the end of the world, but we can now see it is specifically about Oxford. The nations that the students at the university divide themselves into stand to be destroyed, if the plague takes a hold.'

Falconer interrupted the monk's doom-laden maunderings.

'But it has not yet happened, thanks to Peter's actions.'

He glanced over at Bullock, who appeared to be asleep in his chair. Aldwyn waved aside Falconer's protests, however.

'We shall soon see about that.' He tapped a bony finger on the page of the book. 'Each prophecy has come true so far.'

Doukas chuckled.

'Then read on, Aldwyn, and tell us what is to come next.'

'That is what I was about to do, Greekling. And it has come already, if I read the meaning right.'

Falconer was becoming increasingly frustrated at these mystical pronouncements of the monk's.

'What has already come about?'

Aldwyn lowered his eyes to the book in his lap, and by the red glow of the dying sun recited the next lines.

> *'The North Wind will rise, snatching away the flowers which the West Wind has caused to bloom. There will be gilding in the temples . . .'*

'What on earth does that mean? It's gibberish.'

Aldwyn glared at Falconer.

'It is obvious that the North Wind represents the cleansing air of piety that is blowing away the growing evil of spurious knowledge that certain minds have nurtured in order to challenge God's creation.'

Falconer thought of Fulbert's condemnation of people like himself and Roger Bacon and their thirst for empirical knowledge. He wanted to challenge Aldwyn, but the monk was in full flow.

'The gilding of the temple refers to this wrapping of alchemy and science in appealing garlands. But the next prophecy is to be heeded well.' He took a deep breath. '"*But the sword's cutting edge will not cease its work.*"'

* * *

The crypt was a cold place at night, but Will Plome was used to hiding away in the Holy Hole in St Frideswide's Church, so this was like home to him. He lay curled up in a corner on a sack of straw that the constable had thrown in after him. Then the old man had locked the door. Since then, only Agnes had come to see how he was. She told him that John Peper and the others were angry with him for not doing what he had been sent to do.

'But I was busy, Agnes. I had other things to do.'

'Like stealing books?'

Agnes couldn't bring herself to say the other word expressing what Will was also accused of.

'I found them, Agnes. Really I did. I couldn't leave them on the ground where they were.'

Agnes's sigh from the other side of the solid door made Will realise that even she didn't believe him. And soon she wasn't there anymore, and he was alone again for a long time. He dozed off, but then a sound woke him up. He listened for a while, imagining he could hear rustling outside the door. He tried a little whisper, scared of who it might be.

'Is that you, Agnes?'

There was no reply, and he was going to call out a little louder, when he heard a creaking sound. He looked, and saw the door swing slowly open. He clutched his knees and hugged them up to his chest. He was mortally afraid now. But no-one came in, and soon he was emboldened enough to crawl across the damp floor of the crypt. He peeped around the door, and saw a pair of legs at the top of the stone steps that led down to where he had been imprisoned. They were encased in sturdy boots with mud on the heels. He couldn't see the body that was atop the legs, and he crawled through the open door to get a better look. As he did so, the person turned and moved away, so all he could see was still the booted legs. He felt impelled to follow, and cautiously got to his feet, and made his way up the steps. At the top of the steps stood another open door, which he knew led out into the castle courtyard. He ventured up to it and risked a glance out. A dark figure stood with its back to him on the other side of the yard, close to the gate that led out into the town. Clouds scudded across the moon, and made it difficult to see who it was. He rubbed his eyes, but when he looked again, he couldn't see the figure at all. He tiptoed across the yard towards the open gate, not sure if he should take advantage of his freedom, or stay safely in the crypt. Then he heard a low moan from behind him.

Swinging round, his heart in his mouth, he saw that the same figure had somehow got to his back. A silvery beam of light shone through a break in the cloud, and he saw a face at last. Dark, with staring eyes and exposed teeth, it made him shudder with half-recognition. He hesitated, but the outline of the horns sticking out from its forehead made him certain it was the Devil that was calling him onwards. His heart pounding, he took to his heels and ran.

CHAPTER SIXTEEN

Early hours of the Feast of St Theodore, 19th September.

Master Gerard Anwell felt his full seventy years. The night was chill, and his bones ached at the very thought of another winter. He no longer taught at the university, finding the task of plodding through the basics of the trivium — grammar, logic and rhetoric — with dull, young clerks tedious in the extreme. The quadrivium was only marginally less excruciating. Arithmetic, astronomy, geometry and music could be worthwhile topics to study, but not with the stumbling idiots who seemed to populate the schools of the university nowadays. No, he had given all that up to devote himself to the study of pure knowledge. In his tiny back room that he rented with his dwindling funds from Mistress Dockerel who ran the brothel next door, he surrounded himself with texts that few could decipher. No longer content with the stilted Latin translations of Aristotle and the like, he had taught himself Greek, Hebrew, Chaldean and Arabic. Now, he read texts where he could get them in the original. Even then, he eschewed the authorities approved by the church, confining himself to reading such esoteric texts as he could lay his hands on. These included such nonreligious authors as Galen, Maimonides, Ptolemy, Hippocrates, Abraham ibn Ezra and Samuel ibn Tibbon.

Recently the Jewish Kabbalah intrigued him, but he dare not tell anyone of his interest. Studying Hebrew texts was frowned upon by the university and the church both. He had made some indirect approaches to scholars who also were of an enquiring nature and might have helped him trace the works he sought. Edmund Ludlow, a fellow Welshman, had promised to find out more for him, but had not come back to him for a few days. He wondered why that was and cursed his one-time friend for ignoring him. As Anwell rarely left his room and had certainly not stirred himself in order to attend the Black Congregation, where his joints would have ossified with the cold, he was quite unaware that Ludlow was dead. Or that a thief was plundering texts of the very sort that Anwell himself cherished. He had barely acknowledged the pox that ran through the streets of Oxford. He didn't have contact with a soul from one day to the next, other than with Sal who collected his rent weekly and brought him some food at the same time. He was content to immerse himself in scholarship, and especially liked the ornate decoration of some of the Christian texts he owned, where the rich reds, blues and yellows were offset with lettering in gold leaf. Some of his precious Arabic and Hebrew texts were similarly decorated with geometric patterns in gold.

As the cold of the night set in, and he remained unable to sleep, he wrapped his fur-trimmed gown around him, lit another candle, and opened his favourite work. Maimonides's philosophical treatise, *Guide to the Perplexed*. As the candle grew lower, and the wax dribbled over the base of the pewter stick that held it, Gerard Anwell's eyes began to tire. The Arabic text on the parchment began to swirl and stretch so that it became a long, undecipherable string for a while. He screwed up his eyes and when he looked again, the text had returned to legibility. But then it happened again, only this time Anwell's weary, old eyes drooped and refused to focus.

He awoke with a start, not sure if he had slept for long or merely dozed off for a moment. He looked at the candle, which was still alight but was no more than a blackened stub of wick in a misshapen mass of wax dribbling off the edge of the table so that it resembled the hand of an old man with long fingers dangling down to the floor. He estimated that he must have slept for some time. Then he heard a noise and realised that it had been a similar sound that had awoken him. He shook his head to clear his senses, and he looked round behind him where the noise had come from. He heard a door creak open, felt a breeze on his cheek, and the remains of the candle guttered and went out. He thought the intruder might be Sal Dockerel come to collect the rent, but then remembered she had only done so a couple of days earlier. Fear gripped his heart and he tried to call out, hoping that his landlady might hear him. But that was a forlorn hope, and his throat was dry anyway. All he could manage was a croaking sound.

'Who is that?'

The dark shape loomed over him, and he saw the silver light of the moon catching on a blade that swung towards his neck. The blow, when it came, made him choke and gurgle. But only for a moment, then he was dead.

* * *

Having spent a celibate night in Aristotle's Hall with his mind tossing backwards and forwards theories of Will Plome's guilt or innocence, Falconer was anxious to talk to Bullock again. As he entered the castle courtyard, he was surprised to find a scene of some confusion. The members of the players' troupe were standing in a group debating anxiously amongst themselves, while the constable was poking at their possessions with his trusty sword. As he prodded the cart in which were piled all their precious props for mounting scenes from morality plays, John Peper jumped forward.

'Take care, Bullock. There are irreplaceable items in there.'

Bullock snarled, and continued to poke away. Peper was so anxious he tried to stay the destruction by grabbing the constable's arm. Bullock, despite the disparity in their ages, easily threw the actor off. Peper fell back on his arse complaining.

'How could Will be in there? It's too small to hide him.'

The other members of the troupe were aghast at their leader's treatment, and Robert Kemp was emboldened enough to step forward. But Falconer strode across the courtyard and interposed his body between the protagonists. He threw a warning look at Kemp, and then turned to address Bullock.

'What is going on here, Peter? Why should Will Plome be hiding somewhere in the yard?'

Bullock scowled, casting a look around the group of players.

'Because someone released him from the crypt last night, and I don't doubt it was one of his friends here.'

This accusation raised a howl of protest from Peper's troupe, words that were cut across by a harsh but controlled voice with a foreign accent.

'If you didn't free your friend, then why not show your allegiance to the law and go and find him.'

Isaac Doukas strolled out of the shaded archway leading into the stronghold that was the tower. He stuck his thumbs in his broad leather belt and tossed his head in the direction of the gateway to the town.

'Go and find him before he gets into any more trouble.'

John Peper picked himself up off the ground and looked to be ready to attack Peter Bullock again. But the wiser head of Agnes Cheke prevailed. The old woman screwed her wrinkled face up in what passed in the circumstances for a grin which diverted Peper's attention.

'The foreigner is right, John. We can best help Will by finding him before either he does something silly, or . . .' She stopped and stared hard at the constable. '. . . or the real murderer kills again, leaving Will accused of a new crime.'

Bullock growled, but sheathed his sword, and the tension in the air eased. Simon Godrich strolled casually away from the constable singing gently under his breath.

'He that courts a pretty girl, courts her for his pleasure. He is a fool, if he marries her without store or treasure.'

Robert Kemp linked arms with him and joined in the second verse.

'He that drinks strong beer, and goes to bed mellow,
Lives as he ought to live, and dies a hearty fellow.'

Peper was still red faced and angry, but followed his compatriots, and the awkward moment was over. The troupe of players gathered by the castle gate and planned their search of Oxford. Falconer looked at Bullock, who shrugged his shoulders and signalled for his friend to follow him into the castle keep.

* * *

The next few days witnessed a strange revival in the life of Oxford. Not that anything returned to normal — such a rebirth was not yet possible. The whole town knew — because the rumour had spread like wildfire — that the red plague took ten days before it might reveal itself again. The cursed evil was seen to linger in doorways, and trickle down drainage gulleys. It hovered in the very air, and would sneak in open windows, if it were allowed. Then the rumour was somehow born that it was a Jew who had said all this. And if he knew how long it took to fester before it broke out again, then he must be responsible for its existence in the first place. From that surmise it was only a short step to the conviction that it was all therefore a Hebrew plot to ruin the business of the town, cutting off the market from its customers, and starving the population. On Saturday — the Jews' holy day — Peter Bullock had to use force to disperse a gang of four men, who had broken the curfew and taken it into their heads to try and break into Simeon's house on the corner of Fish Street and Jewry Lane.

Martin Durham, the ringleader of the gang that was made up of his three sons, had been convinced that Simeon was hoarding food. He knew that the Jews went to the synagogue on Saturdays because he rented his house at the other end of the lane from Jacob and Cresse. It would be a perfect time to break in and steal the food. Unfortunately, Simeon, like all the other Jews, was observing the proscription on assembly, and was at home with his family. Martin had got no further than damaging the sturdy lock on Simeon's front door, before Samuel across the street had seen the rumpus and raised the alarm. His own boy was despatched secretly but with speed to fetch the constable.

Bullock, together with Isaac Doukas, who had offered his help, was soon on the scene. He threatened to lock the whole Durham family up, if they did not return to their own home. Durham, faced with the constable and some swarthy individual with authority written all over his face, backed down, and then complained about their straitened circumstances.

'We are starving and have nothing in the larder.'

Bullock knew that the main reason why Mistress Durham had nothing in reserve was that her husband, Martin, drank away most of the money he earned as a mason. His wife had precious little food to last them from one pay day to the next, let alone during a siege laid by an invisible enemy like the pox.

'Go to the bakery at the other end of this street. Simon will let you have a loaf on the promise of payment. Tell him I sent you. Then get home and stay home.'

Durham slouched away grumbling under his breath and was followed by his three growing and pinch-faced sons. Bullock hoped the man would pay his dues afterwards, or Simon would be complaining to him soon enough about the mason's arrears. As the constable and Doukas walked back to the castle, it became evident that others were running out of food. Shadowy figures lurked in doorways, waiting until they had gone past before sneaking out to buy what provisions they could find. As they went down Pennyfarthing Street, a woman approaching them crossed to the other side of the street to be as far away from them as possible. She nervously nodded her head at the constable, held her hand to her mouth, and scurried on past. On any other day, Bullock might have been hailed, and drawn into a conversation. Today he, like any other person abroad, was shunned for fear of being a bearer of the pox.

And so it was for the next day and the next. Fearful figures sneaked along lanes, carefully avoiding anyone else in a terrible parody of the crowds that would normally have filled these streets. A few days ago, people would rub against each other, shoulder to shoulder, not caring one bit if they were jostled. Now, the widest berth was afforded, and if there was no reason to be outside, everyone stayed indoors. And even there, a sneeze was viewed with suspicion, and the offender was ostracised as far as the narrow confines of the houses in Oxford permitted. Families lived cheek by jowl, so a wife could not avoid her husband, or a father his children. But any sign of illness in anyone was occasion for the victim to be closely watched from a distance. The mood in every single home was therefore tense, and it was no surprise that such circumstances bred resentment and a need to apportion blame.

CHAPTER SEVENTEEN

The Feast of St Maurice, Sunday, 22nd September

Saphira was at the home of Samson, and Falconer had joined them. Will Plome had not been found, and his hunt for an alternative suspect had got him nowhere. So when Saphira had asked him to join them to talk about a suitable strategy in their combating the pox, he had readily agreed. He was fascinated that the doctor's room was filled like his with vials and pots, and a mixture of sweet scents overlaid with a faint, but still noisome, stink. Samson, more so than even the ever-curious Falconer, obviously distilled various preparations, for stained glass alembics stood beside a small furnace with its own set of bellows. But all these possible distractions did not at this time divert Falconer from the task in hand. It was less than ten days since Hugo de Wolfson had been found by Thomas Dagville, and examined by Samson and Saphira. That was a fixed point in the calendar of the development of the red plague in Oxford. Much of the rest was uncertain, however. Where de Wolfson had gone, and whom he had come into contact with was unclear. But the exact date of the crusader's arrival in Oxford could be verified by Falconer.

'He almost ran me down at East Gate. It was the twelfth day of September.'

Samson frowned.

'You can be certain it was him?'

'Yes. It's not every day that a well-built knight with a tanned face that has been exposed to the sun of Outremer comes to Oxford. Besides, I saw his horse at close quarters. It is the same one that was found wandering the lanes close to Beke's Inn the other night.'

Saphira laid her hand on his arm.

'The one that convinced the monk staying at the castle of his Prince of Bronze prophecy? But how did it get free?'

Falconer shrugged his shoulders.

'It was the very same. But I can't answer your other question. Dagville says it was still in his stable after de Wolfson's body was removed. He had intended to sell it to defray the costs incurred by the knight. How it got dressed in all its armour and set free in Shidyerd Street is a mystery.'

Samson made a suggestion.

'Perhaps the monk did it to help fulfil this prophecy you mention.'

'It's possible. But Aldwyn is quite old, and truly believes in Merlin's prophecies. He wouldn't have need to create proof — it would be manifest as far as he was concerned.'

Samson peered at Falconer, a sceptical look on his face.

'Like the miracles of Christian saints, and the . . . the discovery at Glastonbury nigh on a hundred years ago of the bones of King Arthur, just when King Edward's great-grandfather wanted to show that the mythical king was dead and would not return to aid the Welsh?'

Falconer laughed out loud.

'You are right. And in the same circumstances as now, for it is just at a time when Henry was trying to crush Welsh ambition. But to get back to the point, you may be right. Aldwyn may have helped his prophecies along a little.'

Saphira was frustrated by all the wild speculation. She was more anxious to get back to the reason for their meeting that morning.

'If the crusader knight arrived ten days ago, then he could have passed on his pox to others in the town soon after that. If he did then some will show signs from tomorrow perhaps.' She turned to Samson. 'What will they be — these signs?'

Samson began to explain.

'Ten days may be a little early, but the signs are fever, headaches and muscle pains. The victim will also feel nauseous and will vomit. Quite soon after that, visible lesions will appear in the mouth and on the tongue and throat such as you saw with the crusader. That is what we must look out for.'

Falconer wondered if anyone in the town would reveal to Peter Bullock a member of their family showing those symptoms. Or if they would keep it quiet. Nobody wanted their house marked as a plague house.

'I questioned the Dagvilles concerning de Wolfson's movements, but I fear I could not get much information from them. When he was in the inn, he kept pretty much to himself, which is lucky for the drunkards who usually frequent that place. But Thomas Dagville did say that de Wolfson was complaining of aches and pains, and he told him to consult Will Spicer in Kepeharm Lane.'

Samson grunted in a way that showed his low opinion of the apothecary.

'I would rather suffer in silence from whatever ailment had cursed me than ask Spicer for a cure. I have seen some of his work brought me by his long-suffering patients. One who complained of shortness of breath was told to put the lung of a fox in sweetened wine and drink it. He was sick. Another had a pricking sensation in his left eye and consulted Spicer. As a result, he walked around for days with a left eye plucked from a dog bound to his own. It took a lot of ointment to salve the resultant soreness. Spicer is such a danger that I might even have hoped that de Wolfson did infect the man to rid us of such a fool.'

Falconer shook his head.

'He didn't. I spoke to Spicer, and he couldn't recall anyone like the crusader coming to consult him recently.'

'A pity.'

'The only thing that Dagville could tell me was that de Wolfson returned to the inn later in the day, and made a contented comment about . . .' Falconer glanced at Saphira furtively. '. . . about satisfying his lusts in Grope Lane.'

Saphira grinned at William's obvious embarrassment. But Samson was not happy about the revelation.

'Then not only could he have spent the day wandering around the market passing on the red plague to almost anyone, he is sure to have given it to a poor doxy in one of the establishments there. Such an intimate contact would be certain to pass on the disease. We should get the constable to check with all the brothels for signs of illness. If men are still going there, the pox could easily be passed on again and again.'

Falconer nodded in agreement.

'I will see Peter immediately. We should have thought to have him close such places down straight away, but we only thought about public places not such houses of personal contact.'

Saphira rose from her chair.

'I will come with you, and perhaps Peter will allow me to examine the women for signs of the disease.'

Falconer's lipped tightened, but he knew there was no use in forbidding such a dangerous act. Saphira was a woman who knew her own mind, and they had argued before about his protectiveness. He could only hope that Bullock would forbid her, or that the brothel-keepers would deny her access. No madam would want her place to be seen as a home of the pox. Leaving Samson to plan what could be done should the red plague spread, Falconer and Saphira Le Veske hurried through the quiet streets of Oxford towards the castle.

* * *

Inside St George's Tower, which was hardly illuminated by the fire and a few candles even though it was bright daylight outside, Aldwyn knelt in prayer. His book of prophecies was close at hand still. Doukas was sitting at the large table that he had appropriated for making his notes. When he saw Falconer and Saphira enter, he dipped his quill in the ink pot, as if making ready to record the events of the morning. Bullock stared at him, a defeated look in his eyes. Whatever the outcome of this strange time in the life of the town, he had a feeling in his bones that it would not be a good one for him. In fact, he saw no future for himself — nothing but a dark, yawning pit. He closed his eyes and wished it all would just disappear — his worries, his fears, the town and all the responsibilities it loaded on his shoulders.

'Peter, did you hear what I said?'

Bullock sighed, and turned to Falconer, who had been telling him something that he felt sure he didn't want to hear.

'Something about the brothels in Grope Lane.'

Falconer's face had a look of deep concern.

'Yes. We think that de Wolfson went to one of them the day after he arrived in Oxford. If so, there could be a woman there who will pass on the plague to any other man who lies with her.'

'I don't think any man has been down Grope Lane since I set the curfew. Anyone with a wife would not be able to escape his lady's gaze when everyone's movement is closely observed in case they show signs of the plague. But it would be wise to find this trollop, and seal her off from human contact.'

Saphira spoke up, as Falconer had expected her to.

'I could go down the lane and check the women for the signs of red plague. It would be easier for me than a man.'

Falconer was about to suggest to Bullock that Samson would be a wiser choice, but he was too late. Bullock patted Saphira's shoulder gratefully.

'I agree. And you know how to protect yourself from the dangers of the plague. I saw how you masked your face when you attended the crusader. I accept your offer with gratitude.'

Falconer gritted his teeth, thinking that a few years ago Bullock would never have put a woman in the way of any danger. But today his friend looked tired, and ready to accept any help. Not that he blamed him. The whole situation was a great burden. He just wished it was not Saphira who was the logical choice. Bullock made another suggestion about how to isolate the woman, if she were found.

'I have been thinking about where to put those who we find are infected with the plague. Brother Aldwyn, here . . .' He indicated the monk, who had finished his prayers and was once again attending to the conversation. '. . . suggested that we use Bartlemas hospital.'

The old monk nodded his head eagerly.

'Yes, the last time I was there, there was only one inmate, who can be moved easily to make way for the infected. After all, it once served as a place for lepers, and is outside the walls. Those who remain inside the town will be pleased to see any potential source of infection being moved away from them.'

Bullock slapped a hand down on the table, causing Doukas to steady his ink pot and glare.

'Good. It is settled then. I can get someone from outside the walls to take a message to Oseney Abbey to let them know. And I shall get Thomas Burewald to accompany you, Mistress Le Veske. He will ensure that none of the brothel madams object to your work, and I can trust him not to get . . . distracted. His wife is a ferocious woman.'

He smiled at his characterisation of Mistress Burewald. But he was lucky he didn't say what he did a few moments later, for Burewald himself suddenly burst in the hall. His face was aghast, his lips tight.

'Constable Bullock. The Grey Friars have put word out that they are holding a prayer meeting in their friary for anyone in the town who cares to attend. They are going to defy your curfew, and I have seen several people on their way to their church already.'

Bullock groaned and prised himself up from the comfort of his chair. He saw the dark pit opening up before him.

* * *

It was but a few hurried steps from the portico of the castle to the entrance of the Franciscan friary. The church, built in the very walls of the town, had a large nave that was a public preaching hall for the friars. Their own services were conducted in the greater calm and intimacy of the choir to the east. When Bullock, accompanied by Doukas and Falconer, arrived at the town entrance, the assembly had already begun. Some fifty people from the town had gathered and were seated on benches listening to a sermon from a young Franciscan. Falconer recognised him immediately. It was Friar Fulbert, and his sermon — more of a harangue really — followed closely the tenor of the harsh words he had used when Falconer had last seen him.

'St Francis told his first followers — "I admonish and exhort the brothers in the Lord Jesus Christ to beware of all pride, vainglory, envy, avarice, worldly care and concern, criticism and complaint. And I admonish the illiterate not to worry about studying but to realise instead that above all they should wish to have the spirit of the Lord working within them."'

Bullock was about to move forward into the main part of the nave and put a stop to this, but Falconer's curiosity got the better of him. He put up a hand to restrain the constable, having in the back of his mind the thought that Fulbert might incriminate himself over the thefts and murders.

'Let us hear what he has to say first.'

Bullock grunted in irritation, but held back. Fulbert, his burning eyes suddenly staring directly at the small band of men who had just entered the church, carried on.

'He also said that a day would come when men would throw their books out of the window as useless. That time has come. This plague has been sent as a punishment on the town for those who set themselves up against God, priding themselves in knowing more and more about God's world. The constable will not tell you, but even now an avenging angel is walking the streets destroying those who imagine themselves cleverer than God.'

There was a buzz of shocked comment from the assembly of townsfolk, who never needed much provocation to launch an attack on the members of the university. So many hard-working people resented what they saw as the privileges enjoyed by the students and their mentors. Some now followed Fulbert's eyes and turned in their seats to see what he was staring at. They saw Bullock at the back of the church along with a master of the university and a swarthy foreigner, who might well be a Jew. The mood of the townsfolk was changing, and the Franciscan was relentless.

'But God has said that the deaths of a few are not enough. He has sent the red plague in order to clean out the whole town. Two killers stalk the streets of Oxford — the plague and an avenging angel. Your only salvation lies in driving the vainglorious and the foreigners out.'

Fulbert's gaze was pinned precisely on Falconer, when he said those final words. The buzz of whispered comments rose to a scandalised rumble, and Falconer could see a few of the men present were ready to rise up and riot. Someone needed to act quickly, and Bullock responded in the only way he knew how. Even though they were in church, he drew his sword from its sheath, causing a frightening hissing sound. For added emphasis he struck it on the stone slabs of the church floor. It rang ominously — a clear warning to all those assembled. Everyone's eyes were now on him, and not on Fulbert. Though Falconer knew how soul-weary his friend was, the constable's body seemed to grow in stature, and his voice rang out firmly and loudly.

'Everyone here is in breach of my curfew and is risking not only his own life but the lives of others. I have seen the red plague, and I know how it leaps from one man to the next. Any one of you could be infected and even now be passing the pox on to the person sitting next to them.'

Falconer could see people shifting nervously on their benches, trying to edge themselves away from those either side of them. One or two men and women at the back of the church were already getting up and making for the door out into the street. Bullock called out to them as they sneaked past him.

'Will Mossop, Agnes Brown, Peter Withey, I see you.'

He turned to glare at the rest of those present and cocked a thumb at the dark-skinned man next to him.

'Isaac Doukas, here, is a scribe and will note down all your names, and if the red plague comes to your door, we will know why.'

Doukas made a play of getting his quill and ink out of his satchel and began to scratch out on the parchment's surface. He didn't know anyone of course, but Bullock began calling the names out one by one. Soon enough, the once agitated congregation melted away like ice on a pond when the sun strikes it. When his congregation had disappeared, Fulbert glared at the trio of Bullock, Doukas and Falconer, then descended the steps, and stormed away into the gloom of the distant choir. Relieved of scrutiny, the constable's shoulders slumped visibly, and because his hands were shaking, Falconer helped him return his sword to its sheath. Doukas returned a perfectly blank sheet of parchment to his satchel, along with the tools of his trade. He laughed harshly.

'I hope you weren't serious about taking their names, constable. I'm not that swift with my penmanship.'

Bullock looked him in the eye.

'I don't need them written down, Doukas. They are in here.' He tapped his forehead with a stubby finger. 'I shall know them all again. Now, let us return to the castle and await Mistress Le Veske's investigations in Grope Lane. Are you coming, William?'

Falconer was looking off to where Fulbert had disappeared.

'You go, Peter. I have matters to discuss with Friar Gualo.'

Bullock saluted his friend, and he and Doukas left the church. Falconer stood pondering for a while, then followed Fulbert into the friary.

CHAPTER EIGHTEEN

Saphira stepped out of the little cubicle where Peggy Jardine lay and unwound the linen mask from her nose and mouth. The wrinkled face of Sal Dockerel fell when she saw how solemn the Jewess looked.

'Has she got it, mistress?'

Saphira nodded slowly.

'Yes. When did Peggy start complaining of muscle pains and headaches?'

'Yesterday morning. She was sick too, but we just thought that she had fallen for a child. An occupational hazard, you understand, mistress.' Sal's sad eyes pleaded with Saphira. 'It couldn't be just that, could it? Pregnancy, I mean?'

'I'm afraid not. There are already reddish spots in her tongue and throat. In another day or two, large red spots will appear on her body, just like I saw on the carrier of the disease.'

Sal shook her head sorrowfully.

'Why has this happened to Peggy? She's a good girl.'

Saphira wasn't about to point out that the Christian church wouldn't see it that way. Peggy Jardine was a doxy and a sinner to them. But to Saphira she was just a poor girl who was fighting for her life. Now she had to ensure that Peggy had not and would not infect any others.

'I will arrange for her to be taken to Bartlemas hospital.'

Sal began to protest, but Saphira stood firm.

'She will be best cared for there.' She hesitated for a moment. 'Can you tell me if Peggy . . . entertained any other men since laying with the knight?'

The brothel madam looked stricken.

'Well, of course she did. As I said she was a good girl and men liked her. But it was only a day or two after that the constable closed the town gates. Business has been non-existent since then. Can Peggy have passed on the pox to others, then?'

Saphira tried to look on the bright side.

'It is possible but unlikely, if it was only a day or two after de Wolfson lay with her. She would not be infectious until much later.'

Sal Dockerel slammed her fist down on the table.

'Damn that crusader knight. I wish now I had turned him away. But his gold was good, so why should I? I even bit it to make sure.'

Her wrinkled face suddenly fell as she recalled her transaction with de Wolfson. She looked fearfully at Saphira, thinking how she had put the coin that the crusader had handled into her mouth.

'I've been feeling a bit off colour lately. Do you think I could have . . . ?'

Saphira held the linen mask over her mouth and told Sal to open hers.

* * *

Falconer followed Fulbert into the Franciscan friary beyond the church that was physically located outside the walls of Oxford and accessed from the town through the church. The entire friary was an anomaly, being part of Oxford but not of it, because it was not strictly within the walls rather it was a fat boil growing out from the walls. Bullock had had to rely solely on the word of the friars that they too would observe the rule of isolation imposed on the town as a whole. Falconer wondered if someone like Fulbert felt obliged to obey that proscription. He could, after all, simply walk out of the southern gate of the friary, and disappear.

The cloister stood immediately beyond the church to the south, and the choir door led straight into it. When Falconer opened the door, he saw Fulbert walking in the southern range of the cloister directly opposite him with the open square between both men. Fulbert appeared oblivious to Falconer's presence, his head down and his steps hurried. Falconer knew the layout of the friary quite well. Not only was it like the normal plan of every friary in England, he had visited his friend Roger Bacon here when he had been imprisoned. He guessed that Fulbert was making his way to the dormitory, and the small number of individual cells beyond. One of which had housed Bacon when he had been out of favour with the pope. Unlike the usual cloister, which had four sides, this had only three, the fourth being the old exterior town wall. So the only way to follow Fulbert was to go the long way round, and he had to hurry. It would not be long until the whole friary would be assembling in the church to observe the liturgical office of compline, so he knew he did not have much time. And he didn't yet know what he might find wherever Fulbert was making for. Though he almost hoped it was lots of stolen books.

After leaving the cloister, Fulbert walked past the archway leading to the dormitory, and made for a row of doors. Falconer had been right — it was one of the cells the friar had been making for. He was in time to see Fulbert opening the third door in the row and entering the cell, closing the door behind him. Falconer now ran the rest of the way, knowing Fulbert was trapped in the small room beyond. Approaching the door, he placed his ear to it and heard a muffled conversation going on. Fulbert was with somebody, and Falconer was left in a quandary. Should he go in and confront Fulbert? Was this his cell, or that of another friar? What would he find inside? He might only succeed in alerting Fulbert to his suspicions, but not have enough to prove his guilt. But, hearing the sound of sandals slapping on stone close by, he finally took a decision, and pushed the door open.

* * *

'Then both Sal Dockerel and Peggy Jardine have the red plague?'

Saphira nodded a confirmation to Bullock's question. Doukas took up his pen and scratched his notes on a new scrap of parchment. In a darker corner of the castle hall, Aldwyn knelt and began to pray. A mood of gloom had descended on the hall as Saphira was giving her report. It was little consolation for the constable that there had not been any reason to suspect more of the denizens of Grope Lane were infected. Bullock pulled a face, and scrubbed at his whiskery chin with his stubby fingers.

'We will move them to Bartlemas under cover of darkness.' He looked inquiringly at Saphira. 'Can both of them walk?'

'Sal will be able to, she is not as far gone. But Peggy will need a cart or something similar. She is too ill to walk unaided.'

Doukas laid his quill down.

'I suggest you move them both in a cart, constable, and cover them up too. Though it will be well for the townsfolk to know you are isolating the problem, some may react badly to seeing those who have the pox. And you should supervise the move yourself in case there is a disturbance.'

His dark eyes held Bullock's until, wearily, the constable nodded in agreement. Saphira noted the subtle change in the room as Bullock, usually so decisive and reliable, gave in to the demands of the outsider. She had never seen Peter so overwhelmed, and it worried her. She spoke up.

'I could at least accompany them as far as East Gate, Peter. They will feel less fearful, if I do, don't you think?'

Bullock took Saphira's offer in the way it was intended to act — as a way of passing control back into his hands.

'Yes. I will get a message to Bartlemas, so that you are met. I have one of my men who is lucky enough to live outside Eastgate on duty to act as a messenger with the outside world. Once the women are outside the gate, they can be isolated from causing any more contagion. The hospital is sufficiently out of the way in the countryside to be effective in ensuring that.'

His old self apparently restored, the constable went off to organise the transfer. Saphira turned to those left in the room.

'Do you know where William is?'

* * *

The cell in the friary did indeed house books, but only a half-dozen. The cell was clearly the domain not of Fulbert, but of Friar Gualo. The elderly friar was stretched out on a low pallet set against the far wall of the small room. With only a slit for a window, a burning candle, used to banish the darkness, was the only luxury in the cell. It afforded enough light for someone to read by. But it wasn't Gualo who was reading. Surprisingly, considering his attitude to books, it was Fulbert who had a large tome in his hands, which he must have just picked up. At Falconer's abrupt entrance both men had looked his way in shock. Fulbert was the first to speak, recovering his composure more quickly than the older man.

'What on earth do you think you are doing, disturbing our peace so late in the day?'

Falconer was not to be put off from his task and peered at the book the young man held canted towards the candlelight. Disappointingly, it was not some heretical text, and did not figure amongst the list of books stolen by the book thief. It was in fact a well-worn copy of the *Rules of St Benedict*. Fulbert could tell what Falconer was thinking and smirked.

'Did you think, after all I said in my sermon, that I would have some secret desire for that which I condemned?'

He would have said more, but Gualo sat up and laid a hand on his companion's arm.

'Fulbert is doing me a kindness, Master Falconer. My eyes are failing me, and despite his contempt for books, Fulbert has undertaken to read to me each evening before we retire.' He waved his hand to encompass the few items there were in the cell. 'I am allowed this small comfort in my declining years.'

Seeing Falconer's eyes follow his gesture around the room, taking in the three or four books lying on the end of the pallet, Gualo elucidated.

'Just some commentaries on the Bible, including quite a rare copy of a commentary on the Pentateuch by Bede.'

Falconer could see the books were not the ones stolen by the thief. Fulbert was not about to leave the matter there, though.

'Would you like to look under the bed too, in case Gualo is your book thief, and is hoarding your precious abominations?'

He lifted the coarse blanket which was all that separated Gualo from the wooden slats he rested on. The space underneath was a void, like the rest of the austere room. Fulbert stared smugly at Falconer.

'Now, if you will excuse us, compline approaches, and we must return to church.'

He stamped his palm down on the flickering candle flame, extinguishing it and bringing the conversation abruptly to an end.

* * *

It had been a long day capped by the trip to Eastgate with two pox-ridden people, and Peter Bullock felt weary to the bone. But he had been thinking a lot lately. More than was his normal habit. He was a man of action still, despite his years. He was almost as old as the century and had spent most of his life fighting battles of one sort or another. He had fought in Ireland and Wales, and once in France under the leadership of Henry. That had been a humiliating excursion resulting in the French occupying Poitou, Auvergne, and Saintonge. It had been to expiate memories of that defeat that he had signed up to fight in the Crusades. It had been a harsh and brutal experience not at all alleviated by any vision of Christian piety. All he remembered about it was episode after episode of bloody massacre and looting. He had returned to England disillusioned and found himself idle and footloose. It had been a mercy to get the post of constable of Oxford which he had held now for some twenty years. But still the lust for action stirred occasionally in his bones. The doleful transfer of the two unfortunate women from Grope Lane to Bartlemas hospital was not what he had imagined himself doing when he started out as constable.

Ignominiously stowed on a hand cart pushed by Thomas Burewald, and accompanied by Saphira Le Veske, the pox victims had been wheeled through the back lanes of Oxford. Mistress Le Veske looked dishevelled, but there was a gleam in her eye, and Bullock wondered if his old friend William was responsible. Their intimacy was the worst-kept secret in Oxford, though he was sure de Bosco, the chancellor, was unaware and fortunately so. He was not so sure that Doukas hadn't picked up the signs, however, which may not be such good news for Falconer. For now, he couldn't worry about it. Reaching the East Gate without being seen, Bullock had roused Tom Inge from his slumbers, and got him to open the small wicket gate in the main door. Two hooded figures waited outside the gate, their faces masked with linen cloths. As Sal and Peggy stumbled weakly though the small gate, Bullock could not but think they were being passed over the threshold of Hell. A shiver had run down his spine, and sleep refused to come.

CHAPTER NINETEEN

The Feast of St Adamnan, 23rd September

Her errand of mercy with Sal Dockerel and Peggy Jardine last night still much on her mind, Saphira returned to the brothel in Grope Lane. She wanted to be sure that the other girls were not showing signs of the plague. They were a sullen bunch without their mistress to control them, and it was some time before Saphira could get them all to gather in the hall. One by one she got them to open their mouths so she could examine them. The bolder ones stuck their tongues out in a lascivious manner, expecting to shock her. One even ran her tongue around her lips that had been rouged to emphasise their allure. Saphira was impervious to it all, and her business-like manner soon cooled their playfulness. They were probably relieved that she only asked to see the inside of their mouths and any exposed flesh on their arms and shoulders, rather than examining them beneath their skirts for another sort of pox. Still, the whole business took a long time, what with all the exaggerated play-acting at the beginning, and it was only when Saphira had finished and declared they were all free of red plague, that one of the younger girls piped up.

'Hey, what about the old boy next door? Who's going to collect the rent while Mistress Dockerel is away?'

An older girl idly scratched herself between the legs and snorted.

'Not me. Peggy did it once or twice, and said he tried to touch her up.'

'Then who's going to do it now?'

The bunch of girls glared at each other and began to argue who would carry out this onerous task in the future. While they argued, Saphira felt a cold chill down her spine. If Peggy Jardine or Sal Dockerel had called on this lodger recently, then perhaps he had been given the pox too. She interrupted the squabble with a sharp enquiry.

'Hasn't anyone gone to see if he is well?'

The older woman pouted.

'None of our business, mistress. He has no money for our services, so there's nothing in it for us.'

'Except a small kindness.'

Saphira's comment seemed to strike home, and the young girl spoke up.

'I'll go round and see if he wants anything.'

Before Saphira could stop her, the girl darted out of the front door. She followed her as quickly as she could, worried that the old man might be a victim of the plague and liable to pass it on. When she got to the ramshackle house next to the brothel, she heard an ear-splitting scream. Across the dusty hall she saw a rear door standing open, with the young whore standing in it silhouetted by the light shining in the back room. She crossed the hall and gently moved the girl aside, expecting to see a man covered in red spots. What she saw was even more horrendous. The old man's body lay on the floor covered in flies, and his severed head lay a yard from it, a darkened mass of blood joining the two.

* * *

Later in the day, after Falconer had been found and had attended at the scene of Master Gerard Anwell's murder, he sought out Saphira. She had returned to her home to try and sleep. She didn't think she would be able to, but did in fact doze off in the kitchen, hunched over the long, oak table. She awoke to the sound of someone hammering on the street door. It turned out to be William and she let him in, despite feeling itchy, grubby and not at all appealing. She had slept in her clothes and they were as creased and dishevelled as she felt. Falconer appeared unconcerned by her appearance, but then he never cared much about his own appearance, wearing the same black robe day after day. But even he looked careworn to Saphira today.

She gave a short, sharp grunt of a laugh at their mutual dishevelment, and pushed a flagon of sweet water from the underground spring below her house towards him.

'We both look as though we need refreshing.'

Falconer poured the water into a goblet and drank deep, knowing the water was safe.

'I have just come from Grope Lane.'

'Was it the same killer?'

'It is likely, don't you think? I cannot say if any of Anwell's books have been taken, but the one that was left on the floor beside his body is testament to his interest. It was covered in blood that must have sprayed from his neck when his head was cut off . . .'

Saphira winced at the brutal imagery, but Falconer ploughed on regardless.

'It was a text by Maimonides. Our hater of anything outside the canon of the Church would deem it demonic, I am sure. It certainly was a splendid example of illustration — beautifully gilded.' He grinned sardonically. 'It made me think of Aldwyn's last prophecy.'

'What was that?'

"There will be gilding in the temples, but the sword's cutting edge will not cease its work."'

They looked at each other in silence for a while, neither quite sure what to believe in connection with the monk's pronouncements. Saphira thought about William's latest encounter with the Franciscans. She stared at William across the other side of the kitchen table.

'Do you still suspect Fulbert?'

Falconer shrugged wearily.

'I cannot be sure. I don't know what I had hoped to find in the friary. A hoard of proscribed books perhaps, or a blood-encrusted blade.' He laughed harshly at his own foolishness. 'Fulbert may have known all along that I was dogging his footsteps. He certainly tried to make it clear to me with the tender scene of his caring for Gualo, that he spends every hour with the old man. When he is not praying at the divine offices. But if compline ends his day, then he has plenty of time to slip out of the friary after dark to steal books. And kill masters of the university. But then Richard Yaxley, the feretarius at St Frideswide's also expressed the same sentiments to me the other day.'

'But your only reason for suspecting either of them is their antipathy to the gathering of scientific knowledge?'

'Which they see as pulling down the edifice of the church and challenging God, and not as I do, the seeking out of the meaning of God's wonders.'

Saphira sat up in surprise at William's words. It was not like him to acknowledge even the existence of God, let alone refer to God's wonders. She assumed he must have been confused by this bewildering case, and she resolved to set him back on track.

'Remember what you told me the first time we met?'

Falconer looked at Saphira, bringing to mind that first meeting. It had been in Bermondsey Abbey, where she had been hunting for her errant son, Menachem, who had been hiding away as an apparent Christian convert after fleeing the sad death of his father. Falconer had turned up at the abbey seeking shelter from a rainstorm. His first sight of Saphira had been most unusual, and he could picture the scene even now.

The prior of the abbey had asked him for some assistance, and he had followed him down a staircase, and out into the yard. The men had paused briefly at the archway, hesitant about diving back into the rainstorm. Falconer instinctively looked around before stepping into the darkness. Out the corner of his eye, he caught sight of something pale halfway down the junction of the wall to the guest quarters and that of the monastic dormitory. Something pale, topped by a flapping bundle of material. Realising what it was, he smiled to himself. Taking the prior's arm, he steered John de Chartres across the streaming courtyard, and away from the shapely vision of a slim woman's bare leg topped by her rumpled, dark gown which had apparently snagged on the leaden down-pipe that she was attempting to shin down. He had successfully diverted the prior's attention away from the vision.

In trying to recall his first words to her, he could only bring to mind that inspiring first sight of Saphira's bare legs. Later he had met her face to face in more normal circumstances. Her face had been pale and the features drawn by her anxiety over her son, but it was a face of great beauty with a chiselled nose, and high cheekbones. The eyes were green and almost almond in shape, suggesting some eastern origin to her. She still looked as good to him now.

'I forget. What did I say to you when we first met?'

Teasingly she chided him.

'Don't you recall? You said, "I myself am seduced by the logical. Too much, some people say, for my own good."'

'And what is your point?'

'That you should put all prejudices out of your head in this case and start using logic again.'

Falconer was about to protest that his suspicions concerning Fulbert and Yaxley were not to do with prejudice. But in his heart he knew they were. Yaxley was an irascible pillar of the church establishment, fixed in beliefs that Falconer had found shifting from under him. And the young Franciscan reminded him too much of the way the order had treated his old friend Roger Bacon, whose whereabouts he was still ignorant of. Bacon had compiled a great encyclopaedia of knowledge, and it had been taken from him and hidden away.

He smiled at Saphira, conceding the point.

'I consider myself corrected. What do you suggest I do?'

'I have been thinking about the targets of the book thief. Whoever the person is who is doing this, he knew which master had books that he disapproved of. Do you agree?'

Falconer nodded, beginning to see where Saphira might be going.

'You think the thefts, and later, the murders were not random.'

'Indeed. And if so, then could the killer be someone from the university, rather than a monk or friar? A student, perhaps, who knew every master who was attacked?'

Falconer knew that, in his heart, the same idea had been brewing. But he had been too fearful of giving it room. That is why he had chased chimeras in the form of God-loving monks and friars, and semi-literate troubadours. If he was to return to logic in his pursuit of the thief and murderer, he knew where to begin.

'I need to examine the university records to see if there is a common thread that links the masters together. And I need to do it urgently as I have already wasted too much time.'

He went to rise out of his seat, but Saphira stopped him.

'William, it is too late to rouse the chancellor and his minions now. Only last night I despatched two unfortunate souls to their fate. And today I have examined the mouths of numerous prostitutes, and seen a man with his head struck from his body. Life calls me now.'

Falconer saw the lustful light in her eyes, and nodded agreement.

'True. We should do something about it.' He paused. 'Oh, and I remember what else I said to you at that first meeting.'

'What was that?'

'That, if we were solve the riddle and find your son, we needed to let a little of the mystical into our hearts.'

* * *

Peter Bullock was dog-tired, but he could not keep himself from wandering Oxford's streets. There was a palpable sense of fear emanating from the houses he walked past. The halls, where lived the students of the university and their masters, were shut up tight against the demon who stalked the streets in search of masters who had transgressed against God. The townsfolk had not much to fear from him, but another horror was outside their window shutters waiting to sneak in and kill. The plague was not as choosy as the book thief killer, and perhaps that made it all the more horrific. Red plague did not discriminate against the ungodly alone.

At least the twin scourges meant the streets at night were safe for the constable. Unless the book thief changed his tactics. Bullock shivered, but it was not through fear this time, but cold. He had been thinking a lot about the murderous book thief and was not paying too much attention to where he was. So he was surprised to find himself standing in front of Falconer's home, Aristotle's Hall. He was sure it was because in his heart he feared for his friend's safety. For no reason other than a feeling of fatalism, he slipped into the doorway of Nun Inn opposite and hid in the shadows. There, his mind began to roam.

It had long ago occurred to him that, if masters of the university with unorthodox views were being targeted by this book thief and murderer, then his old friend William would surely become a victim sooner or later. Brother Aldwyn's gloomy prophecies — or more accurately his recitation of Merlin's prophecies — had contributed to Bullock's sense of impending doom. Talk of a rain of blood, whether it was by way of the pox or these numerous murders, had caused him to consider who was the most likely next victim. His inevitable conclusion had been his friend. The final horror of consigning the two women to their fate last night had convinced him that something would happen soon. Perhaps this very night. Especially with Will Plome back on the loose.

Standing in the doorway waiting for something to happen, though, shortly became tedious. He was beginning to think he had made a mistake, and besides his extremities were aching. He was cold to the bone and was wondering if he had failed to beat Falconer at his own game after all. Having been out-thought by William so often in the past over murders, he had hoped this time for once he had found a way of getting ahead of him. But it seemed that he was doomed to failure, and nothing was going to happen. He was just about to step back out into the moonlight, when he heard the sound of boots on the cobblestones of the street.

He ducked back into his hiding place and eased his sword a few inches out of its sheath. The apparition he saw almost took his breath away. It was a warrior dressed in an iron corselet held in place with wood, and leather straps. It passed him without being aware of his presence, and stopped outside the door of Aristotle's Hall. The strange figure pushed at the door, but found it barred in some way. Pulling out a dagger, the figure poked at the gap between the door and the frame, seemingly not caring how much noise was made in the process.

Bullock watched for a few moments, then took a step towards it and drew his sword. The swish of steel alerted the apparition, and it turned round swiftly, dagger in hand. In that instant Bullock saw who it was, and had the pleasure of knowing he had, after all, beaten Falconer to it.

'Hello. I might have guessed it would be you.'

The warrior grinned humourlessly.

'I needed to be seen whilst about my business, but not by you. And not to be caught either. Sadly, that can only mean one thing for you, constable.'

The figure lunged forward, his dagger seeking Bullock's heart. He parried the thrust with his sword, and stepped to one side. It felt more like a lumber though, and Peter knew he was out of practice for this sort of fight. Stumbling, he turned and saw that the warrior had drawn his own sword in the extra time he had given him. They circled each other, and then Bullock swung another blow, which his adversary parried easily with his dagger. A stabbing thrust with his sword followed and it almost caught Bullock unawares. He half stopped it with his own sword. They had only traded a couple of blows and Bullock was breathing hard, his heart thumping in his chest. The warrior laughed and opened himself up mockingly to a blow from Bullock. The constable took his chance, but as he raised his sword, he felt a crushing pain inside his chest, and his sword arm failed him, feeling weak and useless. His vision darkened, and as he slumped to the ground, he saw his nemesis drawing back his sword for the final blow. His last thought was that at least he had died in battle and not in his bed like a weak-bladdered old man.

CHAPTER TWENTY

The Feast of St Gerard, 24th September

Falconer would have liked to talk some more with Saphira about the possible murderers, but he could see the last few days had affected her. So, with her still asleep in bed, he left the house in Fish Street in the early hours of the morning. Last night she had agreed to meet him later the next day at the residence of the chancellor of the university. There, they would examine the university records for any clues to the murderer's identity. He decided to make his way first back to Aristotle's Hall. He knew he had neglected his students recently and should check on them before pursuing the hunt for the killer.

As he turned into the narrow opening of St John's Street, he saw close to the other end of the lane that there was some disturbance. People were running to and fro from one side of the lane to another. His weak eyes were not good enough to make out exactly was going on, but he could tell from the shouts and agitated movement of those concerned that something bad had happened. As the disturbance was close by his own doorstep, he immediately feared the worst for his own students. He knew he would not forgive himself, if any one of them had been harmed while he had been with Saphira. He hurried on down the street and saw that one of those in the small cluster of people was his former student and now newly-made regent master, Thomas Symon. He seemed to be taking charge.

'Thomas. What is going on here?'

On hearing Falconer's voice, Symon looked up, his face pale and anguished. He strode towards Falconer.

'William. You should not come closer.'

He tried to take his former mentor's arm, but Falconer would have nothing of it.

'Oh, Lord. Has one of my boys been taken ill or harmed? I must see him, if he has.'

He could tell now that the crowd was gathered around a fallen body in the doorway of the house opposite Aristotle's. He thought perhaps someone under his roof had fallen sick of the pox, and staggered out into the street only to collapse. As if to confirm his fears, he saw the faces of some of his clerks.

'Peter Mithian, who is it who has been taken ill?'

The young man he spoke to looked at his master with a face of incomprehension.

'Master? Nobody has been taken ill. It's . . .'

He failed to get any more words out, and none were needed. Falconer knelt done beside the body in the doorway, and saw for himself. The sight took his breath away. He leaned back on his heels and looked up at the strained face of Thomas Symon.

'It's Peter Bullock.'

Symon nodded.

'I told you not to look.'

'Bullock dead? How?'

Falconer gently wiped the lank grey locks of hair from Bullock's face, and stared into the empty eyes. Symon squatted beside him.

'You can see there is a wound in his chest big enough to be a sword thrust. But . . .'

The young man hesitated, unsure if Falconer wanted him to continue. They had both been involved together in investigations concerning murder. Symon had taught himself a deep understanding of the workings of the human body and acted as his former teacher's advisor on matters to do with wounds and their causes. Falconer welcomed his opinions normally, but this was different. Now they were talking about a mutual friend. But Falconer grasped his arm and squeezed it hard.

'Tell me what you are thinking. If we are to find Peter's killer, then we must treat this like any other murder.'

Symon grimaced, but carried on nevertheless.

'I am not sure it can even be called murder.'

'How do you mean? You say there is a sword wound in his chest. I can see it.'

Falconer gingerly poked a finger in the rent in Bullock's tunic despite the blood that had soaked into the cloth.

'Such a thrust would have pierced the heart. How can it not be murder?'

Symon indicated the ground under and around Bullock's body with an open palm.

'Look here. At the blood.'

Falconer frowned, staring at the blood on the ground.

'I see the blood. What are you trying to tell me?'

'There was a fight undoubtedly. I heard it myself, and even saw the victim fall.'

Symon lived in the tiny Colcill Hall next door to Aristotle's.

'I saw a man leaving, and saw the constable lying in the street. Though I didn't know it was Peter Bullock at first.'

'So you saw the aftermath of the murder. What's all this about the blood though?'

'There's simply not enough of it. If the constable had been stabbed in the chest while he was alive, the blood would have squirted copiously and rapidly from his body. I have read Avicenna's *Canon of Medicine* in which he suggests the heart is the root of all faculties and gives nutrition, life, apprehension, and movement to several other members.'

He paused, unsure if he was making sense to Falconer, so he made it clearer.

'If it stops its work, blood does not come forth so readily from a wound.'

'But you say you saw him fall.'

Symon looked at the ground, trying to put his thoughts in order. When he did speak, he spoke slowly and carefully, ensuring what he said was accurate.

'Yes, but I am sure he collapsed *before* his attacker made the final blow. I think Peter was dying of a seizure of the heart already. Some survive with what is called the half-dead disease. Some simply die.'

Falconer gazed at his dead friend and patted his head.

'Whatever the sequence of events, Thomas, Peter died as he would have wished: in battle. And whoever this man was, he was Bullock's killer. You said you saw him leave. Can you describe him?'

Symon nodded, fixing the image in his head before he spoke.

'Yes. He was a large man, maybe a little overweight. I could not see his features as he was turned away from me and he wore an iron helmet. And strange thing was he wore some sort of old-fashioned corselet on his upper body made up of metal and wood and leather straps.'

* * *

They took Peter Bullock's body back to the castle on a hurdle. Falconer bore one end and Thomas Symon the other. Thomas Burewald, who had been called for as Bullock's second-in-command, began the formality of the hue and cry, though the strange killer was long gone. The story of Bullock's death had already reached the castle, for John and Margaret Peper, Agnes Cheke, Robert Kemp and Simon Godrich all formed an impromptu guard of honour in the courtyard. Their search for Will Plome over the last few days had proven fruitless, as they had not been able to talk to many people. The doors of the town were firmly closed to them in fear of the plague, and they had all but given up. They had been lounging in the castle courtyard practicing their skills, when news of Bullock's death had preceded the arrival of his body. Their worst fears had been realised — another murder had taken place with Will still on the loose. Now they stood in two ragged lines as the makeshift bier passed between them, their faces ashen.

Aldwyn had opened the derelict chapel, and he now ushered the bearers of Bullock's body into the chilly sanctuary. Falconer and Symon manoeuvred the hurdle close to the altar slab, and slipped the body on to its surface. It seemed that Peter Bullock was to have a solemn and royal lying-in-state. Everyone stood with their heads bowed as the elderly monk intoned a prayer, and then they plodded out of the chapel, their hearts heavy with the tragedy. Aldwyn was speaking to Thomas Symon, but soon came over to Falconer.

'Master Symon has told me of the apparition he saw. It is as predicted by Merlin.' He quoted by heart the passage from the Prophecies. '"*There shall come people dressed in wood and in iron corselets who will take vengeance on the White Dragon for its wickedness.*"'

Falconer felt his anger rising but controlled it. If it had been anyone but the foolish, old monk speaking, he would have been tempted to strike out.

'I hope you are not suggesting that Peter was a wicked man, Aldwyn?'

The monk blushed.

'Certainly not. But the pattern of the prophecies continues, and if Bullock was not the intended victim, then who was?'

He stared meaningfully at Falconer, who turned away stunned by the thought that, if he had not tarried at Saphira's house, Bullock might still be alive. He would have liked to have come face-to-face with the murderer at last, even if it had put his own life in peril. He knew he would have gladly exchanged his own life for that of his friend. He looked once more at Bullock's lifeless body, only to see a faint, derisory smile on Isaac Doukas's swarthy face.

* * *

Later, when he had apprised Chancellor de Bosco of the constable's death, Falconer raised the matter of the killer possibly being a member of the university. De Bosco, aware of the continued presence of Robert Burnell's man in Oxford, went grey. He found himself in a dilemma. Should he protect the reputation of the university and refuse Falconer's request to examine the university accounts books, and risk Burnell's later censure? Or acquiesce and risk finding a murderer amongst the masters or students? He turned to the Northern proctor, Roger Plumpton, who happened to be with him at the time. De Godfree, the other proctor had not been seen since the announcement of the red plague.

'What do you think, Plumpton? Can we allow Master Falconer to search the records for evidence of a killer?'

The proctor rubbed his flushed and jowly face, pondering the matter. A small smile flitted across his lips before he answered. He seemed happy to agree to Falconer's request.

'It can do no harm, chancellor. And if it leads to weeding out a rotten fruit from the barrel, then all well and good.'

Still it was de Bosco's nature to prevaricate, but after Falconer suggested that delay might result in another death, he had given in. Appointing Plumpton his deputy, De Bosco deliberately left Falconer to it, so as to avoid the distressing sight of the records being rifled. It was fortunate that he did so, because it meant he also avoided seeing a certain Jewess also examining the private documents. Plumpton showed Falconer into the room where the university records were stored, and having watched him for a while, got bored and also departed. This gave Falconer an opportunity to sneak down to the back door of the building called Glassen, and let Saphira in as previously arranged. She gasped when she saw the records and the size of their task. But it was Falconer who immediately voiced his worries about the killer to Saphira.

'We are using up a lot of our time in searching for a murderer amongst these records.' He waved a hand at the piles of books and scrolls in the table before them. 'But the description of the man who attacked Peter fits Will Plome. Are we wasting our time?'

Saphira shook her head. She had been deeply shocked when William had broken the news of Bullock's death. But it made her all the more determined to find his murderer.

'We must carry this through, or you will always regret it. Especially if Will is found to be innocent, and we lose the real killer for want of a little effort.'

Falconer sighed and waved a hand.

'Hardly a little effort.'

Indeed in front of them were receipts for fees paid by members of the university on admission, lists of 'cautions' or pledges of valuables deposited as surety, lists of graces granted by the university, and lists of candidates for degrees. The university records could be at best described as chaotic. But these records in some way or other could link the dead masters with their killer. It was, however, for one name in thousands that they were hunting, and at this stage it looked very daunting. But there was only one way to approach the task — to begin and to persevere. The candles burnt low, but still they ploughed on. Saphira was hunting for references to the names of the masters who had merely had their books stolen and survived, and Falconer for student names associated with Roger Stephens, John Bukwode, Edmund Ludlow, Gerard Anwell . . . and himself.

The day grew darker, so they lit more candles and ploughed on. On one occasion, Plumpton poked his head round the door, observed the presence of Saphira and looked as though he was about to object. But seeing the hard glare in Falconer's eyes, and the woman's deep concentration, he disappeared again. Finally, Falconer saw a pattern of sorts beginning to emerge. He looked across at Saphira, who had pulled the white linen snood from her head, and was running her fingers through her thick, red hair.

'Do you have anything?'

She shrugged.

'There are many names of students who attended lectures by John Catche and Robert Knyght.' These were another two of the known masters who had lost rare books before the killings began. 'How about you?'

Falconer hesitated, not wishing to jump to a false conclusion.

'I have a few names. Shall I see if they match yours?'

The room suddenly felt cold, or maybe the shiver that ran down Saphira's spine had another cause. It could be that one of them would speak the name of the killer. She nodded, and he began his recitation of names.

'William Gyllot.'

There was no response from Saphira other than a slight shake of her head, so he drew a line through the name.

'Roger Kranard.'

Again nothing, and another crossing out.

'Laurence Staynton.'

'I have him once, but only once.'

Falconer hovered with his quill over the name.

'Leave him in for the moment.'

No line was put through the name, but a question mark was placed beside it. Falconer went onwards scratching out names or leaving them in. Finally he got to the last name on his list.

'Geoffrey Westhalf.'

Saphira frowned, and looked at her list. Her lip formed into a rounded shape.

'How many matches?'

'Every master including myself taught Westhalf, except for Ludlow with whom Westhalf was a boarder.'

'So all your names are connected with Geoffrey Westhalf. Mine too.'

Falconer inked his quill and drew a circle round Geoffrey Westhalf's name.

'Then I think we should talk to the young man.'

* * *

As they walked the deserted streets of Oxford, Falconer began to regret allowing Saphira to come with him. Darkness was falling, and if their theory was correct, Geoffrey Westhalf could well be a violent killer with an obsession about ungodly knowledge and those who possessed it. He might not take kindly to a Jew, who knew about medicines and poisons and was a female to boot, taxing him on his activities. Falconer's problem now was that he felt he ought to corner Westhalf alone. However, Saphira Le Veske did not like being treated as a weak woman and he knew it to his cost. As they crossed the High Street, he hesitated before entering the dark alley opposite them that was the mouth of Shidyerd Street. As if reading his mind, Saphira smiled, and squeezed his arm.

'Don't worry. I will stand safely behind you. And if he lets us into the hall, I will wait outside, if you want. I trust you to protect me.'

Falconer grunted in surprise.

'What has brought this strange change of nature on? I had imagined you would be the first to enter and confront him with his evil deeds.'

'I can be demure and ladylike, if I please. Besides, if he attacks us, I would rather he tangled with you first, and gave me a chance to flee.'

Falconer growled at her teasing and went ahead down the narrow alley. Saphira had made a joke of it, but she was actually fearful of what might happen when they confronted Westhalf. She hesitated to follow William, but it was too late to worry about that now, and she really did put her trust in him. She gathered her skirts and followed him into the darkness. The top end of Shidyerd Street was a place where, if you spread your arms, you could almost touch the houses on either side. She felt a prickling on her neck and imagined eyes peering from the darkened houses at their passage. Everyone in Oxford was fearful of who might be abroad after hours. Even in normal times, dark brought out the rats and drunken revellers. Now, worse still, plague stalked the streets. Fortunately, the lane opened out towards its southern end, and she hurried after William catching up to his long strides. Soon there were fewer shadows, and the back of St Frideswide's Church towered above them as they approached Beke's Inn. This was where the student had lived alone since the death of Edmund Ludlow. A death that they were both now thinking to lay at the door of Geoffrey Westhalf.

CHAPTER TWENTY-ONE

When they got to it, the door to Beke's Inn was ajar — something very unusual for these fear-ridden times. Saphira looked at William questioningly, and he stepped forward, pushing the door wide open with the palm of his hand. It was dark and cold within with no fire burning in the hall. Falconer called out.

'Geoffrey Westhalf. Are you there? It's Master William Falconer.'

He stood for some moments on the threshold, and fancied he heard a sound from deep inside the house. But it came only once and never again. It might just have been the timbers of the old house creaking as the chill of evening settled on it. There was no other response to Falconer's enquiry, so it seemed Westhalf was not there. But Falconer did sense some sort of presence. Something malevolent hovered just out of sight. However, he was not a man to give in to fright and lurid imagination, so he made to step inside. Then remembering their agreement, he first turned back to Saphira.

'Wait here. It may be nothing, but I think something is wrong.'

Saphira nodded and watched as William entered the darkened house. The silence seemed to envelope him, and she waited. But soon she became fearful of what he might have encountered. Moreover, the dark street behind her back gave her the shivers. So, despite their agreement, she crossed the threshold and followed him into Beke's Inn. The main hall was chilly, and she could see that the fire had not been burning for a long time. The ashes were cold and grey with not even a faint glow at their heart. There was no sign of William in the hall. Where had he gone? There was a wooden staircase leading upwards, but she could not hear him walking around on the upper floor. It was as though the earth had swallowed him up. She took a deep breath, and crossed the hall, finally seeing a door in a sort of alcove on the other side. She had not spotted it before and had thought there was no other exit from the hall. The door swung open even as she stepped towards it. She tensed herself ready to fight or flee and breathed a sigh of relief when she saw the familiar, tall figure of Falconer. He looked at her quizzically.

'I see you didn't observe the rules of our agreement for very long.'

She pouted.

'Not at all. I let you go first, and now I am ready to run. See — I have my skirt gathered in my hand.'

She was indeed holding the loose material of her dress up slightly so as not to impede herself if she had to take flight.

'Is Westhalf not here, then?'

Falconer pulled a face.

'Oh he's here, but not in a state to be interrogated.'

She went to go past him into the small back room that must be the student's quarters, but Falconer held his arm across the threshold.

'You shouldn't go in, or at least you should take some precautions first.'

The look on Falconer's face told Saphira all she needed to know.

'The red plague?'

'Yes.'

She turned away from William and lifted up the skirt of her dress to reveal her linen undergarment. Having torn a strip of cloth from it, she divided it in two, and gave a piece to Falconer.

'Put this on your mouth, then we are both protected.' She looked him in the eye. 'I assume you want to go back in too?'

'Yes. Though I don't know how useful it will be to ask him questions. He is alive, but incoherent. But then his room is evidence enough of his wrongdoing.'

Saphira frowned at his cryptic comment.

'What do you mean?'

'Just look around you when you go in. You will see what I mean.'

She wound the torn piece of cloth over her nose and mouth, tying it roughly at the back of her neck, and went into the back room. It was larger than she had expected and had a window that overlooked the rear yard of the house. The shutters were closed, but as her eyes adjusted to the faint light that percolated through the cracks, she saw what William had meant. A bed was tucked against the wall on the far side of the room, and between the bed and the door were several piles of books. More books than even Saphira had seen in one place before. Her long-dead husband had been obsessed by the Kabbalah and had owned some twenty volumes. Here, there must have been . . .

'I would guess around a hundred books and parchments.'

Falconer's muffled voice spoke in her ear from behind the linen mask he wore.

'He must have been stealing them long before his activities came to light. De Bosco only knew of a few thefts before the murder of John Bukwode took place.'

He picked up a couple at random from the pile nearest him.

'Look. *De pentagono Salomonis* and *Sapientiae nigromanciae*. I wouldn't mind owning those myself.'

Saphira had become aware of a stale smell in the room, an odour of unwashed body. She cast her gaze down on to the bed for the first time, and in the tangle of sheets, saw the shape of Geoffrey Westhalf. The boy stirred a little and groaned. She crossed to the window and pushed open the shutters. A cold and welcome breeze blew into the room, and the moonlight shone down on Westhalf's body. He was shivering, more from fever than the cold now blowing through the room. And as Saphira carefully pulled back the sheets, she saw clear evidence of what ailed him. Falconer spoke first.

'The rain of blood, they say. I can see why.'

Westhalf's whole face and body were covered in ugly, red spots, as if blood had literally rained down on him. Saphira could see they were of the type that she had also seen on the crusader, Sir Hugo de Wolfson. The spots that Samson had said were the most malignant and deadly form of smallpox. They were flat to the skin, not raised like the ordinary type. Westhalf's chances of survival were poor, and he was already deep into a prolonged fever. Before Falconer could say any more, Westhalf groaned and tried to prop himself up in one arm. He saw Falconer's shape but darkly, noticing merely the black robe of a regent master. He quaked as he spoke with fear in his eyes.

'Master Ludlow?'

His voice came out like the croak of a frog, and as his mouth hung open, Saphira could see the lesions on his tongue. It was astonishing he could speak at all. Falconer thought the boy must be delirious and had blanked from his mind the murder of Edmund Ludlow. Or was fearful that his former master had come back to haunt him.

'Not Master Ludlow, Westhalf. It's Master Falconer.'

Westhalf's eyes were red and bleary, as if he couldn't really take in what was being said to him. But he beckoned to Falconer and seemed intent on saying something to him. Falconer leaned over him, putting his ear close to the boy's mouth despite Saphira's warning of the dangers of the transmission of fluids. Westhalf, a brightness shining in his eyes momentarily, murmured something that Saphira couldn't catch. She grabbed Falconer's arm and pulled him away from the dying boy.

'What did he say?'

Falconer frowned.

'He said he could die in peace, because he had looked upon the face of God.'

* * *

They found the key to Beke's Inn and locked the front door. Westhalf was beyond salvation now, indeed almost beyond assistance. They could arrange to move him to Bartlemas, but the chances were he would die from being moved. With the door locked, at least there was no chance anyone else would catch the pox from him. As they walked back to the castle, Falconer glanced at Saphira and spoke.

'We shall have to tell Bullock about Westhalf and . . .'

He paused, realising what he had just said, and felt quite ill. Saphira stroked his arm, and he groaned.

'I forgot. I am so used to going to Peter for the mundane jobs — removing bodies, mollifying irate townsfolk and the like — I just thought . . . Well, I didn't think, did I?'

'It was perfectly natural. Life without Peter will be very strange. He has been a part of your life for so long.'

They walked on in silence, each with their own thoughts until they reached the castle courtyard. Falconer saw Thomas Burewald emerging from the chapel where he must have been in communion with Bullock's body. His face was solemn. Falconer crossed the yard to him as he needed to tell Burewald what he had been going to tell Bullock. It already felt odd to refer matters to this man, who was almost a stranger to him, instead of Bullock.

'Burewald, I have another case of the red plague to advise you of. It's Geoffrey Westhalf, a student at Beke's Inn. He's . . .'

Falconer paused seeing tears flowing from Burewald's eyes. The watchman swallowed a sob, and with an embarrassed grimace wiped his face.

'I'm sorry, Master Falconer. I've only just heard that my brother John — he's a glover by trade, and has a stall close by

Carfax — he's got the plague too. I've got men moving him to Bartlemas now.' He took a deep breath. 'I'll get them to go by Beke's Inn too.'

Falconer patted him on the shoulder.

'It's hard, isn't it? Especially with Bullock no longer here to help us.'

Burewald cast a glance back at the chapel, where the constable's body lay.

'Actually, I was just talking to him. I felt a bit of a fool, but it helped, I think.'

'Not a fool, Burewald. I always turned to Peter in a tight spot, now I shall at least ask myself what he would have done. It's only a shame that he wasn't around to witness the conclusion of the hunt for the book thief killer.'

Thomas's ears pricked up at Falconer's statement.

'The constable told me something of what had been happening with the regent masters' deaths. Are you now saying you have solved the matter?'

Falconer nodded his head.

'It would appear so. Westhalf, the student who is mortally sick at Beke's Inn, was surrounded by stolen books. And he is of a size to fit the descriptions we have of the thief. He favoured sober grey robes too, which is why he may have been taken for a Franciscan. Unfortunately, he will not survive to stand trial.'

'Some may say fortunately — for him. Though I dare say natural justice will be seen to have been done. If Bullock's murderer dies horribly, I for one will not grieve.'

Burewald squared his shoulders and walked back towards the town and his new responsibilities. Saphira looked at him as he went under the archway in the castle walls.

'He will do well, if the guilds and aldermen have the sense to appoint him in Peter's place.'

Falconer agreed with her. Still, Oxford would be a strange place without Bullock, and someone else would have to tidy up the loose ends in his place. Falconer noticed John Peper sitting on the side of the cart that held the troubadours' properties, sifting through them disconsolately. He had a spear in his hand which must have been used as the spear of the Roman centurion when depicting the Crucifixion. Falconer called over to him.

'You've still not found Will Plome then? Only you should know there is no need for him to hide any more, as the real book thief is found.'

Peper put the spear down, and walked over to where Falconer and Saphira stood.

'No. Not a sign of him anywhere, though we looked high and low. But then, the search was made harder because most folk were reluctant to even open their door to us. The few who did open up only spoke through the smallest crack between door and doorframe. But what they told us was they had not seen Will since last year, when we were last in Oxford.'

'Did you speak to the shrine keeper at St Frideswide's? Yaxley, the feretarius?'

Peper frowned.

'But that was where he was found last time. He wouldn't have gone there again, surely.'

'Did you not even check with Yaxley? Will sees the shrine as the safest place in Oxford, and it wouldn't matter if he had been found there before. He does not think like you or I.'

Peper got angry at Falconer's scornful comment and made a sharp retort in reply.

'No, I didn't think it worth checking. We were close by, and I suppose I may have asked, but saw Burewald just then, and heard about the constable's murder. It was put out of my mind.'

Seeing her husband getting red faced and annoyed, Margaret Peper hurried over. She was used to John getting into unnecessary conflict due to his temper and strove to cool the situation down. But John Peper could not be calmed down and poked a finger at Falconer.

'He said I haven't done my job properly. What does he know? Will Plome is my friend, God help me, and I wanted to find him.'

Falconer was riled now and replied in kind.

'Then, if he was your friend, you should have taken more care and carried out your search more painstakingly. Not found, he may be a danger to himself and others.'

It took Saphira to calm the situation.

'William. Master Peper. Don't forget that Peter Bullock lies dead only yards from where we are standing. Give him a little respect. After all, if he were here, he would be banging your stupid heads together like a couple of troublesome clerks.'

Both men looked sheepishly at each other, and Peper was the first to turn away. Grumbling about returning to St Frideswide's in search of Yaxley, he walked across the yard and out the gate with his wife, Margaret, following him. Falconer watched the Pepers leave, then walked towards the chapel with Saphira following him.

CHAPTER TWENTY-TWO

The sight of Peter Bullock lying on the stone altar of the chapel gave Falconer the feeling that his friend was just slumbering after a night of strenuous activity. It was as if the constable had been out in the night calming excitable and drunk clerks and angry townspeople as he so often had done. If words could not calm the situation, he would have drawn his old, rusty sword and laid the flat of the blade against a recalcitrant youth's arse. That usually achieved the desired effect. The clerks may have been studying logic as part of their course, but summary justice in the form of Peter's judicious sword trumped the application of logic every time. Falconer laughed quietly and drew a disapproving look from Saphira. He tried to explain.

'I was just imagining him solving knotty problems with his own brand of practical good sense. You know, it used to irk him that I didn't always take his opinion about a murder seriously. I always had to hunt out what was the least obvious answer to his mind. Well, this time he beat me to it. He must have been hanging around outside Aristotle's Hall because he'd worked out who the murderer was, and that I was next in line.'

He peered short-sightedly at the pale, waxy face of his friend.

'Congratulations, Peter Bullock. You won in the end. Tell me you knew it was Westhalf all along.'

Bullock was unmoved by Falconer's admission of defeat, and his still features didn't betray what he had known. In fact to Falconer, the constable looked as though he was ignoring his revelation of the name of the killer. Almost as though he was saying, 'No, old friend, you've got it all wrong, after all. Think again.'

Falconer gripped the cold stone edge of the altar on which Bullock's body lay and frowned.

* * *

Yaxley didn't want to allow the Pepers access to the shrine at first. They were mere travelling players, who made their money singing bawdy songs in taverns, and he knew the woman performed lewd dances too. They were not the sort who would pay the right dues to see the saint's remains. But then, it was obvious they didn't want to see the saint. They were still looking for their travelling companion — the fat boy who had embarrassed the feretarius more than once.

'I told you I thought I saw him hanging around here again recently. That is all I know.'

John Peper was insistent though.

'But when did you see him exactly?'

Yaxley waved a dismissive hand in the man's face.

'What does that matter? I don't even know for sure it was him. I only got a fleeting glimpse in the dark. A shadowy movement, no more. But then I thought it couldn't have been him because Bullock — God rest his soul — had imprisoned him. So I don't know why you think he could be in the church once again.'

'So it was after Will had been taken and imprisoned by the constable that you saw him?'

'Thought I saw him. Yes, it was early yesterday morning, if you must know. Now be off with you.'

John Peper looked at Margaret.

'That would be after the time he escaped from the crypt.'

Yaxley yelped in annoyance.

'He escaped? Don't tell me he came back here again.'

He pulled a grim face, and waved a finger at the Pepers.

'If he is here, hiding in his usual place, I shall make sure you pay the church for the inconvenience.'

John bowed in the most servile way he could muster.

'Could you go and look, sir. Then we could take him away with us, and he won't bother you again.'

The feretarius scowled, but then gave in and crooked a finger.

'Very well, come with me. The way into the Holy Hole is close by the altar.'

They walked up the nave, their footsteps echoing in the cold and unusually empty church. Yaxley stopped by the edge of a worn slab and saw that it had been moved. He groaned.

'Here, help me with this.'

Peper and Yaxley prised up the slab and lifted it away, revealing a dark hole. They both heard a whimper. Peper dropped to his knees, and peered fearfully into the gloom below his feet.

'Will Plome, are you there? It's John. John Peper.'

He heard the whimper come again, like the sound of an animal cornered in its lair.

* * *

Saphira was used to William plunging into deep thought and would have waited patiently for him to explain. But this time she was worried by the ashen look his face had taken on.

'William, tell me what is wrong.'

Falconer looked up at her.

'Peter is right.'

This strange comment made Saphira all the more concerned. Was William still imagining that the constable was alive, and speaking to him? Was he sick? Falconer saw the look in her eyes and smiled wearily.

'I'm not mad. It's just that I was thinking about Peter's frustration with my devious mind, as he called it. He hated it when I contradicted him, but he knew in the end that I had got it right. So I just considered my conclusions again.' He took a deep breath. 'Tell me how sick Westhalf would have been, if as is likely, he picked up the plague directly from de Wolfson on that first day.'

'By the twelfth day at the latest, he would have been incapacitated, possibly even after ten days. He would have been weak and feverish, his limbs would ache.'

Saphira suddenly understood what Falconer was thinking.

'Ah. You mean Westhalf may have attacked Roger Stephens and killed John Bukwode, but he would have been in no fit state to have murdered Bullock in his failed attempt to rob and kill you. He may even have been too feverish and weak to kill Edmund Ludlow and Gerard Anwell. Tell me, how did he seem to you when you spoke to him on the night Ludlow was discovered?'

Falconer groaned and thought back to his meeting with the student. He had been weak, feverish, and sweaty. Falconer had put it down to the events he had witnessed, but of course it had been the early stages of the plague. Desolate, he stared at Saphira.

'If only I had recognised it, he might have been treated early enough to . . .'

'To later murder you. But then . . .'

Falconer broke in on her train of thoughts, eager in his pursuit of the implications of this new revelation.

'I have also been thinking about something Fulbert said.'

'Are you coming back to thinking him the killer, then? And not Geoffrey Westhalf?'

'What? Oh, no. I am certain that Westhalf was the book thief, and therefore also the person who attacked Roger Stephens and killed John Bukwode. But those attacks were carried out in haste and anger and were not planned. The other murders, and the attempt on my life that led to Bullock's death, were much more considered. No, what Fulbert said in his sermon that Bullock and I interrupted was that there were two killers stalking Oxford. Of course, he was referring to a murderer and the red plague, but it has made me consider the possibility that, if Westhalf was Bukwode's killer, but was too sick to carry on, then there *are* two killers in Oxford. And that Ludlow, Anwell and Bullock were killed by the second one.'

Saphira gave him a worried look.

'Then this new killer is still free, and you are still probably his next victim.'

'Yes. It's like being knocked back to point one on a Game of Tables.'

* * *

'He said that he would not come out until the Devil had gone away. He said he had seen the Devil, and that He chased him all the way to St Frideswide's, then told him to be silent.'

The Pepers had come back to the castle without Will Plome, but with the story of where he was and what had happened to him.

In the grim surroundings of St George's Tower, John Peper told his story to Falconer, Saphira Le Veske, Isaac Doukas and Aldwyn. The old monk was immediately scrabbling through the pages of his book of Merlin's Prophecies. Falconer glanced his way, as the old man frowned, flicking backwards through the tome.

'What's wrong, Aldwyn? Is there no prophecy that covers the arrival of the Devil Incarnate?'

Aldwyn was unperturbed by Falconer's sarcasm.

'There is no specific statement at the section we have reached in the prophecies, but I am reminded of the beginning of the text.'

He found what he was looking for and read it in a sombre tone.

> *'The Prince shall forsake men of the church, Lords shall forsake righteousness, counsel of the aged shall not be set*

by; religious men and women shall be thrust out of their houses; the common people for fear shall not know which way to turn; parents shall be hated by their children, men of worship shall have no reverence of others; adultery shall abound among all; with more ill than I can tell of, from which God us defend.'

'If that is not warning of the arrival of the Devil, I don't know what is.'

Aldwyn slammed the book shut, and Isaac Doukas gave Falconer a look that clearly said he was on the side of the monk in this strange affair. Saphira was less impressed and whispered in Falconer's ear.

'If we are now looking for a new killer, then we should do as you always have done, and collect the small truths to see how they point to the greater one. That method always irritated Peter, so surely you can bear to annoy him one more time by finding his killer in the same way. We need to talk to de Bosco about the masters who were killed after Bukwode. He might know of something that links you and them together.'

Falconer was glad to have good reason to leave the castle, and all the reminders it carried of Peter Bullock. Moreover, he did not want to reveal yet his thoughts concerning the murderer who was still at large. Everyone looked so glad that Geoffrey Westhalf had been exposed, and that Will was no longer a suspect. He thanked the Pepers for their efforts at extricating Will Plome, and told them that he thought Will was safe enough in the Holy Hole for the time being. What he didn't tell them was that he wanted Will locked away until he had sorted the mystery out.

'Let him stay where he feel safe for the moment. Meanwhile, I have business with the Chancellor. So you must excuse me.'

Free of the stifling atmosphere of the castle, Falconer felt he could breathe again. Hurrying along at his side and keeping in step with his loping stride, Saphira had a question for him.

'What of Will Plome? Is he once again a suspect?'

Put on the spot, Falconer had to agree that Plome could not be ruled out.

'If we are looking for another killer, he must still be considered. After all, he was at the scene of one murder, and was at liberty when Anwell and Bullock were killed. All this talk of being pursued by the Devil could be his way of excusing his actions.'

'But if it's wasn't Plome, then what about the Franciscan, Fulbert? He would be able to sneak out of the friary in the night in between prayers, wouldn't he? Or is he a milk-and-water sort of priest?'

'Indeed he would be able to be about the town when everyone else would be asleep. And as for your other question, he is robust enough to wield a sword, I would say. But if we are to attribute the initial book thefts to Westhalf, then what was Fulbert's reason for killing?'

'How do you mean?'

'We suspected . . . I suspected him in the first place because of his avowed distaste for books and scientific knowledge. If he is not the book thief then he is simply a murderer. What I need to ask myself is, would Fulbert kill for his beliefs?'

Saphira nodded her head.

'I take your point. But we do not scratch him from our list of suspects.' Falconer grimaced.

'No. Nor do we discard Yaxley for the same reasons.'

Their conversation had carried them to the *Aula Vitrea* — the House of Glass — where William de Bosco resided. They entered the hall, and persuaded a servant, who kept a respectful distance in case they brought the plague with them, to summon the Chancellor. He had a word of caution though.

'It is quite late, master, and the Chancellor is in the habit of retiring early.'

'Tell him I am William Falconer, and must speak to him concerning the urgent errand I am carrying out for him. I am sure he will see me.'

The servant cast a suspicious and rather scandalised look at Saphira, making it clear he disapproved of her presence in the house of a celibate. Falconer stared hard at him in the way he did with recalcitrant students.

'And he will be pleased to entertain Mistress Le Veske also.'

With pursed lips, the servant bowed, and disappeared through the inner door that led to de Bosco's private solar. It was quite some time before the servant returned, his face like thunder. He had obviously lost the battle with his master over allowing visitors to see him at such a late hour. His message was quite curt.

'The Chancellor will be with you shortly. May I get you some wine?'

The offer of wine was clearly made with the assumption that a courteous guest would decline. So Falconer deliberately replied in the positive.

'That is an excellent idea. And don't fob us off with the Chancellor's poor Rhenish. Mistress Le Veske is knowledgeable about the wine trade, and will know, if you do.'

The man scowled and went on his errand. Saphira laughed gently and chided William.

'Poor man. He clearly sees it as his duty to protect the Chancellor from the likes of you, and you went and spoiled it. And as for my expertise with wine, he will now put me down as that Jewess who's in trade.'

Falconer was about to reply, but the servant returned with a jug of wine and two fine gilded goblets. He poured the wine but retreated before Saphira could taste it and complain. Falconer was actually glad of the opportunity to drink and took a deep gulp. Saphira sipped it more gently.

'Actually, it is a good wine. A Burgundy, I think. You must have cowed the poor man.'

Falconer laughed.

'I just hope he didn't spit in it before bringing it through.'

Saphira paled and pushed her goblet away from her.

It was some considerable time before de Bosco himself emerged, and in the meantime Falconer had drunk deep. When the Chancellor did come into the hall, he was wearing a voluminous robe with a fur collar that covered a long white linen shirt that peeped from under the robe. He had probably been roused from his bed but gave the appearance of being pleased to see Falconer. He even made a courteous bow towards Saphira Le Veske.

'I am glad Inkpen saw to your needs. He can be very protective, when someone arrives late. Overly so. Now tell me, do you have some news about the murders? Plumpton told me you left your researching of the records with great speed. I assumed you had found something significant in them.'

'Yes, it led us to a student — Geoffrey Westhalf. Sadly, he is dying of the plague.'

For a moment, de Bosco looked relieved that the murderer, though a student of the university, had at least had the good sense to die before his misdeeds were made known. He was already plotting ways the whole matter could be hushed up. Then he saw Falconer's solemn face.

'Does the matter not end there?'

Falconer shook his head.

'I'm afraid not. You see, he could not have been the killer of those masters who died after Bukwode, and not of the constable either.'

De Bosco pulled a face.

'Shame. Then the mystery is not solved. Oh, by the way, I was most disturbed to hear of Bullock's death. He was a fine man and will be sorely missed.'

Though Falconer knew de Bosco was a diplomat and probably sought only to please, he was glad of the man's obsequy.

'We are near a conclusion, but we are here firstly to seek your help.'

De Bosco raised his eyebrows. It was rare for William Falconer to seek his assistance. He guessed this must be a strange case indeed.

'And how can I help you, master?'

'Of the men who died, I am most interested in any connection between John Bukwode, Edmund Ludlow, Gerard Anwell, and . . .' Falconer grimaced recalling that Bullock had died instead of him. '. . . and myself. If you can see any.'

De Bosco frowned and paced the dark and by now chilly hall. He pulled his thick robe around him. From the look on his face, Falconer saw that something had occurred to the Chancellor, but that he was reluctant to state it openly. He urged him to speak.

'Tell me what you know, sir. My own life, if no other is at stake here.'

Having uttered those words, he wondered if the threat on his life was perhaps an incentive rather than a deterrent for de Bosco keeping quiet. Fleetingly, he thought he saw the same idea crossing the Chancellor's mind. But de Bosco was not that underhand. The chancellor raised a finger to his lips as if to express his desire for discretion.

'I can tell you of the first three and how they may be connected other than by scholarship. As for your connection to them, you must answer that yourself. I cannot see it.'

Falconer sighed. He had hoped de Bosco might have the key.

'Well, tell me anyway. How are Bukwode, Anwell and Ludlow connected?'

What de Bosco then told him suddenly hit Falconer like a hammer blow. He grunted as if actually punched and thanked de Bosco for his confidences.

'Chancellor, you have helped enormously. Now we must go.'

De Bosco was, as ever in the presence of Falconer, bewildered.

'I have helped? I don't know how. You would do best to speak to Roger Plumpton. He knows more about this business than I do.'

Falconer bowed abruptly, and took a puzzled Saphira by the arm. He guided her out of Glassen and back into the street. There, he looked around cautiously before beginning to walk the silent lanes towards Jewry. Saphira followed until they were at Carfax, then she stopped him. They stood alone, the only two people on what was normally a bustling cross-roads at the centre of Oxford.

'What is going on, William? Tell me.'

'I know who the murderer is. Well, I think I know, but I need to expose him. Make him confess, because I don't know if I can prove anything.'

'And how can I help?'

Falconer's instinct was to tell her to go home and lock her door behind her. But he knew that would not be acceptable to Saphira Le Veske. He racked his brains for something that would help.

'There are three things you can do. I need you to get John Peper out of the castle grounds, so that I can talk to him without anyone else knowing. Then you have to lure Will Plome out of his hidey-hole. Oh, and bring Yaxley with him. Can you do that?'

Saphira sighed deeply.

'I know you are not going to tell me who you suspect so I might as well do something useful. They are tasks one and two. What is the third?'

'I need Fulbert to know I am aware of the killer's identity.'

'Hmm. That is not a task for a woman — going into a friary at night. I will talk to Thomas Burewald. He could play a part and convince Fulbert you need to see him urgently.' She paused to give William chance to speak. But when he didn't, she tried to wheedle the truth from him. 'Is it Fulbert you suspect, then?'

Falconer kept a straight face.

'Wait and see.'

With an inscrutable smile, he hurried off in the direction of Aristotle's Hall, leaving Saphira to her tasks.

CHAPTER TWENTY-THREE

The Feast of St Cosmas and Damian, 25th September

Brother Aldwyn was roused from his slumbers by the urgent voice of William Falconer. His fuddled brain could hardly decipher the regent master's words at first.

'What was that you said, Master Falconer?'

He opened a heavy eyelid and tried to make out the scholar's blurry features. Falconer's face was as excited as his voice. His blue eyes sparkled and a broad smile split his features.

'I said, Aldwyn, that you were right.'

'Right?'

The monk could not work out to what Falconer was referring. Since when had he ever been right about anything in the scholar's eyes? But he found he was soon to be enlightened. Falconer grasped his shoulders so tightly it made the old man wince.

'You were right all along about the prophecies coming true. It's all in the next section of your book.'

Aldwyn corrected him pedantically.

'Geoffrey of Monmouth's book. And they are Merlin's words not his.'

A peculiar look came over Falconer's face. A sort of a grimace melded with a secret smile. But it was fleeting and the monk wasn't sure if it had been there in the first place. Perhaps he had imagined it, or Falconer had had a momentary bout of indigestion. He put the thought from his mind. After all, the regent master had admitted his errors, and was ready to accept the veracity of the prophecies. Aldwyn rose from his bed with a little gentle assistance from Falconer and hobbled over to the table where the book lay. But before he could get there, Falconer skipped ahead of him, and hefted the book in his big hands.

'I have arranged for the players to enact the relevant section. They are assembled in the courtyard. Come.'

Close by the dying embers of the central hearth in the hall of St George's Tower, another figure rose from his slumbers. The swarthy head of Isaac Doukas appeared from under a sheepskin, and his eyes blinked blearily.

'What's happening, Aldwyn? What's all the noise?'

Falconer answered the questions for the old monk.

'You will see soon enough, Doukas. Come, follow me.'

He strode off through the main door, the precious book held firmly under his right arm. Doukas scratched his greasy head and got to his feet. Following the regent master and the old monk out into the courtyard, he was presented with the strangest of sights. Dawn was breaking, and the rising sun cast a pale, watery light across the yard. At one end of the yard, a large cloth had been hung between two poles about ten feet high. The scene depicted was of green fields bordered by dark woods. A few crudely sketched-in but grand-looking buildings probably designated London. Or maybe it was Jerusalem. Who could tell? The fact that the paint was cracked and faded did not detract from the effect. The sun's beams burst through a cloud and lit up a pretty picture of a country scene. More England than Outremer, certainly. Doukas screwed up his eyes and stared at Falconer.

'What is all this?'

Falconer grinned broadly.

'Wait a moment and all will be made clear.'

Peper's little troupe of players, whose backcloth the bucolic scene was, were busying themselves around their cart. They pulled out masks and costumes, some of which they discarded. Others they distributed amongst themselves. They were so engrossed in their task that they failed to see the three people coming through the castle gate. They were halfway across the courtyard before Agnes Cheke looked up from her task of selecting a sword made of wood from the stack of make-believe weapons. Their real sword had disappeared the other night, and Agnes didn't want anyone to know in case they thought Will had it and had used it. Then, when she saw the rotund figure next to Saphira Le Veske, she threw the wooden sword on the ground.

'Will Plome! Wherever have you been?'

She rushed across the courtyard, and almost bowled the young man over. She embraced him firmly before standing back and playfully boxing his ears.

'Thought you could step out on your own, did you? Since you learned to read, you thought you were better than us.'

Will Plome blushed and shook his head vigorously until Agnes thought it might come off. She grasped it in both hands and plonked a kiss on the boy's forehead. John Peper, who by now had crossed the courtyard with the rest of the troupe, wasn't so forgiving. He waved a finger at the runaway.

'You still have a lot to answer for, Will Plome, what with all these murders. Not to mention the money I gave you to prepare the way for us in Marcham and Abingdon.'

Plome hung his head.

'Sorry, Master Peper. But the Devil has been on my tail, and I could not help myself.'

He cast a wary glance around him for though Saphira had convinced him that the Devil would not harm him, his emergence from the Holy Hole had caused him some trepidation. Especially when it turned out that his nemesis,

Yaxley, was going to accompany the woman to wherever she was taking him. He recognised some of the other people in the courtyard. His fellow players, naturally, and Master Falconer, who always came to their pageants when they came to Oxford. And Yaxley, with his sour face. And the pretty woman with red hair who had enticed him out of his hiding place. She was Jewish, but could not be the Devil, even though the priests said Satan came in all sorts of pleasing disguises. Now, the old monk could be the Devil in disguise, as his face looked sombre enough. But surely even if the monk were the Devil, he could easily outrun such an old man, so that didn't matter. He was not so certain of the stocky, dark-skinned man dressed in a leather tunic standing next to the monk. He looked fearsome, especially when he grinned, as he was doing now. Just as he thought he had weighed up the possible incarnations of the Devil present in the courtyard, two other men hurried in from the street. One was a Franciscan monk dressed in grey robes. He strode straight over to Falconer.

'I hope taking me away from my devotions has a purpose to it, Falconer. Burewald, here . . .' He indicated the other man who had entered the courtyard along with him. '. . . said it was essential that I come.'

Thomas Burewald, acting constable, shrugged his shoulders in resignation at Falconer, showing what a hard task it had been to get Fulbert to come to the castle. Falconer remained unperturbed.

'Indeed it was, Brother Fulbert. And just as soon as another guest arrives, we can begin.'

Falconer had added to the invited audience the name of one of the proctors, Roger Plumpton. Since speaking to the chancellor, he had learned that the proctor had been very close to Robert Burnell when he had been in Oxford. Falconer suspected him of being somehow involved in events, and so had sent a message to the chancellor asking that Plumpton represent the university at an event in connection with Peter Bullock's funeral. He had silently asked forgiveness of Peter for using his name in this way. In a way there had been some truth in what he had said. Bullock would be buried on the morrow, come what may.

For a while, Falconer felt anxious that Plumpton would not come, and the rest of the assembly were beginning to get restless, then finally the proctor's plump figure appeared in the gateway of the castle. The assembly was complete, and Falconer was relieved.

'Master Plumpton, welcome. We were about to begin without you.'

Plumpton wiped some beads of sweat off his upper lip and looked around nervously.

'Doesn't this gathering contravene the constable's proscription on assembly? I know the man is dead, but the plague is still lurking about, is it not?'

Saphira tried to settle the man's nerves.

'I can assure you, master, that the plague will soon have run its course. If there are no more cases in the next day or two, Peter Bullock's action will have been vindicated. Don't you agree, Thomas?'

She looked towards Burewald, the acting constable, and he nodded gravely.

'It would appear so, mistress. We know how Sal Dockerel and Peggy Jardine came by the plague, and we can guess that the crusader knight's passing through the market was what infected Geoffrey Westhalf, Alice Lane — who her family say was out buying fish — and . . .' His voice broke slightly, but he managed to continue. '. . . my own brother, John Burewald. We know of nobody else.'

Fulbert's harsh voice broke in.

'Your list is not complete, Burewald. Only yesterday one of our friars showed the symptoms of red plague.' He raised a hand to stop the outburst that was to come from Burewald's lips. 'You were to be informed, and I can assure you that the brother is isolated and being cared for. He too was probably in the market on that fateful day. He replenishes our larder when we run short of our own produce.'

Saphira stepped in to emphasise what she had said.

'So you can see all the cases are of people who caught the plague from the knight. No new cases have been reported, and if none are by tomorrow, I dare say Master Burewald can lift the proscription on meetings and movement. And we can all thank Peter Bullock for our salvation.'

There was a moment's silence, then Falconer spoke in the most solemn tones he could muster.

'The prophecies of Merlin have seemed to be fulfilled in the last few days. So in order to solve the riddle of the murders that have been taking place, I examined the text closely for clues. In the process I made a startling discovery. But to make it clear, I must go back in time and show the truth of the prophecies.'

Falconer opened the heavy tome in his hands and cradled it on his left arm. He turned the pages until he found the point in the text he wanted, and looked over at Peper's troupe of players. John Peper nodded and the actors retreated behind the backcloth. A breeze suddenly blew across the courtyard and fluttered the cloth causing the fields painted on it to ripple slightly. To Saphira's eyes it made the vista look as though it was seen through a heat haze. Falconer began to intone the words of Merlin's prophecies.

> *'The island shall be called by the name of Brutus; and the name given it by foreigners shall be abolished. There shall be peace in his time; and corn shall abound by reason of the fruitfulness of the soil.'*

John Peper emerged from behind the cloth methodically swinging a scythe with a wooden blade, emulating the actions of a reaper. Falconer continued his recitation.

> *'Luxury shall overspread the whole ground; and fornication not cease to debauch mankind. All these things shall three ages see; till the buried kings shall be exposed to public view in London. Famine shall again return; mortality shall*

return; and the inhabitants shall grieve for the destruction of their cities.'

Continuing the mime mirroring Falconer's words, Margaret Peper sauntered over to her husband, swinging her hips. She pressed herself against his thigh, and he dropped his scythe. Saphira heard the indrawn breath of Brother Fulbert expressing his disapproval of such a lewd display. He might have intervened, but suddenly a figure leapt out from behind the cloth, and everyone gasped in horror. The masked man with the lanky build of Robert Kemp the juggler capered around the Pepers. His mask was in the form of a skull with a broad set of sharpened, white teeth and gaping blank eye-sockets. Two enormous ram's horns protruded from the brow of the devilish head. The Pepers fell in a heap to designate their mortality. Further emphasising the point in a reference to the current plight of the inhabitants of Oxford, Agnes Cheke staggered across the scene, red spots painted all over her face. It was a chilling reminder of the plague that still stalked the streets.

Thomas Burewald watched and was puzzled. The Le Veske woman had said it was important to get the Franciscan to come to the castle, and that Falconer was going to solve the riddle of the book thief murders. He had immediately assumed that she meant Falconer suspected Fulbert, and merely needed to lure him to the castle in order to incarcerate him. Yet here they all were indulging in some play-acting concerning a book of prophecies. Falconer looked to be unconcerned about a murderer being on the loose, let alone the persistent fear of catching the plague. But he recalled, however, that Bullock had told him how, no matter how mad the regent master's schemes seemed, they always got results. So he held back on his worries, and continued to watch in silence. He still shivered at the sight of the pox-marked woman, even though it was fakery, and moved a little further away from the other observers of Falconer's pageant.

Falconer lowered his gaze to the book and carried on reading.

> *'Then shall come the lion, who shall recall the scattered flocks to the pasture they had lost. His breast shall be food to the hungry, and his tongue drink to the thirsty. Out of his mouth shall flow rivers that shall water the parched jaws of men.'*

Robert Kemp, the tallest of the players, had donned a white tabard with the Cross of St George emblazoned on it. He wore a crown and clearly was meant to represent him, who was once called Longshanks, and was now Edward, King of England. He strutted amongst the other players who mimed drawing refreshment from his generous gestures. But there was to be a darkness on the horizon. Simon Godrich, clad all in red, lurked at one side of the bucolic backcloth. Falconer carried on his recitation.

> *'A red dragon will next dwell in the death. For plague shall again return; mortality shall return; and the inhabitants shall grieve for the destruction of their city.'*

Once more, John and Margaret Peper, and Agnes Cheke fell dead to the ground.

> *'But another dragon without wings will arise to replace the Red Dragon, sneaking in the city unknown.'*

Another mysterious figure stepped from behind the curtain, he was large and clad in a black cloak with the hood half-obscuring his face. What was visible revealed a skeleton-like mask. Saphira was as shaken as the other members of the audience to this strange pageant. All the players were on the stage, so who could this mysterious figure be? The implication of William's introduction was that this was truly the murderer. Falconer smiled fleetingly at the effect he had created and went on.

'Listen well to this section of the prophecies. "*After this shall be produced a tree upon the four square* . . ." This can only be Carfax, surely. ". . . *which having no more than three branches, shall overshadow the surface of the city with the breadth of its leaves. Its adversary, the North wind, shall come upon it, and with its noxious blast shall snatch away the three branches.*"'

Here Falconer paused to ensure he had everyone's attention. Then he went on.

> *'The first will wither from a surfeit of learning. Then the second shall perish in its own red sap: pallor and dread will be clear to see on its leaves. The third shall die a sudden death, its very core not able to stand the terror.'*

All those present clearly understood the prophecies had identified the last three people killed. Edmund Ludlow, Gerard Anwell, and Peter Bullock. Falconer's reading continued inexorably though.

> *'He will seek out the lion, killing as he goes. He will pursue the Lion through all the narrow byways of the city, but in the end he will break his horns against the walls of Oxford.'*

The strange hooded figure chased Robert Kemp from the stage and disappeared behind the backcloth. There was a momentary silence, before a babble of voice broke out. Thomas Burewald's voice climbed above them all, a note of exasperation in it.

'But then who was behind the mask of death, Falconer? What is the identity of the killer?'

Saphira, herself perplexed by William's play-acting, suddenly saw a movement at the back of the crowd of onlookers. It was Will Plome, blending back into the audience, a grin on his face. She realised who had played the murderer in front of the backcloth, and marvelled that no-one had seen him slip away before his entrance. Falconer raised his hands, and the babble of questions was slowly silenced.

'The murderer's identity is still clouded in obscurity, and I shall need time to interpret the prophecies. I do believe that Peter Bullock knew and shall keep his body company tonight. I shall pray that he makes it clear who killed him and the others. Tomorrow we shall bury him with all due solemnity.'

The disparate group of people, each wary of his companion whether from fear of plague or suspicions that he might be the murderer, began to disperse. Saphira sidled over to Falconer, and whispered in his ear.

'That was very a very sly move. I suppose you now expect the real killer to show himself to you tonight in the chapel.'

Falconer merely smiled and tipped his head to one side in an irritating gesture. Saphira punched him lightly on the arm.

'All I can say is, for your own sake, if not for mine, take care. He still wishes to kill you.'

CHAPTER TWENTY-FOUR

The chapel was a cold place, and Falconer had availed himself of a homespun cloak to wrap around him. Even so the stone floor seeped cold into his legs as he was kneeling before the altar. Peter Bullock's body lay on the altar shrouded now in white linen. His face covered, his outline blurred by the shroud, Bullock had ceased to be the person Falconer had known for almost twenty years. And for that transformation, he was grateful. He could not have borne to look upon his old friend all through the night of his lonely vigil. But he did start recalling some of the more remarkable events they had been involved in.

'Remember when I made you lock Smith Gate so that we could catch a murderer? We ended up causing a student riot that day which will go down in history. I think you forgave me — after a year or two. We failed to see eye to eye so many times, but it didn't interfere with our friendship, did it? Remember when the Jews attacked Edward Petysance parading his relic down Fish Street. It was a provocation the young hotheads in the community could not stand. And one of them paid for it with his life. You were glad that only one death had occurred and told me it could have been worse. I suppose my observation that it couldn't have been worse for the young Jew who died was a little intemperate. Even if it was true.'

Falconer stopped his muttered reminiscences, imagining he had heard a noise close by. He glanced nervously at the body on the altar, wondering if Bullock had moved in protest at his affirmation of being in the right after all this time. He held his breath, but when nothing else stirred, he began again, recalling more pleasant memories for a change. The two candles set at Bullock's head and feet slowly began to burn down.

He didn't know how much time had passed, or even if he had fallen asleep, but he was suddenly aware of a presence behind him. His knees ached, but he didn't move, merely contenting himself with a slight turn of his neck to the left and then to the right. Looking out the corner of his eye over his right shoulder, he could just discern a darker shape in the darkness of the recesses of the chapel. He wasn't wearing his eye-glasses, so he could not make it out clearly, but he imagined that the figure didn't intend for him to see itself properly just yet. He spoke out, and his voice echoed in the cold and oppressive space.

'Is that you come to see if the constable has spoken to me yet? Told me your name — the name of his murderer?'

There was no reply but he could hear the sound of someone moving closer to him. The whisper of light feet on stone slabs, and of a long cloak dragging over them. He felt an ache in the centre of his back but schooled himself not to turn round. He would show no fear, though it shot through his veins like a stab of lightning. If the apparition would not speak to him, then he would to it.

'There are several names that Peter could have whispered in my ear. Friar Fulbert, for example, or Richard Yaxley. They both profess to despise scientific learning, or the esoteric knowledge of the ancients, but something didn't ring true for me especially about other things the killer should have known and they didn't. Still, they could be responsible. One of their names could be yours. Or are you Roger Plumpton? Did you sell your soul to Robert Burnell, Chancellor of England, in return for future favours? De Bosco told me that it was

Plumpton who gave Burnell the selected names of Welsh scholars who might stir up Oxford, if the king ever invaded Wales, and who could cause trouble for Edward. Names like Bukwode, Anwell and Ludlow. I might have been on that list as my mother was Welsh too.'

Falconer heard a grunt from the ghost standing behind him. It sounded like surprise, and he smiled.

'But then you didn't know that, did you? That I had Welsh ancestry. How could you, as even I didn't know until two weeks ago. Until the town was closed up because of the red plague, in fact. Roger Plumpton certainly didn't know'

This gibe brought a response from the lurking figure, who spoke in a hoarse and clearly disguised voice.

'Don't you realise that you were my target all along, Falconer? You have attracted the displeasure of the highest in the land, who wishes to be rid of you. All the rest has just been to sow seeds of doubt and confusion.'

Falconer tried to ease his frozen legs that seemed locked in place as he answered the taunt.

'Oh yes, I became suspicious of the play-acting that you indulged in, when I saw how you seemed to actually want to be seen at the place of each murder. We will leave John Bukwode out of this, because although he is Welsh and had many esoteric texts in his possession, I think he only gave you your initial idea for confusing the constable. Geoffrey Westhalf killed Bukwode in a blind panic at being discovered stealing. Your first murder was that of Edmund Ludlow, where you ensured the fulfilment of one of Merlin's prophecies with your arrival on horseback — the Man of Bronze. You thus ensured Ludlow's neighbours would hear the horse, and remember it. It was only a curious coincidence that the original thief, Westhalf, was in the hall too. As for Anwell's murder, I guess you thought that someone whose head was chopped off would easily be found, and associated with another prophecy. Unfortunately, the find was not immediately made because of Anwell's reclusive nature. But eventually it was and caused the sort of stir you had anticipated. So that all turned out well. But your attempt on my life was the most dramatic. Who was supposed to see the prophetic figure clad in a corselet of metal and wood? One of my students perhaps, or a neighbour such as Thomas Symon? It was the latter who did see you, by the way. Then Bullock went and spoiled it all, for he recognised you, didn't he? And for that he had to die. But by then the whole sorry mess had given you away to me. As I was sceptical of Merlin's prophecies being anything more than a fantasy weaved by poets and the deluded, I could not believe they were coming true. But what it did confirm for me was that whoever was playing out this fantasy, knew the prophecies well enough to copy them. Everything pointed at you.'

Falconer now looked over his shoulder, and saw that the figure had hidden his face in the Devil's mask from the players' cart — a hideous, sharp-toothed visage with ram's horns sticking out of the temple. The Devil growled in anger and launched himself at the kneeling Falconer, who tried to rise and avoid the attacker. But his knees, long bent before the altar where the body of Peter Bullock lay, would not respond. Falconer fell backwards, thinking he had misjudged his situation and was about to die. A dagger appeared in the devil's right hand, its blade glittering in the candlelight. Falconer fell against the altar and held up his arm in a hopeless gesture of self-defence. Then just before his attacker was on him, a shape rose from behind the altar, and with an anguished cry interposed itself between Falconer and the Devil. It was Will Plome, and he had a spear in his hand. It was the spear of Longinus, that the players used in the tableau of the Crucifixion — a poor copy of course, but sturdy enough to kill. Either by accident or by design, the spear got jammed between the base of the altar and the onrushing man. The figure impaled itself on the spear, and with a terrible gurgle, pitched on to the floor, snapping off the thin shaft of the spear as it did so.

Falconer let out a big sigh of relief, and looked at Will, who was on his knees, sucking a splinter out of his hand. He grinned.

'I killed the devil, Master Falconer.'

Falconer laughed, and clapped Will on the back.

'You did indeed, Will. Now help me up please, my legs are numb from so much kneeling.'

Once he was up and had shaken his legs so that they functioned again, Falconer stepped over to the prostrate figure on the floor. The Devil lay on his back, with the broken shaft of the spear protruded from his chest. His mask was slightly askew on his face. That had been another clue for Falconer, the masks. Not only had Will claimed to have been pursued by the Devil, but Geoffrey Westhalf had spoken of looking on the face of God. Of course it could have been an hallucination brought on by the boy's fevered imagination, but Falconer thought it had a more prosaic origin. The players' mask used in their depiction of God in the mystery plays they performed. Sure what he would see beneath the Devil's mask, he pulled it away.

EPILOGUE

The Mass of the Archangels Gabriel and Michael, 29th September. Michaelmas Day

Falconer eased himself up from the saddle of his rouncey, and stretched his legs. The gates of Oxford were once again open, and the outside world beckoned. He was waiting at Eastgate, staring out through the arch at the long road running to the village of Headington and the lands belonging to St Fridewide's priory. Beyond that the road turned south-east and ran all the way to London. But that was a long way, and Falconer was having difficulty taking the first step. Like a prisoner used to his small cell, who is afraid to emerge into the light, Falconer's freeing from the confines of Oxford was followed with unease at the broad horizons open to him. His situation was caused by more than Oxford being declared free of the pox. Regent Master William Falconer had taken the extraordinary step of relinquishing his post at the university.

There had been something stirring in his breast for months, if not years, and the nearness of being killed by Isaac Doukas and having Peter Bullock killed in his stead, had brought about its fruition. After conferring with Thomas Burewald, he had agreed that Doukas, cold-blooded killer of Peter Bullock and two regent masters, should be buried inconspicuously outside the town walls. His death would be put down to the red plague, and no more action would be taken. What more could they do? He had been the agent of very powerful men who could not be pursued by a mere town constable. And so Doukas had been dispatched at night into an unmarked grave. Peter Bullock's burial, on the other hand, had been carried out with all the solemnity that the aldermen of Oxford could muster. He had a fitting send-off for such a tireless and uncomplaining servant of the town. Immediately afterwards, Falconer had returned to Aristotle's Hall, his spirits dampened by the final confirmation the funeral had given that Peter was dead and gone. He retreated to his solar in the eaves of the hall and examined his life.

The room was of sufficient size to contain his experiments but afforded little space for his own comforts. To the left of the chimney breast was a toppling stack of his most cherished books and papers, where standard church works such as the *Historia Scholastica* were lost and buried under the more used and well-thumbed texts of the Arab mathematician Al-Khowarizmi, medical works, and studies of geography such as *De Sphaera Mundi.* To the right of the fireplace stood several jars of various sizes, some of which exuded strange aromas. Although Falconer no longer noticed this, they were the first thing most of his visitors commented on — always much to his surprise. In one corner stood his bed, with a small chest at the foot of it. The repository of his worldly possessions, it was depressingly lacking in items. Just a spare undershirt, and a pair of old, worn boots that he was reluctant to throw away. The centre of the room was occupied by a massive oaken table on which was piled a jumble of items, each of some significance to Falconer's erratic searching for information about the world. There were animal bones, human skulls, small jars of spices, carved wooden figures, bundles of dried herbs, stones that glittered, and lumps of rock sheared off to reveal strange shapes inside their depths. It all looked so shabby, cluttered and irrelevant with his best friend dead. The decision that had been lurking in his mind for months was suddenly made.

Thomas Symon was surprised to find Falconer on his doorstep so soon after the funeral. He had watched his mentor retreating down St John's Street, not waiting for Thomas, who boarded next door at Colcill Hall, to accompany him. Then, Falconer's shoulders had been hunched, and his eyes cast down. Now those same eyes sparkled, and his voice was firm.

'Thomas, I have an offer for you.'

When Falconer laid out his offer, Thomas was astounded and excited in equal degrees. Thomas had been a young student at Oxford only eleven years earlier, and had been rescued from fear, bewilderment, and danger by the man who now stood before him as his friend. Now he was offering him the place at the head of Aristotle's Hall with all the treasures it contained, together with the students and responsibility for their tuition.

'William, I am overwhelmed. What of all your books?'

'I have taken one. It will be all I need where I am going.'

'Where is that?'

Falconer smiled at his young companion enigmatically. 'The world, Thomas.'

Now, he sat astride his horse at the gates of Oxford, looking out on the world beyond the university. He patted his saddlebag, where his few possessions including the sole book he had retained were stowed. His patient waiting gave way to anxiety.

* * *

Edward's progression to Glastonbury had begun, and some hundred souls were wending their way down muddy roads that for those at the rear of the long procession were churned into a quagmire. The king and his chancellor, however were at the head, and ignorant of the struggles of the retinue of officials, guards, cooks and scribes. A few years ago, Edward would have relished riding hard towards his destination, for the sheer exhilaration of it. But now, he was king and knew he had to progress at a more stately pace. Still he chafed at the slowness of it all, and the poor companionship that Robert Burnell provided. Edward would have preferred a fellow knight and reminiscences of battles fought. Instead he was getting dull-as-ditchwater reports of civil matters across his realm. Just now Burnell spoke of Oxford.

'Matters did not resolve themselves as we would have wished in Oxford, my Lord. It turned out that my man was not up to the task.'

Edward turned in his saddle and looked at Burnell, who sat a horse uncomfortably.

'You mean he did not suppress any possible future rebellion by the unruly Welsh?'

Burnell tilted his head to one side, uncertain how to proceed. He looked around to make sure no other courtier was listening. The business of getting rid of the regent master needed to be kept between him and the king. The complicity could work both ways in the future, binding him more closely to the king, or exposing him to scandal. He leaned over in the saddle until he was almost slipping off the horse's back.

'Well that too, though he did make a start by scaring the Welsh masters. Some of them died in horrible circumstances.'

Edward turned his gaze to the front.

'I don't wish to know about the means, merely the results. We need to crush the Welsh, wherever they are.'

'I believe that Oxford has ceased to be a sore upon the backside of England in so far as that goes. But as for Master Falconer . . .'

Burnell hated admitting defeat, and already had plans to resolve the outstanding matter for the king. So he was surprised at Edward's next comment.

'Falconer? Who is he? Another Welshman?'

Burnell gazed hard at Edward, trying to ascertain if he meant what he said. That he didn't even know who Falconer was. Or was he just playing a game with him? He distinctly recalled the conversation he had had with the king, and the agreement he had made to dispense with the embarrassment that was Falconer. Has the king actually said to get rid of him? Or had he just misconstrued Edward's wink, and imagined the verbal command? He realised Edward was now looking closely at him.

'You seem pale Robert. Is the journey too much for you?'

Burnell rushed to put his thoughts in order. Edward for once had caught him on the hop.

'No, indeed, my Lord. I was just thinking that my creature, the Greekling, clearly misunderstood my commands concerning Oxford. I should not have trusted him. But no matter, no real harm was done, and it was justice of a sort that he succumbed to the smallpox.'

'Good. The matter is settled then.'

Edward turned back to gaze ahead on the road that led to Glastonbury, and a glorious future. He smiled at having run rings round Burnell, who would never know if he had understood his king or not. It didn't really matter that he had failed, because Edward knew he had resolved the awkwardness with Regent Master Falconer himself. And in a much more subtle way.

* * *

Falconer breathed a huge sigh of relief. He could see a familiar figure on a white rouncey coming along the High Street. Beneath her black cloak, she was wearing an emerald green dress, that Falconer knew would mirror the colour of her eyes. She had discarded her widow's white linen snood, preferring to have her red hair unencumbered by anything more than being braided in a thick know down her back. When he had told Saphira Le Veske that he intended to leave Oxford, she had looked concerned, disappointed perhaps. He didn't know how to ask her to accompany him, fearful she would say no, or would berate him for imagining she was at his beck and call. He had confined himself to stating that he would be at Eastgate at midday. She had seemed quite indifferent to him when he left the house in Fish Street. It was with relief that he saw she had taken the hint and was carrying a saddlebag of her own. Two in fact, slung over the haunches of her sleek mount. He held back from making any comment about the inability of a woman to travel light. In fact he was lost for words for once, and limited his communication to a big grin. Saphira grinned back.

'Where are we going, William?'

He slipped his hand into the open saddlebag on his rouncey, and produced the only book he was bringing with him.

'I have a guide to our travels here. It is a rare copy of a report to the pope written in 1247 by Giovanni of Plano Carpini. Two years earlier, he was commissioned to travel to far distant lands to learn about a race which was troubling the West. It's called *Historia Mongalorum quos nos Tartaros appellamus* — the 'History of the Mongols that we call Tartars'. I encountered some Mongol envoys many years ago, and I have long wished to see their homeland.'

Saphira stared at William, an amused smile on her lips.

'Then if I am to travel to the ends of the earth with you, the least you can do is clear up a few puzzles to do with Isaac Doukas.'

'What can they be? Is it not obvious why he did what he did?'

'Perhaps. But I wondered what made you settle on him and not Fulbert or Plumpton.'

'I did think it might have been Plumpton for a while. You see, when de Bosco told me that Bukwode, Anwell and Ludlow were scholars he had identified to Plumpton as likely to make the most nuisance of themselves, if the king invaded Wales, I wondered if the proctor had taken it upon himself to be rid of them. I knew de Bosco was fearful of this too and felt a deep guilt that he had been responsible for their deaths. But then I reconsidered Plumpton's nature, and saw him not as a murderer, but as a devious man keen to further his own good.'

'Besides, Bukwode was Geoffrey Westhalf's victim.'

Falconer nodded eagerly.

'Exactly. It was his death, accidental in itself, that gave Doukas the idea of killing two birds with one stone. Murder a few Welshmen for his master, Burnell, and throw everyone off the scent when he killed me. Plumpton could not have known of my ancestry, as I had only found it out for myself recently. So he hadn't given my name to Burnell. It had already been mentioned before Burnell and Doukas arrived in Oxford. The rest of my deduction is easily explained. Who knew of the prophecies, besides Aldwyn and Doukas. The book was there at Doukas's elbow, and he tied each murder to a prophecy. Then finally, the appearance of the Devil to Will Plome, and the face of God to Westhalf, needs no mystical explanation, when you know it was easy for Doukas to borrow a couple of masks from the troubadours' cart.'

Saphira's brow was still creased in concern.

'But if Doukas was acting for Burnell, and Burnell for the king, what is to stop them trying to kill you again?'

'I don't think Edward does want me dead. Burnell may have imagined he did and acted somewhat beyond his remit.'

'How can you be sure?'

Falconer waved the book he still held in the air.

'Because it was Edward who gave me this a long time ago. He knew of my lust for travel and learning, and my boredom with teaching. It may not have been a conscious ploy, but he probably felt that such a tale of strange people and places would stir my soul. And it has had its desired effect. Soon we will be leaving England's shores, and making for distant lands far from Edward and Burnell's clutches. Are you ready?'

Saphira scented the air, as a freshening breeze blew in through Eastgate and into the stuffy streets of the town.

'As ever I shall be.'

They both dug their heels into the flanks of their horses, and Tom Inge the gatekeeper waved a goodbye as William Falconer and Saphira Le Veske left the confines of Oxford and entered the open fields beyond.

THE END

THE JOFFE BOOKS STORY

We began in 2014 when Jasper agreed to publish his mum's much-rejected romance novel and it became a bestseller.

Since then we've grown into the largest independent publisher in the UK. We're extremely proud to publish some of the very best writers in the world, including Joy Ellis, Faith Martin, Caro Ramsay, Helen Forrester, Simon Brett and Robert Goddard. Everyone at Joffe Books loves reading and we never forget that it all begins with the magic of an author telling a story.

We are proud to publish talented first-time authors, as well as established writers whose books we love introducing to a new generation of readers.

We won Trade Publisher of the Year at the Independent Publishing Awards in 2023. We have been shortlisted for Independent Publisher of the Year at the British Book Awards for the last four years, and were shortlisted for the Diversity and Inclusivity Award at the 2022 Independent Publishing Awards. In 2023 we were shortlisted for Publisher of the Year at the RNA Industry Awards.

We built this company with your help, and we love to hear from you, so please email us about absolutely anything book-ish at feedback@joffebooks.com

If you want to receive free books every Friday and hear about all our new releases, join our mailing list: www.joffebooks.com/contact

And when you tell your friends about us, just remember: it's pronounced Joffe as in coffee or toffee!

ALSO BY IAN MORSON

WILLIAM FALCONER MEDIEVAL MYSTERIES

Book 1: FALCONER'S CRUSADE
Book 2: FALCONER'S JUDGEMENT
Book 3: FALCONER AND THE FACE OF GOD
Book 4: A PSALM FOR FALCONER
Book 5 FALCONER AND THE GREAT BEAST
Book 6: FALCONER AND THE RITUAL OF DEATH
Book 7: FALCONER'S TRIAL
Book 8: FALCONER AND THE DEATH OF KINGS
Book 9: FALCONER AND THE RAIN OF BLOOD

Printed in Great Britain
by Amazon

38459484R00138